기획총서 1-2

현대 서양사회와 이주민

- 갈등과 통합 사이에서 -

이민 · 인종문제 연구소 기획

박 단 엮음

한성대학교 출판부

현대 서양사회와 이주민

- 갈등과 통합 사이에서 -

책을 내며

책을 내며 두 가지 점을 말하고 싶다. 하나는 이 글을 엮게 된 과정 및 계기이며, 다른 하나는 이 책이 갖는 의의이다. 국내 서양사학계에서 이민문제와 관련된 본격적 논문이 나온 것은 기껏해야 10년이 되지 않는다. 국내 서양학자들이 이민문제에 관하여 일찍부터 관심을 보여주지 못한 것은 이들만의 문제는 아니었다. 사실, 서양에서도 역사학자들이 이민문제에 관심을 가진 것은 극히 최근의 일이며, 그러하기에 이민사는 서양에서조차 '젊은 역사'라고 할 수 있다. 국내에서와 마찬가지로 서양에서도 이민문제는 경제학자, 사회학자 혹은 정치학자들의 몫이었다. 이민문제는 우선적으로 노동력의 이동과 관련되었고, 그들이 가족을 형성하고 항구적으로 정착하면서 사회문제화 되었으며, 한편으로 정치적인 문제가 되었다. 이러한 과정을 겪고 나서야 비로소 이들 이민자의 문제는 역사학자가 관심을 갖는 주제가 된 것이다.

이 주제에 관심을 갖고 소규모 스터디 모임을 해오던 몇몇 연구자들이 공동연구의 필요성을 깨닫고 2006년 학술진흥재단의 기초학문연구에 "유럽 및 미국에서의 문화전쟁과 이민자 통합문제"라는 주제를 응모, 지원을 받게 되었다. 그 결과, 한성대학교 내에 이민·인종문제연구소가 설립되었으며, 이를 기반으로 본격적으로 서양의 이민자 문제에 대한 연구가 시작되었다. 그 결과물이 이 책의 상당 부분을 차지하고 있음은 물론이다.

본서에 수록된 연구는 나름의 장점과 한계를 갖고 있다. 일단 본서의 모든 글들은 처음부터 수미일관되게 기획된 글들이 아님을 밝혀야겠다. 여러 명의 연구자들이 그룹으로 혹은 개인 차원에서 다양한 학술지에 쓴 글들을 모은 것이다. 책으로 출간되는 만큼 글들을 더욱 읽기 쉽게 고치고 각주도 대폭 줄이는 노력을 해야 했으나 출간 원고 그대로 싣는 것도 나름의 장점이 있을듯하여 오탈자 외에는 원고에 새로이 손을 대지 않았다. 독자들의 양해를 구한다. 그럼에도 불구하고 다행히 연구자들의 관심사가 비슷하여 책을 엮는 데는 커다란 문제가 없었다.

목차에서 드러나듯이, 본 연구는 우선 서양에서의 연구경향을 살피고 있다. 모든 나라를 망라하지는 않지만, 서양에서 이민문제로 특히 많은 고민을 해 온 프랑스, 영국, 독일, 미국 등에서 이루어진 최근의 연구경향을 살핀 것은 그 자체로 나름의 의미가 있다 하겠다. 특히 유럽의 경우는 최근 이민문제를 세계적 현안으로 떠오르게 한 무슬림 이민자 문제에 대한 연구경향에 많은 부분을 할애했다.

한편, 잘 알려져 있다시피 이민자들은 대부분의 나라에서 연착륙에 성공하지 못하고 갈등과 대립을 야기하는 주요 요인이 되고 있다. 이 경우 종교·문화적 원인이 우세한 경우도 있고, 사회·경제적 문제 등 또 다른 요인이 우세한 경우도 있다. 이 책에서는 이러한 부분들을 두루 검토하였다. 이민자들로 야기된 사회 문화적 갈등으로 인하여, 20세기 후반부터는 모든 나라들이 이들을 그들 사회에 어떠한 방식으로 통합시킬 것인가를 고민하기 시작했다. 크게 보아 동화주의와 다문화주의 방식 가운데 하나의 정책을 취하는 경향이 있지만, 나라마다 이민의 역사가 다르고 또한 최근 무슬림들에 의한 '테러'가 빈번한 터라 그 통합방식이 많이 흔들리게 되었다. 어쩌면 이 책의 최대 장점이 될 수 있는 부분이 바로 이와 관련된 "통합모델을 찾아서"가 아닌가 싶다. 나라별로도 프랑스, 영국, 독일, 미국 등 주요 국가뿐만 아니라 네덜란드, 호주까지 포괄하고 있다. 각 나라마다의 특수한 역사를 바탕으로 이루어진 통합문제는 우리나라의 이민자 통합정책에도 많은 시사점을 던져 줄 수 있을 것이다. 에필로그는 2005년 가을 프랑스에서 발생한 이민자 소요사태 관련 글로 대체했다. 이민 2세대들이 벌써 고등학교를 졸업할 나이가 되어가고 있는 현실에서 우리는 이들을 위해 어떠한 대책을 얼마만큼 준비하고 있는가? 최근 세계적인 경기 침체를 경험하면서 이민 1세대뿐만 아니라 이민 2세대의 문제가 더 심각하게 떠오르고 있다. 졸업 후 사회적응 문제뿐만 아니라 특히 실업은 그들의 생존과도 직결되는 문제이다. 프랑스의 문제는 이민자의 동화문제만큼이나 경제문제, 그리고 그 나라의 이민자 통합정책이 얼마나 중요한 문제인가를 일깨워주고 있다.

이 책은 인문학자들에 의해 저술된 학술서이다. 그러나 그 주제는 그동안 인문학자들이 다루지 않던 분야로 현실에 밀착된 내용을 담고 있다. 기존 연구들이 주로 사회과학 연구자들에 의해 수행되어

온 것도 바로 그러한 이유에서였다. 하지만, 이민문제는 인문학자들에게도 더 이상 한가한 주제가 아니다. 유럽에서 다시 고개를 들고 있는 새로운 인종주의와 세계 도처에서 발생하는 종교·문화적 갈등과 대립은 차치하고라도 이미 이민사회로 진입한 한국사회에서 또한 이 문제에 대한 사회적 관심사가 폭발적으로 증가하고 있는 것이 현실이 아닌가? 그럼에도 불구하고, 이러한 관심은 이주민의 성공적 정착과 통합에 필요한 법적, 제도적 수준의 논의를 넘어서지 못하고 있는 것이 사실이다. 과연 이민문제를 제도의 문제, 정책의 문제로만 해결할 수 있을 것인가? 우리의 사고를 바꾸지 않고, '다문화정책, 다문화사회'를 외치는 것만으로 이주민들의 진정한 사회통합을 이룰 수 있을까? 인간의 역사를 통하여 볼 때, 정착의 역사는 짧다. 특히 민족(주의)의 역사는 더욱 짧다. 우리는 원래 이주하는 인간(Homo Migrans)이었다. 정주하는 인간의 눈으로 세상을 바라보는 대신 이주하는 인간의 눈으로 세상을 바라볼 때, 인간과 공동체를 바라보는 시각에 일대전환이 이루어질 때, 우리는 우리 앞에 놓인 수많은 차별의 장벽을 넘어설 수 있지 않겠는가? 본 연구는 이러한 문제의식 하에 오늘날의 이민문제가 역사적으로 어느 부분에 위치하고 있으며, 어떠한 측면에서 문제가 되고 있는지 보여주려는 작은 시도에 불과하다. 이 책을 위하여 기꺼이 귀중한 원고를 내어주신 필자들에게 다시 한 번 감사의 말씀을 드린다.

2009년 2월 마지막 날

한성대학교 연구실에서 저자를 대표하여 박 단 씀

|목 차|

03 독일 : 파편적 · 일국사적 관점에서 통합적 · 초국가적 차원으로

이용일

04 미국 : '용광로'에서 탈소수민족의식으로

황혜성

제2부 이주민과 사회 · 문화적 갈등

제1장 문화전쟁?

01 프랑스 : '히잡 사건'

박 단

02 영국 : '루시디 사건'

정희라

03 독일 : 히잡의 재발견

이철용

제2장 사회전쟁?

01 프랑스 : 알제리인의 이주와 정착

박 단

02 독일 : 노동조합과 외국인노동자

이용일

03 미국 : 센센브레너 법안과 이민법 논쟁

황혜성

제3부 통합모델을 찾아서

03 독일 : 적녹연정(1998-2005)의 이민정책

이철용

04 네덜란드 : 다문화주의에서 '문화전쟁'으로

주경철

05 호주 : 이민 정책과 다문화주의 담론

이태주

06 미국 : 민권운동과 1965년 이민개혁법의 조우

황혜성

|에필로그|
2005년 프랑스 이민자 '소요 사태'를 돌아보며

박 단

■■■ 원고 출처 ■■■

1. 프랑스 : 공화국과 무슬림 이민자 (박단) 『서양사론』 93호(2007.6)
2. 영국 : '자유방임 이민국'에서 '제로(Zero) 이민국'으로 (정희라) 『서양사론』 93호(2007.6)
3. 독일 : 파편적 · 일국사적 관점에서 통합적 · 초국가적 차원으로 (이용일) 『서양사론』 93호(2007.6)
4. 미국 : '용광로'에서 탈소수민족의식으로 (황혜성) 『서양사론』 93호(2007.6)
5. 프랑스 : '히잡사건' (박단) 『역사와 문화』 5호(2002.5)
6. 영국 : 무슬림 이민자와의 갈등과 원인 (정희라) 『영국 연구』 19호(2008.1)
7. 독일 : 히잡의 재발견 (이철용) 『한성인문학』 6집(2008.2)
8. 프랑스 : 알제리인의 이주와 정착 (박단) 『한국프랑스학논집』 53집(2006.2)
9. 독일 : 노동조합과 외국인노동자 (이용일) 『역사학보』 190집(2006.6)
10. 미국 : 센센브레너 법안과 이민법 논쟁 (황혜성) 『역사와 문화』 12호(2006.9)
11. 프랑스의 이민자정책과 공화국 통합모델 (박단) 『이화사학연구』 35집(2007.12)
12. 영국적 전통과 이민자 통합 : 자유방임식 다문화주의 (정희라) 『이화사학연구』 35집(2007.12)
13. 독일의 이민법 논쟁 : 적녹연정(1998-2005)의 이민정책 (이철용) 『독일연구』 15호(2008.6)
14. 네덜란드 이주민 통합 : 다문화주의에서 '문화전쟁'으로 (주경철) 『이화사학연구』 35집(2007.12)
15. 호주의 이민정책과 다문화주의 담론 (이태주) : 미발표 원고.
16. 미국의 다문화주의 : 민권운동과 1965년 이민개혁법의 조우, 그리고 예견치 못했던 결과 (황혜성) 『이화사학연구』 35집(2007.12)
17. 2005년 프랑스 이민자 '소요사태'를 돌아보며 『프랑스사연구』 14호(2006.2)

제1부
주변을 넘어서 :
이민사의 어제와 오늘

제1부
주변을 넘어서 : 이민사의 어제와 오늘

01 프랑스 : 공화국과 무슬림 이민자

박 단

1 머리말

필자는 약 7년 전 「프랑스 이민사 개관 및 연구동향」이라는 제목으로 프랑스 이민사에 대한 비평논문을 『서양사론』에 게재하였다.[1] 그 당시만 해도 국내는 물론 프랑스에서도 지금과 같이 이민 문제를 역사가가 다루는 일이 일반적이지는 않았다. 특히 국내에서 서구 국가의 이민 문제는 우리 역사가의 관심을 그리 크게 끌지 못하였다.

그렇지만 지금은 그 사정이 다르다. 2001년 9월 11일 세계무역센터 폭발 사건은 이슬람에 대한 전 세계인의 이목을 집중시키기에 충분

1) 박단, 「프랑스 이민사 개관 및 연구동향」, 『서양사론』, 64호(2000).

하였다. 게다가 미국의 아프가니스탄 침공과 연이은 이라크 침공으로 인하여 이슬람이라는 단어는 우리에게 매일 매일의 의제가 되었다. 그뿐인가? 프랑스에서 발생한 히잡 착용을 둘러싼 다양한 논쟁과 2005년 가을 프랑스를 뜨겁게 달군 방리유(banlieue, 대도시 근교)[2)]에서 일어난 소요사태, 2004년 네덜란드에서 일어난 영화감독 테오 반 고흐(Theo van Gogh)의 피살, 2005년 7월 영국 런던에서의 테러 및 2006년 2월 덴마크에서의 무함마드 풍자 만평 사건, 게다가 교황 바오로 2세의 뒤를 이어 새로이 교황에 오른 베네딕트 16세가 2006년 9월 독일 방문 때 행한 소위 '이슬람 폄하 발언' 등은 그 어느 때보다도 이슬람과 서구문명 간의 대립 구도를 강화시켰고, 한편으로는 우리의 뜨거운 관심사가 되기도 하였다.

이러한 '사건들'은 서구에 정착한 무슬림 이민자 문제와 직결되었다. 국내 이민자 문제보다 주로 대외 정책 문제로 일부 이슬람 국가와 대립하고 있는 미국의 경우와 달리, 서구의 여러 나라들은 그들 국가 내에 거주하고 있는 무슬림 이민자 문제로 많은 어려움을 겪고 있다. 소위 '이슬람 문제'라는 것이 강 건너 불이 아니라 내 집안 문제였던 것이다.

이슬람 국가를 식민지로 두었던 프랑스나 영국에게는 이들 식민지들이 소위 '영광의 30년(1945-1973)' 동안 부족한 노동력을 메워주는 주요 창고 역할을 하였으며, 독일의 경우에도 '이슬람 국가' 터키의 노동력이 경제재건에 커다란 힘이 되었다. 이들 유럽 국가 가운데에

---

2) 2005년 가을 프랑스 소요사태 이후 국내 일반 신문에서조차 '방리유'라는 단어를 빈번히 사용하고 있으므로 본고에서도 이 용어를 그대로 사용하겠다.

서도 특히 프랑스는 오랫동안 인구 감소를 겪어왔을 뿐 아니라 1차 세계대전으로 많은 노동력을 상실한 나라로서 재건을 위해 인근 후발 유럽 국가들로부터 많은 노동력을 유입하였다. 즉, 벨기에, 이탈리아, 에스파냐는 물론 멀리 폴란드의 노동력도 적지 않게 이용하였다. 하지만 2차 세계대전 이후에는 그 사정이 달랐다. 더 이상 이들 국가들로부터 노동력을 '수입'하는 것이 쉽지 않았다. 이제 부족한 노동력은 그들의 과거 혹은 현재 식민지 국가들로부터 보충할 수밖에 없었다. 프랑스에게는 무엇보다도 여전히 충실한 식민지로 남아있는 알제리가 가장 훌륭한 노동력 '저장고'였다.

이러한 배경 하에서 많은 무슬림 노동자들이 프랑스로 이주하였다. 그렇지만 1973-1974년 중동전쟁으로 인한 오일쇼크로 이들은 많은 어려움에 직면하게 되었고, 특히 높은 실업률에 허덕이게 되었다. 그 뿐만이 아니었다. 이민자들은 자연스레 자식을 낳게 되어 아버지, 어머니가 되었고, 곧이어 할아버지, 할머니가 되었다. 그들 자식들은 자신들이 원해서 프랑스에 온 것은 아니었지만, 프랑스에 거주할 수밖에 없었다. 이들 이민자들과 2세대들은 실제로 높은 실업률에 시달리고 열악한 주거환경에 놓이게 되었으며, 그들의 전통 문화와 종교를 따르는 데에서 오는 종교 문화적 충돌을 경험하게 되었다. 이러한 문제가 대외적인 문제와 겹치면서 무슬림 이민자들은 점차 프랑스인으로의 통합 문제, 그리고 무슬림으로서의 정체성 문제를 고민하게 되었다. 당연히 무슬림 이민자들의 존재가 프랑스 사회에 많은 문제를 초래했다고 믿는 사람들이 생겨났다. 이는 무슬림 이민자들에 대한 프랑스인들의 많은 관심을 불러일으켰으며, 그에 대한 연구결과가 최근 십수 년 동안 엄청나게 쏟아져 나오고 있다. 본고에서는 위 주제에 대한 개략적인 설명과 함께 이들 연구에 대한 최근의 경향을 서술할 것이다.

2 | 이민사 개관

1). '무슬림 이민자'[3]의 수

유럽국가 가운데 프랑스는 19세기 중반부터 이민자를 받아들인 가장 오래된 이민자 '수입' 국가이다. 또한 2006년을 기준으로 볼 때, 프랑스는 730만의 외국인이 있는 독일에 뒤이어 유럽에서 두 번째로 많은 외국인 즉, 약 320만 명의 외국인(430만의 이민자)[4]을 갖고 있는 나라이기도 하다.[5] 이 수는 프랑스 전체 인구의 약 7%에 해당된다.

---

3) 프랑스의 법에 따라, 해당 이민자가 반드시 무슬림인지 확인할 수는 없다. 단지 이슬람 문화권 출신의 이민자임을 알고 있을 뿐이다.

4) 외국에서 태어났지만 프랑스 국적을 획득했을 수도 있는 자. 프랑스인과 외국인을 구분하는 고전적인 인구구분법에 이민자라는 제3의 카테고리가 1990년 인구조사에 처음 등장했다. Catherine Withol de Wenden, "Les flux migratoires: la France de 2006 n'a plus rien à voir avec celle de 1974," Martin Aubry ed., *Immigration, Comprendre, Construire!*(Paris, 2006), pp. 50-51.

5) 1999년 기준으로 할 때, 프랑스 국적을 가진 이민자는 156만 명, 프랑스 국적을 갖지 못한 이민자는 275만 명이다. 프랑스 내 이민자 가운데 3분의 1 이상(36%)이 프랑스인인 셈이다. Julien Boëldieu et Catherine Borrel, "La population immigrée en France: Combien d'immigrés en France?" Jean-Luc Richard ed., *Les immigrés dans la société française*(Paris, 2005), p. 21.

그런데 오늘날의 이민 문제를 생각할 때 중요한 것은 단지 이민자의 수에 있지 않다. 프랑스에서는 이민자하면 곧 무슬림 이민자를 의미한다. 프랑스에서는 '이슬람 문화권 출신 이민자'의 수가 약 400만 명에 이르며, 이는 무슬림 이민자 수로는 전 세계의 선두권에 속한다.

그러면 어떠한 이유로 프랑스는 2차 세계대전 이후 무슬림 노동력을 주로 유입하게 되었으며, 이 새로운 노동력 확보를 위해 북아프리카로 눈을 돌리게 되었을까? 일단 프랑스가 2차 세계대전 동안 약 60만 명의 인력을 잃었을 뿐만 아니라, 그 동안 인구 노쇠현상을 겪어왔다는 점을 상기하자. 게다가 1945년 이후 전쟁 동안 국토가 피폐해진 탓에 재건사업이 급박했으며, 이로 인해 점차 프랑스의 정치인들도 인구문제, 노동력 문제를 심각하게 생각하지 않을 수 없었다. 그 결과가 1945년 11월 2일 법령에 따른 '인구 및 가족 고위위원회' 그리고 '국립이민청' 설치로 나타났다. 이러한 측면을 가속화 시킨 데는, 그 동안 프랑스에 노동력을 제공해왔던 유럽계 노동자들의 자국으로의 귀환도 한몫을 했음에 틀림이 없다. 2차 대전 후 폴란드, 체코슬로바키아, 유고슬라비아 등은 외국에 살고 있는 자국민들의 귀환을 촉구했으며, 이들을 비롯한 프랑스 거주 유럽계 노동자들은 조국의 부름을 외면할 수 없었다.[6] 양차 대전 사이 다수를 차지하고 있던 이탈리아 노동자들도 마찬가지였다. 프랑스 내 이주민 가운데 이탈리아인의 비율은 뚜렷이 감소하였는데, 이는 북이탈리아의 경제 발전이 주요 원인이었다. 물론, 프랑스 내 이탈리아 노동력의 감소는 독일이

6) Ralph Schor, "L'immigration en France au XXe siècle: Tendance d'ensemble," *Historiens and Géographes*, no. 383(Juillet-Août 2003), pp. 246-247.

제공하는 높은 급여와도 밀접한 관련이 있다.[7]

이상에서 보듯이, 2차 대전 전까지만 해도 프랑스에서 다수를 차지하고 있던 유럽 출신 이민자 수는 점차 줄어들게 되었으며, 그들을 대신해 프랑스의 식민지인 알제리를 비롯하여 마그레브 출신 무슬림들이 대거 프랑스에 입국하게 되었다.[8] 1982년의 인구조사에 따르면, 이때 처음으로 비유럽 출신의 이민자가 유럽 출신의 이민자 수를 능가한다. 비록 이 당시 포르투갈의 이민자 수가 767,000명으로 두 번째 많은 국적을 나타내고 있지만 808,000명의 알제리 이민자 수를 위시한 마그레브 출신의 이민자가 그 수에 있어 다수가 되었다.[9] 이러한 경향은 최근에 와서도 마찬가지이다. 1999년의 경우, 입국자의 37.2%가 아프리카 출신이고, 42.1%가 터키를 포함한 유럽 출신인데, 2002년의 경우에는 전체 외국인 입국자의 45%가 아프리카 출신(이 가운데 67%가 마그레브 국가 출신)이고 유럽 출신은 32.5%를 차지할 뿐이다. 이 추세는 현재까지 지속되고 있다.[10]

그러면, 본고에 언급된 '이슬람 문화권 출신 이민자'와 '무슬림 이민자'는 어떠한 차이가 있는가?[11] 일단, 마그레브 국가 출신의 이민자를 모두 무슬림 이민자라고 할 수는 없지만, 이들과 같은 '이슬람 문화권

7) *Ibid.*

8) Pierre Milza, "Une immigration ancienne et sutructurelle: Immigration de travail et exil politique," Richard, ed., *Les immigrés*, p. 16.

9) Withol de Wenden, "Les flux migratoires," p. 53.

10) *Ibid.*, p. 55.

11) 무슬림 이민자 수의 산출에 관한 더 자세한 내용은 박단, 「2005년 프랑스 '소요사태'와 무슬림 이민자 통합문제」, 『프랑스사 연구』, 14호(2006), pp. 230-233 참조.

출신 이민자' 수가 오늘날 프랑스에 약 400만 명에 이른다는 사실은 프랑스를 세계 제1의 무슬림 이민자 국가라고 부른다고 해도 무방할 것이다. 물론 이 400만 명의 무슬림 수가 어떻게 해서 산출된 수인지에 대해서는 검토가 필요할 것이다. 사실 지난 2005년 '프랑스 소요' 당시 국내 혹은 국외 신문에서는 꾸준히 무슬림 이민자 수를 500만 혹은 600만으로 적시하였다. 이에 대해 프랑스의 유명 인구학자인 미셸 트리발라(Michèle Tribalat)는 500만 혹은 600만 설說을 하나의 허구로 지적하며 370만 설을 제기하였다. 그녀에 따르면, 최근 20년 내 프랑스 내에서 일부 인사들에 의해 무슬림 숫자가 배로 증가했다고 한다. 트리발라에 따르면 이러한 과대 포장은 이슬람혐오주의를 선동[12]하기 위함이라는 것이다.

그러면 왜 이러한 상이한 수치가 지속적으로 제시되고 있을까? 프랑스에서는 1872년부터 인구조사 때, 특정인이 어느 종교를 믿는지 조사하는 것이 금지되었다. 더 나아가, 그들의 인종적 기원을 밝히는 것이 금지되었다.[13] 그 결과 이에 대한 공식적 통계는 거의 존재하지 않으며, 무슬림의 숫자를 알기 위해 인구학자와 사회학자는 '이슬람 문화권 출신 이민자'들을 셀 수밖에 없는 것이다.[14] 그렇지만, 외국 출신 '프랑스인'에 대한 구체적인 정보 또한 부족하기 때문에,[15] 일부

---

12) *L'Express* du 4 Décembre 2005.

13) *L'Express* du 4 Décembre 2005. 이는 미국에서 인구조사 때 '백인' '흑인' '히스패닉' 등에 표시를 하는 것과 뚜렷한 차이가 있다. *Le Monde* du 15 Novembre 2005.

14) *L'Express* du 4 Décembre 2005.

15) 부모의 국적을 알기 위한 정보 수집행위도 '정보처리 자유 국가위원회'의 승인을 얻어야만 하며 경찰, 법원은 자신들이 이용하고 있는 자료조차 보

학자들은 서로 다른 자료들을 이용함으로써 상이한 수치를 제시했던 것이다. 이는 어느 누구도 검증할 수 없는 것이 현실이다.[16]

이러한 현실을 타개하기 위해서, 일부 인구학자들은 '국립통계청(L'INSEE)'에 여러 차례에 걸쳐 탄원하였고, 이에 '국립통계청'은 1999년의 인구조사를 시행하면서 38만 481명의 익명을 표본으로 하여 부모의 출신국가를 알려주는 형태로 가구조사를 실시하였다. 그럼으로써 인구학자들은 처음으로 3세대에 대한 구체적 자료를 이용할 수 있었다.[17] 트리발라는 이 자료로부터 프랑스에 거주하는 외국출신자의 인구통계, 이슬람이 지배적인 나라 출신의 이민자 수와 그들의 후손의 수를 작성할 수 있었다. '혈통에 의해 무슬림인 것으로 추정되는 사람'의 수는 '공식적인' 무슬림 수보다 훨씬 적었다. 프랑스에는 500-600만 명의 무슬림이 있는 것이 아니라, '아마도' 무슬림의 수가 단지 370만 명일뿐이다. 이 수치는 이민 1세대와 2세대가 각각 170만 명, 그리고 3세대가 30만 명 미만으로 구성되어 있다.[18] 또 다른 연구자 마이야르의 평가도 이와 비슷하다. 그는 북아프리카 출신을 대략 300만(알제리계 150만, 모로코계 100만 나머지는 튀니지계), 터키출신을 35만, 사하라 이남 아프리카 출신을 25만 정도로 추산하고 있다. 그 외 중동(이란, 쿠르드, 기타 중동국가) 출신들이 있다.[19] 2000년대 프랑스에 들어오

관할 수 없다. *Le Monde* du 15 Novembre 2005. 게다가 1978년 1월 6일의 법은 민족 혹은 인종에 관한 데이터 수집을 금지하고 있음을 상기하자.

16) *L'Express* du 4 Décembre 2005.

17) *Ibid.*

18) 1995년 실시된 '국립인구청(L'INED)'의 조사에 따르면, 무슬림의 약 3분의 1이 정기적으로 모스크(이슬람사원)에 가는 신자로 추정되었다. *Ibid.*

19) Dominique Maillard, "The Muslims in France and the French Model of

는 외국인의 가장 커다란 공급원은 프랑스 정부가 인정하는 '가족재결합'이다.[20]

그럼에도 불구하고 300-400만의 무슬림 이민자 수는 한 국가 내에서 결코 작은 수가 아니다. 더욱이 무슬림 이민들은 대체로 공동체를 구성, 집중적으로 모여 살고 있으며, 대체로 열악한 삶을 살고 있다. 이들 이민자들의 사회 경제적 문제를 개략적으로나마 검토해 보는 것이 필요할 것이다.

2). 이주 그리고 정착

2차 대전 이후 프랑스에 가장 많이 입국한 이민자들은 알제리인들이다. 이들의 입국자 수는 1946년 2만 명, 1954년 21만 1천 명에서, 1962년 35만 명, 그리고 1974년 71만 명으로까지 급속히 증가했다.[21] 대전 후, 알제리인들은 프랑스와 알제리 사이를 자유롭게 통행할 수 있었고, 일단 그들이 프랑스에 거주한다면 이미 동화에 의해 프랑스 시민권을 보유하고 있었기 때문에 시민권을 별도로 신청할 필요가 없었다. 이와 같은 알제리인에 대한 프랑스의 예외적인 조치는 양차 대전을 통해 알제리인들이 보여준 '헌신적인 도움' 때문에 정당화 되었다.[22]

Integration," *Mediterranean Quarterly*, vol. 16, no. 1(Winter 2005), p. 62.

20) *Ibid.*, p. 67.

21) Ralph Schor, "L'immigration en France au XXe siècle: Tendance d'ensemble," *Historiens and Géographes*, no. 383(Juillet-Août 2003), p. 247; Claude Liauzu, "L'immigration maghrébine et le poids colonial," p. 336.

22) Maillard, "The Muslims," p. 64.

한편 알제리인을 제외하고 '무슬림으로 간주될 수 있는 노동력'을 일별해 보면, 1974년 기준으로 모로코인이 26만 명, 튀니지인이 14만 명인데, 여기에 터키인 5만 명과 8만 명의 유고슬라비아인까지 덧붙일 수 있을 것이다. 이는 프랑스에서 '무슬림으로 간주될 수 있는 이민자'가 1974년 현재 이민자 전체의 86%를 차지함을 보여준다.[23)]

이러한 추세는 1974년 오일쇼크로 인한 경제위기가 오기 전까지 지속된다. 이는 주로 프랑스 경제의 팽창, 프랑스 젊은이들의 학업기간 연장, 1956년 50만 명의 남성노동력을 '마비시킨' 알제리 전쟁, 그리고 노동력 필요성의 증대로 인해 불법입국자를 묵인한 프랑스 당국의 방임주의, 여성 및 가족 이민의 비약적 발전에 기인한다고 볼 수 있다.[24)] 하지만, 1974년부터 시작되는 경제적 어려움으로 공권력은 다양한 조치를 매우 엄격하게 적용하여 이민자 수를 억제하였다. 이미 1971년 12월 프랑스-알제리 협약으로 매년 25,000명으로 이주 할당이 감소되었으며, 1973년 9월에는 남불에서 일어난 일련의 인종주의적 사건으로 인해 알제리 정부가 일시적으로 노동력 공급을 중지시키기도 한 바가 있다. 그렇지만 1974년 7월 프랑스 당국은 긴급하게 이민의 일시적 중단이라는 중대 조치를 결정했다. 즉, 프랑스 정부는 유럽공동체 소속 국민을 제외하고는 일체 외국인에게 노동허가를 내주지 않았다. 한편 기존 체류 외국인을 출국시키기 위해 '당근책'으로 1만 프랑의 귀국보조금이 제시되었지만 그 결과는 만족스럽지 않았다. 일부 외국인은 이 제시를 받아들였지만, 그들은 대부

---

23) Schor, "L'immigration," p. 247.
24) *Ibid.*

분 프랑스 정부가 원했던 마그레브인들이 아니라 포르투갈인이거나 에스파냐인이었다. 그렇지만 이러한 노력의 결과 프랑스 내 이민자 수는 상당 기간 안정화될 수 있었다. 다음의 수치가 이를 잘 보여준다.[25)]

연도	프랑스 내 외국인 수
1975	3,442,000
1982	3,680,000
1990	3,580,000
1999	3,263,000

전반적으로 볼 때, 알제리 이민자는 프랑스 정부의 이와 같은 이주 제한 조치에도 불구하고 크게 줄어들지 않았다. 한편으로는 이민 2세대의 수가 늘어났으며, 다른 한편으로는 프랑스 국적을 취득하는 자들이 늘어났다. 통계상으로 볼 때, 알제리 이민자의 수가 줄어든다고 해도 실제로 알제리계 이민자 수가 줄어들었다고 보기는 어렵다. 이에는 상대적으로 관용적인 국적법이 한 몫을 했다. 특히 1998년의 '엘리자베스 기구법(la loi Guigou)'으로 프랑스에서 태어난 외국인의 아이들은 프랑스 국적을 자동적으로 부여받았기 때문에 그 수가 실제로 줄어들었다고 볼 수 없다.[26)] 프랑스 국적을 가진 알제리 출신 프랑스인이 1980년대에 약 40만 명이었는데, 이들 가운데 3분의 2는

25) *Ibid.*
26) *L'Histoire*, no. 229(Février 1999), p. 40.

프랑스에서 태어난 이민 2세대들이다.[27)]

그러면 알제리인으로 대표되는 이들 마그레브인들은 어떠한 환경에서 어떠한 삶을 살고 있는가? 2005년 가을 프랑스에서 일어난 소요사태가 말해주듯이 이들 마그레브인들은 열악한 환경 하에서 높은 실업에 시달리고 있다. 이들의 주거환경과 고용문제를 간단히 정리해보자.[28)]

잘 알려져 있다시피, 알제리 이주민들은 처음에는 독신으로, 알제리 전쟁 이후에는 주로 가족형태로 프랑스에 이주해 왔다. 독신형태로 프랑스에 거주할 때는 주거환경이 이들에게 그리 커다란 문제로 부각되지 않았다. 그렇다고 결혼 후, 혹은 알제리로부터 가족이 도착한 후에도 주거 조건이 더 나아지지는 않았다. 1966년 6월 내무부 통계에 따르면, 당시 알제리인의 43% 가량이 판자촌에 거주하고 있었다. 이후 공영임대주택인 HLM(Habitation à loyer modéré)에 일부 거주할 수 있었지만 그것도 많은 이들에게 혜택이 돌아가지 않았다. 1980년대가 되어도 여전히 프랑스인들과 이들 이주민들 사이에는 가까운 이웃이 될 수 없는 '경계'가 있었다. 그렇다고 유럽계 이주민들과 비슷한 환경 하에서 같이 살 수 있는 조건도 되지 못하였다. 1980년대 발표된 한 논문에 따르면, 주류 프랑스인의 96%와 유럽계 이민자 90% 이상이 '정상적인' 거주지에서 살고 있었으나, 알제리인이나 모

27) Benjamin Stora et Emile Temime, "L'immigration algérienne," Laurent Gervereau, Pierre Milza et Emile Temime ed., *Histoire de l'immigration en France au XXe siècle*(Paris, 1998), p. 131.

28) 이는 주로 박단, 「2차 세계대전 이후 알제리인의 프랑스로의 이주와 정착」, 『한국프랑스학논집』, 제53집(2006)에 의존하고 있다.

로코, 튀니지인 같은 마그레브인들은 70-80%만이 '정상적인' 거주지에서 머물 수 있었다. 나머지는 임시 숙소를 이용하고 있었다고 볼 수 있다.[29)]

1990년대에 들어와서도 마찬가지였다. 비록 '정상적인' 거주지 비율이 높아졌다고는 하나 주거지의 편의시설 차원에서 본다면 반드시 이들의 거주 환경이 개선되었다고 평가될 수는 없다. 예를 들어, 알제리인 가정의 11% 정도는 목욕탕이나 화장실이 없는 집에서 살고 있고, 16%는 난방이 되고 있지 않으며, 옥내 화장실이 없는 곳이었다. 마그레브인으로서 자기 집을 소유한 자가 드물었음은 어느 정도 이해할만하다고 하겠다.[30)]

이러한 주거환경만 문제되는 것은 아니다. 마그레브인들은 앞에서도 언급하였듯이 높은 실업에 시달렸다. 애당초 프랑스에 이주해 온 노동력이 특별한 기술이 없는 농촌노동자들과 같은 '준비되지 않은' 노동력인 경우가 많았기 때문에 더욱 그러하였다. 알제리인의 경우를 살펴보면, 1955년에는 알제리 노동자 가운데 5%만이 숙련노동자이고, 71%는 단순노동자이며 24%가 비숙련전문노동자(OS)였다.[31)] 단순노동자와 비숙련전문노동자의 비율은 1975년에는 68.5%로 줄어들고, 1990년 조사에서는 38%로 줄어들며, 숙련노동자는 1975년 19%에서 1990년 36.5%로 증가하였다. 이러한 비율의 변화는 1세대의 종식과 함께 프랑스에서 태어나 교육받은 2세대 3세대의 출현과 관계가

29) Véronique de Rudder, "Le logement des maghrébins," *Les Temps Modernes*, no. 452-453-454(Mars-Avril-Mai 1984), pp. 1957-1959.

30) *Ibid.*, p. 1960.

31) Claude Liauzu, "L'immigration maghrébine et le poids colonial," p. 336.

깊다고 볼 수 있다. 그렇지만 이러한 직업 비율이 그들의 취업률이 프랑스인과 비슷하다는 것을 보여주고 있지는 못한다. 이들의 거주 환경이 그들의 생활수준이 향상되지 못하였다는 것을 충분히 입증하고 있다고 볼 수 있다.

이들은 자신들의 아랍식 이름이나 또 다른 종교 문화적 특징으로 인해 차별에 노출되어 있다. 여기에 더하여 '문명의 충돌'이라 여겨지는 9·11 사건은 이러한 계기를 더욱 악화시켰다. 한 평자에 따르면, 파리지역에서 인터뷰한 두 무슬림 청년이 이 점을 잘 지적하고 있다. "지금까지 충분히 나빴다. 그러나 9·11 이후로는 모든 것이 불가능하게 되었다. 우리가 어떻게 일을 얻을 수 있겠는가? 우리를 경멸하는 사회에 우리가 어떻게 통합될 수 있겠는가?"[32]

3). 종교 문화적 갈등

무슬림 2세대들이 본격적으로 출현하면서 종교 문화적 정체성 문제도 비로소 뚜렷한 문제로 부각되었다. 공립학교에서 1980년대 말 이래 종교 문제를 둘러싼 논쟁이 프랑스 사회의 주요 논점이 되었고, 이는 잘 알려져 있다시피 공립학교 내에서 일부 여학생이 이슬람적인 외양을 하는 문제로 퇴학당한 사건, 즉 '히잡 사건'이다. 이 사건은 1989년, 1994년, 그리고 2003-2004년 서로 다른 방식으로 연속해서

---

32) Mort Rosenblum, "Muslims in France and Beyond See, Terrorism Pushing Them Further to the Margins," *Los Angeles Times*, 24 février 2002, Rémy Leveau et Khadija Mohsen-Finan, ed., *Musulmans de France et d'Europe* (Paris, 2005), p. 137.

제기되었다.[33]

1989년 크레유(Creil)에서 발생한 '히잡 사건'은 '공교육에서 라이시테(laïcité, 비종교성 혹은 정교분리문제)의 원칙이 종교적 신념을 드러내는 학생들의 학교 출석을 용인할 수 있는가'의 문제 즉, 이 사건이 공화국 학교가 띠고 있는 프랑스 사회의 통합 임무에 관한 논쟁과 관련되었다.[34] 많은 프랑스인들에게 히잡은 여성 굴종의 상징으로, 세속영역에서 종교적 선동의 행위로써 간주되었다. 반대 입장에 서 있는 히잡 쓴 여학생들은 자신들이 표현하고 있는 이슬람은 공화국의 가치와 대립하지 않는다고 단언했다. '프랑스인이면서 무슬림'이라는 감정을 가졌기에, 그녀들은 자신들이 전적으로 프랑스 사회에 통합될 의지가 있음을 표명하였다. 이들의 입장에 동조하는 사람들은 프랑스 사회가 이들에게 톨레랑스를 보여줄 것과 함께 이들에게 학습권을 돌려 줄 것을 강조하기도 하였다. 결국, 1989년의 이 사건은 프랑스 사회에 이슬람을 명확히 각인시킨 한편, 많은 프랑스인들에게 이슬람에 대한 커다란 두려움을 야기시켰다. 게다가 이 사건은 이민자 2세들의 정체성 차이를 해결할 학교의 능력, 더 크게는 프랑스 사회가 가지고 있는 문제해결 능력을 명확히 제기하였다. 이는 결과적으로 비종교적 중립성과 사적인 신앙생활의 자유 사이를 국가가 딱 잘라 해결할 수 없음을 보여주기도 했다. 왜냐하면, 히잡 쓴 학생들의 처리문제에 있어 프랑스의 최고행정재판소가 상황에 따라 다른 평가를 권고하였기 때문이다.[35]

---

33) Leveau et Mohsen-Finan, *Musulmans de France*, p. 118.

34) *Ibid.*

35) *Ibid.*, pp. 118-119.

1989년도처럼, 1994년에도 학교는 라이시테의 분쟁 장소였다. 그렇지만 1994년에는 히잡 자체보다도 무슬림들의 지배적 특징과 함께 국제적 사건들의 영향을 더 받았다.[36] 한편 2003년에는 히잡의 착용과 관련된 새로운 공적 논쟁이 제기되었는데, 이전보다 더 격렬하고 더 분리적이 되었다. 라이시테 문제는 더 이상 학교만 관련되지 않았고, 병원, 더 넓게는 다른 공적인 장소와도 관련되었다. 게다가 9·11 이후 새로운 요인이 논쟁에 개입하는데, 히잡은 이제 '문명충돌'이라는 헌팅턴 테제의 한 구성 요소가 되었던 것이다.[37]

이 문제로 야기된 논쟁은 자크 시라크(Jacques Chirac) 대통령의 요청에 따라 '20인 위원회'(2003년)라는 한 위원회가 설치됨으로써 명시적으로 끝난 것처럼 보였다.[38] 그렇지만 라이시테 논쟁은 무슬림 이민자가 존속하는 한 계속될 것이다. 히잡 문제를 포함한 이슬람 문제는 결국 프랑스 사회 내의 라이시테 문제와 밀접한 관계를 맺을 수밖에 없으며, 이는 정교분리 100년의 역사를 뛰어넘어 종교와 학교와의 관계를 다시 부각시킬 수밖에 없다.

프랑스에서 학교는 국가 세속화를 위한 투쟁의 정치적 쟁점인 동시에 상징적 쟁점이다. 교육과정의 세속화와 의무, 무상교육을 규정한 1882년 3월 28일의 법은 오랫동안 공화국 질서 구성의 근본적 요소로써 간주되었으며, 이 법은 그로부터 20여년 후 통과된 1905년의 국가와 종교의 분리를 예기했다. 이는 사실상 개인의 양심의 자유와

---

36) *Ibid.*, p. 119.

37) Jean-Pierre Dubois et Driss El Yazami, "Hidjab, liberté et laïcité," Charlotte Nordmann, ed., *Le Foulard islamique en questions*(Paris, 2004), p. 142.

38) Leveau et Mohsen-Finan, *Musulmans de France*, p. 119.

국가의 중립성을 양립시키는 문제였다. 그 시기의 공적인 주역들은 학교에서 라이시테의 원칙이 존중되기를 원하였다. 즉, 학교는 아이들이 편견이나, 특별한 외양(종교적, 지역특성 등)으로부터 탈피하여 '식견을 갖춘' 개인이 되게 하는 목적을 갖고 있다.[39]

이처럼 공화국은 국민을 동질화시키고 영토를 통일시키려는 소명을 가진 국민교육의 장을 창설하려 하였던 것이다. 그러나 오늘날의 프랑스 라이시테는 앞서 언급한 새로운 형태의 요구 사항에 직면하게 되었다. 그 요구가 문화적이든 혹은 종교적인 것이든 간에, 이 문제는 흔히 정체성 차원에 입각한 것으로, 무슬림이라는 이민 출신의 학생에 달려 있다고 볼 수밖에 없다. 결국, 일부 사람들은 여기에서 라이시테에 대한 위협을 보고, 그것을 방어하기 위한 새로운 법의 제정을 요구하며, 더 나아가서 1905년 법의 엄격한 집행을 요구하게 된다. 한편 다른 사람들, 더 소수는 '새로운 라이시테 협정'이 무슬림 학생들의 요구를 참작하기 위해서 필요하다고 생각한다. 이 모든 문제가 무슬림 이민자, 특히 2-3세대의 프랑스사회로의 통합 및 정체성 문제와 관련된다.

4). '무슬림 이민자'의 프랑스 사회로의 통합

일반적으로 1세기 전부터 벨기에, 이탈리아, 에스파냐, 러시아 혹은 독일에서 프랑스에 이민 온 사람들은 프랑스 사회에 통합된 것으

39) *Ibid.*

로 여겨진다. 즉, 두 세대가 지나서는 옛날부터 프랑스 가정을 이룬 집의 아이들과 이민자의 손자 손녀들을 공적인 영역에서 구분하기는 매우 어렵다.[40] 그렇지만 이러한 과정이 어느 날 갑자기 아무 충돌이나 폭력 없이 완수된 것은 아니다. 또한 이것이 이들 이주민들이 자신들의 원래 출신 국가와의 관계를 끊었다는 것을 의미하지도 않는다. 이들은 자신들 모국어의 사용, 교우관계, 문화적 종교적 전통 등의 관계를 계속 유지할 수 있었다.[41] 이러한 의미에서 이민자들에게는 '통합(intégration)'의 개념이 '동화(assimilation)'의 개념보다 바람직하다고 할 수 있다. 동화 개념은 다른 문화공간에서 취득한 본래의 관습 전체를 포기하는 사람에게 해당되는 것이기 때문이다.[42]

이들 유럽계 이민자들의 프랑스 사회로의 '부드러운' 통합과 달리, 2차 대전 이후에 프랑스에 대규모로 도착한 무슬림 이민자들의 통합 문제는 많은 문제들을 제기하였다. 사실 이민 문제에 대한 본격적인 토론은 무슬림 이민자들이 가족들과 함께 지속적으로 프랑스에 정착하게 되는 시점인 1980년대부터 활발하였다. 우리는 흔히 무슬림 이민자들의 프랑스 통합과 관련하여 이슬람이라는 종교를 문제 삼는다. 그렇지만 단지 종교만의 문제일까? 물론 세속국가를 지향하는 프랑스와 무슬림들 간에 종교에서 오는 갈등도 크지만, 일부 학자들은 양자의 전통, 관습의 차이를 오히려 더 강조하기도 한다. 예를 들어, 가족관계, 여성의 권리 등에 있어 알제리와 프랑스는 확연한

40) Gérard Noiriel, *Le Creuset français*(Paris, 1998), pp. 211-230.
41) Patrick Weil, *La République et sa diversité*(Paris, 2005), p. 48.
42) Richard, *Les immigrés*, p. 6.

차이점이 있다는 것이다. 즉, 이족異族 결혼 시스템을 채택하고 있는 프랑스 사람들에게 동족同族 결혼 부계 모델은 받아들여지지 않는다. 반대로 평등하고 독립적인 여성은 무슬림들의 눈에는 '야만적으로' 보인다.[43] 물론 이들이 프랑스 사회에 제대로 통합되지 못하는 것을 종교 문화에서 찾지 않고 프랑스의 사회 경제적 차별에서 찾는 사람들도 있다. 예를 들어, 그들은 2005년 가을 프랑스 이민자 소요의 원인을 이슬람이라는 종교문제에서 찾지 않고 사회문제로 보고 있는 것이다. 즉 그들은 많은 이들이 생각하는 양자 간의 "가치 충돌이 이 문제의 핵심"이라는 주장을 비판한다.[44]

이처럼, 종교, 문화 그리고 사회경제적 요인에서 무슬림 이민자들이 프랑스 사회에 제대로 통합되지 못하는 원인을 찾을 수도 있지만 다른 한편으로는 프랑스의 통합 방식에서 그 문제점을 찾을 수도 있다. 주지하다시피 프랑스는 전통적으로 동화주의 정책을 이민자 통합 모델로 삼아왔다. 그러나 무슬림 이민자의 경우 특히 동화주의 패러다임에 의문이 생기면서 1980년대 일부 좌파에서는 '다를 권리'를 주장하였다. 그렇지만 프랑스인들에게 이는 다른 나라에서 시행되는 다문화주의 정책을 연상케 하였[45]는데, 공화국의 입장에서 다문화주의 정책은 곧 공동체주의와 마찬가지였다. 공화국은 국민국가

43) Maillard, "The Muslims," pp. 70-73.

44) Yvonne Yazbeck and Michael J. Balz, "The October Riots in France: A Failed Immigration Policy or the Empire Strikes Back?," *International Migration*, vol. 44(2)(2006), p. 24.

45) Virginie Gauiraudon, "Immigration Politics and Policies," Alistair Cole, *Developments in French Politics 3*(New York, 2005), p. 156.

의 중앙집권화, 지속성 그리고 통일성을 추구하였기 때문에 공동체주의를 '악마화'하였다. 사실, 프랑스 공화국은 그동안 어떠한 집단이든 간에 인종적, 민족적 혹은 종교적 정체성을 내보이는 집단에 대해서는 어떠한 권리도, 어떠한 적법성도 부여하지 않았다. 프랑스의 헌법은 단일하고 분리될 수 없는 사회 내에 '소수'를 인정하는 것을 금지하였던 것이다. 그렇기에 프랑스에서는 통합이라는 용어 자체가 동화주의적 사고를 감추고 있으며, 프랑스의 무슬림 혹은 유대인들에게 그들 종교축제를 축하하기 위해 휴가를 준다는 생각은 여전히 제도적으로 인정되지 않았다. 달력에는 오직 가톨릭 성인 축일만 표기되어 있다는 것을 유념할 필요가 있다. 프랑스는 '소수'라는 용어를 언급하는 협정이나 조약을 거부한다.[46)]

이러한 상황에서 이민자 통합에 관한 프랑스 정부의 공식정책은 1973년 외국인 노동자 고용을 금지한 이래 최근까지 거의 변한 것이 없다. 즉, 그것은 첫째 엄격하게 이민을 규제하고, 둘째 합법적 이민자들을 프랑스 사회에 통합시키는 것이었다. 매년 10만 명 정도의 합법 이민은 거의 변화가 없었으며, 이들은 주로 '가족재결합정책'의 결과였다. 그렇지만 1980년대 중반 이래, 좌파와 우파는 비EU국가 이민의 입국을 거부하고, 인도주의적 이민(가족재결합 및 정치망명자들)의 입국 및 거주를 더 어렵게 하는데 암묵적 동의를 했다고 볼 수 있다. 더욱이 민족전선의 약진이 이들의 정책에 영향을 미쳤다. 우파는 법과 질서를 강조하여, 그들의 국경봉쇄 능력을 보여주려 노력하였고,

46) Leveau et Mohsen-Finan, *Musulmans de France*, p. 136.

좌파는 노동자계층, 특히 젊은이 및 실업자의 표를 민족전선에게 빼앗기는 문제 때문에 그들이 이민 통제에 느슨하다고 느껴질 것을 두려워하였다.[47] 그러한 결과 상 -파피에들(sans-papiers, 체류허가를 얻지 못한 불법체류자들)이 양산되었다.[48]

이처럼 대체적으로 프랑스 이민 정책은 매우 엄격하며, 프랑스 정부는 불법이민을 용납하지 않는다고 반복해서 주장하고 있다. 그 결과 사람들은 이민자들이 환영받지 못하는 존재라고 믿게 되고, 이것은 이민자 통합을 더 어렵게 하는 측면이 있었다.[49] 1990년 정부에 이민문제에 관해 조언하는 '통합고위위원회'가 출범하였는데, 이 위원회는 통합의 목적에 대하여 "통합은 모든 사회분야에서 모든 사람이 활발히 참여할 수 있도록 해야 한다. 사회결속이 보장되도록 … 문화적 특수성이 여전히 지속될 수 있다는 것이 진정으로 받아들여져야 한다."[50]고 정의를 내렸다. 이 정의는 '차이'에 대한 톨레랑스와 '사회결속'에 대한 필요성 사이의 불완전한 균형을 균형 잡히게 하려 하였다. 실제로, 이 정의는 다문화주의보다는 '새로운 얼굴의 동화주의'를 합법화하였다.[51] 이 위원회가 내놓은 프랑스 통합모델의 기본 원칙은 다음과 같다.

---

47) 박단, 「현대 프랑스사회의 인종주의」, 『서양사론』, 70집(2001); Virginie Gauiraudon, p. 157.

48) 1997-2002년 사이의 사회당 정부는 약 75,000명의 상 -파피에를 합법화시켜 주었다. 우파는 이러한 조치에 거부감을 가지고 있다. *Ibid.*, p. 158.

49) *Ibid.*

50) *Ibid.*, p. 159.

51) *Ibid.*

- 통합되는 것은 개인에게 달려있다 : '문화적 특수성'은 사적영역에서 가장 잘 드러난다. 그룹의 권리, 차이에 대한 공공의 인정은 확보될 수 없다.
- 통합과정의 정점은 프랑스 국적의 획득이다: 시민권 획득은 상대적으로 개방되어 있다. 역으로, 국적과 시민권을 분리하는 개혁은 권고되지 않는다. 가령, 지방자치 투표권의 확대나 외국인에게 선거권을 부여하는 것 등은 권고되지 않는다.
- 통합은 평등의 개념과 철저하게 연결되어 있다: 모든 정책은 전체 사회구성원에게 평등한 기회와 조건을 보장하는 것을 목적으로 한다.[52]

실제에 있어 이러한 원칙들을 조화시키는 것은 쉽지 않다. 프랑스의 통합모델은 그룹보다 개인을 인정하는 방식이기 때문에 이러한 방식은 미국과 같이 소수민족우대정책(discrimination positive)을 정당화하기 어렵게 한다. 사실 2004년 1월 당시 내무부 장관 니콜라 사르코지가 알제리 출신의 데르무슈 교수를 쥐라 도道의 도지사로 임명한 것도 이러한 조치의 일부였지만 많은 반발이 있었다. 그럼에도 불구하고, 개인적 통합모델의 근간조차 뒤흔든 것은 이민자들에 대한 차별 현상이다. 그러한 의미에서 통합정책이 효율적이기 위해서는 차별에 대한 투쟁을 우선순위로 두어야 했으며,[53] 이를 위해서는 공화국 원칙에 충실한 이민정책의 추구를 고려해야만 했다. 1997년 사회

52) *Ibid.*
53) Richard, *Les immigrés*, p. 7.

당 정권이 다시 정권을 차지함으로써 좌파정권은 '차별에 맞선 투쟁'으로 재구성된 통합정책을 펴기 시작하였다. 리오넬 조스팽(Lionel Jospin) 정부는 이러한 정책이야말로 모든 사람에게 동등한 기회를 제공할 수 있는 유일한 방법이라고 주장하였다.

여기에서 강조할 점은 이민정책에 있어 무게 중심이 '통합'에서 '반차별'로 넘어간 점이다. 이것은 문제의 책임소재가 이민자에게서 이민자를 받아들이는 사회 혹은 국가로 옮겨갔다는 것을 의미한다. 즉, 통합모델은 통합되는 것 혹은 통합되지 않는 것이 개인에게 달려 있다는 것인데, 이민자가 통합에 실패한 것에 대해서 그들을 받아들인 사회는 거의 책임이 없음을 보여주는 것을 의미한다. 그러나 이 새로운 패러다임 즉 '반차별정책'을 취하게 되면, 이는 프랑스의 제도와 개인이 이민자의 상황에 책임이 있게 되는 것이다. 프랑스 사회제도는 그들이 시민권자이건 아니건, 그들의 사회적 계층과 관계없이 이민자에 대한 프랑스 사회의 차별적 태도를 제거하기 위해 변화되어야만 했다. 더 이상 새로운 이민자의 통합을 위해서 행동하기보다, 차별에 반대해서 투쟁해야 하기에, 공권력은 새로운 정책 개발이 필요하게 된다. 좌파 정부는 '차별에 반대하는 전문가 집단(Groupe d'Etudes et de Lutte Contre les Discriminations)'을 구성하였다.

그렇지만, 2002년 좌파의 지지로 당선된 시라크 대통령은 이러한 정책을 확고하게 추진하지 않았다. 약 80%의 지지율로 재선된 시라크는 민족전선에 맞서, 비관용, 외국인 혐오 경향에 맞서 투쟁하기로 결의하였으며, 북아프리카계 젊은 여성을 장관으로 임명함으로써 그 의지를 보였지만, 실제로는 변화와 지속 양 측면을 고려하였다. '반차별정책'은 여전히 의사일정에 있었으나, 이민자 개인이 통합에 책임이 있다는 동화주의 모델로의 회귀가 매우 명백하였다.

2002년 사회문제 장관 프랑수아 피용(François Fillon)은 새로운 이민자들에게 '통합 계약(contrats d'accueil et d'intégration)'이라고 불리는 제안서를 제시했다.[54] 이 형식은 네덜란드가 프랑스의 통합모델에 고무받아 1994년에 실시한 형식이다. 계약은 이민자의 권리와 의무를 강조한다. 한나절동안 프랑스 사회에 대한 필름을 보여주고 공화국 원칙에 대하여 브리핑한다. 이것은 그들이 프랑스어를 배워야 하며, 그들에게 일을 제공하는 프랑스의 가치를 기꺼이 받아들여야 하고, 프랑스의 복지정책에 의존하지 말아야 한다는 것을 뜻한다.[55] 이민자들은 다시 동화되지 않는 것으로 의심받게 되었으며 단지 일부만이 '가치가 있는' 이민자로 환영받았다. 니콜라 사르코지(Nicolas Sarkozy)가 대통령이 된 이상 이러한 정책은 더욱 확고해 질 것이며, 이민정책도 '선별 이민(immigration choisie)'을 추구하는 방식으로 전개될 것이다.

---

54) www.maire-info.com le 25 Octobre 2002.

55) 500시간의 프랑스어 강습이 이들에게 부과되었지만 2006년 신규이민자 15만명 가운데 1/3만 프랑스어 강습에 등록했다. 이는 신규이민자 대다수가 불어권 지역 출신임을 뜻한다. Christian Joppke, "Transformation of Immigrant Integration in Western Europe: Civic Integration and Antidiscrimination Policies in the Netherlands, France and Germany," p. 11. 위의 발표문은 욥커 교수(American University of Paris)의 특별초청강연(한성대학교 이민인종문제연구소, 2007년 6월 4일)에서 발표된 미간행 원고이다.

3 | 연구동향

프랑스 이민사 연구는 크게 보아 20세기 전반全般에 관한 연구, 2차 세계대전 이전에 관한 연구 그리고 2차 세계대전 이후 무슬림 이민자에 대한 연구로 대별될 수 있다. 본고에서는 2차 세계대전 이후 프랑스에 유입된 마그레브 이민자만을 고려 대상으로 하기에 이와 관련된 연구에 초점을 맞출 것이다.

일반적으로 프랑스의 이민사 연구, 특히 마그레브 이민자에 대한 연구는 1980년대 이전만 해도 그리 활발한 분야가 아니었다. 프랑스에서 이민사가 활발할 수 있었던 이유 가운데 하나로 극우정당의 성장을 들 수 있다. 특히 민족전선의 외국인 혐오 정강정책은 이러한 연구를 더욱 자극하였다. 이들은 우선적으로 북아프리카 이민자들이 프랑스의 민족정체성에 커다란 문제를 일으킨다고 보았다. 즉 프랑스 전통과 문화에 커다란 위험요소로 작용할 것이라는 주장이다. 한편 1990년대 이후 무슬림 이민자들의 2세대 혹은 3세대 문제들은 프랑스 사회에 더욱 커다란 충격을 던졌다. 2005년도 가을 파리 방리유에서 시작된 전국적인 소요사태는 프랑스의 이민자 문제가 더 이상 방치될 수 없음을 보여주었다. 이와 관련되어 처음에는 주요 언론들이, 이후에는 많은 지식인들이 관심을 보였다. 이제 프랑스의 이민문제는 더 이상 '역사'가 아니다. 이는 역사인 동시에 현실이고 또한 미래의 과제이다.

우선 마그레브 이민자에 관한 전반적인 연구 경향을 살펴보고, 앞서 연구개황에서 소개한 것을 고려하여 몇 가지 테마별로 나누어 그 추세를 쫓아가 보자.56) 이민사와 관련하여 10년 전까지만 해도 가장 특기할만한 기획은 밀자와 테밈므의 주도하에 1998-1999년에 국제현대자료도서관(B.D.I.C.)에서 개최된 전시회였다. 그 제목이 『全프랑스』인데, 이것은 복수의 기원을 갖는 하나의 프랑스라는 의미를 포함하고 있다.57) 이 기획은 1998년 한 권의 책으로 출판되었으며,58) 크게 두 개의 장으로 구분되어있다. 첫 번째 장은 '프랑스를 만든 사람들'이며, 두 번째 장은 '배제에서 통합까지'이다. 이 연구에는 오늘날 프랑스이민에 대한 대표적인 연구자들이 대거 참여하고 있으며, 이민사 연구경향을 알려주는 참고문헌이 주제별로 잘 정리되어 있다.

이와 함께 소개할 만한 연구업적으로 필립 드비트가 편집한 『이민과 통합』이 있다. 이 책은 위의 저술이 이민자들을 출신국가별로 정리하고, 통합문제를 살펴본 데 비하여, 이민의 다양한 정의, 이민의 상징성 그리고 이민자를 둘러싼 토론과 전망을 덧붙였다. 예를 들면, 이민자 문제가 야기하고 있는 라이시테 문제, 소수민족우대문제, 인종주의 문제 그리고 다문화주의 문제들을 위해 각기의 전문가들이 총동원되었다.

위의 저술들이 21세기가 시작되기 직전에 출간된 대표적 연구들이라 한다면, 새 세기에 들어서면서 이민 문제, 특히 무슬림 이민

---

56) 본고에서는 가급적 프랑스의 이민사 전반을 다룬 연구 성과는 생략하겠다. 개략적인 연구동향은 박단, 「프랑스 이민사 개관 및 연구동향」 참조.

57) M.-C. Blanc-Chaléard, "Des logiques nationales aux logiques ethniques?" *Le Mouvement Social*, no. 188(Juillet-Septembre 1999), p. 5.

58) L. Gervereau, P. Milza et E. Temime, ed., *Toute la France: Histoire de l'immigration en France au XXe siècle*(Paris, 1998).

문제는 더 많은 주목을 받고 있다. 이는 미국에서 일어난 2001년의 9·11 '테러', 연이어서 일어난 이라크 전쟁과 같은 국제적 분쟁뿐만 아니라 2003년 새로이 주목을 받게 된 '히잡 사건' 등이 무슬림 이민자 2-3세대들의 정체성 문제에 커다란 영향을 미쳤기 때문일 것이다. 게다가 '히잡 사건' 등이 정교분리 법안(1905년 12월 9일 법) 100주년과 맞물리게 되면서 무슬림 이민자의 종교문화가 프랑스인들의 많은 관심의 대상이 되었다. 이러한 배경 하에서 2000년대 초 프랑스에서 발간된 세 권의 책이 주목된다.

첫째는 쟈닌 퐁티(Janine Ponty)가 정리 분석한 『텍스트로 본 프랑스 이민, 1789-2002』[59]이다. 이 책은 프랑스혁명부터 오늘날까지 이민, 시민권 문제와 관련된 주요 법안 및 헌법조항뿐만 아니라 유관단체에서 발표한 강령, 심지어는 주요 정치인들의 발언록까지 정리 분석하고 있다. 비록 1945년 이후에 집중된 것은 아니지만, 이 책은 프랑스에서 외국인, 이민 특히 시민권 문제가 어떠한 변천과정을 거쳐 왔는지 1차 사료를 통해 생생하게 살펴볼 수 있는 몇 안 되는 사료집 가운데 하나이다.

두 번째는 철학, 정치, 역사문제를 주로 다루는 잡지 『씨떼』에서 2004년에 특별호로 발간한 『프랑스에서의 이슬람』이다.[60] 이 특별호는 본 잡지의 편집주간인 이브 샤를르 자르카(Yves Charles Zarka)가 대표 편집을 맡았고, 누려 76명의 관련 분야 학자가 참여하였으며, 분량이 약 800페이지에 달하는 대작이다. 자르카는 파리 1대학에서 근현

59) *L'immigration dans les textes: France, 1789-2002*(Paris, 2003).
60) *Cités: Islam en France*. Hors Série(Paris, 2004).

대 정치철학을 전공한 학자로 2005년 정교분리 문제를 다룬 저서 『1905년 법을 개정해야 하는가?』[61]를 책임 편집한 바 있다. 『프랑스에서의 이슬람』은 그야말로 히잡 문제로 인하여 프랑스에서 무슬림들의 정체성 문제가 한창 도마 위에 올라 있을 때 준비되고 발간된 책이다. 2003년에는 시라크 대통령의 지시에 따라 스타지를 위원장으로 하는 '20인 위원회'가 구성되었다. 대통령은 이 위원회를 통해 정교분리원칙을 명분으로 이슬람계 여학생들의 교내 히잡 착용을 금지하거나 혹은 이들이 거절할 경우 퇴학까지도 불사해야 하는지 조언을 얻고자 했다. 그 만큼 프랑스 내에서는 무슬림 2-3세대의 종교문화적 정체성 문제가 뜨거운 감자로 대두되고 있었다. 이 책의 주제는 시의성 있게 프랑스 내 이슬람에 대해 약 10개 정도의 주제를 정하여 기술하고 있다. 어떻게 보면 이 책은 엄격한 의미의 이민사는 아니지만 프랑스 내 다수인 무슬림 이민자들을 이해할 수 있도록 다양한 주제로 접근하고 있다.

가장 먼저 다룬 것은 프랑스에 이슬람 신자가 대략 몇 명이나 거주하고 있는가의 문제이다. 이미 앞서 언급한대로 이 방면의 선구자는 트리발라 여사이며, 그의 연구결과는 앞서 소개된 바 있다. 다음으로는 프랑스 내 이슬람의 공식단체인 '프랑스 무슬림 대표회의(Le Conseil Français du Culte Musulman)'[62]의 구성이 프랑스에서 소위 이슬람 문제를

---

61) *Faut-il réviser la loi de 1905?*(Paris, 2005).

62) CFCM이 약칭인 이 단체는 프랑스의 주요 이슬람 단체인 '파리대사원'(la Mosquée de Paris, 친 알제리), '프랑스 무슬림 전국연맹'(Fédération nationale des musulmans de France, 친 모로코), '프랑스 이슬람 조직연합'(Union des organisations islamiques de France, proche des Frères musulmans 원리주의

해결할 수 있는 하나의 방책이 될 것인가 아니면 오히려 하나의 문제거리인가를 다루고 있다. 이 단체는 니콜라 사르코지 신임 대통령이 내무부장관 시절 나름대로 프랑스의 이슬람 문제를 해결하고자 모스크별로 사분오열되어있는 이슬람 단체들을 하나의 대표체를 구성케 해 만든 단체이다. 모스크별 입장에 따라 이 단체를 하나의 구심점으로 인정하기도 하지만, 좀 더 급진적인 단체의 입장에서 보면 이는 정부의 상대역할을 하며 '프랑스의 이슬람'을 추구하는 보수적 태도를 취한다고 볼 수 있다. 그 외, 이슬람에서의 여성문제, 이슬람의 자금문제, 유럽의 이슬람화 전략 등이 눈에 띤다.

세 번째로 주목할 것은 학술지 『역사가와 지리학자』의 '프랑스 20세기 이민' 3부작이다. 2003년 7월부터 2004년 1월까지 발간된 383-385호는 이반 가스토(Yvan Gastaut)와 랄프 쇼(Ralph Schor)가 책임 편집을 맡고 있다. 가스토는 『프랑스 제5공화국 이민과 여론』[63]의 저자로 프랑스 내 무슬림 이민 전공자 가운데 하나이며, 쇼는 양차 대전 사이 이민사에 정통한 학자이다. 첫 호에서는 20세기 이민사 전반을 소개하고 출신별 이민자로 나누어 이민사를 정리하고 있다. 벨기에, 이탈리아, 에스파냐 등 서구뿐만 아니라 동유럽, 집시, 아르메니아, 북아프리카 그리고 블랙 아프리카도 포함하고 있다. 일종의 서론인 셈이다. 두 번째 호에서는 좀 더 주제를 세분화했다. 우선 주요 지역별 이민사를 개관한다. 예를 들면, 파리지방, 로렌시빙, 남서부지방, 마르세유, 알프스-마리팀 지방 등이 그 대상이다. 다음으로는 20세기

파) 등으로 구성되어 있다.

63) *L'immigration et l'opinion en France sous la Ve République*(Paris, 2000).

이민사의 주요 주제를 다룬다. 「알제리 이민 2세대와 알제리 전쟁의 표상」(벤자민 스토라) 등이 그것이다. 마지막 호인 세 번째 호에서도 20세기 이민사의 주요 주제가 계속된다. 주로 2차 세계대전 이후의 주제를 다루는데, 「방리유의 이민자와 좌파들」, 「공공정치와 여론 사이의 이민」, 「언어로 본 극우파」 등이 다루어진다. 다음 주제는 통합문제이다. 「통합에 대하여」, 「가족과 이민」, 「이주민의 주거」, 「이민자와 학교」, 「이민자 자녀의 취학」, 「인종주의」, 「히잡 사건」 등이 통합과 관련하여 기술된다. 가족, 학교, 인종주의, '히잡 사건' 등이 무슬림 이민자들의 통합 문제와 직결됨을 보여주고 있다.

이제 비교적 최근에 나온 마그레브 이민자 관련 연구 성과를 살펴보자. 전반적으로 보아, 마그레브 이민자에 관해서는 이슬람 전문가들의 연구와 이민사 전문가의 연구로 대별해 볼 수 있을 것이다. 여기에서 특별히 지적해야 할 것은 대상이 무슬림 이민자들이다보니, 인종주의 혹은 외국인 혐오문제 등 사회문제와 무슬림 이민자 문제가 별개로 다루어지기 힘들다는 점이다. 즉, 2차 대전 이후의 이민사 연구는 대체로 인종문제를 함께 다루고 있다고 보아야 할 것이다.

일반적으로 이슬람 연구자들 가운데 마그레브 이민자 전문 연구자들로는 브뤼노 에티엔느(Bruno Etienne), 질 케펠(Gilles Kepel), 조슬린 세자리(Jocelyne Cesari), 모앙 케릴(Mohand Khellil), 두니아 부자르(Dounia Bouzar) 등을 들 수 있다. 그 가운데에서 에티엔느와 케펠은 프랑스 내 이슬람에 관한 선구자 그룹에 속한다. 에티엔느는 카이로, 알제리, 이스탄불 등에서 강의한 경력이 있을 정도로 이슬람 자체에 정통한 학자로 알려져 있다. 그의 수많은 저술 중에 우리에게 가장 잘 알려진 것은 『프랑스와 이슬람』(1989)[64]이라는 책이다. 사회당 출신의 미테랑 대통령이 막 2기 대통령직을 시작하고, 극우파 정당 민족전선이 무슬림 이민문제 때문에 선거에서 두각을 나타나기 시작할 때인 이 당시만 해도 프랑스와 이슬람의 관계를 본격적으로 연구한 몇 안 되는 연구서로 알려져 있다. 그에 걸맞게 이 책에서는 프랑스와 이슬람 간의 기본적인 내용들이 주를 이루고 있다. 프랑스에서 이슬람이 의미하는 것은 무엇이고, 프랑스 내 무슬림을 구성하는 사람들의 특징, 그리고 이슬람과 라이시테처럼 앞으로 제기될 수 있는 문제점들을 잘 정리하고 있다. 브리노 에티엔느와 더불어 프랑스 내 이슬람 전문가로 손꼽히는 또 한 명의 학자가 질 케펠이다. 그는 사회학, 정치학 두 분야에 박사학위를 갖고 있는 이슬람과 아랍세계에 정통한 정치학자이다. 그의 저서 가운데 우리 주제와 특히 관련되는 것은 『이슬람의 방리유들』[65]과 『알라의 서방에서』[66]이다. 전자는 프랑스에서 이슬람이라는 종교가 무슬림 이민자들에 의해 방리유에서 어떻게 처음 토착화되는 가에 대해 집중적으로 소개하고 있다. 이 책은 프랑스 무슬림과 관련된 다양한 주제를 소개하고 있는데, 그 가운데에서도 특히 무슬림 이민자들에 대한 인터뷰와 통합 문제에 많은 장을 할애하고 있는 것이 특징이다. 후자에서 케펠은 미국의 말콤엑스(Malcolm X), 영국의 루시디 사건과 함께 프랑스 내 이슬람 구국전선(FIS), '히잡 사건' 등을 예로 들며 점차 이슬람의 영향을 크게 받는

64) *La France et l'islam*(Paris, 1989, 1991).
65) *Les Banlieues de l'islam: Naissance d'une religion en France*(Paris, 1989).
66) *A L'ouest d'Allah*(Paris, 1994).

서양의 주요 국가들을 분석하고 있다.

그 외 이슬람에 대한 신진학자로 조슬린 세자리를 들 수 있다. 세자리는 프랑스 및 유럽의 무슬림에 관해 여러 권의 저서를 이미 출간한 바 있는데[67], 그녀의 초기 저서 중 『무슬림과 공화국』[68]에서는 무슬림 이민자 2세 문제에 집중하며, 이슬람이 어떻게 무슬림 이민자들의 프랑스 사회로의 통합 수단이 될 수 있는지를 고민하고 있다. 그녀의 저서 중 가장 최근 출간된 『서구에 맞선 이슬람』[69]에서는 유럽과 미국의 이슬람과 무슬림 이민자들의 특성뿐 아니라 이슬람의 사이버 공동체 및 초국가적 이슬람 지도자까지도 분석적으로 고찰하고 있다. 한편, 프랑스인 어머니와 알제리인 아버지 사이에서 태어나 마그레브 이민자를 상징하는 '이슬람'과 프랑스를 상징하는 '공화국'의 타협을 추구해 온 부자르는 프랑스인들이 이슬람에 대해 갖는 오해를 해소하기 위해 많은 저술 활동을 하였다. 이는 제3자 입장에서 이슬람과 공화국의 각자 주장들을 접해온 우리들에게 유용하다. 그녀의 저술 가운데 『미스터 이슬람은 존재하지 않는다』[70]와 『히잡 쓴 여자와 그렇지 않은 여자』[71] 등이 주목할 만하다. 그 외, 프랑스 내 마그레브인들의 특징을 가장 잘 보여주는 책으로는 모앙 케릴이 편집한 『프랑스의 마그레브인들』[72]과 레미 르보(Rémy Leveau) 등이 편집한

---

67) *Etre musulman en France*(Paris, 1994) 등.

68) *Musulmans et Républicains. Les jeunes, l'islam et la France*(Bruxelles, 1998).

69) *L'islam à l'épreuve de l'occident*(Paris, 2004).

70) *Monsieur, l'islam n'existe pas: Pour une désislamisation des débats*(Paris, 2004).

71) *L'une voilée l'autre pas*(Paris, 2003).

『프랑스와 유럽의 무슬림들』[73] 등이 있다. 특히 케릴은 프랑스에서 무슬림 이민자 통합에 관한 권위자로서 이미 『프랑스 마그레브인들의 통합』과 『통합의 사회학』을 출간한 바 있다. 최근에 출간된 『프랑스의 마그레브인들』에서는 마그레브인들이 프랑스로 이주하는 과정과 정착 이민으로서의 특징들을 살펴봄과 동시에 무슬림 이민자들을 사회-지리학적으로 분류하여 살펴보고 있다. 즉 지역적으로 나누어 이들의 특성을 살펴보는 동시에 국적별 그리고 사회민족학적으로 분류, 고찰하고 있다는 점에서 다른 연구들과 차별성이 있다고 볼 수 있다.

한편 이민사 연구자들로는 카트린 비톨 드 방덴, 파트릭 베이(Patrick Weil), 이반 가스토 등이 있는데, 그 가운데 비톨 드 방덴은 1988년 『이민자와 정치』라는 저서로 세상에 자신의 이름을 처음 알린 후, 국제정치와 이민, 2차 세계대전 이후 이민자 즉 마그레브 이민자 문제에 대해 수많은 글들을 써왔다. 『이민자와 정치』에서는 1850년부터 1988년까지 프랑스 정치사 내에서 이민자의 역할에 주목했는데, 그녀는 1974년 이전과 이후를 이민자의 역할에 따른 두 국면(정치영역에서 국외자의 역할과 주인공 역할)으로 구분하여 설명하고 있다. 그 외 이민사 연구와 관련하여 자연스럽게 뒤 따르는 시민권 문제, 인종문제 등에도 많은 관심을 갖고 저술활동을 하고 있다. 파트릭 베이도 비톨 드 방덴과 유사한 연구방식을 취하고 있다. 그 역시 정치학자로 그의 박사학위 논문인 『프랑스와 프랑스 내 외국인들』(1991)에서 1938년부

---

72) *Maghrébins de France: De 1960 à nos jours*(Paris, 2004).

73) *Musulmans de France et d'Europe*(Paris, 2005).

터 1991년까지의 프랑스 이민정책을 분석하고 있다. 그는 또한 『프랑스인이란 누구인가?』(2002) 등을 통해 프랑스 혁명 이래 프랑스의 국적의 역사를 기술하였다. 무슬림 이민자로 인해 '프랑스인이란 누구인가?'와 같은 정체성 논란이 가중됨에 따라 자연스레 제기될 수 있는 주제였다. 그 외 가스토의 『프랑스 제5공화국 이민과 여론』은 시기를 5공화국으로 한정하여 프랑스의 이민사를 총정리하고 있다. 프랑스에서 이민문제가 점차 어떻게 정치담화의 주요 주제가 되어 가는지 보여주고 있는 이 연구서는 특히 마그레브 이민자와 관련하여 인종차별, 외국인혐오 등의 문제들에 집중하면서, 이 주제를 위해 신문, 문학작품, 영화 그리고 커리커쳐까지 동원하였다.

지금까지 1945년 이후 이민자의 주체가 되고 있는 무슬림 이민자들 연구에 핵심적인 이슬람 연구자들 그리고 무슬림 이민자 연구를 살펴보았다. 사실, 무슬림 이민자 연구에는 인종주의-극우파, 이민 2세대의 정체성 문제-통합문제, 정교분리-학교 문제-공화국 문제 등이 자연스럽게 따라온다. 무슬림 이민자 문제를 인종주의 등 사회문제로 접근하는 연구자들 가운데 대표적 학자는 피에르-앙드레 타기에프(Pierre-André Taguieff), 미셸 트리발라, 뱅상 제세(Vincent Geisser) 등이 있다. 타기에프와 트리발라는 민족전선에 대한 이론적 대응을 인종주의 타파에 있어 핵심으로 생각하고 있다. 『민족전선에 대응하여』[74]는 그 대표적 연구이다. 인구학자인 트리발라여사는 이 연구에서 이민의 사회적 비용을 과대 계산하여 이민의 불필요성을 강조한 『밀로

74) *Face au Front National: Arguments pour une contre-offensive*(Paris, 1998).

즈 보고서』[75]를 통계학적으로 분석, 비판하고 있다. 즉 밀로즈는 프랑스가 이민에 지불하는 총비용이 2100억 프랑으로 이는 프랑스인이 매년 임금에 대해 내는 세금 전체와 맞먹는 수준이라고 주장한 바 있었다. 한편, 제세는 언론과 미디어에 나타난 이슬람혐오에 주목하고 있다. 그에 따르면, 우파 언론뿐만 아니라 일부 좌파언론까지 이슬람에 대한 두려움을 시각적으로 표현하고 있다. 상당수의 언론들이 이슬람을 기사화할 때, '평범한 사회적 대상'으로서가 아니라 항상 '잠재적 위협'으로 표현하고 있다는 것이다.[76] 이와 유사한 연구로 더 최근의 연구가 토마 델통브의 『상상의 이슬람: 1975-2005년 프랑스 이슬람혐오의 미디어 구성』[77]이다. 토마 델통브는 이란혁명을 전후한 시기부터 최근에 이르기까지 프랑스 TV 20시 뉴스와 이슬람 관련 프로그램을 집중 분석하여 프랑스에서 얼마나 이슬람 관련 정보가 왜곡되어 방송되는지 고찰하였다.

다음으로 2세대의 정체성 문제와 함께 무슬림 이민자의 통합문제 연구를 살펴보자. 이 주제에 대한 연구자들은 대부분 사회학자들로 구성되어 있는데, 마그레브 이민자(2세대) 통합에 국한하여 연구하는 경향이 짙다. 마그레브 이민자의 통합에 관해 가장 정통한 학자로 알려진 사람은 모앙 케릴이다. 그는 일찍이 1990년대 초반 『프랑스 마그레브인의 통합』이라는 연구서를 펴냈다. 이 책은 '통합'을 동화, 통합, 편입, 동거 등으로 구분 설명히고, 통합에 장애가 되는 것, 통합

75) *Rapport Milloz. Le Coût de l'immigration*(Paris, 1990).

76) *La nouvelle islamophobie*(Paris, 2003), pp. 180-181.

77) *L'islam imaginaire: La construction médiatique de l'islamophobie en France, 1975-2005*(Paris, 2005).

을 위한 프랑스 공권력의 활동 등을 적시하였다. 또한 프랑스 국적과 시민권, 신앙과 라이시테 등의 문제를 설명하고 있다. 즉 본서는 마그레브인에 한정된 통합 관련 연구서라고 하겠다. 이와 달리 일반적인 의미에서의 통합 관련 연구서들로는 마뉘엘 부셰의 『통합의 제이론』[78]과 장-피에르 오뱅의 『이민과 통합』[79] 등을 들 수 있는데, 부셰의 연구는 오늘날 프랑스에서 진행 되고 있는 통합 모델에 관한 논쟁들을 소개하고 있다는 점이 중요한 특징이다. 한편 도미니크 슈나페르의 『통합의 프랑스』는 19세기 말 에르네스트 르낭(Ernest Renan)의 『민족이란 무엇인가?』를 생각나게 하는 연구이다. 물론 본인이 르낭의 연구를 상기시키기도 하지만, 독일식 민족개념과 프랑스식 민족개념을 비교하는 것으로부터 정치계획을 둘러싼 통합을 논의하면서 1990년대의 '민족이란 무엇인가?'를 다시 한 번 검토한다. 그 외 통합문제를 다양한 방식으로 고찰한 연구가 『통합에 관한 20년간의 담론』[80]이다. 이는 뱅상 페리(Vincent Ferry), 피에로 갈로로(Piero-D. Galloro) 그리고 제라르 누아리엘(Gérard Noiriel) 등이 편집한 책으로 좁게는 프랑스의 지방들, 넓게는 EU 차원에서 통합의 문제를 다룬 연구서이다. 통합문제를 경제적 관점에서 다룬 자크 뒤파키에(Jacques Dupâquier)의 연구서 『이민/통합: 경제적 및 재정적 비용 평가 연구』[81]도 흥미롭다. 이 연구는 이민과 통합을 각각 경제적 관점에서 직접, 간접비용,

---

78) *Les théories de l'intégration entre universalisme et différentialisme*(Paris, 2000).

79) *Immigration et intégration*(Paris, 1999).

80) *20 ans de discours sur l'intégration*(Paris, 2005).

81) J. Dupâquier et Yves-Marie Laulan, *Immigration/Intégration: Un essai d'évaluation des coûts économiques et financiers*(Paris, 2005).

즉각적 효과 및 지체된 효과를 분석하여 이민 및 통합문제를 좀더 '과학적'으로 판단할 수 있게 하였다. 이와 함께 통합에 관한 정부 보고서도 참고할 만하다. '통합고위위원회'가 국무총리에게 보고하기 위해 발간한 『2002-2005 통합정치 종합평가』[82]는 정부의 공식문서라는 의미와 함께 다양한 공식 통계를 이용할 수 있는 평가서라는 장점이 있다.

한편, 2세대에게 '후속세대(la génération suivante)'라는 용어를 '선물'한 쥴리에트 멩스는 1980년 대 중반 이미 2세대 문제만을 본격적으로 연구하였다. 그가 쓴 『후속 세대: 이민의 자식들』[83]은 초기 연구답게 교과서적으로 이민자 2세대를 기술하고 있다. 알제리, 모로코, 튀니지, 블랙아프리카, 에스파냐, 포르투갈, 유고슬라비아, 터키 등의 이민자와 그들의 거주, 통합조건에 대해 기술한 후, 멩스는 2세대들의 특징, 정체성, 학업부진, 비행 등의 문제에 관심을 갖고 고찰하고 있다. 멩스의 연구가 1945년 이후 이민자 2세대 전반에 대한 기술이라고 한다면, 2세대 여성만을 특화한 연구나 '뵈르주아지(beur[84] + bourgeoisie)' 등과 같이 2세대 일부를 특화한 연구들도 눈에 띤다. 나시라 게니프 수이라마(Nacira Guénif Souilamas)가 연구한 『뵈레트[85]에서 북아프리카 이민자 2세대 여성들까지』[86]와 카트린 비톨 드 방덴과 레미 르보가 공동으로 연구한 『뵈르주아지』가 그것이다. 이와 함께, 이슬람과 근

82) *Le Bilan de la politique d'intégration 2002-2005*(Paris, 2006).

83) *La génération suivante: les enfants de l'immigration*(Paris, 1986, 1997, 2004).

84) 'beur'라는 용어는 파리지역에서 1980년대에 마그레브 출신 젊은이들이 많이 사용한 용어로 마그레브 이민 2세대를 주로 가리킨다.

85) 'beur'의 여성형이다.

86) *Des 'beurettes' aux descendantes d'immigrants nord-africains*(Paris, 2000).

대성 사이에 끼어 있는 세대인 프랑스의 무슬림 이민 2세대들을 연구한 모하메드 베르일의 『이슬람과 근대성 사이의 프랑스 '젊은이'』[87] 도 검토할 만하며, 학교에서부터 취업까지 이민자 2세대 문제를 다룬 프랑스 오베르 등의 『이민 출신의 젊은이들: 학교에서 취업까지』[88] 도 취업 등에 어려움을 겪고 있는 이민자 2세를 집중 분석한 연구로 중요하다.

최근 가장 커다란 이슈가 되고 있는 문제가 정교분리 문제이다. 프랑스를 한 동안 떠들썩하게 한 '히잡 사건', 1905년 법 100주년, 2007년 5월 대통령으로 선출된 사르코지가 주장한 국가(지방자치단체) 재정을 통한 모스크의 건설은 그 어느 때보다도 정교분리문제를 더욱 논란거리로 만들었다. 정교분리문제는 '히잡 사건'과 어우러지면서 학교문제와 관련되었고, 이는 공화국의 존재 의의와 관련되었다. 이 모든 것이 무슬림 이민자들과의 관계에서 일어난 것임은 명확하다.

히잡과 공립학교 혹은 히잡과 라이시테 및 공화국 관계의 문제는 필자의 저서[89]를 통해 이미 국내에 소개된 바 있다. 이 주제는 2004년 3월 15일 법 제정을 둘러싸고 프랑스에서 뜨거운 논쟁의 대상이었다. 우선, 이 주제에 관련하여 발간된 정부 혹은 의회 자료를 살펴보자. 2003년 7월 시라크 대통령의 지시로 만들어진 소위 '스타지 위원회'가 대통령에게 보낸 보고서[90]가 있다. 이 위원회는 "다양성, 특히 종교적 다양성을 인정하면서 공화국의 중립성과 국민통합을 조정하기 위한"

---

87) *Les jeunes en France entre islam et modernité*(Paris, 2003).
88) France Aubert, Maryse Tripier et François Vourc'h(sous la direction de), *Jeunes issus de l'immigration: de l'école à l'emploi*(Paris, 1997).
89) 『프랑스의 문화전쟁-공화국과 이슬람』(책세상, 2005).
90) *Rapport au président de la République, Laïcité et République*(Paris, 2004).

논의를 책임지고 있었다.[91] 그에 대한 논의 결과를 보고서 형태로 발간 한 것이 이 책자이다. 이 보고서에서는 공화국에서 라이시테의 원칙을 어떻게 적용할 것인가가 주로 논의되어 있다. 한편 대통령과 별도로 하원의장인 장-루이 드브레(Jean-Louis Debré)는 2003년 6월 '학교에서의 종교적 상징 부착 문제에 관한 위원회'를 창설했다. 이 위원회는 학교에서의 라이시테 적용과 관련하여 다양한 인물에 대한 인터뷰 내용을 포함한 두 권의 두꺼운 책자[92]를 발간하였다.

이 문제는 정부의 관심사이기도 했지만 학자들의 깊은 관심거리이기도 했다. 히잡에 중점을 두는 연구도 있었고, 라이시테의 원칙을 주제로 삼는 연구도 활발하였다. 물론 모두 다 학교에서의 라이시테 원칙과 관련된 연구임에는 틀림없다. 히잡과 관련하여 다양한 논문을 싣고 있는 『문제의 히잡』[93]이라는 제목의 이 연구는 대체로 '히잡 사건'이 차별에 기인한 것이라는 문제의식 하에 히잡의 특수성을 설명하려는 글들로 채워져 있는데, 특히 이 '히잡 사건'을 '새로운 드레퓌스 사건'으로 보는 관점이 흥미롭다. 이 책의 공저자 중 한 명인 사이드 부아마마(Saïd Bouamama)가 저술한 『히잡 사건』에서는 이 사건을 인종주의를 생산해 내는 '사건'으로 보고 있다. 사실 이러한 관점에서 쓰여진 책만큼이나 학교 내에서 히잡 착용금지를 찬성하는 연구들도 많이 있다. '스타지 위원회'의 위원이었지만 개인적인 일로 위원회에 참석하지 못한 레지 드브레(Régis Debray)는 자신의 입장을 글로

91) *Libération* du 4 Juillet 2003.

92) *La laïcité à l'école: un principe républicain à réaffirmer*, 2 tomes(Paris, 2003).

93) Charlotte Nordmann ed., *Le Foulard islamique en questions*(Paris, 2004).

표현했다. 『히잡이 우리에게 은폐하는 것』[94]은 그 제목만큼 정교분리라는 '공화국의 원칙'을 강조하고 있다. 학자들의 연구뿐만 아니라 체험적 경험을 바탕으로 한 연구들도 있다. 데자반의 『히잡을 내려라!』나, 미셸 비아네스(Michèle Vianès)의 『공화국 위의 히잡』[95]도 히잡 착용이 상징하는 퇴행적이고 급진적인 이슬람을 강하게 비판하고 있다. 이렇게 대립되는 입장에 서는 연구들도 있지만, 반대로 이 두 입장을 타협시키려는 노력도 많다. 앞서 언급한 바 있는 두니아 부자르와 사이다 카다(Saïda Kada)는 『히잡 쓴 여자와 쓰지 않은 여자』[96]라는 책에서 히잡 착용이 라이시테 원칙과 부합하는지, 통합에 대한 거부인지 혹은 히잡 쓴 여성에 대한 배척이 여전히 식민지배 관점에 근거한 것은 아닌지 등에 대해 논한다. 개신교 목사 알랭 우지오(Alain Houziaux)가 편집한 『히잡, 그것은 무엇을 감추는가?』에서도 관련 학자들이 '히잡 사건'을 라이시테 문제와 연관하여 찬반입장을 논하고 있다.

히잡과 라이시테 문제는 곧 공화국의 '위기'와 관련된 논의로 흐른다. 즉 이들은 공화국원칙과 라이시테가 불가분의 관계임을 역사적으로 그리고 철학적으로 증명하고자 한다. 기 코크(Guy Coq)[97]와 에밀 풀라(Emile Poulat)[98]가 공화국 원칙으로서의 라이시테 수호자 역할을 한다면, 올리비에 루아(Olivier Roy)[99]와 장 보베로(Jean Baubérot)[100]는

---

94) *Ce que nous voile le voile: la République et le sacré*(Paris, 2004).
95) *Un voile sur la république*(Paris, 2004).
96) *L'une voilée, l'autre pas*(Paris, 2003).
97) *Laïcité et république*(Paris, 1995); *La laïcité: principe univerel*(Paris, 2005).
98) *Notre laïcité publique: la France est une République laïque*(Paris, 2003).

상대적으로 '열린 공화국'을 주장하는 편이라 할 수 있다. 이러한 논의는 2005년 정교분리 법 제정 100주년과 사르코지의 제안[101] 등이 맞물리면서 자연스레 1905년 법 수정 논쟁으로 비화되었다. 칼텐바슈와 트리발라가 함께 지은 『공화국과 이슬람』[102] 과 이브 샤를르 자르카가 편집했으며, 이 분야의 대표적 학자들이 대부분 참여한 『1905년 법을 개정해야만 하는가?』[103] 등이 이 문제와 관련이 있는데, 특히 후자는 사르코지의 주장에 직접 반응한 책이라 할 수 있다. 개정의 대표론자로는 르네 레몽(René Raymond)이, 개정 반대론자로는 장 보베로가 나섰다. 20세기 초의 사회와, 21세기 초에 살고 있는 현재의 '우리' 사회가 확연히 다름을 인정하고, 프랑스의 종교 구조 또한 한 세기 이래 완전히 변화되었음을 인정하면서도 선뜻 대답이 한 방향으로 모여지지는 않는다. '1905년 법은 하나의 법 이상'이라는 것이 보베로의 주장이다.

이상에서 살펴 본 대로, 프랑스 내 이민자를 대표하는 무슬림 이민자와 관련된 연구는 거의 '홍수'를 이루고 있다. 필자는 대체로 프랑스 이민사 전반全般 속에서 무슬림 이민을 살펴보는 연구, 무슬림 이민에 국한된 연구, 그리고 무슬림 이민 문제와 연관된 연구 등으로 연구 경향을 나누어 살펴보았다. 특히 무슬림 이민의 연구는 이슬람 전문가들의 연구와 이민사 전문가들의 연구로 분리해 고찰해 보려고 하였다. 한편, 무슬림 이민 문제와 필연적으로 함께 할 수밖에 없는

99) *La laïcité face à l'islam*(Paris, 2005).
100) *Laïcité 1905-2005, entre Passion et Raison*(Paris, 2004).
101) *La République, les religions, l'espérance*(Paris, 2004).
102) *La République et l'islam*(Paris, 2002).
103) *Faut-il réviser la loi de 1905?*(Paris, 2005).

것이 인종주의-극우파 문제, 이민 2세대의 정체성-통합문제, 그리고 정교분리문제인데, 새로운 세기에 들어서서 이슬람과 서구문명의 갈등이 더욱 본격화됨에 따라 이에 대한 연구가 상대적으로 매우 활성화되었음을 알 수 있었다. 한편, 정교분리문제는 좌우정파를 떠나 '공화국'을 바라보는 입장에 따라 학자들 간에 커다란 이견을 보였다. 이 점은 같은 이민 문제를 안고 있는 독일, 영국, 미국, 네덜란드 등 서구 다른 나라들과 프랑스가 차별성을 띠고 있으며, 프랑스 사회만의 특수성을 반영한 것이라 하겠다.

4 | 맺음말

2007년 5월 6일 저녁 8시(프랑스 시각) '대중운동연합(UMP)'의 니콜라 사르코지 후보가 대통령에 선출되었음이 알려졌다. 자칭 이민자 2세인 프랑스 공화국의 새로운 대통령은 역설적이게도 지금까지 책임 있는 정치인 가운데 그 누구보다도 이민자 문제에 가장 강경하게 대응해 왔다. 시라크 대통령 하에서 두 번씩이나 내무부 장관을 맡았던 그는 2005년 가을 프랑스 소요에서 보듯이 이민자 문제와 치안 문제에 있어 극우파의 입장을 거의 전유하다시피 하였던 것이다. 새로운 대통령은 자신의 공약대로 '선별 이민'정책을 수행할 것이고, 국민 정체성과 이민 및 통합을 담당하는 부처(Ministère de l'immigration, de l'Intégration, de l'Identité nationale et du Co-développement)를 신설할 것이다. 또한 이민자 문제를 해결하는 방식으로 그가 장관 시절 실천했던 소수민족우대정책, 1905년 법 수정 문제를 더 적극적으로 실천에 옮길지도 모르겠다.

프랑스는 이러한 특징을 가진 새로운 대통령이 들어섬에 따라 이민자 문제 해결에 새로운 전기를 맞이하게 될 것 같다. 우선은 선별이민과 소수민족우대정책과 같은 미국식 이민정책에 대한 실천과 그에 따른 연구가 활발해질 전망이다. 이미 사르코지가 2004년 1월 쥐라 도의 도지사에 알제리출신 교수를 임명함으로써 이 주제에 대한 프랑스 내 관심이 드높아 그에 대한 연구도 매우 활성화된 바 있다. 또한 인종주의와 극우파 문제, 이민 2-3세대의 정체성과 통합 문제, 그리고 공교육 및 라이시테 문제가 더욱 심화될 가능성이 높다. 그 가운데에서도 사르코지 정부가 무슬림 이민자들에게 취할 '당근책'으로서 국가재정으로 모스크를 신설하기 위해 '교회와 국가의 분리에 관한 법'에 손댈 가능성도 배제할 수 없다. 이는 프랑스 공화국의 정체성을 건드리는 문제가 될 것이기에 라이시테와 관련된 프랑스 역사연구를 더욱 활성화 시킬 것이다. 한편 '채찍'으로 사용될 이민자 통합문제도 중요하다. '불가분의 공화국'이 '분리가능한 공화국'으로 갈 수 있는 다문화주의적 통합정책이 시대의 대세이지만, 프랑스 우파는 시민 개인의 동화를 중심으로 한 통합정책(Civic Integration)을 결코 포기하지 않을 것이며, 결국 '반차별정책(Antidiscrimination)'에 소홀할 것으로 생각된다.[104]

---

104) 욥커 교수는 한성대학교 이민인종문제연구소 특별 강연에서 유럽 내 모든 국가들이 점차 이민자에 따라 '시민개인통합정책(신규이민자)'과 '반차별정책(구이민자)'을 취하고 있으며, 이것이 앞으로 서유럽국가들의 주요

위와 같은 경향은 앞으로 프랑스인의 정체성 연구를 더욱 자극할 것 같다. 과연 '프랑스인이란 누구인가?' 이는 더 나아가 '민족이란 무엇인가?'라는 문제로 이어질 것이다. 에르네스트 르낭이 한 세기 전에 제기한 문제를 21세기에 와서도 '우리'는 여전히 고민해야 할 것이다. 그 어느 때보다도 인구이동이 빈번한 오늘날 이러한 문제를 고민해야 하는 사람이 프랑스인만이 아닌 것은 분명하다. 우리 또한 이러한 논의에서 자유로울 수 없다.

한편, 역설적이기는 하지만, 최근 그 어느 때보다도 전 세계적으로 인구이동이 빈번하다는 사실 때문에 연구자들은 오히려 각국에 국한된 이민사로부터 벗어나는 일에 대해서도 고민해야 할 것이다. 이제는 각국의 이민사 혹은 각국 간의 단순 비교 차원을 넘어, 최근 새롭게 대두되고 있는 '교차역사(histoire croisée, entangled history)' 혹은 트랜스 내셔널(trans-national) 개념을 이민사 연구에 적극 적용시키는 것도 의미 있는 작업이 될 것으로 보인다.

이민자 통합정책이 될 것이라고 역설하였다. 그러나 필자의 생각으로는 신규 및 구이민자에 따라 정책이 달라질 수도 있지만, 국가마다 혹은 좌우파 정부마다 차이가 날 수밖에 없다는 점도 강조되어야 할 것으로 보인다. 예를 들어, 프랑스의 경우 사르코지 정권 하에서는 전자의 정책이 프랑스 이민 통합정책의 전반적인 기조를 이룰 것으로 생각된다.

02 영국 : '자유방임 이민국'에서 '제로(Zero) 이민국'으로

정희라

1 머리말

19세기 영국인들은 자신의 나라가 난민이나 망명객에게 문이 열려 있는 자유와 관용의 나라라는 점에 자부심을 가졌다. 칼 마르크스(Karl Marx)와 안토니오 파니치(Antonio Panizzi)[1)]가 최종 망명지로 영국을 택한 것은 이와 관련된 잘 알려진 사실이다. 그러나 영국을 여행해

1) Antonio Panizzi(1797-1879). 이탈리아 브레첼로(Brescello) 출신으로 1820년대 이탈리아 통일운동과 관련된 비밀조직에 참여하였다가 체포명령이 떨어지자 스위스를 거쳐 영국으로 망명하였다. 그는 영국 망명 후 대영도서관(British Library)에서 사서에서 도서관장직까지 역임하면서 근대적인 목록 분류와 도서 수집에 기여하였다. 또한 그는 대영 박물관 내에 있던 구대영도서관의 방사형 중앙열람실을 디자인한 것으로도 유명하다.

본 경험이 있는 한국인이라면 유럽의 어떤 나라보다도 엄격한 입국 심사로 외국인에게 문이 열려 있던 영국을 상상하기 어려울 것이다. 현재 영국은 철저한 이민규제 정책으로 '제로 이민국(Zero Immigration country)'이라고까지 불리고 있다. 20세기 후반 영국은 소위 '자유방임 이민국'에서 '제로 이민국'으로 전환하는 과정을 거쳤다.

오랜 이민의 역사와 적지 않은 이민자 비율에도 불구하고 영국 이민사 연구는 유아기 단계에 머물러 있다.[2] 영국에서 이민사가 발전하지 못한 중요한 원인은 20세기 이후 영국 이민자의 다수는 구식민지나 영연방 국가 출신들, 다시 말해, 구영제국의 신민들이었고, 이러한 이유로 이민사가 제국주의사의 일부 정도로 간주되었기 때문이었다. 또한 영국의 역사가들이 과거의 영광에 대한 미련으로 제국의 팽창에 관심을 기울임으로써 제국의 확대 과정 중 브리튼 섬 밖에서 만난 식민지인들보다도 브리튼 섬 내에 있었던 소수자나 이민자에 대해 상대적으로 관심을 덜 가져왔었던 것도 이민사 연구의 발전을 저해했던 이유였다.[3]

---

2) 현재 영국에는 약 4,800,000명(전체 인구의 8.3 %)의 이민자가 있는 것으로 추정된다. 이 수치는 현 2007년 기준으로 가장 최근의 인구조사인 2001년 센서스에 따른 것이다. 2001년 센서스에는 이민자라는 항목이 없기 때문에 '해외 출생자'에 해당하는 사람을 이민자로 추정한 것이다. 그러나 본문에서 계속 등장하게 될 '이민자'라는 단어는 해외 출생자뿐만이 아니라 그들의 2, 3세대 자손들까지도 포함하는 광의의 의미의 '이민자'임을 밝힌다. 2001년 센서스에서 이민자 수를 추정할 수 있는 또 다른 기준은 '소수민족'이다. 이 통계에 따르면 영국에는 약 4,600,000명(전체 인구의 7.9 %)의 소수민족이 존재한다. 영국 센서스 통계 자료는 http://www.statistics.gov.uk를 참조.

3) C. Holmes, ed., *Immigrants and Minorities in British Society*(London, 1978), p. 13.

영국 이민사에 대한 본격적인 연구는 1980년대에 들어와서 소수민족에 대한 관심이 높아지면서 이루어지기 시작했다. 아일랜드학(Irish Studies)이 독립적인 학문 분과로 자리 잡으면서 19세기 아일랜드인의 영국 이민사 연구에 많은 진척이 있었다. 그러나 20세기 이후 영국 이민에 대한 연구 성과는 아직 미흡한 상태로 사회과학자가 아닌 역사학자에 의한 이민연구는 소수에 지나지 않는다. 본고는 1980년대 이후 이루어진 영국 이민에 대한 연구를 중심으로 영국 이민사의 연구동향을 살펴보고자 한다. 먼저 한국 서양사학 분야에서 영국 이민에 대한 연구가 전무했던 바 영국 이민사를 주요 이민정책을 중심으로 간략히 소개할 것이다. 다음으로 19세기 아일랜드인의 영국 이민과 20세기 이후 영연방 이민에 대한 연구사적 성과를 차례로 검토할 것이다.

2 영국 이민사 개관

영국(특히 잉글랜드)은 오랜 세월 동안 이민자와 망명객들의 최종 정착지였다. 고중세기 앵글족과 색슨족 외에도 주트족, 데인족, 노르만족이 브리튼 섬으로 이주하여 살았고, 근대 시기에도 플랑드르인, 왈론인, 독일인, 프랑스인, 네덜란드인들이 종교나 정치적 박해를 피해 영국으로 이주해왔다. 그 대표적인 예로 1685년 낭트칙령 폐지 이후 8만 명의 위그노들이 가톨릭의 박해를 피해 영국으로 이주한

사실을 들 수 있다. 사실 영국은 유럽의 그 어떤 국가보다도 다양한 민족으로 구성된 나라이다.[4)]

20세기 초까지 영국으로 들어오는 이민의 최대 공급지는 아일랜드였다. 아일랜드인이 브리튼 섬으로 들어온 것은 중세 때부터로 1800년 아일랜드 합방과 함께 이들의 영국 이주는 증가하였다. 그리고 1840-1850년대 아일랜드 기근과 관련하여 아일랜드 이민자 수는 급격히 증가하였다.[5)] 그러나 19세기 말 아일랜드인들의 미국 이민이 증가하면서 영국으로 들어오는 아일랜드 이민은 하향추세를 나타내었다.

1870-1914년 120,000명의 동유럽 유대인들이 박해를 피해 영국으로 이주하였다. 유대인 이민자의 수는 아일랜드 이민자의 수보다 훨씬 적었지만 전통적인 유대인 혐오증이 반이민자 정서와 결합되면서 이들에 대한 영국 사회의 반발은 컸다.[6)] 런던 이스트 엔드 지역에 주로 정착한 동유럽 유대인 이민자들은 가난과 범죄와 같은 사회악을 만들어내는 집단으로 비난 받았다. 영국정부는 유대인 이민자 유입에 대한 대응책으로 1905년에 '외국인법(Alien Act)'을 내놓았다. 이 법으로

---

4) J. Geipel, *The Europeans. An Enthnohistorical Survey*(London, 1969), pp. 163- 164.

5) 잉글랜드와 웨일즈에서의 아일랜드인 수는 1841년에 289,404명(전체 인구의 1.4%), 1851년에 519,959명, 1861년에 601,634명(전체 인구의 3%)으로 증가하다 1871년 566,540명(전체 인구의 2.4%)으로 감소하였다. 스코틀랜드에서는 1841년 126,321명(스코틀랜드 전체 인구의 4.8%), 1851년에는 207,367명, 1861년 204,083, 1871년에는 207,770(스코틀랜드 전체 인구의 6.2%)로 증가하였다. C. Holmes, *John Bull's Ireland: Immigration and British Society, 1871- 1971*(London, 1988), pp. 19-22.

6) 이 시기 유대인 문제에 대해서는 이영석, 「빅토리아 후기 영국 사회와 유대인 문제」, 『영국연구』, 12호(2004), pp. 47-74를 참조.

내무장관은 자신과 가족을 부양할 능력이 없거나 범죄자가 될 가능성이 있는 사람의 이민을 거부할 수 있는 권한을 가지게 되었지만, 이민자가 정치나 종교적 박해의 피해자라는 것만 입증하면 정부는 이들을 거부할 수 없었다.[7] 그러나 외국인들의 영국 이민은 내무장관에게 외국인의 출입과 추방에 대한 전적인 권한을 부여한 1914년 '외국인 규제법(Alien Restriction Act)'에 의해 더 이상 자유로울 수는 없었다. 이로써 이민자와 망명객의 안식처였던 영국은 막을 내리게 되었다.[8]

2차 세계 대전은 영국 이민의 획기적인 전환점을 마련하였다. 전쟁을 계기로 서인도제도, 아프리카, 아시아 영연방 국가들로부터 대규모의 이민자들이 영국으로 들어오게 된 것이다. 전쟁 중 영국정부는 군수공장, 군대, 산림, 상선 등에서 부족한 노동력을 영국의 식민지인들로 채웠다. 이들 중 상당수가 전쟁이 끝난 뒤에도 영국에 계속 남았고, 이들은 가족이나 친지들을 영국으로 불러들였다.

전후 영국은 노동력이 매우 부족한 상태였다. 영국정부는 이에 대처하기 위하여 전쟁 중 영국군의 지휘 하에 있었던 폴란드 재향군인들에게 이민을 권고하였고, 보조금 등의 이민 장려책을 마련하여 폴란드인 125,000여 명을 영국에 영구 거주 시켰다. 또한 발트해와 동유럽 국가, 그리고 오스트리아, 독일, 이탈리아 등지에서도 노동자들을 모집해 왔고 이들의 영국 정착을 도왔다. 무엇보다 정부가 부족한 노동력을 확보할 수 있는 최대 공급지로 주목한 곳은 아일랜드였다.

---

7) Z. Layton-Henry, *The Politics of Immigration: Immigration, 'Race' and 'Race' Relations in Post-War Britain*(Oxford, 1992), pp. 5-7.

8) '외국인 규제법'은 1971년 이민법이 제정될 때까지 매년 개정되었다.

전쟁 중에도 영국정부는 더블린에 이민사무소를 설치하여 이민을 유도하였다. 전후 정부는 아일랜드의 의사와 교수 등 전문직 종사자와 모든 아일랜드 여성을 입국심사에서 면제시켜주었고, 모든 아일랜드 이민자에게 여행경비 및 숙식을 제공하기도 하였다. 그리고 1948년 영국 국적법(British Nationality Act)에 아일랜드인에게 영국을 자유롭게 출입할 수 있는 권리와 선거권을 주는 조항을 만들기도 하였다.[9)]

이와 같이 영국정부가 전후 부족한 노동력 확보를 위해 고려한 대상은 영국인과 인종, 문화적으로 동질성이 있는 유럽인이었다. 그러나 영국의 노동력 부족은 영국정부가 예상치 못했던 신영연방 국가로부터의 자발적인 이민을 유도하는 결과를 초래하였다. 1948년 6월 런던 근교 틸버리(Tilbury) 항구에 492명의 자메이카인을 실은 '엠파이어 윈드러시(Empire Windrush)'호가 도착했다. 이것은 대규모 신영연방[10)] 이민을 알리는 신호탄이었다. 이후 서인도제도 및 인도 대륙으로부터의 이민자 행렬이 이어졌다. 영국은 인종적으로 흑인과 아시아인, 그리고 종교, 문화적으로 무슬림, 힌두교도, 시크교도 등이 공존하는 다인종, 다문화 국가로 변화하게 된 것이다.[11)]

---

9) K. Paul, *Whitewashing Britain: Race and Citizenship in the Post Era*(Ithaca and London, 1997), pp. 92-108.

10) 신영연방(New Commonwealth)은 1960-1970년대 나왔던 말로 당시 기준으로 최근에 영연방에 편입된 나라를 일컬었다. 이러한 나라의 대부분은 아시아와 아프리카, 카리브해 등에 있었던 가난하고 유색인종으로 구성된 구영제국의 식민지였던 국가였다. 신영연방과 반대되는 개념으로 구영연방(Old Commonwealth)이라는 말도 나오게 되었는데 2차 세계대전 이전에 영연방국이 되고 백인으로 구성된 부유한 나라들을 지칭하였다. 호주, 뉴질랜드, 캐나다가 구영연방국에 해당된다.

서인도제도와 인도대륙으로부터의 본격적인 이민이 시작되자 이민은 가족, 친지, 친구들을 끌어들이는 형태를 띠게 되고 이민자 수는 급격히 증가하였다. 그러나 영국정부는 1962년 영연방 이민법(Commonwealth Immigration Act)을 제정할 때까지 영연방 이민을 규제하지 않았다. 영연방 이민자들은 영제국의 신민으로서의 권리를 가지고 있었기 때문에 1914년 외국인 규제법의 대상이 아니었다. 신영연방 이민자들은 처음부터 영국 정치가들이나 대중으로부터 탐탁지 않은 대상으로 여겨졌다. 그럼에도 불구하고 영국정부가 1962년까지 자유방임적 이민정책을 유지하였던 이유는 영국 정치가들의 구식민지에 대한 애착, 특히 구영연방(캐나다, 호주, 뉴질랜드)에 대한 애착 때문이었다. 영국의 정치 엘리트들은 영연방 체제를 통해 미국과 소련으로 양분된 세계 패권체제 속에서 영국의 위상을 유지해 보겠다는 생각을 가지고 있었던 것이었다.

그러나 1960년대 초 영국정부는 이민규제 정책으로 돌아서게 되었다. 1958년의 노팅엄과 런던의 노팅힐 지역에서 주류 영국인들과 이민자들 사이에 대규모 충돌이 발생하면서, 이민자들이 거주하던 몇몇 지역의 문제로 여겨져 왔던 이민자 문제가 국가적 차원의 문제로 인식되기 시작하였다.[12] 경기 침체로 노동 시장에서 이민자들과 영국인들 사이의 경쟁이 치열해졌고 이민에 대한 부정적 시각이 사회 전반으로 확산되었다. 그리고 1960년 초 아프리카 곳곳에서 일어난

11) Ian R. G. Spencer, *British Immigration Policy since 1939: The Making of Multi-Racial Britain*(London, 1997), pp. 13-20.

12) Spencer, *British Immigration Policy since 1939*, pp. 98-102.

민족주의 운동과 수에즈 운하에서의 실패를 계기로 영연방 국가들 사이에 균열이 발생하면서 영국의 정치가들도 영연방에 대한 미련을 버리게 되었다. 1962년 법은 이러한 배경에서 나온 것이었다.

영국정부는 1962년 이후 68, 71, 81년에 세 차례의 개정을 통해 인종주의에 기초한 철저한 이민규제 정책을 시행하게 되었다. 영국 이민정책의 논리는 제국을 해체하는 것이었다. 시민권을 확대시켜 나갔던 다른 국가들과 달리 영국은 영제국 시절 너무 확대되었던 제국의 시민권을 축소시켜 나가고자 노력하였다. 영국정부와 정치 엘리트들은 제국의 신민이었던 사람들 중 누구를 배제시킬 것인가 하는 문제를 고민하게 되었고, 결국 인종주의에 기초한 규제 원칙을 만들어 내었다. 영국의 이민법은 겉으로는 인종차별이 없는 것처럼 보이지만 유색인종을 배제하고 백인종을 받아들이는 방향으로 설정되었다.

1962년의 영연방 이민법은 영제국 신민에 해당하는 이민자들을 '그룹 A: 직업이 있는 자', '그룹 B: 숙련 노동자 및 영국에 이득이 될 수 있는 자', '그룹 C: 비숙련 노동자'로 분류해 바우처를 나누어 주고, 필요에 따라 바우처 수를 제한함으로써 이민을 통제해 나갈 수 있게 하였다. 영국정부는 특히 C 그룹 바우처의 수를 조절함으로써 유색인종 이민을 효율적으로 감소시킬 수 있었다.[13)]

1968년 영국은 또 한 차례 영연방 이민을 규제하는 정책을 내놓았다. 68년 이민법의 직접적인 계기는 케냐 출신의 동아프리카 아시아인(East African Asians: 영제국 시절 동아프리카로 이주하여 정착한 인도계 아시아

---

13) Paul, *Whitewashing Britain*, pp. 166-173.

인)의 이민이었다. 1963년 케냐는 독립과 함께 '아프리카화'를 추진해 나갔고, 이 과정에서 케냐에서 아시아인들이 차별을 피해 영국으로 이주해왔다. 이들의 수는 급격히 증가하여 1967년부터 매달 천여 명씩 영국으로 이주하기 시작하였고, 급기야 1968년 2월에는 단 2주간 10,000명의 동아프리카 아시아인이 영국에 들어왔다. 다급해진 영국 의회는 3일 만에 새로운 이민법을 통과시켰다. 이 법은 본인이나 부모 또는 조부모가 영국에서 출생, 입양, 등록 또는 귀화하지 않은 영연방 시민은 모두 이민규제의 대상으로 삼음으로써 아프리카 아시아인의 영국 유입을 막았다.[14)]

1971년 이민법은 신영연방 국가로부터의 이민을 근본적으로 차단할 수 있는 실질적인 방안으로써 마련되었다. 이 법은 영제국 신민으로서 특권을 가지고 있었던 자와 그렇지 않은 외국인들을 구분하는 기준으로 사용되던 '영국인(British)'과 '외국인(alien)'이라는 범주를 본질적으로 인종적 구별에 기초한 범주인 '본국인(patrials)'과 '비본국인(non-patrials)'으로 대체하였다. '본국인'은 영국과 영연방 시민 중 본인 또는 부모나 조부모가 영국 내에서 출생, 입양, 귀화 또는 등록한 자와 영국과 영연방 시민 중 영국 내에서 5년 이상 거주한 자로 규정되었다. 그리고 비본국인은 위에서 말한 본국인의 규정에 해당하지 않는 자로 규정되었다. 이러한 개정은 영연방 시민과 외국인이 동일한 법적 지위를 가지게 함으로써 유색인종인 신영연방 출신들의 영국 이민을 막았다.[15)]

---

14) Spencer, *British Immigration Policy since 1939*, pp. 140-143.

15) Paul, *Whitewashing Britain*, pp. 180-181.

대처(Margret Thatcher) 정부는 1981년 영국 국적법(British Nationality Act)을 제정하여 영국에서 거주하고, 영국 시민으로서의 권리를 누릴 수 있는 대상을 보다 분명히 하였다. 이 법은 영국 국적 소지자를 세 부류로 나누어 특권을 부여하였다. 본인이나 부모 혹은 조부모가 영국에서 출생, 입양, 귀화 또는 등록한 자나 영연방 시민 중 영국 내에서 5년 이상 거주한 자에게는 '영국 시민권(British Citizenship)'을 주었다. 그리고 위에 해당하지 않는 영국 속령(예: 홍콩, 포클랜드)에 거주하는 자들에게는 '영국 속령 시민권(British Dependent Territories Citizenship)'을 부여하였고, 위의 어느 범주에도 해당하지 않는 영연방 시민에게는 '영국 해외 시민권(British Overseas Citizenship)'을 주었다. 이 세 범주 중 영국 시민권 소지자만이 출입국에 대해 전혀 규제를 받지 않고 영국에 살 수 있는 거류권(Right of Abode)[16]을 가지도록 하였다. 1981년 국적법은 내용면에서 새로운 법은 아니었지만 시민권과 이민법을 결합시켜 법제화함으로써 이민규제를 보다 철저히 할 수 있는 법적 근거를 마련한 것이었다.

1981년 국적법이 시행된 이후에도 이민규제는 계속 영국의 정치문제로 떠올랐다. 80년대 후반부터는 동구 공산권의 몰락과 유고 내전 등으로 생긴 난민들이 문제가 되었다. 영국은 1960-1970년대 공산권 난민을 받아들였지만 냉전체제 종식 후에는 아무런 명분이나 이득이 되지 않는 난민들을 받아들이지 않고 있다. 1996년 '난민과 이민법

16) 거류권(Right of Abode)은 흔히 영국 영주권이라 일컫는 Indefinite Residence Permit와 구분해야 한다. 거류권은 영국에 출입국에 대한 제한 없이 살 수 있는 권리는 물론이고 사회보장제도의 혜택을 받을 수 있는 권리, 그리고 선거권 및 공무원이 될 수 있는 권리를 포함하고 있다.

(Asylum and Immigration Act)'에 따라 심한 박해의 위험이 없는 나라들로부터의 난민은 받아들이지 않고, 난민들에게는 자녀수당이나 주택보조금 등의 사회복지 혜택을 주지 않기로 결정되었다. 그리고 2001년 '반테러, 범죄 및 보안법(Anti-Terrorism, Crime and Security Act)'과 2005년 '테러방지법(Prevention of Terrorism Act)'은 이민자의 입국심사를 더욱 강화시켰다.[17)]

영국은 이상의 이민 규제법을 비롯하여 이후 난민법이나 테러방지법을 통해 이민 규제를 효과적으로 시행함으로써 '제로 이민국'이라고 불리게 되었다.[18)] 그러나 영국에는 이미 영국 시민권을 획득한 이민자들이 많이 존재하고, 이들의 결혼과 가족 재결합으로 이민자 수는 증가하고 있다. 또한 동유럽과 중국에서 온 불법체류자들의 수도 증가하고 있다. 2001년 인구통계에 따르면 전체 영국 인구의 8퍼센트 정도가 아시아인 및 흑인 등 소수인종 이민자들이다. 따라서 이민자로 인한 다인종, 다문화 사회로써 영국은 사회, 문화적인 갈등을 겪고 있다.

---

17) 김수행, 「영국의 제노포비아 현상에 대한 연구」, 김세균 편, 『유럽의 제노포비아』(문화과학사, 2006), pp. 45-46.

18) C. Joppke, *Immigration and the Nation-State: the United States, Germany, and Great Britain*(Oxford, 1999), pp. 100-113.

3 아일랜드인의 영국 이민 연구동향

아일랜드인의 영국 이민에 대한 연구는 아일랜드인의 미국 이민에 대한 연구에 비교한다면 아직 초보단계에 머물러 있다. 영국사적 맥락에서 아일랜드 이민에 대한 연구가 활발하게 이루어지지 못했던 가장 큰 원인은 아일랜드인들이 영국에서는 잠시 머무르다 미국으로 이주해 갔다는 소위 '중간 기착지 가설' 때문이었다.[19] 물론 아일랜드인들이 선택한 최대의 이민 대상국은 미국이었지만 영국도 중요한 이민 목적지였다. 1901년 무렵 60만 명이 넘는 아일랜드인들이 영국에 거주했고, 이민 2, 3세대까지 고려한다면 아일랜드인의 수는 200만 명이 넘었을 것으로 추정되고 있다. 그렇지만 일반 영국인들은 아일랜드 이민자에 대해서 '가난한 술주정뱅이 가톨릭' 정도로 생각하는 무관심 속의 편견만을 가지고 있었을 뿐이다. 최근 미국, 캐나다, 호주, 영국에서 '아일랜드학'이 성장하고 있다. 아일랜드인의 이민은 아일랜드학의 주요 분야로서 연구되고 있고, 아일랜드인의 영국 이민에 대한 연구도 활기를 띠고 있다.[20] 이러한 연구 성과들로 아일랜드 이민에 대한 새로운 해석들이 나오면서 그 동안 영국인들이 가지

---

19) '중간 기착지 가설'을 내세운 대표적인 역사가는 해리스(Ruth-Ann Harris)이다. 그는 초기 산업화 시대 영국에 있던 대다수의 아일랜드인들은 미국으로 이주해갔다고 주장하였다. Ruth-Ann Harris, *The Nearest Place that Wasn't Ireland: Early Nineteenth-Century Labor Migration*(Ames, Iowa, 1994).

20) N. Danaher, "Irish Studies: A Historical Survey Across the Irish Diaspora," P. O'Sullivan, ed., *The Irish in The New Communities*(London, 1992).

고 있었던 아일랜드 이민자에 대한 편견이 수정되고 있다.

아일랜드인의 영국 이민사 연구의 선구자는 핸들리(J. E. Handley)와 잭슨(J. A. Jackson)이다. 이들은 아일랜드인이 영국에 정착했던 19세기 동안의 경험을 부자와 가난한 자, 숙련공과 비숙련공, 그리고 가톨릭과 신교도 등 다양한 계층의 시각에서 소개하였다.[21] 이후 역사가들은 아일랜드인이 왜 영국으로 이주하였나하는 문제, 그리고 이들이 영국 사회에서 어떻게 인식되고 통합되어 갔고, 자신들만의 정체성을 어떻게 유지하였나 하는 주제에 많은 관심을 가지고 연구해 왔다.[22]

19세기 아일랜드에서 대규모의 '나가는 이민(emigration)'이 발생한 이유가 무엇이었을까? 이에 대한 전통적인 해답은 아일랜드 농업경제가 늘어난 인구를 감당할 수 없었다는 멜더스식 설명이었다. 1760-1840년 인구가 두 배로 증가하면서 인구과잉 현상이 초래되었고, 1845-1852년 대기근 시기 빈곤이 극에 달하면서 아일랜드인은 살기 위해 이민을 택할 수밖에 없었다는 것이다.[23] 그러나 대기근과 아일

---

21) J. E. Handley, *The Irish in Scotland, 1798-1845*(Cork, 1943); Idem., *The Irish in Modern Scotland*(Cork,1947); J. A. Jackson, *The Irish in Britain* (London, 1963).

22) 아일랜드인의 영국 이민에 대한 전반적인 연구경향을 살펴볼 수 있는 연구서를 소개하면 다음과 같다. P. O'Sullivan, ed., *The Irish in The New Communities*(London, 1992); G. Davis, *The Irish in Britain 1815-1914* (Dublin, 1991); D. M. MacRaild, ed., *The Great Famine and Beyond: Irish Migrants in Britain in the Nineteenth and Twentieth Centuries*(Dublin, 2000); R. Swift and S. Filley, eds., *The Irish in Britain 1815-1939*(Savage, Maryland, 1989).

23) J. A. Jackson, *The Irish in Britain*, pp. 1-5.

랜드 이민과의 상관관계를 멜더스 이론으로 설명하는 해석에 도전장을 내고 있는 연구들이 계속 나오고 있다. 목터(J. Moktyr)는 19세기 전반 아일랜드 경제 전반에 위기가 있었다는 점을 전면 부정하였다. 그는 통계자료를 바탕으로 당시 빈곤이 인구증가와 상관관계가 없었음을 보여주었다. 그리고 대기근 이전에 있었던 이민은 아일랜드에서 상대적으로 부유한 지역에서 발생하였음을 밝힘으로써 이민이 빈곤으로 발생하였다는 주장을 반박하였다.[24)]

최근 학자들은 아일랜드인의 이민은 복잡 다양한 원인에서 기인하였음에 동의하고 있다. 피츠패트릭(D. Fitzpatrick)에 따르면 농업의 상업화와 집약화, 그리고 새로운 농업 기술의 도입으로 소농들은 땅을 잃게 되고, 농업 노동자들은 불완전 고용과 실업의 어려움을 겪게 되었다고 한다. 결국 이러한 문제는 빈부 격차를 더 심화시켰고, 가난한 자들은 이민이라는 대안을 택할 수밖에 없었다.[25)] 밀러는 대기근 이전에 이미 아일랜드인들이 자신들의 인생 목표를 물질적인 것에 두고, 보다 나은 미래를 위해 이민을 결정하는 태도가 나타났다고 주장하였다. 아일랜드인들은 대기근 이전부터 영국과 미국에서의 높은 임금에 관심을 보였고, 특히 지리적으로 가까웠던 영국으로의 이민을 어렵게 생각하지 않았다. 거기다 교통의 발달로 영국과 아일랜

24) J. Moktyr, *Why Ireland Starve: A Quantitative and Analytical History of the Irish Economy, 1800-1850*(London, 1983). C. 오그라다 역시 비슷한 주장을 하고 있다. C. Ó Grada, "Some Aspects of Nineteenth-Century Irish Emigration," L. M. Cullen and T. C. Sout, eds., *Comparative Aspects of Scottish and Irish Economic and Social History, 1600-1900*(Edinburgh, 1977).

25) D. Fitzpatrick, *Irish Emigration, 1801-1921*(Dublin, 1984).

드 사이에 패리선 운행이 증가하고 운임도 낮아지면서 영국으로의 접근은 용이하였다. 결국 대기근은 이러한 과정의 촉매제 역할을 했을 뿐이었고, 아일랜드인의 영국 이민패턴은 대기근 이전에 이미 구축된 상태였다는 것이다.[26)]

그렇다면 이 시기 영국은 아일랜드 노동력을 필요로 하였을까? 산업혁명기 동안 아일랜드 이민이 영국 경제에 미친 영향에 대한 학자들의 논쟁이 이에 대한 해답을 제시하고 있다. 전통적 해석의 기초를 제공한 래드포드(A. Redford)는 아일랜드 이민자들은 영국의 산업혁명기 값싼 노동력을 제공하였고, 이로써 영국 노동자의 임금 인상을 저해하는 요인으로 작용하였다고 주장하였다. 따라서 아일랜드 이민 노동자는 산업화를 촉진시키는 데는 기여했지만 영국 노동자의 생활수준 향상을 지연시키고, 사회적 불평등을 증가시켰다고 보았다.[27)] 그러나 헌트(E. H. Hunt)를 비롯한 수정주의 학자들은 전통적 해석이 영국에 노동력이 부족했음을 전제로 하고 있는 점부터가 잘못되었다고 비판하였다. 그리고 이들은 아일랜드인에 의해 영국 노동자의 임금이 저하되었다는 것도 영국 노동자들의 편견이었을 뿐임을 밝혀내었다. 사실 도로 및 운하 건설, 조선소 등 주요 산업 분야의 대부분은 아일랜드 이민자가 들어오기 전 이미 영국 토박이들이 차지하고 있었고, 아일랜드 이민자들은 비숙련공으로 영국 경제에 미친 영향이 거의 없었다고 한다.[28)]

---

26) K. Miller, *Emigration and Exiles: Ireland and the Irish Exodus to North America*(Oxford, 1985).

27) A. Redford, *Labour Migration in England, 1800-1850*(London, 1926, Revised edition by Manchester University Press, 1964).

28) E. H. Hunt, *British Labour History, 1815-1914*(London, 1981); J. G.

아일랜드 이민자에 대한 편견의 역사는 곳곳에 존재한다. 그 대표적인 경우로 영국인들은 아일랜드 이민자들이 '리틀 아일랜드(Little Ireland)'라고 불리는 게토에서 공동체를 형성했고, 이곳은 범죄와 같은 각종 사회악의 온상지라고 믿어왔다.[29] 그러나 E. P. 톰슨(E. P. Thompson)은 1960년대에 이미 '리틀 아일랜드'는 신화에 지나지 않는다고 지적한 바가 있다.[30] 풀리(C. Pooley)의 연구는 아일랜드인들이 모여 사는 지역이 있었지만 그들은 다른 지역 공동체로부터 고립되지 않았고, 심지어 아일랜드인 거주 지역에 영국인들도 함께 거주하였음을 보여주었다.[31] 이것은 결국 아일랜드 이민자들은 같은 사회 계층의 영국인들과 함께 거주 했다는 리즈(L. Lees)와 피너건(F. Finnegan)의 연구를 뒷받침해 주고 있다.[32] 그러므로 아일랜드인의 영국 정착 패턴은 그들의 경제적 배경에 따라 결정되었고, 아일랜드 공동체가 고립된 형태로 발전한 것은 아니었고 볼 수 있다.

Williamson, "The Impact of the Irish on British Labour Markets during the Industrial Revolution," *Journal of Economic History*, vol. 96(1986), pp. 693-720.

29) C. Richardson, "The Irish in Victorian Bradford," *Bradford Antiquary*, vol. 9(1976), pp. 294-316; T. Dillon, "The Irish in Leeds, 1851-1861," *Thoresby Miscellany*, vol. 16(1979), pp. 1-29; J. M. Werly, "The Irish in Manchester, 1832-1849," *Irish Historical Studies*, vol. 18(1973), pp. 345-358.

30) E. P. Thompson, *The Making of the English Working Class*(London, 1963), pp. 469-481.

31) C. Pooley, "Segregation or Integration? The Residential Experience of the Irish in Mid-Victorian Britain," Swift and Gilley, eds., *The Irish in Britain*, pp. 71-110.

32) Lynn Lees, *Exiles of Erin: Irish Migrants in Victorian*(London, 1979), pp. 55-87; F. Finnegan, *Poverty and Prejudice; Irish Immigrants in York, 1840-1875* (Cork, 1982).

영국인들은 아일랜드 이민자를 사회적 빈곤을 증가시키고, 그밖에도 질병이나 무질서 등의 사회문제를 일으키는 주범으로 생각해 왔다. 그러나 최근의 연구들은 아일랜드 이민자들이 사회적 희생양이었을 뿐 이들이 영국 사회에 미친 부정적 영향은 미비하였음을 보여주고 있다. 아일랜드인이 범죄와 무질서의 주범이었다는 편견은 피어슨(G. Pearson)의 『훌리건(*Hooligan*)』에 의해 일부 수정되었다.[33] 그는 아일랜드 이민자들의 구속률이 영국인들보다 3배나 높았지만 그들이 저지른 범죄는 주로 술과 관련된 경범죄에 지나지 않았음을 보여주었다.[34] 그리고 영국이 아일랜드 출신 빈민들을 위해 감당해야 했던 비용도 생각보다 적었음이 입증되기도 했다.[35]

19세기 영국인들이 아일랜드인에 대한 반감을 가지고 있었다는 사실을 보여주는 역사적 증거는 풍부하다. 커티스와 같은 역사가들은 빅토리아 시대 중기에 나타난 아일랜드인에 대한 반감은 아일랜드인이 문화적으로 열등하고 앵글로-색슨과는 다른 이방인이라는 인종적 편견에 기초한 지식인들의 가정에서 만들어진 것이라고 주장하였다.[36] 그러나 질리(S. Gilley)는 '패디(Paddy)'[37]에 대한 영국인들의

33) Hooligan은 원래 런던에 살던 아일랜드 출신 악당의 이름이었는데 사회질서를 어지럽히는 자들을 지칭하는 말로 쓰이게 되었다. 따라서 이 단어는 아일랜드인을 비하하는 의미를 담고 있다고 할 수 있다.

34) G. Pearson, *Hooligan: A History of Respectable Fears*(London, 1981).

35) D. Large, "The Irish in Bristol in 1851: a Census Enumeration," Swift and Gilley, eds., *The Irish in the Victorian City*(London, 1985), pp. 37-58; F. Finnegan, *Poverty and Prejudice: Irish Immigrants in York, 1840-1875*(Cork, 1985), pp. 110-118.

36) L. P. Curtis, *Apes and Angels: the Irishman in Victorian Caricature*(Newton Abbot, 1971).

37) 아일랜드인이 가지고 있는 가장 흔한 이름 Patrick의 애칭으로 아일랜드인

이미지에는 온화함과 위협이라는 두 가지 요소가 다 포함되어 있다며 커티스의 주장을 반박하였다. 영국인들이 아일랜드인을 문젯거리이고, 멍청하고, 폭력적이고, 술주정뱅이라는 이미지를 가지고 있었지만 동시에 순수하고, 상냥하고, 재치 있고, 친절하고, 관대하다는 이미지도 가지고 있었다는 것이다. 질리는 특정 종교문제나 정치문제에서만 영국인들이 아일랜드인에 대한 혐오감을 보여주었을 뿐이었고, 이러한 태도에는 납득할만한 이유가 있었으므로 이를 '인종적 편견'으로 단정 지을 수 없다고 보았다.[38]

아일랜드인들이 가톨릭이었다는 점은 영국인들이 아일랜드 이민자들을 혐오했던 중요한 이유로 거론되곤 한다. 아일랜드 이민자들의 가톨릭 성향이 영국인들과의 마찰을 불러일으키고 영국 사회로 통합되지 못하게 만든 주요 요인으로 생각되었다.[39] 그러나 빅토리아 시대 중기에 있었던 영국인과 아일랜드 이민자들 사이에서의 충돌(예: 1852년 스톡폿(Stockpot) 폭동, 1861년 올드엄(Oldham) 폭동, 1862년 런던 폭동, 1867-1871년 버밍엄 폭동 '일명 Murphy Riots')도 아일랜드인들의 가톨릭 성향 때문에 일어난 갈등이라기보다 영국 국교회 내부에서 발생한 가톨릭주의 운동 때문에 생겨난 사건으로 보는 연구들이 나오고 있다.[40] 그리고 아일랜드 이민자들이 확고한 가톨릭 신앙을 가지고 있

을 지칭한다.

38) S. Gilley, "English Attitude to the Irish in England, 1780-1900," C. Holmes, ed., *Immigrants and Minorities in British Society*(London, 1978), pp. 81-110.

39) R. Swift, "Anti-Catholicism and Irish Disturbances: Public Order in Mid-Victorian Wolverhampton," *Midland History*, vol. 9(1984), pp. 87-108.

40) P. Millward, "The Stockport Riots of 1852: A Study of Anti-Catholic and

없는지에 대한 의문이 제기되기도 하였다. 19세기 아일랜드에는 지역에 따라(특히 서부 아일랜드의 경우) 가톨릭 교회와 성직자가 부족한 경우가 많았기 때문에 아일랜드인들은 주일미사에 정기적으로 참석하지 않았다고 한다. 그리고 이들은 영국으로 이민 온 뒤에도 주일미사에 참석하지 않는 경우가 많았고, 독실한 가톨릭으로서의 모습을 보여주지 못했다고 한다.[41)]

이상에서 살펴본 영국 내 아일랜드 이민자에 대한 새로운 연구 성과들은 영국의 아일랜드 식민지배라는 역사적 구조 속에서 더욱 사회적 약자일 수밖에 없었던 아일랜드 이민자들에 대한 편견을 수정하고, 그들의 삶을 새롭게 재조명하고 있다. 이러한 연구 성과에는 '아일랜드학 영국 협회(British Association for Irish Studies)'와 '리버풀 대학의 아일랜드학 연구소(Irish Studies Institute at Liverpool University)'가 펼친 사료 발굴 사업의 공로가 숨어있다. 이제 수정주의적 입장에 서 있는 아일랜드학 연구자들은 새로운 연구 성과가 영국의 역사교육에도 반영되도록 힘쓰고 있다. 그러나 영국정부는 여전히 영국 중심주의를 고집하면서 아일랜드 이민자들에 대한 역사적 편견이 사회 전반적으로 수정될 수 있는 기회를 제공하지 않고 있다.

Anti-Irish Sentiment," Swift and Gilley, eds., *The Irish in the Victorian City*, pp. 207-224.

41) D. W. Miller, "Irish Catholicism and the Great Famine," *Journal of Social History*, vol. 9(1975), pp. 81-98; G. Connolly, "Irish and Catholic: Myth or Reality," Swift and Gilley, eds., *The Irish in the Victorian City*, pp. 225-252.

4 | 영연방 이민 연구동향

20세기 이후 영국의 이민사는 영연방 출신 이민자들과 관련된 역사라고 할 수 있다. 1980년대부터 20세기 영국 이민사에 대한 연구가 본격적으로 시작되면서 역사가들은 영국의 이민정책에 무엇보다도 관심을 기울여왔다. 그들은 1962년 영연방 이민법 이후 영국이 서구의 어떤 나라보다도 철저한 이민 규제정책을 실시하였다는 사실에 주목하면서 각 시기별로 영국정부가 이민정책에 있어 어떠한 역할을 하여왔고, 보수당과 노동당 내각에서는 어떠한 논리로 이러한 이민규제 정책을 계속 실시하였는지를 연구하였다.

이러한 연구들을 살펴볼 때 눈에 띄는 가장 큰 특징은 영국의 이민정책이 인종주의에 기초한 정책이었다고 주장하는 점이다.[42] 한슨(R.

42) B. Carter, C. Harris, and S. Joshi, "The 1951-1955 Conservative Government and the Racialization of Black Immigration," *Immigrants and Minorities*, vol. 6(1987), pp. 335-347; B. Carter et al., "Immigration Policy and the Racialization of Migrant Labour: The Construction of National Identities in the USA and Britain," *Ethnic and Racial Studies*, vol. 19(1999), pp. 135-157; K. Lunn, "The British State and Migration, 1945-1951: More Light on the Empire Windrush," T. Kushner and K. Lunn eds., *The Politics of Marginality: Race, the Radical Right and Minorities in Twentieth Century Britain*(London, 1990); L. Kushnick, "The Political Economy of White Racism in Britain," L. Kushnick, ed., *Race, Class and Struggle: Essay on Racism and Inequality in Britain, the US and Western Europe*(London, 1998); R. Miles and A. Phizacklea, *White Man's Country: Racism in British Politics*(London, 1984); A. Sivanandan, *A Different Hunger: Writings on Black Resistance*(London, 1982); J. Solomos, *Race and Racism in Britain*(Houndmills, 1993); K. Paul, *Whitewashing Britain*.

Hansen)은 인종주의를 영국 이민정책의 핵심으로 보고 있는 학자들에게 '인종주의화 학파(Racialization School)'라는 명칭을 부여하였다.[43] '인종주의화 학파'는 영국의 정치 엘리트들이 인종폭동과 같은 대중적 여론과는 무관하게 인종주의적 생각을 가지고 있었고, 이민규제의 필요성을 느끼게 되자 피부색을 통제의 논리로 내세웠다는 주장을 펼쳐왔다. '인종주의화 학파'의 핵심 연구자라고 할 수 있는 카터(B. Carter), 마일즈(R. Miles), 폴(K. Paul)은 20세기 영국정부가 보여준 인종주의는 제국주의의 잔재 수준을 넘어 이민규제를 합리화시키기 위한 수단으로써 재창조된 것이었다고 주장하였다.

그러면 이들 중 가장 최근에 출판되어 주목을 받고 있는 폴의 연구를 통해 '인종주의화' 학파의 주장을 살펴보자. 폴은 자신의 연구는 '자유주의적 정치 엘리트들이 비자유주의적인 대중의 압력을 이기지 못하고 이민규제 정책을 시행하게 되었다'는 주장을 반박하기 위한 것이라고 밝히고 있다.[44] 전후 영국은 노동력 부족을 겪었음에도 불구하고 영연방과의 유대를 위하여, 그리고 영제국 전체의 경제 발전을 위하여 국내의 기술 노동자들이 영연방국으로 이민을 나가도록 특별 지원금 등으로 장려하였다. 그리하여 1946-1960년 영국에서 매년 125,000명이 해외로 이민을 나갔고, 이들 중 80퍼센트는 호주, 캐나다, 뉴질랜드, 남아프리카, 남로데시아에 정착하였다.[45] 영국정부는 부족한 노동력 확보를 위해서는 영국인과 인종적으로나 문화적으로 차이가 없는 유럽 대륙과 아일랜드 출신의 노동자들을 모집하였다.

43) Hansen, *Citizenship and Immigration in Post-War Britain*, p. 10.
44) K. Paul, *Whitewashing Britain*, p. xi.
45) *Ibid.*, p. 25.

정부는 이들에게 주택과 노동시장, 그리고 선거권 등에서 각종 특혜를 주며 영국사회에 포용하고자 노력하였다.

반면 정치 엘리트들은 유색인종인 신영연방 출신의 이민자들을 '문젯거리'로 분류하여 배제의 대상으로 삼았다. 영국의 정치 엘리트들은 신영연방 이민자들의 이민을 막기 위하여 인종주의적 담론을 만들어내었다. 폴은 1945년 이래 영국 정치가들과 행정관료들이 '영국 인종(British stock)'이라는 단어를 사용하고 있음을 지적한다. '영국 인종'은 흰 피부와 유럽문화를 계승한 사람이므로 유색인종은 '영국 인종'이 아니라는 것이다. 신영연방 시민이 영제국의 신민이라 할지라도 '영국 인종'이 될 수 없으므로 영국 사회에서 배제되어야 한다는 것이다. 또한 영국의 정치 엘리트들은 같은 영국 국적을 가진 사람들의 공동체 내에도 피부색에 따른 각각의 영역이 있음을 계속 강조해왔다고 한다. 그리고 이 담론이 최종적으로 법제화된 것이 영국 국적을 '영국 시민권자', '영국 속령 시민권자', '영국 해외 시민권자'로 구분한 1981년 국적법이라고 보았다.

'인종주의화 학파'의 또 다른 핵심 연구자인 런(K. Lunn)이 영연방 이민연구는 인종주의화 과정을 보다 더 분석하는 것밖에 남지 않았다고까지 말할 정도로 영국이민정책과 인종주의는 절대적인 관계로 해석되었다. 그러나 최근 한슨이 '인종주의화 학파'에 도전장을 내건 연구를 내놓으면서 영국 이민정책에 대한 새로운 해석들이 기대되고 있다. 한슨은 2000년에 출판된 『전후 영국의 시민권과 이민 *Citizenship and Immigration in Post-War Britain*』에서 '인종주의화 학파'의 오류를 지적하였다. 그는 무엇보다도 '인종주의화 학파'가 인종주의를 반대하기 위해 만들어진 논리와 정책을 무시하였고, 정부의 이민정책에 영향을 준 여론이나 압력단체의 활동과 같은 복잡한 요소들을 고려하지 않았음을 질책하였다.[46] 한슨 역시 '인종주의화 학파'와 마찬가지로 이민정책에 영향을 준 여러 요소들을 검토하지는 못하였다. 하지만 그는 1962년에 영국의 이민정책이 자유주의 정책에서 규제정책으로 선회한 것이 영국 정치가들이 영연방에 대한 미련을 버렸던 점과 관계가 있음을 명확히 설명해 주었다. 그리고 이민규제를 반대해 왔던 식민청의 힘이 약해지고 이민규제를 요구한 노동부의 힘이 커지게 되었던 내각 내 부서 간의 힘의 균형관계의 변화도 이민정책의 전환에 영향을 주었음을 잘 보여주었다. 결국 한슨도 '인종주의화 학파'와 마찬가지로 영국정부가 이민규제를 결심하는 데는 1950년대 말 노팅엄이나 노팅힐 폭동과 같은 대중적 인종주의보다 정부나 정치 엘리트들의 의사가 더 중요하게 작용했다고 본 것이다.

이안 스펜서(Ian R. G. Spencer) 역시 이민규제 결정에 있어 정부의 의사를 그 무엇보다도 중요하게 생각하였다. 그러나 그는 정부 관료들이 이민규제를 결정하게 한 가장 큰 요인은 인종주의라기보다는 기하급수적으로 늘어난 '이민자 수'였다고 주장하였다. 스펜서는 1950년대 말 정부 관계자들의 담론에는 이민자 수에 대한 위기감이 지배적이었음을 제시하면서, 영국정부가 소수의 이민자는 영국 사회에 동화시킬 수 있지만 이민자 수가 적정선을 넘어서면 동화가 불가능하다고 판단했기 때문에 규제를 결심한 것이었다고 설명하

46) Hansen, *Citizenship and Immigration in Post-War Britain*, pp. 13-16.

였다.[47)]

1962년 법은 이민정책의 전환점이었고 효율적인 이민규제로 이후 이민자 수를 감소시키는데 기여했다는 평가를 받아왔다. 그러나 스펜서는 이것은 신화였음을 지적하였다. 그는 1962년 법이 이민자 수를 감소시킨 계기가 아니라 아시아계와 흑인 공동체를 더 증가시키는 계기를 마련하였다고 보았다. 1958년부터 정부는 영연방 출신들에 대한 이민규제가 임박하였음을 알리기 시작하였다. 이에 영국에 거주하던 신영연방 출신들이 이민규제가 있기 전 가족을 불러들이고, 일시적으로 영국에 체류하고 있었던 사람들까지도 이민으로 결심을 굳히게 되었다는 것이다. 그리고 그는 1962년 법이 결정적으로 가족 재결합을 인정함으로써 이후에도 이민자 수가 계속 증가할 수 있는 여지를 만들었고, 실제로 1962년 이후 남아시아계 여성과 아동의 수가 급격히 증가하였다고 주장하였다.[48)]

영국정부는 철저한 이민규제 정책을 실시함과 동시에 이미 영국사회에 정착한 이민자들을 통합하는 정책을 진행시켰다. 학자들은 영국의 이민자 통합방식이 다문화주의라는 데 동의하고 있다.[49)] 정부는 소수민족들이 자신들의 공동체를 유지하고 종교와 문화를 지켜나갈 수 있도록 하고, 또 한편으로는 주류 영국인들이 교육을 통해

---

47) Spencer, *British Immigration Policy since 1939.*

48) *Ibid.*, pp. 127-134.

49) Blich, E., "From International Ideas to Domestic Politics: Educational Multiculturalism in England and Frace," *Comparative Politics*, vol. 31(1998), pp. 81-100; Favell, A., *Philosophies of Integration: Immigration and the Idea of Citizenship in France and Britain*(London, 1998); Joppke, *Immigration and Nation-State.*

문화적 다원화를 이해하도록 하는 제도를 마련하였다. 그 예로서 영국에서는 프랑스에서 크게 문제가 되었던 학교에서의 히잡 착용이 허용되고, 모스크 설립도 비교적 자유롭다. 그리고 교과과정에 다문화주의 교육과 다원화된 종교 교육 등을 포함시켜 공적 다문화주의를 실현시키고 있다.

영미계 학자들은 영국 다문화주의가 비교적 성공적인 효과를 거두고 있음을 전제하고 영국 다문화주의의 역사적 배경에 주목하였다. 욥커(C. Joppke)는 영국은 제국통치의 경험에서 피지배자의 문화와 전통을 인정하고 간접통치 방법을 사용하는 것이 효율적이라는 것을 알았기 때문에 다문화주의를 이민자 통합방식으로 쉽게 선택할 수 있었다고 주장하였다.[50] 프랑스와 영국의 이민자 통합을 비교 연구한 페이벨(A. Favell)은 영국의 실용주의와 자유주의 철학적 전통이 영국 다문화주의에 기여하였다고 평가하였다.[51] 한편 영국의 국교회 체제의 기여를 이야기하고 있는 연구들도 있다. 영국 국교회의 탄생으로 국교회를 따르지 않는 비국교도가 생겨나고 이들에 대한 차별의 역사가 있었다. 하지만 19세기 이후 영국은 점진적으로 종교적 차별을 폐지하고 비국교도들을 정치적 사회적으로 인정해 주게 되었다. 이러한 역사를 가진 영국은 이슬람교와 같은 비기독교 종교에 대해서도 하나의 종파로 쉽게 인정하고 제도적 차별을 두지 않았다는 것이다. 페츠(J. S. Fetzer)와 소퍼(J. C. Sorper)와 같은 학자들은 국교

50) Joppke, *Immigration and the Nation-State*, pp. 223-259; idem., "Multiculturalism and Immigration: A Comparision of the United States, Germany, and Great Britain," *Theory and Society*, vol. 25(1996), pp. 449-500.

51) Favell, *Philosophies of Integration*.

회가 모든 비기독교 종파를 포함한 모든 종교계의 대표자로서의 역할을 하면서 관용적이고 다문화주의적인 종교문화 정책이 이루어질 수 있도록 돕고 있다고 보았다.[52)]

영국 다문화주의에 대한 부정적인 평가도 존재하는데 프랑스 학자들로부터의 비판이라는 점이 흥미롭다. 슈나페르(D. Schnapper), 토드(E. Todd), 케펠(G. Kepel)은 공화주의적 논지로 동화주의를 옹호하면서 영국 다문화주의의 실패를 부각시켰다.[53)] '루시디 사건'은 영국 다문화주의가 인종관계 문제에서 실패한 대표적인 예로 제시되었다.[54)] 위의 프랑스 학자들은 영국의 인종관계 문제에 있어 실패한 결과들만 보여주며 영국 다문화주의 정책을 일방적으로 매도했다는 잘못이 있지만 영국 무슬림들이 법의 사각지대에 놓여 있다는 지적에는 많은 학자들도 동의하고 있다. 영국에서 인종차별 방지나 소수민족 보

---

52) J. S. Fetzer and J. C. Soper, *Muslims and the State in Britain, France and Germany*(Cambridge, 2005), pp. 32-34; P. Weil and J. Crowley, "Integration in Theory and Practice: A Comparison of France and Britain," M. Baldwin-Edwards and M. A. Schain, eds., *The Politics of Immigration in Western Europe* (London, 1994), pp. 110-126.

53) D. Schanpper, *L'Europe des immigrés: essais sur les politiques de l'immigration* (Paris, 1992); E. Todd, *Le destin des immigrés: aasimiation et ségrégation dans les démocraties occidentales*(Paris, 1994); G. Kepel, *A l'ouest d'Allah* (Paris, 1994). A. Favell, "Multicultural Race Relations in Britain: Problems of Interpretaion and Explanation," C. Joppke, ed., *Challenge to the Nation-State: Immigration in Western Europe and the United State*(Oxford, 1998), pp. 322- 327 참조.

54) 1988년 인도출신의 영국 작가 살만 루시디(Salman Rushdie)는 소설『악마의 시 *The Satanic Verses*』에서 무함마드를 빗대어 마호운드라는 인물을 등장시켰다. 마호운드는 여신을 인정하고 창부로 설정된 여러 아내를 두기도 함으로써 무슬림들은 신성모독이라며 책을 불태우는 행사를 가지는 등 강력하게『악마의 시』의 판매금지를 요청하였다.

호를 위해 만들어진 법은 '인종관계법(Race Relations Acts)'이다.[55] 그러나 영국 사회에서 문화적으로나 종교적으로 가장 이질적인 집단으로 차별의 대상이 되고 있는 무슬림들은 이 법에서 설정한 인종이나 소수민족 그룹에 포함될 수 없다는 점 때문에 종교적 차별로 인한 피해를 법적으로 보상받을 수가 없다.

무슬림은 현재 영국 사회에서 가장 문제가 되고 있는 이민자 집단이라고 할 수 있다. 그러나 이슬람이라는 종교로 아우러진 이들은 다양한 출신국가와 다양한 민족 배경을 가지고 있기 때문에 현실적으로 이들에 대한 연구가 시급함에도 불구하고 하나의 이민자 집단으로서 이들을 연구하는 것이 쉽지 않다. 영국에서 이슬람 이민자에 대한 연구는 1980년대 중반부터 종교가 소수민족 정체성에 중요한 요소로 평가되기 시작하고, 특히 1988년 루시디 사건으로 영국 무슬림들이 하나의 공동체로서 정체성을 확립해 가면서 본격적으로 이루어지게 되었다. 먼저 루시디 사건에 대한 연구들이 표현의 자유에 대한 찬반논쟁을 주도하며 나왔다. 표현의 자유는 보편적 원칙이자 영국 사회 구성원이 가지는 권리라는 점에서 루시디를 옹호하는 주장과 표현의 자유가 다른 개인이나 집단을 전혀 배려하지 않는 것이라면 용납되어서는 안 된다는 주장이 맞섰다.[56]

---

55) 인종 관계법은 1965년에 처음 제정되어 1968년, 1976년, 그리고 2000년에 수정, 보완되는 과정을 거쳤다.

56) 루시디를 지지하는 입장의 연구로는 B. Barry, *Culture and Equality* (Cambridge, Massachusetts, 2001). 루시디를 반대하는 무슬림적 관점에서의 연구로는 M. M. Ahsan and A. R. Kidwai, eds., *Sacrilege versus Civility: Muslim Perspectives on 'The Satanic Verses Affairs*(Leicester, 1991)'; S. Akhtar, *Be Careful with Muhammad!*(London, 1989); B. Parekh, "The Rushdie Affair:

무슬림 이민자들의 공동체에 대한 연구가 나오게 되었는데 필립 루이스(Philip Lewis)의 브래드포드(Bradford)[57] 무슬림 공동체 연구가 대표적인 연구로 손꼽힌다. 루이스는 무슬림 정체성을 이슬람이라는 단일 개념으로 설명하는 것에 반대하였다. 그는 브래드포드의 무슬림 공동체 내에도 출신 지역에 따른 다양한 민족적 전통과 신학적 계보에 따른 종교 분파별 특성이 있음을 보여주었다.[58] 그리고 최근 안사리(H. Ansari)는 영국 무슬림 이민자의 긴 역사를 이민자들의 정착 과정, 무슬림 공동체 형성을 위한 투쟁과정, 영국인들의 무슬림 이민자에 대한 혐오감 등 이민사 분야의 다양한 주제를 놓고 서술하였다.[59]

이러한 무슬림 공동체에 대한 연구는 무슬림 이민자에 대한 잘못된 인식을 시정하고자 하는 의도를 가지고 있기도 하다. 무슬림 이민자들을 이슬람 근본주의자로 묘사하고 있는 방송과는 달리 대다수의 무슬림들은 자신들의 종교가 온건하다고 믿고, 영국에 충성하고 있

Research Agenda for Political Philosophy," *Political Studies*, vol. 38(1990), pp. 695-709. 루시디 사건에 관한 국내 연구로는 김남국, 「영국과 프랑스에서 정치와 종교: 루시디 사건과 헤드스카프 논쟁을 중심으로」, 『국제정치논집』, 44집, 4호(2004), pp. 342-362.

57) 웨스트요크셔에 있는 도시로 파키스탄계 이민자가 많이 거주하여 '영국의 이슬라마바드(Islamabad)'라고 불린다.

58) P. Lewis, *Islamic Britain: Religion, Politics and Identity among British Muslim*(London, 1994). 이밖에 파키스탄 무슬림 이민자 공동체 연구로는 A. Shaw, *A Pakistani Community in Britain*(Oxford, 1988); Idem., "The Pakistani Community in Oxford," R. Ballard, ed., *Desh Pardesh: the South Asian Presence in Britain*(London, 1994). 예멘 공동체 연구로는 F. Halliday, *Arabs in Exile: Yemeni Migrants in Urban Britain*(London, 1992).

59) H. Ansari, *The Infidel Within: Muslims in Britain since 1800*(London, 2004).

다고 생각한다.[60] 영국인들은 현재 자신들이 가지고 있는 무슬림 이민자에 대한 부정적 이미지 때문에 무슬림과 영국 사회(넓게는 서구사회 전체)의 반목이 오랜 기간 동안 형성되어져 온 것이라고 믿어왔다. 그러나 할리데이(F. Halliday)는 영국 역사에서 무슬림에 대한 부정적인 시각이 없었던 시기가 더 많았으며 이슬람혐오증은 아주 최근에 나타난 현상임을 보여주었다. 그리고 반이슬람적 태도의 실체는 현대 영국 사회가 자신의 정체성 확립에 필요한 차별의 대상, 즉 타자화의 대상으로 무슬림을 삼았기 때문에 생겨난 현상이라는 것이다.[61] 1950년대 전후 국가적 응집력이 와해되고, 냉전체제 속에서 미국과 소련의 독주로 국가 정체성의 위기를 맞이했던 영국이 유색인종 이민자를 타자화함으로써 영국성을 재확립하였다는 워터스(C. Waters)의 연구가 이와 일맥상통한다.[62] 냉전체제가 종식되고 종교적 갈등이 전 세계적으로 문제가 되면서 영국이 타자로 삼은 것은 바로 무슬림 이민자이다. 이러한 점에서 19세기 아일랜드 이민자에서 최근 무슬림 이민자에 이르기까지 이민자는 주류 영국인들이 국가 공동체에 소속감을 갖게 해준 타자였다고 볼 수 있을 것이다.

---

60) *Ibid.*, pp. 390-395.

61) F. Halliday, "'Islamophobia' Reconsidered," *Ethnic and Racial Studies*, vol. 22(1999), pp. 892-901; Idem., "Anti-Muslimism and Contemporary Politics: One Ideology or Many?" F. Halliday, *Islam and the Myth of Confrontation* (London, 1995), pp. 160-194.

62) C. Waters, "'Dark Strangers' in Our Midest: Discourse of Race and Nation in Britain, 1947-1963," *Journal of British Studies*, vol. 36(1997), pp. 207-238.

5 맺음말

2005년 7월 런던테러로 인하여 영국 사회는 이민문제를 다시 생각하게 되었다. 700여 명의 사상자를 낸 런던테러가 영국에서 출생하고 교육받은 무슬림 이민자 2세 청년들에 의해 자행되었다는 사실은 영국인들에게 큰 충격을 주었다. 런던테러는 영국 무슬림 이민자들의 불만과 정체성 문제를 드러내는 것이었고, '제로 이민정책'과 다문화주의 통합정책에 안주하며 무슬림 이민자 문제에 무관심했던 영국 정부의 문제점을 보여주었다. 런던테러는 학계에서도 영국 이민자 통합의 문제점에 대해 검토하는 작업들이 진행되게 하는 계기를 마련하였다.

런던테러는 1988년 루시디 사건을 떠올리게 하고, 현재 영국인들의 이슬람 혐오주의는 유대인 혐오주의나 전통적인 영국의 외국인 혐오주의를 생각하게 만든다. 그러나 이러한 역사적 연속성을 보여주는 연구의 부재로 영국 이민사 연구가 단편적인 사실이나 사건 혹은 정책 연구로 남아있는 아쉬움을 남기고 있다. 이민연구는 영국의 전통적인 지역 공동체 통치방식과 소수자 통합 방식, 복지 정책, 그리고 이와 관계한 사상들과의 관련 속에서 진행되어야 한다. 영국은 유럽연합(EU)이 제시하고 있는 이민자 관련 법령을 준수하지 않고 영국 관습법에만 기초하여 이민자 문제를 다루려고 하는 등 유럽 국가들과는 다른 모습을 보여주고 있다. 이러한 점에서 이민사 연구에서도 영국의 특수성이 논의되어야 할 필요성을 느끼게 한다. 또한 주류 영국인의 입장이 아닌 소수자인 이민자의 입장에서 서술되는 연구가 활발히 진행되어야 할 것이다. 이민자 개인이나 공동체의 경험을 통한 미시사적 접근은 기존의 영국 이민사 연구가 보여주지 못한 이민자들의 삶에 대한 새로운 모습을 보여주리라고 기대해 본다.

03 독일 : 파편적 · 일국사적 관점에서 통합적 · 초국가적 차원으로

이용일

1 | 머리말 : 독일 이민사의 늦은 출발

국경을 넘나드는 다양한 형태의 중장기적 인구이동을 의미하는 국제이주가 독일 역사학에서 본격적으로 다루어지게 된 것은 1980년대 이후의 일이다.[1] 국제적으로는 물론이고, 다른 인접 학문들과 비

1) 한 지역에서 다른 지역으로의 개인적, 집단적 공간이동을 의미하는 Migration을 한국어로 번역할 때 이주 혹은 이민을 혼용하여 쓰고 있다. 정주(Settlement)와 대칭되는 개념으로 사용되어 질 때는 주로 이주라는 말을 흔히 쓴다. 정주가 인류의 보편적인 주거형태로 자리 잡은 것이 신석기혁명기 농경문화의 정착과 함께였다고 한다면, 이주는 인류의 정주화 이전의 보편적 생활양식이었다 할 수 있을 만큼 그 역사가 오래되었다. 정주화 이후에도 이주는 정주를 위한 중간단계로 빈번하게 일어났던 역사현상이었다. 이주는 국경이니 경계니 하는 개념이 정립도 되기 이전에 생겨났는

교해도, 이것은 무척이나 늦은 시작을 의미한다. 그런데 이민에 대한 독일 역사학의 이러한 오랜 '무관심'은 독일의 '역사적 현실'에 비추어 다소 의아스러운 것이다. 지난 두세기는 독일인들에게 '이민의 세기'였다고 표현해도 좋을 만큼 전쟁, 박해, 추방, 실업, 인력난 등으로 자국민의 해외이민과 외국인들의 독일로의 이민이 빈번하게 일어났었던 것이다. 즉, 19세기 6백만 명 이상의 독일인들의 아메리카이주, 1차 세계대전 발발 전까지 1백만 명 이상의 외국인 노동자 고용, 1차 세계대전 중 2백만 명의 외국인들과 전쟁포로들의 강제노동, 동유럽 유대인들의 독일이민, 나치독재와 2차 세계대전 중 인구 대이동-유대인들, 사회주의자들, 지식인들의 해외망명, 유럽 유대인들의 강제이주, 강제수용 그리고 학살, 7백만 명이 넘는 점령지 민간인들, 전쟁포로들, 유대인들의 강제노동-, 전후 1천 4백만 명에 달하는 해외 혹은 점령지 독일인들의 추방과 독일정착, 1960년대 경제호황기 2백60만 명에 달하는 외국인 노동자 고용, 구사회주의 국가들에 흩어져 살던 독일 해외동포들의 '귀환', 사회주의권 몰락과 내전으로 인한

데, 이후 국제이주와 국내이주 모두를 포괄하는 역사적, 사회적 현상이 되었다. 이러한 현상을 역사적으로 연구하는 것을 부를 때는 이주의 역사보다 역사적 이민연구이니 이민사니 하는 개념을 더 선호하는 경향이 있다. 즉 이민사는 원래 인간의 모든 공간적 이동의 역사를 포함하고 있다. 그럼에도 불구하고 일반적으로 이민사는 국제이주를 주로 다루는 경향이 강하다. 본고 역시 이민사를 국제이주에만 한정하고 있는데, 국제이주를 이민의 동의어로 사용할 것이다. 그럼에도 개념 내지 용어번역의 문제를 완전히 해결하기는 어렵다. 자국민의 자발적, 강제적 해외이주를 의미하는 Emigration과 외국인의 자국이주를 의미하는 Immigration을 어떻게 번역할 것인가에 문제가 바로 그것이다. 본고에서 말하는 이민사의 이민은 이 두 가지 유형의 이주를 모두 포함하는 개념이다. 물론 무게의 중심은 자국으로 유입된 이민자들의 역사에 있다.

동유럽 난민물결 등이 그것이다.

물론 이러한 이민의 '역사적 무게'를 독일 역사학이 아주 외면 할 수는 없었다. 하지만 위에서 언급한 독일 근현대사에서 보이는 다양한 종류의 이민과 그에 따른 정치적, 사회적, 경제적 문제들은 인구사, 도시사, 국제교류사, 민족주의의 역사, 반유대주의의 역사, 미국사, 동유럽사 등에서 파편화되어 다루어진 것이 고작이었다. 이민은 '위대한 인물' 중심의 전통적인 정치사와 이후 '구조' 중심의 사회사의 독일 역사학계에서 중요한 '메타테마'들 속에 끼여 있는 '언저리테마'에 불과했던 것이다. 이러한 측면에서 1980년대부터 일기 시작한 사회적 타자로서의 외국인 노동자들과 이민자들의 역사에 대한 학문적 관심은 독일의 문화사적 패러다임전환을 주도했던 '작은 사람들(kleine Leute)'의 역사를 강조하는 독일 일상사의 등장과 무관하지 않다는 것을 유추 할 수 있을 것이다. 하지만 더 큰 자극은 당면한 현실문제에서 나왔다. 1960년대 고도성장기 모집된 외국인 노동자들 중 많은 이들이 독일에 정주하기로 결정하면서 일어나게 된 사회문제가 바로 그것이었다. 한시적 노동시장문제는 장기적 이민문제로 발전했고, 이민자들과의 '뜻하지 않은' 동거가 돌이킬 수 없는 현실이 되면서 사회통합의 문제가 크게 대두되기 시작했던 때에 발맞추어 독일 이민사는 늦은 출발을 했던 것이다. 자연 독일 현재 이민문제의 출발점으로 여기는 외국인고용이 초기 독일 이민사의 주된 테마가 되었다.

독일에서 대규모 외국인고용이 처음 시작되었던 것이 독일 최초의 민족국가인 독일제국 시대인 1880년대였으니, 1980년대 당시 이미 외국인고용은 100년의 역사를 가지고 있었다. 하지만 외국인고용은

1960년대 대규모 외국인력 모집에 그 뿌리를 둔 '현대문제'로만 인식되었다. 물론 동독 역사학계에서는 1950년대 말부터 제국주의 내지 자본주의에 대한 비판으로부터 노동착취로서의 외국인고용의 역사가 연구되었다.[2] 이러한 동독의 연구들이 서독사회의 인식전환 내지 이민사 열풍에 직접적 계기를 마련했던 것은 아니지만, 최소한 늦은 출발점에 서 있었던 서독 이민사가들에게 완전한 무에서 출발하는 수고로움을 덜어주었다. 이민사가들은 한편에서 이민문제를 장기적인 역사적 문제로 바라보며 '이민문제의 역사화'에 전력하면서, 또 다른 한편으로 현실정치에 직, 간접적으로 관여하면서 학문과 현실 사이의 위태로운 줄타기를 했다. 실제 적지 않은 이민사 연구자들이 현실정치의 요구에 부응하는 이민연구소를 운영하면서, 정부의 이민정책 개혁에 조언자로서 깊이 관여했다. 그 대표적인 사람이 독일, 더 정확히는 서독에서의 이민사의 늦은 출발을 가능하게 했던 선구자중 하나로 꼽히는 클라우스 바데(Klaus J. Bade)이다. 오스나브뤼크 대학의 역사학 교수인 그는 그곳에서 이민학과 연계문화학를 위한 연구소(Institut für Migrationsforschung und interkulturelle Studien)를 만드는데 중추적인 역할을 했다. 이 연구소는 오늘날 독일에서 역사학, 인구학, 지리학, 법학, 사회학, 경제학, 교육학, 여성학, 인류학, 심리학, 언어학, 문학을 망라하는 학제적 이민연구의 산실이 되었다. 오랫동안 이 연구소의 소장을 역임한 바데와 이 연구소의 젊은 역사학자들은 독일의

---

2) 하지만 동독사회 역시 사회주의권 국가들로부터 계약노동자들(Vertragsarbeitnehmer)로 불렸던 외국인력을 유입하는 현실적 모순을 보였다. 물론 그 규모는 10만 명 정도로, 이것은 200만 명 이상의 외국인고용 규모를 가졌던 서독과 비교할 때 미미한 것이었다.

이민사, 소위 "역사적 이민연구(Historische Migrationsforschung)" 분야에서 활발한 연구 활동을 펼치고 있다. 이러한 연구 활동 외에도 바데는 독일 이민정책의 기획자 내지 이민연구소 행정가로서도 많은 성과를 내고 있다.

물론 모든 독일 이민사가들이 바데와 같이 이민사의 외연을 넓히며, 현실문제에 직접적으로 관여했던 것은 아니다. 울리히 헤르베르트(Urlich Herbert)는 바데와는 다른 방법으로 독일 이민사 연구의 정립에 크게 기여한 역사가이다. 독일 이민사연구의 기념비와 같은 다음 두 권의 저술을 통해 어쩌면 헤르베르트는 독일에서의 이민사 출범 초기 그 영향력에 있어 바데를 능가했다고 할 수 있다. 『이방인 노동자. 제3제국 전시경제하에서의 외국인고용 정책과 그 실제』와 『독일 외국인고용의 역사. 1880년에서 1980년까지』.[3] 전자는 그의 박사학위논문 『직장동료로서의 적(Der Feinde als Kollege)』을 고쳐 쓴 책으로, 역사가로서 헤르베르트의 존재감을 처음으로 알린 연구서였다. 무엇보다 그것은 전후 활발하게 전개 되었던 나치즘 연구의 전통에도 불구하고 불모지나 다름없던 나치시대 외국인 강제노동이라는 연구 분야를 개척한 기념비적 연구로 평가 받고 있다. 이러한 연구를 바탕으로 그 이듬해인 1986년에 출간된 그의 책 『독일 외국인고용의 역사. 1880년에서 1980년까지』는 독일 외국인고용의 역사 전체를 조망할 수 있는 최초의 개설시로서 독일 노동이민사 연구의 토대를 마련했

3) Urlich Herbert, *Fremdarbeiter. Politik und Praxis des 'Ausländer- Einsatzes' in der Kriegswirtschaft des Dritten Reiches*(Bonn, 1985); Urlich Herbert, *Geschichte der Ausländerbeschäftigung in Deutschland. Saisonrbeiter, Zwangsarbeiter, Gastarbeiter*(Berlin/Bonn, 1986).

다. 그렇지만 이후 헤르베르트는 이민사 영역을 확대, 심화 연구하기보다, 이러한 연구를 발판으로 나치즘 연구가로서의 프로필을 한층 공고히 하는 쪽으로 연구방향을 잡았다. 교수자격논문시험을 위한 그의 새로운 연구주제는 나치 법률가였던 베르너 베스트(Werner Best)에 대한 전기였다. 그렇게 해서 탄생한 『베스트. 극단주의, 세계관, 이성에 대한 전기적 연구 1903-1989』는 현대 독일 역사서술의 걸작이라는 극찬을 받으며, 헤르베르트를 차세대 촉망받는 역사가의 반열에 올려놓았다.[4] 고로 헤르베르트를 이민사가로만 규정하는 것은 어패가 있다. 그렇다고 헤르베르트가 학문적 여정에서 잠시 지나가는 테마로 이민문제를 다루었던 다른 역사가들과 같은 길을 걸었던 것은 아니다.[5]

서로 다른 프로필의 두 역사가, 헤르베르트와 바데가 독일 이민사 연구에 남긴 족적을 쫓아가는 것만으로도 독일 이민사 발전에 대한

---

4) Urlich Herbert, *Best. Biographische Studien über Radikalismus, Weltanschauung und Vernunft. 1903-1989*(Bonn, 1996). 이 연구업적을 통해 헤르베르트는 1999년에 독일 학술재단이 수여하는 독일 학계에서 가장 권위 있는 라이프니츠 상을 수상했다.

5) 비록 이민연구에 계속적으로 천착하지는 못했지만, 이민문제에 대한 그의 넓은 역사적 식견은 논문이나 책을 통해 계속적인 영향력을 발휘했다. 무엇보다 1990년대 말과 2000년 초에 이민문제가 사회적인 담론을 이끌게 되었을 때, 그의 이전 연구들이 새롭게 조명을 받으며 재출간되기도 했다. 특히 『독일 외국인고용의 역사』는 『외국인정책의 역사』라는 제목으로 출판사를 바꾸어 증보판을 내게 되는데, 1980년대 이후의 외국인정책, 특히 난민문제가 새로 집필되어 덧붙여졌다. Urlich Herbert, *Geschichte der Ausländerpolitik in Deutschland. Saisonarbeiter, Zwangsarbeiter, Gastarbeiter, Flüchtlinge*(München, 2001). 그 외 이민문제에 대한 그의 몇몇의 논문들이 실린 단행본으로 Urlich Herbert, *Arbeit, Volkstum, Weltanschauung. Über Fremde und Deutsche im 20. Jahrhundert*(Frankfurt, 1995)를 언급할 수 있다.

대강의 밑그림을 그릴 수 있을 정도로 이민사 발전에 있어서 그들의 기여는 지대했다.[6] 본고는 헤르베르트의 연구를 필두로 독일 역사학, 특히 나치즘의 역사에서 최근 가장 많이 연구되고 있는 분야중 하나로 급성장한 외국인 강제고용과 바데를 중심으로 한 오스나브뤼크 대학 이민연구소의 '역사적 이민연구'를 연구사적으로 정리할 것이다. 끝으로 최근의 독일 '이민현실'의 변혁과 '초국가적인 세계화'의 도전 속에 변화하는 독일의 이민사 연구경향을 소개할 것이다. 이러한 독일의 새로운 이민사서술에 대한 지형도를 그리며 떠오르는 한 독일 사학자의 단상 역시 짧게 소개 할 것이다. 그러나 이 모든 독일 이민사 연구노트를 정리하는 작업은 독일, 정확히 서독의 역사학계에 이민사가 정립되기 이전 다양한 역사적 거대테마들 속에서 파편화되어 전개된 이민연구와 동독 역사학계의 이민연구를 살펴보는 것으로부터 시작된다.

2 파편화된 이민사 연구

이민이 인류의 보편적 역사현상이었고, 무엇보다 지난 두 세기 독일에서 끊임없이, 그리고 큰 규모로 일어났기에, 이민문제를 비록

---

6) 바꾸어 말하면, 이것은 '늦은' 독일 이민사가 여전히 빈약한 인재풀을 가지고 있다거나 이민문제가 소위 '저명한' 역사가들에게 외면당한 테마였다는 사실을 보여주는 방증이기도 하다.

부분적이긴 하지만, 직·간접적으로 다루거나 언급하는 역사연구들은 수 없이 많았다. 이런 이유에서 이민사 정립 이전에 여러 역사적 연구테마들 속에 흩어져 있는 이민에 대한 연구조각들을 모두 모아서 정리한다는 것은 현실적으로 어렵다. 따라서 여기서는 독일 이민사 정립에 직·간접적으로 영향을 미친 중요한 선행연구들만을 언급하고자 한다. 이러한 경우 응당 제일 먼저 떠오르는 학문분과는 인구학 내지 인구사이다. 1945년까지 이민에 대한 역사학적 연구는 인구사의 일부였다고 할 만큼 토대학문으로서의 인구학 내지 인구사에 많은 영향을 받았다. 때문에 독일에서 이민사의 늦은 출발에 대한 한 요인을 국가사회주의의 인종정책, 민족정책, 인구정책 등에 깊숙이 관여했던 독일 인구학의 치명적인 과거와 그 결과에서 찾는다고 해도 큰 무리는 아닐 정도이다.[7)]

과거가 남긴 부정적 이미지로 인한 척박한 연구토양 속에서도 1945년 이후의 독일 인구사가 그나마 명맥을 유지하며 발전할 수 있었던

---

7) 국가사회주의의 '시녀학문'으로서의 인구학에 대한 학문사적 정리와 평가를 시도한 논문집으로 다음이 있다. Rainer Mackensen ed., *Bevölkerungslehre und Bevölkerungspolitik im Dritten Reich*(Opladen, 2004). 1945년 이후 독일 역사학, 특히 구조사와 사회사의 기틀을 마련했던 저명한 역사가들, 이를테면 베르너 콘체와 테오도르 쉬더 등이 독일 동부지역과 점령지의 독일화 정책, 인구정책, 민족정책을 위한 '민족사' 연구들에 깊숙이 관여했던 나치 과거가 1990년대 말에 밝혀지면서, 사회적, 학문적 논쟁을 일으켰던 것은 잘 알려진 사실이다. 이 주제에 관하여서는 특별히 다음을 참조. Götz Aly, "Theodor Schieder, Werner Conze oder die Vorstufen der physischen Vernichtung," Winfried Schulze and Otto Gerhard Oexle, ed., *Deutsche Historiker im Natonalsotzialismus* (Frankfurt am Main, 1999), pp. 163-182; Ingo Haar, *Historiker im Nationalsozialismus. Die deutsche Geschichte und der 'Volkstumskampf' im Osten*(Göttingen, 2000).

것은 전적으로 볼프강 쾰만(Wolfgang Köllmann)과 아투어 임호프(Arthur E. Imhof)의 공로였다.[8] 역시 활발한 활동을 펼쳤던 인구사가로 페터 마샬크(Peter Marschalck)를 들 수 있다. 그는 무엇보다 19세기 독일인들의 아메리카 이민에 대한 연구에서 두각을 나타냈다.[9] 이러한 인구사가들의 선구적인 업적에도 불구하고 독일 인구사가 독일 이민사의 출범과 발전에 미친 영향은 제한적이었다. 앞서도 언급한 독일 이민사의 선구자인 바데와 헤르베르트가 인구학 내지 인구이론에 밝은 전문 인구사가가 아니라는 점이 그것을 잘 말해준다. 사실 1980년대 이민사 연구 초기에 쾰만의 제자인 인구사가 지그프리트 베틀레헴(Siegfried Bethlehem)이 훌륭한 이민사 연구서를 내 놓긴 했지만, 이 둘에 비해 큰 주목을 받지 못했다. 하지만 베틀레헴의 『실향, 탈동독,

---

8) Wolfgang Köllmann, "Bevölkerungsgeschichte," Wolfgang Schieder and Volker Sellin, ed., *Sozialgeschichte in Deutschland: Entwicklungen und Perspektiven im internationalen Zusammenhang, Bd. 2: Handlungsräume des Menschen in der Geschichte*(Göttingen, 1986), pp. 9-31; Wolfgang Köllmann, "Bevölkerungsgeschichte 1800-1970," Hermann Aubin and Wolfgang Zorn, ed., *Handbuch der deutschen Wirtschafts- und Sozialgeschichte*(Stuttgart, 1976), pp. 9-147; Wolfgang Köllmann, ed., Bevölkerungsgeschichte(Köln, 1972); Wolfgang Köllmann, "Grundzüge der Bevölkerungsgeschichte Deutschlands im 19. und 20. Jahrhundert," *Studium Generale* vol. 12. no. 6(1959), pp. 381-392; Arthur E. Imhof, "Historische Demographie," Wolfgang Schieder and Volker Sellin, ed., *Sozialgeschichte in Deutschland: Entwicklungen und Perspektiven im internationalen Zusammenhang, Bd. 2: Handlungsräume des Menschen in der Geschichte*(Göttingen, 1986), pp. 32-63; Arthur E. Imhof, *Einführung in die historische Demographie*(München, 1977).

9) Peter Marschalck, *Deutsche Uberseewanderung im 19. Jahrhundert. Ein Beitrag zur soziologischen Theorie der Bevölkerung*(Stuttgart, 1973); Peter Marschalck, *Bevölkerungsgeschichte Deutschlands im 19. und 20. Jahrhundert* (Frankfrut am Main, 1984).

초빙노동자유입. 독일연방공화국에서의 이주물결과 이주정책』은 인구학적인 문제제기와 사료분석을 통해 독일난민과 탈동독자에서부터 외국인 노동자들까지를 아우르는 독일연방공화국의 이주문제를 역사학적으로 처음 다루었다는 점에서 연구사적으로 주목할 만한 중요한 연구서이다.[10)]

사실 패전이후 증가일로에 있었던 점령지와 잃어버린 영토로부터 추방된 독일인들의 입국물결은 1950년대를 끝으로 거의 종결되었는데, 이때 실향민들의 이주문제를 학문적으로 정리, 결산하는 작업도 같이 이루어졌다.[11)] 이러한 작업의 일환으로 몇몇의 역사가들 역시 정부의 독일인들의 추방에 대한 문서정리를 위한 학문위원회(이하 추방난민 기록위원회)에 관여하여, 그 방대한 결과물로서 5,000 페이지가 넘는 『동중부 유럽으로부터 독일인들의 추방』을 내놓았다.[12)] 테오도르 쉬더(Theodor Schieder), 한스 로트펠스(Hans Rothfels), 베르너 콘체(Werner Conze), 그리고 젊은 한스-울리히 벨러(Hans-Urlich Wehler) 등, 이 위원회에 참여했던 역사가들의 면모는 대단했다. 하지만 이 주제에 대한 본격적인 역사연구는 국가기록원을 위시한 많은 공공

---

10) Siegfried Bethlehem, *Heimatvertreibung, DDR-Flucht, Gastarbeiterzuwanderung, Wanderungsströme und Wanderungspolitik in der Bundesrepublik Deutschland* (Stuttgart, 1982).

11) Eugen Lemberg and Friedrich Edding, ed., *Die Vertriebenen in Westdeutschland. Ihre Eingliederung und ihr Einfluß auf Gesellschaft, Wirtschaft, Politik und Geistesleben*(Kiel, 1959).

12) Bundesministerium für Vertriebene, Flüchtlinge und Kriegsgeschädigte, ed., *Dokumentation der Vertreibung der Deutschen aus Ost-Mitteleuropa.* Bd.1- Bd.5(Bonn, 1954-1961). 이 기록들은 현재 문고판으로 재출판이 되었다.

문서고의 30년의 문서공개 유예기간이 풀리던 1970년대부터 시작되었고, 그 결산되는 연구논문집 『전후 서독 역사에서의 피난민과 추방난민들. 연구결산과 미래 연구전망』이 1980년대 말에야 비로소 나올 수 있었다.[13)]

독일연방공화국의 독일난민문제와 함께 전후 독일 역사학에서 자주 다루어졌던 또 다른 이주문제는 독일사회에서의 폴란드인 문제였다.[14)] 예를 들면 마틴 브로샤트(Martin Broszat)가 일찍 그의 저서 『독일의 폴란드 정책 200년사』에서 이 문제를 다루었고,[15)] 앞서 언급한 '추방난민 기록위원회' 프로젝트에 참여하여 유고슬라비아 편을 썼던 한스-울리히 벨러 역시 위원회에 참여하기 직전 제출한 그의 학위논

---

13) Rainer Schulze, Doris von der Brelie-Lewien and Helga Grebing, ed., *Flüchtlinge und Vertriebene in der westdeutschen Nachkriegsgeschichte. Bilanzierung der Forschung und Perspektiven für die künftige Forschungsarbeit* (Hildesheim, 1987). 이외에도 이 주제에 대한 중요한 역사연구서들은 다음과 같다. Wolfgang Benz, ed., *Die Vertreibung der Deutschen aus dem Osten. Ursachen, Ereignisse, Folgen*(Frankfurt am Main, 1985); Marion Frantzioch, *Die Vertriebenen. Hemmnisse und Wege ihrer Integration* (Berlin, 1987); Volker Ackermann, *Der 'echte' Flüchtling. Deutsche Flüchtlinge und Vertriebene aus der DDR 1945-1961*(Osnabrück, 1995); Dierk Hoffmann and Michael Schwartz, ed., *Geglückte Integration? Spezifika und Vergleichbarkeiten der Vertriebenen-Eingliederung in der SBZ/DDR* (München, 1999); Dierk Hoffmann, Michael Schwartz and Marita Krauss, ed., *Vertriebene in Deutschland. Interdisziplinäre Ergebnisse und Forschungsperspektiven*(München, 2000); K. Erik Franzen, *Die Vertriebenen. Hitlers letzte Opfer*(München, 2002).

14) 이미 1948년에 빌헬름 브레폴이 루어지방인들에 대한 자신의 연구에서 이 지방의 폴란드인들을 처음 다루었다는 사실에서 알 수 있듯이, 독일제국 내 폴란드인들에 대한 역사적 연구의 전통은 오래 되었다. Wilhelm Brepohl, *Der Aufbau des Ruhrvolkes im Zuge der Ost-West-Wanderung. Beiträge zur deutschen Sozialgeschichte des 19. und 20. Jahrhunderts* (Recklinghausen, 1948).

15) Martin Broszat, *Zweihundert Jahre deutscher Polenpolitik*(München, 1963).

문『사회민주주의와 민족국가(1840-1914)』에서 일차대전 이전 독일사회의 폴란드 소수민족문제를 다루었다.[16] 그런데 독일 역사서술에 있어 중요한 이 연구서들은 이민사적 측면에서는 파편화된 이민사 연구의 전형이었다. 이 주제를 다룬 '온전한' 이민사로서 주목받을 만한 연구서로는 크리스토퍼 클레스만(Christoph Kleβmann)의 교수자격시험을 위한 연구논문『루어지역 폴란드인 광부 1870-1945』가 당시로서는 거의 유일했다고 해도 과언은 아닐 정도이다.[17] 루어지역 폴란드 이민자들의 사회통합과정을 역사적으로 고찰한 이 연구는 루어 폴란드인들에 대한 연구뿐만 아니라 이민자 사회통합 전반에 대한 역사적 이민연구에 많은 학문적 자극을 주었고, 여전히 주고 있다.[18]

---

16) 이것은 나중에 책으로 출간되었다. Hans-Urlich Wehler, *Sozialdemokratie und Nationalstaat 1840-1914*(Göttingen, 1971). 이 연구결과물을 바탕으로 한 세 편의 논문("Von den 'Reichsfeinden' zur 'Reichskristallnacht': Polenpolitik im Deutschen Kaiserreich 1871-1918," "Deutsch-Polnische Beziehungen im 19. und 20. Jahrhundert," "Die Polen im Ruhrgebiet bis 1918")이 그 전에 출간된 논문집 Hans-Urlich Wehler, *Krisenherde des Kaiserreichs 1871-1918* (Göttingen, 1970)에 수록되었다.

17) Christoph Kleβmann, *Polnische Bergarbeiter im Ruhrgebiet 1870-1945. Soziale Integration und nationale Subkultur einer Minderheit in der deutschen Industriegesellschaft*(Göttingen, 1978).

18) 이후에 나온 루어지역 폴란드인들에 대한 중요한 이민사 연구들은 다음과 같다. Krystyna Murzynowska, *Die polnische Erwerbsauswanderer im Ruhrgebiet während der Jahre 1880-1914*(Dortmund, 1979); Richard C. Murphy, *Gastarbeiter im Deutschen Reich. Polen in Bottrop 1891-1933* (Wuppertal, 1982); Valentina- Maria Stefanski, *Zum Prozeß der Emanzipation und Integration von Außenseitern: Polnische Arbeitsmigranten im Ruhrgebiet* (Dortmund, 1984); Ralf Karl Oenning, *"Du da mitti polnische Farben…." Sozialisationserfahrungen von Polen im Ruhrgebiet 1918 bis 1939* (Münster /New York, 1991); John L. Kulczycki, *The Foreign Worker and the German*

이 연구서는 1970년대 말에 나왔기에, 독일 이민사의 출발과 큰 시차가 없다. 이것이 본격적인 이민사의 출범 전에 주목받을 만한 '유일한' 역사적 이민연구라고 앞서 언급했는데, 이 주장은 물론 서독 역사학계에만 한정된 것이다. 이보다 거의 20년 일찍 동독 역사학계로부터 폴란드 노동자에 대한 훌륭한 역사연구서가 나왔고, 이것은, 앞서도 언급했지만, 이제 시작한 서독 이민사 연구에 많은 학문적 자극과 지식을 제공해 주었다. 그것은 바로 다름 아닌 요한네스 니히트바이스(Johannes Nichtweiss)의 동베를린 훔볼트대학 교수자격시험을 위한 연구논문인 『독일제국 동중부 지역 농업 외국인 계절노동자』이었다. 꼼꼼한 사료작업을 바탕으로 외국인 계절노동자, 특히 폴란드인 농업노동자들의 도입과정에서 일어난 사회적, 정치적 논란과 외국인력 모집의 제도화 과정을 잘 정리하고 있는 이 연구는 서독의 역사학자, 특히 바데의 초기 이민연구에 직, 간접적으로 영향을 미쳤다. 사실 이 연구는 니히트바이스의 유고작이었다.[19] 그의 사후에도 외국인고용을 중심으로 한 이민연구는 동독에서, 특히 로스톡대학을 중심으로 활발하게 진행되었다.[20] 그러나 후속 동독 이민연구들

Labour Movement: Xenophobia and Solidarity in the Coal Fields of the Ruhr, 1871-1914(Providence, RI, 1994); John L. Kulczycki, *The Polish Coal Miners Union and the German Labor Movement in the Ruhr, 1902-1934* (Oxford, 1997).

19) Johannes Nichtweiss, *Die ausländischen Saisonarbeiter in der Landwirtschaft der östlichen und mittleren Gebieten des Deutschen Reiches*(Berlin, 1959). 그는 이 연구를 완전히 종결짓지도 못하고 일찍 죽었기 때문에, 그의 연구 결과물을 정리한 동료의 도움이 없었더라면 이 책은 출간될 수도 없었을 것이다.

20) 그 대표주자들로 요아힘 레만(Joachim Lehmann)과 로타 엘스너(Lothar

이 서독 이민사에 미친 영향은 제한적이었다.

3 나치 외국인 강제노동의 역사

1998년 재출간된 『이방인 노동자』에 덧붙여진 후기에서 헤르베르트는 나치 외국인 강제노동 연구가 지난 10여 년간 비약적인 발전에 발전을 거듭하면서, 나치즘 연구 내에서도 가장 연구가 많이 된 분야가 되었다고 술회하고 있다.[21] 이것은 그가 같은 책 서문-물론 이미 1985년에 쓴-에서 밝히고 있는 나치 외국인 강제노동에 대한 독일 역사학자들의 무관심에 대한 불평을 무색하게 하고도 남음이 있다.[22] 물론 그의 불평은 1980년대 그가 나치 외국인 강제노동에 대한 연구를 시작하면서, 척박한 연구풍토와 빈약한 선행연구로 인해 겪어야만 했던 고충의 토로로 이해 될 수 있을 것이다. 일찍부터

Elsner)를 들 수 있다. 이들의 대표적인 단행본들만 언급하자면, 다음과 같다. Lothar Elsner, *Die ausländischen Arbeiter in der Landwirtschaft der östlichen und mittleren Gebieten des Deutschen Gebieten während des ersten Weltkrieges* (Rostock, 1961); Lothar Elsner and Joachim Lehmann, *Ausländische Arbeiter unter dem deutschen Imperialismus 1900-1985* (Berlin, 1988). 자세한 동독 역사학내 외국인고용에 대한 연구에 대하여서는 역시 이 둘에 의해서 간행된 다음의 단행본 참조. Lothar Elsner and Joachim Lehmann, *DDR- Literatur über Fremdarbeiterpolitik des deutschen Imperialismus. Bemerkungen zum Forschungsstand und Bibliographie*(Rostock, 1979).

21) Herbert, *Fremdarbeiter*, p. 417.

22) *Ibid.*, p. 14.

나치 외국인 강제노동 연구가 활발하게 진행되었던 동독 역사학계와는 대조적으로 서독 역사학계에서는 그의 단행본이 나오기 전까지 언급할 만한 중요한 나치 강제노동 연구서가 거의 없었다고 해도 과언이 아니다. 그 이전에 이 주제를 다룬 서독 역사가라고는 앞서도 언급한 저명한 나치즘 연구가 브로샤트와 한스 팔만(Hans Pfahlmann)이 고작이었다. 브로샤트는 그의 나치 폴란드정책 연구에서 폴란드 점령지에서의 강제노동자 모집과 수송을 잠시 다룬 것이기에,[23] 어쩌면 사료작업을 통해 나치 외국인고용 내지 강제노동을 다룬 연구는 팔만의 『독일 전시경제하의 이방인 노동자와 전쟁포로 1939-1945』이 최초였다고 할 수 있을 것이다.[24] 물론 이 연구들 외에도 미국 역사학자 에드워드 홈즈(Edward L. Homze)의 연구서가 역시 나왔지만, 서독 역사학계에 큰 반향을 일으키지는 못했다.[25]

이처럼 선행연구들이 아주 없는 것은 아니지만, 독일에서 나치 외국인 강제노동에 대한 연구분야를 실질적으로 개척했을 뿐만 아니라, 앞서도 언급한 이 분야의 '비약적' 발전을 가능하게 만든 연구자는 단연 헤르베르트였다. 교사에서 에센 대학 늦깎이 박사과정생, 그리고 하겐방송통신대학에서의 교수자격시험 등의 그의 이력은 여느 역사학자들의 그것과는 사뭇 달라 보인다. 하지만 이것만으로는 주류 역사학이 외면했던 외국인 노동자들, 특히 강제노동자들에 대한

23) Martin Broszat, *Nationalsozialistische Polenpolitik 1939-1945*(Stuttgart, 1961).

24) Hans Pfalmann, *Fremdarbeiter und Kriegsgefangene in der deutschen Kriegswirtschaft 1939-1945*(Darmstadt, 1968).

25) Edward L. Homze, *Foreign Labor in Nazi Germany*(Princeton, 1967).

그의 학문적 관심을 설명할 수는 없다. 어쩌면 여기에 그의 스승이 독일 구술사를 개척한 루츠 니타머(Lutz Niethammer)라는 사실을 덧붙이는 것이 그의 학문적 여정, 특히 그가 외국인고용을 연구하게 된 계기를 이해하는데 큰 도움을 줄 수 있을 것이다. 하겐방송통신대학을 거쳐 예나대학으로 자리를 옮기기 전까지 니타머는 에센대학 교수로 있으면서 '루르 지방의 생활사와 사회문화 1930-1960'라는 연구 프로젝트를 이끌었는데, 이곳이 바로 1980년대 새로운 역사학적 실험, 이를테면 구술사적, 일상사적 연구가 이루어졌던 새로운 역사연구의 산실이었다.[26] 요절한 데틀레프 포이케르트(Detlev Peukert) 역시 이 프로젝트에 참여해, 이곳에서 그의 나치 일상사 연구의 토대를 마련했다. 나치 일상사 연구의 대표작이 된 『나치 시대의 일상사』에서 그 역시 나치시대 강제동원 된 외국인 노동자들과 전쟁포로들을 짧게 다루고 있다.[27] 그는 서문에서 헤르베르트를 언급하고 있을 뿐만 아니라, 특별히 외국인 강제노동자에 대한 부분을 쓰면서 헤르베르트에게서 많은 학문적 자극과 도움을 받았음을 주석에서도 밝히고 있다.[28] 마찬가지로 당시 박사학위 논문을 진행하면서 이 프로젝트에 참여했던 젊은 헤르베르트 역시 니타머와 포이케르트를 중심으로 하는 프로젝트팀의 새로운 연구방향으로부터-어쩌면 더 큰-학문적

---

26) 니타머는 이 프로젝트의 연구결과물들을 3권의 책으로 출간하였다. Lutz Niethammer, ed., *Lebensgeschichte und Sozialkultur im Ruhrgebiet 1930-1960*. Bd.1-Bd.3 (Berlin/Bonn, 1982-1985).

27) Detlev Peukert, *Volksgenossen und Gemeinschaftsfremde. Anpassung, Ausmerze und Aufbegehren unter dem Nationalsozialismus*, 김학이 역, 『나치 시대의 일상사』 (개마고원, 2003), pp. 189-211.

28) 같은 책, pp. 7, 430.

자극을 받았다. 무엇보다 일상사로의 전환이 집시, 장애인, 동성애자, 강제거세자, 사회부적응자 등의 민족공동체 내의 타자들에 대한 역사적 연구를 촉발시켰는데, 외국인 강제노동자에 대한 그의 연구 역시 이러한 학문적 맥락 속에서 탄생했다는 사실을 헤르베르트 스스로도 밝히고 있다.[29]

이러한 학문적 배경에도 불구하고 그의 『이방인 노동자』는 일상사 연구서라고 보기는 어렵다. 굳이 구분하자면, 이 연구는 사회경제사적 연구에 더 가깝다고 할 수 있다. 이것은 일상사가 초기 외국인 강제노동자들에 대한 학문적 관심을 불러일으킨 공로는 있지만, 1980년대 중반부터 시작된 이 학문분과의 비약적인 발전을 주도하지는 못했다는 사실을 함의하는 것이다. 오히려 이러한 발전의 중심에는 지방사와 기업사가 자리하고 있다. 지방사적 혹은 기업사적 틀에서 접근한 역사적 연구들은 지난 20년간 그 수가 수백 개에 이를 만큼 비약적인 발전을 했고, 그 연구결과들 역시 다양해서, 이것을 다 정리하기란 여간 어려운 것이 아니다. 여기에다 과거극복에 대한 복잡한 사회논쟁에 대한 서술까지 가세한다면, 이 분야에 대한 연구사적 정리의 어려움은 배가 된다. 그 방대함에 있어서 어쩌면 나치연구의 한 분과로서의 외국인 강제노동 연구는 나머지 이민사 연구 전체를 능가한다고 할 수 있기에, 나치 외국인 강제고용에 대하여 연구사적으로 정리하기에 이민사 연구노트의 한 챕터는 너무 좁다. 때문에 여기서는 지면관계상 강제노동자에 대한 배상문제와 직접적인 관계

29) Herbert, *Fremdarbeiter*, p. 417.

를 가졌던 기업의 외국인 강제노동에 대한 몇몇의 비중 있는 기업사적 연구들을 짧게 언급하는 것에 만족하기로 하자.

독일에서 1990년부터 역사학내 독자적인 분과로 자리매김하기 시작한 기업사(Unternehmensgeschichte)의 성장세는 과히 눈부실 정도였다.[30] 무엇보다 초기 독일 기업사는 나치시대 기업의 역할과 강제노동자 배상문제에 대한 사회적 논의들로부터 많은 발전양분을 얻었다. 그 시작은 다임러-벤츠사에서 이루어졌다. 1980년대 중반과 후반에 20세기 사회사를 위한 함부르크 재단에서 발간한 다임러-벤츠사의 나치과거에 대한 자료집들이 사회적 주목을 끌게 되었고,[31] 이것으로 인해 많은 사회적 비판에 직면한 다임러-벤츠사는 고육지책으로 자신들의 과거, 즉 기업의 강제노동에 대한 비판적인 연구를 감당할 중립적인 젊은 역사가들로 구성된 연구그룹을 만들기에 이른다. 그 결과물로서 1994년 『다임러 벤츠사에서의 강제노동』이라는 연구서가 출간되게 되었고, 이것은 방대한 기업문서자료를 바탕으로 한 객관적이고 비판적인 연구로서, 그때까지 나온 강제노동에 대한 기업사적 연구들 가운데 최고의 연구서로 평가받는다.[32] 이 연구서가

---

30) 독일 기업사에 대한 자세한 정보를 얻기 위해서는 다음의 개설서와 국내 비평논문 참조. Toni Pierenkemer, *Unternehmensgeschichte. Eine Einführung in ihre Methoden und Ergebnisse*(Stuttgart, 2000); 송충기, 「기업사 전기에서 새 역사분과로: 독일 기업사의 발전과 전망」, 『서양사론』, 제 83호(2004. 12), pp. 175-195.

31) Hamburg Stiftung für Sozialgeschichte des 20. Jahrhunderts, ed., *Das Daimler-Benz Buch. Ein Rüstungskonzern im 'Tausenjährigen Reich'*(Nördlingen, 1988); Karl Heinz Roth and Michael Schmid, *Die Daimler-Benz AG 1916-1948. Schlüsseldokumente zur Konzerngeschichte*. Hamburg Stiftung für Sozialgeschichte des 20. Jahrhunderts(Nördlingen, 1987).

나온 그 이듬해인 1995년 폭스바겐사가 기획, 지원한 연구그룹의 연구서 『제3제국에서 폭스바겐 공장과 그 노동자들』이 나왔다. 여러 곳에 흩어져 있었던 기업문서자료들의 수집과 분석을 바탕으로 한 1,000페이지가 넘는 이 연구서를 책임 집필한 사람은 바로 저명한 나치즘 연구가 한스 몸젠(Hans Mommsen)이었고, 그의 제자인 만프레트 그리거(Manfred Grieger)는 그의 학위논문의 일환으로 기업의 재정 부분만을 맡아 집필했다. 이 연구를 통해 전쟁말기 폭스바겐사의 전체 노동자의 3분의 2가 넘었던 많은 외국인 강제노동자들의 열악한 노동조건과 비참한 생활상이 학문적 조명을 받을 수 있었다.[33] 이러한 기업의 지원을 통한 연구들은 이제껏 외부에 패쇄적이었던 기업문서고의 개방과 기업에 중립적인 전문 역사가들에 의한 기업사 연구라는 긍정적인 결과뿐 만 아니라, 기업연구프로젝트를 수행하는 일부 역사가들에게만 한정하는 문서개방의 특혜에 대한 시비를 가져오기도 했다. 기업사의 폭발적인 성장과 함께 강제노동에 대한 기업

---

32) Barbara Hopmann, Mark Spoerer, Birgit Weitz and Beate Brüninghaus, *Zwangsarbeit bei Daimler-Benz*(Stuttgart, 1994).

33) Hans Mommsen and Manfred Grieger, *Das Volkswagenwerk und seine Arbeiter im Nationalsozialismus*(Düsseldorf, 1995). 물론 이것이 폭스바겐사의 강제노동자를 다룬 첫 연구는 아니었다. 폭스바겐사가 있는 볼스부르크 시문서고에서 일하던 지그프리트가 이미 1980년대에 연구서들을 내 놓았고, 이것은 몸젠의 연구에 적지 않은 도움을 주었다. Klaus-Jörg Siegfried, *Das Leben der Zwangsarbeiter im Volkswagenwerk 1939-1945*(Frankfurt am Main, 1988); Klaus-Jörg Siegfried, *Rüstungsproduktion und Zwangsarbeiter im Volkswagenwerk*(Frankfurt am Main, 1986). 그 외에 1960년대 폭스바겐사에서 일했던 외국인 노동자들-거의 대부분은 이탈리아 노동자들이었다-을 다룬 연구논문으로 다음이 있다. Anne von Oswald, "Volkswagen, Wolfsburg und die italienischen 'Gastarbeiter' 1962- 1975. Die gegenseitige Verstärkung des Provisoriums," *Archiv für Sozialgeschichte*, 42(2002), pp. 55-79.

사적 연구들은 이후 계속 쏟아져 나왔다. 그 사이 지지부진하던 외국인 강제노동자들에 대한 배상문제는 '기억, 책임 그리고 미래 재단'(Stiftung 'Erinnerung, Verantwortung und Zukunft')이 2000년대 초에 설립되어 그 해결의 실마리를 찾았다.[34] 물론 강제 노동자 배상문제에 직, 간접적으로 영향을 미쳤던 나치의 강제노동에 대한 학문적 연구는 이후로도 종결되지 않고, 여전히 밝혀지지 않았던 다양한 분야들로 확대되면서 그 외연을 넓혀가고 있다.[35]

4 | 역사적 이민연구와 오스나브뤼크 대학 이민연구소

앞서 언급한 역사학내 이민연구들과는 달리 인접 학문들과의 연계 속에서 다양한 이민이론들을 연구에 적극 활용하면서 역사학의 경계를 넘어 이민학의 한 분과 내지 독자적 학문분과로 성장하고 있는 독일의 '역사적 이민연구'를 정립시킨 바데의 학문적 커리어는 제국주의 연구로부터 시작되었다. 이후 교수자격을 위한 논문시험을

34) 강제노동자들에 대한 배상문제에 대한 자세한 것은 다음을 참조. 송충기, 「독일의 뒤늦은 과거청산-나치하 외국인 강제노역자에 대한 보상을 중심으로」, 『역사비평』, 제 73호(2005), pp. 271-292.

35) 여기서는 많은 연구서들 가운데 보쿰대학 사회운동 연구소 클라우스 텐펠데(Klaus Tenfelde)가 이끌었던 강제 광산노동자 프로젝트의 결과물로서 최근 주목받은 다음의 연구서를 언급하는 것으로 만족하자. Hans Seidel and Klaus Tenfelde, ed., *Zwangsarbeit im Bergwerk. Der Arbeitseinsatz im Kohlenbergbau des Deutschen Reiches und der besetzten Gebiete im Ersten und Zweiten Weltkrieg*(Essen, 2005).

통해 1970년대 초부터 이민연구에 본격적으로 입문하게 된 그는 그 결과물로 『국제이민과 노동시장. 1편: 1879-1914』을 내 놓을 수 있었다.[36] 이 연구를 토대로 그는 1980년대 독일제국의 이민문제에 대한 많은 학술논문들과 하나의 단행본 『이민자 송출국가에서 이민국가로? 독일 1880-1980』을 발표하며 이민사가로서의 그의 존재를 처음으로 학계에 알렸다.[37]

그러나 그의 재능이 더 크게 발휘된 곳은 학문기획 분야였다. 바데는 이미 1982년에 독일에서는 최초로 이민사를 주제로 한 국제학술대회를 개최했고, 그 결과물로서 『해외 이민자-이동노동자-초빙노동

---

36) Klaus J. Bade, *Transnationale Migration und Arbeitsmarkt 1879-1929. Studien zur deutschen Sozialgeschichte zwischen großer Deflation und Weltwirtschaftskrise, Bd.1: 1879-1914*(Habilitationsschrift Erlangen, 1979). 이 연구는 *Land oder Arbeit? Transnationale und interne Migration im deutschen Nordosten vor dem Ersten Weltkrieg* 라는 제목의 인터넷 판으로 2005년에 처음 출간되었다. 물론 이 연구결과물은 여러 편의 논문형식으로 이미 1980년대 소개되었다. 바로 아래 주 참조.

37) Klaus J. Bade, *Vom Auswanderungsland zum Einwanderungsland? Deutschland 1880-1980*(Berlin, 1983); Klaus J. Bade, "Polik und Ökonomie der Ausländerbeschäftigung im preuβischen Abwehrpolitik," Hans-Jürgen Puhle and Hans-Urlich Wehler, ed., *Preußen im Rückblick*(Göttingen, 1980), pp. 273-299; Klaus J. Bade, "Massenwanderung und Arbeitsmarkt im deutschen Nordosten von 1880 bis zum Ersten Weltkrieg: überseeische Auswanderung, interne Abwanderung und kontinentale Zuwanderung," *Archiv für Sozialgeschichte*, 20(1980), pp. 265-323; Klaus J. Bade, "Transnationale Migration und Arbeitsmarkt im Kaiserreich: vom Agrarstaat mit starker Industrie zum Industriestaat mit starker agrarischer Basis," Toni Pierenkemper and Richard Tilly, ed., *Historische Arbeitsmarktforschung. Entstehung, Entwicklung und Probleme der Vermarktung von Arbeitskraft* (Göttingen, 1982), pp. 182-211; Klaus J. Bade, "'Preuβengänger' und 'Abwehrpolitik': Ausländerbeschäftigung, Ausländerpolitik und Ausländerkontrolle auf dem Arbeitmarkt in Preuβen vor dem Ersten Weltkrieg," *Archiv für Sozialgeschichte*, 24(1984), pp. 91-162.

자. 19세기 이래 독일에서의 인구, 노동시장, 이주』라는 두 권짜리 책을 편집하여 내 놓으며 학계로부터 많은 주목을 받았다. 이민문제를 이미 심도있게 다루거나, 이 문제에 관심 있었던 역사학자들, 사회학자들, 법학자들, 경제학자들, 인구학학자들의 논문들이 여기에 수록되었다. 물론 제목에서도 보이듯이, 여기서는 주로 독일제국과 독일연방공화국에서의 외국인문제가 노동시장적 관점에서 다루어졌다.[38)]

1990년 통독 이후 일어난 외국인들에 대한 테러들, 난민문제의 증가, 그리고 외국인 노동자의 정주화에 따른 사회문제 등이 야기한 사회적 논쟁 속에서 바데는 1992년『해외 독일인들과 독일의 타자들』이라는 논집을 편집, 발행하면서, 역사적 현상으로서의 이민문제를 사회적으로 각인시켜주려 했다. 마치 누구나 고국을 떠나서는 외국인이라는 '평범한' 진리를 새삼 일깨워주려는 듯이, 이 책은 해외에서 타자로 살아가거나 그 사회에 동화, 통합된 '독일인들'과 독일로 이민 온 수많은 역사 속의 타자들의 상이한 '이민경험'을 다루었다. 독일인들이나 독일과 관련된 이민문제를 총망라하는 백과사전식 논집을 지양한다는 서문에 나오는 편집자의 변에도 불구하고, 30명이 넘는 필진들이 한 꼭지 혹은 여러 꼭지씩 맡아서 독일 역사 속 이민의 다양한 형태들을 짧지만, 거의 빠짐없이 그려내고 있다.[39)] 앞서 언급

---

38) Klaus J. Bade, ed., *Auswanderer–Wanderarbeiter–Gastarbeiter. Bevölkerung, Arbeitsmarkt und Wanderung in Deutschland seit der Mitte des 19. Jahrhundert.* 2 Bde.(Ostfildern, 1984).

39) Klaus J. Bade, ed., *Deutsche im Ausland. Fremde in Deutschland. Migration in Geschichte und Gegenwart*(München, 1992).

한 80년대 논문집에는 다양한 전공의 연구자들이 참여했다면, 이번에는 필진 거의 대부분이 역사가들이었다. 이것은 1980년대 중반부터 시작된 독일 이민사의 비약적인 도약과 관계가 있었다. 사실 80년대 논문집의 필진이기도 했던 사회학자 크누트 도제(Knuth Dohse)가 쓴 『외국인 노동자와 시민국가. 독일제국에서 독일연방공화국까지의 국가 외국인정책과 외국인법의 형성과 기능』이 독일제국에서 독일연방공화국까지의 외국인문제 내지 외국인정책을 다룬 최초의 '역사연구'였다는 사실이 그 당시 이민문제에 대한 역사가들의 무관심을 단적으로 보여주는 것이다.[40] 80년대 중반 이후로 각자의 분야에서 주목받는 이민연구서를 내놓은 역사가들이 대거 필진으로 참여했고, 이것으로 더 촘촘한 독일 이민사의 지형도가 여기에 만들어질 수 있었다. 여기서 나치 강제노동을 맡은 헤르베르트, 전후 난민문제를 다룬 볼프강 벤츠(Wolfgang Benz), 전후 서독의 이민정책을 다룬 요한네스-디터 슈타이너트(Johannes-Dieter Steinert), 전후 난민신분이 된 강제노동자들의 운명을 소개한 볼프강 야콥마이어(Wolfgang Jacobmeyer) 등이 바로 그들이다. 여기 실린 그들의 소논문 대부분은 그들의 이전 이민연구의 요약이었기 때문에, 이 책의 두 번째 부분은 우리로 하여금 1990년대 초까지의 독일 이민사의 연구사적 발전을 한 눈에 조망해 볼 수 있게 만들어 준다.[41] 이와 같이 중요한 이민연구서의 편집,

---

40) Knuth Dohse, *Ausländische Arbeiter und bürgerlicher Staat. Genese und Funktion von staatlicher Ausländerpolitik und Ausländerrecht. Vom Kaiserreich bis zur Bundesrepublik Deutschland*(Königstein i. Ts., 1981).

41) 헤르베르트와 벤츠의 연구는 앞서 이미 언급했다. 여기서는 앞서 강제노동의 역사를 서술할 때 지면관계상 다루지 못했던 강제노동자의 사후처리를

국제학술대회 기획, 그리고 역사적 이민연구를 위한 학회 설립 등을 통해 바데는 이미 1980년대 그가 몸담고 있던 오스나브뤼크 대학을 역사적 이민연구의 중심지로 만들었다. 이것을 발판으로 해서 1991년 그는 같은 대학의 타전공 동료들과 연계하여 역사학, 인구학, 지리학, 법학, 사회학, 경제학, 교육학, 여성학, 인류학, 심리학, 언어학, 그리고 문학을 포괄하는 대학부설 이민연구소를 주도적으로 설립했다. 연구소는 다음의 9개 연구분과를 만들어- 1. 독일, 유럽, 북미의 이민과 이민정책 2. 독일과 유럽의 이민과 민족국가, 복지국가 3. 국제적 비교 속의 독일의 이민정책과 이민법 4. 이민, 종족성, 다문화주의 5. 사회통합 과정 속의 문화적 삶의 형태, 여성학 6. 해외동포유입과 그들의 사회통합 7. 피난, 추방, 이주 8. 이민, 노동시장연구와 교육연구 9. 이민과 언어관계-이곳에서 다양한 학제간 연구를 진행하며, 많은 연구성과를 내 놓았다. 예를 들면 지금까지 15편까지 간행된 연구소 연구시리즈물, 18편까지 간행된 역사적 이민연구를 위한 연구서 시리즈물, 그리고 34호까지 나온 연구소 학술지 Imis-Beiträge가 그것이다. 그리고 독일 학술재단의 재정지원으로 1995년에 설립된 '현대 유럽의 이민' 박사과정과 '국제이민과 문화관계' 석사과정을 통해 이민연구를 위한 많은 학문후속세대들이 양성되었고, 양성되고 있다. 현재 연구소 소장인 사회학자 미하엘 봄메스(Michael Bommes), 연구소 소장을 잠시 역임한 지리학자 한스-요아힘 벤첼(Hans-Joachim

---

다룬 중요한 연구서인 야콥마이어의 저서를 언급하기로 하자. Wolfgang Jacobmeyer, *Vom Zwangsarbeiter zum heimatlosen Ausländer. Die Displaced Persons in Westdeutschland 1945- 1951*(Göttingen, 1985).

Wenzel), 법학자 알브레히트 베버(Albrecht Weber), 역사학자 요흔 올트머(Jochen Oltmer), 정치학자 디트리히 트렌하르트(Dietrich Thränhardt), 인구학학자 랄프 울리히(Ralf E. Urlich), 등이 연구소의 상임연구위원들과 연구위원들 중 언급할 만한 저명한 이민연구가들이다.[42] 그럼에도 설립자이자 오랜 동안 연구소의 소장을 역임한-1991년부터 1997년, 2002년부터 2005년-바데가 사실상 연구소의 운영을 주도했고, 그 영향으로 자연 역사적 이민연구가 연구소의 중심 연구 분야가 되었다. 그 중 대표적인 연구 성과물로서 니더작센주의 이민문제, 특히 난민들과 그들의 통합문제를 다루고 있는『지방의 타자들. 2차 대전 후 니더작센주에서의 이민유입과 이민자의 사회통합』, 그리고 바데의 제자인 올트머의 교수자격 논문시험의 결과물로서 이제껏 역사연구에서 제외되었던 바이마르 공화국에서의 이민정책과 사회통합문제를 처음 다룬『바이마르 공화국에서의 이민과 정치』, 역시 제자인 하네로레 오버펜닝(Hannelore Oberpenning)의 피난민, 탈동독자, 해외동포 귀환자들의 사회통합에 대한 사례연구인『노동, 주택 그리고 하나의 새로운 고향… 에스펠캄프-어떤 기획의 역사』등을 언급할 수 있을 것 같다.[43] 여기에다 일국사적 관점에서 탈피하여 유럽역사의 틀에서 이

42) 오스나브뤼크 대학 이민연구소의 발전과 활동에 대한 자세한 것은 연구소 설립 10주년 기념논집의 서문 참조. Jochen Oltmer, "Einführung: Migrationsforschung und Interkulturelle Studien-zehn Jahre IMIS," Jochen Oltmer, ed., *Migrationsforschung und Interkulturelle Studien: zehn Jahre IMIS* (Osnabrück, 2002), pp. 9-54. 이 기념논집에는 역사적 이민연구에 대한 바데의 비평논문도 수록되어있다. Klaus J. Bade, "Historische Migrationsforschung," Jochen Oltmer, ed., *Migrationsforschung und Interkulturelle Studien: zehn Jahre IMIS*(Osnabrück, 2002), pp. 55-74.

43) Klaus J. Bade, ed., *Fremde im Land. Zuwanderung und Eingliederung im*

민문제를 다루려는 시도가 최근 부쩍 늘고 있다는 점 역시 연구소의 역사연구를 정리할 때 빼놓을 수 없는 중요한 사항이다. 바데는 2000년에 초국가적 공간으로서의 유럽에서의 다양한 이민의 역사적 유형들을 다루고 있는 연구서 『18세기 말부터 현재까지 유럽에서의 이민』을 출간했고, 2002년 할레 독일 역사학대회의 섹션 '중세 말부터 유럽 역사에서의 이민'을 인도하고, 그 결과물을 연구소 학술지에 발표하기도 했다.[44)]

이외에도 연구소가 중점을 두는 학술활동 분야는 외국인정책 내지 이민정책이다. 이것은, 앞서도 언급했지만, 단순한 이민정책의 역사적 정리와 그것에 대한 비판적 분석만이 아니라 학술활동을 통한 직, 간접적인 이민정책에 대한 관여를 의미하는 것이다. 물론 바데는 이 분야에서도 단연 독보적인 존재이다. 그 대표적인 것이 1994년 바데가 기획하고 편집한 『60인 선언』이다. 여기서 이민과 이민자의 사회통합문제를 연구하는 60명의 학자들은 독일정부에게 이미 이민국가가 된 독일의 현실을 받아들이고, 이에 걸 맞는 이민정책, 사회통합정책, 이민행정제도 등을 만들 것을 권고 내지 요구했다.[45)] 이러한

Raum Niedersachsen seit dem Zweiten Weltkrieg(Osnabrück, 1997); Jochen Oltmer, *Migration und Politik in der Weimarer Republik*(Göttingen, 2005); Hannelore Oberpenning, *'Arbeit, Wohnung und eine neue Heimat…' Espelkamp -Geschichte einer Idee*(Essen, 2001).

44) Klaus J. Bade, *Europa in Bewegung. Migration vom späten 18. Jahrhundert bis zur Gegenwart*(München, 2000); Klaus J. Bade, ed., *Migration in der europäischen Geschichte seit dem späteren Mittelalter.* IMIS-Beiträge 20(2002).

45) Klaus J. Bade, ed., *Das Manifest der 60: Deutschland und Einwanderung* (München, 1994).

학계의 요구가 현실이 되는 것은 그로부터 꼭 10년 뒤 이민법의 제정을 통해서였다. 물론 이러한 새로운 이민정책의 구상에 바데를 위시한 '이민연구 학자들'의 권고안은 중요한 역할을 했다. 독일전역의 이민연구 학자들로 구성된 '이민 권고위원회(Rat für Migration)'가 바데에 의해 구상되었고, 이것이 첫 모임을 가졌던 것이 1997년, 1998년 초였고, 1998년 가을에는 독일국회에 첫 권고안을 제출하기에 이른다.[46] 이 위원회는 2000년에 조직을 재정비하고, 독일이민문제를 다룬 여러 편의 학술논문들과 기록을 담고 있는 『이민리포터』를 격년으로 발행하고 있다.[47] 이 위원회 위원인 베를린 훔볼트 대학의 인구학 교수인 라이너 뮌츠(Rainer Münz)는 새로운 이민법의 기초를 마련한 쥐스무스 이민위원회에 속해서 독일 이민법 개정에 영향을 미치기도 했다. 이러한 뮌츠와 함께 바데는 학문적 글쓰기와 대중적 글쓰기의 경계를 넘나들면서, 이민문제를 대중에게 알리고, 그들을 계몽하는 일에 앞장서고 있다.[48]

---

46) Rat für Migration, *Zur künftigen Migrationspolitik: Empfehlungen des Rates für Migration an Bundestag und Bundesregierung*(Bonn, 1998).

47) Klaus J. Bade and Rainer Münz, ed., *Migrationsreport 2000. Fakten-Analysen-Perspektiven*(Frankfurt am Main, 2000). 같은 제목의 리포터가 2002, 2004, 2006년에 발행되었다. 발행자로 2004년부터 보메스가 새로 합류했고, 2006년에는 발행진이 전부 교체되어, 올트머와 베르너 쉬파우어(Werner Schiffauer)에 의해 리포터가 발행되었다.

48) 그가 쓰거나 발행한 몇 몇의 단행본들은 연방 정치교육 중앙회(Bundeszenrale für politische Bildung)를 통해 무상으로 배포되고 있다. 앞서 언급한 이민리포터가 그러하고, 또한 올트머와 함께 저술한 Klaus J. Bade and Jochen Oltmer, *Normalfall Migration: Deutschland im 20. und frühen 21. Jahrhundert*(Bonn, 2004)가 그렇다. 그 외 현실과 학문의 경계에 있는 그의 에세이와 연구서들은 다음과 같다. Klaus J. Bade, *Homo Migrans: Wanderungen aus und nach Deutschland-Erfahrungen und Fragen*(Essen, 1994); Klaus J. Bade,

5 | 맺음말 : 이민자들의 역사, 누구의 역사인가?

프랑스의 역사학자 피에르 노라(Pierre Nora)의 선구적 연구모범에 따라 2001년 독일에서 발간된 『독일에서의 기억의 터』의 서문에서 이 책의 발행인인 역사학자 하겐 슐체(Hagen Schulze)와 에띠엔느 프랑수아(Etienne François)는 독일 이민자들의 집단적 기억이 이제야 비로소 형성되고 있기에, 그것을 이 책에 담아낼 수 없었음을 술회하고 있다.[49] 이것은 독일의 이민자들에 대한 역사서술에 관해서 많은 것을 시사해 주고 있다. 사실 1955년 이탈리아와의 모집협약 체결을 시작으로 독일에서 외국인고용이 재개되었지만, 본격적으로 외국인 노동자들이 들어오기 시작한 것은 1960년대 초부터였기에, 이러한 노동이민으로 입국해 들어 온 이민자들의 역사는 문서고의 문서공개 유예기간이 풀리고 난 뒤인 1990년대부터 본격적으로 연구되기 시작했다.[50] 그 대표 연구서로서 노트라인베스트팔렌주 이민센터의 역사가 얀 모테(Jan Motte) 등이 발간한 『50년 독일연방공화국-50년 이민』을 꼽을 수 있다. 이 논문집은 외국인 노동자와 이민자들만이 아니라

Ausländer-Aussiedler-Asyl: Eine Bestandaufnahme(München, 1994); Klaus J. Bade, ed., *Menschen über Grenzen -Grenzen über Menschen: Die multikulturelle Herausforderung*(Herne, 1995); Klaus J. Bade, ed., *Einwanderungskontinent Europa: Migration und Integration am Beginn des 21. Jahrhunderts* (Osnabrück, 2001).

49) Etienne Francois and Hagen Schulze, ed., *Deutsche Erinnerungsorte*. Bd. 1(München, 2001), p. 22.

50) 물론 1980년대 독일연방공화국의 외국인고용의 역사를 다룬 연구서들이 나왔지만, 이것은 주로 외국인고용정책 내지 외국인정책에 한정되어 있었다.

이전의 독일 추방난민과 탈동독자, 그리고 이후의 해외동포 귀환자까지 아우르는 독일연방공화국에서 일어난 모든 이주형태를 다 포괄하고 있다. 외국인 노동자의 역사에 관한 한, 역사적 사료들을 근거로 이민과 관련된 주택문제와 여성문제, 터키인들의 노동이민과정 등, 노동이민의 다양한 면들을 다루고 있다.[51] 하지만, 이 연구는 상이한 두 문화 사이를 오가며, 여전히 복합적인 정체성과 집단기억을 가지고 있는 이민자들의 역사를 잘 담아 낸 연구서로 보기에는 많은 한계를 가지고 있다. 방대한 사료작업과 구술사적 작업을 통해 독일연방공화국의 터키 이민자들의 역사를 본격적으로 다룬 최초의 전문 역사연구서로 평가 받는 카린 훈(Karin Hunn)의 『독일 연방공화국 터키 초빙노동자들의 역사』 역시 오십보, 백보의 차이일 뿐, 같은 한계를 드러내고 있다.[52] 이것은 곧 '늦은' 독일의 이민사 연구가-그 방향이 역사학내 이민연구가 되었건, 학제연구 중심의 역사적 이민연구가 되었건-엄청난 '양적 성장'을 이룬 것은 사실이지만, 다양한 문화적 배경을 가진 이민자들의 역사를 담아내어야 하는 '질적 성장'의 과제를 여전히 안고 있다는 사실을 함의하는 것이다. 그나마 '그들의 역사'를 다룬 몇 안 되는 연구서들은 일국사적 관점, 주류사회의 집단적 기억, 고정관념, 이미지 등에 강하게 영향을 받은 '불완전한 역사'를 그려내고 있을 뿐인 것이다.

때문에 모테는 라이너 오링이(Rainer Ohlinger)와 공동으로 쓴 한 신문

---

51) Jan Motte, Rainer Ohlinger and Anne von Oswald, ed., *50 Jahre Bundesrepublik-50 Jahre Einwanderung*(Frankfurt am Main, 1999).

52) Karin Hunn, *'Nächstes Jahr kehren wir zurück…,' Die Geschichte der türkischen 'Gastarbeiter' in der Bundesrepublik*(Göttingen, 2005).

기고문에서 독일의 이민자들을 '역사 없는 인간(Menschen ohne Geschichte)'으로까지 규정하고 있다. 비록 독일 현대사가 이민자들의 '다채로운 역사들'에 대해 서서히 관심을 가지기 시작했다고는 하나, 길게는 50년 이상 독일인들과 함께 살아온 이민자들에 대한 기억은 독일의 기억의 터 어디에도 자리 잡지 못하고 있다는 것이다. 독일의 박물관들, 교과서, 기념비, 거리이름들 중 이민자들의 역사를 나타내며, 그것을 상징화한 것은 눈 씻고도 찾아보기 어려운 실정이다.[53] 모테는 노트라인베스트팔렌주 이민센터의 지원으로 2001년 오버하우젠에서 '이민과 기억. 이민사회에서 기억의 의미'라는 학술대회를 개최했고, 그 결과물을 오링어와 함께 단행본으로 출간하면서, 독일에서의 이민과 기억문화에 대한 주제를 이슈화했다.[54] 물론 이 주제가 처음 촉발된 것은 이민자들의 역사박물관에 대한 논쟁에서였고, 이곳에서 가장 구체화되었다. 독일 이민 기록센터 및 박물관(Dokumentationszentrum und Museum über die Migration in Deutschland e.V., 약칭 DOMID-그 전신은 Dokumentationszentrum und Museum über die Migration aus der Türkei e.V., DOMIT였다)이 1998년 에센 루어박물관에서 개최한 전시회 '이방의 고향. 터키이민의 역사'가 처음으로 대중적 관심을 끈 이후, 많은 이민관련 전시회들이 열렸다. 터키와의 모집협약 40주년 기념으로 2001년 쾰른에서 열린 전시회 '40년 이방의 고향. 쾰른의 터키이민'과 독일 연방

53) Jan Motte and Rainer Ohlinger, "Menschen ohne Geschichte?," *Die Tageszeitung* (2002. 10. 7).

54) Jan Motte and Rainer Ohlinger, ed., *Geschichte und Gedächtnis in der Einwanderungsgesellschaft. Migration zwischen historischer Rekonstruktion und Erinnerungspolitik*(Essen, 2004).

문화재단이 독일 외국인고용의 시작을 알린 이탈리아와의 모집협약 50주년이 되던 2005년에 기획한 '프로젝트 이민'의 일환으로 역시 쾰른에서 열린 전시회 등이 독일연방공화국 이민자들의 역사와 관련한 언급할 만한 큰 이벤트였다. 특히 후자는 터키 뿐 아니라 이탈리아, 에스파냐, 그리스, 포르투갈, 유고슬라비아, 베트남, 튀니지, 모로코, 한국 등에서 온 노동자들 내지 이민자들의 역사를 보여주는 큰 전시회였다. 또한 거의 같은 기간 베를린의 독일 역사박물관도 '이민국가 독일. 1500-2005 이민들'이라는 전시회를 열며, 대중들에게 독일에서의 이민자들의 역사를 환기시켰다.[55]

이것이 단지 모집협약 기념과 같은 일회성 짙은 이벤트로 끝나지 않는다면, 분명 이러한 '이민자의 문화와 기억의 역사화'에 대한 열풍은 독일 이민사 연구에 많은 변화를 가져올 것이고, 이미 그 변화가 감지되고 있기도 하다. 즉 이제껏 역사적 연구의 대상에서 소외되었던 다문화적 이민배경을 가진 자들, 그들이 속한 다양한 이민자 공동체의 역사가 활발하게 연구될 것이다. 물론 이러한 역사는 '단수의 역사'가 아니라 '복수의 역사들'이다. 터키 이민자들의 역사는 이탈리아 이민자들의 그것과는 다를 것이고, 에스파냐 이민자들은 또한 그리스 이민자들과는 다른 역사적 경험과 집단적 기억을 가지고 있을 것이다. 이들의 역사는 독일 현대사의 일부이기도 하지만, 그것을 넘어서는 트랜스내셔널 히스토리이기도 하다. 이들 대부분이 자신들이 떠나온 고국과 어떠한 형태로든 관계를 맺고, 고국의 문화를

---

55) 전시회 책자로 Rosmarie Beier-de Haan, ed., *Zuwanderungsland Deutschland. Migrationen 1500-2005*(Wolfratshausen, 2005)이 출간되었다.

바탕으로 한 이민자 공동체를 형성하며 살아가고 있기 때문에, 가령 이민요인을 알기 위해서는 전쟁, 독재, 빈곤, 실업, 인종적 차별, 종교적, 정치적 탄압, 자연재앙 등과 같이 이민자들로 하여금 고국을 떠나게끔 만드는 고국의 푸쉬요인(push- factor)과 종교적, 정치적 자유, 복지, 부, 계층상승의 기회, 일자리 등과 같이 이민자들을 미지의 땅으로의 이민을 결행하게 만드는 매혹적인 새 고국의 풀요인(pull-factor)이라는 이분법적 도식만이 아니라 양국 사이의 실타래와 같이 복잡하게 얽혀있는 문화적, 경제적, 사회적 네트워크를 이해해야만 한다. 이민자들의 사회통합을 연구하기 위해서도 역시 새로운 고국의 사회적, 경제적, 문화적 상황 말고도 여전히 이민자 공동체의 문화와 삶에 직·간접적으로 영향을 미치는 이전 고국의 상황 역시 꿰뚫고 있어야 한다. 자연 두 문화와 두 언어를 잘 이해하는 자가 이러한 류의 이민사 서술에 훨씬 유리 할 것이다. 두 국가와 두 문화를 아우르는 이러한 이민사가들의 '통합적' 이민연구 방식, 그리고 네트워크이론과 트랜스내셔널리즘 등의 사회과학이론, 구술사, 일상사, 미시사, 문화사 등의 역사학의 새로운 방법론들은 여전히 건재한 기존의 이민연구방식과 함께 이민의 다양한 모습들을 그려내는 좋은 도구가 될 것이다. 다문화 사회의 도전 속에 직면한 독일사회에 각양각색의 이민자집단의 역사를 아우르는 이러한 새로운 이민사 서술에 대한 요구는 향후 더욱 거세어질 전망이다.

사족蛇足이 될지 모르겠지만, 독일 이민사의 발전과 전망을 살펴보면서 필자에게 떠오른 한국에서의 이민사 연구에 대한 생각을 잠시 피력하면서 글을 마치고자 한다. 사실 한국에서도 이주노동자들과 국제결혼 이민자들의 증가로 인해 이민문제는 학계의 큰 관심사가 되고 있다. 물론 이주노동자들이 역사연구의 대상이 되기에는 이른 감이 있어서인지, 이민연구에 관한 한 역사학계의 관심은 우선 해외동포사 내지 한인의 해외이주에 집중되어 있는 듯하다.[56] 이러한 역사적 관심을 접하면서, 독일사를 전공하는 필자는 응당 독일의 한국계 이민자들의 역사를 떠올렸다. 솔직히 이것은 독일 이민사 연구를 정리하면서부터, 새로운 이민사서술과 국내 서양사학자의 역할과 관련하여 머릿속을 떠나지 않던 주제이기도 했다. 파독 광부와 간호사들에 대한 언론의 상대적으로 높은 관심에도 불구하고, 오늘날 재독 한인사회의 핵심인 그들에 대한 전문적인 역사연구는 아직까지 독일과 한국 어느 곳에서도 나오지 않았다. 한국과 독일의 몇몇 사회학자들의 연구들이 전부이다.[57]

---

56) 이러한 관심은 2007년 6월 제 50회 전국역사학대회 한국사 분과회의 주제 중 하나가 '해외 한인사회의 형성과 역사적 정체성'이라는 점에서도 잘 드러난다. 통일신라기 재당신라인사회와 임진왜란기 피납조선인의 향방 외에도 조선족사회와 러시아 고려인사회를 다루는 발표제목들이 눈에 띈다. 역사학회, 『제 50회 전국 역사학대회 안내. 동북아의 평화와 역사서술. 자국사와 지역사』(2007), pp. 6-7.

57) Jae-Hyeon Choe and Hansjürgen Daheim, *Rückkehr- und Bleibeperspektiven koreanischer Arbeitsmigraten in der Bundesrepublik Deutschland*(Frankfurt am Main, 1987); Christa Stolle, *Hier ist ewig Ausland: Lebensbedingungen und Perspektiven koreanischer Frauen in der Bundesrepublik Deutschland*(Berlin, 1990); Jung-Sook Yoo, *Koreanische Immigranten in Deutschland: Interessenvertretung und Selbstorganisation*(Hamburg, 1996); 이희영, 「이주노동자의 생애체험과 사회운동: 독일로 간 한국인 1세대의 구술 생애사를 중심으로」, 『사회와 역사』, 제 68호(2006), pp. 32-61. 이 외에도 학술연구는 아니지만, 파독 광부와 간호사의 역사를 다루고 있는 언급할 만한 최근의 '저널리즘적 대중서'로 다음이 있다. 김용출, 『독일 아리랑』(에세이, 2006).

1963년부터 1977년까지 독일에 입국한 한국인 노동자들의 수는 대략 만 8천 명으로 추산하고 있고-이들 중 절반은 한국으로 귀환했다-이렇게 형성된 독일 한인 이민자 공동체의 규모는 현재 3만 명 정도이다.[58] 한국계 이민자들을 '소수자들 중 소수자'로 만들고 있는 이러한 작은 규모와 수백 만 명에 이르는 다른 이민자 공동체들, 이를테면 터키 이민자 공동체의 역사에 대한 독일 역사학계의 무관심에 비추어 볼 때, 독일 역사학계로부터 독일 한인 이민자들의 역사에 대한 학문적 조명을 기대한다는 것은 무리가 있다. 하지만 이러한 이유에서만 국내학계가 이 주제에 대해 연구해야 하는 당위성을 얻는 것이 아니다. 오히려 더 큰 이유는 독일인 역사가들보다 국내의 독일 사학자 혹은 두 문화를 이해하는 이민 배경을 가진 역사학자들이 가진 학문적 자질이 앞서도 언급한 새로운 이민사서술의 요구에 더 부합한다는 점에서 찾아야 할 것이다. 이처럼 트랜스내셔널 이민사는 국내 독일 사학자, 나아가 국내 서양 사학자들에게 자국의 역사와 서양의 역사 모두에 기여할 수 있는 새로운 가능성을 열어주는 분야가 될 수 있을 것이다.

58) Sun-Ju Choi and You Jae Lee, "Umgekehrte Entwicklungshilfe-Die koreanische Arbeitsmigration in Deutschland," *Goethe-Institut Seoul*, p. 8.

04 미국 : '용광로'에서 탈소수민족의식으로

황혜성

1 머리말

미국은 이민으로 구성된 나라이다. 미국은 어느 나라보다도 많은 이민자들을 받아들였고, 지금도 매년 70만 명에 가까운 신규 이민자들이 미국으로 이주하고 있다. 한 집계에 따르면 16세기 중반부터 20세기 중반까지 약 1억의 이민이 미국으로 들어왔다. 그 중 18세기와 19세기에는 영국인뿐 만 아니라 다수의 스코틀랜드인, 아일랜드인, 독일인과 소수의 다른 서유럽 국가 사람들이 이주했고, 19세기 말과 20세기 초에 이르러서는 계속되는 아일랜드인과 독일인 이민과 더불어 다수의 남부와 동부 유럽인들이 이주해 왔다. 20세기 후반기 이후에는 멕시코인과 아시아 이민이 빠르게 증가하고 있고, 그 결과 미국은 세계 어디에서도 찾아 볼 수 없는 다양한 문화와 인종, 소수민족들이 공존하고 있는 나라라고 할 수 있다.

그러므로 미국역사에 있어서 이민은 미국인의 정체성과 밀접하게 관련되어 있으며 가장 중요한 연구주제 중 하나이다. 그러나 미국의 이민 연구도 시대에 따라 변화하여 왔다. 즉, '미국 주류'로의 동화냐, 아니냐의 이분법적인 해석이 상당기간 동안 이민연구의 주된 논지였으나 점차 이로부터 벗어나 소수민족의식(ethnicity)[1]자체를 벗어던지고 소수민족을 재구성하는 방향으로 나가고 있다.

따라서 근자에 역사가들은 다음과 같이 '어떻게' 그리고 '왜'의 관점에서 이민에 관한 의문들을 제기하고 있다. 왜 어떤 사람들은 어떤 시기에 그들의 모국을 떠났는가? 왜 그들은 '그곳'으로 이주하였는가? 그들은 다시 구세계로 돌아가고자 했는가? 그들은 대단위로 이주하였는가? 아니면 가족단위로 또는 개인으로 이주하였는가? 그들은 이주한 곳에서 어떤 삶을 발전시켰는가? 그곳에서 어떤 종류의 문화와 제도를 재생산하거나 만들었는가? 그들은 이주한 곳에서 과거의 관습, 젠더관계, 가족관을 어느 정도 보유하였는가? 그들은 새로운 문화에 어느 정도 동화하고자 했는가? 이러한 과정에서 어떤 종류의 소수민족적 정체성을 발전시켰는가? 미국 토착민들로부터 어떻게 대우받았는가? 이민 간 나라의 문화 특성은 무엇이었는가? 이민들은 기존의 사회에, 지역정치에, 국가 정치에, 젠더에 그리고 소수민족간의 관계

1) 본 연구에서 ethnicity, ethnics, ethnic identity 용어를 소수민족의식, 소수민족집단, 소수민족적 정체성으로 번역하여 사용하고자 한다.

에, 문화에 어떤 영향을 미쳤는가?

'미국인이 누구인가'라는 질문은 일찍이 18세기 초에 제기되었다. 유럽의 다양한 이주민들이 공존하며 이룩한 나라에서 미국인의 정체성을 규명하는 일은 매우 중대한 일이었다. 프랑스에서 이주해 온 헥터 크레베코르(Hector St. Jopn de Crevecoeur)는 1782년 『미국 농부로부터의 편지(*Letters from an American Farmer*)』를 출간하였다. 이 책에서 그는 미국을 유럽사회의 가치, 신념, 관습, 그리고 전통의 외피로부터 자유로운 '신비한 장소'로 그리며 다음과 같이 말하고 있다.

도대체 이 미국인은 누구란 말인가? … 그는 모든 구세계의 편견과 매너를 뒤로하고 자신이 포옹하고 있는 새로운 삶의 방식과 자신이 따르는 정부, 그리고 자신이 유지하고 있는 새로운 지위로부터 새로운 가치관과 매너를 받아들이고 있다 … 여기에서 여러 나라에서 온 사람들은 새로운 종류의 사람으로 용해되고, 언젠가는 그들의 노동력으로 그들의 후손들이 이 세상을 크게 변모시킬 것이다.[2)]

즉 크레베코르는 새로운 세계로 이주해 온 사람들은 구세계의 편견과 관습을 벗어던지고 새로운 운명을 추구하는 '새로운 종류의 인간'으로 변모되었다고 결론 내렸다. 그리고 이 '새로운 인간형'은 환경의 산물이었다. 자신 앞에 열려있는 미래에 대해 자신만만한 태도를 지닌 이 새로운 인간은 자신을 둘러싼 자유의 상쾌한 공기로부터 새로운 아이디어와 원칙과 관습을 흡수하는 가운데 태어났다.

---

2) Hector St. John de Crevecoeur, *Letters from an American Farmer*(1782; New York, 1912), p. 43; 비록 크레베코르가 '용광로'의 은유를 처음 사용했지만 이 용어가 널리 알려지고 쓰이게 된 시기는 1908년 뉴욕에서 이스라엘 쟁윌의 『용광로』가 출판된 이후이다.

크레베코르가 이 글을 쓴 이후 한 세기 이상 비록 약간의 이견이 있기는 했지만 대부분의 미국 작가들과 웅변가들은 '미국화'와 '새로운 종류의 인간' 이론의 특징인 '변형'과 '동화'에 대하여 자신 있게 말했다. 예를 들어서 존 퀸시 아담스(John Qunicy Adams)는 1819년 이민은 "유럽의 피부를 벗어던지고, 다시는 되돌아가지 말아야 한다"고 선언하였고,[3] 1909년 영국계 유대인이었던 이스라엘 쟁윌(Israel Zangwill)은 미국 이민 생활을 묘사한 희곡 『용광로(*Melting Pot*)』에서 주인공 데이비드 퀘사노(David Quesano)를 통해 "여기에 위대한 용광로가 있나니. 동과 서, 북과 남, 열대지방과 온대지방, 한대지방과 적도지방, 회교도 지역과 기독교 지역-이 모든 것을 깨끗하게 불길로 녹이고 용해시키는 위대한 연금술사여!!"라고 외치며 "미국은 신이 주조한 용광로 중에서 가장 거대한 용광로이다. 이곳에서 모든 종류의 유럽인들은 용해되고 다시 주조된다 … 독일인과 프랑스인, 아일랜드인과 영국인, 유대인과 러시아인-모두가 함께 용해된다! 하느님이 미국인을 주조하고 있다"고 말했다.[4]

비록 어떤 전통과 관습, 그리고 습관이 이 새로운 미국인을 형성하였는지에 대해서는 거의 언급하지 않고 있지만 그들 모두 공통적으로 미국으로 이민 온 사람들로 자신을 새로운 종류의 사람, 즉 자유를 사랑하고, 독립적이며 자신감에 차있고, 그리고 점차 번영하는 사람으로 만들기 위해 열렬하게 미국인이 되고자했다는 생각을 공유하였

3) Moses Rischin, ed., *Immigration and the American Tradition*(Indianapolis, 1976), p. 47.
4) Israel Zangwill, *The Melting-Pot*(1909; New York, 1923), p. 33.

다. 따라서 이 '용광로 신화'는 다음의 4가지 주요 특성을 지니고 있다. 첫째 유럽에서 이민 온 사람들은 구세계의 삶의 방식을 벗어던지고 미국인이 되고자 했으며, 둘째 '미국화'는 큰 장애물 없이 매우 빠르게 그리고 수월하게 이루어졌으며, 셋째, '미국화'는 이민들을 하나의 인종, 하나의 문화, 하나의 국가로 용해시켰고, 넷째, 이민은 '미국화'를 노역, 복종, 빈곤 등 구세계의 억압으로부터의 해방으로 받아들였다는 것이다.

그러나 미국에 이민 온 여러 민족과 인종의 다양한 특질이 실제로 '녹고 용해되어' 통합된 미국을 형성한다는 생각은 일종의 신화이며 그러기를 바라는 주류의 바람이었다. 미국 이민 역사를 살펴보면 용광로라는 이미지는 현실과 괴리가 있음을 알 수 있다. 인종간, 문화간의 갈등과 충돌은 끊임없이 이어지고 있기 때문이다. 우선 '유럽계 백인'들 간에도 구이민과 신이민 간의 갈등과 배척, 그리고 '타자화'가 존재했다. 예를 들어서 19세기 말 남동부 이민들은 '백인'들의 범주에 속하지 못하고 여전히 '여분의 존재'들로 취급되었다. 하지만 그들은 흑인을 비롯한 유색인들의 존재가 가시화되면서 '우리 백인'에 속하게 되었다.

그럼에도 불구하고 이민에 대한 초기 연구는 크레베코르의 '용광로' 신화 범주를 크게 벗어나지 못했다. 미국 역사 초기부터 이민은 자국에서 밀어내는 요인(push-factor)과 이민국의 잡아당기는 요인(pull-factor)으로 이루어졌다. 하지만 초기의 미국역사가들은 주로 후자에 주목하였다. 즉 미국은 '기회의 나라'이며 이는 거부하기 어려운 이주의 요인이었다고 가정했다. 물론 유럽의 종교적 박해나 경제적 어려움을 언급하기는 했지만 이들은 주로 미국의 '영광'을 강조하기 위하여 언급될 정도였다. 어떤 형태이든 이민의 '구원적인 이야기'는 구전되는 전설이나 종교적인 서사시로 전해졌고, 역사가들은 20세기가 될 때까지도 이러한 이야기를 국가 발전을 서술 하는데 다양한 형태로 적용하였다.

역사가 알버트 하트(Albert Bushnell Hart)는 1907년에 "오 기적과 같은 헌법, 요술 양피지 문서여! 변모하는 단어! 창조자! 감시 장치! 인류의 보호자! 너는 너의 공평한 가슴에 이 지구의 사람들을 모두 모아 평등하다고 칭하니…"라고 말했다.[5] 그보다 훨씬 자제력 있는 프레드릭 잭슨 터너(Frederick Jackson Turner)는 1893년 「미국역사에서 프론티어의 중요성(The Significance of the Frontier in American History)」에서 프론티어의 호된 시련 속에서 이민자들은 미국화 되고, 자유로워 지고, 새로운 유형의 인간으로 주조되어 더 이상 영국 국적을 지니지 않으며, 영국인의 특질도 지니지 않게 되었다고 선언했다.[6] 오늘날 우리가 이와 같은 '용광로' 수사학에서 무엇을 느끼든 '용광로'를 강조한 때는 20세기 초에 밀려오는 '이질적인' 동부와 남부 유럽 이민에 대하여 토착 미국인들이 '위대한 인종의 소멸'과 '미국의 잡종화'를 한탄할 때였고 '동화'를 이상화하던 미국 주류 역사가들과 작가들이 '용광로'와 '새로운 인간형' 신화는 언제까지나 수호할 가치가 있다고 주장할 때였다.

---

5) Arthur Mann, *The One and the Many: Reflections on the American Identity* (Chicago, 1979), p. 63에서 인용.

6) Frederick Jackson Turner, *The Frontier in American History*(New York, 1920), pp. 22-23.

2 | '용광로' 신화를 넘어서서

이민에 대한 크레베코르적 해석에 대한 도전은 19세기말 20세기초 이민의 후손들이 역사학계에 들어오면서 나타났다. 사회과학자들과 역사가들이 미국의 전형적이고 구원적인 힘을 찬양할 때에도 그들은 아메리칸드림을 실현하기 위해 애쓴 이민들의 고통을 의도적으로 더 많이 언급하였다. 특히 '새로운 인간형'으로의 변모를 강조하는 용광로 신화에 대한 비판은 1920년대 로버트 팍(Robert E. Park)을 비롯하여 시카고 사회학자들로부터 시작하여 오스카 핸들린(Oscar Handlin)이 이민사 분야를 주도한 1940년대와 1950년대에 더욱 가속화 되었다. 로버트 팍은 미국화는 빠르고 수월하게 이루어졌다는 크레베코르 신화의 두 번째 특징에 도전하였고, 핸들린은 이민을 '용해'와 '해방'으로 보는 견해에 반박했다. 핸들린은 모든 이민이 하나의 용광로에서 용해된 것이 아니며, '미국화'는 해방적 경험 이라기보다는 소외의 경험을 수반했다고 주장했다.

시카고 대학교의 로버트 팍, 윌리엄 토머스(William Issac Thomas), 어니스트 버기스(Ernest W. Burgess) 등은 처음으로 이민과 미국사회와의 관계를 체계적으로 연구한 학자들이었다. 그들은 『유럽과 미국의 폴란드 농부(*The Polish Peasant in Europe and America*(1918- 1920)』에서 이후 40년 동안 이민 연구에 근간이 되는 논문을 발표하였다. 그들은 이미 언급한 것처럼 이민이 아무 노력없이 자발적으로 빠른 기간 내에 미국인이 되었다는 크레베코르의 견해에 동의하지 않았다. 특히 그들은 이민이 유럽과의 유대관계를 끊고 미국사회로 동화하는 과정이 훨씬 더 고통스럽고 오래 걸렸다고 주장하였다.7)

시카고 학자들의 주장에 따르면 산업화, 도시화, 그리고 다른 현대화 요인들이 유럽 농민들 세계를 뒤흔들었고, 그들을 보다 복잡하고 고립적인 사회 환경으로 밀어 넣었다. 여기에 미국으로의 여정은 이 현대화 과정을 한층 더 가속화하였다. 즉, 경쟁적인 사회 환경에서 각 인종들은 자신들의 커뮤니티를 구성하는 가운데 갈등, 적응, 동화의 소위 '인종관계 순환(race relations cycle)'의 과정을 거치게 된다. 그리고 이러한 과정을 거쳐 이민은 결국 미국화 된 현대인으로 변모되었다. 따라서 소수민족 그룹(ethnic groups)이 유럽 농촌 사회의 근간이었던 가정과 마을을 대신하였고 미국사회로의 적응과 흡수를 가능하게 만들었다. 그리고 이민자는 농부에서 현대인으로의 일반적이고 직선적인 발달과정을 경험하였다.8)

로버트 팍은 모든 이민은 이와 같은 만남, 갈등과 경쟁, 적응, 그리고 동화로 이어지는 '인종관계 순환'과정을 모두 겪는다고 믿었다. 비록 그 과정이 느리고 힘들지만 결국 인종적, 민족적 갈등은 유화되고, 모든 이민, 소수민족, 토착 미국인 모두가 하나의 국민사회로 통합되었다. 팍은 이 새로운 국민사회의 문화적 특성에 대해서는 거의 언급하지 않았다. 그러나 그는 분명하게 국민사회의 등장을 해방적

---

7) William Thomas and Florian Znaniecki, *The Polish Peasant in Europe and America*, 2 vols.(New York, 1918-1920); Robert E. Park and Herbert A. Miller, *Old World Traits Transplanted*(New York, 1921).

8) Robert E. Park and Ernest W. Burgess, *Introduction to the Science of Sociology*(Chicago, 1924); Park and Miller, *Old World Traits Transplanted*.

인 현상으로 간주했다. 다양한 사람들이 미국에서 섞이는 현상에 대하여 그는 "세계적 산업화의 질서 있는 과정"으로 설명하였고, 이는 무의식간에 소수민족들 간의 협력을 자아내고, 현대의 도래를 의미한다고 보았다. 그리고 이러한 과정은 진보적이고 되돌아 갈 수 없는 과정이라고 그는 선언했다.9)

이처럼 긍정적인 입장에서 동화를 서술하는 가운데 팍은 의도하지는 않았지만 크레베코르에게 동조하였다. 팍은 크레베코르가 믿었던 것처럼 사회는 '자연적'인 사회과정을 통해 진보하고, 이러한 가운데 증오와 불화를 초래하였던 인종적 차이가 사라지고 이민은 결국 미국인이 된다고 보았다. 그러나 팍을 비롯한 혁신주의 사가들은 크레베코르나 쟁윌이 말한 '새로운 인간'이 된다는 이야기는 더 이상 언급하지 않았다. 그들은 미국화는 해방의 경험이라는 개념으로부터 한 걸음 물러선 것이다.

크레베코르의 용광로 신화에 대한 정면적인 도전은 2차대전 이후 이민연구에 있어서 이민의 대가에 무게를 둘 준비가 되어 있었던 새로운 세대의 역사가들에 의해 더욱 가속화되었다. 특히 20세기 중반기에 이민사를 역사학에서 중요한 학문으로 정착시킨 사람은 오스카 핸들린이었다. 그가 1951년에 출간한 『뿌리 뽑힌 사람들(*The Uprooted*)』은 서사시 형태를 지녔고 뿌리 뽑히기부터 문화변용으로의 궤적은 '새로운 인간형' 전실과 시카고학파 이론범주로부터 아주 벗어나지는 않았다. 그러나 이민경험에 따른 엄청난 희생과 대가를 매우 극적으로

9) Robert E. Park, "Our Racial Frontier on the Pacific," Robert E. Park, ed., *Race and Culture*(Glencoe, 1950), pp. 147-150.

그리고 구체적으로 설명했다는 점이 크게 달랐다. 분명히 그는 자신이 추적한 이민들을 '용해될 준비가 되어 있는 이름 모를 외국인들'로 여긴 것이 아니라 '자신의 조상'으로 여겼던 것 같다.

오스카 핸들린은 1915년 유대인 이민가정에서 태어나 1920년대의 보수적인 미국을 직접 체험하였다. 그는 1930년대 중반에 하바드에서 대학원과정을 시작했고 하바드의 뿌리 깊은 반유대주의와 싸워야 했다.[10] 비록 사학과에서 최초의 유대인 교수가 됨으로써 그리고 1940년대 이후 하바드를 친유대주의 학교로 바꾸는데 앞장섬으로써 이 싸움에서 승리하였지만 그는 차별의 고통을 쉽게 잊을 수 없었다. 바로 이 기억이 그가 크레베코르의 주장에 전면적으로 도전하면서 로버트 팍의 동화이론을 왜, 그리고 어떻게 수정하였는지를 설명해 준다.[11]

핸들린은 첫 번째 저서인 『보스턴 이민(*Boston's Immigrants*)』에서 아일랜드 가톨릭 이민에 초점을 맞추어 그들이 미국사회에서 적응하는 과정을 연구하였다. 아일랜드 이민들은 새로운 기구를 조직하였고, 경제적 기회를 포착하였고, 정치에서 다른 소수민족과의 경쟁에서 성공하였고, 결국 그들은 보스턴 사회에서 그들의 영역을 형성하였다.[12] 이처럼 핸들린은 팍의 '인종관계 순환론(만남, 경쟁, 동화)'을 따랐

---

10) 당시 하버드 대학교의 반유대주의에 관하여서는 Peter Novick, *That Noble Dream: The "Objectivity Question" and the American Historical Profession* (New York, 1988), pp. 172-173을 참조하시오.

11) Maldwyn A. Jones, "Oscar Handlin," Marcus Cunliffe and Robin W. Winks, ed., *Pastmasters: Some Essays on American Historians*(New York, 1969), pp. 239-277.

12) Oscar Handlin, *Boston's Immigrants: A Study in Acculturation*(Cambridge,

지만 마지막 단계인 동화에 대해서는 팍과 다른 견해를 제시하였다. 핸들린은 "비록 아일랜드인들이 보스턴에서 안정적인 지위를 얻게 되었지만 … 그들은 독특한 그룹으로 남았다"고 주장했다. 즉 아일랜드 이민들은 소수민족적 자의식을 지닌 그룹을 형성하였고, 그럼으로써 그들은 경쟁에서 이길 수 있었다. 그러나 아일랜드인들은 여전히 보스턴 사회 체제에서 종속적인 위치에 있었으므로 이를 '동화'나 '해방'으로 볼 수는 없다고 그는 주장했다.[13)]

10년후 『뿌리 뽑힌 사람들』을 출간하였을 때에 핸들린의 미국화에 대한 생각은 상당히 약화되었다. 그룹이 아니라 개인에 초점을 맞추어 연구한 이 저서는 그들을 비록 그룹으로 적응에 성공하였다 해도 개인적으로는 불안정한 존재로 묘사했다. 핸들린은 이민의 자립, 독립심, 결의에 찬 태도를 찬양했지만 그들은 모국으로부터 뿌리가 뽑힌 외로움, 단절, 슬픔을 피할 수 없었고, 미국에서는 모국에서 느꼈던 편안함과 안정감을 발견할 수 없었다고 서술하였다. 미국을 '독자적인 사람들의 나라'로 여긴 그는 토착 미국인과 이민 모두가 기존 사회나 전통에 의존할 수 없었다고 생각했다. 미국에서는 모든 것이 유동적이었고 변화하는 상황 속에서 개인은 매번 이성적인 결정을 하도록 요구받았기 때문이었다.[14)]

Mass, 1941).

13) Russell A. Kazal, "Revisiting Assimilation: The Rise, Fall, and Reappraisal of a Concept in American Ethnic History," *American Historical Review*, 100(April 1995), pp. 437-471.

14) Oscar Handlin, The *Uprooted: The Epic Story of the Great Migrations That Made the American People*(Boston, 1951), pp. 271-272.

핸들린의 소수민족적 정체성에 관한 견해를 보다 자세히 살펴보면 그는『보스턴 이민』에서 이미 이민의 고통과 노고에 대한 긍정적인 수용은 불가피하게 적응하는 과정으로 이어지지만 소수민족적 정체성은 상당기간 동안 남아 있을 지도 모른다고 잠정적으로 제안하였다. 그러나 수백만 명의 경험을 다룬『뿌리 뽑힌 사람들』에서는 적응의 이야기를 주로 다루면서 소수민족적 특성 유지에 대해서는 상대적으로 논지를 약화시켰다. 그는 거대담론으로 이민의 경험을 미국의 경험과 동일시하였다. 그는 "새 이민자들은 배에서 내리기 전에 이미 미국인이 되는 여정에 올랐다. 그들의 이주경험 자체가 이미 미국인의 특질인 사회적 역할의 유동성, 끊임없는 변화의 수용, 현대성의 여울목(shoals)을 항해하는 개인적 능력에 대한 믿음에 노출되기 때문이었다."고 설명했다. 그리고 역시 거대담론으로 조상들의 서사시와 미국의 서사시 모두를 자신의 정체성으로 지닌 '다원적 정체성'을 지닌 사람을 처음으로 언급하였다. 핸들린은 이민의 곤궁, 소외, 고통, 생존하기 위한 절망적인 수용에 대한 비참한 상황을 묘사했다. 그러나 마지막에는 "미국은 개인들이 모인 나라였다. 그리고 각 이민들은 결국 홀로선 개인이 되는 법을 배웠다"고 강조하면서 이들 이민들이 결국 농촌의 순응주의로부터 이탈하여 현대적 개인주의를 채택하게 되었다고 확신했다.[15)]

비록 핸들린의 저서가 거의 한 세대동안 이민 연구학도들에게 정석이 되었지만 이에 대한 이견異見이 얼마 지나지 않아 들리기 시작

15) *Ibid.*, pp. 272-273.

했다. 핸들린 비판가들은 이러한 웅장한 거대 서사시와 이를 말하기 위해 핸들린이 사용한 방법에서 허점을 지적했다. 어떻게 그는 그렇게 자신이 묘사한 사람들의 생각과 감정과 태도에 대해 확신할 수 있었는가? 그가 실제로 그런 마음 상태와 감정상태에 대한 증거를 가지고 있는가? 비록 그의 증거가 확실하다고 가정한다 해도 그로부터 핸들린이 이끌어낸 해석, 그리고 지나친 일반화와 이에 부여한 일방적인 서술에 대해 그들은 의문을 품었다. 특히 문화적인 차이가 궁극적으로 용해되어 미국적 정체성으로 구성된다는 이론에 대해 동의하지 않았다. 그리고 그들은 소수민족적 정체성을 영속적인 것으로 보았고, 동화가 아니라 다원적인 정체성이 미국적 규범이라고 주장했다.[16]

그러는 동안 역사가들은 철학가 호레이스 캘런(Horace Kallen)이 20세기 초에 말한 소수민족적 다원주의론(ethnic pluralist theory)과 밀턴 고던(Milton Gordon)으로 대표되는 신사회주의 이론에 의해 크게 영향을 받았다.[17] 고던은 문화적 동화, 구조적 동화, 그리고 결혼을 통한

---

16) Rudolph J. Vecoli, "Contadini in Chicago: A Critique of *The Uprooted*," *Journal of American History* 51(1964), pp. 404-417.

17) 캘런은 이민은 실제로는 인종별로 특수함을 간직하였으며, '용해되기'를 거부하면서 자신들의 독특한 가치관을 보존했을 뿐 만 아니라 미국을 풍요롭게 하고, 이를 통해 오히려 강화시켰다고 주장했다. 그러므로 미국은 국가속의 국가로서 20세기 다원적 민주주의의 모델이 될 것이었다. 캘런의 다원주의 부활에 영향받고 신사회학석 이론으로 무장한 사회학자들은 동화과정에 대한 그들의 설명을 수정하기에 이르렀다. 제 2차 세계대전 직후에 루비 케네디(Ruby Jo Reeves Kennedy)와 윌 헤르버그(Will Herberg)는 동화는 문화적 순응이라는 단순한 과정이 아니라 종교에 바탕을 둔 '3중 용광로(triple melting pot)' 속에서 일어난다고 제안하였다. 즉, 프로테스탄트, 가톨릭, 유대교의 하위문화(subculture)가 다양한 종교주의자들을 동화

동화를 구분하는 매우 복잡한 이론을 발전시켰다. 고던에게 있어서 구조적 동화, 즉 지배 그룹의 파벌, 조직, 제도로 진입하는 동화는 3가지 동화 중 가장 결정적인 동화이며, 구조적인 동화가 있은 후 결혼을 통한 동화가 가능하다. 그러나 문화적 동화는 본질적인 형태의 교류 없이도 일어날 수 있다. 다시 말해서 사회 주류의 스타일과 음식문화, 언어와 습관을 채택한다고 해서 그 사회의 권력 서열과 영향권 안으로 받아들여지는 것은 아니었다.

사실상 고던에 따르면 미국은 각각이 자신의 하위문화(subculture)를 지닌 일련의 '하위사회들'로 구성되어 있다. 이러한 하위문화 중 어떤 문화는 소수민족성에 기반하고 또 어떤 문화는 계급에 바탕을 두고 있다. 그리고 양자간의 교류는 고던의 용어에 따르면 '소수민족적계급(ethclass)'을 만들어냈다. 그러므로 문화적으로 동화된 이민 후손들도 자신의 소수민족적 하위문화에 대해 강한 집착을 지니고 있다. 왜냐하면 그들은 계속 폴란드인과 폴란드인, 이탈리아인과 이탈리아인, 유대인과 유대인 등 서로를 이어주는 네트워크와 지원체계와 제도 같은 하위사회를 필요로 하기 때문이었다. 따라서 전반적으로 구조적 동화는 서서히 일어나는 반면 문화적 동화는 상당히 빠르게 일어난다.

역사가 사이에서는 일찍이 1940년에 마커스 핸슨(Marcus Lee Hanson)이 이민자들의 경험은 간단한 일방적인 동화이론으로 설명될 수 없다고 선구자적으로 주장했다.[18] 그는 시간이 지남에 따라 이민과 그

시켰고, 그들이 단순하게 단일한 미국적 정체성으로 용해된 것이 아니었다.

18) 마커스 핸슨은 이민사에 미친 역량에 있어서 가끔 핸들린과 라이벌로 언급

후손들은 역사적 상황이 요구하는 대로 소수민족성의 여러 형태를 만들어 내거나 수정하거나, 아니면 단순히 신경쓰지 않을 수도 있다고 말했다.[19] 1960년에 프랭크 디스틀웨이트(Frank Thistlethwaite)는 이민은 여러 나라로부터 왔고, 서로 다른 동기, 목적, 경험을 지녔으며 서로 다른 방법으로 국경을 넘었고, 그리고 여러 종류의 주류 사회들과 교우했기에 단선적인 이론으로는 이처럼 엄청나고 복잡한 현상과 다양한 경험을 파악할 수 없다고 주장했다. 이처럼 이민에 대한 보다 복잡한 견해는 역사가들로 하여금 '새로운 인간형' 신화와 일방적인 동화모델로부터 자유로워지고 미국으로의 이민을 대서양 세계를 넘어선 보다 넓은 차원에서 경제적, 인구학적 변모와 결부하여 연구할 수 있게 하였다.[20]

학계영역을 넘어서서 1950년대 후반기와 60년대에 미국인들은 민권운동을 목도하면서 국가의 이상과 인종적 현실사이에 커다란 괴리가 있음을 인식하게 되었다. 역사가들은 미국의 노예제도와 인종적 갈등에 대하여 새로운 연구를 쏟아냈고, 이민간의 갈등과 충돌 그리고 이질적인 요인을 배제하려는 미국인들의 편견의 역사를 들추어냈다. 따라서 존 하임(John Higham)의 『이방인들(*Strnagers in the Land*:

되기도 했다. 그러나 그는 1938년 45세의 젊은 나이로 죽음으로써 그 후 30여 년 동안 미국사학계에서 주목을 끌지 못했다. 그러나 근자에 그에 대한 관심이 증대되고 있다.

19) Marcus Lee Hanson, *The Atlantic Migrations, 1607-1860*(Cambridge, Mass., 1940).

20) Frank Thistlethwaite, "Migration from Europe Overseas in the Nineteenth and Twentieth Centuries," reprinted in Herbert Moller, ed., *Population Movements in Modern European History*(New York, 1964), pp. 73-93.

Patterns of American Nativism, 1860-1925)』은 1860년대부터 1920년대까지 이민에 대한 토착민들의 증오의 순환을 추적했다. 섬세함과 놀라운 정밀함으로 존 하임은 미국은 용광로 신화가 의미하는 것처럼 이방인들을 환영하지 않았음을 분명히 했다. 적어도 때때로 국가적 자신감이 경제적 어려움이나 다른 정신적인 상처로 인해 약해질 때는 사악한 인종적 괴팍함이 미국 본질의 한 부분으로 드러난다는 것이 그의 주장이었다.[21]

이러한 '새로운 역사쓰기'는 아프리가계 미국인들이 '흑인의 아름다움(black is beautiful)'을 외치고 20세기 초의 이탈리아계, 유대계, 슬라브계 이민들이 엘리 섬을 들어올 때에 버렸던 이름들을 다시 되찾자는 '신소수민족론(new ethnicity)'과 때를 같이했다. 그러므로 1960년대의 역사가들은 미국에서의 다양하고 잘 사라지지 않는 소수민족적 경험과 소수민족간의 갈등을 찾기 위해 뛰어들었다. 이제 1960년대에 역사가들은 다원적 소수민족 정체성 이론을 향해 문을 활짝 열었다.

이러한 분위기 속에서 핸들린의 동화이론과 합의사가들에 대한 도전이 더욱 거세졌다. 고던 보다 한 걸음 더 나간 미카엘 노박(Michael Novak)은 소수민족의식은 용해될 수 없다고 주장했고, 다니엘 모이니한(Daniel Patrick Moynihan)과 네이던 글래이저(Nathan Glazer)는 흔히 이민사와 사회학에서 동화 패러다임을 종식시킨 저서라고 일컬어지고 있는 『용광로를 넘어서서(*Beyond the Melting Pot*)』를 1963년에 발표했다. 이 책에서 그들은 뉴욕시의 소수민족을 연구하여, 소수민족의식

---

21) John Higham, *Strangers in the Land: Patterns of American Nativism, 1860-1925* (New Burnswick, N. J., 1955).

은 구속적인 것이 아니라 '능력을 주는것(empowering)'이라고 결론 내렸다. 그리고 녹아져 없어져 버리는 필수불가결한 형태의 정체성 같은 것은 없다고 주장하는 가운데 뉴욕의 아일랜드인, 이탈리아인, 유대인, 퓨에르토리코인, 흑인 커뮤니티에서 계속 재창조되고 있는 소수민족의식을 강조하였다.[22]

3 | 소수민족의식을 넘어서서

그러나 진정 이전의 연구노선과 결별하고 이민연구에 있어서 새로운 패러다임을 제시한 사람은 신이민사가들(new historians of immigration)로 알려진 프랭크 디스틀웨이트(Frank Thistlethwaite), 루돌프 베콜리(Rudolph J. Vecoli), 허버트 거트만(Herbert G. Gutman)들이었다. 흔히 '핸들린 비판자들'로 알려져 있는 그들은 '소외'를 '착취'라고 바꿔 부르며 핸들린의 미국화 비판에 참여하였고, 이민이 미국인이 되기를 갈망했다는 용광로 신화의 첫 번째 주장에 도전함으로써 핸들린보다 한발 더 앞으로 나갔다. 이들 신이민사가들에게 있어서 미국화란 모국의 문화를 유지하기를 원하는 이민들에게 '강요된 과정'이었다.

신이민사가들 중 잘 알려지지 않았던 프랭크 디스틀웨이트는 영국

22) Nathan Glazer and Daniel Patrick Moynihan, *Beyond the Melting Pot: The Negroes, Puerto Ricans, Jews, Italians, and Irish of New York City* (Cambridge, Mass, 1963).

에서 자라고 교육받았다. 그는 미국 이민 연구에 있어서 '유럽'이라는 요인을 고려하기 시작한 최초의 인물이었다. 그는 정착, 문화변용(acculturation), 동화에 대한 미국 역사가와 사회학자들의 연구를 존중하였지만 유럽에서 미국으로 이민가는 사람들에 대한 연구, 즉 왜 그리고 어떻게 유럽에서 미국으로 이민을 가게 되었는가에 대한 연구가 미진함을 지적하며 이를 비판하였다. 그는 영국 이주자들[23]은 모두 숙련공이었고, 영국 산업혁명의 주역들이었던 이들이 미국으로 이주하여 미국의 산업화를 촉진시켰으며, 미국에서 자신들의 직업을 그대로 유지했을 뿐 만 아니라 자신들의 관습, 억양, 음식, 술, 음악 스포츠도 2세대 심지어는 3세대까지 전수되었다고 주장하였다. 그의 1960년 논문 「19세기와 20세기 유럽에서 해외로의 이주(Migration from Europe Overseas in the Nineteenth and Twentieth Centuries)」는 이러한 사실을 밝혀냄으로써 이민연구에 새로운 지평을 열었다. 또한 그는 1821년부터 1924년 사이에 미국으로 이주한 3300만 유럽 이민 중에서 1/3 정도가 본국으로 다시 돌아갔다고 추정하였다.[24]

디스틀웨이트의 뒤를 이어 새로운 시각에서 이민사를 연구한 사람은 당시 위스콘신대학교 대학원생이었던 루돌프 베콜리였다. 디스틀웨이트의 연구에 감동받은 베콜리는 시카고 이탈리아 노동자들을 연구하여 학위를 받았고, 그의 「시카고의 콘타디니(The Contadini of

---

23) 프랭크 디스틀웨이는 이들은 주로 랭커셔 방직 노동자들, 웨일스 제철공, 요크셔 광부, 콘월 주석 광부 그리고 스태퍼드셔 도예가 등이었다고 주장했다.

24) Thistlewaite, "Migration from Europe Overseas in the Nineteenth and Twentieth Centuries," pp. 17-49.

Chicago)」는 핸들린의 '뿌리 뽑힘' 이론에 대한 정면 도전이었다. 베콜리는 시카고의 남부 이탈리아 이민은 미국인이라는 정체성뿐 만 아니라 이탈리아계 미국인이라는 정체성도 지니지 않았다고 주장했다. 그들은 특정한 마을과 친척 그룹으로 뭉쳐 살았고 경제적 요인으로 인해 이주를 강요받았으며, 자본주의 시장이 필요로 하는 것과 이주 집단 노동의 리듬에 익숙해져 있었다. 그들은 핸들린이 말하는 영웅적인 변모의 과정을 포용함으로써가 아니라 자신들이 아는 것에 천착함으로써 이민의 끔찍한 시련을 견뎌냈다. 따라서 소수민족의식(ethnicity)이 아니라 '비감한 가족주의(amoral familism)'가 그들의 정체성을 형성했고, 종교가 아니라 마술(magical)이 그들의 의식을 사로잡았고, 변화가 아니라 고집이 그들의 행동을 특징지었다.[25]

이후 젊은 이민사가들은 디스틀웨이트 연구에 영향 받기도 했지만 60년대의 시대적인 분위기에 영향 받았다. 미국사회의 비판자라고 스스로 명명한 그들은 자본주의 경제, 부르주아적 개인주의 문화, 제국주의적 외교정책을 비난했고, 칼 마르크스(Karl Marx)를 재발견하고, 미국역사를 조화와 합의의 견지에서가 아니라 갈등과 긴장으로 해석하였다.

가장 대표적으로 허버트 거트만(Herbert Gutman)은 『산업화 미국에서의 노동, 문화, 사회(*Work, Culture, and Society in Industrializing America*)』에서 미국적 자본주의의 착취적인 현실에 저항하기 위해서 소수민족 그룹이 어떻게 농민 퍼레이드와 의식, 종교적 서약과 음식 축제 등의

25) Vecoli, "Contadini in Chicago," pp. 404-417.

문화를 활용하는지 보여주었다.[26] 거트만을 비롯한 신이민사가들에게 미국화는 자본주의 질서에 복종하는 것을 의미했다. 그리고 그들은 이민연구에 있어서 계급 요인을 강조했다. 즉 소기업가, 제조업자, 전문직 종사자, 언론인 등 자본주의를 필요로 하는 이민들은 소수였고, 대다수 이민은 노동자계층으로서 그들에게 미국화는 억압에 순응함을 의미했다. 따라서 신이민사가들에 의하면 미국화 된 소수의 엘리트층은 전통적인 가치관을 지닌 대다수 이민에 반하여 투쟁하였고, 이들은 크레베코르적 '새로운 인간형'이 되어 부르주아적 개인주의를 받아들이고자 했다. 반면에 나머지 다수의 이민은 유럽적인 전근대적 집단주의를 그대로 고수하기를 원했다. 그들은 전근대적 문화를 자본주의 관행과 미국문화를 지배하는 잘못된 부르주아적 의식에 저항하기위해 활용하고자 했고, 그들에게 이는 해방을 의미했다.[27]

베콜리와 거트만을 위시한 신이민사가들의 영향력은 거대했다. 그들에 의해 1880-1920년 사이의 미국 사회에 대한 전혀 새로운 그림이 제시되었다. 그들의 논지에 따르면 미국의 도시는 동유럽과 남유럽 이민들로 가득 찼고, 그들 대다수는 미국에 계속 머물고자 한 것이 아니라 직업을 구하고 돈을 벌어서 다시 모국으로 돌아가려고 했다.

---

26) Herbert Gutman, *Work, Culture, and Society in Industrializing America* (New York, 1976), pp. 65-66.

27) Gred Kerman, "Americanization at the Factory Gates," *Industrial and Labor Relations Review*, vol. 18(April 1965), pp. 396-419; Stephen Meyer, "Adapting the Immigration to the Line: Americanization in the Ford Factory, 1914-1921," *Journal of Social History*, vol. 14(Fall 1980), pp. 67-82.

그들은 자신들의 문화에 천착했고 결코 핸들린적인 혼란과 분리는 경험하지 않았다. 놀라울 정도로 많은 수의 이민이 귀화하거나 미국 정치에 참여하는 것을 거부하였다. 이제 이들 신이민사가들에 의해서 크레베코르적 패러다임과 동화로부터의 결별이 완수되었다.[28)]

이 새로운 젊은 이민사가들은 3가지 측면에서 이민, 소수민족문화, 미국의 정체성연구에 커다란 업적을 남겼다. 첫째 그들은 이민을 가족단위로 이주하는 현상으로 보지 않았다. 즉 그들은 이민을 젊은이들이 직업을 찾아 이주한 현상으로 보았다. 둘째, 모국으로부터 고유한 문화를 가지고 온 이민자들은 미국에서 이를 한층 더 육성시킨다고 설명했다. 따라서 핸들린이 말한 것과 같은 혼돈과 무질서 없이 모국에서 소중하게 여겼던 문화기구 즉 교회, 축제, 스포츠클럽, 음악동아리 등을 재건립하고, 여기에 모국어 신문, 상조회 같은 네트워크를 형성하고 서로 도왔다. 따라서 그들은 현대성에 압도된 외로운 개인이 아니라 같은 목적을 위해 집단적으로 행동할 수 있는 그룹인 이었다. 셋째로, 이 신이민사가들에게 미국화와 동화는 부정적인 의미를 지녔다. 이 신이민사가들의 눈에 대부분의 이민은 크레베코르적 특성에 맞지 않아 보였다. 그들은 미국인이 되기를 원하지 않았으며, 전근대적인 집단주의와 공산주의적 도덕성에서 미국의 거친 개인주의를 비판하는 방법을 발견했다.[29)]

이들에게 영향 받은 후세대 이민사가들은 미국사회 자체가 일방

---

28) Gary Gerstle, "Liberty, Coercion, and the Making of Americans," *The Journal of American History*, vol. 84, no. 2(September 1997), pp. 538-539.

29) Gary Gerstle, "Liberty, Coercion," pp. 536-537.

적이지도 않았고, 이민들은 소수민족적 고립(ethnic enclave)을 경험하지도 않았다고 주장했다. 이민은 소위 '미국'이라 불리는 것에 저항하지도 않았고, 동화하지도 않았기 때문에 상당한 소수민족적 탄성(ethnic resilience)을 유지했으며, 이와 더불어 변화하는 상황과 타협하는 가운데 상당한 동화도 일어났다. 이러한 주장을 하는 역사가들은 이민의 경험에 있어서 보통사람들의 역할에 더 많은 신뢰를 주었다. 그들은 많은 이민들이 미국적 방식으로 동화되기를 추구했는데 이는 문화적 자포자기나 자신에 대한 혐오 때문이 아니라 환경이 비교적 관용적이었기 때문이었다. 환경이 자신들의 이해관계나 권위감에 위배된다고 판단되면 그들은 저항했고, 자신들의 전통을 방어하고자 했다. 그러나 동화에 대한 그들의 집착을 포기하지도 않았다.[30)]

그러므로 에바 모라브스카(Eva Morawska)는 펜실베니아의 슬라브 이민들 사이에서 상당한 문화적 적응을 발견했다. 그녀의 견해에 따르면 어떤 경우는 소수민족적 정체성을 견지하는 방향으로 나아갔고, 또 다른 경우에는 상당히 동화된 노동계층 아메리카니즘 방향으로 발전했다. 따라서 소수민족의식 자체가 더 이상 이민의 문화적 정체성에 있어서 근본적인 요인이 아니었다. 소수민족의식은 노동시장, 사회적 그물망, 정치적으로 상반되는 경향과 타협하는 것을 도와주는 도구였다. 이민은 농부도 소외된 현대인도 아니었으며, 그들의 자녀들은 '미국인 되기'의 다양한 방법을 발견했고, 보다 포괄적인

---

30) James R. Barrett and George J. Sanchez, "The New Immigration: Assimilation or Ethnic Pluralism?" Francis G. Couvares and Martha Saxton, eds., *Interpretations of American History*(New York, 2000), pp. 142-143.

형태의 미국인 정체성을 지녔다. 따라서 그녀는 미국화가 '억압적인 과정이었다'는 해석을 거부했다.31)

이와 비슷하게 버지니아 얀스 맥라프린(Virginia Yans-McLaughlin)은 이탈리아 이민과 폴란드 이민이 뉴욕의 산업화된 버팔로에서의 도전을 어떻게 다르게 받아들였는가를 보여주었다. 증대되는 여성운동 에너지와 여성사 분야를 이 주제에 관련지으면서 그녀는 특히 가족을 규제하는데 있어서의 여성의 역할과 위협적인 사회 환경에 대한 가족의 역할에 대해 통찰력을 보여주었다. 필라델피아의 폴란드 이민을 연구한 캐롤린 골라브(Caroline Golab) 처럼 그녀는 새로운 세계로의 이전을 최소한의 변화와 분열로 성공적으로 다루는 여성 중심의 가족에 대해 묘사했다.32)

1980년대 중반에 이르면 이민연구에 대한 종합적 설명이 등장했다. 토마스 아크디컨(Thomas Archdeacon)의 『미국인 되기(*Becoming American*)』와 존 보드나(John Bodnar)의 『이식된 사람들(*The Transplanted*)』은 다원적 정체성이론을 받아 들였지만 이주, 정착, 그리고 동화의 보다 다원적인 설명을 다시 수정하기위해 나름대로 고심했다. 그들은 미국의

31) Eva Morawska, "The Internal Status Hiearchy in the Eastern European Immigrant Communities of Johnstown, Pa., 1890-1930s," *Journal of Social History,* vol. 16(Fall 1982), pp. 75-108; "The Sociology and Historiography of Immigration," Virginia Yans-McLaughlin, ed., *Immigration Reconsidered: History, Sociology, and Politics*(New York, 1990) pp. 187-238.

32) Virginia Yans-McLaughlin, *Family and Community: Italian Immigrants in Buffalo, 1880-1930*(Ithaca, N.Y., 1977); Caroline Golab, "The Impact of the Industrial Experience on the Immigrant Family: The Huddled Masses Reconsidered," Richard L. Ehrlich, ed., *Immigrants in Industrial America, 1850-1920*(Charlottesville, Va., 1977).

인종적, 민족적, 계층적 분화 뿐만 아니라 동화에 관한 수많은 증거도 발견했다. 두 사람의 책 제목은 모두 이민과정이 '새로운 인간' 신화나 시카고 학파 또는 문화적 다원주의 주창자들이 제시한 묘사보다 더 복잡함을 암시하고 있다. 즉 『미국인 되기』는 정체성 형성에 있어서 탄력적 면모를 강조했고, 『이식』에서는 과거로부터의 소외가 아니라 새로운 환경에서 소수민족적 정체성이 다시 뿌리내림을 제시했다. 두 사람 모두 국제 자본주의가 이주민, 가족, 그룹을 내몰았고, 개인이 아니라 제도가 중요한 역사적 주역이라고 강조하고, 다양한 인종적 분류는 이민후손들이 미국 백인 주류로의 동화에 있어서 중요한 역을 맡고 있다고 지적했다. 즉 인종적 분류가 정치적으로는 소수민족들의 권리주장을 강화하고, 다원적 용광로는 어떤 목적을 위해서는 효과적으로 작용한다고 그들은 설명했다. 그리고 그들은 역사적 산물을 형성하는데 있어서 계급, 인종, 젠더의 결정적인 힘을 중요시했다. 이런 방법으로 설명되는 이민 이야기는 단순히 동화주의자나 다원주의자들의 설명보다 훨씬 복잡하다.[33]

이처럼 1980년대에 이르러서 새로운 세대의 학자들이 등장했고, 그들 중 다수는 페미니스트이고 어떤 이는 포스트모더니스트 사고에 영향 받았다. 그들은 소수민족의식의 본질 자체를 해체하고자 했다. 즉, 그들은 소수민족적 정체성은 인종, 젠더, 또는 다른 '본질적'으로 보이는 것처럼 실제로는 '사회적 구성물'이라고 주장했다. 따라서 불

---

33) Thomas Archdeacon, *Becoming American: An Ethnic History*(New York, 1983); John Bodnar, *The Transplanted: A History of Immigration in Urban America* (Bloomington, Ind., 1985).

안정하고 상황에 따라 변화하며 이는 한 사람의 정체성에 있어서 전체가 아니라 한 부분이었다. 그러므로 레즈비언인 라틴 학자 글로리아 안잘두아(Gloria Anzaldua)는 멕시코적 유산에서 소중함과 쓸모없는 것 모두를 발견할 수 있었다. 그녀는 동성애 혐오(homophobia)와 문화적 독단을 모두 거부하면서 자신이 자라는 동안 내면화된 아즈텍 문명의 영성을 찬양했다.[34] 안잘두아 처럼 문화적 비평을 인식한 조지 산체스(George Sanchez)는 이민과 그 후손들 사이에 다원적 정체성과 모순적 입장의 가능성을 긍정적으로 주장했다. 소수민족의식은 "미국에서 매일의 생활로부터 나오는 집단적인 정체성"이며, 멕시코 사람도 미국인도 아닌 단지 여러 요인이 점차 종합되는 가운데 형성된다. 결국 밀턴 고던의 문화적 동화는 구조적 동화 없이도 일어날 수 있다는 주장을 상기시키며 산체스는 미국의 계급서열의 어려운 현실을 다루는 가운데 멕시코 이민은 새로운 정체성을 형성했다고 보았다. 그리고 산체스는 멕시코계 미국인들에게 있어서 문화적 적응은 본질적인 사회적 이동 없이도 일어났다고 주장했다.[35]

---

34) Gloria Anzaldua, *Boderlands/La Frontiers: The New Mestizo*(San Francisco, 1978).

35) George J. Sanchez, Becoming *American Ethnicity, Culture and Identity in Chicano in Los Angeles, 1900-1945*(New York, 1993), pp. 4-13.

4 다채로워진 이민연구

이상에서 살펴본 바와 같이 70년대와 80년대의 신이민사가들과 그들의 연구에 영향 받은 이민사가들은 주로 19세기 후반 이후의 신이민에 초점을 맞춤으로써 그 이전의 이민(구이민)에 대해 상대적으로 적게 연구하였다. 특히 첫 번째 이민 물결이었던 영국인, 아일랜드인, 독일인 그리고 스칸디나비아인이 어떻게 세대를 넘어서서 문화적 전통을 유지하였고 미국화를 경험하였는 지에 대해서는 언급하지 않았다. 그리고 신이민과 관련하여서도 1920년 전에는 미국에 대해 무관심하거나 싫어했던 신이민들이 결국 미국으로 귀화했고, 투표권을 얻었고, 자신을 미국인으로 여기게 되었던 사실을 파악하지 못했다. 결국 이들이 미국인으로서 보여준 애국주의, 즉 예를 들어서 이들은 1930년대 프랭클린 루즈벨트의 뉴딜을 지지했고, 세계 제 2차대전시 미국이 내건 슬로건에 환호하였으며, 그들의 자손들은 1960년대의 급진적인 학생들에 대해 비난 하였던 태도를 신이민사가들은 설명하지 못했다.[36]

이에 신이민사가들이 설명하지 못했던 것을 추구하는 과정, 즉 19세기 초 유럽이민들이 결국에는 애국적인 미국인들이 되었다는 사실을 설명하고자하는 과정에서 '미국화'의 이민에 대한 관심이 다시 부활하였다. 특히 로렌스 훅스(Lawrence H. Fuchs)와 워너 솔러스(Werner Sollors)

36) Gerstle, "Liberty, Coercion," pp. 539-540.

는 미국화에 내재된 '해방적 충동'을 강조하며 크레베코르 신화의 주요 요소를 상기시켰다.

로렌스 훅스는 『미국의 만화경(*The American Kaleidoscope: Race, Ethnicity, and he Civil Culture*)』에서 '미국화'와 소수민족적 정체성의 고수를 서로 정반대되는 것으로 이해하는 것은 잘못이라고 지적했다. 훅스는 "이주민과 그들의 후손들은 그들 조상들의 종교와 문화에 대한 충성을 유지할 자유가 있었고 … 한편으로 정치에 참여하고 건국 신화를 믿는 가운데 미국인이라는 정체성을 주장하였다."고 논하였다. 만약 이민이 미국의 정치 이상인 민주주의와 개인의 권리, 그리고 독립선언서, 헌법, 권리장전에 충성할 것을 맹세한다면 그들은 미국의 '시민문화'에 참여하는 것이며, 종교, 도덕, 관습, 전통은 개인에게 달린 일이었다고 훅스는 말했다. 따라서 많은 이민은 그들의 소수민족적 문화를 유지하면서 '자발적 다원주의' 체제를 창조했고, 이는 미국사회의 분명한 특징이 되었다고 그는 지적했다. 따라서 독일인들은 정치적으로는 미국인이 되었고, 문화적으로는 독일인으로 남아있었다.[37)]

1986년 출판된 『소수민족의식을 넘어서(*Beyond Ethnicity*)』에서 워너 솔러스는 미국의 과거와 현재에서 소수민족적 정체성의 중요성을 부인하지 않았다. 그러나 그는 소수민족적 정체성의 유전적 특질을 강조하고 이를 공통적인 '미국성(Americaness)'에 반대되는 것으로 설명하는 사람들에 대하여 전면적인 공격을 감행했다. 솔러스는 소수민

---

37) Lawrence Fuchs, *The American Kaleidoscope: Race, Ethnicity, and he Civil Culture*(Hanover, 1990), p. 15.

족별 문학을 조사한 후, '미국성'의 중심 코드는 탈출과 해방, 새로움과 재생, 용광로와 로맨틱한 사랑, 기성 존재와 잃어버린 세대에 대한 비판 등이라고 설명했다. 그리고 이러한 코드들로 인해 피가 섞이지 않은 사람들 사이에서 새로운 형태의 상징적인 친족관계가 형성된다고 말했다. 전통에 기반하지 않은 새로운 그룹 정체성을 창조하고 이에 권한을 부여함으로써 그룹 정체성은 개인과 미국적 정체성을 동시에 표현할 수 있다는 것이다. 또한 솔러스는 소수민족의식을 근대성에 반대되는 '전통'으로 여기는 견해를 거부하고 대신 소수민족의식이 근대성을 가장 잘 표현하는 것이고 강조했다.[38)]

솔러스는 훅스처럼 소수민족적 정체성이란 '미국인이 되는 방법'이라는 견해를 지녔고, 그는 미국적 정체성의 '다중성'을 말하며 크레베코르 처럼 미국을 '가능성의 나라'로 보았다. 그러나 그는 크레베코르 신화의 용광로 이론을 거부하였다. 솔러스의 다중적 미국은 이민자들에게 다중적인 미국주의 코드를 제시하였고, 그들은 이중에서 선택할 수 있었다. 그의 미국은 비록 불협화음이더라도 '여러 목소리들의 집합'이며, 그리고 각각의 목소리는 '진정한 미국' 이었다. 솔러스는 당시 미국학과와 문학에서 풍미하고 있던 해체주의 운동에 크게 의존하였다. 그는 신이민사가들이 전통과 문화문제에 무비판적으로 지나치게 단순하게 접근했다고 비판하며, 소수민족 고유문화와 미국문화 사이에 존재하는 어떤 구분도 부인했다.[39)]

---

38) Werner Sollors, *Beyond Ethnicity: Consent and Descent in American Culture* (New York, 1986), pp. 207, 241-247.

39) Werner Sollors, *Beyond Ethnicity*, pp. 207, 241-247; Mary C. Waters, *Ethnic Options: Choosing Identities in America*(Berkeley, 1990); Herbert J. Gans,

학자들은 솔러스의 '열린 정체성' 논의에서 즐거움을 발견했다. 곧 솔러스의 소수민족의식에 대한 견해는 미국 이민역사가들에게 영향을 미치기 시작했다. 역사가에 미친 그의 영향은 '컨젠 그룹(Conzen Group)'이라 불리는 5인의 저명한 이민학자들이 1992년에 발표한 논문에서 현저하게 드러났다. 캐드린 컨젠(Kathleen Neils Conzen), 데이비드 거버(David Gerber), 에바 모라브스카, 조지 포쩨타(George Pozzetta), 그리고 루돌프 베콜리는 솔러스에게 영향 받았음을 다음과 같이 분명히 했다.

> 현대의 소수민족 그룹들은 끊임없이 스스로를 재생산하고 있다. 그리고 소수민족의식이란 그룹의 내적 변화와 주류 사회의 변화하는 현실에 반응하는 가운데 계속 재구성되고 있다 …. 소수민족 그룹의 경계는 … 끊임없이 재타협 되고 있으며, 반면 소수민족의식을 표현한 상징들은 계속 재해석되어야만 한다.[40]

하지만 컨젠 그룹은 소수민족의식은 '집단적인 허구'이상의 것이라고 강조하면서 솔러스로부터 거리를 두었다. 더욱이 그들은 솔러스가 간과했던 역사적 컨텍스트를 중요시 했다. 그들은 이주 시기, 모국과 이주하는 나라의 발전 단계, 경제적 정치적 순환의 발생 빈도율, 정착지의 상황 등, 이 모든 것들이 소수민족의식 형성에 영향을 미친

"Symbolic Ethnicity: The Future of Ethnic Groups and Cultures in America," *Ethnic and Social Studies*, 2(Jan. 1979), pp. 1-20.

40) Kathleen Neils Conzen et al., "The Invention of Ethnicity: A Perspective from the U.S.A," *Journal of American Ethnic History*, vol. 12(Fall 1992), pp. 3-41.

다고 보았다. 아직도 컨젠 그룹은 소수민족 그룹이 '발명품'이라는 것을 강조하며 문화적 고안물을 만들어내는 사회적 구조와 역사적 컨텍스트에 주목하고 있다.

솔러스에게 크게 감동받지 않은 역사가들도 컨젠 그룹이 다루지 않았던 문제에 대하여 합의를 얻어냈다. 가장 성공적이었던 것은 대중문화와 이민자들의 고유문화 간의 교류에 관한 연구였다. 솔러스처럼 이 그룹의 학자들은 이민이 지닌 문화적 재능에 감명 받았다. 그러나 그들은 이러한 문화적 재능을 실패와 사회적 제약의 한 요인으로 다루었다.

이들 학자들이 신세계에서도 이민자들이 모국의 고유 문화를 간직한다는 것을 인식한 반면에 그들은 이러한 소수민족 고유문화가 20세기 초기 미국문화, 즉 보드빌 극장(vaudeville theaters), 놀이 공원, 야구 스태디엄, 영화관, 그리고 라디오 문화와 조우하였을 때에 어떤 일이 일어나는지 궁금해 했다. 대중문화에 대한 새로운 연구들은 이민들이 떠오르는 오락 산업에 적극적으로 관여하였다고 보았다. 즉 그들은 새로운 대중문화를 자유, 기회, 발명의 영역으로 간주하였다.[41] 그렇다면 그들의 참여가 미국화로 이어졌는가? 닐 게이블러(Neal Gabler)와 같은 대중작가들은 그렇다고 말한다. 그들이 스포츠 스타나 기업가들에 대한 전기를 쓸 때에 가장 선호하는 주제는 이민과 그 후손들이 소수민족 고유문화의 제약으로부터 벗어나 '미국'을 포용한다는 것이었다. 대중 오락산업 세계에 들어가면 개인적으로 교류의

---

41) Kathy Lee Peiss, *Cheap Amusements: Working Women and Leisure in Turn of the Century New York*(Philadelphia, 1986).

범위를 넓힐 수 있었고, 미국이 지닌 매우 독특한 유명인사 문화에 빠져들 수 있었다. 더욱이 영화, 라디오 프로그램, 게임산업이 가져다 주는 이윤은 이민을 더욱 그 방향으로 나가게 만들었다. 따라서 길게 본다면 대중문화는 의심할 여지없이 이민의 미국화를 촉진시켰다.[42)]

예를 들어서 매사추세츠 워체스터 노동자들의 여가시간을 연구한 로이 로젠웨이그(Roy Rosenzweig)는 일찍이 영화관이 이민 노동자 계층의 교류공간의 연장이었음을 보여주었다. 이민자들은 영화관에서 소수민족에 따른 노동자 계층 스타일 공공행위를 하였다. 즉 관객들은 영화를 보면서 큰소리로 영화에 주석을 달기도 했고, 울어대는 아기소리를 참기도 했다. 시카고 노동자를 연구한 리자베스 코헨(Lizabeth Cohen) 역시 1920년대까지도 영화관이 소수민족 간의 교류의 장이었다고 주장했다. 따라서 영화관은 이민들이 현대적 미국가치에 노출되는 장소였을 뿐 만 아니라 소수민족 커뮤니티가 그들 자신과 그들의 문화를 구성하는 장소이기도 했다. 코헨은 또한 라디오가 영화관과 비슷한 기능을 수행했다고 주장했다. 대부분의 시카고 라디오 방송국은 '국적별 방송(nationality hours)'을 방영하였고, 적어도 4개 방송국은 전일 소수민족별 프로그램을 방영했다.[43)]

어빙 하우(Irving Howe)는 유대인 극장을 연구하였고 이를 통해 유대

---

42) Neal Gabler, *An Empire of Their Won: How the Jews Invented Hollywood* (New York, 1988).

43) Roy Rosenzweig, *Eight Hours for What We Will: Workers and Leisure in an Industrial City, 1870-1920*(New York, 1983), pp. 181-228; Lizabeth Cohen, *Making a New Deal: Industrial Workers in Chicago, 1919-1939*(New York, 1990), pp. 99-147.

인들이 미국에서 자신들의 정체성을 정의하고 만들어 나감과 동시에 다른 소수민족 그룹의 예술적 전통을 배우고, 기독교와 유대교 모두로부터 자유로울 수 있었다고 결론 내렸다. 따라서 대중문화의 도래는 이민들로 하여금 소수민족적 정체성을 만들어내고 확인할 수 있는 가능성을 더욱 크게 만들어주었다.[44)]

영화, 라디오, 소수민족 영화관 등에 관한 이상의 논지들은 이민은 미국에서 자신들의 소수민족의식을 창조하고 재창조할 수 있는 끝없는 기회를 발견하였다는 솔러스의 논지와 비슷해 보인다. 그러나 이들은 거기에서 멈추지 않았다. 이러한 대중문화를 통해 이민은 미국적 가치를 받아들이기도 했다는 것이다.

젠더와 미국적 정체성에 관한 비교적 적은 연구들 역시 미국화는 창의성과 구속의 양면을 지녔다고 제안하고 있다, 엘리자베스 이웬(Elizabeth Ewen)은 20세기 초 뉴욕의 유대인과 이탈리아인 노동 계급 여성들이 어떻게 자신들만의 '노동계층 미국주의'를 형성하였으며 20년대와 30년대의 문화적으로 변용된 그녀들의 딸이 이를 저버리는 것을 보았는지를 연구하였다. 그웬돌린 민크(Gwendolyn Mink)는 혁신주의 개혁가들이 어떻게 미국화 캠페인을 이용하여 이민 여성들로 하여금 구세계의 생활방식, 즉 음식, 의상, 가정관리, 양육 습관 등을 버리고 백인 중산계층 미국인들의 가정성(domesticity)를 받아들이게 하였는지를 보여주었다. 민크의 논지에 따르면 그들 개혁가들은 '미

44) Irving Howe, *World of Our Fathers: The Journey of the Eastern European Jews to America and the Life They Found and Made*(New York, 1976), pp. 460-496; Lawrence W. Levine, *Highbrow/Lowbrow: The Emergence of Cultural Hierarchy in America*(Cambridge, Mass. 1988), pp. 85-104.

국화'가 이민여성과 자손들을 해방시키고 미국적 수준에 맞도록 자신을 고양시키는 행동상의 그리고 인식상의 수단을 제공한다고 믿었다. 하지만 민크는 미국화를 해방적이라기보다는 더 강압적인 것으로 보았다. 그녀는 미국화를 자유와 억압의 양면을 지닌 것으로 보는 견해의 타당성을 찾기 위해 젠더 중심의 틀을 개발하기 시작했다. 다른 학자들도 그녀의 뒤를 따라 가정과 가족사를 미국화의 중심주제로 연구하고 미국화 과정의 모순적이고 복잡한 성격을 이해하기 위해 노력해야만 할 것이다.[45)]

5 '백인성' 연구

미국의 이민사가들은 인종(race)문제에 대해 별로 관심을 기울이지 않았다. 특히 오스카 핸들린 이후 대표적인 이민사가들은 유럽이민에서 인종 요인을 배제해 버렸다. 이민사는 유럽이민 중심으로 이루어져왔고 비유럽인 이민, 즉 중국인, 일본인, 멕시코인, 그리고 다른 비유럽 이민에 대해서는 간과하여 왔다. 따라서 유럽 이민과 흑인의 관계조차도 거의 연구되지 않았다. 이는 미국이 처음부터 백인의 나라이기를 원했기 때문이기도 하다. 1790년 의회는 오직 자유 백인

45) Elizabeth Ewen, *Immigrant Women in the Land of Dollars: Life and Culture on the Lower East Side, 1890-1925*(New York, 1985); Gwendolyn Mink, *Wages of Motherhood: Inequality in the Welfare States, 1917-1942*(Ithaca, 1996).

이민만이 미국시민이 될 자격이 있다고 선포함으로써 건국 초기부터 미국인은 백인을 의미했으며 1950년대에 이르러서야 비백인을 시민으로 인정하였다. 그리고 유럽 이민이 미국인이 되는 과정에서 그들은 비백인에 대해 문화적 인종적 우월성을 강조했다.[46]

그러나 근자에 역사가들은 미국역사에서 사회적인 분류로서 인종의 중요성을 더욱 강조하고 있다. 이들 중 어떤 학자들은 결론에 있어서는 상당히 달라도 인종이 미국의 소수민족적 정체성을 형성하는데 있어서 가장 중요한 요인으로 작용했다고 생각한다. 특히 '백인성'이라는 용어와 이 용어가 함의하고 있는 인종개념은 최근 미국 인문학과 사회과학에서 심대한 변화를 일으키고 있다. 미국을 구성하는 요소로서 '백인성'이 어떻게 형성되고 발전하며 어떤 역할을 하였는가라는 의문이 제기되었고, 1990년대 내내 '백인성 연구' 또는 '비판적 백인성 연구'라 불리는 분야를 만들어 내고 있다. 이는 '백인성'이 역사적으로 형성된 '사회적 구성물'이라는 전제에서 출발한다.

1991년 데이비드 로이디거(David Roediger)는 어떻게 남북전쟁 전 유럽이민 중의 한 그룹인 아일랜드인들이 '백인'이 되었는가에 대한 독창적인 연구를 발표하였고, 이는 백인성연구의 초석이 되었다. 로이디거는 19세기 아일랜드 이민과 흑인 간의 뿌리 깊은 반목을 상세하게 연구하여 남북전쟁 전 북부에서 두 그룹이 비슷한 상황에서 생활하였음을 밝히고, 그런데 왜 아일랜드 이민들이 같은 임금노동자인 흑인들과 연대를 맺지 않고 그들을 공격하였는가를 연구하였다. 그

46) 김연진, 「미국 유대인의 인종적 오디세이: 백인, '백인 타자', 그리고 코케이지언」, 『미국사연구』, 제 21집(2005), pp. 175-204 참조.

리고 아일랜드 이민인들은 백인들이 자기들을 흑인으로 보는 것을 두려워했다고 주장했다. 실제로 이 시기에 언론에서 아일랜드인들을 흑인처럼 원숭이로 묘사하였고, 이를 반박하기 위해서 아일랜드인들은 자신들의 '백인성'을 강조했다. '백인'이 됨으로써 다른 사람들의 존경을 받을 수 있었고, 심리적으로 육체노동 신분으로부터 탈피 할 수 있었기 때문이었다.[47]

이처럼 로이디거를 필두로 매튜 제이콥슨(Matthew Frye Jacobson), 제임스 버랫(James Barrett) 등의 일부 이민사가들은 신이민이 미국화 되는데 있어서도 인종문제가 가장 중요했다고 제안했다. 그들의 주장에 따르면 20세기 동부와 남부 유럽 이민들은 남북전쟁 전 아일랜드인들이 겪었던 것과 유사한 곤궁에 처해 있음을 발견했다. 가장 열악한 산업노동을 하면서 그들은 종종 앵글로 색슨 미국인보다 인종적으로 열등하다고 여겨졌다, 그리고 이와 같은 인종요인이 1924년 이민제한법으로 동남유럽 이민 유입을 극적으로 제한하는 데에 정당성을 제공했다. 하지만 제이콥슨은 20세기가 시작될 무렵 필리핀에 대한 제국주의적 침략은 동남부 유럽 이민들로 하여금 아시아의 검고 야만적인 인종을 복속시키는 데에 열렬하게 참여하게 함으로써 그들에게 미국의 위대한 앵글로 색슨족에 동조할 기회를 주었다고 주장했다. 따라서 로이디거와 버랫은 1900년에서 1940년 사이에 이들은 인종적으로 '어중간한 사람들(inbetween people)'이었다고 말했다. 그리고 리차드 알바(Richard Alba)와 아놀드 허쉬(Arnold Hirsh), 게리 거슬

---

47) David R. Roediger, *Wages of Whiteness,: Race and the Making of the American Working Class*(New York, 1991), pp. 65-92.

(Gary Gerstle)도 1940년대를 신이민과 그들의 후손들이 처음으로 자신들이 백인이라고 주장할 수 있었던 시기라고 해석했다.[48)]

로이디거를 비롯한 역사가들은 계급과 젠더보다도 미국인이 되고자 하는 이민들을 제약한 요인은 '인종'이라고 보았다. 그리고 그들은 미국이 정체성 형성에 있어서 백인성으로부터 자유로워지려는 노력에서 실패했다고 보았다.[49)]

하지만 이와같은 인종을 강조하는 이민사연구경향에 대하여 반기를 드는 학자들이 있다. 셸리 휘스킨(Shelly Fisher Fishkin), 게리 내쉬(Gary Nash), 데이비드 홀린저(David Hollinger)와 같은 학자들은 흑인, 백인, 인디언, 멕시코인, 아시아인들 사이에 혼혈은 늘 일어나고 있으며 따라서 미국이 점차 비인종적이고 민주적인 사회가 되어 가고 있다고 보았다.[50)] 특히 데이비드 홀린저(David Hollinger)는 『소수민족을 넘어선 미국(*Postethnic America*)』에서 모든 소수민족들이 자신을 위해 정체성을 요구하거나 형성하는데 있어서 자유롭게 선택할 수 있

---

48) Matthew Frye Jacobson, *Special Sorrows: The Diasporic Imagination of Irish, Polish and Jewish Immigrants in the United States*(Cambridge, Mass., 1995), pp. 181-216; James Barrett and David Roediger, "Inbetween People: Race, Nationality, and the New Immigration Working Class"; David R. Roedoiger, *Toward the Abolition of Whiteness: Essays on Race, Politics, and Working Class History*(London, 1994), pp. 181-199.

49) Roediger, *The Wages of Whiteness:*; *Toward an Abolition of Whiteness: Essays on Race, Politics, and Working Class History*(New York, 1994). Matthew Frye Jacobson, *Whiteness of Different Color: European Immigrants and the Alchemy of Race*(Cambridge, Mass, 1998).

50) Gary Nash, "The Hidden History of Mestizo America," *Journal of American History*, vol. 82(Dec. 1995), pp. 941-964; David Holliger, *Postethnic America: Beyond Multiculturalism*(New York, 1995).

는 다채로운 사회를 창조한다는 '솔러스적 청사진'을 과감하게 공표하였다. 홀린저는 경제적 문화적 개혁을 통해서 인종적으로 평등한 환경, 즉, 소수민족을 넘어선(postethnic) 사회를 재생하고자 했다. 이 사회에서는 소수민족적 정체성을 계속 유지하든지, 또는 벗어버리든지, 아니면 아예 자신만의 새로운 정체성을 만들어내든지 자유롭게 선택 할 수 있다는 것이다. 이처럼 부드러운 동화와 인종적 양극화의 서술사이에서 중도를 추구하고 있는 홀린저는 '코스모폴리타니즘'을 대안으로 제시했다. 그리고 계급 불평등을 직시함으로써 만이 소수민족의식을 그들의 삶에서 합당한, 그리고 중요하지만 제한된 위치에 자리매김할 수 있다고 그는 주장했다.[51]

한편 다른 역사가들은 장미 빛 코스모폴리타니즘은 자유주의적 상상의 허구라고 반박했다. 그들은 자발적인 포용보다 강압이 훨씬 더 미국 주류로의 진입을 가능하게 만들었으며 인종은 소수민족의식과 달리 흑인들과 그리고 '타자들'의 동화를 막는 영속적인 방해물이었다고 강조했다. 더욱이 탈냉전시대에 국가의 권한이 쇠퇴하자 '동화'라는 주제가 국가주의적인 미국 역사가들에 의해 과장되게 강조되고 있다고 지적하며, 동화보다는 '초국가적인' 이주물결, '경계지(borderlands)', '국외이산(Diaspora)' 등과 같은 전지구적 차원에서 이민을 연구해야 한다고 주장하고 있다.[52]

---

51) Holliger, *Postethnic America.*

52) "People in Motion, Nation in Question: The Case of Twentieth-Century America," with contributions from Gary Gerstle, David Hollinger, and Donna Gabaccia, *Journal of American History* 84(Sept. 1997), pp. 524-580.

6 | 맺음말

이상에서 살펴 본 바와같이 이민과 미국의 정체성 문제는 역사초기부터 수많은 학자들에 의해서 연구되어 왔고 시대에 따라서 그 논지가 크게 변화하였다. 미국 역사 초기부터 20세기 초까지는 크레베코르적 변형과 동화의 관점에서 '용광로' 신화가 지배적이었지만 오스카 핸들린이 이민사를 역사학계에서 합당한 학문으로 자리매김 시킨 20세기 중반기에 이르면 '용광로' 신화를 넘어서서 다원적 소수민족적 정체성 논의가 등장하였고, 70년대, 80년대에 이르면 동화론도 다원론도 아닌 '주관적'이고 '상황적'인 소수민족의식에 대한 고찰이 등장하였다. 그리고 이 시기부터 다문화주의, 해체주의, 그리고 포스트모더니즘의 영향과 더불어 이민 연구가 다양해지기 시작했다. 소수민족의식 자체를 '사회적 구성물'로 인식하고 계급, 인종, 젠더의 역할을 중시하고, 소수민족이라는 문화적 고안물이 만들어내는 사회적 구조와 역사적 컨텍스트에 주목하기 시작했다. 그리고 근자에는 '인종'이라는 요인이 이민사가들에게 관심을 끌면서 '백인성'연구도 활발히 진행되고 있다.

이제 근자의 이민과 소수민족의식 연구의 진전과 관련하여 다음과 같은 전망을 제시하며 이글을 마치고자 한다. 첫째, 현재도 계속되고 있는 미국으로의 이주 물결과 이에 따른 미국 인구구성의 변화와 미국정체성문제의 중요성을 고려한다면 이민은 미국사 연구에서 계속 흥미를 유발할 것이다. 둘째로, 크레베코르적 신화는 미국의 자유와 민주주의를 향한 이상과 맞물려 계속 재생될 것이다. 대부분의 이민사가들은 크레베코르적 신화가 이민연구에 있어서 상당히 잘못된 안내자였다고 생각한다. 하지만 크레베코르 신화의 4번째 특성, 즉 '미국화'란 구세계로부터의 해방을 의미한다는 주장은 미국 정체성의 핵심인 자유와 민주주의에 대한 열망과 합해져 계속 힘을 지닐 것이다. 셋째로, 미국이민 역사에 대한 해석은 시대에 따라 변화하고 있으며, 계속 주변 학문으로부터 새로운 방법론을 도입하고, 새로운 증거를 찾아내는 가운데 새로운 요인과 해석을 추가할 것이다. 마지막으로 근자에 '인종'이 중요한 요인으로 이민사에서 주목 받고 있다. 하지만 '인종'은 계속 평등에 대한 '미국의 꿈'을 따라 다니며 미국사회로의 '동화' 가능성에 대하여 상당한 의심을 표명할 것이다.

제2부
이주민과 사회·문화적 갈등

제2부
이주민과 사회·문화적 갈등

1장
문화전쟁?

제1장 문화전쟁?

01 프랑스 : '히잡 사건'

박 단

1 | 냉전의 종식과 '새로운 이데올로기'의 출현

20세기 말 전 세계적으로 가장 의미 깊었던 한 사건을 꼽으라면 20세기 내내 지속되었던 냉전의 상징인 베를린 장벽의 붕괴를 드는 사람이 적지 않을 것이다. 베를린 장벽의 붕괴는 우리에게 수십 년간 엄청난 고통과 분열을 가져다 준 냉전이 그 시대적 의미를 다한 상징적 사건으로 기억된다. 한편 같은 해에 프랑스는 프랑스 혁명 200주년을 기념하는 행사를 성대하게 치렀다. 프랑스 혁명은 비단 프랑스뿐만 아니라 전 세계 국민에게 '자유 · 평등 · 박애'라는 이상을 가져다 준 '영광스런' 혁명으로 평가받고 있다. 두 사건 모두 세계사적 차원에서 충분히 기념할만한 사건이며 인류에게 끼친 영향 또한 막대하다 할 것이다.

그런데 역설적이게도 같은 해인 1989년, 프랑스의 한 조그마한 마을에서 이 두 기념비적인 사건이 의미하는 것과는 완전히 역행하는 사건이 일어났다. 이른바 히잡을 착용한 무슬림 여중생들의 퇴학 사건이었다. 이 퇴학 사건은 마치 서구문명과 이슬람문명 두 문명 간의 충돌이 베를린 장벽이 상징하는 냉전 이데올로기를 대치한 것 같으며, '자유 · 평등 · 박애'의 이상에 대한 성대한 기념은 무슬림에 대한 유럽인의 인종차별을 찬란하게 기념하는 것과 같은 착각에 빠지게 하였다.

이와 같이 프랑스 혁명 정신에 反하는 동시에, '새로운 이데올로기'의 대립을 불러일으키는 사건은 프랑스 내 '히잡 사건'으로 그치지 않았다. 프랑스 내에서만 하더라도 2005년 파리 교외에서 발생한 이민자 소요사태는 한 달 이상 지속됨으로써 전 세계인의 이목을 충분히 끌었다. 그뿐인가? 2001년 9 · 11테러 사건과 미국의 아프카니스탄 및 이라크 침공, 2004년 네덜란드 영화감독 테오 반 고흐 살해사건, 2005년 7월 7일 영국 런던 테러 사건, 독일에서의 무슬림 교사 히잡 착용사건, 덴마크 신문에서의 무함마드 풍자 만평 사건 등도 베를린 장벽 붕괴 이후 '새로운 이데올로기'의 출현을 '기념'하는 사건이라 할 수 있다. 2007년 7월 아프카니스탄에서 일어난 한국 선교봉사단의 납치 사건도 크게 보면 이와 같은 새로운 현상의 한 결과물일 뿐이다. 21세기에 더 이상 국지적인 종교 · 문화전쟁은 없는 것 같다. 지구촌 차원의 '문화전쟁'이 있을 뿐이다.

프랑스 공화국과 무슬림 이민자 사이에 벌어진 1989년 '히잡 사건'

은 이와 같은 문화전쟁의 상징적 사건이라고 할 수 있지만 그렇다고 냉전 이후에야 나타날 수 있었던 전혀 새로운 사건은 아니다. 이 '전쟁'은 프랑스 혁명 이래 지속되어 온 프랑스의 비종교적 전통을 이해함으로써만이 파악될 수 있다. 영국의 역사가 실버맨(M. Silverman)은 자신의 한 저서에서 '히잡 사건'에 대하여 다음과 같이 말함으로써, 사건의 중층적 의미를 극적으로 표현한다. "이 논쟁은 이 사건 이전에 있었던 사건들을 따라 읽지 않은 '외부인들'에게는 이해가 되지 않을 것이다. 그것은 또한 프랑스에서의 비종교적 전통에 대한 지식을 가지고 있지 않거나, 근대 프랑스 공화국의 발전에 대한 지식이 없는 사람들에게 이해가 되지 않을 것이다. 그들은 어떻게 단지 사람 머리에 쓰는 천 한 조각이 나라 전체를 장기간 흥분 상태로 빠져들게 할 수 있을까 의아해 할 것이다."[1) 결국, '드레퓌스 사건' 이래 국론을 최고로 분열시켰다는 이 사건에 대한 분석은 현재 유럽 사회에서 제기되는 문화전쟁에 관한 여러 가지 문제를 이해하는 좋은 도구가 될 것이다.

2 '프랑스-프랑스 전쟁'

우선 1989년 '히잡 사건'의 전말에 대하여 살펴보자. 프랑스가 화

1) M. Silverman, *Deconstructing the Nation : Immigration, Racism and Citizenship in Modern France*, London and N.Y. : Routeledge, 1992, p. 1.

려한 대혁명 기념식을 막 끝마쳤을 때인 1989년 10월에 세 명의 여중생이 수업시간에 자신의 이슬람식 스카프를 벗는 것을 거부했기 때문에 학교에서 쫓겨났다는 것이 언론을 통해 알려졌다. 그 후 몇 주 안에 이에 대한 논쟁은 폭발적으로 뜨거워졌다. 이러한 조치를 내린 학교 교장이 옳았는가, 아니면 틀렸는가? 정교분리원칙이라는 이름으로, 여성의 권익옹호라는 이름으로, 종교적 상징 부착을 거부한다는 이름으로, 새로운 형태의 전체주의인 이슬람 교조주의에 반대한다는 이름으로 무슬림 여학생들에게 히잡 착용을 금지해야 하는가? 아니면 반대로, 신앙의 자유, 의무교육의 준수, 또는 톨레랑스(tolérence)의 이름으로, 혹은 적어도 사회통합 방편의 일환으로 히잡 착용을 인정해야 하는가? 이들 양 진영은 상대편을 '인종차별주의자', '이슬람혐오주의자' 혹은 '이슬람주의의 신봉자', '여성의 적' 등으로 부르며 적대시하기까지 했다. 정치권, 노조, 혹은 여러 단체들뿐만 아니라 가정에서도, 혹은 카페, 그리고 학교에서도 이 문제에 대한 찬반 토론은 끊임없이 이어졌다. 논지의 성격상, 애초부터 사람들이 중립에 서게 될 가능성은 거의 없었으며, 결국 어느 한 편에 서는 것이 불가피하였다.

유럽통합을 운위하며, 근대적인 서구 민주국가의 대명사로 자처하는 프랑스에서 그것도 새 천년을 목전에 둔 20세기 말에 프랑스의 한 학교에서 히잡을 쓴 여학생 몇 명 때문에 이러한 '프랑스-프랑스 전쟁'이 전개되었다는 것이 얼마나 뜻밖인가? 이 '전쟁'의 배경을 이해하기 위해서 우리는 우선 이 학교와 이 학교에 다니는 학생들의 특성에 대하여 알아볼 필요가 있을 것이다. 구스타브 아베라고 불린 이

학교(Gustave- Havez de Creil)는 1960-70년대에 새로 생겨난 도시인 파리 북쪽 우아즈 도道의 크레유에 위치한다. 이 도시는 농촌으로부터의 이주민과 외국인 노동자들이 주로 정착하면서 급격하게 건설된 도시 가운데 하나이다. 1989년 개교한 이 학교에는 당시 900여 명의 학생이 재학 중이었는데, 한 가지 특이 사항은 이들 학생들이 25개의 서로 다른 국적을 보유한 자들이었다는 것이다. 이처럼 주류 프랑스인들보다 세계 각국에서 이주해 온 학생들로 구성된 학교는 다양한 문화, 특히 '종교·문화'의 충돌 장소로 부족함이 없어 보인다.

그러면, 이제 구체적으로 사건의 실태가 어떠하였는지, 당시 신문들의 보도를 뒤적이며 따라가 보자. 이 사건이 처음 알려지게 된 것은 1989년 10월 4일, 중도좌파 경향의 『리베라시옹(*Libération*)』에 실린 한 기사에 의해서였다. 이 신문은 이날 "히잡 착용이 크레유 중학교의 정교분리원칙과 충돌하다"라는 타이틀 하에, 세 명의 소녀가 이 학교에 더 이상 다닐 수 없게 되었으며, 그 이유는 이 여학생들이 교내에서 자신들의 히잡을 벗으려 하지 않았기 때문이라고 보도하였다. 교장과 교사들이 이 행위를 정교분리원칙에 대해 도저히 묵과할 수 없는 침해로 간주하여 비판하였다는 것이 주요 논점이었다. 13세, 14세가량의 모로코 출신의 자매들인 이 세 소녀의 퇴학은 『리베라시옹』 기사가 나간 이후 약 일주일간 거의 모든 전국지에서 다루어졌다. 이는 대규모로 이루어진 무슬림 이민에 대한 프랑스 일반인들의 최초의 '공식 반응'이라고 할 수 있겠다.

그러나 사건 발생 후 약 일주일이 지난 10월 10일, 크레유의 사건은 가족과 학교 당국 사이의 성공적인 협상으로 일단락되었다. 적어도 외관상으로는 모든 당사자들이 만족하는 듯 보이는 타협이었다. 세 명의 여중생들이 자신이 원하는 곳에서는 어디에서나 히잡을 쓸 수 있으며, 심지어는 운동장이나 학교 복도에서도 쓸 수 있다. 그렇지만 교실에서는 어깨 위에 히잡을 걸쳐놓아야 할 것이라는 것이 주된 내용이었다. 이렇게 해서 사건은 지역적인 사건으로 마무리되는 듯 했다. 그러나 사실상 이것은 사건의 시작일 뿐이었다.

3 | 반응, 파문

우선적으로 그 이유는, 프랑스의 언론들이 이 문제를 확대 재생산하기 시작하였기 때문이다. 이들 언론들은 프랑스의 다른 도시에서도 무슬림 여학생들이 수업시간 히잡 착용 때문에 퇴학당하였다는 것과 그들이 이 문제에 대해 거세게 항의하고 있다는 것을 보도하였다. 사건이 더 확대되기 시작한 것은 이제 주간지들이 심층적으로 이 사건을 다루기 시작하였기 때문이었다. '사건'은 더 이상 지역적인 현상으로 나타나지 않고 전국적 차원의 현상이 되었다. '히잡'이 프랑스 도처에서 휘날리게 되었다.

언론매체는 현지의 상황을 계속해서 따라잡았으며, 특히 학교에서 히잡 쓰는 것에 대하여, 그리고 한 걸음 더 나아가서는 이슬람이라는 종교에 대하여 말하기 시작하였으며, 사람들이 이 문제에 대하여 공개적으로 자신의 의견을 표명할 것을 촉구하기까지 하였다. 당연히 자신들이 당사자의 일부라고 자처할 수도 있는 이슬람계를 비롯한 종교계, 그리고 정치권 및 지식인들 가운데에서 다양한 반응이 쏟아져 나왔다. 이러한 영향으로 마침내 여중생들은 학교 당국과 도달했던 합의를 깨뜨렸다. 이들은 교실에서 히잡 벗는 것을 다시 거부하였고, 다시 한번 학교에서 퇴학당하였다.

그러면, 학교 당국과 합의했던 '공립학교(의 정신)를 함께 존중'한다는 텍스트를 이 여중생들이 번복하게 된 데에는 누구의 영향력이 가장 컸을까? 우선 우리는 종교계의 영향력을 언급하지 않을 수 없다. 가톨릭이나 이슬람교의 책임자들이 이 사건에 공개적 입장을 취함으로써 이 타협이 재론되었던 것이다. 가톨릭 쪽에서는 특히 추기경인 뤼스티제(Jean-Marie Lustiger)가 직접 '학교에서 종교의 지위를 재고려할 필요성'을 제기하였다. 이 발언은 19세기 말 이래의 정교분리원칙 문제에 대한 오랜 논쟁을 다시 불러일으켜, '세속화 진영'을 자극하기에 충분하였다. 이 '세속화 진영'의 적수인 교권주의敎權主義는 이슬람과 이슬람주의자들의 요구사항을 공화국 학교에서 종교를 재도입하기 위한 구실로 이용하려 하였다. 추기경은 히잡 착용을 일반화시키려고, "히잡을 쓰는 것은 외국인의 머리모양과 다를 것이 없다"고 강조하였으며, "아랍계 소녀들과의 전쟁"을 멈출 것을 요구하였다. 사실, 프랑스에서 정교분리원칙이 축소될 수 있도록 이슬람 측을 지원한 것은 가톨릭뿐만 아니라, 유대교 등 다른 종교들도 마찬가지였다.

이슬람의 입장은 통일된 목소리가 나오기 힘들었다. 우선 프랑스에서는 하나의 이슬람 당국이 존재하지 않는다는 사실에 유의할 필요가 있다. 일부 이슬람 지도자들은 학생들과 교장 사이에 결정된

합의를 파기하게 하기 위해서 학생들의 가정 쪽에 개입하였다. 그들의 입장은 '프랑스인으로서의 이슬람교도'의 위치에 서려는 파리 이슬람 사원 교구장의 입장보다 더 과격하였다. 즉, 교구장은 히잡 쓰는 것을 의무가 아니라 선택으로 하였는데 반하여, 이들 이슬람 지도자들은 히잡의 착용을 "절대적으로 필요한 절제된 행위" 로 규정하였던 것이다. 이들에 동조하는 600여 명의 지지자들이 히잡 착용에 찬성하는 대규모 시위를 파리에서 개최하였다. 이 시위는 명백히 교권주의적 성격을 띠었을 뿐만 아니라, 텔레비전의 화면에 나타난 이미지들은 오늘날의 이란을 상기시키기에 충분하였다. 시위대의 맨 앞에는 단순한 히잡이 아닌 온몸을 검은 천으로 휘감은 차도로와 흡사한 것을 쓴 여성들이 서있었기 때문이다.

파문은 확산되었다. 10월 20일부터 언론은 논의를 더욱 진전시켰다. 크레유는 점차 프랑스를 뒤흔든 문화전쟁의 상징이 되어갔다. 일선기자들이 다룬 '사소한' 국지적 사건이 3주만에, 전국지의 주요 논객이 코멘트하는 사회문제가 되었다는 것은 이제 이 논쟁이 좀처럼 사그라지지 않을 것이라는 것을 예고하는 것과 같았다. 언론은 단순히 히잡을 쓰는 문제에서 이제 이슬람의 '종교 · 문화'와 프랑스 '세속문화'의 핵심인 정교분리원칙에 관한 기사로 도배되었다.

이 사건의 초반부터 정치권은 대체로 침묵하였다. 단지 극우파들의 입장 표명만이 있을 뿐이었다. 이들의 입장은 대체로 명백하였다. 르펜(Jean-Marie Le Pen)의 민족전선(le Front National)은 단번에 "차도르에 반대한다"라는 담화를 채택하였다. 이 당의 대표자 가운데 한 사람인 메그레(Bruno Mégret)는 다음과 같이 자신의 입장을 표명하였다.

> "이슬람 문화가 다가온다. 프랑스 땅에 그것이 정착한 후에, 이슬람 문화는 이제 학교에서 '차도르'를 쓰는 것과 같은 상징적인 방법으로 정착된다. 다음과 같은 문제가 제기되어야만 할 것이다. 예컨대 프랑스는 자신의 원칙을 이민자에게 적용시켜야만 하는가 아니면 이민자가 그들의 풍습을 우리나라의 규칙에 적용시켜야 하는가? 당신은 우리의 답변을 예상하고 있다."

이러한 입장이 신우익(Nouvelle Droite)의 중심인물인 알랭 드 브누아(Alain de Benoist)에 와서는 매우 역설적인 표현으로 바뀐다. 그는 이 '사건'에 정교분리원칙이 잘못 적용되었음을 지적하며, 세 여중생이 자신들의 '문화적 차이'를 드러낼 권리가 있음을 강조하였다.[2] 이는 마치 무슬림의 입장을 지지한 것으로 보이나 실상은 문화적 차이를 극대화시키려는 '새로운 인종주의'(new racism)의 기본입장을 재확인한 것에 지나지 않는다.

정치지도자들은 프랑스인들이 일반적으로 외국인 혐오와 인종주의에 철저하게 반대하는 입장에 있지 않으며, 히잡이 일부 유권자들에게 프랑스의 '세속문화'에 대한 저항의 상징으로 보인다는 것을 알고 있다. '이민문제'에 대한 캠페인을 이끌면서 선거구에서의 승리를 이뤄낸 민족전선의 성장 때문에 정치인들이 이 사건에 대하여 다소 신중해지는 것도 이러한 이유에서 일 것이다. 사실 프랑스 사람들에게 히잡을 용인하는 것은 무슬림들에게 시민권을 부여하는 것이 아닌가라는 의구심을 갖게 하였으며, 여러 지역에서 있었던 이슬람 사

---

2) *Le Monde* du 27 Octobre 1989.

원 건설에 반대하는 시위는 일부 사람들에게 시내에 이슬람이 정착하는 것에 대한 두려움이 존재한다는 것을 보여준다고 하겠다.

첫 몇 주 동안, 전국의 신문들이 이 사건에 상당한 중요성을 부여하였고, 또 여론에서도 뜨거운 주제였지만, 대부분의 정치 지도자들이 침묵 혹은 모호한 입장을 보인 것은 이러한 맥락에서 이해될 수 있을 것이다. 교육부 장관인 리오넬 조스팽(Lionel Jospin)도 이 사건에 대하여 처음에는 명확한 입장 표명을 유보했다. 정부와 마찬가지로 대다수의 단체장들도 공개적으로 자신의 입장을 취하지 않았다. 그 후 시간이 지남에 따라 점차 이 주제에 일부 정치지도자들이 의사를 표시하기 시작했다. 그러나 이들은 자신이 속한 조직 내에서 격렬한 반향의 위험이 있기 때문인지 단지 개인 자격으로 의사를 표명하였을 뿐이다. 정치, 노조 지도자 모두 히잡 착용을 비난하였다. 그러나 이들 지도자 가운데 어느 누구도 학생들이 히잡 벗는 것을 거부했을 때 취할 조치에 대하여 명백한 의견을 표명하지는 않았다.

결국 몇몇 하원의원들이 교육부 장관인 조스팽을 소환하기에 이르렀다. 학교장이 어떤 새로운 문제에 대해 취할 행동노선은 교육부 장관이 결정하게 되어 있었다. 마침내 조스팽은 히잡 착용을 고집하는 소녀들을 퇴학시킬 수 없다고 공표하였다. "학교는 학생을 퇴학시킬 수 없다. 왜냐하면 학교는 학생들을 받아들이기 위해 만들어졌기 때문이다."라는 장관의 선언은 의회에서 격론을 불러일으키기에 충분하였다. 교원노조연맹(FEN)은 강력하게 장관의 입장을 비난하였고, 사회당 내에서 논의가 격렬해져 당원들끼리 같은 보조를 취하는 전통적 흐름이 깨졌다. 야당도 단합된 모습을 보여주지 못하는 것은 마찬가지였다. 정부는 내부 갈등에 휩싸였다. 원내총무는 공개적으로 교육부 장관과의 불협화음을 표출하였으며, 총리는 "다종교학교는 더 이상 세속학교가 아니다"라고 확언하였다. 여론도 약 83%가 학생들의 히잡 착용에 반대하고 있었다.

이러한 교육부 장관의 입장은 마침내 지식인들의 집단적 입장 표명을 불러일으켰다. 『누벨옵(*Le Nouvel Observateur*)』 1989년 11월 2일자는 "교사들이여, 항복하지 마시오"라는 타이틀 하에, 다섯 명의 철학자[3]가 서명한 공개편지를 발표했다. 교육부 장관이 국민의 대표 앞에서 취한 입장에 대한 대응으로 교육부 장관에게 전달된 이 편지는 교육자들이 불복하라는 호소였다. 즉, '선생들은 굴복해서는 안 된다. 선생들은 수업시간에 히잡 쓰는 것을 허용해서는 안 된다'는 것이 주된 내용이었다. 기사에는 다음과 같은 내용이 추가되었다. "프랑스 혁명 200주년인 올해, 프랑스 학교에서 '뮌헨협약'이 이루어졌음이 후세에 기록될 것이다…" 학교에서 히잡 착용을 허용하는 것은 서구 민주주의 세력의 외교적 후퇴와 동일시되었다. 1938년 주데텐란트의 침공 당시 히틀러의 요구에 대한 영국, 프랑스의 굴욕적 타협을 상기시킨 것이다. 공개편지에 서명한 사람들의 눈에는, 쥘 페리(Jule Ferry)와 에밀 졸라(Emile Zola)가 만든 공화국 프랑스 정부가 원칙적으로 공화국 자체의 생존에 위험한, 차마 받아들일 수 없는 양보를 한 것으로 보였다. "프랑스 민주주의의 특징은 공화국이라는 이름이다. …

3) 엘리자베스 바댕테르(Elisabeth Badinter), 레지 드브레(Régis Debray), 알랭 팽킬크로트(Alain Finkielkraut), 엘리자베스 드퐁트네(Elisabeth de Fontenay), 카트린 킨츨러(Catherine Kintzler) 등이다.

공화국의 기초는 학교다. 그러므로 학교의 붕괴는 공화국의 붕괴로 치달을 것이다."

이러한 논지에 반대의사를 표명한 지식인은 상대적으로 소수였다. 프랑스의 유명한 철학자이자 작가인 베르나르 앙리-레비(Bernard Henri-Lévy)는 이슬람의 억압적인 포용으로부터 세 여중생을 해방시키는 가장 좋은 방법은 이들을 학교에서 퇴학시키는 것이 아니라, 정반대로 학교에서 상당한 양의 라블레와 볼테르의 작품을 읽게 하는 것이라고 주장하였다. "만일 그렇게 되지 않으면, 이들은 게토 속에 함몰되어 버릴 것이다."[4] 그러나 이러한 외침은 정교분리의 엄격한 적용을 주장하는 '세속진영'에 속한 대다수 사람들에게는 돌아오지 않는 메아리일 뿐이었다.

이러한 분위기 하에서, 교육부장관은 최고행정재판소(Conseil d'Etat)의 판단에 호소할 수밖에 없었다. 최고행정재판소는 교육부 장관이 옳다고 인정하였다.(1989년 11월 27일의 판결) 학생이 '종교적 상징'을 부착했다고, 그것만으로 퇴학에 이르게 할 수 없다는 것이 논지였다. '히잡'이라는 용어가 판결에 인용되지는 않았지만, 모든 사람들은 그것이 무엇을 뜻하는지 알고 있었다. 이제 학교 내에서 이런 형태의 사건은 해결된 것처럼 보였다. 그러나 사건은 쉽게 사그라지지 않았다.

---

4) *L'Evénement du Jeudi*, 9-15 Novembre 1989.

4 | 끝나지 않은 '종말'

우선 제기될 수 있는 문제가 교육부가 최고행정재판소에 요청한 '공립학교에서 특정 종교의 상징물을 착용하는 것과 정교분리원칙이 병행'할 수 있는 지에 관한 해석이었다. 프랑스 최고행정재판소는 그에 대해 "학생에게 인정되는 자유에는, 타인의 자유와 다원주의를 존중한다는 가정 하에서, 학교 내에서 자신의 종교를 드러내고 표현할 권리가 포함된다. 단, 그것이 교과목 내에서의 교육활동과 출석의 의무를 침해하지 않는 한도 내에서 이루어져야 한다."라는 의견을 표출하였다. 한편 최고행정재판소는 이에 더하여 "압력이나 선동, 선전"의 모든 행위와 "다른 학생들의 자유와 존엄성을 침해하는" 모든 행위는 금지되어야 한다는 말을 잊지 않고 적시하였다. 이는 학교 내에서 히잡을 착용함으로써 이슬람이라는 종교를 선전할 목적이 있는 학생에 한 해 학교장의 판단으로 퇴학시킬 수 있다고 해석되었다. 그러나 이러한 해석은 즉각적인 반발을 불러왔다. 우파 잡지인 『르 피가로 마가진』은 "자기 신앙의 상징을 공개적으로 드러내면서 어떻게 우리가 선동적이지 않을 수 있는가? 나는 교육부 장관에게 이 문제를 바칼로레아(프랑스 대학입시) 주제에 포함시킬 것을 제안한다"라는 루이 포웰(Louis Pauwels, 신우익의 대표자)의 칼럼을 실었다. 물론 이에 대한 반론도 만만치 않았다. 개신교 목사인 우지오(Alain Houziaux)는 히잡을 쓰는 행위 자체가 다른 학생들에게 히잡을 쓰라는 선동 행위로 해석될 수는 없으며, 쓰지 않고 있는 학생들도 자기 신앙에 따라 쓰지 않는 것이고, 국가는 히잡을 쓰는 학생과 마찬가지로 쓰지 않는 학생들의 자유도 존중해주면 된다고 주장하였다. 이러한 현실에서 '선동'에 대한 해석은 학교장에 따라 그 판단이 달라질 수밖에 없었다. '분리될 수 없는 공화국'에서 다양한 판단을 불러일으킬 수 있는 이러한 해석은 많은 이들의 비판의 대상이 되었다. 결국, 하나의 공화국에서 동일한 '사건'에 동일한 적용이 가능한 법이 있어야 될 것으로 사람들은 판단하였고, 마침내 2003년 12월 자크 시라크(Jacques Chirac) 대통령이 이러한 모호함을 줄이기 위해 하나의 법안이 필요하다는 데에 동의하게 되었다. 공화국에 관한 문제는 "타협의 대상이 될 수 없다"는 것이 대통령의 판단이었다.

2003년 7월 3일 대통령은 베르나르 스타지(Bernard Stasi)를 위원장으로 하는 '정교분리문제 위원회'를 설치하였다. 대통령이 창설한 이 위원회는 대통령이 바라는 대로 "다양성 특히 종교적 다양성을 인정하면서 공화국의 중립성과 국민통합을 조정하기 위한" 논단을 조직할 책임을 맡고 있었다. 대통령은 "증가하는 공동체주의 문제로", 정교분리원칙이 "학교나 공공기관에서 점차 새로운 어려움에 부딪치고 있다"고 판단하였다. "프랑스에서는 공화국의 법보다 우월한 규정은 없다. 예를 들어, 어느 인종, 종교에 속해있다는 주장이 정치적 행위가 되는 것은 받아들여질 수 없다"고 본다. 대통령은 어떤 주제가 공화국의 대원칙, 그리고 국민통합과 관련된 문제를 건드리게 될 때, 이 주제에 귀를 기울일 수밖에 없는 것이다. 학교에서의 '종교적 상징'의 표시 문제에 대해 이 상징 부착을 금지하도록 법을 제정해야 하는가? 혹은 그렇게 할 필요가 없는가? 에 대한 문제, 또는 1905년 정교분리법의 수정에 대한 다양한 입장의 표출에 대해 시라크 대통령은 자신이 조직한 스타지 위원회가 그것을 해결해주기를 원하였다. 대통령은 이 위원회가 여러 제안들 가운데 가장 포괄적인 방안을 찾도록 하였다. 그 해 12월 프랑스 공화국 대통령은 마침내 '종교적 상징물을 학교 내에서 드러내놓는 것을 금지'하는 법안 작성을 지지하였으며, 2004년 2월 프랑스 하원, 2004년 3월 프랑스 상원에서 각각 이 법안이 여야의원들의 거의 대다수 찬성으로 채택되었다. 이는 10여년 이래 계속되어온 프랑스 내 무슬림 여학생들의 히잡 착용 문제에 대한 논란을 일단락 짓는 것이다. 여론 대다수의 지지를 받고 있는 프랑스 정부의 이와 같은 조치를 우리는 어떻게 해석할 수 있는가?

5 | 정교분리원칙의 고수인가 이슬람혐오주의의 강화인가?

이 조치의 가장 유력한 근거로 떠오른 것은 '프랑스 공화국의 정교분리원칙' 고수이다. 정교분리원칙의 이름으로 히잡 착용을 금지시켜야 한다는 논리에 찬성하던 혹은 반대하던 이 주제와 관련된 논조의 사설, 기고문, 관련 지식인들의 글들이 갑작스레 홍수처럼 쏟아졌다. 이 주제에 대한 찬반 논의는 기존의 논쟁들과는 그 성격이 달랐다. 일반적인 경우, 우파와 좌파의 대결이거나 기독교와 이슬람 사이의 대립이 보편적이었지만, 이 경우에는 우파 내에서 혹은 좌파 내에서, 그리고 무슬림들 사이에서, 혹은 가톨릭 신자 사이에서, 심지어는 비종교적인 사람들 내에서조차 상당한 의견 불일치가 있었던 것이다. 즉, 전통적인 정파나, 노조, 철학적 분파 사이의 연대가 파괴되었다는 것이 이 사건의 커다란 특징 가운데 하나이다. 이러한 모순은 계급이나 정당 혹은 어떤 다른 제휴도 존중되지 않는 프랑스 공화국이라는 심오한 이데올로기적 맥락 내에서만 이해될 수 있다.

이 사건과 정교분리원칙과의 연관성의 의미를 정확하게 파악하기 위해서는 1789년 프랑스 혁명 당시의 비기독교화 운동에서부터 19세기말 프랑스의 반교권주의 운동 그리고 1905년 법에 의한 정교분리원칙의 확립에 대한 이해가 필요하다. 이 사건이 프랑스에서 1989년 이래로 상당한 격론을 불러일으킨 이유가 교실에서 히잡을 쓰는 것이 프랑스의 오랜 공화국 전통인 정교분리원칙을 위반했기 때문이라는 것이다.

그러나 이는 또 다른 시각에서 볼 필요가 있다. 사실 비종교적인 프랑스의 공립학교는 그동안 가톨릭 혹은 유대 학생들의 '밖으로 드러나는 표시'인 커다란 십자가나 키파(kippa) 착용을 그 동안 별 문제삼지 않았었다. 그렇다면, 왜 무슬림 여성의 상징인 히잡만 문제시하는가? 이는 오늘날 프랑스 거주 무슬림들의 수가 500만 명을 넘어서는 데 따른 불안의 표시인가? 혹은 이들 무슬림들이 프랑스의 과거 식민지였던 북아프리카 출신인데서 오는 민족차별 혹은 인종차별에 기인하는가? 주지하다시피, 1980년대는 2차 세계대전 이후 급작스럽게 늘어난 무슬림 이민 2세대의 출현에 중요한 시기이다. 노동을 위한 일시적 체류가 아니라 이제 항구적 이민으로 정착하게 된 북아프리카계 이민이 마침내 자신들의 제2세대를 보게 된 것이다. 이들은 프랑스인들에게 "교조주의적 이슬람교도, 비행청소년 배제, 두 문화 사이의 불안정한 균형으로 가장 통합되지 못한 사람"으로 흔히 인식되어 왔으며, 도시 근교에서 '폭력과 마약'을 일삼으며, '게토화, 히잡, 켈칼 사건' 등을 상징하는 집단이 되었다.

이와 같은 프랑스인들의 인식은 1989년 이 종교적 상징이 세속학교 내부에 '침투'하자마자 폭발하였다. 무슬림 소녀들이 프랑스 공화국의 비종교적 정체성을 고도로 상징하는 장소를 모독했다는 느낌을 받은 것이다. 정말 종교적 인종적 특성을 추방하고 단일성을 추구하는 정교분리원칙에 입각한 프랑스 공화국 정신이 이 '사건'으로 모독을 당한 것인가? '모독을 당했다'는 느낌은 오히려 최근 점증하는 이슬람혐오주의의 또 다른 표현은 아닌가? 즉 이와 같은 프랑스인들의 생각은 궁극적으로 프랑스 공화국이 유약해졌다는 표시로 볼 수는 없는가?

결국, 무슬림 여학생들의 히잡 착용을 허용했다고 해서 학교의 정교분리원칙이 비난받게 된다면, 이것은 오히려 학교의 위기이자 더 나아가 프랑스 공화국이 위기에 처해 있다고 볼 수도 있는 것이다. 당시 영부인領夫人이자 '자유 프랑스'(France Liberté)의 대표였던 다니엘 미테랑(Danielle Mitterrand)은 10월 23일 히잡을 쓴 소녀들의 퇴학조치에 반대하면서 공화국이 더 넓은 의미의 '세속화' 정책을 채택하도록 권고하고 있다. "만일 프랑스 혁명 200년 후 정교분리원칙이 프랑스에서 모든 종교, 모든 표현을 받아들일 수 없다면, 그것은 공화국의 퇴보를 가져올 것이며... 히잡이 비록 어느 한 종교의 상징이라고 하더라도, 우리는 그것이 무엇이든 그 전통을 인정해야만 한다." 1989

년 히잡을 둘러싼 스캔들로 인하여 공화국 학교는 마치 이슬람의 '침투'에 대해 국민의 통합기구로서 유효한지 시험대 위에 올려진 것만 같다. 이 시험은 1989년의 사건으로 끝나지 않는다. 1994년, 2003-2004년 그 내용을 달리하며 지속되었고, 지금도 여전히 계속되고 있다. 그러나 전망은 밝지 않다. 히잡 사건 이후, 공화국 정부는 학교에서 정교분리원칙을 수호하는 데 더 확고한 태도를 보이고 있다. 2004년 3월 15일의 법, '종교적 상징 착용금지법'이 그 좋은 예이다.

6 | 맺음말 : 이민자 통합정책

학교 내에서 히잡 착용을 금지한 2004년 3월 15일의 법은 프랑스 혁명 이래 프랑스가 전통적 가치로 지켜온 공화국 정신을 확고히 하려는 시도로 보인다. 그럼에도 불구하고 그에 대한 새로운 도전이 없는 것은 아니다. 프랑스는 지금도 '분리될 수 없는' 공화국을 추구하지만 이미 다양한 문화권을 배경으로 하는 이민의 생성은 세계적 추세로 자리 잡고 있으며, 이들과 함께 살아야 한다는 명제는 명백하다. 단지 그들과 '다르게 함께 살 것'인가 아니면 그들을 커다란 마찰 없이 기존 주류 사회로 동화시킬 것인가의 문제만 남아 있을 뿐이다.

프랑스에는 현재 기존 동화주의적 통합모델에 도전하는 여러 흐름이 존재한다. 예를 들면, 1990년대 사회당 정부가 집권했을 때 제기되었던 이민자에 대한 '반차별' 투쟁이나 '다를 권리'에 대한 주장이 그것이다. 이는 이민자들의 문화적 특수성이 프랑스 사회에서 진정으로 받아들여져야 한다는 흐름이다. 다른 한편으로는 니콜라 사르코지(Nicolas Sarkozy) 현 대통령이 과거 내무부장관 때 추진했던 정책들을 예로 들 수 있다. 이 정책들은 사람들에게 미국식 다문화주의를 채택하려는 것으로 보여 많은 논란을 불러일으켰다. 그는 프랑스의 무슬림들을 위해 국가 혹은 지방자치단체가 모스크 건설을 지원하고, 이슬람 성직자 양성을 위해 이슬람 신학교 설립을 재정 지원하자는 주장을 하였다. 이는 1905년 정교분리법 제2조[5]의 개정이 필요한 사항인데, 그는 법의 수정을 통해서라도 이러한 지원이 필요하다고 강조한 바 있다. 또 다른 예로, 사르코지는 내무부 장관이었던 2004년 1월 알제리계 교수인 아이사 데르무슈(Aïssa Dermouche)를 쥐라도道의 도지사에 임명하였다. 이는 미국식 '소수세력 우대정책'을 과감히 시행한 것이다.

이러한 정책들은 프랑스가 '문화전쟁'을 종식시키기 위해 그동안 고수해 온 이민자 정책과 배치될 수 있는 것들이다. '소수'의 정체성을 인정하고, '다를 권리'를 존중하는 것은 다문화주의 정책의 일환으로써 프랑스가 그 동안 비판해 온 학교 내 히잡 착용까지 용인하는 것으로 해석될 수 있기 때문이다. 그렇지만, 일부학자들은 이러한 생각이 반영된 정책들을 프랑스의 이민자 통합정책으로 제시하고 있기도 하다. 즉, 이민자를 구舊이민과 신규이민으로 구분하여, 이미 정착해 있는 구이민자들은 반차별정책을 통하여, 그리고 신규이민자

5) "공화국은 어떠한 종교도 인정하지 않고, 재정지원하지 않는다."

들은 이민자 개인이 통합에 책임이 있다는 '시민개인통합방식'(Civic Integration) 즉, 일종의 동화주의 모델을 통하여 이민자를 통합시킬 것을 주장한다. 이러한 이분된 정책은 이미 다른 유럽 국가들에서도 실시되고 있거나, 실시하려는 움직임을 보이고 있다. 한 국가가 엄격한 의미에서의 동화주의 정책 혹은 다문화주의 정책만을 취하는 것은 가능하지도 않고, 그것이 바람직하지도 않기 때문이다.

이와 같은 '문화전쟁'과 그러한 문제를 해결하기 위한 이민자 통합에 대한 논의가 한국에서는 '강 건너 불'과 같은 일일까? 2007년도 기준으로 이미 해외 이주자가 100만을 넘어선 한국도 '히잡 사건' '2005년 프랑스 이민자 소요사태' 등과 전혀 무관할 수는 없다. 위에서 살펴본 바와 같이 동화주의 정책도 다문화주의 정책도 한 국가의 주요 정책으로 고수되는 것은 더 이상 의미가 없어 보임에도 우리는 현재 다문화사회, 다문화주의를 강조하는 데 여념이 없어 보인다. 새로운 이민자와 '어떻게 함께 살 것인가'는 그 나라의 역사와 전통을 고려하여 꾸준히 논의되고 고민해야 할 중요한 과제이다. 인종차별에 반대하고 새로운 이민자와 더불어 사는 좋은 방도를 찾는 것은 100년 이상의 이민 역사를 갖고 있는 프랑스에게나 상대적으로 짧은 이민의 역사를 갖고 있는 한국에게 힘겹기는 마찬가지일 것이다.

02 영국 : '루시디 사건'

정희라

1 | 머리말

신도들은 무법자 노릇을 하며 살아갔지만 그 시절에도 마훈드는 — 아니, 대천사 지브릴이라고 해야 할까? — 율법에 집착하고 있었다. 오아시스의 야자 숲에서 예언자 앞에 나타난 지브릴은 별의별 규정, 규정, 규정을 폭포처럼 쏟아냈고, 그래서 신도들은 계시라는 말만 들어도 소름이 끼칠 정도였는데, 별의별 시납싫은 일에도 규징이 따라다녔으며, 가령 방귀를 뀐 사람은 반드시 바람을 향해 얼굴을 돌려야 했고, 뒤를 닦을 때는 어느 쪽 손을 사용해야 한다는 규정까지 정해졌다. ... 돌이켜 보건데 마훈드는 원래 장사꾼이었으며 게다가 아주

> 유능한 장사꾼이어서 조직이나 규정 따위에는 통달한 사람이었고, 따라서 그에게는 이렇게 장사꾼 같은 대천사를 내세워 육체는 없을지언정 대단히 조직적인 신의 경영 방침을 전달하게 하는 것이 지극히 편리한 일이었기 때문이다.[1)]

위의 글은 살만 루시디(Salman Rushdie)[2)]의 소설, 『악마의 시(*The Satanic Verses*)』 중 이슬람교와 무함마드를 모독했다고 언급되는 한 구절이다. 무슬림들에게 신성의 대상인 무함마드가 이 소설에서는 예언자가 된 장사꾼 마훈드 (Mahound)[3)]라는 인물로 등장하고, 그의 열두 아내가 창부에 비유된다. 1988년 출판되었던 이 책은 기독교 국가에서 일어난 이슬람교에 대한 신성모독 사건으로 떠오르면서 영국과 전 세계를 시끄럽게 하였다.

사실 이 책에서 신성모독에 해당하는 구절을 찾아내는 것이 쉬운

---

1) 루시디 저, 김진준 역, 『악마의 시』 (문학세계사, 2001), 하권, pp. 111-112. 선과 악을 주제로 하고 있는 이 소설은 인기 영화배우 지브릴 파리슈타(Gibreel Farishta)와 성우인 살라딘 참차(Saladin Chamcha)가 비행기 사고로 추락하면서 각각 천사와 악마의 모습으로 변모해 지상으로 내려오면서 시작된다.

2) Salman Rushdie(1947 -). 인도 뭄바이에서 태어나 독실한 무슬림 부모 밑에서 성장하였다. 그는 영국 럭비스쿨을 거쳐 케임브리지 대학에서 역사학을 공부하였다. 루시디는 1981년 소설 『한밤의 아이들(Midnight's Children)』로 영어권에서 권위 있는 문학상인 부커상(Booker Prize)을 수상하여 『악마의 시』를 출판할 때는 이미 유명한 문학가로 알려져 있었다. 그는 이 책을 쓸 당시에는 이슬람교로부터 멀어져 있었다고 밝혔다. 그러나 1991년 한 인터뷰에서는 자신은 무슬림으로서의 정체성을 찾았다라고 말했다.

3) '마훈드(Mahound)'는 중세 유럽인들이 '무함마드(Muhammad)'를 잘못 표기하여 생긴 말로, 무함마드를 모욕적으로 부를 때 사용되었던 이름이었다. 스코틀랜드에서는 '마훈드'가 악마라는 뜻으로 사용되기도 한다.

작업이 아닐 정도로 비이슬람 교도의 시각에서 보자면 종교적 비하는 경미하다고도 할 수 있다. 자유주의적 전통이 강한 영국에서, 그것도 소설이라는 허구의 장르에서 이 정도의 종교적 풍자는 충분히 허용될 수 있다. 그러나 문제는 대상이 된 종교가 이슬람교라는데 있었다. 1979년 이란혁명 이후 이슬람 근본주의가 강화되면서 전 세계적으로 '이슬람 공동체(*Umma*)'의 단결이 촉구되는 상황이었다. 그리고 영국 사회에서 정체성의 혼란을 겪던 무슬림 이민자 2세대들은 바로 이슬람 근본주의에서 자신들의 정체성을 찾고자 하고 있었다. 루시디 사건은 이러한 시대적 배경 속에서 나타난 극단적인 문화적 갈등이었다.

루시디 사건은 영국에서의 '문화전쟁'[4)]을 알리는 신호탄이었다. 루시디 사건 이후 영국은 걸프 전쟁, 아프가니스탄 전쟁, 이라크 전쟁 등 미국의 대외전쟁에서 미국의 우방국을 자처하면서, 영국 사회에서 무슬림 이민자들은 고립되어 갔다. 특히 9·11 사건과 런던 테러는 '무슬림 = 테러리스트'라는 공식을 만들어 냄으로써 영국 사회에서 무슬림에 대한 혐오는 급격히 증가하였다. 다문화주의를 표방하며 타문화, 타종교에 대해 관용적인 입장을 취해오던 영국에서 무슬림 여성들의 히잡 착용이 문제가 되기 시작하였고, 정부의 무슬림 학교 지원에 대한 반대 여론이 들끓고 있다. 무슬림에 대한 경계와 이슬람 문화에 대한 거부감이 고조되면서 이슬람은 새로운 영국의 정치적, 사회적 문제의 키워드로 등장하였다. 본고는 이러한 영국 사회와 무

4) '문화전쟁(cultural war)'은 문화 및 종교적 차이로 인한 갈등을 극단적으로 표현하는 말로 학계와 언론에서 쓰이고 있다.

슬림 이민자와의 갈등을 구체적으로 살펴보고, 그 원인을 분석해 보고자 한다.

루시디 사건을 계기로 영국에서 무슬림 이민자들이 사회적 갈등과 통합의 주요 대상으로 주목 받기 시작하였고, 연구 대상으로서도 본격적으로 다루어지기 시작하였다. 무슬림 이민자라는 집단은 이슬람교라는 종교로 어우러진 집단으로써 다양한 민족적, 문화적 배경을 가진 이들로 구성되어 있다. 따라서 이들의 다양성을 무시하고 무슬림 이민자라는 이름 하에서 일반화된 연구를 진행하는 것은 위험하다는 지적이 학계에서 보편적으로 받아들여졌다. 이러한 맥락에서 영국의 무슬림 이민자 연구는 주로 '에스니시티(ethnicity)'[5]에 관심을 기울인 인류학자들에 의해 무슬림 각 공동체에 대한 개별 연구로 진행되었다. 필립 루이스(Philip Lewis)의 브래드포드(Bradford) 무슬림 공동체 연구는 남아시아 출신의 무슬림 이민자들이 출신 지역과 이슬람 분파에 따라 다양한 종교 활동 및 생활 방식을 고수하고 있음을 보여주었다.[6] 쇼(Alison Shaw)와 할리데이(Fred Halliday)는 옥스퍼드 파

5) '에스니시티(ethnicity)'는 부족(tribe)을 의미하는 그리스어 'ethnikos'에서 유래하였다. 제 2차 세계대전 이후 서구의 학자들이 부족이나 인종(race)라는 개념이 왜곡과 차별의 의미를 담고 있다는 반성에서 같은 문화적, 언어적, 유전적 배경을 가진 사람들 그룹의 특성이라는 광범위한 의미를 담고 있는 '에스니시티'라는 용어를 사용하게 되었다. 국내에서 '에스니시티'는 '종족성' 또는 '민족성'으로 번역되어 사용되기도 하지만, 전자의 경우는 생물학적 의미를 내포하는 인종의 의미로만 전달될 수 있고, 후자의 경우 민족(nation)의 의미로 이해될 소지가 있어 현재 한국 인류학계에서는 '에스니시티'라는 영어식 발음을 그대로 사용하여 원래 단어를 사용한 취지를 살리고 있다. 본 연구에서도 그런 차원에서 '에스니시티'를 영어식 발음 그대로 사용한다.

6) P. Lewis, *Islamic Britain: Religion, Politics and Identity among British Muslim*

키스탄 공동체와 예멘 공동체에 대한 연구를 하였다.[7] 이러한 연구들은 무슬림 이민자들의 종교적 정체성보다는 에스닉 정체성이 중요한 것으로 간주하고 있다.[8]

그러나 개별 공동체의 에스니시티에 초점을 두는 연구 방식은 현재 영국의 무슬림 이민자 문제를 이해하는데 큰 도움을 주지 못하고 있다. 특히 루시디 사건 이후 영국의 무슬림 이민자들이 자신들의 민족이나 출신 국가의 정체성 보다는 종교적 정체성을 중요하게 생각하고 있다는 점을 고려한다면, 무슬림 이민자들을 하나의 집단으로 다루며 그들의 이슬람 정체성을 이해해야 한다. 이러한 점에서 최근에 나온 안사리(H. Ansari)의 연구는 높이 평가할 만하다.[9] 그는 이슬람 정체성을 중시하며, 영국 무슬림 이민자의 긴 역사를 정착과정에서부터 무슬림 공동체 형성을 위한 투쟁 과정, 현재 영국 사회와

(London: Hurst & Co., 1994).

7) A. Shaw, *A Pakistani Community in Britain* (Oxford: Blackwell, 1988); A. Shaw, "The Pakistani Community in Oxford," in *Desh Pardesh: the South Asian Presence in Britain*, ed. R. Ballard (London: C. Hurst & Co., 1994); F. Halliday, *Arabs in Exile: Yemeni Migrants in Urban Britain* (London: Tauris, 1992).

8) 할리데이(F. Halliday)는 "이슬람이라는 것은 정치적, 사회적 정체성이다. 무슬림 사회나 그 공동체 내에서는 에스니시티가 종교적 정체성보다 더 중요하다"고 보았다. F. Hallyday, "'Islamophobia' Reconsidered", *Ethnic and Racial Studies*, vol. 22(1999), p.896. 반면 모두드(T. Modood)는 무슬림 이민자의 종교적 정체성은 그 어떠한 정체성보다 우위에 있다고 주장하였다. T. Modood, *Muslim Identity: Real or Imagined? A disscussion by John Rex and Tariq Modood*, CSIC Papers, no. 12 (Birmingham: CSIC, 1994). 영국의 인도계 이민자에 대한 국내연구로 정영주, 「인도계 영국인들의 재산 증식 전략: 1960년대와 1970년대의 주택 투자를 중심으로」, 『영국연구』, 16호 (2006), pp. 167-198.

9) H. Ansari, *The Infidel Within; Muslims in Britain since 1800* (London: Hurst & Co., 2004).

의 갈등, 무슬림 여성 문제 등 다양한 주제별로 서술하였다.

본 연구는 영국 무슬림 이민자들의 종교적 정체성에 주목하고, 그들의 이슬람 정체성 형성 과정을 역사적으로 고찰한다. 무슬림 이민자들의 초기 이민시기부터 루시디 사건까지 그들의 종교적 정체성이 어떻게 발전하였는지를 살펴본다. 그리고 무슬림 이민자들의 종교적 정체성 강화에 대한 영국 사회의 반발로 생긴 문화전쟁의 양상을 살펴본다. 마지막으로, 본 연구는 무슬림 이민자 문제가 영국 사회에서 계속 문제가 되고 있는 원인을 분석해 보고, 그 해결방안을 모색해 본다.

2 | 영국 무슬림 공동체의 형성

현재 영국에는 150만 명이 넘는 무슬림들이 있으며 1,500여개의 모스크가 있다.[10] 영국 무슬림의 80 퍼센트 정도가 파키스탄, 방글라데시, 인도 출신이다. 아랍계 무슬림 이민자들이 집단적인 공동체를 형성하지 않고 거주하는 반면, 영국 무슬림의 절대다수를 차지하고 있는 남아시아계 출신들은 런던, 버밍엄, 브래드포드 등지에서 강한 친족 공동체 혹은 출신지역 별 공동체를 형성하며 살고 있다. 일례로

10) 2001년 센서스에 따르면 영국에는 1,588,890명의 무슬림이 있는 것으로 조사되었다. 그러나 조사 되지 않은 인구와 난민의 수를 고려한다면 영국 무슬림 인구는 2백만에 이를 것으로 추정되고 있다. 영국에 있는 모스크에 대해서는 www.muslimsinbritain.org 참조.

방글라데시 출신자의 절반 정도(53%)가 런던에 거주하고 있고, 그 중 43 퍼센트가 런던의 32개의 자치구(borough) 중 단 하나의 자치구인 타워 햄리츠(Tower Hamlets)에서 살고 있다.[11]

〈표 1〉 영국 무슬림 이민자의 출신 국가

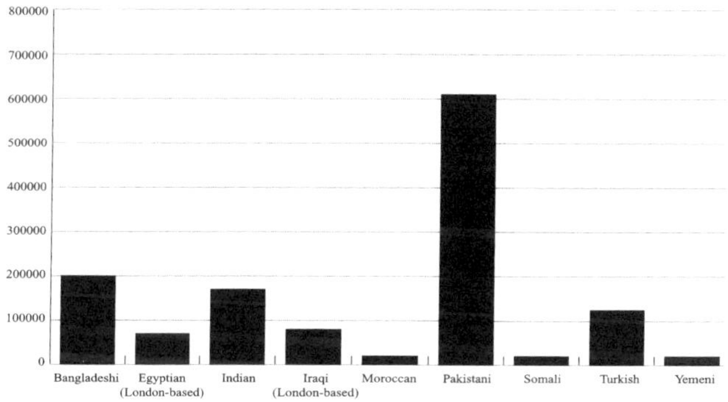

출처: Ansari, The Infidel Within (2004), p.168.

2001년 센서스에 따르면 영국의 무슬림들은 종교집단 중 가장 낮은 사회경제적 위치에 있다. 무슬림들은 가장 높은 실업률을 보이고, 가장 낮은 교육수준과 가장 낮은 건강상태를 보이는 종교집단인 것으로 조사되었다.[12] 무슬림 이민자의 또 다른 인구학적 특징은 젊은 층의 인구 비율이 타집단에 비해 월등히 높다는 점이다. 영국 무슬림의 수적 우위를 차지하고 있는 파키스탄과 방글라데시 공동체의 16세

11) P. Ratchliffe (ed.), *Ethnicity in the 1991 Census*, vol. 3, (London: Stationary Office Books, 1996), p. 123.

12) http://www.statistics.gov.uk/focuson/religion/.

미만 인구 비율이 백인 집단에 비해 2배 이상 높은 것으로 조사되었다.[13] 이것으로 향후 영국 사회에서 무슬림 비율이 증가하고 무슬림 문제가 사회문제로 계속 남게 될 것을 전망할 수 있다.

이러한 영국의 무슬림 공동체는 제 2차 세계대전 이후 신영연방(New Commonwealth) 이민의 거대한 물결 속에서 본격적으로 형성되었다. 그러나 2차 세계대전 이전에도 '라스카(lascar)'[14]라고 불리던 동인도 회사에 고용된 인도출신의 선원들과 예멘출신의 선원들이 19세기 말부터 런던, 카디프, 리버풀 등 항구 도시에서 무슬림 공동체를 형성하고 있었다. 무슬림 이민자 수가 본격적으로 늘어나기 이전에도 무슬림들은 미약하게나마 이슬람 정체성을 유지하고자 노력하였다. 1889년에 워킹(Woking)에 영국 최초의 모스크가 건립되어 무슬림들의 정신적 중심지로서의 역할을 하였고, 1890년대에 『크레센트(*The Crescent*)』와 『이슬람 세계(*The Islamic World*)』와 같은 이슬람 잡지가 발행되어 전 세계 무슬림들의 소식이 전해졌다.[15]

제 2차 세계대전을 계기로 영국의 무슬림 이민자 수는 급격히 증가하였다. 전후 영국의 노동력 부족 현상은 구식민지 국가에게도 알려지게 되었고, 영국으로의 출입이 자유로웠던 신영연방 출신의 이민을 부추겼던 것이다. 영국 무슬림의 절대 다수를 차지하고 있던 남아시아계 이민도 이러한 맥락에서 이루어졌다. 이와 함께 당시 인도의 정치적 상황도 무슬림들의 영국 이민을 증가시키는데 일조하였다. 1947년 인

---

13) Lewis, *Islamic Britain*, p. 15.

14) 'Lascar'라는 말은 군인을 뜻하는 아랍어 '*askari*'에서 기원하여 페르시아어와 우루두어를 거치면서 생겨난 말로 추정된다.

15) Ansari, *The Infidel Within*, pp. 121-123.

도와 파키스탄의 분리로 무슬림들은 파키스탄으로 이주해야만 하는 상황이 발생하였다. 특히 인도 펀잡(Punjab) 지역에 거주하던 무슬림들과 아삼(Assam) 지역에 거주하던 뱅골 출신의 무슬림들은 이주가 불가피한 상황에서 파키스탄보다 훨씬 더 나은 사회경제적 환경이 제공되는 영국행 이주를 결심하였다.[16)]

남아시아 출신의 이민자들은 가난한 지역 출신들이라는 영국인들의 편견과는 달리 오래전부터 영국과 교류를 활발히 하던 지역의 출신들이 많다. 파키스탄의 아자드 카슈미르(Azad Kashmir)나 방글라데시의 실렛(Shlhet) 지역의 이민자가 많았던 것은 일찍이 런던의 인도 식당가에서 일하던 이곳 출신들이 많았기 때문이었다.[17)] 서인도제도 출신의 이민자들이 개별적으로 이민을 온 것과는 달리, 남아시아계 이민자들은 친족 공동체별로 이주하는 경우가 많았다. 예를 들어, 파키스탄의 한 친족 공동체(baridari)가 이민을 결정하게 되면, 먼저 돈을 모아 한 남자 구성원을 영국에 보내고, 이후 그가 돈을 벌어 차례로 친척들을 영국으로 초청하였다.[18)] 다시 말해, '연쇄이민(chain immigration)'을 통해 남아시아계 무슬림 공동체는 급속히 성장하였다. 특히 1960년대 초 남아시아계 무슬림 이민자의 수는 급격히 증가하는데, 1962년 이민법으로 이민규제가 있기 전 기존의 이민자들이 가족들을 많이 불러들였기 때문이었다. 이후 1960년대 말부터 영국의 무슬림

---

16) *Ibid.*, p.153. 뱅골 지역의 무슬림들은 영제국 시절 소작 조건이 더 좋았던 아삼으로 이주하였으나, 아삼이 인도의 영토가 되면서 고향으로 돌아가야 하는 처지가 되었다.

17) Lewis, *Islamic Britain*, pp. 16-17.

18) C. Joppke, *Immigration and the Nation-State: the United States, Germany, and Great Britain* (Oxford: Oxford University Press, 1999), p. 251.

공동체는 급속히 성장하고 영국 사회에서 뿌리를 내리게 되었다.

1960년대 이루어진 무슬림 이민자들의 가족 재결합은 이들의 이슬람 정체성 형성에 크게 기여하였다. 로즈(E. J. B. Rose)의 연구에 따르면 이민 초창기 파키스탄 남성 이민자들이 가족 없이 홀로 생활할 당시에는 종교생활을 거의 하지 않았다고 한다. "기도하는 이가 드물었고, 코란을 가지고 있는 집이 별로 없었으며, 모스크에 나가는 경우도 아주 드물었다."[19] 그러나 가족 재결합이 이루어진 뒤 종교적 복종이 가족 및 친족 공동체의 결속력을 다지는 원동력으로 작용하면서 무슬림 이민자들의 종교적 색채가 강해졌다. 무슬림 이민자들이 친족 간의 결혼(특히 사촌간의 결혼을 우선시 함)을 통해 이슬람 정체성을 계속 이어갈 수 있었다.[20]

런던 테러 이후 영국 무슬림들이 이슬람 근본주의나 급진주의로 비춰지고 있으나 대부분의 영국 무슬림 이민자들이 속한 이슬람 종파는 온건한 종파에 해당한다. 인도와 중동 출신의 무슬림 이민자들 중에는 시아파(Shia)도 있으나 대부분의 파키스탄이나 방글라데시 출신의 무슬림들은 이슬람 정통파인 수니파(Sunni)이다. 그리고 그들이 속한 데오반디스파(*Deobandis*)와 바렐비파(*Barelvi*) 등 세부 종파는 1857년 무굴제국 멸망 후 생겨난 매우 온건하고 포용적인 성격을 지니고 있다.[21] 이들은 종파별로 모스크를 세우는 경우도 있었지만

---

19) E. J. B. Rose, *Colour and Citizenship* (Oxford: Oxford University Press, 1969), p. 446.

20) 1980년대 중반 파키스탄 남성의 7 퍼센트, 그리고 파키스탄 여성의 2 퍼센트만이 주류 영국인과 결혼한 것으로 조사되었다. D. Joly, *Britannia's Crescent: Making a Place for Muslims in British Society* (Aldershot: Avebury, 1995), p. 7.

많은 경우 종파를 초월하여 모스크를 공유하였다.

1970년대 중반까지 초기 무슬림 이민자들은 영국이 자신들을 받아준 것에 그저 감사하며, 영국 사회에 대한 불만이나 이슬람 정체성을 드러내지 않았다. 1960년대 중반부터 영국정부는 다문화주의를 이민자 통합 원칙으로 삼으면서 무슬림들은 자유롭게 신앙생활을 하고 자신들의 문화적 전통을 지켜나갈 수 있었다.[22] 물론 무슬림 이민자들은 직장, 주택, 결혼 문제 등에서 사회적 차별을 받았으나 그들의 피부색이나 출신지역이 차별의 이유였지 그들의 종교가 원인은 아니었다.

그러나 무슬림 이민자들은 영국 학교에서 자녀들을 교육시키면서 자신들의 종교적 정체성이 영국의 교육제도 하에서 훼손될 수 있음을 깨닫게 되고, 자신들의 이슬람 정체성을 유지하기 위한 목소리를 높이게 되었다. 대부분의 무슬림 이민자들은 영국의 공립학교에 자녀를 보냈다. 1970년 말 다문화주의 교육방침이 내려졌지만 학교와 교사에 따라서는 기독교 교리에 따르는 종교수업을 시행하였고, 무슬림 학부모들은 이에 대한 반감을 가졌다.[23] 또한 다문화주의 원칙을 충실히 반영하여 종교적 다원주의를 종교수업에 반영하는 학교의 경우에도 무슬림들은 이에 불만을 가졌다. 즉 자신들의 종교가 수많

---

21) Joppke, *Immigration and the Nation-State*, p. 252.

22) 영국의 다문화주의 이민자 통합정책에 대해서는 정희라, 「영국의 자유방임식 다문화주의: 영국적 전통과 이민자 통합」, 『이화사학연구』, 35집(2007), pp. 1-28 참조.

23) 1944년 교육법(Education Act)은 모든 공립학교는 종교교육을 실시하고, 집단 예배로 하루를 시작해야한다고 규정하였다. 이 법에서 종교가 기독교라고 명시하지는 않았지만 기독교를 의미하는 것으로 당연히 받아들여졌다.

은 종교 중 하나로 그들의 자녀에게 별다른 가치가 없는 종교로 전달되는 것을 원치 않았다. 또한 자신들의 딸이 학교 체육활동(예: 수영수업) 등에서 남학생들과 분리되어야 한다고 생각하였다. 1980년대에 들어오면서 무슬림들은 교육 분야에서 자신들의 종교적 정체성을 지키기 위한 활동을 적극적으로 벌였다. 1982년 버밍엄에서는 60여개의 무슬림 단체들이 연합하여 '무슬림 교섭 위원회(Muslim Liaison Committee)'를 결성하고 학교 내 기도서 설치, 무슬림 학생을 위한 급식(halal food) 마련, 이슬람교를 가르치는 종교수업 등을 요구하였다. 이러한 무슬림들의 요구는 학교에 따라 부분적으로 받아들여지기도 했지만 무슬림들을 만족시킬 만큼 시행되지는 않았다.[24]

무슬림들은 기존의 공립학교 내에서는 자녀들이 세속주의에 물들고 무슬림으로서의 의무를 소홀히 할 수밖에 없다는 결론을 내리고 자신들의 학교를 설립하기 시작하였다. 그리고 자신들의 학교에도 정부가 지원을 해줄 것을 요구하기에 이르렀다. 무슬림들은 자신들도 국교도나 가톨릭과 똑같이 세금을 내는데 자신들의 학교에 정부의 지원을 받을 수 없는 것은 형평성에 어긋난다며 목소리를 높였다. 그러나 정부는 번번히 무슬림 학교에 대한 국가 지원금 요청을 거절하였다. 물론 정부는 이슬람 학교라는 이유와는 전혀 상관없는 결정이라고 주장하였다.[25] 무슬림들은 영국정부가 아무리 다문화주의를 외친다고 해도 자신들의 종교적 정체성을 영국 사회에서 대를 이어

24) Ansari, *The Infidel Within*, pp. 318-319.

25) J. S. Fetzer, and J. C. Soper, *Muslims and the State in Britain, France, and Germany* (Cambridge: Cambridge University Press, 2005), p. 45.

유지하기에는 많은 어려움이 존재한다는 것을 알게 되었다. 그리고 그들의 이슬람 정체성 및 가치가 영국적 가치와 얼마나 차이가 있고, 영국 사회가 이를 절대 받아들이지 않는다는 것을 루시디 사건을 통해 깨닫게 되었다.

3 | 영국 '문화전쟁'의 실태

루시디 사건은 영국의 무슬림 이민자들이 이슬람교도로 다시 태어나는 계기가 된 사건이라고까지 할 정도로 영국 무슬림 정체성 형성에 중요한 사건이었다. 영국 사회는 그 이전에 볼 수 없었던 영국 무슬림 이민자들의 과격한 행동과 극렬한 저항을 보게 됨으로써 무슬림 이민자들의 존재를 실감하게 되었다. 루시디 사건은 무슬림 이민자들과 영국 사회의 문화, 종교적 가치의 차이를 보여주었던 '문화전쟁'의 표상이었다.

1989년 1월 14일 브래드포드 센트럴 스퀘어(central square)에 1,500여 명의 무슬림들이 모여 루시디의 『악마의 시』를 불태우는 행사를 가지고, 브래드포드 전역에서 시위를 벌였다. 1988년 9월 출간된 이 책은 인도에서 먼저 문제가 되어 출판금지가 되었다. 그리고 인도와 영국에서 활동하던 이슬람 정치집단인 '자마아티 이슬라미(Jama'at-i Islami)'가 영국의 모든 이슬람 단체에 『악마의 시』에 대한 정보와 책의 사본을 뿌리면서 영국 내에서 책에 대한 반대운동이 시작되었다. '자마아티 이슬라미'의 영국 지부라고 할 수 있는 '이슬람 재단(Islamic foundation)'은 다른 이슬람 단체에 보내는 편지에서 "『악마의 시』는 문학의 형태로 가장해 이슬람 역사를 왜곡할 뿐만이 아니라 예언자 이브라힘(Ibrahim)과 예언자 무함마드를 최악의 형태로 나쁘게 묘사하고 있다"고 전하였다.[26] 영국의 이슬람 단체들은 즉시 '영국 무슬림 행동 위원회(UK Action Committee on Islamic Affairs)'를 결성하고, 책의 출판금지와 영국의 신성모독법(Blasphemy law)[27]의 범위를 넓혀 루시디를 처벌해 달라고 정부에 요구하였다. 그러나 영국정부는 어떠한 공식적 답변도 내놓지 않았다. 1월말에는 하이드 파크에서 책의 출판사인 바이킹/펭귄사(Viking and Penguin group)는 책을 모두 수거하라는 집회가 열렸다. 한편, 파키스탄, 방글라데시, 사우디아라비아, 이집트 등 이슬람 국가에서는 책의 출판금지 명령이 내려졌다. 이에 위험을 느낀 영국의 서점들은 책을 진열대에서 철거하기도 하였다.[28]

---

26) 3 October 1988, "The Islamic Foundation, Leicester, to Muslim Organizations, Mosques, and Prominent Muslim Leaders in Britain", in *Sacrilege versus Civility: Muslim Perspectives on The Satanic Verses Affair*, eds. M. M. Ahsan and A. R. Kidwai (Leicester: Islamic Foundation, 1991), p. 335.

27) 17세기 교회법에서 기원한 영국의 신성모독법은 현재 유명무실한 법으로 폐지 논란이 계속되고 있다. 1921년 이후로는 이법에 의해 감옥형 처벌이 내려진 경우가 없었다. 2008년 2월 현재 노동당 정부는 이 법을 폐지하고자 영국 국교회와 협의 중이다. 국교회측도 법안의 폐지를 지지하고 있는 것으로 알려지고 있다.

28) Joppke, *Immigration and the Nation-State*, pp. 252-253; J. Horton, "The Satanic Verses Controversy: A Brief Introduction", in *Liberalism, Multiculturalism, and Toleration*, ed. J. Horton (London: Macmillan, 1993), p. 109; C. G. Brown, *Religion and Society in Twentieth-Century Britain* (Harlow: Pearson, 2006), p. 304. 영국의 대표적인 신문 및 서적 판매 업체인 *W. H. Smith* 는 440개의 매장에서 『악마의 시』를 회수하였다.

사건은 1989년 2월 이란의 지도자 호메이니(Ayatollah Khomeini)가 루시디를 처형하라는 '파트와'(fatwa, 이슬람 종교지도자가 내리는 판결)를 내림으로서 국제 분쟁으로 발전함과 동시에 영국 내에서 『악마의 시』에 대한 반대운동이 더욱 과격해 지게 되었다. 5월 27일에 런던에서 대규모 집회가 열려 무슬림들은 호메이니의 사진을 들고 "루시디의 목을 베라"며 웨스트민스터로 행진하였다. 영국 시민의 눈에 이러한 광경은 런던이 '테헤란이나 베이루트'로 착각될 정도로 충격적이었다.[29] 그러나 루시디와 출판사는 책을 회수할 수 없다는 강경한 입장을 견지했다.[30] 출판사가 문고판을 준비하기 시작하자 요크(York), 피터버러(Peterborough), 길포드(Guildford), 노팅엄(Nottingham)의 서점에서 폭탄이 발견되고, 요크에서 실제로 폭탄이 터지기도 하였다.[31] 영국인들은 오래전에 사라졌던 종교적 분쟁을 목격하게 된 것이었다.

무슬림들의 이러한 행동에 대하여 영국의 자유주의 지식인 및 작가, 언론인들은 '표현의 자유'를 내세우며 반루시디 운동을 비난하였다. 무엇보다 영국 언론들은 무슬림들이 영국 시민인 루시디의 생명을 위협했다는 점에 분개하였다. 영국의 보수주의 언론은 물론이고 『가디언(*The Guardian*)』지와 같은 자유주의 언론에서도 무슬림들의 행동은 '참을 수 없는 야만적 행동'이며 세속화된 영국 사회에 살고

29) 29 May 1989, *Guardian*.

30) 바이킹/펭귄사는 이슬람 단체의 경고에 대하여 책은 최고의 찬사를 받은 문학작품이며, 문제가 되고 있는 구절은 소설 속에서 그것도 정신을 잃은 주인공이 꿈을 꾸는 장면에서 나오는 것들이라며 반박하였다. 24 October 1988, Viking to UK Action Committee on Islamic Affairs in *Sacrilege versus Civility*, eds. Ahsan and Kidwai, pp. 338-340.

31) Brown, *Religion and Society in Twentieth-Century Britain*, p. 305.

있는 영국 무슬림 이민자들이 세속국가를 원치 않는 호메이니의 의견을 따르는 것을 이해할 수 없다는 견해를 내놓았다.[32] 보수당 하원의원인 타운센드(John Townsend)는 "루시디가 표현의 자유를 가질 수 없는 곳에서 무슬림들은 살 수 없으니 본국으로 돌아가라"는 말을 해 여론의 큰 지지를 얻었다.[33]

이러한 무슬림들에 대한 일방적인 비난에 대한 반대 의견도 제시되었다. 『인디펜던트(The Independent)』의 제럴드 쿠프먼(Gerald Kaufman)은 영국 무슬림들은 그동안 억압받았던 존재였고, 이제 자신을 영국시민으로 자각하면서 그 억압에 대해 싸우는 것이라고 하며 무슬림 이민자들을 옹호하였다. 그리고 그는 영국 언론과 대중들이 무슬림들을 인종주의적 시각에서 차별하고 정형화하는 것이 가장 큰 문제라고 지적하였다.[34] 영국의 노동당 의원들 중에는 무슬림 표를 의식하고 반루시디 운동을 지지하는 이들이 있었다. 무슬림들이 많이 거주하는 버임엄의 스파크브룩(Sparkbrook) 지역구의 노동당 의원인 로이 하트슬리(Roy Hattersley)는 "무슬림들이 무슬림처럼 행동하기를 멈추라고 하는 것은 인종주의"라며 무슬림에 대한 비난이 영국의 자문화 중심주의적이고 인종주의적 편견에서 나온 것임을 지적하였다.[35]

---

32) B. Parekh, "The Rushdie Affair and the British Press" in *The Salman Rushdie Controversy in Interreligious Perspective*, ed. D. Cohn-Sherbok (Lewiston: Edwin Mellen Press, 1990), pp. 77-79.

33) 19 February 1989, *Observer*.

34) 1 March 1989, *Independent*.

35) 21 July 1989, "The Racism of Asserting that 'They' Must Behave Like 'Us'", *Independent*. 브래드포드 지역구 출신의 노동당 의원, 막스 매든(Max Madden)도 "우리는 당신을 이해하고, 우리는 당신이 상처받았다는 것을 안다"고 무슬림들을 위로해 주자고 하였다. 22 July 1989, "Labour on the Race Over

루시디 사건은 영국의 엘리트들이 다문화주의 정책에 대해 다시 생각하게 만드는 계기를 마련하였다. 1976년 인종관계법(Race Relations Act)을 제안하고 영국 다문화주의 정책의 기반을 마련하였던 로이 젠킨스(Roy Jenkins)[36] 조차도 다문화 사회가 가능하다고 생각했던 '60년대의 가정(assumptions of the Sixties)'이 불가능한 것임이 이제 판명되었다고 말했다. 또한 그는 "1950년대 무슬림 공동체 형성을 허용함에 있어 보다 신중했어야 했다"며 이민정책과 다문화주의 통합정책을 후회하였다.[37] 1989년 2월에 내무장관 더글라스 허드(Douglas Hurd)는 버밍엄의 모스크를 방문해 영국 무슬림들은 "주류에 동참해야 하고 '영국 사회에' 통합되어야 한다"며 다문화주의와는 반대되는 동화주의적 입장을 내세웠다.[38]

공식적 입장 표명을 미루어오던 영국정부도 마침내 1989년 6월에 내무 차관 존 패튼(John Patten)이 무슬림 지도자들에게 보내는 공개서한 형식으로 루시디 사건에 대한 입장을 밝혔다. 보수당 정부의 입장은 다문화주의를 포기하는 것은 아니지만 무슬림 이민자들이 '영국의 가치'를 받아들여야 한다는 것이었다. 패튼은 우선 영국정부가 무슬림 이민자들이 자신들의 종교와 전통을 포기하라고 권고하는 것은 절대

Rushdie", *Independent*.

36) Roy Jenkins(1920-2003). 1960-70년대 노동당 정부의 장관을 수차례 역임하였다. 1977-81년에는 유럽연합 집행위원장을 지냈고, 글래드스턴의 전기를 집필하는 등 전기 작가로도 유명하다.

37) 4 May 1989, "On Race Relations and the Rushdie Affair", *Independent Magazine*.

38) 25 February 1989, *Guardian*. A. McRoy, *From Rushdie to 7/7: the Radicalisation of Islam in Britain* (London: Social Affair Unit, 2006), p. 14에서 인용.

아니라는 점을 밝혔다. 그러나 그들이 '영국 무슬림(British Muslim)'임을 생각해 주었으면 한다며 사회통합에 참여할 것을 당부하였다. 특히 무슬림들이 표현의 자유와 법질서 존중의 원칙을 지켜 주어야 다원화된 영국 사회가 유지될 수 있음을 강조하였다. 이러한 맥락에서 영국정부는 루시디의 책을 출판금지 시킬 의사가 전혀 없으며, 신성모독법을 확대하여 루시디를 처벌할 생각도 전혀 없음을 무슬림들에게 알렸다.[39] 이것은 영국정부가 영국의 주류 문화와 다른 역사적, 종교적 전통을 가진 소수 집단이 영국의 가치에 대해 도전해 올 때 그것을 용납할 수는 없다는 점을 명시한 것이었다.

결국 루시디 사건과 이후 일어난 일련의 국제 분쟁은 영국 무슬림 이민자들이 이슬람 정체성을 확고히 가지게 만들었다. 1991년 걸프전쟁으로 영국 무슬림들은 반미 감정을 가짐과 동시에 미국을 지지한 영국에 대한 반감을 가지게 되었다. 영국의 미디어는 계속 반이슬람 담론을 확산시켰고, 무슬림들은 히잡만 써도 후세인 지지자로 몰리는 상황이 벌어졌다. 보스니아 내전으로 무슬림들은 자신들이 과거 유대인들이 그랬던 것처럼 유럽에서 환영받지 못하는 존재이며 언제든지 희생당할 수 있다는 위기감에 빠졌다. 루시디 사건에서도 온건한 입장을 견지했던 무슬림 온건파 지도자 자키 바다위(Zaki Badawi) 조차도 "서구는 무슬림이 위험하다는 오래된 술책을 다시 내놓기 시작했고, 이에 대해 일말의 양심적 가책도 느끼지 않는다. 그리고 우리는 유럽에서 쫓겨날 것이라는 것을 암시하고 있다"며 서구의

39) 4 July 1989, Patten to Muslim Leaders in Britain, in *Sacrilege versus Civility*, eds. Ahsan and Kidwai, pp. 341-345.

음모론을 이야기하기도 했다.[40] 이러한 위기감과 이슬람 혐오증의 확산은 무슬림들의 이슬람 정체성을 더욱 확고하게 만들었다. 한 무슬림 여성 지식인은 그 동안 히잡 착용도 거부해 오고, 루시디를 지지하기도 했지만 루시디 사건과 걸프전, 그리고 보스니아 전쟁을 겪으면서 자신을 무슬림으로 나타내게 되었다고 고백하였다.[41] 특히 무슬림 청소년들은 자신의 정체성을 파키스탄인이나 영국인이 아닌 무슬림으로 나타내길 원했다. 이러한 맥락에서 1990년대 말 프랑스와 마찬가지로 히잡을 쓰는 것이 영국의 무슬림 10대 소녀들의 문화가 되었다.[42]

또한 영국의 무슬림 이민자들은 이전보다 이슬람 급진주의자들의 주장에 귀를 기울이게 되었다. 무슬림 온건 단체들은 쇠퇴하고 "이슬람의 진실과 이단적인 서구와는 어떠한 타협도 있을 수 없다"는 주장을 한 마우듀디스트파(Mawdudists)와 같은 강경파가 지지를 얻게 되었다.[43] 그리고 하마스(Hamas)와 같은 중동의 테러리스트 집단과 연계한 '이슬람 독립당(Islamic Liberation Party [Hizb ut Tarir])'은 다수의 무슬림 대학생들을 당원으로 포섭하였다. 이슬람 급진주의 단체들은 "영국 무슬림은 없고 오직 무슬림만 있을 뿐"이라는 전세계 무슬림의 형제애를 강조하는 주장을 내세웠다.[44]

---

40) 5 July 1993, "Made to Feel Like Trespassers on European Soil", *Independent*.

41) *Ibid*.

42) J. Jacobson, "Religion and Ethnicity: Dual and Alternative Sources of Identity among Young British Pakistanis", *Ethnic and Racial Studies*, vol. 20(1997), p. 245.

43) McRoy, *From Rushdie to 7/7*, p. 11; Brown, *Religion and Society*, p, 302.

44) Joppke, *Immigration and the Nation-State*, p. 257.

2001년 올드엄(Oldham), 번리(Burnley), 브래드포드에서 무슬림 청소년들에 의한 폭동이 일어나 영국 사회를 긴장시켰다. 영국정부는 이 사건을 에스니시티와 사회경제적 문제로 다루었고, 종교적 성격이 있는 문제로 부각시키지 않았다. 그러나 영국 무슬림 연구가들은 2001년 폭동이 분명히 이슬람 정체성을 가지게 된 무슬림 이민자 2세대들과 이들을 자극한 지역 언론 및 극우세력이 문제의 핵심이라고 지적하였다. 이 지역 청소년들 중에서는 탈레반이나 하마스와 같은 이슬람 과격단체에 물든 이들이 많으며 2001년 폭동 이전에도 이미 지역 기독교 교회나 힌두교도 및 시크교도를 공격한 전력이 있었다.[45] 영국정부와 달리 영국국민당(British National Party: 이하 BNP로 칭함)은 이 사건의 본질을 이슬람 문제로 지적하면서 선거에서 득표로 이어갔다. BNP 지도자인 닉 그리핀(Nick Griffin)은 "영국은 이제 '아시아인 문제'가 아닌 '무슬림 문제'를 안고 있다"고 하며 BNP가 '인종'에서 '종교'로 담론을 전환하는 모습을 보여주었다. 이와 같이 무슬림 문제의 심각성을 부각시킨 BNP는 2003년 지방선거에서 번리 주변 지역에서 8석의 지방의회 의석을 차지하는 쾌거를 거두었다.[46]

2001년의 9 · 11테러, 영국의 아프가니스탄 전쟁과 이라크 전쟁 개입은 무슬림 이민자들의 입지를 한층 약화시켰다. 이러한 상황에서 2005년 런던테러가 발생하면서 그동안 영국은 무슬림 이민자라는 내부의 적을 키우고 있었다는 자성의 목소리가 터져 나왔다. 700여 명의 사상자를 낸 테러의 주범들이 영국에서 태어나 영국에서 교육

45) McRoy, *From Rushdie to 7/7*, pp. 29-35.

46) Fetzer and Soper, *Muslims and the State*, p. 29.

을 받은 평범한 무슬림 이민 2세 청년들이었다는 사실은 영국인들에게 충격 그 자체였다. 루시디 사건 이후 무슬림 청년들이 이슬람 근본주의에 심취하고 테러리스트 단체들과 접촉하고 있었다는 사실을 고려한다면 이러한 사건은 이미 예견된 것이었는지도 모른다.

루시디 사건이 영국의 문화전쟁의 1막 1장을 열었다면, 런던 테러는 문화전쟁의 새로운 장을 열고 있다. 루시디 사건에서 영국 무슬림 이민자들은 최초로 공동체 의식을 가지고 영국의 가치에 저항하면서 '표현의 자유'와 '신성모독'이 갈등의 주를 이루었다. 런던 테러 이후 전개되고 있는 문화갈등의 양상은 매우 다양하다. 그 동안 영국 사회에서 허용 또는 묵인해 왔던 이슬람 문화가 비판의 대상이 되고 있다. 무슬림들 역시 한층 더 자신들의 문화를 당당하게 내세우고 있어 영국 주류사회와의 갈등은 고조되고 있다.

먼저 그 동안 문제가 되지 않았던 무슬림 여성들의 히잡착용이 문제가 되었다. 1983년 맨들라(Mandla) 대 도웰 리(Dowell Lee) 소송에서 영국의 최고 법정이 터번을 쓴 시크교도 학생을 받아들이지 않은 교장에 대해 패소 판결을 내렸다. 이 판결로 정교분리의 원칙으로 히잡착용이 크게 문제가 되었던 프랑스와 달리 영국에서는 히잡착용이 전혀 문제가 되지 않았다. 그러나 2006년 노동당 정부의 전외무장관 잭 스트로(Jack Straw)가 무슬림 여성들이 자신과 이야기를 할 때는 니캅(niqab, 눈만 내놓고 신체의 전체를 가리는 베일)을 쓰지 않았으면 좋겠다고 말하면서 영국의 히잡논쟁이 시작되었다.[47] 토니 블레어(Tony

---

47) 7 October 2006, "I would prefer women not to wear the veil at all, says Straw", *Times*.

Blair) 수상과 재무장관 고든 브라운(Gordon Brown)까지 '베일은 분리의 표시'라며 스트로를 지지하자 히잡착용에 대한 찬반논쟁이 뜨거워졌다.[48)]

최근 옥스퍼드의 중앙 모스크(Central Mosque)가 기도 시간을 알리는 외침, 즉 아잔(azan)을 스피커를 통해 내보내겠다는 계획을 발표함으로써 논란이 되고 있다. 이슬람 국가에서나 들릴법한 아잔이 영국의 하늘에 메아리치게 된 것이다. 영국 국교회의 옥스퍼드 주교는 무슬림들의 계획을 찬성한 상태이나 다른 국교회 주교들 및 개신교 성직자들은 크게 분노하고 있다. 모스크의 기도 방송을 반대하는 사람들은 칼리지와 교회에서 매일 기독교 예배가 드려지고 있는 영국의 전통적인 대학도시에서 이슬람 기도 방송이 나온다는 것은 너무나도 영국적이지 않다며 시당국은 이를 허락해서는 안 된다고 주장하고 있다. 옥스퍼드의 한 개신교 목사는 "다른 이질적인 문화가 영국에 침투해 오는 것을 믿을 수 없다"고 개탄했다.[49)]

또한 이슬람법 샤리아(Sharia)가 논쟁의 대상이 되고 있다. 무슬림들은 샤리아를 철저히 따르는 것이 이슬람의 의무이지만 영국법이 존재하고 샤리아가 영국법과 충돌하는 상황에서 샤리아를 따를 수 없는 상황에 놓여 있었다. 한 예로, 샤리아에 따르면 부인을 버린 남편이라도 부인의 이혼과 재혼을 거부할 수 있는 권리를 가지고 있다. 그러나 영국법은 이를 허용하지 않고 있다. 무슬림에게는 샤리

48) 10 October 2006, "Blair backs Straw in veil debate", *Times*.

49) 30 January 2008, "Oxford Clergyman attacks Muslim plans for calls to prayer", *Times*.

아를 적용해 줄 것을 주장하는 무슬림 이민자들이 증가하면서 이에 대한 영국 주류 사회의 비난이 고조되고 있다. 보수당 지도자 데이비드 캐머런(David Cameron)은 이슬람 법 체제 하에서 살고 싶어 하는 사람들은 '우리'와 '그들'을 분리함으로써 사회를 분열시키고자 하는 자들로 BNP만큼이나 나쁘다고 발언하여 무슬림들이 크게 반발하였다.[50] 그런데 최근 캔터베리 대주교인 로완 윌리엄스(Rowan Williams)는 샤리아를 부분적으로 영국 법체제에 도입해야 한다고 말하여 사회적 파장을 일으키고 있다.[51]

이러한 두 문화의 충돌은 1960년대 이민자들로 인하여 영국 사회가 분열되고 분쟁이 일어남으로써 피로 물들게 될 것이라고 말했던 이녹 파월(Enoch Powell)[52]을 재조명하자는 방송 프로그램까지 나오게 하고 있다.[53] 무슬림 이민자와 영국 사회의 갈등이 30년이 넘게 시행되어온 영국의 다문화주의 정책 속에서 해결되지 못했던 원인이 무엇인지를 살펴보자.

---

50) 30 January 2007, "Muslims who seek Sharia as bad as BNP, says Cameron", *Times*.

51) 9 February 2008, "The Archbishop of Canterbury and 'unavoidable' Sharia", *Times*.

52) Enoch Powell(1912-1998). 1960년대 초 보수당 정부의 보건장관을 지내기도 했던 파월은 1968년 이민을 반대하며 이민자가 계속 증가한다면 영국은 폭력사태와 내전을 겪게 될 것이고 영국이 '피로 물들게 될 것'이라는 일명 '피의 강(Blood of River)' 연설을 하였다. 이 사건으로 그는 보수당 예비내각에서 쫓겨났으나, 이후에도 이민문제에 있어 영국 민족주의를 내세웠던 대표적인 극우 인사로 꼽힌다.

53) 21 November 2007, "BBC Series will focus on whites' fear of migrants", *Times*.

4 | 보호받지 못하는 '인종' : 무슬림

영국의 무슬림 이민자 문제의 원인은 먼저 영국의 친미-반이슬람적 대외관계에서 진단되어야 한다. 다른 유럽 국가의 무슬림 이민자들보다 이슬람 근본주의의 비율이 높고 급진주의화 되었던 현상, 그리고 급기야 런던테러와 같은 극단적인 사태가 발생했던 것은 분명 영국이 미국의 반이슬람적 대외전쟁에 적극 참여한 것과 무관하지 않다. 영국이 이슬람 국가와 전쟁을 하는 상황에서 무슬림 이민자들은 전쟁대상인 이슬람 국가나 테러리스트와 같은 취급을 받았다. 그리고 이에 대한 반발로 무슬림 이민자들은 이슬람 정체성을 강화시켜 이슬람 근본주의를 받아들이면서 영국 사회에서 자신들을 분리시키고 있다. 9 · 11과 이라크 전쟁 이후 영국의 모스크에서는 이슬람 근본주의 이맘(Imam, 이슬람 성직자 및 종교학자)이 초빙되어 인기를 얻고, 이를 통해 영국 무슬림들이 더욱 급진화 되고 있는 추세이다. 그 동안 영국정부나 학계는 무슬림 이민자 문제를 영국의 대외정책과는 상관없는 별개의 문제로 논의해 왔으나 최근에 와서는 이 문제를 외교정책과 반드시 연관지어 설명해야 한다는 주장들이 제기되고 있다.[54] 그런데 이러한 연구들은 영국의 친미 외교정책에 대한 비판보다는 무슬림의 급진주의화만 문제 삼고 있어 균형있는 분석이 되지 못하

---

54) S. Brighton, "British Muslims, Multiculturalism and UK Foreign Policy: 'integration' and 'cohesion' in and beyond the state", *International Affairs*, vol.83 (2007), pp. 1-17; McRoy, *From Rushdie to 7/7*.

고 있다.

이러한 대외적 문제 외에 무슬림 이민자들의 영국 사회에 대한 불만과 사회적 갈등에는 이를 야기하는 근본적인 제도적 모순이 존재한다. 루시디 사건 후 무슬림 지도자들은 영국정부에 보낸 공개편지에서 정부는 '무슬림 공동체'를 '에스닉 공동체'로만 보고, '인종'에 기초한 법률에 의해 자신들을 다루려고 한다며 영국 법률의 구조적 모순을 강하게 비판하였다.[55] 영국 무슬림 이민자들은 우선적으로 자신들의 종교 때문에 사회적 차별을 받고 있음에도 영국의 법률은 그들을 전혀 보호해 주지 못하고 있다.

영국에서 무슬림 이민자들을 포함하여 소수민족들을 사회적 차별로부터 보호해 주는 법은 '인종차별금지법'이라고도 불리는 '인종관계법(Race Relations Act)'[56]이다. 그런데 이 법은 피부색과 출신지역에 따른 차별만을 대상으로 하고, 종교적 차별을 받는 이들을 보호해 주지 못한다. 인종관계법은 여러 차례의 법 개정에도 불구하고 보호의 대상이 누구인지 명확한 규정을 갖고 있지 않다. 무슬림들은 바로 이 법의 사각지대에 놓여 있다. 한 예로 1979년 버밍엄 노동재판소에서 한 무슬림이 직장 상사로부터 종교적 이유로 차별을 받았다는 소송을 제기했으나 영국 법에는 이에 대한 해당 사항이 없다는 이유로 소송이 취하되었다.[57] 무슬림들은 영국정부가 무슬림에 대한 차

55) 19 July 1989, UK Action Committee on Islamic Affairs to John Patten, in *Sacrilege versus Civility*, p. 347.

56) 인종관계법은 1965년에 처음 제정되어 1968년, 1976년, 2000년에 수정, 보완되었다.

57) Joppke, *Immigration and the Nation-State*, p. 249.

별 문제를 의도적으로 회피하고 있다고 비난하였다.

2000년 인종관계법이 개정될 때 무슬림 주요 거주 지역구 출신 의원들을 중심으로 무슬림들을 종교적 차별로부터 보호해 줄 수 있는 조항이 들어가야 한다는 의견이 제기되었다. 브래드포드 지역구 출신 노동당 의원인 마샤 싱(Marsh Singh)은 "무슬림은 지원할 수 없다"와 같은 푯말이 공장이나 가게 문에 나붙고 있다며 이러한 종교적 차별에 대한 금지조항이 필요함을 역설했다.[58] 그러나 제랄드 하워스 (Gerald Howarth)와 같은 극우 보수당원은 걸프전 당시 '사담 후세인' 이라는 문구를 내걸고 그를 지지하는 모스크도 있었지만 영국은 그것도 용인해 줄 정도로 관용적인데 더 이상의 무슬림을 위한 조치가 필요 없다며 반발했다.[59] 정부는 이슬람혐오증의 증가에 대해서는 인정했지만 인종관계법 개정에서 이 문제를 논의하고자 하지 않았다.

결국 9 · 11 이후 무슬림 문제가 갈수록 심각해지는 양상을 보이게 되자 노동당 정부는 150만이 넘는 영국 무슬림을 종교적 차별로부터 보호해 줄 법을 마련하고자 노력하였다. 2001년 9 · 11 테러 이후 노동당 정부는 '테러방지법(Prevention of Terrorism Act)'을 제정하면서 무슬림들의 사회적 불만을 감소시키고 그들이 테러세력으로 전환을 막기 위하여 종교적 증오를 유발하는 행동과 표현을 법으로 금지하는 조항을 추가하고자 했다. 그러나 상원의 반대로 이 조항은 철회되었다. 2004-5년 정부는 다시 '범죄 및 경찰 법안(Serious Organised Crime

58) 9 March 2000, *Hansard Parliamentary Debate*, vol. 345, cc. 1243-1244.
59) *Ibid.*, vol. 345, c. 1244.

and Police Act)'에 이 조항을 첨부하고자 했으나 실패하였다.

2006년 정부는 이 조항을 골자로 하는 '인종 및 종교적 혐오 방지법안(Racial and Religious Hatred Bill)'을 상정하였는데 의회에서 심한 저항을 받았다. 상원은 '종교적 증오를 유발하는 행동과 표현을 금한다'는 조항을 '종교적 혐오를 일으키려는 의도를 가지고 한 표현이나 행동에 대해서만 법으로써 규제한다'로 수정하였다. 이 수정 조항은 하원에서 치열한 찬반 논쟁을 불러일으켰다. 보수당 의원들은 법안을 강력히 반대하였는데, 무엇보다도 '의도하였다'는 것의 정도가 어디까지인지, 그리고 어떤 종교까지 보호해 줄 것인지를 문제 삼았다.[60] 즉, 종교적 혐오를 유발할 의도가 약했다고 해도 처벌의 대상이 되는 것인지, 그리고 이단적인 종교까지도 법이 보호해야하는 것인지가 불분명 하다는 것이었다.

또한 법안은 무슬림들이 요구하는 신성모독법의 확대를 위한 조치라는 비난을 받았다. 보수당의 데이비드 데이비스(David Davis)는 이 법안에 따른다면 살만 루시디도 처벌받아야 하는 것이 아닌지, 만약 그렇다면 자신들은 '표현의 자유가 없는 매우 위험한 나라에 살고 있는 것'이라고 법안을 저지하였다. 결국 법안은 283 대 282표로 어렵게 통과되었다. 그러나 법안은 종교적 혐오를 '의도한' 행위에 대해서만 처벌한다는 매우 모호한 조항 때문에 사실상 종교적 차별을 법적으로 금지하기가 힘들다. 인종 및 종교적 혐오 방지법에 대한 논쟁은 이슬람교를 기독교나 유대교와 같은 한 종교로 보호해 주는 것을

60) Dominic Grieve, 21 June 2005, *Hansard*, vol. 435, c. 672; John Gummer, 21 June 2005, *Ibid.*, c. 681; Ann Widdecombe, 21 June 2005, *Ibid.*, c. 712.

반대하는 입장의 정치 엘리트들(특히 보수당원)이 많이 있음을 보여주었다. 그리고 이러한 완고한 입장은 무슬림 이민자와 영국 사회의 갈등이 지속될 것임을 암시하는 것이기도 하다.

영국정부의 이러한 노력은 매우 제한적으로, 무슬림을 보호 받아야 할 대상으로 인정해 주지 않는 구조적 모순에 대한 해결책으로 보기에는 미흡하다. 20세기 말 서양에서 '생물학적(고전적) 인종주의'가 더 이상 발붙일 곳이 없어지면서 인종주의는 자국 또는 자민족의 문화적 정체성을 위협하는 대상에 대한 반대, 즉 '문화적 인종주의(신인종주의)'로 전환되었다.[61] 프랑스의 민족전선(Front National)이나 네덜란드의 핌 포르퇴인의 당(List Pim Fortuyn)과 같은 유럽의 극우정당은 무슬림을 주공격 대상을 삼고 있다.[62] 영국에서도 BNP가 반유대주의와 같은 고전적 인종주의 정책에서 탈피하여 반이슬람주의라는 신인종주의 노선으로 선회하였다. 미국 및 유럽의 다른 국가들이 인종차별금지법에 종교적 차별을 포함시키고 있음에도 영국은 여전히 인종차별을 피부색이나 에스니시티에 대한 차별에만 국한시키고 있다. 초기 무슬림 이민자들은 카리브해 출신의 흑인 이민자와 마찬가지로 '블랙(Black)'으로 분류되었고, 피부색의 문제로 차별을 받았다. 하지만 1980년대 이후 영국 사회는 그들을 피부색이 아닌 이슬람교도라는

---

61) 한국 서양사학회 엮음, 『서양문명과 인종주의』 (지식산업사, 2002), pp. 34-37.

62) 프랑스의 극우정당과 무슬림 문제에 대해서는 박단, 『프랑스의 문화전쟁-공화국과 이슬람』 (서울: 책세상, 2005), pp. 107-128을 참조. 네덜란드의 경우는 주경철, 「다문화주의에서 '문화전쟁'으로: 네덜란드 이주민 통합 문제」, 『이화사학연구』, 35집 (2007), pp. 59-82 참조.

종교적 이유에서 차별하고 있다.

1976년 인종관계법은 '인종 그룹(racial group)'이란 '피부색, 인종, 국적 또는 민족적 출신지에 따른 그룹'이라고 정의내리고 있다. 영국정부가 인종관계법이나 여타의 법률 제정 시에 '인종'에 대한 정의를 불분명하게 하는 데는 인종문제에 대한 책임을 지지 않으려는 정치 엘리트들의 숨겨진 의도가 있다는 의견이 제시되기도 한다.[63] 무슬림을 '인종' 그룹이나 보호대상으로 규정하지 않는 것도 이러한 맥락에서 이해해 볼 수 있다. 무슬림을 직접적인 법률 조항으로 보호하기에는 이슬람혐오주의가 영국 사회에 너무 광범위하게 퍼져있어 다문화주의를 신봉해온 노동당 정부라고 해도 이런 무리수를 두지 않는 것 같다. 게다가 노동당 정부도 무슬림 이민자들을 '통합'의 대상에서 '경계와 통합'의 대상으로 시각을 전환하였다. 노동당 정부는 '극단주의를 막기 위한 프로젝트(Preventing Extremism Together)'를 진행시키면서 무슬림 청소년, 교육, 여성, 모스크, 공동체에 대한 연구를 통하여 그들의 급진주의화에 제동을 걸고자 노력하고 있다.[64] 이러한 상황을 고려한다면 영국정부가 적극적으로 무슬림을 법적 보호의 대상으로 삼고자 노력하기를 기대하기는 힘들 것 같다.

영국의 문화전쟁은 쉽게 끝날 것 같지가 않다. 무슬림 이민자와 무슬림을 최전선에서 공격하고 있는 BNP 양측 모두 정치력이 강화되고 있다.

---

63) D. L. Kirp, *Doing Good by Doing Little: Race and Schooling in Britain* (Berkeley: University of California Press, 1979).

64) Brighton, "British Muslim, Multiculturalism and UK Foreign Policy", pp. 1-2.

영국의 무슬림들은 그동안 자신들의 정치적 목적을 위해 전략적으로 투표를 하지 않았고, 따라서 정당들로부터 도움을 받지 못했다. 그러나 2001년 선거부터 무슬림들은 이슬람 단체들의 지도하에 무슬림에게 유리한 정책을 펴는 후보를 선택하기 시작했다. 특히 무슬림들은 이라크 전쟁을 지지한 블레어 노동당 정부에 대한 심판으로써 노동당에게 표를 주지 않았다. 대신 무슬림들의 스코틀랜드 민족당(Scottish National Party)과 자유민주당(Liberal Democratic Party) 지지 경향이 강해졌다.[65] 이와 함께 영국 사회에서 극우정당 BNP에 대한 지지도 높아지고 있다. 닉 그리핀의 말처럼 국내 '이슬람들의 음모' 덕택에 BNP의 당원 수가 크게 증가하였고, 2006년 지방의회 선거에서 49석을 차지하기도 하였다.[66] 그리고 보수당에서도 이민규제와 다문화주의 철폐라는 강경수를 두고 있다. 이러한 정치적 변화를 미루어 보건대 무슬림 이민자들과의 문화전쟁은 정치의 장으로도 이어질 전망이다.

5 | 맺음말

영국의 문화전쟁은 해결될 가능성이 없는 것일까? 영국에서 다문화주의에 대한 비판이 만연하고 '영국성'을 강화해야 한다는 주장이 높아지는 상황 속에서도 많은 영국인들은 여전히 다문화주의에

65) 6 May 2005, "Muslims us vote to vent fury over war", *Daily Telegraph*.
66) 19 April 2007, "The British National Party gains strength", *Times*.

대한 믿음을 놓지 않고 있다. 안소니 기든스(Anthony Giddens)는 '다양한 문화 간의 상호작용과 이를 통한 상호이해의 증진'을 통해 사회 구성원 모두의 삶을 풍요롭게 하는 것이 진정한 다문화주의라면, 그리고 사회 구성원의 다수가 이 원칙을 찬성한다면, 무슬림 이민자와의 갈등은 영국 사회가 그 동안 추구해 왔던 바로 이 다문화주의 정책을 통해 해결 국면을 찾을 수 있을 것이라고 주장한다.[67] 영국 사회는 이제 이민자 없이는 움직일 수 없을 정도로 이들에 대한 의존도가 높다. 그들 중 일부가 종교적 정체성을 중심으로 자신들의 권리와 의무를 내세운다면 그것이 사회적 악이 되지 않는 한 인정해 주어야 할 것이다. 어쩌면 현재 영국에서 벌어지고 있는 '문화전쟁'은 미국과 이슬람 국가 간의 외교적 긴장 완화가 이루어지고, 무슬림 2세들의 정체성 방황이 끝난다면 진정 국면으로 접어들게 될 지도 모른다.

그러나 기존의 다문화주의 정책으로 무슬림 이민자와 갈등과 영국의 사회통합을 기대하기에는 문제점이 너무 많다는 지적이 나오고 있다. 지나친 자유방임식 다문화주의는 영국 사회의 구심점을 잃게 했고, 이민자들은 영국 사회에 적응하고 사회통합에 동참하려고 노력하지 않은 채 자신의 것만 주장하는 나태한 모습을 보인다고 다문화주의 비판자들은 주장한다. 영국정부는 2001년 이후 프랑스, 네덜란드, 독일 등 다른 서유럽 국가와 바찬가지고 '동화주의'나 '다문화주의'와 같은 고정된 통합방식을 버리고 새로이 들어오는 이민자에게

67) 안소니 기든스 저, 김연각 역, 『이제 당신 차례요, Mr. 브라운-영국 노동당이 다시 이기는 길』 (인간사랑, 2007), pp. 255-258.

통합의 책임을 지우는 '시민개인 통합방식(civic integration)'을, 그리고 기존의 이민자에게는 '반차별주의 통합방식(antidiscrimination)'을 시행하고 있다.[68] 영국정부가 무슬림들의 베일 착용에 대해서 '분리의 표시'라며 영국 사회의 통합을 저해하는 행위로 비난한 것도 무슬림 이민자들에게 통합의 책임을 묻는 '시민개인 통합방식'의 차원에서 이해할 수 있다. 이러한 시도가 무슬림 이민자들에게 한 사회 구성원으로서 통합의 책임을 느끼게 하면서 다문화주의가 주지 못했던 영국 사회에 소속감을 줄 수도 있다.

문제는 '반차별주의 통합방식'에 있다. 영국은 인종관계법으로 이미 반차별주의 정책을 시행해 오고 있다고 자부하고 있다. 그러나 앞서 지적한 바와 같이 무슬림을 차별의 대상으로 인정해 주지 않는 구조적 모순이 해결되지 않는 한 새로운 사회 통합방식의 성공 여부는 미지수로 남게 된다. 영국의 무슬림 이민자들이 이슬람 정체성을 그 어떠한 정체성 보다 중요하게 생각하고 있으며, 무엇보다도 그 정체성 때문에 차별을 받고 있는 상황에서, 그들을 여러 에스닉 그룹으로 나누어 다루고 있는 영국 정계와 학계의 방식은 문제를

68) C. Joppke, "The Retreat of Multiculturalism in the Liberal State: Theory and Policy", *British Journal of Sociology*, vol. 55(2004), p. 249. '시민 개인적 통합방식'에 따르면 이민자는 스스로 주류사회의 언어, 문화, 사회 가치의 습득해야 한다. 최근 영국에서는 이민자들에게 시행해 오던 공공 문서 번역 서비스를 철회하고, 이민자들 스스로 영어를 배울 것을 촉구했다. 그리고 영국정부는 새로 들어오는 이민자들에게 이민세를 부과하여 이민자들의 사회통합에 드는 공공복지 비용을 이민자들에게 물리는 방식을 곧 시행할 계획에 있다. 20 February, 2008, "Migrants must pay a tax to enter UK", *Daily Telegraph*.

키우고 있다. 무슬림 이민자들이 영원히 보호받지 못하는 새로운 '인종'으로 영국 사회에 남게 된다면, 그들은 영국 사회의 영원한 갈등의 원인이 될 수밖에 없을 것이다.

03 독일 : 히잡의 재발견

이철용

1 | 머리말 : 히잡[1)]은 무엇인가?

코란은 히잡에 대해 다음과 같이 설명하고 있다. "유혹하는 어떤

1) 히잡(hijab)은 "이슬람 여성들 가운데 특히 시리아 · 터키 등 아랍권의 여성들이 외출할 때 얼굴이나 가슴을 가리기 위해 머리에 쓰는 가리개(쓰개)를 말한다. 스카프나 두건과 비슷하며, 모양에 따라 얼굴과 가슴까지 가리는 것과 얼굴을 드러내는 것 두 가지로 구분된다. 색깔은 흰색 외에 붉은 점무늬가 섞인 것 등 다양하며, 다른 이슬람권 여성들이 몸에 두르거나 입는 망토보다 쓰고 벗기가 쉽다. 이란 등지의 시아파 여성들이 입는 검은색 차도르(chaddor), 사우디아라비아 여성들이 입는 검은색 아바야(abayah), 아프가니스탄을 비롯한 아라비아반도 일부와 베두인족(族) 일부 여성들이 입는 부르카(burqah) 등이 신체의 대부분을 가리는 것과 달리 머리와 가슴 일부만을 가린다는 점에서 확연히 구분된다." (인터넷의 두산백과사전 인용) 텍스트에는 터키가 아랍국가로 나와 있는데 사실과 다르다.

것도 보여서는 안 된다. 즉 머리와 가슴을 가리는 수건을 써서 남편과 부모, 자기 자식, 형제 그리고 성에 대해 부끄러움을 알지 못하는 어린이 이외의 자에게는 아름다운 곳을 드러내지 않아야 한다." 히잡이 이슬람의 탄생 이전에 존재했던 전통복장이라는 주장은 설득력이 있다. 하지만 오늘날 히잡이 이슬람사회뿐만 아니라 서구사회에서 이슬람을 나타내는 중요한 표식이라는 데에는 이의가 없을 것이다. 물론 여성해방의 관점에서 본다면, 히잡은 여성을 억압하는 도구일 수도 있고 여성억압에 대한 저항의 도구일 수도 있다. 하지만 이러한 논지는 기본적으로 서구중심주의의 시각에서 벗어날 수 없는 한계가 있다. 이슬람사회의 권력자나 페미니스트들도 결국 이러한 논리에서 자유로울 수 없다.[2] 히잡이 가지는 상징성 분석에서 페미니스트적인 접근은 일단 논외로 하자. 그러면 히잡은 무엇인가?

장면 1 프랑스: 널리 알려진 바와 같이 프랑스는 전형적인 정교분리의 세속주의 공화국이다. 2004년 3월 발효된 "공립학교 내에서의 노골적인 종교 상징물 착용 금지법"에 따르면 히잡뿐만 아니라 키파(유대인이 쓰는 모자)와 십자가를 포함한 모든 종교적 상징물은 공립 중 · 고등학교에서 추방된다. 이 법은 교사와 학생 모두에게 적용된다. 프랑스에서 히잡은 무엇인가?[3]

장면 2 터키: 2006년 5월 직업이 변호사인 한 이슬람극단주의자가

2) 오은경, 『베일 속의 이슬람과 여성』(프로네시스, 2006). 저자는 히잡이 내포하는 여성차별문제를 이슬람과 서구 각각의 시각에서 다루고 있다. 히잡은 이슬람의 정치 종교적 상징이기 이전에 문화적 전통에 기초한 것이라는 주장이다.

3) 박단, 『프랑스의 문화전쟁-공화국과 이슬람』(책세상, 2005).

'부당한' 판결에 앙심을 품고 재판중인 한 판사를 공개석상에서 쏴 죽였다. 범인이 문제 삼은 이른바 최고행정법원의 판결은 그해 2월 한 여교사의 히잡 착용과 관련된 사건이었다. 그녀는 학교에서는 히잡을 벗었고 출퇴근할 때만 히잡을 썼다. 그러나 출퇴근할 때에 히잡을 쓰는 것이 문제가 되면서 교장 승진에서 누락되었고, 이 여교사는 법원에 억울함을 호소했다. 법원은 "출퇴근할 때에 히잡을 쓰는 것도 학생들에게 영향을 미칠 수 있다"며 여교사의 승진 누락은 적법하다고 판결했다. 2007년 4월 치러진 총선에서 친이슬람 성향의 정의개발당(AKP)이 압도적 승리를 거두며 재집권에 성공했고 8월에는 처음으로 자당의 후보를 대통령으로 당선시켰다. 하지만 대통령 부인과 딸의 히잡 착용이 정치권의 도마 위에 올라, 세속주의자와 이슬람주의자간의 이념 갈등이 격화되는 조짐이다. 터키는 정치와 종교가 분리된 '세속주의의 이슬람 사회'이다. 대다수의 터키인은 자신이 이슬람 신자라고 생각하지만, 모든 공공기관에서의 히잡 착용은 금지된다. 터키에서 히잡은 무엇인가?

장면 3 독일: 2004년 이후 독일의 16개주 중 8개주(바덴-뷔르템베르크, 바이에른, 브레멘, 헤센, 니더작센, 노르트라인-베스트팔렌, 자르란드, 베를린)는 '히잡법'을 만들어 공립학교(유치원과 초 · 중 · 고등학교) 교육 공무원의 히잡 착용을 금지하였다. 하지만 학생에게는 히잡을 쓰는 것이 허용된다. 또한 지방정부의 법마다 다르지만 대체로 기독교의 상징물은 문제가 되지 않는다. 최고법원이 공립학교에서의 기독교 상징물의 사용을 두고 종교의 자유를 침해한 것으로 보아 위헌 결정한 바 있으나, 현장에서는 거의 지켜지지 않고 있다. 왜냐하면 교육관련 분야는 주정부의 권한인데, 주정부의 관련법은 기독교를 '종교'로 간주하지 않고 독일문화의 전통과 생활양식으로 규정하기 때문이다. 히잡의 경우는 정반대이다. 최고법원은 히잡이 종교적 상징물이 아니라고 판결하였으나, 히잡법을 제정한 지방정부는 히잡을 분명한 정치 종교적 성격으로 여겨 금지시킨다. 하지만 이슬람과 기독교 모두를 '종교'로 취급하여 정교분리의 원칙에 의거해 모든 종교적 상징물을 공립학교에서 금지하는 지방정부도 있다. 반면 히잡법을 제정하지 않은 주에서는 모든 종교적 상징물이 허용된다. 독일에서 히잡은 무엇인가?

본 글의 목적은 정교분리政教分離의 세속주의를 지향하는 서구 정치문화의 패러독스 현상을 히잡의 상징성을 둘러싼 독일사회에서의 논쟁을 통해 심도 있게 분석하는 데 있다. 이슬람세계는 정교일치의 사회이고, 서구세계는 과연 정교분리의 세속화된 사회인가? 현재 유럽에는 대략 2,000만 명의 무슬림이민자들이 살고 있다. 이들 이슬람교도와 기독교인이 작금의 '문명충돌'을 극복하여 서로 공존하며 소통할 수 있는 길은 없는가? 본 글에서 그 해법을 찾고자한다. 이를 위해 우선 제 2장에서는 무슬림이민자들의 독일에 유입된 역사와 독일사회에서의 종교 문화적 갈등의 배경을 살펴볼 것이다. 제 3장에서는 히잡논쟁을 불러일으킨 독일 연방헌법재판소의 판결 내용과 쟁점을 간략히 소개하고, 제 4장에서는 히잡판결에 대한 독일사회의 반응을 중심으로 정교분리주의의 이율배반적 모습을 밝힐 것이다. 끝으로 정치와 종교의 영역이 서로 대립적인 것이 아니라 상호보완적으로 발전할 수 있는 가능성을 제시할 것이다. 이것은 서구사회가 무슬림들의 종교 문화적 갈등을 최소화하며 그들을 끌어안을 수 있는 가장 적합한 해결책이기도하다.

2 | 히잡, 독일에 상륙하다

2005년 현재 독일에는 약 670만 명의 외국인(독일 총인구의 약 8%)이 거주하고 있으며, 약 절반 정도인 330만 명이 이슬람 문화권 출신이고 그 중 70%정도가 터키인이다.[4] 독일의 외국인들은 오랜 정착생활에도 불구하고 여러 구조적인 문제로, 예를 들면 국적취득의 까다로움과 노동시장에서의 차별적 대우 등으로 독일사회에 원만하게 적응하지 못하고 있다. 그들은 출신지역에 따라 정치적, 법적으로 차별적인 대접을 받는데, 특히 1990년대 이후 유럽통합이 심화되면서 남・동유럽 출신의 외국인들(전체 외국인의 1/3)은 독일인과 거의 동등한 위치에 있는 반면 비유럽권 출신들은 점점 더 독일사회에서 배제되고 있다.[5]

---

4) 약 100만 명 정도의 독일국적을 취득한 무슬림들은 통계에서 제외됐다. 이러한 통계의 문제점을 해결하고자 최근 독일 통계청은 "이주의 배경을 가진 사람"(Personen mit Migrationshintergrund)이라는 '이민자'의 개념을 도입했다. 2005년 현재 독일에는 약 1,500만 명의 이민자(전체 독일인구의 약 20%)가 있고, 670만 명의 외국인을 제외하면 나머지 상당수는 외국 태생이지만 법적으로 독일인으로 인정되는 동구권 출신의 독일계 후손인 재이주민(Aussiedler)들이다. 이민자의 범주는 국적 소지의 기준과는 관계없이 외국인, 재이주민, 독일국적의 외국 출신자, 독일 태생 외국인의 자녀 등으로 분류된다.

5) EU회원국 국민은 공동체 내에서 자유로운 이동이 가능하고, 유럽의회선거와 독일의 지자체선거에 참여할 수 있다.

오늘날 독일에서 외국인이란 비유럽인을 말하며, 무엇보다 터키인과 같은 무슬림을 지칭한다. 독일에서 터키인은 '외국적'이고 '낯선' 것의 대명사인데 외국인 중 가장 많은 비중을 차지하는 이유도 있겠지만, 그들의 종교와 문화가 '유럽적'이지 않기 때문이다. "외국인은 독일인의 일자리를 빼앗는다", "외국인은 독일사회에 동화하려고 하지 않는다", "특히 터키인은 독일어를 배우려고 하지 않는다", "그들은 사회보장의 혜택만을 요구한다", "무슬림여성들은 차별받고 억압받는다" 등과 같은 일반적인 선입견들이 독일인의 외국인에 대한 혐오 감정을 확대 재생산하고 있다. 하지만 이러한 고정적 이미지의 형성은 반세기에 걸친 이민과 그 정착과정에서 나타난 두 문화권의 소통과 이해의 결핍에 기인한다.

1950년대 독일 경제가 성장가도를 달리면서 노동력 부족에 허덕이자, 독일정부는 터키를 비롯한 지중해연안국가의 노동자들을 '초청'하기 시작했다.[6] 이들 '손님노동자'(Gastarbeiter)들은 그 이름이 내포하듯 노동력 제공을 위해 잠시 독일에 머무를 뿐이었다. 독일정부는 이들이 언젠가는 자기네 고향으로 되돌아 갈 것이라 생각했고, 외국인노동자들도 '목돈'을 벌어서 고국에서의 안락한 삶을 꿈꾸었다. 그리고 사실 많은 노동자들은 노동계약이 만료되어 고국으로 돌아갔다. 1970년대 초 세계경제의 불황으로 독일정부가 전면적인 노동력 모집을 중단하자, 독일에 남아있던

6) 독일은 1955년 이탈리아를 시작으로 1960년 에스파냐와 그리스, 1961년 터키, 1964년 포르투갈, 1968년 유고슬라비아정부와 고용협정을 체결했다. 독일의 외국인노동자 모집정책에 대해서는, 이용일, 「독일연방공화국의 외국인 인력모집정책: 대기업 중심의 독일식 대량생산을 위한 대규모 외국인고용 1955- 1973」, 『서양사론』, 85호(2005), pp. 183-213.

약 250만 명의 외국인노동자들은 다시 독일로 올 수 없다는 판단 하에 영구 정착을 결심하였다. 이때까지만 해도 터키계 무슬림들은 상대적으로 소수였지만, 그들은 이후 가족을 불러들이기 시작했고 그 후 무슬림들은 급증하여 1980년대 초 200만 명에 이르렀다. 독일정부는 서둘러 "귀국촉진법"(Rückkehrförderungsgesetz)을 만들어 무슬림들을 '유혹'했지만, 그들에게 독일사회는 어느 정도의 따가운 차별적 시선만 감수한다면 '윤택'한 삶이 보장되는 곳이었다.

초기 독일인과 무슬림의 만남은 무관심 그 이상의 의미가 없었다. 서로를 알려고 하지도 않았고 그럴 필요도 없었다. 무슬림들이 돼지고기와 술을 삼가고, 하루에 다섯 번의 기도와 일 년에 한 달은 금식을 한다는 등의 종교 문화적인 차이가 존재한다는 것을 확인할 뿐이었다. 이슬람문화에 대한 '야만'과 '문명'의 등식이 투영되었음은 말할 나위가 없을 것이다. 무슬림들은 독일사회에서 소외감을 느낄수록 자신들만의 '공간'을 만들어갔다. 그곳에서 그들은 '고향'을 발견했고 자신들의 전통과 생활방식을 유지할 수 있었다. '게토'안에서의 삶은 독일인에게 거의 알려지지 않았다. 무슬림에 대한 이미지가 세상 밖으로 점차 모습을 드러낸 데는 무슬림여성의 히잡이 한 몫 했다. 히잡은 일상생활에서 뚜렷하게 눈에 띄는 이슬람문화의 표현이었다. 하지만 처음부터 독일인이 히잡에 여성 억압이나 남녀불평등의 상징과 같은 정치 담론적인 의미를 부여하지는 않았다. 히잡은 독일인에게 낯선 문화의 호기심을 유발시키는 정도였다.

무슬림 문제가 본격적인 사회적 문제로 가시화된 계기는 1979년 이란혁명의 영향과 1980년대 급속히 증가한 독일 내 무슬림인구에서 찾을 수 있다. 독일의 평범한 무슬림과 종교로서의 이슬람은 정치운동으로서의 이슬람세력으로 인식되어 사회 불안을 야기하고 국가질서를 위협하는 위험한 부류로 낙인찍히기 시작했다. 그래서 무슬림들은 독일사회의 통합의 대상이 아니라 통제와 경계의 대상이 되었다. "보트는 꽉 찼다. 독일은 이민국이 아니다"(Das Boot ist voll. Deutschland ist kein Einwanderungsland), 이것은 1982년부터 1998년까지 16년간 통치한 보수 기민/기사연합의 외국인정책을 상징하는 슬로건이다.[7] 독일이 얼마나 외국인 특히 문화적으로 이질적인 무슬림집단에 대해 독일민족 중심의 배타적 정책을 실시하였는 지는 1993년에서야 국적법의 개정으로 처음으로 외국인의 귀화가 가능해졌다는 사실이다.

한편 무슬림들이 자신의 정체성을 완강하게 지키려는 방어적인 태도도 독일인의 반감을 불러일으켰다. 무엇보다 초기 독일로 이주한 무슬림들은 도시보다는 전통적인 농촌 환경에서 성장한 사람들로 보수적인 가치관을 가지고 있었다. 결혼을 위해 독일로 건너온 또는 강제로 '수입'된 무슬림여성들은 사회 경제적으로 남편에 종속되었고 (무엇보다 정식으로 일할 수 있는 자격이 없었으므로), 그들의 자녀들도 보수적인 환경에서 성장하였다. 하지만 이민2세들은 종종 부모와의 세대 갈등을 겪어야 했으며, 서구와 이슬람문화사이에서 정체성의 혼란을

---

7) 독일의 이민사와 외국인정책 및 이민정책의 변천과정을 분석한 대표적인 개설서: Klaus J. Bade/Michael Bommes, *Zeitbilder. Normalfall Migration* (Bonn, 2004); Ulrich Herbert, *Geschichte der Ausländerpolitik in Deutschland. Saisonarbeiter, Zwangsarbeiter, Gastarbeiter, Flüchtlinge* (Bonn, 2003); Karl-Heinz Meier-Braun, *Deutschland, Einwanderungsland* (Frankfurt a. M., 2002).

경험했다. 그들은 더 이상 '이방인'이라고 느끼지 않았으며 학교생활과 직업 활동을 통해 독일사회와 소통할 수 있는 기회를 나름대로 만끽했다. 또한 그들은 독일인과 동등하게 인정받고 더 나아가 독일사회에 통합하고자 노력하였다. 그렇다고 그들이 자신들의 종교나 문화적 전통을 포기하고 독일에 동화하려는 것은 결코 아니었다. 이러한 예상이 빗나가자, 독일사회는 무슬림들의 부정적인 이미지를 부각시키고 이슬람을 '타자화'하기 시작했다. 그 공격의 한복판에는 무슬림여성의 인권유린문제가 자리 잡았고, 그것은 이슬람을 전근대적인 문화로 격하시켰다.[8)]

2001년 9・11사건은 기독교적 가치와 이슬람교적 가치가 충돌하는 '문화전쟁'의 결정판으로 볼 수 있다. 이슬람은 테러리즘을 양성하는 신앙이며 무슬림들은 테러리스트와 직・간접적으로 연계된 위험한 집단으로 취급됐다. 무엇보다 9・11사건의 용의자 중 한명이 독일에 거주하며 사건과 연류되었다는 사실이 밝혀지면서, 독일정부는 독일 내의 무슬림들에 대한 극도의 경계심을 늦추지 않았다. 한편 무슬림들의 사회적 통합이 시급하다는 여론 또한 점차 힘을 얻어갔으며, 무슬림들은 이방인에서 독일사회의 한 구성원으로 인정받기 시작했다. 하지만 무슬림을 끌어안는 잣대와 명분은 서구적 가치의 강조에 있다.[9)] 이러한 기준에서 벗어난 무슬림들의 행동과 태도는 매서운

8) 무슬림 이민자들은 자신들의 종교적 전통과 문화를 고수하려는 경향이 강해 독일사회에서 적지 않은 문화적 갈등을 야기하고 있다. 이철용, 「독일의 '문화전쟁'과 이민자 문제」, 『한독사회과학논총』, 제17권 1호(2007), pp. 321-349

9) 서구적 가치와 규범은 개인주의와 합리주의에 바탕을 둔 계몽사상, 정교분

'질타'의 대상이었다. 독일인들은 무엇보다 이슬람의 가부장적 가정구조를 강력히 공격하였다. 그들은 무슬림가정의 다수는 아니지만 무슬림여학생의 수행여행과 체육수업의 불참, 명예살인, 강제결혼 등 여성의 인권과 차별을 문제 삼았다. 사실 히잡를 둘러싼 논쟁 또한 (히잡의 정치적 상징성 논쟁보다는) 처음에는 여성억압을 상징하는 시각에서 출발하였다. 한편 무슬림 문제에 대한 독일정부의 직접적인 개입은 '무슬림 길들이기'의 차원에서 살펴봐야한다. 무슬림들이 독일사회의 한 부분을 차지한 이상, 그들에 대한 검열을 강화하여 '온순한' 다수는 독일사회로 끌어들이고 '시끄러운' 부류는 국외로 추방하는 '선택'과 '배제'의 분명한 정책적 의도가 담겨있다.[10]

최근에 와서 독일을 비롯하여 유럽 내 주류사회와 무슬림 이민자 간의 문화적 갈등이 심화된 배경에는 기독교권과 이슬람권 사이의 '문명충돌'이라는 국제정치의 상황이 결정적인 영향을 미친 것으로 보인다.[11] 이러한 맥락에서 무슬림여성의 인권문제가 유독 이슬람이

리, 민주주의, 법치주의 등과 같은 이념을 말한다. 기독교의 전통과 문화가 서구사회의 보편적 가치에 해당되는지는 많은 논쟁이 있다. 유럽연합헌법 제정과정에서 기독교적 전통을 헌법전문에 삽입하는 문제를 두고 격론이 벌어졌으며, 터키의 유럽연합 가입문제는 유럽의 정체성을 가늠할 수 있는 본보기가 될 것이다.

10) 무엇보다 2004년에 만들어진 이민법(*Zuwanderungsgesetz*)이 이러한 내용을 담고 있다. *Gesetz zur Steuerung und Begrenzung der Zuwanderung und zur Regelung des Aufenthalts und der Integration von Unionsbürgern und Ausländern,* http://www2.hu-berlin.de/personalrat/Zuwanderungsgesetz.pdf. 박명선, 「독일 이민법과 통합정책의 외국인 차별에 관한 연구」, 『한국사회학』, 제41집 2호(2007), pp. 271-303.

11) 1990년대 유고내전 시 무슬림에 대한 '인종청소' 특히 9 · 11사건 이후 아프가니스탄전쟁, 이라크전쟁, 레바논전쟁, 런던테러, 마드리드 열차폭파사건, 파리소요사태, 덴마크의 무하마드 만평사건, 교황의 이슬람 비하발언

라는 종교만이 가지는 특수한 현상인지 전근대사회에서 나타나는 일반적인 특징인지에 대해서는 재고할 여지가 있다. 무엇보다도 문제의 본질은 기독교인과 무슬림들이 자신들의 영광과 치욕을 경험했던 과거의 기억을 잊지 않고 있다는 점에 있다.

3 히잡, 법정 앞에 서다

독일 연방헌법재판소(Bundesverfassungsgericht)의 2003년 9월 히잡 판결과 이후 사회 전반에 걸쳐 큰 파장을 일으켰던 히잡논쟁은 독일 정치문화의 일면을 여과없이 보여주었다. 히잡논쟁은 정치와 종교의 관계(정교분리의 문제)를 중심으로 신앙의 자유와 국가의 종교적 중립성과 같은 법적인 문제로부터 개인과 공동체의 관계, 인권, 민주주의, 종교문화, 시민의식과 같은 근대문명의 가치의 문제에 대한 사회 문화적 담론의 성격을 지니고 있다.[12] 그러면 우선 '히잡사건'의 발단과 판결의 쟁점을 살펴보자.

사건의 주인공인 루딘(F. Ludin)은 1972년 아프가니스탄의 카불에서

등이 두 문화권 사이의 종교 문화적 갈등의 문제와 직접적으로 연관되어 있다.

12) Heide Oestreich, *Der Kopftuchstreit. Das Abendland und ein Quadratmeter Islam* (Frankfurt a. M., 2004); Frigga Haug/Katrin Reimer, ed., *Politik ums Kopftuch* (Hamburg, 2005); "Konfliktstoff Kopftuch," http://www.bpb.de/themen/ NNAABC, 0,0,Konfliktstoff_Kopftuch.html.

태어나, 1987년 가족과 함께 독일로 망명해 1995년 독일 국적을 취득했다. 그녀는 1998년 초등학교 교사자격시험을 통과한 후 바덴-뷔르템베르크주에 있는 학교에 교사임용신청을 하였다. 그녀는 관할 교육청 담당자와의 면담에서 수업시간에 히잡을 벗을 수 없다는 의사를 표시하였고, 관할 교육청은 그녀가 교사로서의 자질이 없다는 이유로 임용신청을 거부하였다. 루딘은 이에 불복하여 행정소송을 제기하였으나 2000년 1심인 슈투트가르트 행정법원에서, 2001년 2심인 만하임 행정법원에서 그리고 2002년 3심인 연방행정법원에서 모두 패소하였다. 법원은 히잡착용이 단순한 개인의 특성을 표시한 것이 아니라 종교적 소속감을 표시한 것으로, 교사의 종교적 중립성을 위반한 것이며 이를 근거로 교사임용신청이 거절당한 것은 정당하다고 판결하였다.[13] 그러자 루딘은 히잡착용의 금지가 헌법에 보장된 기본권[14]을 침해하였다고 주장하면서 연방헌법재판소에 소송을 제기하였다.

마침내 2003년 9월 연방헌법재판소는 루딘의 손을 들어주었으나, 민감한 문제에서 발을 빼면서 논쟁의 불씨를 다분히 남겨두었다. 판결에서 주요한 쟁점이 되었던 부분은 종교의 자유, 종교적 상징물의

---

13) 연방행정법원의 '루딘' 판결문 (04.07.2002), http://www.bverwg.de/enid/e4d6ec69296530e84971238b72e61f9a,ef2f92617a092d09324332312e3031/ax.html.

14) 기본법 제4조 제1항: "신앙과 양심의 자유 그리고 종교관과 세계관의 자유는 건드릴 수 없다." 제4조 제2항: "종교행사의 자유는 보장된다." 제33조 제2항: "독일국민은 자신의 적합성, 능력, 전문능력에 따라 공개된 공직에 임명될 동등한 권리를 가진다." 제33조 제3항: "시민권의 향유, 공직에 취임할 권리는 종교와 무관하다. 어떤 종교나 세계관에 속하거나 안 속하다는 것 때문에 누구도 불이익을 받을 수 없다."

의미, 국가의 종교적 중립성의 원칙에 대한 해석이다.[15] 히잡은 종교의 상징물이 아니라 전통복장의 하나로 볼 여지가 있으므로 히잡착용과 교사로서의 자질과는 관계가 없다. 히잡 착용이 특정 종교를 선전하는 등 구체적인 정치적 수단으로 이용되었다면 국가의 종교적 중립성을 위반함과 동시에 학생들의 '소극적'(negative) 종교의 자유를 침해한다. 하지만 그러한 행위가 구체적으로 이루어지지 않았고 그러한 가능성이 예상된다는 이유로 히잡 착용을 제한하는 것은 부당하다. 십자가상(Kruzifix)은 그 자체로서 명백한 종교적 상징물이지만,[16] 히잡은 그 자체로는 아직 종교적 상징물로 볼 수 없고 착용자의 종교적 목적과 의도가 분명할 때 종교적 상징물이 될 수 있다. 최고법원이 대표적 기독교국가의 하나인 독일에서 교실에 십자가를 비치하는 행위는 종교의 자유를 침범하는 행위로, 교실에서 무슬림의 상징인 히잡을 쓰고 강의하는 행위는 종교의 자유에 따라 보호되는 행위로 판단한 것이 상당히 이채롭다. 끝으로 판결 중에 가장 논란이 된 부분은 각 지방정부에 충분한 법적인 근거가 있다면 교사의 종교의 자유가 일부 제한될 수 있다는 것이다. 이것은 히잡착용을 금지할

---

15) 판결문 전문 (24.09.2003), http://www.bverfg.de/entscheidungen/rs20030924_2bvr143602.html.

16) 바이에른주의 한 공립초등학교 학부모 일부가 교실에 걸려있는 십자가상(Kruzifix)이 학생들의 종교적 자유를 침해하고 국가의 종교적 중립성에도 어긋난다며 연방헌법재판소에 제소했다. 이에 법원은 1995년 5월 바이에른주의 교육관련법이 모든 교실에 십자가상을 게시하도록 한 현행 규정은 학생들의 신앙의 자유 및 학부모의 양육권 등을 침해한다고 보아 위헌 결정하였다.
십자가상 판결문: http://sorminiserv.unibe.ch:8080/tools/ainfo.exe?Command=ShowPrint Version& Name=bv093001.

수 있는 관련법의 제정 여부를 각 주에 위임한다는 의미이다.

학교 외의 일반직장에서의 히잡착용과 관련해서도 2002년 10월 법원의 판결이 있었다. 이 소송 건은 헤센주의 한 30세 백화점 여성판매원이 1999년 해고된 것에서 비롯되었다. 무슬림인 이 여성은 종교적 신념 때문에 근무시간에도 히잡을 쓰겠다고 고집하였고, 고용주는 그로인해 손님들의 부정적인 반응을 고려해 영업의 경제적 손실을 우려했다. 하급법원에서 패소한 그 여성은 결국 연방노동법원에 항소하여 승리할 수 있었다.

4 | 히잡, '경계'를 만들다

교사의 히잡착용에 대해 달갑지 않게 생각하는 지방정부들은 연방헌법재판소의 결정에 따라 신속하게 관련법안 토의에 들어갔다. 우선 보수성향의 기민/기사연합이 통치하는 남부의 주들이 히잡금지의 선두로 나섰다. 이러한 움직임에 연방대통령 라우(J. Rau)가 제동을 걸면서 히잡문제는 온 독일에 뜨거운 논쟁을 불러일으켰다. 라우는 "히잡을 종교적 상징이라 하여 학교로부터 금지시킨다면 그 같은 습관을 지키기 어렵게 만든다는 얘기가 된다"고 말하고 "우리 헌법은 공공의 영역인 학교에서도 종교를 동등하게 취급할 것을 규정하고 있다. 이것이 우리의 기독교 전통에 회의를 갖게 하는 것은 아니다"라고 덧붙였다. "우리가 계속 기독교국가로 남을 지의 여부는 얼마나 많은 사람들이 학교에서 어떤 모양의 옷을 입느냐에 달려 있지 않다. 그것은 오로지 얼마나 많은 경건하고 신뢰할 만한 기독교인들이 우리나라에 있는가에 달려있다"고 라우는 강조했다. 또한 그는 다른 종교에 대해서는 별다른 조치 없이 유독 이슬람에 대해서만 히잡 복장에 제한을 가한다면 이는 마치 무슬림들을 '2등 시민'으로 간주하는 것과 같고, 마찬가지의 논리로 수도원의 수도사나 가톨릭성직자들의 복장이나 십자가 장신구에도 규제를 가해야 한다고 주장했다.[17)]

그러나 히잡착용을 반대하는 보수 세력이 라우의 발언에 강하게 반발하자 자신은 히잡문제에 대해 분명한 입장표명을 하지 않았다고 한발 물러서면서도, 독일의 연방정부와 주정부가 모든 종교를 형평있게 다뤄야한다고 강조했다. 기사당 당수이자 바이에른주 총리인 슈토이버(E. Stoiber)는 라우 대통령의 히잡착용 허용 움직임에 대해 "국가적 정체성에 의문을 던지려 한다. 히잡은 개화된 민주주의와 합치될 수 없는 정치적 상징"이라고 주장했다. 그는 히잡에 대해서는 강경한 입장을 유지하면서도 십자가에 대해서는 "우리 역사의 상징이자 발전과 관용의 상징"이라며 옹호했다. 또한 기민당 당수 메르켈(A. Merkel)도 "십자가를 교실에서 떼어내는 것은 기독교와 독일 문화의 전통을 부정하는 발상"이라고 비판하며 "기독교 문화의 강조는 다른 종교에 대한 차별과는 무관"하다고 밝혔다.

---

17) Johannes Rau, "Religionsfreiheit heute - zum Verhältnis von Staat und Religion in Deutschland," http://www.bpb.de/themen/1KTL5A,0,Religionsfrei heit_heute _zum_Verh%E4ltnis_von_Staat_und_Religion_in_Deutschland.html.

반면 집권 여당인 사민당/녹색당은 일관된 입장을 내놓지 못했다. 사민당의 슈뢰더(G. Schröder) 총리는 히잡 반대를 분명히 했으나 기독교 상징물에 대한 논평은 회피했다. 같은 사민당 소속인 라우가 정당을 초월한 대통령이라는 신분으로서 입장을 표명하는 것과는 달리, 당 차원에서 반기독교적 태도를 보이는 '모험'은 독일국민의 정서를 고려할 때 그 한계가 분명히 있었다. 일각에서는 히잡을 포함한 모든 종교적 상징물을 학교에서 추방하자는 견해도 있었지만 다수는 종교문제에 국가가 개입하지 말고 현행대로 유지하기를 원했다. 하지만 연방하원의장 티어제(W. Thierse)와 같은 소수는 "종교는 사적인 부분이다"(Religion ist eine Privatsache)라는 오래된 명제에 의구심을 제기하며, 독일사회는 기독교문화와 밀접한 관계가 있음을 거듭 강조했다. 독실한 가톨릭신자인 그는 "십자가와 히잡을 동일하게 취급하는 것은 잘못되었으며, 히잡은 이슬람의 상징일 뿐만 아니라 여성을 억압하는 상징"이라고 주장했다.

소수정당인 녹색당과 자민당의 히잡문제에 대한 목소리는 그야말로 각양각색이다. 진보를 표방하는 녹색당의 경우, 다문화주의자들은 히잡 찬성을 그리고 세속주의자들과 페미니스트들은 히잡 반대를 주장했다. 자유주의 정당인 자민당도 당의 노선에 합의점을 찾지 못했다. 이슬람의 종교적 자유를 옹호하는 부류와 정교분리주의를 강조하는 세속주의자들이 팽팽히 맞섰다.[18] 히잡문제는 여성의 억압과 해방이라는 담론을 넘어 그것의 종교와 정치적 상징성을 둘러싼 쟁

---

18) 히잡문제에 대한 정당들의 입장: Heide Oestreich, *Der Kopftuchstreit*, pp. 81-95.

점으로 확대 재생산되었다. 정치와 종교의 관계를 규정한 '낡고 오래된', 이미 종료된 것으로 치부된 세속주의이데올로기 담론이 히잡논쟁을 통해서 다시 화려하게 부활한 듯 보였다.[19]

무엇보다 독일의 양대 교회가 히잡논쟁에 가장 예민하게 반응하였다. 바티칸 신앙교리성 수장인 라칭어(J. Ratzinger, 현 교황) 추기경은 "나는 어느 무슬림여성에게도 히잡착용을 금지하지 않을 것이지만, 화해의 문화적 상징인 십자가를 금지시킨다면 결코 수용하지 않을 것"이라고 경고했다. 가톨릭사제의 대표체인 주교단회의 의장인 레만(K. Lehmann) 추기경도 특정한 종교를 우대하는 것은 바람직하지 않으며 헌법이 보장한 종교의 자유를 강화해야 한다고 강조했다. 하지만 주교단회의는 성명을 통해 이슬람과 기독교의 상징을 같은 척도로 볼 수 없다고 못 박으며, 히잡은 분명한 정치적 상징인 동시에 여성을 억압하는 표시로서 헌법정신에 위배된다고 밝혔다. 개신교의 히잡문제에 대한 태도는 다소 조심스러웠다. 독일개신교연합(Rat der Evangelischen Kirche)은 성명을 통해 "학교에서의 히잡착용이 교사라는 특수한 신분에 적합한지 의심스럽다"라는 공식적인 입장을 밝히고, 히잡의 찬반결정은 개별 공동체에 위임했다.[20]

독일의 종교단체가 히잡문제에 일관된 입장을 유보하며 직접적인 개입을 회피하는 이면에는 독일사회에서의 세속화논쟁이 재현될 경우 교회의 입지 또한 약화될 것이라는 계산이 숨겨져 있다.[21] 이러한 맥락

19) Frigga Haug/Katrin Reimer, ed., *Politik ums Kopftuch,* pp. 47-94.
20) Heide Oestreich, *Der Kopftuchstreit,* pp. 95-98.
21) Frigga Haug/Katrin Reimer, ed., *Politik ums Kopftuch,* p. 74 그리고 81.

에서 베스트팔렌의 개신교의장 부스(A. Buss)는 히잡논쟁이 가열될 경우 오히려 세속주의(Laizismus)가 고개를 들고 일어날 것이라고 경고했으며, 독일가톨릭중앙위원회(Zentralkomitees der deutschen Katholiken)의 장 마이어(H. J. Meyer)도 히잡만을 금지하는 것은 국가와 교회사이의 관계 설정에 적지 않은 영향을 미칠 것이라고 우려했다. "독일은 공공영역에서 모든 종교적 상징물이 추방당하는 프랑스식 모델을 따라서는 안된다."[22)]

독일의 지방정부들은 히잡문제에 대한 의회 내의 의견조정을 거친 후 입법 작업에 착수했다. 2004년 2월 바덴-뷔르템베르크주의 '히잡금지법'을 시작으로 기민/기사연합이 정권을 잡은 주들은 교사의 히잡착용을 제한하는 법안을 차례로 통과시켰다.[23)] 이들 주들의 개정학교법에 따르면 학교에서 히잡은 금지되지만 십자가는 허용된다. 이슬람의 상징물은 국가의 종교적 중립성 원칙에 위배되지만, 기독

---

22) http://www.wfn.org/2004/03/msg00096.html.

23) 2007년 현재 6개(바덴-뷔르템베르크, 헤센, 바이에른, 니더작센, 노르트라인-베스트팔렌, 자아란드) 지방정부가 이에 속한다. 사민당이 통치하는 주와 대연정(기민당과 사민당의 연립정부)을 구성한 주는 히잡금지를 반대하는 경향이 짙다. 지방정부의 정권교체 여부에 따라 히잡관련법은 자주 바뀌고 있다.
바덴-뷔르템베르크의 학교법 개정안: *Gesetz zur Änderung des Schulgesetzes* (01.04.2004), http://www.uni-trier.de/~ievr/kopftuch/Gesetz BadenWuerttemberg 01042004.htm; 바이에른의 학교법 개정안: *Gesetz zur Änderung des Bayerischen Gesetzes über das Erziehungs- und Unterrichtswesen* (23.11.2004), http://www.uni-trier.de/~ievr/kopftuch/Geestz
Bayern23112004.htm; 베를린의 학교법 개정안: *Gesetz zur Schaffung eines Gesetzes zu Artikel 29 der Verfassung von Berlin und zur Änderung des Kindertagesbetreuungsgesetzes* (27.01.2005), http://www.uni-trier.de/~ievr/kopftuch/GesetzBerlin27012005.htm.

교의 상징물은 서구문화의 교육적 가치와 전통에 해당되므로 국가이념과 헌법정신에 부합된다. 즉 기독교는 '종교'로 볼 수 없다는 논지이다. 반면 베를린과 브레멘의 주정부는 '중립법'(Neutralitätsgesetz)을 제정해 정교분리원칙에 의거해 히잡뿐만 아니라 모든 종교의 상징물을 금지시킴으로서 학교를 세속화하려고 한다. 이 중립법은 교사 외에도 경찰이나 법조계의 모든 공무원에도 확대 적용하고 있다. 구동독의 5개주를 포함한 8개주는 학교에서의 종교적 상징물의 사용을 허용하고 있다.

히잡논쟁에 대한 독일 내 무슬림 이민자들의 반응이 상당히 흥미롭다. 독일에는 크게 보아 조직의 성격이 다양한 4개의 무슬림종교단체가 있는데, 이들은 전체 무슬림의 10-15% 정도를 회원으로 거느리고 있다.[24] 무슬림들의 히잡문제에 대한 기본적인 관점은 자기 본국의 갈등구조를 그대로 반영한다는 데에 있다.[25] 무슬림 중의 다수를 차지하는 터키인의 경우가 대표적이다. 터키에서 벌어지는 세속주의 지향적인 케말주의자와 이슬람주의자간의 '전투'는 독일에 거주하는 터키인사이에서 다시 재현되었다. 독일에서 비교적 안정적인 생활을

---

24) 터키이슬람종교연합(DITIB)은 독일 내 터키인의 이익을 대변하는 단체로 터키정부와 긴밀한 관계를 유지하며 독일과의 관계도 우호적이다. 이슬람위원회(Islamrat)는 보수 성향의 종교단체로 유럽 전역에 조직망을 형성하고 있으며 그 중 가장 큰 영향력을 행사하는 이슬람 근본주의 성향의 밀리 괴루스(Milli Görüs)는 현재 독일정부의 철저한 감시 하에 있다. 독일무슬림중앙위원회(ZMD)는 여러 인종들이 섞여있는 전형적인 이슬람단체로 보수 지향적이다. 이슬람문화연합(VIKZ)는 지역 이슬람 문화센터의 상위단체이다. 터키이슬람종교연합을 제외한 3개 단체는 사우디아라비아와 같은 이슬람국가로부터 재정적인 지원을 받는다.

25) Heide Oestreich, *Der Kopftuchstreit*, pp. 99-105.

영위하는 케말주의자들은 독일인보다 더 '과격한' 정교분리주의를 주장하였다. 그들은 학교의 철저한 세속화를 원하기 때문에 히잡뿐만 아니라 모든 종교 상징물의 금지를 강력히 찬성하며 심지어 독일정부의 미온적인 태도를 질책하였다. "독일이 세속국가이냐? 그렇다면 지체 없이 국가와 교회사이의 관계를 다시 새롭게 정립해야한다." 물론 이슬람주의자들은 히잡금지를 반대하였다. 독일 내 터키인의 이해를 대변하는 대표적 단체인 터키이슬람종교연합(DITIB)은 히잡문제에 대해 공식적인 입장을 회피했다. 진퇴양난의 딜레마에 과격이슬람단체의 목소리만 커지고 있다.

독일에는 평상시에도 히잡을 쓰지 않는 터키여성들이 더 많다. 하지만 그들도 법적으로 히잡을 금지하는 것에는 불만을 토로한다. 히잡문제는 무슬림 이민자를 포함한 전체 독일사회안에서 서로가 소통하기 힘든 경계를 만들어가고 있다. 그 벽을 허물 수 있는 방안을 다음 장에서 살펴보자.

5 | 맺음말 : 히잡, 어떻게 할 것인가

근대문명의 핵심적 가치로 여겨지는 정교분리원칙은 서구 근대화과정의 '독특한' 역사적 산물이다. 이러한 정교분리주의는 구체적 '현실'속에서 어떻게 구현되어 갔는가? 정교분리원칙이 법적 제도적 차원으로 구체화된 대표적인 예는 미국혁명, 프랑스혁명, 러시아혁명에서 찾아 볼 수 있다. 이 세 나라의 경우는 각기 정치적, 사회적, 종교적 배경에 차이가 있었기 때문에 정교분리원칙의 적용 즉 제도화 과정에서 일정한 차이점을 보이고 있다. 미국혁명의 경우에는 국가가 국민의 종교적 자유를 효과적으로 보장하기 위해 정교분리원칙을 제도화하였고, 프랑스혁명과 러시아혁명의 경우에는 구체제를 타파하고 종교집단의 정치활동을 막기 위한 제도적 장치로서 정교분리원칙을 활용하였다. 이러한 차이가 있음에도 불구하고 하나의 공통점이 있다면 정교분리정책을 실시하는 주체가 국가권력이라는 점이다.

독일의 경우 국가의 종교적 중립성이 주장되지만 정치와 종교가 철저히 분리되어 공공영역에서의 일체의 종교관련 활동을 부정하는 엄격한 세속주의사회는 아니다.[26] 이 또한 수백 년 동안 형성된 국가와 종교세력간의 투쟁과 타협이 녹아든 역사적 산물이다. 즉 국가권력은 기독교 양대 종파인 개신교와 가톨릭의 갈등을 중재해야 하는 상황에서 국교를 폐지하는 방식으로 '어정쩡한' 정교분리를 시행했다. 미국처럼 독일의 정교분리는 기독교 종파의 자유로운 종교적 활동을 보호하기 위한 수단이며, 국가는 이를 위해 종교적 중립을 유지하고 있다. 다시 말해 독일의 정교분리원칙은 프랑스와 같은 정치와 종교의 철저한 분리가 아니라 정치와 종교의 상호 우호적인 긴밀한 협력관계를 의미한다. 이와 같은 사실은 교회가 국가로부터 공공법인체의 지위를 인정받아 종교영역뿐만 아니라 사회 공공분야에서 막강한 영향력을 행사하는데서 알 수 있다. 대표적으로 헌법은 교회

---

26) 이철용, 「현대 독일사회의 정교분리 문제: 국가와 교회의 이중주」, 『국제지역연구』, 제11권 2호(2007), pp. 395-416.

세의 징수와 공립학교에서의 종교수업의 실시를 보장하고 있다.[27)]

이상에서 살펴본 바와 같이 독일에서 국가와 종교집단의 관계는 경쟁적이고 대립적이라기보다 상호 협조적이고 보완적인 관계에 있다. 이러한 시각은 최근 독일 내 이슬람문제를 해결할 수 있는 대안으로 고려되고 있다. 독일정부는 이슬람을 '공식적인' 종교로 인정, 제도권 안으로 끌어들여 평범한 무슬림들의 사회통합을 촉진하고 다른 한편 과격 이슬람세력의 확산을 막고자 하는 이중전략을 계획하고 있다. 이러한 맥락에서 2006년 말 내무부장관 쇼이블레(W. Schäuble)는 '독일이슬람회의'(Deutsche Islamkonferenz)를 개최하여 처음으로 독일 내의 무슬림 지도자들과 만나 상호이해를 넓히고 무슬림 이민자들의 사회통합방안을 논의했다. 그는 독일 내 무슬림은 '무슬림 독일인'(Deutsche Muslime)으로서 정체성을 가져야하고 유럽을 구성하는 가치와 규범을 받아들일 것을 강조한 반면 독일사회는 무슬림들에게 더 많은 종교적 자유를 허용할 것이라고 밝혔다.[28)]

독일이슬람회의(DIK)는 무슬림들의 사회통합차원에서 무엇보다 독일국가와 이슬람이라는 종교의 관계를 어떻게 규정할 것인지에 대해 구체적인 방안과 일정에 합의했다. 독일정부와 무슬림 대표자로 구성된 3개의 분과위원회는 2-3년 동안 무슬림들의 사회통합과

27) 그 외 사회복지영역에서의 독점적 활동 및 재정과 행정의 자율적 경영, 종교업무에 대한 국가의 재정적 지원, 대중매체의 운영과 여론 형성에의 참여 등 교회의 활동은 제도적으로 보장된다.

28) Wolfgang Schäuble, "Deutsche Islam Konferenz-Perspektiven für eine gemeinsame Zukunft," http://www.bmi.bund.de/cln_012/nn_1018378/Internet/Content/Themen/Deutsche__Islam__Konferenz/DatenUndFakten/Regierungserklaerung.html.

관련된 총체적인 문제점을 파악하여 대책안을 제시한다. 제1분과 '독일의 사회질서와 규범에 대한 합의'에서는 남녀평등, 정치적 의사형성, 가정/교육/청소년의 자결권, 민주문화의 다양성 수용, 세속화와 같은 문제들이 논의된다. 제2분과 '독일 헌법의 종교문제'는 기본원칙으로서 국가와 교회의 분리, 종교적 상징성/회교사원건립, 국가 통제하에 독일어 이슬람종교수업, 남녀공학에서의 체육수업/수학여행/성교육, 이맘의 양성, 대학의 이슬람학부개설과 같은 문제들을 다룬다. 제3분과 '경제와 언론의 중재'(Wirtschaft und Medien als Brücke)에서는 노동시장의 청소년, 고용정책, 터키와 독일 매체의 홍보정책, 세속적 이슬람과 같은 주제들이 논의의 대상이다.[29]

2007년 5월 제 2차 독일이슬람회의가 열렸다. 이번에는 독일의 4개 이슬람단체(각주24 참조)가 '독일이슬람조정위원회'라는 전체 무슬림을 아우르는 대표체를 만들어 독일정부의 협상파트너로 나섰다. 이 대표단체가 독일의 이슬람을 대변하는 공공종교법인체로 인정될 경우, 이슬람은 여타 기독교와 동등한 법적 권리를 누릴 수 있다. 독일 무슬림들은 공립학교에서 이슬람종교수업을 실시할 수 있고 회교사원의 건립을 재정적으로 지원받을 수 있다. 물론 이슬람 대표체는 헌법이 규정한 공공법인체의 가입조건을 충족시켜야한다. 하지만 아직은 시기상조인 듯하다. 독일이슬람조정위원회의 대표성과 적법성을 두고 독일정부뿐만 아니라 독일 무슬림 내에서도 논란이 끊이지 않고 있

29) Bundesministerium des Innern, "Deutsche Islam Konferenz (DIK)," http://www.bmi.bund.de/cln_012/nn_1018378/Internet/Content/Themen/Deutsche__Islam__Konferenz/DatenUndFakten/Islamkonferenz__Kurzinfo.html.

다. 이슬람이 독일에서 '진정한' 종교로 인정받기 위해서는 '공존의 상식'이 통하는 사회적 합의가 더 요구될 것이다. 그것은 이슬람을 포함한 모든 종교(권력)가 국가질서와 공공의 복지에 기여할 수 있다는 인식의 변화를 전제한다. 다시 말해 정치의 영역과 종교의 영역이 공공의 선善을 실현하는데 경쟁적인 관계라기보다 역할 분담이 가능하다는 논리이다. 독일에서 이슬람이 합법적인 종교로 거듭나는 날, 히잡은 더 이상 이슬람의 종교적 정치적 상징물이 아니라 독일의 문화적 상징물이 될 것이다.

2장 사회전쟁?

제2장 사회전쟁?

01 프랑스 : 알제리인의 이주와 정착

박 단

1 머리말

수십 년 이래로 이민 문제는 프랑스인들이 가지고 있는 가장 커다란 관심사 가운데 하나이다. 현재 프랑스 내 이민자 가운데 유럽출신의 비율이 비유럽출신, 특히 마그레브출신 이민자보다 수적으로 다수를 차지하고 있음에도 불구하고 프랑스인들은 이민하면 흔히 마그레브인들을 떠올린다.[1] 이는 다른 여러 이유가 있겠지만 무엇보다도

1) 알제리전쟁에 대한 나쁜 기억으로 프랑스 여론에는 다음과 같은 방정식이 혼돈, 사용되고 있다. étranger(외국인)=immigré(이민자)=Arab(아랍인)=Maghrébin ou Nord-Africain(북아프리카인)=Algérien(알제리인) Yvan Gastaut, *L'immigration et l'opinion en France sous la Ve République*(Paris : Seuil, 2000), p. 71.

최근 30-40년 사이에 마그레브인들의 이주가 급작스런 증가세를 보임과 동시에 이들이 '프랑스인'으로 더디게 통합되는 문제와 관계가 깊다고 할 수 있다.

주지하다시피 마그레브인들은 19세기 후반부터 프랑스에 이주해 온 유럽계 이민보다 비교적 최근에 급속히 증가했다. 특히 '영광의 30년' 간 그들의 수적 증가율은 괄목할만하다고 하겠다. 이와 더불어 이들이 프랑스 사회로 통합되는 과정에서 여러 마찰음을 빚은 것도 이들을 '이민'의 대표자로 인식케 하는 주요 원인으로 볼 수 있다.[2)] 1989년 이래 최근까지 프랑스를 떠들썩하게 한 무슬림 여학생들의 '히잡 사건'[3)]에서도 볼 수 있듯이, 마그레브인 이주민들의 프랑스 사회로의 통합문제는 종교문화적 이질성과 관련되어 빈번히 사회문제화 되고 있다. 이슬람을 신봉하는 마그레브출신 이주민이 정교분리 원칙에 기반한 프랑스 공화국의 '세속문화'에 상대적으로 동화되기 어려울 것이라는 것은 주지의 사실이다.[4)] 그렇다고 마그레브인들이 프랑스 사회에 더디게 혹은 통합되지 않으려는 것을 단순히 종교문화적 이질성으로만 설명할 수 있을까?

이러한 문제에 일단의 해답을 얻기 위해 필자는 프랑스 내 대표적

---

2) Benjamin Stora, *La gangrène et l'oubli : La mémoire de la guerre d'Algérie*(Paris : La Découverte, 1998), p. 286. 이에 대해서는 2005년 10월 27일부터 수주간 계속되고 있는 방화를 동반한 대규모 시위가 좋은 예가 될 수 있겠다. 프랑스의 이민자 통합문제를 전 세계에 각인시킨 사건으로 기록될 것이다.

3) 박단, 『프랑스의 문화전쟁-공화국과 이슬람』(책세상, 2005) 참조.

4) 과거 알제리 총독이었던 수스텔(Jacques Soustelle)은 한 잡지에 "(이슬람이라는) 정치-종교지도자의 영향 하에서 (알제리 이주민들이) 개인별로는 동화가 가능할 수 있지만 대규모 집단으로는 가능하지 않다"고 말한 바 있다. *Le Figaro Magazine* du 14 mars 1990. Benjamin Stora, p. 286에서 재인용.

인 마그레브 이민인 알제리 이민자들의 경우를 예로 들어 그들의 특수성을 살펴보고자 한다. 흔히 한 나라에서 이민 문제에 대한 관심 혹은 이민자에 대한 거부감이 주요 사안으로 떠오르는 것은 이민을 받아들이는 나라의 경제상황과 밀접하게 연관되어 있다.[5] 하지만 이민자들의 통합문제는 이민자 자신의 사회경제적 상황과도 매우 깊은 관련을 갖고 있다. 즉, 이민자들은 경제적으로 그 사회에 얼마나 편입 혹은 배제되고 있는가? 이러한 사회경제적 문제가 모든 이민자들에게 해당되는 일이라고 한다면, 필자가 선택한 알제리 이민의 경우에는 이러한 보편적 특성에 프랑스의 과거 식민지인이라는 특수한 경험이 한 가지 더 추가된다. 게다가 알제리는 근래 프랑스로부터 독립하기 위해 8년간의 전쟁(1954-1962)을 겪기도 했다. 이처럼, 알제리 이민자들의 새로운 사회로의 통합문제를 이해하기 위해서는 단지 상이한 종교적 문화적 배경에 대한 고찰뿐만 아니라 해방 전쟁에 따른 알제리-프랑스 양국 국민 간의 반감, 그리고 알제리인의 높은 실업률, 열악한 주거환경 등 경제적 조건도 함께 검토되어야 할 것이다.

이러한 문제의식 하에, 필자는 먼저 알제리 전쟁이 알제리인의 프랑스 이주에 미친 영향을 살펴보고자 한다. 이를 위하여 2차 세계대전 이후 프랑스의 이민 정책이라는 커다란 틀 내에서 알제리 이주민의 이주 성격을 검토해보려 한다. 즉, 일반적으로 1970년대 초 갑자기 닥쳐온 석유 파동이 프랑스 이민 정책에 한 획을 긋는 커다란 사건으로 평가되는 데, 알제리 이민에게는 8년간의 전쟁도 이들의 이주 성격을 변화시키는 커다란 분기점이 되었음을 보여줄 것이다. 노동력

5) Jean-Pierre Obin et Annette Obin-Coulon, *Immigration et Intégration*(Paris : Hachette, 1999), p. 27.

위주의 일시적인 이민에서 대규모 난민의 성격을 띠는 항구적 이민은 그렇지 않아도 알제리 전쟁으로 반감이 쌓여가던 일반 프랑스인에게는 '가까이 하고 싶지 않은' 이웃이 되었는데, 이는 이들 알제리인이 프랑스 사회로 통합되는 데 커다란 걸림돌이 된다.

이렇게 급작스럽게 증가한 알제리 이주민은 사회경제적으로도 많은 어려움을 겪었다. 두 번째 장에서는 이들의 사회경제적 조건을 고용 및 거주문제를 통하여 살펴봄으로써 '준비되지 않은 이민'이 새로운 사회에서 겪게 되는 어려움을 검토해 보고자 한다. 애초부터 대다수 농촌 출신이면서 문맹률이 높았던 이들 이민자들은 대부분 미숙련노동자였을 뿐만 아니라 거주 지역 및 환경이 열악하여 프랑스인들과의 접촉이 용이하지 않았다. 이들이 처한 이러한 경제적 현실은 2세대의 진학률에도 결정적으로 영향을 미친 것으로 보이는데, 이는 흔히 이민자의 '통합기구'[6]라고 불리는 공화국 학교의 기능을 무용화시키는 것이었다.

결국 본고에서는 알제리 이주민이 프랑스사회에 통합되는 데 어려움을 겪는 것이 단순히 종교 문화적 차이에서만 기인하는 것이 아니라는 것을 밝히고자 한다. 필자는 알제리 전쟁을 계기로 야기된 프랑스 내의 반알제리 감정은 별도의 문제라 하더라도, 알제리 전쟁 후 대규모로 쇄도한 이들 '준비되지 않은' 이주민의 사회경제적 어려움이 그들뿐만 아니라 2세대가 새로운 사회에 통합되는 데 커다란 어려움을 초래했음을 드러내보이고자 한다. 이는 2005년 11월 현재 벌어

6) Ralph Schor, *Histoire de l'immigration en France : de la fin du XIXe siècle à nos jours*(Paris : Armand Colin, 1996), p. 302.

지고 있는 프랑스에서의 소요사태[7]에 대한 원인 분석에도 커다란 도움을 줄 수 있을 것이며, 더 근본적으로는 마그레브 이주민 2세대의 프랑스 사회로의 통합 연구에 중요한 시금석이 될 것이다.

2 알제리 전쟁과 알제리인의 프랑스로의 이주

1). 알제리 전쟁 이전의 이주

1830년 이래 프랑스의 식민지였던 알제리인들이 프랑스로 이주하기 시작한 것은 20세기 초부터였는데, 이들의 이주 물결이 대규모로[8] 목격된 것은 제1차 세계대전 때부터이다.[9] 이들은 때로는 전쟁

7) 언론에 나타난 사건 개황을 살펴보면, 소요가 진정 국면에 접어들었다고 선언된 11월 17일 현재, 2921명이 체포(최연소 피검자 10세)되었으며, 민간인 1명이 사망하였고, 장애인 1명이 중화상을 입었다. 공권력 측의 피해도 만만치 않았는데, 경찰 및 소방관 115명이 부상당하였으며, 시위자로 오인하여 한 청년을 집단 구타한 경찰 5명이 정직, 그 가운데 1명이 구금당하는 사태까지 벌어졌다. 약 20여일에 걸친 소요로 차량 9,071대가 불탔으며, 지급 예상 보험료만 최소 2억 유로(2500억 원)로 추측되고 있다. 이 소요의 자세한 사항에 대해서는 박단, 「2005년 프랑스 '소요사태'와 무슬림 이민자 통합문제」, 『프랑스사연구』, 14집(2006. 2) 참조.

8) 식민지인 신분으로서 이주할 경우 행정당국의 허가를 얻어야 했다. 1차대전으로 인해 대규모 이주가 가능해졌다. Benjamin Stora et Emile Temime, "L'immigration algérienne", in Laurent Gervereau, Pierre Milza et Emile Temime (sous la direction de), *Histoire de l'immigration en France au XXe siècle*(Paris : Editions d'Art, 1998), p. 125.

9) 1914년 프랑스에 거주한 알제리인 노동자는 약 1만 3천 명으로, 이탈리아인

터의 군인으로서, 때로는 '국토방위'를 위한 작업장의 노동자로서 동원되었다.[10] 그렇지만 전후, 1920-30년대를 지나면서 이들 알제리인은 본국으로 귀환하게 되었으며, 2차 세계대전 직후에는 프랑스 체류 이주민 비율로는 매우 적은 몫을 차지할 뿐이었다.[11]

그러면 알제리인들이 프랑스에 다시 오게 되는 계기는 무엇이었을까? 알제리인들이 프랑스에 발을 다시 딛게 되는 것은 프랑스가 2차 세계 대전 이후인 1947년부터 경제재건을 위해 노력하면서 노동력이 많이 필요한 기초산업의 육성을 강조하면서부터였다. 한편, 이 시기 대규모 건설공사, 주택건설, 제철, 화학, 자동차, 가전산업의 발달도 많은 일자리를 창출하였으므로 노동력의 수입은 불가피하였다. 당시 여러 가지 정황으로 유럽 이민을 대규모로 받아들이기 쉽지 않았던 프랑스는 자연스레 식민지로 눈을 돌리게 되었고, 알제리인들이 프랑스로 건너오게 되었던 것이다. 사실 알제리는 당시 프랑스의 한 개의 도道였기 때문에, 외국인에게 관련되는 규정에 얽매일 필요가 없었으며 그들의 자유로운 이동에 공식적인 장애물도 존재하지 않았다. 결국 이들의 대규모 유입은 국가에서 용인한 것이나 마찬가지였

41만 9천 명(1911년), 벨기에인 28만 7천 명(1911년) 에스파냐인 10만 5천 명(1911년) 등에 비하면 미미한 수준이었다. 알제리인의 수는 1차대전, 30년대 경제위기, 2차대전을 겪으면서 증감을 반복하는데, 그 위상에 있어 커다란 변화는 없다. Ralph Schor, p. 14.

10) Ahsène Zehraoui, "Les Algériens, de l'immigration à l'installation," Philippe Dewitte(s.d.), *Immigration et intégration l'état des savoirs*(Paris : Editions la Découverte, 1999), p. 121.

11) 1946년 기준으로, 프랑스에 거주하는 이민 가운데, 유럽출신이 88.7%, 아프리카 출신이 3.1인데, 그 가운데 알제리 이민은 1.3%에 불과하다. Patrick Weil, *La France et ses étrangers*(Paris : Gallimard, 1991), annexes.

다.[12] 이 당시 알제리도 몇 년간의 흉작으로 매우 어려운 시기였으며,[13] 그러한 이유로 알제리 이주민들은 이 당시 '수입'된 30만 명 가운데 이탈리아인[14]과 함께 프랑스 이주민의 대다수를 차지하였다.[15] 좀 더 구체적으로 이야기하면, 1947년부터 1953년까지 프랑스에 발을 디딘 알제리인은 740,000명인데, 그 가운데 561,000명이 고국 알제리로 되돌아갔으며, 약 185,000여 명만이 프랑스에 계속 남았다.[16] 전간기에는 알제리인들이 주로 카빌리아(La Kabylie) 출신이었는데 비하여, 전쟁 이후에는 알제리 대부분 지역, 특히 오랑(Oran), 콩스탕틴(Constantine) 심지어 남쪽의 사하라에서 조차 프랑스로 이주를 해온 것도 이 시기 이주의 한 특징이라고 할 수 있겠다.[17]

이렇게 볼 때, 알제리 전쟁 이전 알제리 노동자들의 프랑스 도착 혹은 귀국은 프랑스의 경제성장 혹은 노동시장의 변화에 따라 결정되었다고 할 수 있다. 이는 다른 말로 하면, 프랑스 당국이 자신들 마음대로 알제리 노동자들을 프랑스로 '불러들였다 -내보냈다'할 수 있었음을 보여주는 것이며, 알제리 노동자도 다른 나라의 노동자와 비교할 때 법률적 행정적으로 프랑스에 오갈 수 있는 만반의 준비태

12) Yvan Gastaut, "Des Trente Glorieuses à la crise des banlieues", in *L'Histoire*, n.229(février, 1999), pp. 49-50.

13) Benjamin Stora et Emile Temime, p. 126.

14) 이 당시에 프랑스에 온 이탈리아인은 북부 이탈리아인이 아니라 대다수 남부 이탈리아 출신이다. 북부 이탈리아인들에게는 스위스나 동유럽이 더 매력적이었다. Patrick Weil, pp. 63-64.

15) Ralph Schor, p. 198.

16) David Assouline, Mehdi Lallaoui(s.d.), *Un siècle d'immigrations en France : 1945 à nos jours*(Paris : Syros, 1997), p. 14.

17) *Ibid.*

세를 항상 갖추고 있었음을 의미한다.[18] 그렇지만 알제리가 독립되기 이전에는 이들 노동자들의 이주는 매우 불안정한 상태에서 이루어졌다. 이들은 프랑스에 체류하더라도 1년 혹은 2-3년을 넘지 않은 채 양국 사이를 '왔다 -갔다'하는 것이 일반적이었으며, 이주 형태도 독신이 대부분이었다.[19] 결국 이 시기의 알제리 이민은 '귀국한다는 생각'을 늘 갖고 있었던, 일시적으로 정착한 노동이민이었다.[20]

2). 알제리 전쟁과 이주 성격의 변화

그러면, 알제리 전쟁은 알제리인의 프랑스로의 이주에 어떠한 영향을 미쳤으며, 어느 정도 이주 성격을 변화시켰을까? 우선 이 전쟁이 이민 숫자의 증감에 미친 영향을 살펴보자. 프랑스 내 알제리인은 1954년 211,000명이었고, 전쟁이 끝난 해인 1962년에는 350,000명으로 집계되는데, 내무부는 같은 시기 436,000명으로 집계하였다.[21] 즉, 알제리 이주민의 수는 전쟁 기간 중인 1954년에서 1962년 사이에 배가 되었다고도 볼 수 있다.[22]

---

18) 즉, 이들은 프랑스의 국민인 동시에 외국인이었던 셈으로, 모든 사람에게 인정되는 권리가 완전히 적용될 수는 없었다. Ahsène Zehraoui, p. 121.

19) 알제리인들은 독립 이전에는 외국인으로 계산되지 않았고 끊임없이 알제리와 프랑스를 '왔다-갔다' 하였기 때문에 그들 숫자를 정확하게 계산해내기 어려웠다. Benjamin Stora et Emile Temime, p. 125.

20) Ahsène Zehraoui, p. 122.

21) 알제리가 독립한 해인 1962년 인구조사 시에는 누가 알제리인인가의 문제, 즉 알제리인은 '알제리인'인가 '프랑스인'인가와 같은 매우 미묘한 문제가 발생했다. David Assouline, Mehdi Lallaoui(s.d.), p. 16.

22) 비록 알제리인이 늘었다고는 하지만 프랑스는 알제리 전쟁 때문에 알제리

1954년에서 1962년의 알제리 전쟁 기간 알제리 이주민이 급증한 것은 그 시기가 프랑스로는 '현기증 날 정도'의 경제적 호황기였기 때문인 것은 분명했다. 50여만 젊은이의 징집으로 프랑스로서는 외부노동력이 계속 필요했고, 특히 값싼 임금으로 이용할 수 있는 "알제리인의 조력"이 반드시 필요했다.[23] 그렇지만 알제리인의 이주에는 알제리 전쟁도 커다란 영향을 미쳤다. 일단 알제리인의 이주가 더 이상 프랑스의 경제호황으로만 설명되지는 않는다. 알제리 전쟁이 야기한 많은 폐해들로 인해 모국을 어쩔 수 없이 떠나야만 하는 알제리인들이 많았다. 그들이 조국을 등진다면, 이들이 향해야 할 곳은 명백했다. 그렇지만 이들의 프랑스행은 전쟁 전과 달리 그렇게 우호적인 분위기에서 받아들여지지 않았다. 알제리 전쟁으로 인해 많은 프랑스인들이 알제리인에 대해 적대감을 갖게 되었고, 프랑스 정부도 가능한 한 알제리 이외의 다른 노동력 공급처를 알아보려 노력했다. 노동력의 수급을 유럽인 혹은 그마저도 어려우면 다른 마그레브 국가 출신으로 다변화시키려 했던 것이다. 그 결과가 포르투갈인의 대거 유입이나 이 시기 모로코, 튀니지 이주민의 급증으로 나타났다. 1962년에 5만여 명에 불과하던 포르투갈 이주자들은 1968년에는 296,448명, 1975년에는 758,925명으로 급격히 증가하였다. 이와 같은 포르투갈 이주민의 증가는 포르투갈의 국내사정도 있었지만 알제리인 대신 이들을 노동력으로 맞이하고 싶어 했던 프랑스의 정책과도 부합하였음은 물론이다.[24] 그 외 같은 마그레브 국가로 모로코인들

이민을 제한하려는 의도를 가지고 있었다. Patrick Weil, p. 65.

23) Benjamin Stora et Emile Temime, p. 128.

24) 포르투갈인은 여권 없이도 자유롭게 프랑스에 들어올 수 있었던 것이다.

이 1975년에 25만여 명, 튀니지인들이 14만 명, 블랙 아프리카인들이 8만 명에 이르렀다는 것도 주목할 만하다.[25] 그렇다고 알제리인 이주자가 줄어들지는 않았다. 알제리 이주민은 알제리 전쟁이 끝난 직후인 1962년 35만여 명에서, 1975년에는 그 수가 71만여 명으로 배에 달하였다.[26]

이러한 알제리 이주민 수의 증가는 어떻게 설명될 수 있을까? 알제리인의 이주를 제한하려는 프랑스 정부의 일련의 움직임에도 불구하고, 1962년 여름부터 알제리인의 프랑스로의 이주가 오히려 증가하게 되었다. 이는 여러 요인으로 설명될 수 있겠지만 특히 알제리 측 원인이 결정적이었다. '비밀군사조직' (Organisation de l'Armée Secrète, OAS)에 의한 알제리 영토 내 기반시설의 철저한 파괴, 그 결과 알제리의 심각한 해체, 그리고 수만 명의 해방된 알제리인 죄수와 퇴역군인들이 노동시장에 갑작스럽게 들어오게 된 것이 이민자 수에 커다란 영향을 미쳤다.[27] 뿐만 아니라, 그 동안 계속되어 온 것이기는 하지만 알제리 농민층의 프롤레타리아화, 전쟁으로 인해 황폐화된 농토의 포기 등 알제리 사회의 구조적 동요, 그리고 수많은 소기업들의 폐쇄조치 등도 주요 원인이었다.[28] 이는 다음과 같은 통계로도 입증된다. 1962년

Patrick Weil, p. 68.

25) Yvan Gastaut, "Des Trente Glorieuses à la crise des banlieues", p. 51.

26) *Ibid.* 1975년의 알제리 이주민 수는 필자에 따라 차이가 있다. 이들의 평가는 대략 70-90만 명 사이를 오간다. 벤자민 스토라와 에밀 테밈은 1975년 프랑스에 거주하는 알제리인을 대략 90만 정도로 파악하고 있다. Benjamin Stora et Emile Temime, p. 128.

27) David Assouline, Mehdi Lallaoui(s.d.), p. 22.

28) Benjamin Stora et Emile Temime, p. 128, p. 130.

9월 1일부터 11월 11일까지 91,744명의 알제리인이 프랑스에 입국[29]했으며, 45,043명이 출국했다는 기록이 남아있다. 즉 프랑스 내 알제리 이민자 수는 이 짧은 기간에 46,000명 이상이 증가했다고 볼 수 있다.[30] 이후에도 이러한 현상은 계속되었다. 1963년에는 262,000명이 들어옴으로써 5만여 명이 증가하였고, 1964년에는 269,000여 명이 들어옴으로써, 귀국자 수보다 44,000여 명이 초과 입국했다. 이러한 현상은 프랑스 정부가 의도한 바는 아니지만, 8년 간의 전쟁이 가져온 결과라고 볼 수 있다.[31]

그러면 프랑스는 알제리 이민자 수를 줄이기 위하여 어떠한 노력을 기울였는가? 프랑스 이민 정책은 알제리가 독립한 시점인 1962년이 중요한 분기점이 된다. 알제리의 독립 후에 프랑스와 알제리 두 국가는 프랑스에 이미 들어와 있는 '알제리인들'이 프랑스 국내에 거주하는 것에는 합의하려 노력했다. 이 1962년의 협약은 특히 두 나라 거류민의 권리와 의무를 세심하게 정의했다. 이 협약 가운데 14개 조항이 알제리에 있는 프랑스인의 권리와 관련되며, 단 두 개의 조항만이 프랑스에 있는 알제리인에 관한 것이었다. 이 두 조항인 7조와 11조에 따르면, "알제리인들, 특히 노동자들은 정치적 권리를 제외하고는 프랑스인들과 동등한 권리를 가지며, 두 나라 간을 자유롭게 이동할 수 있다."[32] 이 협약에서 '두 나라 간을 자유롭게 이동할 수

29) 프랑스 당국은 이 시기 위생검사를 통해 장애인이나 환자를 국경에서 들어오지 못하게 함으로써 알제리 측이나 언론의 항의를 받았다. Patrick Weil, p. 66.

30) David Assouline, Mehdi Lallaoui(s.d.), p. 22.

31) Benjamin Stora et Emile Temime, p. 130.

32) David Assouline, Mehdi Lallaoui(s.d.), p. 22.

있다'함은 프랑스 입장에서는 알제리 이주민의 상당수가 귀국할 것이라는 것을 가정한 것이었다.[33] 그렇지만 이는 프랑스의 기대에 불과했다. 전쟁의 여파에 따른 새로운 이주 압력이 1962년의 합의, 즉 "... 두 나라 간을 자유롭게 이동할 수 있다"는 합의의 프랑스 측 기대를 산산조각 냈다. 또 다시 새로운 합의가 나와야 했다. 두 나라는 합리적인 선에서 이주를 유지하기 위해 이민자의 쇄도를 제한할 장치를 생각하였다. 1964년 1월 9일 알제리 정부의 사회부 장관과 프랑스의 노동부 장관 사이에 다음의 사항이 합의되었다.

1) 두 정부는 두 국가 사이의 노동력의 흐름을 정상화하는 것이 두 국가의 이익에 부합되는 것으로 평가한다.
2) 즉시 그리고 7월 1일까지, 알제리 국민이 새로이 프랑스에 유입되는 것은 두 국가의 경제에 실질적으로 제기되는 문제에 따라서 결정될 것이다.
3) 7월 1일부터 알제리 노동자들의 이주는 알제리의 노동력의 가용성과 프랑스 노동시장의 여력에 따라서 결정될 것이다. 이 사실은 프랑스 정부가 알제리 정부에게 사분기마다 통보할 것이다.
4) 알제리 노동자의 가정이 프랑스에 정착하는 것은 미래 주거시설의 존재 여부에 따라 조정되어야 한다.[34]

이 협약은 기존과 같은 대규모의 이주는 제한하겠지만, 프랑스의 경제 사정이 변수가 될 수 있음을 뜻하였다. 프랑스는 여전히 노동력

33) Benjamin Stora et Emile Temime, p. 130.
34) David Assouline, Mehdi Lallaoui(s.d.), p. 23.

이 필요한 나라였으므로 이 협약은 알제리 노동자의 이주가 엄격히 통제되기는 힘들다는 것을 보여주고 있다. 프랑스는 노동력 '안정화 계획'(Plan stabilisation)의 일환으로, 모로코, 튀니지, 포르투갈 등과 1963년 9월에 새로운 노동력 협약에 서명한 것과 별도로, 1965년에는 유고슬라비아 및 터키와의 협약에 서명하기까지 했다.[35] 알제리 이주민도 앞선 합의에서는 예상되는 평균 입국자 수가 연간 12,000명 정도였지만, 이 수치는 곧 초과되었다.[36] 프랑스로의 계속되는 알제리인의 이주 압력으로 그 진행을 예측하고 조절하기 위한 새로운 합의가 요구되었다. 프랑스는 결국 1968년 12월 27일 이주민의 수와 관련하여 알제리와 새로운 협약을 맺을 수밖에 없었다. 이 협약에 따라 알제리인의 프랑스로의 연간 입국자 수는 향후 2년간 25,000명으로 합의되었다.

프랑스는 알제리 이민을 제한하는 방법의 하나로 非마그레브인의 이주를 권장하였을 뿐만 아니라, 국경에서의 불법 이주자 제한을 더 엄격히 하여, 불법 입국자들을 처벌하기 시작했다.[37] 법의 효과적 집행을 위해 1969년에 프랑스는 이민 관련 규정을 노동부에서 내무부로 이전시켰다. 이는 이민자들을 경찰의 손에 맡긴 것과 다름없는데, 사실 그것은 이민자들, 특히 알제리인들을 의심스러운 인물로 보기 시작한 것이나 다름없었다.[38]

35) Yvan Gastaut, "Des Trente Glorieuses à la crise des banlieues", p. 50.
36) Benjamin Stora et Emile Temime, p. 131.
37) Patrick Weil, pp. 67-68 ; Yvan Gastaut, "Des Trente Glorieuses à la crise des banlieues", p. 50.
38) David Assouline, Mehdi Lallaoui(s.d.), p. 23.

이외에도 알제리인들의 이주 제한을 겨냥한 프랑스 측의 정책은 계속되었다. 프랑스 정부는 1974년 7월 가족이민을 포함한 모든 이민을 중단하기로 결정하였다. 1974년 새로이 권좌에 오른 지스카르 데스탱(Giscard d'Esting)이 '제로이민'을 선언한 후, 7월 5일의 규정에서 모든 이민의 중지와 국경 폐쇄를 결정한 것이다. 즉 프랑스 정부는 유럽공동체 소속 국민을 제외하고는 일체 외국인에게 노동허가를 내주지 않았다. 1977년에 노동부 장관 리오넬 스톨레뤼(Lionel Stoléru)가 '귀국 보조금 정책'을 발의한 것도 이러한 정책의 연장선상에 있다고 말할 수 있다. 완전히 귀국하는 이민자에게 1만 프랑의 보조금이 제공되었지만 결과는 실망스러운 것이었다. 1977년에서 1981년 사이에 6만 명의 외국인이 귀국했지만 알제리인은 4%에 불과했고 대부분 포르투갈인 (40%), 에스파냐인 (25%)이었다. 거의 동시에 가족이민이 재개되었다.(circulaire Dijoud de 1974 et 1975) 이 '가족 재결합 정책'은 독신 노동력 형태의 이민을 가족이민 형태로 바꾸었는데, '귀국 보조금 정책'과는 명백히 모순된 정책으로 보였다.[39] 이처럼 일부 귀국 움직임에도 불구하고 알제리 이민자 수는 내무부가 공표한 통계에서 보듯이 1975년까지 계속해서 늘어났다. (1973년 12월 31일 845,000명, 1974년 12월 31일 871,000명, 1975년 12월 31일 884,320명) 이러한 성장은 일반적으로 알제리인 가정에서의 높은 출산율과 가족 이민으로 설명될 수 있겠다.[40]

---

39) Yvan Gastaut, "Des Trente Glorieuses à la crise des banlieues", p. 50.

40) 국제 이주청(l'Office des migrations internationales OMI)에 따르면, 1969년과 1990년 사이에 알제리인 이주자 140,635명이 가족재결합의 범주에 들어가는 이민에 속한다. David Assouline, Mehdi Lallaoui(s.d.), p. 24.

이제 알제리 이민의 평균나이는 젊어졌다. 1990년에는 20세 이하가 알제리 이민 총인구의 32%를 차지하고, 40세 이하가 55.8%를 차지하였다. 이민은 일시적이라기보다는 항구적이고 구조적이 된 것이다. 이 이주민은 세대에 따른 의미 있는 변화에도 불구하고 여전히 그 출신국가가 프랑스의 옛 식민지 출신이라는 것과 그들이 대부분 노동계층에 속한다는 것은 변하지 않았다.[41]

그러면, 알제리 이민자는 프랑스 정부의 이주 제한 조치에도 불구하고 시간이 갈수록 계속해서 증가하였는가? 그렇지 않다. 1980년대 이래 알제리 이민자의 수가 통계상 줄어들게 되는 데, 이는 이주민의 수가 줄어든 것도 한 이유가 되겠지만 프랑스의 국적법 개정과도 무관하지 않다. 프랑스 정부는 모든 이민을 중단시키는 것과 함께 국적법 개정을 통해 기존에 프랑스에 들어와 있는 구舊식민지인들에게 '프랑스인'이 될 수 있는 가능성을 열어 놓았다. 1973년의 법은 구舊식민지 출신의 사람들이 프랑스 시민이 되는 데 우호적인 조항을 포함하고 있었다. 즉, 구舊프랑스 식민지에서 태어난 부모로부터 프랑스에서 태어난 아이들에게는 출생 시부터 국적이 주어진다는 법조항이었다. 그렇지만 이 조항은 1993년 법 (메에뉴리법 loi Méhaignerie)에 의해 일부 조항이 삭제되었는데, 이는 외국인 부모로부터 프랑스에서 태어난 미성년자가 부모가 단순히 의사표명을 함으로써 그 미성년자가 성인이 되었을 때 프랑스 국적을 얻을 가능성이 사라졌음을 의미한다. 이 미성년자는 16세에서 21세 사이에 자신이 프랑스인

41) Ahsène Zehraoui, p. 122.

이 되겠다는 의사표명을 하는 단계를 거쳐야만 했다. 하지만 1998년의 엘리자베스 기구법(la loi Guigou)은 다시 이들 이주민들에게 국적취득을 용이하게 해주었다.[42] 이와 같은 일련의 국적법 개정으로 인해 프랑스에 거주하는 알제리 이주민에 관한 통계도 그 의미를 잘 파악해야 할 필요성이 생겼다. 예를 들어 1982년의 공식통계에 따르면, 알제리 이주민 수는 795,920명으로 이는 1975년의 884,320명에 비하여 거의 10만 명 가까이 줄어든 것으로 볼 수 있다. 또한 1990년에는 프랑스에 거주하는 알제리인이 615,000여 명으로 알제리 이주민의 수가 현격하게 감소한 채로 집계되었다. 이는 알제리 출신 이민자 가운데 프랑스 국적을 취득한 자가 그만큼 늘어났다는 사실을 고려해야 이해할 수 있을 것이다. 프랑스 국적을 가진 알제리 출신이 1980년대에 400,000명으로 집계되는데, 이들 가운데 3분의 2는 프랑스에서 태어난 2세대들이다.[43]

3 | 항구적 정착의 어려움

42) 1998년 3월 16일의 기구법은 국적취득 과정을 다시 세 단계로 나누었다. 즉 이 법에 따르면, 13세에 부모의 동의하에 프랑스인이 될 수 있고, 16세에는 부모의 동의가 필요 없고, 18세에는 완전한 권리를 갖는 프랑스인이 될 수 있다. Jean-Pierre Obin et Annette Obin-Coulon, p. 40. 이는 프랑스에서 태어난 외국인의 아이들에게 프랑스 국적을 자동적으로 부여함을 의미한다. *L'Histoire*, n.229(février, 1999), p. 40.

43) Benjamin Stora et Emile Temime, p. 131.

이민자가 그들이 새로이 정착한 사회에 잘 적응하기 위해서는 여러 문제 가운데에서도 고용문제와 주거문제를 우선적으로 해결해야 한다. 2005년 11월 프랑스에서의 소요사태는 무엇보다도 이 문제를 전 세계에 상기시켰다. 알제리 이주민들은 이 두 문제를 어떻게 해결하고 있는가? 이 문제의 해결이 그들의 프랑스 사회의 항구적 정착과 통합에 필수불가결함은 명백하다. 알제리 전쟁 직후 대규모로 이주한 세대와 그들 2세대 간에는 이러한 문제에 있어 어떠한 차이가 있는가? 이들의 상황이 계속해서 열악하다면, 프랑스 사회로의 통합은 그만큼 어려워 질 수밖에 없을 것이다. 2세대의 취학률, 실업률이 이들의 경제적 상황, 그리고 그로 인한 사회통합문제와 직결되기 때문이다.

1). 고용문제

프랑스는 2차 세계대전 이후 경제 재건을 위하여 이민노동자를 적극적으로 불러들였다. 이 시기 알제리인들도 이 재건 사업에 참여하기 위해 프랑스에 도착하였지만, 프랑스인들이 경제호황의 과실을 누린데 비하여, 알제리인들의 경제적 현실은 상대적으로 비참했다. 이들 이민자들은 이른바 '소비사회로부터 잊혀 진 자들'[44]이었다.

무엇보다도 이들이 소비사회로부터 소외된 것은 그들의 이주 목적이 프랑스인들이 원하지 않는 일을 하기 위해 왔기 때문이다. 이는

44) Ralph Schor, p. 212.

그 직업이 소위 3D(힘들고, 더럽고, 위험한) 업종에 속하기 때문인 것은 명확하다. 당시 이러한 직종에 속한 것으로는 건축업, 광산업, 화학산업, 금속업 등이 있으며, 프랑스의 많은 기업들이 반복적이며 단순 작업을 하는 단순전문노동자(Ouvriers Spécialisés)로 저임금을 줄 수 있는 이들 이민자들을 주로 채용했음은 물론이다.[45]

알제리 전쟁이 시작되는 1954년 통계로 볼 때, 프랑스에 거주하는 알제리인들의 약 60%가 건축업에, 그리고 33%가 기계 · 금속업, 6%가 광산업에 종사하였다.[46] 이러한 추세는 시간이 지나도 크게 변하지 않았다. 1970년에 나온 한 자료에 따르면, 알제리인 노동자 가운데, 179,000여 명이 단순육체 노동자, 131,000여 명은 단순전문 노동자이고, 숙련노동자는 전체 알제리 노동자의 10% 밖에 안 되는 39,000여 명이었다.[47] 알제리 전쟁 후 프랑스에 도착한 이주민들은 대체로 농촌출신이면서 문맹이라는 것도 이들이 단순 노동을 할 수밖에 없었던 이유 가운데 하나이다. 게다가 알제리인의 경우 프랑스 고용주들이 그들의 교육수준이나 기술 수준을 무시하는 것이 일반적이었던 것도 사실이다. 비록 이들이 전문 학위를 소유하고 있다고 할지라도 프랑스 고용주들은 그것을 결코 인정하지 않았다.[48]

---

45) *Ibid.*, p. 213.

46) 이 당시 이들이 선호하던 기업은 '프랑스 석탄공사'(les Charbonnages de France)와 '르노'(la régie Renault) 등이었다. Benjamin Stora et Emile Temime, p. 127.

47) Comité d'Etablissement de Billancourt, Procès-Verbal de la commission de la formation professionnelle(9 octobre 1970) Archives de Renault 은은기, '르노 자동차 공장 알제리인 이민노동자', 『경대사론』10집(1997.12), p. 469에서 재인용.

48) Yvan Gastaut, "Des Trente Glorieuses à la crise des banlieues", p. 49 ; 1960년대

실업률도 매우 높았다.[49] 1975년의 통계에 따르면, 프랑스에 거주하는 884,000명의 알제리인 가운데, 단지 467,500명만이 일자리를 갖고 있었다. 게다가 이 노동력의 반 정도(41.6%)가 당시 3D 업종의 하나인 건축분야에서 일하고 있는데, 이것은 전체 외국인 노동력의 3분의 1을 차지하는 것이다. 알제리인들이 사람들이 꺼리는 위험한 일에 주로 종사하고 있음은 알제리 노동자의 입원자 수가 매우 많다는 데에서도 잘 나타나고 있다. 파리경찰청의 통계에 따르면 1969년 12월 31일 기준으로 병원에 입원한 외국인 4,269명 가운데 1,616명이 알제리인이었으며, 이는 전체 이주민 가운데 37.8%나 차지하는 것이었다.[50] 크게 보아 1970년대까지도 프랑스에 있는 알제리 노동자의 4분의 3은 비전문적인 일자리에 종사하고 있었다.[51]

그렇다면 이들 이주민 2세대가 취업인구로 활동할 80-90년대에는 상황이 어떠한가? 몇몇 연구조사에 따르면, 알제리 이주민들의 취업분야에 어느 정도의 변화가 관찰된다. 1990년의 인구조사에서 211,578명의 알제리인 취업남성을 대상으로 보았을 때, 비숙련공인 단순전문노

알제리 이민노동자의 문자 해독률을 조사한 결과에 따르면, 이들의 74%는 문맹이었고, 5.5%는 아랍어만, 8.9%는 불어만, 그리고 10.6%는 불어와 아랍어를 모두 구사할 수 있었다. "Points de repère pour une alphabétisation fonctionnelle des travailleurs étrangers", *Hommes et Migrations*, n.114(1969), p. 25. 은은기, p. 471에서 재인용.

49) 실업은 통합을 거스르는 공동체주의의 온상이다. Catherine Withol de Wenden, "Les Jeunes issus de l'immigration, entre intégration culturelle et exclusion sociale", Philippe Dewitte(s.d.), *Immigration et intégration l'état des savoirs*(Paris : Editions la Découverte, 1999), p. 236.

50) Ahsène Zehraoui, p. 123.

51) David Assouline, Mehdi Lallaoui(s.d.), p. 25.

동자(manoeuvres et ouvriers spécialisés)의 비율이 여전히 상당(38.1%)하지만, 이는 1975년의 조사(68.5%)를 고려하면 현저하게 감소한 것이었다. 반면 숙련노동자의 비율은 같은 기간 19.2%에서 36.5%로 현격히 증가하였으며, 중간간부, 십장, 기술자, 사무직 노동자들도 일정 비율 높아졌다.[52]

1998년의 한 통계치를 살펴보면 이러한 변화는 더욱 뚜렷하다. 알제리인들은 농수산 및 임업에는 0.8%(프랑스 전체 4.4%, 이민인구 전체의 2.6%) 종사하였고, 산업에는 18.2% (각각 18.7%, 20.1%), 건설업에는 10.6%(각각 6.2%, 14.1%) 그리고 서비스업에는 70.5%(각각 70.7%, 63.2%) 등이 종사하였다.[53] 이를 볼 때, 20세기 말에 와서는 모든 분야에 있어 알제리 이민의 직업분포도가 전체 이민 혹은 전체 프랑스 인구의 직업분포와 비교해서 커다란 특이점을 찾기 힘들다. 단지, 상대적으로 농수산 및 임업에 있어 그 비율이 매우 낮다고 하겠는데, 이는 이민자의 특성상 이해할 만한 일이다. 한편 다른 자료에 따르면, 알제리 출신 남성은 대다수 제조업과 건축분야에, 여성은 대부분 서비스 분야에 종사하고 있다.[54] 그렇지만 비숙련분야에 종사하는 자의 수도 시간이 지남에 따라 크게 감소하고 있다.[55] 1980년대 이래로 비숙

52) 그렇다 하더라도 이 범주의 어떤 것도 임금노동자 전체의 5%에는 달하지 못한다. Ahsène Zehraoui, p. 123.

53) 출처 INSEE, 1998년 취업조사 Philippe Dewitte(s.d.), *Immigration et intégration l'état des savoirs*(Paris : Editions la Découverte, 1999), p. 433. 부록.

54) Ahsène Zehraoui, p. 123.

55) 건축분야 중 공공건축분야를 예로 들어 보면, 1974년 알제리 출신 노동자는 135,271명이 이 직종에 종사하였는데, 이 수는 점차 감소하여 1981년에는 81,962명이 되었고, 1983년에는 그 수가 53,278명으로 감소하였다. Raphaël-Emmanuel Verhaeren, "Les travailleurs algériens dans le B.T.P.", in Jacqueline

련노동자가 명백히 감소한 것은 한 세대의 마감을 뜻하며, 일부 특정 분야(건축분야와 기계 · 금속분야)에 고용된 비숙련 알제리 노동자의 종식을 뜻한다고 볼 수 있다.[56] 그들 대다수의 부모와는 달리, 아이들은 학교에 다녔고 결과적으로 더 높아진 수준의 질을 소유하고 있었다. 그렇지만 이러한 현상이 그들의 취업률이 프랑스 평균 취업률과 비슷하다고 말하는 것은 아니다. 알제리인들은 여전히 일자리를 구하는 데 있어 그들의 아랍식 이름이나 거주 지역 등 경제 외적인 요인에 의해 많은 차별을 받고 있다. 결국, 이민 2세대의 경우 그들 부모 세대보다 경제적 여건이 더 나아졌다고 볼 수는 없으며, 이는 그들 주거환경이 여전히 매우 열악한 데에서도 찾아 볼 수 있다. 이는 알제리인들이 여전히 프랑스인이 아니라 프랑스 내 '식민지인'으로 남아 있음을 보여준다.

2). 주거문제

주거 환경은 고용과 함께 특정 인구의 사회적 통합의 적절한 지표 가운데 하나이다. 한 가정의 거주지가 매우 열악하다는 것은 그들의 생활수준이 매우 낮다는 것으로 그 구성원이 실업 상태에 있거나 비록 취업 상태에 있다고 하더라도 저임금을 받는 상황에 머물고 있음을 뜻한다. 다른 한편으로 이러한 주거 환경은 거주지역과 맞물

Costa-lascoux et Emile Temime, *Les Algériens en France : genèse et devenir d'une migration*(Paris : Publisud, 1985), pp. 69-70.

56) Ahsène Zehraoui, p. 123.

려 프랑스인들과의 접촉 기회를 거의 갖지 못할 가능성이 높다는 것을 의미하기도 한다. 결국 이주민들의 주거 환경이 열악하다는 것은 그들이 그만큼 새로운 사회에 통합되는 데 어려움을 겪을 수 있다는 말이다. 이는 2005년 11월의 무슬림 이민자 소요사태의 한 원인으로도 잘 알려진 바 있다. 알제리 이주민들은 처음에는 독신으로, 알제리 전쟁 이후에는 일반적으로 가족형태의 이민이었다. 독신에서 가족형태로 바뀜에 따라 주거 형태에 발전적인 변화가 있었는가?

알제리 이주민은 이주 초기에는 독신 노동자로서 가족 없이 주로 지냈기 때문에 대부분 주택에 큰 관심을 기울이지 않았다.[57] 설사 적절한 거주지를 얻기 위해 이들이 노력을 기울였다고 하더라도 흔히 수포로 돌아갔다. 상대적으로 열악한 임금으로는 집주인의 마음을 사로잡기가 어려웠으며 알제리에 있는 가족들에게 송금을 해야 하는 일들도 그들의 주택마련을 어렵게 했다.[58] 이들은 흔히 공장에서 숙소를 제공받는 경우도 있었지만 그 비율은 매우 낮았고, 건축공사장에서 천막 등으로 생활해야 했다. 심지어 일부 이민 노동자들의 경우 거주할 곳은 못되고 단지 잠만 자고 나올 수 있는 저급한 '호텔'로 불리는 곳에서 지내는 경우도 있었는데, 이러한 곳은 위생시설이 거의 갖추어 있지 못하였다.[59] 이러한 현실이 프랑스 사회와의 접촉을 어렵게 했음은 물론이다.

알제리 전쟁 이전 프랑스에 거주하는 알제리 이주민들이 대체로

57) Ralph Schor, p. 213.
58) Benjamin Stora et Emile Temime, p. 126.
59) Ralph Schor, pp. 213-214.

독신이었다고 하지만 가족 형태의 이주도 있었다. 알제리 이주민 가정은 처음에는 남불에서 그리고 점차 전국적으로 확산되었는데, 1953년 내무부의 한 조사에 따르면, 약 11,000명의 자식을 둔 5,000여 알제리 가정이 이 시기에 프랑스에 거주하였다.[60] 프랑스 정부로서는 알제리 이주자들이 가정을 갖는 것은 이들이 정치화되는 것을 막을 수 있으며, 동시에 이들을 더 잘 장악할 수 있는 것이었다. 특히 1961년 10월 파리에서의 알제리인 소요[61] 이후에는 이들에 대한 통제가 더욱 필요해 졌다. 따라서 알제리 이주민들이 가정을 갖는 것이 필요하다고 생각되었는데, 이는 자연적으로 빈민촌과 같은 임시숙소의 증가를 예상케 하는 일이었다.

1966년 6월의 내무부 통계에 따르면, 당시 알제리인의 42.8%가 판자촌에 거주하고 있었는데, 이 판자촌이 철거되기 시작하면서 1970년대 초부터 알제리인들의 거주 여건도 변화되기 시작하였다.[62] 공영임대주택인 HLM(Habitation à loyer modéré)의 6.5% 정도가 이민자들에게 할당되었는데,[63] 이는 프랑스에 10년 이상 거주한 자나 아이들이 있는 자에게 유리하였다. 1960-70년대에 들어와서는 프랑스인들의 수입이 증가하면서 이들이 더 나은 주거지를 향해 HLM을 떠남에 따라 이민자들이 이 주거지를 차지하는 비율이 높아갔는데,[64] 이러

60) Benjamin Stora et Emile Temime, p. 127.
61) 이에 대해서는 노서경, 「식민지배의 기억 : 알제리전쟁과 프랑스사회」, 안병직외 10인, 『세계의 과거사 청산』(푸른역사, 2005)을 참조하시오.
62) David Assouline, Mehdi Lallaoui(s.d.), p. 25.
63) Ralph Schor, pp. 215-216.
64) Véronique de Rudder, "Le logement des maghrébins", in *Les Temps Modernes*, n.452-453-454(Mars-Avril-Mai 1984), p. 1964.

한 현상은 이민자들과 프랑스인들 사이의 접촉 기회를 더욱 감소시켰다고 볼 수 있다.[65]

1980년대에 발표된 한 논문에 따르면, 이 시기에도 마그레브 이주민과 프랑스인 혹은 유럽계 이주민의 거주지에는 여전히 커다란 차이가 있었다. 지속적인 거주를 위해 지어진 주택을 '정상적 주거지'(logements ordinaires), 그렇지 않은 주거지 즉 임시 숙소를 '비정상적 주거지'(logements non-ordinaires)라고 했을 때, '원래 프랑스인'의 96%는 '정상적 주거지'에서 살고 있었고, 이탈리아나 에스파냐와 같은 유럽계 이민자들, 그리고 상대적으로 최근에 이주해 온 포르투갈 이민자도 90% 이상이 그러하였다. 그렇지만 마그레브 이민자는 이들 가운데 3/4만이 '정상적 주거지'에 살고 있었다. 마그레브인도 더 구체적으로 살펴보면, 튀니지인은 약 80%, 모로코인은 70% 그리고 알제리인은 그 중간 정도가 정상적인 주거지에 머물고 있다고 볼 수 있다. 주거지와 관련해서 알제리인의 처지가 모로코인보다 나은 이유는 여러 가지가 있을 수 있겠으나 무엇보다도 그들 이주민이 모로코인들보다 프랑스에 더 일찍 도착했다는 것과 관련될 수 있겠다.[66]

1990년대의 통계도 알제리인의 주거 환경이 특별히 더 나아졌음을 보여주지 못한다. 알제리 이민의 약 70-80%가 '정상적 주거지'에서 살고 있다고 하더라도, 1990년의 인구조사에 따르면, 이 주거지의 편의시설은 매우 낙후되어 있음을 보여준다. 편의성 차원에서 볼 때,

---

65) "Les mal-logés", Hommes et Migrations, n.117(1971), pp. 45-49. 은은기, p. 477 재인용.

66) Véronique de Rudder, pp. 1957-1959.

알제리 가정의 10.8%는 목욕탕, 샤워실, 화장실이 없는 주거지에 살고 있었다.[67] 그 주거지의 16.5%는 중앙난방이 없고, 옥내 화장실이 없었다.[68] 게다가, 알제리인으로서 자기 집을 소유한 자는 매우 드물었으며, 이러한 처지는 프랑스인 뿐만 아니라 다른 외국인과 비교할 때도 매우 높은 수치여서 알제리인의 주거 조건이 대단히 열악했음을 보여준다.[69]

이러한 열악함으로 이들이 프랑스인들과 같이 지낼 기회는 거의 없었던 것으로 보인다. 알제리인의 71.5%는 집단 주거지에 살고 있었던 반면, 외국인은 평균 57.5%가 그러하다[70]는 통계는 알제리 공동체가 그만큼 게토화되었음을 보여준다고 하겠다.[71] 1990년의 인구조사에 따르면, 이 시기 알제리 이주민의 49.6%는 파리지역에 거주하며, 16.5%는 론-알프, 10.9%는 PACA지역에 거주하였는데[72] 이는 이주민들이 일반적으로 국경, 산업지대, 대도시 근교 등에 몰려 거주한다는 것을 인정한다고 하더라도 그 비율이 매우 높다고 할 수 있겠다.

67) 또 다른 통계에 따르면, 부엌을 다른 용도와 함께 사용하는 비율이 알제리인의 경우 프랑스인보다는 4배, 다른 외국인보다는 2배 높다. 이는 아마도 가구 내 인구수 비율이 알제리인이 가장 높기 때문인 것으로 보인다. *Ibid*, pp. 1959- 1960.

68) *Ibid*, p. 1960.

69) 또 다른 수치도 흥미롭다. 일반적으로 이민의 경우 프랑스인보다 자기가 살고 있는 집의 소유주인 경우가 두 배 정도 적으며, 가구가 갖추어진 집의 세입자인 경우는 5배 정도 많다. 이 비율은 마그레브인의 경우로 한정하면 10배 이상 많으며, 알제리인으로 국한하면 13배 정도 많다. *Ibid.*, p. 1960.

70) *Ibid.*

71) Ahsène Zehraoui, p. 124.

72) *Ibid.*, p. 122.

4 | 맺음말

지금까지 살펴본 바에 따르면, 알제리 이민과 그들의 자식들은 최근까지 계속해서 경제적으로 불안정한 조건에서 생활하고 있으며, 이것이 프랑스 사회로의 통합에 커다란 장애가 되고 있다. 이들은 종교문화적 정체성의 갈등과 함께 취업 등에서 차별을 겪기에 진정한 '프랑스인'이 되기 쉽지 않다. 특히 알제리인들은 마땅한 직업을 얻을 능력도 없고, 취학률도 상대적으로 낮기에 당연히 실업률도 높다. 1995년 취업 가능 인구 가운데 26.5%의 남성과 36%의 여성은 실업 상태에 있었다.[73] 이는 프랑스 전체 인구의 남성 실업률 9.8% 및 이민자 실업률 18.8%, 프랑스 전체 인구의 여성 실업률 13.9% 및 이민자 실업률 21.8%를 훨씬 상회하는 수치이다.[74] 게다가 알제리 출신 이민자 가운데 15세 이상의 70.8%는 어떠한 학위도 없고 3.1%가 고등학교 졸업증(bac ou un brevet professionel)이 있을 뿐이었다.[75] 이는 다음의 통계로도 보완될 수 있다. 알제리 이민은 학생 수가 마그레브인인 모로코인, 튀니지인 심지어 블랙 아프리카 이민보다도 비율적으로 훨씬 적다. 즉, 1992-1993년의 경우 모로코 이민 가운데 학생 수는 256,000명 (이민자 수는 446,872명, 학생 수의 비율은 57%), 튀니지 이민 가운데 학생 수는 75,000명 (이민자 수는 182,478명, 학생 수의 비율은 41%), 블랙 아프리카 이민

73) *Ibid.*, p. 124.
74) 출전 INSEE, Jean-Pierre Obin et Annette Obin-Coulon, p. 41.
75) Ahsène Zehraoui, p. 124.

의 학생 수는 93,000명 (이민자 수는 182,479명, 학생 수의 비율은 51%)인데 비해 알제리 이민 가운데 학생 수는 205,000명 (이민자 수는 571,997명, 학생 수의 비율은 36%)이다.

일반적으로 학교는 마그레브 이민 2세대와 프랑스 공화국 사이의 중요한 연결 고리[76]로 간주되는데, 이처럼 낮은 진학률은 알제리 이주민의 프랑스 사회로의 통합문제와도 직결될 수 있다. 즉, 이러한 현실은 그들이 새로운 사회에 적응하는데 전혀 도움이 되지 않았다. 그렇지 않아도 무슬림이라는 이들의 정체성이 프랑스 사회로의 통합에 장애가 되는 현실에서 이와 같은 경제적 어려움은 그러한 측면을 배가시켰다고 볼 수 있다.[77] 특히 높은 실업률이 개선되고 있지 않은 현실에서, 일자리를 찾아 헤매는 이민자들은 프랑스인들에게는 극우파의 표현대로 '사회 안전을 해치는 이들'로서 '가까이 하고 싶지 않은 자'가 되어가고 있는 것은 아닌가?[78] 더 심각한 것은 여론이 여전히 이 이민자들을 주로 알제리 이주민으로 생각하는 데 있다.[79]

결국, 알제리 이민이 프랑스 사회에 효과적으로 통합되기 위해서는 위에서 살펴본 대로 고용 및 거주지 문제 등과 같은 사회경제적 문제가 해결되고, '히잡 사건', 식민지 유산의 후유증 등에서 볼 수 있는 이슬람혐오주의 문제가 해소되어야 할 것 같다. 그렇지만 이것

76) Abdel Aïssou, *Les Beurs, l'Ecole et la France*(Paris : L'Harmattan, 1987), p. 7.
77) 경제적 배제가 심해질수록, 이들은 공화국의 시민이라는 의식이 낮아진다. Catherine Withol de Wenden,, p. 236.
78) 박단, 『프랑스의 문화전쟁-공화국과 이슬람』, p. 23. 이들은 더 이상 노동계급이 아니라 위험한 계급이라고 표현되기도 한다. Catherine Withol de Wenden, p. 232.
79) Benjamin Stora, p.286 ; Yvan Gastaut, p. 72.

으로 충분하지는 않다. 우리가 여전히 생각해 봐야 하는 것은 프랑스의 사회통합모델이 순조롭게 기능하고 있는가이다. 이 동화주의를 표방하는 프랑스의 통합모델이 무슬림 이민자들을 '평등 국가'의 2등 시민으로 만드는데 또 다른 역할을 하고 있지는 않은가? 무슬림 이민자들이 진정 '프랑스인'이 되는 길은 여전히 멀기만 하다.

02 독일 : 노동조합과 외국인노동자

이용일

1 머리말

노동조합의 민주적 이민정책은 다른 데 중점을 두어야 합니다. 사회 주변부 이민자집단의 불안과 필요들을 진지하게 받아들여야 한다는 것입니다. 노동자대표평의회(Betriebsrat)와 노동조합은 스스로 '민족적 보호주의'의 대변자가 되지 않도록 유의해야 합니다. 물론 전체 종업원들의 이해를 대변하는 것이 노동자대표평의회의 임무라는 것은 자명합니다. 하지만 장기적인 성공을 위해서는 시야를 국제적인 지평으로 넓혀야 합니다. 국제적 연대가 상징적인 장식품으로 전락해서는 안 됩니다. 구조조직들과 실행조직들이 (국제적으로) 계속 발전해야 합니다. 이민노동자들과 내국노동자들의 공동의 참여는 원활한 국제적 공조의 가장 좋은 예입니다. 우리가 함께 해야 한다는 것은 세계화시대에 너무나

자명한 일입니다.[1)]

다음은 독일 금속산업노조(Industriegewerkschaft Metall, 약자 IG Metall, 이하 금속노조) 상임집행위원으로 노조의 이민정책을 주관하고 있는 볼프강 로데(Wolfgang Rohde)가 독일연방공화국의 외국인고용의 시작을 열었던 이탈리아정부와의 노동자송출협약 50주년을 기념해 독일 금속노조와 연합서비스노조(Verdi)가 2005년에 공동개최한 컨퍼런스에서 행한 기조연설의 일부이다. 여기에는 금속노조-더 나아가 독일노조-의 현재와 미래 이민정책의 방향이 잘 드러나 있다. 맹목적인 자국노동자 보호정책에서 벗어나 외국인노동자와 내국인노동자가 함께 하는 국제적 연대를 지향하는 새로운 이민정책이 바로 그것이다. 그런데 독일노조가 세계화시대에 걸맞는 '탈민족적' 이민정책을 표방한 것이 최근의 일이라고는 하지만, 외국인노동자들의 대량고용을 통해 노조의 '국제화'는-원하던 원치 않던-이미 오래 전에 소리 없이 진행되었고, 상당부분 진척되어 그 성과를 가시화하기에 이르렀다. 2002년 260만 명의 금속노조 조합원들 중에 외국인들은 26만 명으로 전체 10%를 차지했고, 노조간부의 12%가 외국인들이다. 전체 독일노조내 외국인노동자의 조직화 역시 이와 크게 다르지 않다. 독일 노동조합연합 (Deutscher Gewerkschaftsbund, 약칭 DGB)은 전체 조합원의 10%에 해당하는 80만의 외국인을 조합원으로 두고 있고, 외국인 간부비율 역시

1) Wolfgang Rhode, "Die migrationpolitischen Erfahrungen der IG Metall", Konferenz: *50 Jahre Anwerbeabkommen Deutschland – Italien, WIR BEWEGEN UNS – Migrantinen und Migranten in den Gewerkschaften* (23./24. Juni 2005, verdi Bundesverwaltung, Berlin), pp. 3-4. *인터넷판.

10%를 넘고 있는 것이다.

독일노조 내 외국인노동자의 '성공적인' 편입과 높은 위상은 조직화의 초기단계도 벗어나지 못하고 있는 국내 이주노동자들의 어려운 상황과 대비되며 우리에게 부러움으로 다가온다. 산업연수생제도라는 '편법적인' 인력수급제도로 국내에 처음 외국인고용이 시작된 지 15년이 지난 2004년에야 고용허가제가 실시되어 이주노동이 합법화되었으니, 노동자단결권이니 노조가입이니 하는 것은 이전 산업연수생 내지 불법이주노동자 신분의 '노동자 아닌 노동자'들에게는 꺼내기조차 어려운 화두였다. 하지만 고용허가제 실시 이후에도 국내 이주노동자의 조직화에 큰 진전이 없다는 데 국내 이주노동자문제의 심각성이 있다. 고용허가제 실시 이후에도 여전히 병행되고 있는 산업연수생제도, 그것을 통한 '불법이주노동자'의 양산이 이주노동자의 조직화를 어렵게 만들고 있다. 실제 노동부가 2005년 4월 출범한 '서울 · 경기 · 인천 이주노동자 노동조합(이하 이주노조)'이라는 이름의 국내 최초 이주노동자 노동조합이 제출한 설립신고서를 반려하며 들었던 이유가 바로 노조 조합원의 상당수가 미등록 이주노동자라는 사실이었다. 그렇지만 국내 이주노동자의 조직화의 가장 큰 걸림돌은 외국인고용에 대한 국내 주류노동조합들의 무관심이다. 독일의 예에서도 보이듯이, 성공적인 외국인노동자의 조직화란 독자적인 노조의 설립이 아니라 거대한 주류노조 내의 편입을 의미하기 때문이다. 국내 주류노조들의 외국인조직화에 대한 무관심은 정규직노동자와 비정규직노동자, 대기업노동자와 중소기업노동자의 '양극화현상' 이라는 특수한 한국적 노동시장분절구조의 결과물이다. 조합원들의 이익

대변과 조합의 발전이라는 노조본연의 목적에 따른다면, 대기업 정규직 노동자 중심의 국내 주류노조들이 중소기업, 비정규직, 상당수의 미등록노동자로 특징되는 이주노동자들을 조합원으로 받아들이고, 그들의 이익을 대변해 줄 하등의 이유도 없는 것이다.

이러한 노조의 '실리적' 태도는 비단 한국뿐만 아니라 독일사례까지도 설명할 수 있는 중요한 틀이 된다. 외국인노동자들에 대한 독일노조의 성공적인 포용 역시 독일노조의 '실리적' 태도의 결과물이기 때문이다. 130년의 독일 외국인고용의 역사를 살펴보면, 자국노동자의 보호를 주장하는 민족주의적 시각과 노동자의 국제적 대동단결을 주장하는 국제주의적 시각이 독일노동조합 내부에서 첨예하게 대립했었다. 하지만 이러한 대립 속에서도 독일노조가 외국인정책 내지 이민정책에 관해 일관성 있게 견지한 원칙은 조합원들의 이익대변과 조직의 발전이라는 노조 본연의 임무의 충실이었다. 즉 자국노동자의 보호라는 민족적 이해관계의 목소리가 우세했던 시기든, 노동자계급의 단결과 열린 이민을 외치는 국제적 연대가 강조되는 시기든, 이 모든 것들은 '노조이기주의'로 비쳐질 수도 있을 '노조메커니즘'에 의해 움직여졌던 것이다.

노동이민에 대한 불안과 필요성의 '딜레마' 속에서 보여 준 독일노조의 실리적 태도가 어떻게 외국인노동자의 조직화와 이민정책에 영향을 주었는지를 역사적으로 분석하는 것이 본고의 주된 목적이 될 것이다. 노동이민에 대한 '딜레마'는 비단 노조에만 국한 된 것이 아니라 독일사회전반에서 목격되는 문제이다. 또한 노동조합의 이해관계는 독일의 외국인고용정책 내지 이민정책의 변화에 지대한 영향을 미쳤다. 때문에 노동이민에 대한 노조의 태도와 그 결과를 역사적으로 고찰하는 것은 독일의 이민문제와 이민정책에 대한 폭 넓은 이해의 출발점이 된다고 할 수 있겠다. 본고에서 주로 다루게 될 시점은 외국인고용이 다시 시작된 1955년부터 이민정책의 '패러다임전환'으로 불리는 새로운 이민법이 제정된 최근까지이다. 하지만 이에 앞서 외국인고용초기부터의 독일노조의 '방어적' 태도를 원근법적 관점으로 간략하게 정리할 것이다. 덤핑노동에 대한 노조의 불안과 대응이라는 외국인고용 전사前史의 이해 없이, 그 결과물인 '동일노동 동일임금 원칙'과 '내국인우선원칙'이라는 독일연방공화국의 외국인고용제도의 핵심을 논하기 어렵기 때문이다. 아울러 이것이 노조의 이해관계가 반영된 외국인정책의 좋은 역사적인 예가 되기 때문이기도 하다. 독일연방공화국의 노조 이민정책은 크게 2시기로 나누어 다루게 될 것이다. 1955년에서 외국인모집정책이 종말을 고하는 1973년까지를 한 시대로 묶는 것이 일반적이지만, 여기서는 1968년을 노조정책의 분기점으로 보고 있다. 독일연방공화국의 고도성장에 처음 브레이크가 걸렸던 1966/67년 경기침체기가 막 끝난 이 '재도약기'는 이후의 노조위기와 깊은 연관이 있는 독일 제조업의 후퇴가 미미하지만 감지되던 시기이자, 외국인노동자들의 정주화증가로 일시적인 외국인고용에 대한 믿음이 깨진 시기이기도 했던 것이다. 독일노조가 외국인들에게 문호를 개방하기 시작했넌 것도 이때부터였다.

우선 이탈리아정부와의 협상을 계기로 외국인고용제도를 도입할 것인가 말 것인가를 놓고 벌였던 논쟁 속에서 보여 준 노조의 태도를 집중적으로 다루게 될 것이다. 훗날 노조의 국제주의적 성과물로 둔

갑하기도 했던 외국인노동자에 대한 노동조건, 임금, 사회안전망 등에서의 내국인과 동일한 조건보장이 실제 자국노동자를 덤핑노동으로부터 보호하기 위한 노조의 외국인고용 허용조건으로 관철되는 과정을 다루게 될 것이다. 그리고 고도성장기 외국인고용에 대한 노조의 '담합주의적' 태도와 외국인고용의 한시성과 관련 있는 외국인노동자의 조직화에 대한 소극적인 노조정책이 다루어 질 것이다.

전환점에 선 독일노조의 이민정책 장에서는 외국인노동자에 대한 노조의 '소리 없는' 개방정책과 조합원수의 정체 내지 감소라는 노조위기와의 연관성을 몇몇의 통계자료를 통해 분석하게 될 것이다. 아울러 이러한 개방정책의 성과와 한계, 그리고 그 한계에 대한 대응으로 새로운 이민의 필요성을 역설하는 노조의 '열린' 이민정책을 다루게 될 것이다.

결론적으로 독일 노조의 사례를 통해 이제 시작단계에 있는 국내 이주노동자의 조직화와 국내 노동조합의 이민정책에 대한 가능성과 한계를 가늠해 볼 것이다. 본고의 논거처럼 국내 노조가 보여준 외국인고용에 대한 무관심이나 독일노조의 적극적인 포섭이나 모두가 노조의 실리적인 태도의 결과물이라 한다면, 과연 대기업 중심의 국내 주류노조들이 견지하고 있는 외국인고용 내지 이민에 대한 무관심이 저출산과 고령화로 이민의 필요성이 더욱 크게 대두하게 될 가까운 장래에도 여전히 노조의 '실리적' 노선과 일치할 수 있을 것인지에 대한 의문을 제기하게 될 것이다.

2 | 외국인고용에 대한 독일 노동조합의 전통적 태도 : 덤핑노동자와 파업이탈자로서의 외국인노동자의 유입에 대한 불안과 대응책

노동자세력의 조직적 결집과 대규모 외국인고용 모두는 독일 산업화 내지 근대화의 산물이었다. 사회민주당이라는 세계 최초의 노동자정당을 출범시켰던 초기 독일 노조운동과 1870년대 농업노동자 부족으로 촉발된 대규모 외국인고용은 처음부터 같은 운명의 배를 탄 듯 보였다. 무엇보다 독일 최초의 민족통일국가의 수립이라는 위업을 달성했던 비스마르크 재임기의 독일제국에서 사회주의자들과 이방인들은 모두 '내부의 적'으로 간주되며 '민족의 성전'에서 배제된 채 박해받았다. 비스마르크는 1878년 사회주의자법(Sozialistengesetz)을 제정해 사회민주당과 노동조합의 활동을 금지시키고, 사회주의자들과 노조운동가들을 구금하거나 추방조치 했다. 마찬가지로 비스마르크는 1885년 독일화정책의 일환으로 당시 막 유입되기 시작했던 외국인노동자들의 대부분을 차지했던 폴란드 농업노동자들을 프로이센에서 추방시키고, 향후 농업에서의 고용과 독일입국을 금지시켰다. 비스마르크가 해임되던 1890년 사회주의자법과 농업에서의 폴란드인고용금지가 모두 폐지될 때까지 이들은 혹독한 시련의 세월을 감내해야만 했던 것이다.

이 시련의 시기 독일 노동조합과 외국인노동자들이 과연 어떻게 조우했는지에 대해서는 알려진 바가 별로 없다. 하지만 외국인고용이 재허용 된 지 얼마 되지 않았던 1893년 취리히에서 열린 제 2차 인터내셔널 회의에서 처음으로 외국인노동자의 유입에 따른 선진국 노동자들의 불이익방지를 위한 방안을 심도있게 논의했을 정도로 독일 사회주의계열 노동조합들은 일찍부터 외국인고용이 자국노동자에 미치는 폐단에 주목하고 있었던 것 같다.2)

노동이민문제는 취리히대회 이후의 사회주의자대회들에서 계속 주요한 의제로 다루어졌고, 노동력송출국과 노동력수입국의 사회주의자들과 노조운동가들 간에 첨예한 의견대립을 가져왔다. 독일노조는 '값싸고 순종적인(billig und willig)' 외국인노동자가 자국노동자들에게 미칠 피해에 대한 우려를 가지고 있었음에도, 이민문제에 대해 단호한 반대 입장 대신 모호한 이중적인 태도를 취하였다. 이러한 태도는 19세기 100년간 600만 명 이상의 자국민들을 신대륙, 특히 미국(90%이상)으로 이민 보냈던 전통적 노동력송출국가에서 빠른 근대화 내지 산업화를 통해 100만 명 이상의 외국인노동자를 고용하는 신흥 노동력수입국으로 변모하고 있었던 당시 독일의 과도기적 상황과 무관하지 않은 듯하다. 노동이민문제로 민족주의와 국제주의가 첨예하게 대립했던 1904년 암스테르담의 국제 사회주의자대회에서 독일대표 파에프로(Paeplow)는 외국인고용에 대한 무제한적 허용에 분명한 반대 입장을 표명했지만, 그렇다고 이것이 외국인노동자의 덤핑노동 가능성의 배제를 위한 엄격한 이민통제를 주장하는 미국,

2) Protokoll. Internationaler Arbeiterkongreβ 1893, p. 51.

오스트레일리아, 네덜란드 대표의 제안에 대한 무조건적 지지를 의미하는 것은 아니었다. 왜냐하면 그가 이민제한안이 노동자를 계몽하고 노조조합원으로 만드는 노동조합의 의무를 등한시한다는 이유를 들어 이민통제에 대한 지지를 유보했기 때문이었다. 그렇지만 그는 "모든 나라의 프롤레타리아들이여 단결하라" 라는 맑스의 말을 외국인노동자들을 무조건 독일로 유입해야하는 것으로 파악해서는 안 된다고 주장했다. 이것을 통해 중립을 표방한 독일노조 내지 사회주의자들이 심정적으로는 노동이민의 무제한적 허용에 대한 반대편에 서 있었음을 분명히 나타내었다.[3] 실제 3년 뒤인 1907년 슈투트가르트 국제 사회주의자대회에서 파에프로를 위시한 독일대표자들은 애매한 중립위치에서 벗어나 노동력의 자유로운 국제이동에 대한 반대자의 편에 서서 '현명한' 이민제한을 주장했다. 하지만 독일이 지지했던 이민제한안은 소수의견에 머물렀다. 슈투트가르트대회에서 다수의견으로 채택되어 결의된 것은 특정한 민족과 인종에게 체류와 사회·정치·경제적 권리를 제한하거나 배제하는 모든 이민규약의 철폐였다. 대회 결의문에는 외국인노동자의 노조가입을 용이하게 하고 송출국의 노동조합운동을 지원할 것을 선진국 노동조합들에게 촉구하는 내용까지 포함되었다. 하지만 대회는 조직화되지 않은 덤핑외국인노동자의 유입으로 인한 노동자의 생활조건악화와 파업이탈자의 입국을 막는 것을 노동조합의 의무로 선언함으로써, 이민문제에 관한한 프롤레타리아 국제주의의 승리로서 받아들여지는 결

3) Protokoll. Internationaler Sozialistengesetz 1904, p. 52.

의의 의의를 스스로 퇴색시켰고, 결국 이민문제를 놓고 벌였던 민족주의와 국제주의의 갈등의 봉합은 실패로 끝났다.[4)]

자유로운 국제노동력이동을 보장하는 모든 이민규제의 철폐에 반하는 소수의견을 내었던 독일 노동조합은 오히려 이 조항을 통해 민족주의적 외국인정책, 즉 외국인노동자 유입폐단으로부터 자국노동자보호원칙을 고수할 수 있는 정당성을 얻게 되었다. 실제 외국인노동자의 유입이 스스로의 노동조건을 악화시킬 것이라는 독일 노동자들의 우려가 단순한 기우가 아니었음은 당시 외국인노동자의 비참할 정도로 가혹한 노동조건과 그들의 고분고분한 태도가 잘 말해준다. 대부분의 외국인노동자들은 가축우리와 창고를 개조한 노동자숙소, 장시간의 노동, 낮은 임금, 추방위협의 불안한 법적신분 등으로 상징되는 나쁜 노동조건을 받아들이며 큰 저항 없이 순종적으로 일했다. 때문에 내국인에 비해 훨씬 떨어지는 노동조건과 불안한 법률조건을 가진 외국인노동자에 대한 독일 노동자들의 불안은 단순히 노동조건악화를 넘어 자신들의 일자리를 빼앗는다는 주장으로까지 발전했다.[5)] 결국 노조 안에서는 외국인노동자와 독일노동자의 같은 노동조건과 법적조건을 위해 싸우는 것이 독일 프롤레타리아의 생활조건개선을 위한 투쟁을 의미한다는 인식이 확산되기에 이르렀다.[6)]

---

4) Protokoll. Internationaler Sozialistengesetz 1907, pp. 58-59

5) 외국인 덤핑노동자가 내국인의 노동조건을 악화시키고 때로는 일자리를 빼앗아 결국 고향에서 설 땅을 잃어버린 내국 농업노동자를 도시로 밀어낸다고 주장하는 밀어내기테제가 민족주의적 성향의 학자들에게서 제기되기도 했다.

6) Willi Wygodzinski, *Landarbeiterfrage in Deutschland*, (Tübingen 1917) p. 47.

하지만 이러한 노동계의 인식이 정치에 반영된 것은 11월 혁명이후 정치·사회변혁 속에 활발하게 전개된 노동운동이 정치적 영향력을 얻게 되는 바이마르공화국 시기에 가서이다. 전쟁직후 독일 노동계는 자국노동자의 보호를 위해 외국인고용을 위한 전제조건들을 법제화할 것을 강력히 요구했다. 결국 내국인우선고용원칙, 동일노동의 동일임금의 원칙, 노사정위원회를 통한 외국인고용허가, 노동청을 통한 외국인모집을 골자로 하는 외국인고용법이 제정되었다.[7] 덤핑노동의 무분별한 유입으로부터 자국노동자를 보호하겠다는 독일노조의 강력한 의지가 담긴 위의 법률조항들은 내국인우선원칙(Inländerprimat)으로 불리는데, 이 원칙들이 실제로 바이마르공화국에서는 실행되지 못했다. 왜냐하면 바이마르공화국의 불안했던 경제는 대규모의 외국인고용을 필요로 하지 않았기 때문이다. 이후 나치정권하에 전쟁준비와 총력전으로 인한 극심한 인력난 속에 대규모 외국인고용이 시작되었지만, 이 내국인우선원칙은 민족주의의 극단화 속에 외국인고용이 '노예노동'이라는 일종의 범죄로 전락함으로써 실행의 기회조차 얻을 수 없었다. 결국 바이마르시기 만들어진 내국인우선원칙이 외국인고용정책에 본격적으로 반영된 것은 외국인노동자수가 한해 최고 260만 명까지 이르렀던 독일연방공화국시기에 가서이다.

---

7) Herbert, *Die Geschichte der Ausländerpolitik*, p. 120.

3 | 독일연방공화국의 고도성장기 외국인고용과 노조 : 담합주의와 일시적인 노동력으로서의 외국인노동자

1954년 독일 연방경제부장관 에하르트(Erhard)가 1945년 이후 중지되었던 외국인고용의 재시작을 의미하게 될 이탈리아 노동자 유입계획을 언론에 흘렸을 때, 독일 노동조합연합은 외국인고용계획에 대한 다음과 같은 공식적인 입장을 표명했다.

> 노동조합운동은 이론과 실제에 있어서 두루 국제적이다. 그러나 이러한 국제적인 연대와는 관계없이, 여전히 적지 않은 수의 실업자가 존재하고, 단축조업이 이루어지고 있는 나라의 노동조합이 외국으로부터의 노동력수입을 찬성한다고 선언할 곳은 세상 어디에도 없을 것이다... 우리 노동조합은 우선 자국 내 완전고용이 보장되었을 때만 제한적으로 유럽 노동력의 자유로운 이동을 인정한다는 것을 분명히 했다... 그러므로 우리는 적어도 가까운 장래에 독일에서 외국인고용이 필요 없을 것이라는 결론에 도달했다.[8)]

국내노동시장의 조건을 들어 외국인고용을 허가할 수 없음을 분명히 한 이 주장에는 외국인고용에 대한 독일노조의 전통적 입장이 녹아들어있다. 외국인고용에 대하여 독일노조는 내국인우선원칙으

8) Eine Stellungsnahme des DGB, *Die Quelle, Funktionärorgan des Deutschen Gewerkschafsbundes*, 6. Jg. Heft 1. 1955. p. 37.

로 대표되는 민족주의적 경향과 노동자계급의 단결을 모토로 하는 국제적 연대라는 상반된 두 인식을 공유하는 모순적인 태도를 보이는데, 민족적 이해와 국제주의가 첨예하게 대립되는 지점에서는 언제나 전자를 우선시하는 경향을 보인다는 것을 분명히 한 것이다. 더 정확히 이야기한다면, 외국인고용에 관한한 노조는 언제나 노조 이해관계에 충실한 태도를 견지했고, 많은 경우 그것은 민족주의적 시각과 일치했던 것이다.

1955년 경기회복으로 전후의 극심한 구조적 실업은 진정국면을 맞고 있었지만, 여전히 국내실업률이 5% 이상이었고, 독일난민과 탈동독자들의 물결로 국내 노동시장은 농업을 제외하고는 큰 인력난을 겪고 있지 않았기에, 노조는 정부의 외국인고용계획을 의아스럽게 생각했다. 이미 바이마르시기 정립되었던 내국인우선원칙의 첫 번째 조항인 외국인고용의 시작조건으로서의 내국인노동자를 구할 수 없는 상황과는 너무나 상반된 당시의 노동시장상태가 노조의 외국인고용허용에 대한 가장 큰 반대이유였던 것이다. 때문에 외국인고용을 도입할 것을 주장하는 자들은 외국인고용의 이유로 이농현상으로 인한 농업의 극심한 인력난을 들었다. 실제 에하르트가 유입을 계획한 이탈리아노동자들은 원래 농업 계절노동자들이었다. 공식적인 정부의 모집정책이 시작도 되기 전인 1952년부터 독일남부의 농업협동조합을 중심으로 자체적으로 여러 차례 이탈리아 농업노동사들을 모집했을 정도로-물론 비용문제로 지속되지는 못했지만-,당시 농업에서는 외국인고용에 대한 관심이 지대했다.[9] 자연히 산별노조들 가운데 외국인고용에 대한 '반대캠페인'을 가장 먼저 전개했던 것은 농업 · 원예 · 임업 노동조합 (Gewerkschaft Gartenbau, Land- und Forstwirtschaft, 이하 농업노조)이었다. 1954년 말 작성된 외국인고용 반대 건의서에서 농업노조는 극심한 인력난을 안고 있는 농업분야에 역설적으로 여전히 많은 실업자들이 존재하고 있음을 상기시키면서, 이들의 조속한 고용이 이루어지지 않고서는 외국인고용을 받아들일 수 없음을 분명히 했다.[10] 이러한 농업노조의 주장은 상위기관인 독일노동조합연합에 의해 외국인고용에 대한 그들의 공식적 반대이유로 채택되었다.

> 지금과 같은 규모의 실업자들이 존재하는 한(예를 들면 농업의 3만 9천명의 실업자들), 여전히 동독으로부터, 특히 농업분야로부터의 난민물결이 지속되는 한, 외국인 계절노동자고용에 대한 협상은 이루어져서 안 된다.[11]

하지만 이러한 요구가 받아들여 질 수 없다는 것은 노조관계자들

---

9) Bundesarchiv B 119 3039: Der Bundesminister für Arbeit an den Herrn Präsidenten der Bundesanstalt für Arbeitsvermittlung und Arbeitslosenversicherung. Betr.: Italienische Landarbeiter für das Land Baden, den 14. August 1952.
Bundesarchiv B 119 2946: Anwerbung italienischer Landarbeiter, den 1. April. 1955.
Bundesarchiv B 119 2946: Landesamt Baden-Württemberg an den Herrn Präsidenten der Bundesanstalt für Arbeitsvermittlung und Arbeitslosenversicherung, Stuttgart, den 29. Juni. 1955.

10) 이 건의서는 일 년 뒤 소책자로 나오게 되었다. Hauptvorstand der Gewerkschaft Gartenbau, Land- und Forstwirtschaft(GGLF) ed., Denkschrift zur Frage der Beschäftigung ausländischer Wanderarbeiter in der Landwirtschaft der Bundesrepublik, Kassel 1955. p. 3.

11) DGB Nachrichtendienst Nr. 148/54 (27.09.1954)

이 누구보다 잘 알고 있었다. 실제 농업실업자들의 대부분은 계절노동자로서 부적합한 기혼의 장년층 노동자들이었고, 이들의 거주지 역시 인력난을 상대적으로 덜 받고 있던 북부공업 인접지역에 집중되어 있었다. 한쪽에서는 인력난에 시달리고 있었지만, 정작 다른 쪽의 농업실업자들은 전혀 도움을 줄 수 없을뿐더러, 자신들의 거주지를 떠나 노동조건이 상대적으로 열악한 계절노동을 하려는 의사조차도 없는 경우가 허다했던 것이다. 이러한 구조적 실업문제로 농업노조는 외국인고용의 또 다른 반대이유로 농업기계화 내지 농업근대화를 통한 노동력수요 감소를 들고 나왔다.[12] 당시 농업기계화와 농업근대화의 반대자들로 자처했던 농업노조 스스로가 외국인고용 대신 농업기계화를 주장하고 있는 것은 다소 엉뚱하게 느껴지는 대목이다. 어쨌든 농업노조의 반대건의서에 기초하여 독일 노동조합연합은 다음의 4가지를 외국인고용의 시작을 위한 조건으로 내세웠다. 1. 베를린의 인정받지 못한 난민들을 포함한 모든 실업자들이 일자리를 찾을 때 2. 독일에 존재하는 저장노동력 내지 잠재노동력이 (특히 여성노동자들의 파트타임노동을 통해) 완전히 다 소진될 때. 3. 노동력의 이동과 보충을 통해 노동시장의 질서가 잡혔을 때 4. 겨울철 건축을 포함한 건설업과 농업분야에서 인력난 해소를 위해 기계화와 합리화가 상당부분 진척되었을 때.[13]

비록 이러한 조건들을 내세우긴 했지만, 정작 노조가 관철되기를

12) GGLF. Denkschrift. p. 3.

13) Bundesarchiv B 149 6230: Der Bundesvorstand des Deutschen Gewerkschaftsbunds an den Bundesminister für Arbeit, Storch, den 29. Juli 1955.

희망했던 조항은 외국인고용이 실시될 경우 내국인노동자의 이해관계를 고려한 외국인노동자의 동등한 노동조건과 사회보장이었다. 노조 스스로가 위의 4가지 조건들이 애매모호하고, 구조적 실업의 문제로 대부분 관철되기 어려운 조항임을 잘 알고 있었기 때문이다. 무엇보다 이탈리아노동자들의 고용은 그 규모가 작았을 뿐만 아니라 인력난에 시달렸지만 내국인노동자를 구할 수 없었던 농업에 집중되었기 때문에, 우선 내국인노동자의 실업문제의 해결을 주장했던 노조 역시 더 이상 반대할 이유가 없었기 때문이기도 했다. 자연 덤핑노동방지책이야 말로 노조에게 있어서는 물러설 수 없는 최소한의 조건이 되었던 것이다. 결국 노조와 같은 입장에서 처음에는 외국인고용의 반대편에 서서 연방경제부장관인 에하르트와 대립각을 세웠지만, 결국 그 뜻을 이루지 못하고 이탈리아와의 송출협약에 동의하게 되는 연방노동부장관 슈톨히(Storch)는 외국인고용시 덤핑노동단절을 위한 법적 장치를 약속하기에 이른다.

> 독일에 있는 어느 누구도 이탈리아노동자의 도입이 우리가 1914년 이전 경험했던 것과 같은 형태로 이루어질 수 있을 것이라는 우려를 가져서는 안 될 것입니다. 독일에 들어 온 외국인인력에 대해서는 독일 노동자들과 같은 조건의 노동권과 사회보장권이 분명히 적용될 것입니다.[14)]

독일정부가 실업문제를 내세운 슈톨히를 위시한 내각내부의 반대

---

14) DBV. SB: Storch(Bundesminister für Arbeit), p. 3390.

의견을 잠재우고, 이탈리아정부와의 인력모집협상을 진행했던 이유는 대독 무역수지불균형에 대한 보상으로 자국노동자의 독일송출을 강력히 희망했던 이탈리아정부와의 무역마찰을 피하기 위한 무역정책의 중요성 때문이었다. 군수산업이 발전하고, 출산율이 적었던 전시출생세대들이 노동시장에 진출하는 가까운 장래에 발생할 수 있을 노동력 부족사태에 대비하기 위해 외국인모집정책이 시작되어야 한다는 주장은 단지 명목상의 이유였을 뿐이다. 이미 모집협약이 체결되기 1년 전에 독일정부는 이탈리아정부와 공동준비위원회를 만들어 이탈리아노동자들의 노동조건과 체류조건과 같은 기술적인 제반문제들을 해결하려 했다. 이러한 준비과정에 독일노동조합연합 역시 참여하여, 자신들의 이해관계를 조율할 수 있는 기회를 부여받았다. 이전에 외국인고용을 위한 협상에 임하게 될 때 노동조합과 공조할 것이며, 원칙적으로 노동조합의 동의 없이 외국인고용을 시작하지 않을 것을 천명했던 정부가 그 약속을 지킨 것이다.[15] 여러 차례에 걸친 노사정 회의를 통해 독일 노동조합연합은 덤핑노동가능성의 차단을 목적으로 하는 노동청을 통한 외국인노동자모집과 외국인노동자의 동일한 노동권, 사회보장권, 임금권의 보장을 외국인고용의 허용조건으로 관철시켰다. 결국 노사정의 합의하에 외국인노동자 모집협약이 1955년 12월 이탈리아정부와 독일정부사이에 맺어졌고, 이것을 통해 독일연방공화국으로의 초빙노동자(Gastarbeiter)유입이 시작되었다. 독일연방공화국의 외국인고용은 바이마르공화국에 확립

15) DBV, SB.: Odental (MdB, SPD), p. 3388.

된 외국인고용에 대한 기본원칙을 대부분 받아들였다. 이러한 원칙에 따라 독일 노조는 독일역사상 최초로 협의과정부터 참여하며 외국인고용제도 형성과정에 자신들의 목소리를 반영할 수 있었다. 동일한 노동의 동일한 임금 원칙은 그 수확이었다. 하지만 노동조합이 외국인고용에 대해 전적으로 동의했던 것은 이러한 그들의 요구의 관철 때문만은 아니었다. 무엇보다 덤핑노동에 대한 보호책에도 불구하고 여전히 외국인고용에 대한 폐해와 오용에 대한 불안이 남아 있었음에도 노조가 사용자측과 빠른 합의를 도출시킬 수 있었던 가장 큰 이유는 노동력부족사태로 인해 경제성장이 지장을 받아서는 안 된다는 노사정 모두의 공통된 인식 때문이었다. 물론 이러한 공통된 인식은 여러 나라들부터 독일경제의 중요한 성공비결로 여겨지는 독일의 사회적 생산시스템의 주요한 특징인 대결을 피하고 대화와 타협을 통해 이해관계를 조정하는 노사관계와 밀접한 연관관계를 가지고 있었다. 흔히 노동자대표가 기업의 경영결정과정에 참여하는 것을 보장하는 공동결정제로 상징되는 독일식 노사관계를 "자유주의적 담합주의"라고 하는데,[16] 이러한 노사관계는 노동이민이 본격화되었던 1960년대 외국인고용으로 인해 발생할 수 있었을 노사갈등을 최소화시켰다.

그렇다고 해서 외국인노동자에 대한 독일노동자들의 불신이 완전히 사라졌던 것은 아니었다. 외국인고용에 대한 불안과 불만은 사실 존재했지만, 화려한 독일 고도성장사회의 수면 아래로 숨어버린 것

16) Werner Abelshauser, *Wirtschaftsgeschichte der Bundesrepublik Deutschland 1945-1980* (Frankfurt am Main, 1983), pp. 81-82.

이었다.

> 완전고용은 모두를 만족시킨다. 그러나 어느 날 경제침체가 찾아온다면 어떻게 될 것인가? 오늘날 외국인노동자들은 독일 동료들에게 있어 더 이상 위험요소가 되지 못한다. 법과 노동조합이 덤핑노동, 불법잔업, 일반적인 노동조건의 악화를 사전에 방지하고 있는 것이다. 그러나 내일 그리고 모레 여전히 그러할 것인가? 유럽경제공동체 내의 자유로운 노동력이동에 대해 독일 노동조합연합은 이의를 가지고 있다.[17)]

물론 이러한 불안과 불만들이 솟아올라 때때로 협력적인 노사관계를 위협할 때도 있었던 것이 사실이다. 외국인고용을 매개로 한 노동시간단축에 대한 노사 간의 갈등이 그 좋은 예가 될 수 있을 것이다. 이 논쟁의 포문을 연 사람은 외국인고용을 처음 시작했던 에하르트였다. 오랜 경제장관 재임기간 성공적인 경제정책으로 경제성장의 상징적 인물로까지 추앙받았고, 그 덕에 독일수상이 된 그가 1965년 연례국정발표에서 외국인고용을 작업시간연장요구와 연관시켰던 것이 논쟁의 도화선이 되었던 것이다.

> 독일노동시장은 완전히 고갈되었습니다. 더 많은 외국인의 도입이 한계에 부딪쳤습니다. 게다가 그것은 계속적인 비용증가와 국제수지에 추가부담으로 이어지고 있습니다. 계속적인 노동시간의 단축을 감안한다면, 이러한 피해는 더욱 더 증가할 것입니다. 이제 독일국민

---

17) Welt der Arbeit 18. 11. 1960: Es muβ etwas getan werden.

> 들은 노동시간을 주당 한 시간 더 연장 하는 것이 이러한 상황에서 유용하며 의미 있는 일이 아닐는지 하는 문제를 심각하게 제기해야만 합니다. 이 문제는 터부가 될 수도 없고, 되어서도 안 됩니다.[18)]

독일 전국고용주협회연합(BDA, 이하 고용주협회)으로부터 이러한 제안에 대한 환영성명이 나온 것은 당연했고, 이들을 중심으로 노동시간단축을 외국인고용과 연계시키는 캠페인이 벌어졌다. 즉 노동조합과 그들의 노동단축정책이 외국인고용의 증대의 주범이기에, 계속적인 노동시간단축은 외국인고용의 증대를 가져올 것이라는 것이었다. 결국 이러한 '위험'을 막기 위해서는 작업시간연장이 이루어져야 한다는 것이었다.[19)] 튀빙엔 소재의 시장조사와 여론조사를 위한 비케르트 연구소(das Wickert Institut)는 "만약 독일에서 노동시간을 주당 1시간 연장해서 더 이상 독일에 외국인노동자가 존재하지 않게 된다면, 노동시간을 연장할 의향이 있는가요?"라는 여론조사를 했고, 여기서 70%의 남성노동자와 64%의 여성노동자가 외국인고용이 없어진다는 전제하에서 작업시간연장에 찬성을 했다. 이 조사결과는 언론을 통해 급속하게 알려지며 일종의 노동조합의 노동시간단축정책에 대한 압력역할을 했다.[20)] 때문에 독일 금속노조(IG Metall)

---

18) Deutscher Bundestag β 5. Wahlperiode β 4. Sitzung. Bonn, Mittwoch, den 10. November 1965: Erklärung der Bundesregierung von Bundeskanzler DR. Dr. h.c. Erhard, p. 20.

19) Homer Anagnostidis, "Gewerkschaften und Ausländerbeschäftigung", Ernst Klee(ed.), *Gastarbeiter. Analysen und Berichte* (Frankfurt am Main 1975), p. 111.

20) Die Welt 04. 01. 1965: Länger arbeiten oder mehr Gastarbeiter?

는 조사 의뢰자에 대한 의문과 함께 조사결과에 대한 진위에 강한 의혹을 제기했다. 이에 맞서 독일 고용주협회는 외국인고용이라는 압력을 통한 노조의 노동시간단축요구에 대한 공세를 계속 진행했다. 이러한 와중에 당시 고용주협회의 부회장이었던 슐라이어(Schleyer)는 외국인고용의 증대의 주범으로 노동시간단축을 지적하면서, 병가를 내지 않는 외국인노동자들의 성실함을 칭찬했는데, 이것은 곧 독일 최대부수를 자랑하는 『빌트지』(*Bild-Zeitung*)에 의해 독일 노동자들의 노동모럴에 대한 비판에 이용되었다. 독자의 관심을 끄는 센세이션한 기사들을 주로 취급하는 이 대중일간신문의 일면 머리기사 표제 "독일 노동자들보다 더 부지런한 외국인노동자들?"은 독일 노동자들을 자극했고, 급기야 성난 바덴비텐베르크주의 독일 노동자들은 자발적인 파업을 벌였고, 독일 노동조합은 『빌트지』에 대한 불매운동까지 벌이기에 이르렀다.[21]

하지만 이러한 외국인고용을 통한 자본과 노동의 갈등은 일회성 사건에 그쳤다. 실제 외국인고용에 대한 독일 노동자들 내지 노조의 태도는 외국인모집기간 내내 대체로 타협적이었다. 그것도 그럴 것이 외국인고용을 통해 계속적인 경제성장이 가능하다는 인식이 지배적이었고, 무엇보다도 당시 노조에 의해 중요한 투쟁목표로 관철시켰던 노동시간단축은 완전고용과 독일 노동자들의 고용구조변화 등으로 대규모 외국인고용이 없이는 상상할 수 없었던 일이었다. 그리고 무엇보다 우려했던 외국인고용을 통한 피해는 일어나지 않거나

21) Anagnostidis, "Gewerkschaften und Ausländerbeschäftigung", pp. 112-113.

사소한 것에 머물렀다. 가장 많은 외국인노동자들이 고용되어 있었던 산업분야를 대표하는 금속노조는 일찍부터 외국인의 이익을 대변하는 문제에 많은 관심을 가지고 있었다. 본격적으로 외국인노동자들이 들어오기 시작했던 1960년 금속노조 정기노조대회에서 당시의 위원장이던 오토 브레너(Otto Brenner)는 그 점을 분명히 했다.

> 개발도상국의 노조만이 우리에게 국제적 협력이라는 새로운 과제를 안겨주는 것이 아니라, 계속 증가하고 있는 독일의 외국인노동자들 역시 국제적 연대문제를 던져주고 있다는 것을 몇몇의 토론들에서 상기시켜 주었습니다. 이미 우리는 이것을 해결하기 위해 어느 정도의 노력을 기울였습니다. 독일의 외국인노동자들의 특별한 상황에 대해 잘 알고 고용주에 맞서 그들의 이익을 효과적으로 잘 대변해주는 것만이 중요한 것은 아닙니다. 우리는 외국인노동자들이 우리들의 대열 안으로 들어와 조직화되고, 노조활동을 통해 받은 인상들을 고국으로 가져갈 수 있도록 진력해야 합니다. 그들 중 많은 이들은 노동조합이 초기단계에 있거나 탄압받는 나라들에서 왔습니다. 이러한 직장동료들이 우리 독일에서 일을 하고 있다면, 이들이 노동조합사상의 전도자로 고국에 돌아가도록 하는 책임을 우리가 져야 하는 것은 당연하다 할 수 있습니다.[22)]

그의 연설은 1960년대 독일노조의 외국인정책의 특징과 한계를 잘 드러내주고 있다. 외국인노동자들의 조직화에 관해, 그는 기존의

---

22) Protokoll des 6. ordentlichen Gewerkschaftstages der Industriegewerkschaft Metall für die Bundesrepublik Deutschland in der Kongreβhalle Berlin vom 17. bis 22. Oktober 1960. p. 296.

독일노조 안으로의 적극적인 포섭을 주장하며, 설립움직임을 보이던 외국인노동자들의 독자노동조합에 대한 반대 입장을 암묵적으로 나타내고 있다. 실제 당시 독일노조는 외국인노동자들의 독자적인 노조설립을 노동조합운동을 분열시키는 위험한 시도로 규정하며, 외국인노동자의 노동조건개선과 권익보호는 외국인노동자의 기존노조편입을 통해서만 가능하다는 입장을 고수하고 있었다.[23] 하지만 브레너가 주장하는 외국인노동자의 조직화는 국제주의적 연대의 성격을 강하게 띠고 있는 일종의 노조 나름의 '개발도상국 정책'이었다. 아직도 노조운동이 활발하지 못하거나 탄압받는 지역의 노동자들에게 노조의식을 함양시키고, 노조조직화와 같은 여러 노조활동의 노하우를 가르쳐, 그들을 노동운동 전도사로 만들어 다시 돌려보내는 것이 바로 외국인노동자를 조직내부로 편입하려는 주된 목적이었던 것이다. 실제 이것을 위해 독일 금속노조는 1963년부터 외국인노동자를 대상으로 하는 교육 세미나를 개최하여, 핵심적인 외국인 간부조합원의 양성에 주력했다. 이러한 세미나들에서는 독일에서의 외국인노동자들의 노동조건과 생활환경외에도 외국인노동자들의 고국의 정치적, 사회적 상황에 대한 것들이 주로 다루어졌다.

이러한 노조정책은 당시 사회구성원 모두가 공유하고 있었던 외국인고용의 일시성에 대한 굳건한 믿음과 밀접한 관계를 가지고 있었다. 이러한 점이 또한 노조의 외국인조직화정책의 한계로 작용했었다. 외국인 간부조합원의 양성을 통해 노조정신과 노조운동을 제 3세

23) Anagnostidis, "Gewerkschaften und Ausländerbeschäftigung", p. 125.

계로 전파한다는 '선교사적 사명'만으로 독일 노동자계급의 적극적인 호응을 끌어내기는 역부족이었던 것이다. 실제 오늘 왔다가 내일 돌아갈 외국인노동자를 노조 안에 끌어들여 함께 연대하며 공동의 이익을 위해 투쟁할 적극성이나 필요성이 독일 노조 안에 결여되어 있었다. 이러한 경향은 외국인노동자들에게도 마찬가지였다. 우선 주어진 짧은 기간 안에 가능한 한 많은 돈을 벌어 고국으로 돌아갈 희망을 품고 독일에 온 외국인노동자들에게 노조가입은 그렇게 절실한 사안이 아니었다. 그리고 이들 중 많은 이들은 여전히 노동운동이 초기형태를 벗어나지 못하고 있었던 나라들에서 온 노동자들이었고, 또한 이들의 교육정도도 무척이나 낮았기 때문에 노조에 대한 이해가 부족했다. 외국인노동자 수가 처음으로 100만 명을 넘어섰던 1965년 외국인노동자의 노조가입률은 10% 정도에 그쳤다.[24] 이것은 외국인고용의 일시성과 연관된 외국인노동자의 조직화의 한계를 여실히 보여주는 수치이기도 하다. 여전히 외국인노동자들이 일시적으로 독일경제를 위해 일해주다가 언젠가 자신들의 고국으로 돌아갈 것이라는 믿음이 확고했던 1960년대 독일노조는 외국인노동자들에 대한 소극적인 정책으로 일관했고, 역으로 외국인노동자들 역시 같은 시기 노조가입에 소극적이었던 것이다. 하지만 체류기간이 늘어나고, 크고 작은 문제들을 겪고, 또한 본국과의 단절을 통한 정주를 결정하면서 노조가입에 대한 필요성이 외국인노동자들 사이에 증대되었다. 물론 독일 노조 역시 일시적인 현상으로서의 외국인고용은 하나의

---

24) Rhode, "Die migrationpolitischen Erfahrungen, p. 4.

환상임을 인식하게 되었고, 점점 줄어드는 내국인노동자들의 노조가입으로 정착자 내지 이주자로서의 외국인노동자들의 노조편입이 절실하게 되었다. 하지만 완전한 인식의 전환은 여전히 많은 시간을 필요로 했다.

4 전환점에 선 독일노조의 이민정책 : 다문화사회의 열린 이민

노조의 외국인정책이 일시성을 탈피하며 일련의 변화를 보이기 시작한 것은 외국인노동자의 정주화가 가시화되고 있던 1960년대 말이었다. 전체 독일노조 내 외국인정책을 선도하고 있던 금속노조는 1968년 외국인노동자 담당부서를 신설하여 외국인노동자문제에 대한 보다 적극적인 노조정책을 전개했다. 우선 금속노조는 외국인노동자들의 정주화로 인한 노조정책의 변화, 즉 일시성의 거부를 천명하고 이러한 일시성의 상징인 1965년 제정된 외국인법의 개정을 주장했다. 가족결합을 통해 늘어나는 외국인노동자 자녀의 교육문제의 개선을 위해 노력했고, 외국인담당자 양성세미나와 외국인행사를 늘이고, 외국인노동자를 위한 상담소를 만드는 등 활동 폭을 넓혔다. 1972년에는 새로운 경영조직법(노동자 대표법)이 제정되어, 외국인노동자들도 노동자대표평의회에 선출될 수 있는 피선거권을 얻게 되었다.[25] 하지만 1973년 오일쇼크와 함께 불어 닥친 세계경제위기와 그

것으로 인한 갑작스러운 외국인노동자모집중지는 변화하고 있었던 노조와 외국인노동자의 관계에 크나큰 시험무대가 되었다. 자본주의 황금기로 기록되는 전후 24년간의 고도성장기가 이제 종말을 고하면서, 오늘날까지 해결기미를 보이지 않고 있는 구조적 실업의 시대가 도래했던 것이다. 완전고용시대 자국노동자들에게 전혀 위험요소가 되지 않던 외국인노동자가 과연 경제침체기에도 그러할 것인가라고 반문했던 앞서 인용된 한 노조관계자의 우려가 현실이 되는 순간이었다. 좁아진 취업문과 실업에 대한 불안에 사로잡혔던 많은 독일노동자들은 완전고용시대에 지녔던 넉넉한 여유를 상실했다. 외국인노동자들이 자신들의 일자리를 빼앗아간다느니, 자신들의 노동조건을 악화시킨다니 하는 불만의 목소리들이 이제 수면위로 부상하기 시작했다. 심지어는 내국인노동자들의 높은 실업률에 대한 책임을 외국인노동자에게 모두 떠넘기며 "외국인들은 떠나라"라는 구호를 외치는 사람들도 생겨났다. 한때 산업역군으로 추켜세워졌던 외국인노동자들이 사회적인 짐으로 인식될 정도로, 사회적 분위기가 급속히 냉각되었다. 그렇지만 실제 이러한 것들이 외국인노동자와 독일인노동자 사이의 극심한 대립과 갈등으로 이어지지는 않았다. 적어도 가시적인 폭력사태나 알력양상은 나타나지 않았다.

오히려 금속노조는 노조기관지인 『메탈』*(Metall)*에 "어려운 시기 독일노동자들과 외국인노동자들은 함께 한다"를 주장하며, 정부의 모집정지정책에 반대 입장을 분명히 했다. 그리고 인위적으로 만든 외

---

25) *Ibid.*, p. 5

국인노동자와 독일인노동자 사이의 이해관계대립을 통해 양진영을 분열시키는 모든 시도들에 대해 강도 높게 비난했다.[26] 실제 1960년대 말부터 시작된 노조의 외국인노동자에 대한 개방정책은 외국인노동자모집정지와 대량해고사태 이후에도 지속되었다.

냉각된 사회적 분위기에도 불구하고 노조가 외국인노동자에 대해 개방적인 정책을 계속 유지했던 이유를 크게 두 가지로 요약할 수 있다. 첫째 덤핑노동자로서 내국인의 일자리를 뺏는 외국인노동자에 대한 노조와 독일노동자들의 고정관념이 일련의 경험들을 통해 깨어지기 시작했기 때문이다. 실제 경제위기 시 우려했던 외국인노동자들로 인한 독일노동자들의 대량실업사태 대신 필요할 때 고용했다가 필요 없으면 보내는 외국인고용의 가장 큰 장점이었던 경기완충작용(Konjunkturpufferfunktion)이 독일인노동자들에게 오히려 고용안정 역할을 했던 것이다. 이 시기 외국인고용을 통한 사회적 평화라는 말이 나올 정도로 외국인노동자들의 해직율은 내국인들에 비해 높았다.[27] 이것은 외국인노동자들과 독일인노동자사이의 노동시장분절의 결과였다. 독일인들의 다수가 고기술, 고임금, 고용안정 등으로 특징되는 1차 노동시장의 기술직이나 관리직에서 일했던 반면, 대부분의 외국인노동자들은 독일인들로부터 외면 받는 2차 노동시장의 나쁜

---

26) Metall 3/74: Deutsche und ausländische Arbeitnehmer gehören in schwierigen Zeiten zusammen.

27) 예를 들면 1973년과 1974년 폭스바겐사에 대량해고사태가 발생했을 때, 전체 외국인노동자의 65%가 희생자가 되었다. 이에 반해 독일노동자들의 18%만이 해직되었다. 이용일, 「독일연방공화국의 외국인인력모집정책: 대기업 중심의 독일식 대량생산을 위한 대규모 외국인고용 1955-1973」, 『서양사론』, 85 (한국서양사학회, 2005. 3), p. 203.

노동조건과 임금조건을 가진 한시적인 생산직에서 일했던 것이다. 이러한 1차 노동시장과 2차 노동시장이 확연하게 분리되어 있고, 2차 노동시장에서 1차 노동시장으로의 진입 내지 상승이 현실적으로 어렵다는 점을 감안한다면, 외국인노동자와 내국인노동자의 경쟁관계를 주장하는 것 자체가 잘못된 선입견에 사로잡힌 억지에 가까웠던 것이다. 간단히 말해, 외국인들은 독일인들이 애써 피하는 직업이나 일자리의 공백을 메워주는 인력으로서 그들만의 노동시장 '밑바닥리그'에 몸담고 있었던 것이다. 그들과 경쟁관계에 있었던 독일인노동자들은 일부분에 불과했던 것이다. 많은 독일노동자들과 노조관계자들은 오랜 외국인고용의 경험으로 이러한 사실을 올바르게 인식하기에 이르렀던 것이다.

노조의 개방적 정책에 대한 두 번째 이유는-어쩌면 진짜 이유는-조합원 수의 정체 내지 조합가입률감소로 상징되는 노조의 위기와 밀접한 연관관계가 있다. 사실 고도성장기가 시작되었던 1950년대 이후 독일 노동조합연합의 노조원 수는 계속 증가했고, 이러한 증가세가 꺾이게 되는 것은 1990년대 들어와서 부터였다. 그럼에도 노조의 위기라는 말이 이미 1960년대에도 노조내부나 사회적으로 회자되었다. 이 시기 독일 노동조합연합의 조합원 수가 전체 고용자 수의 증가에 힘입어 단지 소폭으로만 늘어났을 뿐 아니라, 조합가입률이 1950년에 36%에서 1970년 30%로 현저하게 떨어지면서 이러한 노조의 위기감이 팽배해졌다.[28)]

---

28) Homer, "Gewerkschaften und Ausländerbeschäftigung, p. 123.

〈표 1〉 독일 노동조합연합(DGB)의 조합원 수 1950-2002 (단위 천)

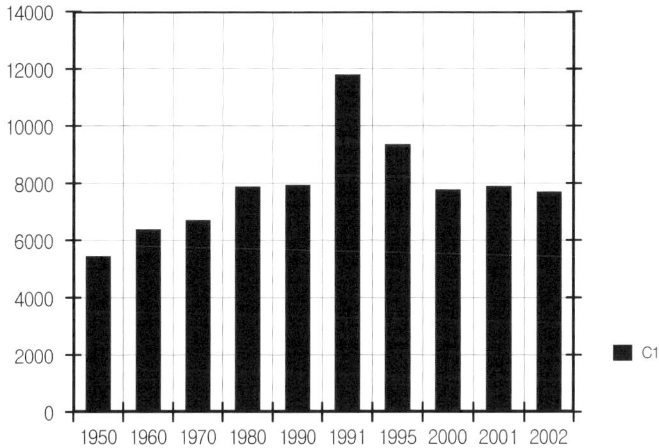

출처: Walther Müller Jentsch/ Hansjörg Weitbreit (ed.), The Changing Contours of German Industrial Relations (München/Mering 2003), p.193.

〈표 2〉 독일 노동조합연합 노조가입률 1950-2002

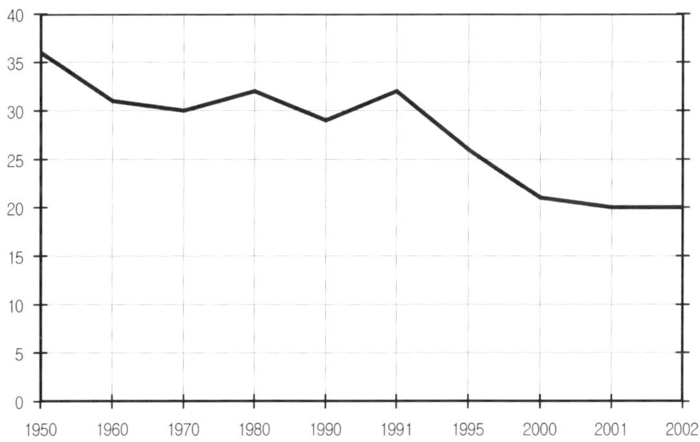

출처: Walther Müller Jentsch/ Hansjörg Weitbreit (ed.), The Changing Contours of German Industrial Relations (München/Mering 2003), p.193.

결국 이러한 노조의 위기가 문호개방을 통한 노조의 '외국인노동자 껴안기'로 이어졌던 것이다. 외국인노동자들에게 본격적으로 문호를 개방한 1960년대 말부터, 외국인노동자의 노조가입이 꾸준히 상승하여, 1980년대에 30%(최대 1986년 36%)를 웃도는 높은 노조가입률을 보였다.[29] 노조의 문호개방이후 가파르게 증가했던 외국인노동자 노조원수는 전체 독일 노조의 조합원증가에 중요한 요인으로 작용했다. 외국인노동자의 가입률이 여전히 낮았던 1960년대는 독일 노동조합연합의 조합원수의 증가가 소강상태를 맞고 있던 시기였던 것이다. 1970년대 외국인노조가입률의 가파른 증가는 노조정책의 변화에도 그 원인이 있겠지만, 외국인노동자들의 인식전환이 또 다른 원인이 되었다. 이미 많은 외국인노동자들이 일시적인 체류가 아닌 정착을 위한 이주자가 되었고, 때문에 그들의 이익을 대변해 줄 버팀목이 필요했다. 무엇보다 경제위기와 함께 찾아왔던 해고바람은 노조가입에 소극적이었던 외국인노동자들을 노조에 가입하게 만드는 계기가 되었다.

이러한 변화들은 외국인노동자의 작업장 내 통합에 기여했다. 1983년부터 외국인노동자들은 금속노조안의 독자적인 조합원그룹이 되었고, 전국의 노조행정사무국에 100개가 넘는 외국인위원회가 생겨, 외국인 스스로의 정치적인 요구와 견해를 피력할 수 있게 되었다. 하지만 독일노조의 개방적 정책은 정부의 억제적인 외국인정책

29) Petra Frerichs, Wolfgang Pohl, Michael Fichter, Jochen Gerster, Bodo Zeuner, *Zukunft der Gewerkschaften*. Hans Böckler Stiftung. Arbeitspapier 44 (Düsseldorf 2004), p. 15.

의 대안으로 외국인들의 사회통합을 전제한 다문화사회나 새로운 이민의 필요성 등을 역설하는 '열린 이민정책'으로 발전하지 못했다. 외국인노동자들이 자신들의 경쟁자가 아님을 오랜 경험으로 잘 알고 있던 독일노동자들조차도 외국인노동자들에게 곱지 못한 시선을 보내던 대량실업의 시대에 자국노동자의 보호를 외쳐야 할 노조가 그들의 '위기해법'으로서 외국인노동자의 조직화와 새로운 이민의 필요성을 드러내 놓고 설파할 수는 없었던 것이다.[30] 때문에 일련의 개방적인 변화들은 소리 없이 진행되었다. 그리고 최근의 새로운 개방형 이민정책으로의 전환에 있어서도 노조는 주도적인 역할을 하지는 못했다. 대량실업의 시대임에도 새로운 외국인노동자 도입의 필요성을 제일 먼저 절감했던 곳은 IT 고급기술자 부족에 시달리던 경제계였다. IT기술자유입을 놓고 미국을 위시한 많은 나라들과의 경쟁관계에 있었던 독일의 IT기업들은 기존의 이민억제정책 아래의 이주조건들로는 '상한가를 달리는' 외국인고급인력을 독일로 불러들일 수 없다는 점을 가장 먼저 인식했던 것이다. 많은 외국인들과 그들의 사회문제들로 인해 독일에서는 새로운 이민의 필요성에 대한 최소한의 사회적 논의도 할 수 없다는 볼멘소리가 나오기 시작했다. 과거 60년대 외국인고용의 '전성시대'부터 들어왔던 친숙한 경제적인 논리로 이러한 어려운 상황을 돌파했던 사람은 다름 아닌 당시 독일총리였던 게하르트 슈뢰더(Gerhard Schröder)였다.

---

30) Knuth Dohse, "Massenarbeitslosigkeit und Ausländerpolitik" *Das Augument 138/1983*, p. 239.

> IT 고급기술자가 엄청나게 부족하다는 사실에는 논란의 여지가 없습니다. 그러나 현재 국내에서는 이러한 부족분을 메울 수 없습니다... 교육과 양성을 통해서 기술자부족을 없애는 것은 단지 중장기적으로만 가능하다는 사실을 속이려 하지 맙시다. 때문에 단기적으로 외국인 IT고급기술자, 특히 인도와 동유럽출신의 기술자들을 독일로 데려오는 것이 필요합니다. 우리는 현재의 중흥의 분위기를 놓쳐서는 안 됩니다. 성장기회를 이용해야 합니다.[31]

2000년 하노버 컴퓨터산업박람회(Cebit)에서 행한 독일 수상 슈뢰더의 위의 연설은 소위 '그린카드논쟁'으로 불리는 사회적 논쟁을 일으켰다. 좋은 노동조건과 체제조건을 법률적으로 보장하는 그린카드 부여를 통해 IT고급기술자를 독일로 유치해서 IT인력난을 극복해야 한다는 이민개방파의 주장과 '인도인들 대신에 아이들?(Kinder statt Inder?)'이라는 다소 선동적인 구호를 내걸고 단기적 외국인인력도입 대신 독일후속세대들에 대한 교육을 통해 장기적으로 인력난을 해결해야 한다는 이민억제파의 주장이 팽팽하게 맞섰다.[32] 하지만 경제적 논리의 우세 속에 독일정부는 발 빠르게 그린카드제도를 도입했고, 이것을 가지고 독일 IT기업들은 외국인 IT고급기술자 '사냥'에 나섰다. 이러한 외국인고용의 필요성은 저출산률과 인구고령화와 같은

---

31) Rede von Bundeskanzler Gerhard Schröder bei der Eröffnungsfeier der CeBIT 2000 am Mittwoch, 23. Februar 2000, in Hannover

32) 이 선동적 슬로건을 처음 퍼뜨린 사람은 당시 노트라인 베스트팔렌 주의 기민연 대표였던-현재는 주지사-위르겐 뤼트커스(Jürgen Rüttgers)였다. 그는 이것을 2000년 노트라인 베스트팔렌 주 의회선거 승리를 위한 슬로건으로 사용했지만, 정치적 효과 대신 큰 사회적 비난을 받았다.

인구통계학적 우려와 맞물려 단지 그린카드도입에만 머물지 않고, 기존의 이민정책에 대한 회의를 불러일으키며, 이민정책의 대대적 개혁을 요구하는 계기를 마련했다. 1년 뒤 같은 장소, 같은 대회에서 행한 연설에서 슈뢰더는 새로운 이민법을 핵심으로 하는 이민정책의 재고를 촉구했다.

> 우리는 IT 기술자의 부족사태를 극복해야 합니다. 만약 우리가 국제수준을 잃지 않으려 한다면, 충분한 내국인기술자들이 교육되고 훈련되어져 노동시장에 나오게 될 때까지 기다릴 수 없습니다. 때문에 저는-우리 전략의 두 번째 방향인데-일 년 전에 비유럽연합회원국 출신의 외국인 IT전문가를 위한 노동가능성을 획기적으로 개선하겠다고 발표했습니다. 그 사이 주무관청은 6000장의 그린카드를 발급했습니다. 매주 200개씩 계속 늘어나고 있습니다... 최근의 연구들에 따르면 이주해 온 한 사람의 IT기술자의 고용을 통해 독일에 평균적으로 대략 3개의 일자리가 새롭게 창출된다고 합니다. 때문에 그린카드는 독일 노동시장을 활기 있게 만들기 위한 첫 걸음이었습니다. 앞으로 계속적인 조치들이 뒤따라야 하기 때문에 저는 의식적으로 첫 걸음이라는 말을 합니다. 우리가 세계 최고의 두뇌들을 얻기 위한 경쟁에서 지지 않으려면, 노동시장에 입각한 이민과 그것에 상응하는 결정들에 대한 전문지식에 근거한 토론이 필요합니다... 연방내무부가 만든 이민위원회가 여름에 결과보고를 하게 될 것입니다. 그런 다음 우리는 이번 국회임기 내에 상응하는 결정들을 내려서, 현대적인 요구들을 충족시켜줄 이민법을 얻을 수 있도록 할 것입니다.[33]

33) Rede von Bundeskanzler Gerhard Schröder anlässlich der Eröffnung der Cebit

슈뢰더가 말한 일정대로, 2000년 발족한 내무부 산하의 이민위원회는 2001년 7월 새로운 이민법을 골자로 하는 새로운 이민정책을 위한 보고서를 내놓았다. 기민당원으로 국회의장을 지냈던 학자출신의 리타 쥐스무스(Rita Süssmuth)가 위원장을 맡았기에 쥐스무스 위원회라 불리는, 전문가들과 각계각층의 인사들로 구성된 이 위원회는 새로운 이민정책에 대한 제안에 골몰했고, 그 결과물로서 노동시장에 입각한 이민을 표방하면서, 또한 이민으로 인한 사회문제에 대한 강력한 해결의지를 담은 보고서가 나오게 되었던 것이다.[34] 이 이민위원회의 권고안은 그해 11월 사민당과 녹색당 연정의 새로운 이민법안의 기초가 되었다. 하지만 9 · 11 테러 이후 높아진 무슬림 이민자들에 대한 사회적 불안감으로 연방내무부장관인 오토 쉴리(Otto Schilly)는 진보진영으로부터 '오토 카탈로그'라는 오명을 받게 되는 안보조항들을 법안에 삽입했다. 이것은 법안통과를 위한 보수진영의 동의를 염두에 둔 정치적 포석이기도 했다. 그럼에도 계속적인 이민물결에 대한 불안을 가지고 있었던 많은 보수정치가들은 이 법안이 여전히 너무 자유롭고 개방적이라고 비판하며, 모든 정치적 힘을 다해 법안통과를 저지했다. 격렬한 정치적 공방 속에 이 법안은 국회와 연방평의회를 어렵게 통과했다. 하지만 법안통과를 위한 과반수가 조금 모자랐던 연방평의회에서의 법안통과과정의 위법성을 들어 헌

---

am 21. März 2001 in Hannover.

34) Bundesministerium des Innern, *Zuwanderung gestalten Integration fördern. Bericht der unabhängigen Kommission Zuwanderung,* (Berlin, 2001).

법소원이 들어왔고, 결국 이 법안은 헌법재판소의 위헌결정으로 부결되었다.[35] 이후 시민당과 녹색당의 연정은 기민연/기사연과 이민법을 놓고 벌였던 4년간의 지루한 논쟁에 종지부를 찍는 대타협을 이루었고, 이렇게 해서 탄생된 새 이민법은 통제적 성격과 테러에 대비한 안보조항들이 더욱 강화된 반쪽짜리 개혁이 되고 말았다. 그럼에도 2005년 1월 1일부로 시행되고 있는 이 새로운 이민법은 독일이 오래 전에 이민국이 되었음을 인정하고, 이민문제를 통합적으로 다루려 한다는 점에서 획기적이다. 새로운 이민법에 따라 기존의 5가지 체류허가종류들이 유기한의 체류허가와 무기한의 정착허가로 단순화되면서, 사실상 이민을 통한 정착이 기정사실화되었고, 여러 행정기관들에서 분리되어 다루어지는 이민에 관련된 업무를 통합적으

35) 여기서 연방평의회는 독일어 Bundesrat를 번역한 것이다. 주정부들의 각료들로 구성된 연방평의회는 연방의회에서 통과된 법률안을 의결하는 입법권을 가진 일종의 상원의 기능을 하는 독일 연방제의 중요한 기구이다. 정부가 주도한 이민위원회의 프로그램을 골자로 하는 새로운 이민법안으로 여야가 첨예하게 대립했을 때, 그 각축장이 되었던 곳이 다름 아닌 연방평의회였던 것이다. 여당인 사민당과 녹색당 연정은 그들이 과반수의석을 차지하고 있던 연방국회에서 새 이민법안을 통과 시키는데 성공했지만, 의석이 과반수에 조금 미치지 못하는 연방평의회에서는 통과를 자신할 수 없는 처지에 놓여 있었다. 통과를 위해서 여당은 여야의 대립상황으로 볼 때 기권표를 던질 것으로 점쳐지는 브란덴부르크주의 사민당과 기민연 연정의 찬성표가 절대적으로 필요했다. 원래 성문율은 아니지만 주정부가 의결할 때, 연정인 경우 모든 연정참여정당들의 동의하에서 주정부는 자신들의 의사를 표현 할 수 있다. 만약 주정부내에 의견의 갈릴 경우 기권을 하게 되어있다. 그러나 브란덴브르크 주지사 슈톨페가 내무장관이자 자신의 연정파트너인 기민연의 숀보움의 반대에도 불구하고 찬성표를 던졌다. 이 찬성표 덕분에 이민법은 가까스로 연방평의회를 통과했다. 하지만 이 통과과정이 과연 합법적인지 아닌지를 놓고 논쟁이 일어났고, 이에 헌법재판소는 제정과정의 위헌성을 이유로 야당의 손을 들어주었다.

로 연계, 관리하는 이민청이 신설되었다. 또한 이 새로운 이민법은 이전 쥐스무스 위원회에서 활발하게 논의되었던 점수제와 외국인모집중지의 폐지를 받아들이지 않는 대신, 고급인력과 그 가족들에게만 예외적으로 정착허가와 노동허가를 보장하면서 고급두뇌 유치경쟁에서의 우위선점에 중점을 두었다. 무엇보다 눈에 띠는 변화는 이제껏 답보상태에 빠져있던 사회통합부분에서 일어났는데, 이민법은 새로운 이민자들과 사회통합에 문제 있는 장기체류의 외국인들에게 독일의 언어 · 역사 · 문화강좌를 통해 독일사회에 적응을 돕는 사회통합코스 참가를 의무화했다. 인도주의적 이민은 큰 변화 없이 유지되었고, 테러를 일으킬 수 있다고 판단되는 난민들이나 이민자들에 대한 통제와 추방권이 강화되었다.36)

여기서 주목해야 할 것은 새로운 이민법 논쟁에서 보여 준 독일노조의 태도였다. 처음 그린카드논쟁이 촉발되었을 때, 독일노동조합연합 산하의 산별노조들은 외국인 IT기술자들에 대한 노동시장개방에 대해서 통일된 견해를 가지고 있지 못했다. 하지만 독일노동조합연합의 공식적인 입장은 일단 반대로 기울었다. 노동시장정책 전문가였던 독일노동조합연합의 부위원장 우줄라 엥엘렌-케퍼(Ursula Engelen-Kefer)는 독일 기업들의 IT 기술자양성에 대한 태만과 이것과 연관된 외국인 도입계획을 강도 높게 비난했다. 무엇보다 IT노동력수요가 곧 진정국면에 접어들 것이라는 진단을 통해 외국인노동자들에 대한 일반적인 국경개방을 반대한다는 노조의 뜻을 분명히 전했다.37) 하지만 앞서도

---

36) Bundesministerium des Innern, *Zuwanderungsgesetz*, (Pastow, 2004).

37) Heise Online News 04.03.2000:Green-Card-Diskussion, der DGB meldet sich

언급했듯이, 노동력부족을 통해 IT산업의 중흥이 위협을 받아서는 안 된다는 경제적 논리가 급속한 그린카드제도의 도입을 가져왔을 뿐만 아니라 인구통계학적 요인과 맞물려 전체 이민정책의 재고 쪽으로 급속하게 사회적 분위기를 바꾸었을 때, 노조는 정부의 개방적인 이민정책의 지지자로 돌아섰다.[38] 그리고 다른 학계전문가들, 정치인들, 종교계지도자들과 함께 노조 역시-독일노동조합연합의 사무총장과 독일 공무원노조의 위원장-이민위원회에 참여해 새로운 이민정책의 청사진을 만드는데 깊이 관여했다.

이러한 태도의 변화는 독일의 특별한 노사관계에도 그 원인이 있겠지만, 무엇보다 앞서 언급한 노조의 위기의식이 더 큰 이유였다. 앞의 도표 1과 2에서 보이듯이, '통일특수'로 인한 짧은 상승의 거품이 빠지고 난 후 노조조합원 수와 조합가입률이 가파르게 아래로 곤두박질치면서 노조의 위기는 더욱 더 심화되었다. 무엇보다 조합가입률은 통일직후인 1991년 32%에서 2002년 20%로 그 하락세가 두드러졌다.[39] 이 통계자료는 외국인노동자의 포섭을 통한 노조위기타파라는 노조정책의 한계를 여실히 드러내는 증거가 된다. 물론 앞서도 언급했지만, 노조의 개방적인 정책이후 외국인노동자의 조합가입률은 크게 늘어났다. 예를 들어 산별노조들 가운데 최고의 외국인노조

---

zu Wort.

38) Thesen des Deutschen Gewerkschaftsbundes für die Regelung der Einwanderung. Positionen für die Arbeit der Zuwanderungskommision der Bundesregierung, verabschiedet in der Sitzung des Bundesvorstandes des DGB am 03. April 2001.

39) Petra Frerichs, Wolfgang Pohl, Michael Fichter, Jochen Gerster, Bodo Zeuner, *Zukunft der Gewerkschaften*. Hans Böckler Stiftung. Arbeitspapier 44 (Düsseldorf 2004), p. 15.

원 수를 자랑하는 금속노조의 2002년 외국인 노조가입률은 54%로, 1973년의 28.2%에 비해 거의 두 배에 육박하는 신장세를 보였다. 외국인고용초기인 1961년 금속노조의 외국인 노조가입률이 겨우 5.4%에 머물렀다는 사실을 감안하면, 그 신장세는 더욱 더 두드러져 보인다. 그럼에도 불구하고 아래의 도표 3은 이러한 성장이 한갓 숫자놀음에 불과하다는 사실을 보여준다. 1973년에서 2002년까지 지난 30년 동안 금속노조의 외국인조합원 증가수는 5만 명을 넘지 못했다. 앞서 언급한 대대적인 개방정책에 비한다면, 이것은 초라하기 그지없는 수치이다. 그렇다고 노조의 문호개방이 외국인노동자들에게 큰 영향을 미치지 못했다는 의미는 아니다. 오히려 정반대 현상이 일어났다. 2002년 현재 금속노조 분야의 제조업에서 일하는 외국인노동자들의 절반 이상이 노조에 가입할 만큼 개방정책에 대한 외국인노동자의 호응도는 과히 폭발적이었다고 할 수 있다. 하지만 이러한 높은 노조가입률에도 불구하고 외국인노조원 증가수가 그다지 크지 않은 이유는 바로 전체 외국인노동자감소 때문이었다. 1973년에서 2002년 사이 금속노조 분야에 종사하는 전체 외국인노동자의 수는 거의 30만 명 정도 감소했다. 계속 감소세에 있는 외국인노동자들을 통해 노조가 조합원감소의 위기를 극복할 수 없다는 것은 분명해 보인다. 더욱이 이미 두 명 중 한명을 노조원으로 만든 금속노조가 굳이 노조원이 되지 않아도, 기업내부의 노동자대표평의회를 통해 자신들의 이익이 대변될 수 있다고 믿는 나머지 한명을 동기부여하고, 조직원으로 편입시킨다는 것은 쉬운 일이 아닐 것이다. 하지만 이러한 외국인노동자를 통한 노조강화정책의 한계는 이미 그 출발부터 예견된 일이었다. 왜냐하면 외국인노동자의 노조가입이 활발하던 시기는 제조업중심의 외국인고용의 쇠퇴가 시작되었던 시기였기 때문이다. 이러한 외국인고용에 대한 필요성감소는 1970년대 초에 시작된 독일경제의 산업구조개혁과 깊은 연관이 있다.

〈표 3〉 금속노조(IG Metall) 산하의 외국인노동자 인원수와 노조가입률

	1961	1973	2002
금속노조 분야의 전체 외국인노동자	215,490	811,000	513,200
금속노조 외국인조합원	11,657	228,721	277,133
외국인 노조가입률	5.4%	28.2%	54.0%

출처: Anwerbung Vermittlung Beschäftigung Ausländischer Arbeitnehmer Erfahrungsbericht 1962/ Nihat Öztürk, "Solidarität und Migranten-Opfer der Globalisierung", Kurswechsel 2/2002.

1970년 OECD 국가들 중 최고치였던 49%를 나타내는 독일의 2차 산업노동자비율은 1995년 37%로 급락했다. 이미 독일인들의 2차 산업에서 3차 산업, 혹은 제조업에서 서비스업으로의 직업이동경향은 60년대부터 뚜렷했다. 그럼에도 산업노동자의 수가 꾸준하게 늘 수 있었던 것은 260만 명의 외국인노동자들 때문에 가능했다. 이들은 80%가 2차 산업에 종사했고, 대부분 비숙련직으로 대기업의 포디즘적 대량생산의 작업장에서 일했다. 1973년 이후 산업구조개혁의 가장 큰 희생자는 외국인노동자들이었다. 여전히 포스트산업사회의 새로운 변화에 가장 잘 적응하지 못하는 것도 독일사회 '가장 아래 계층'으로 살아가는 외국인이민자들과 그들의 2세, 3세들인 것이다. 특히 독일에서 태어난 2세, 3세의 대부분은 많은 교육을 받지 못했고, 낮은

직업적 숙련도를 가지고 있어 곧 자동화로 없어질 운명의 제조업의 열악한 일자리에서 일하고 있거나 실업자로 전락했다. 전체 독일 실업률의 거의 두 배에 해당하는 20%에 달하는 외국인노동자의 실업률이 외국인의 구조개혁에 대한 부적응을 잘 보여주는 통계자료이다. 물론 외국인노동자 역시 변화하는 환경에 대처하려는 노력이 아주 없었던 것이 아니다. 초기 제조업중심의 고용구조를 탈피해 서비스업계통으로 적지 않은 외국인노동자들이 직업전환을 했다. 노동자로서 와서 개인사업, 특히 요식업을 통해 나름대로 성공한 외국인자영업자들도 생겨났고, 계속 줄어드는 제조업의 취업기회로 인해 서비스업에서 일자리를 찾는 외국인노동자들도 점점 늘어나고 있는 추세이다. 단적인 예로 2002년 연합서비스노동조합(ver.di)의 터키 노조원수는 112,500명으로 금속노조의 터키 노조원수인 127,008명과 큰 차이가 없다.[40] 하지만 그들 중 대부분은 단순서비스업에 종사하는 사람들이며, 파트타임 역시 적지 않다.

새롭게 창출되는 서비스업의 일자리, 특히 고급기술자들을 이민 2세나 3세들로부터 확보할 수 없다는 사실이 많은 외국인인구에도 불구하고 여전히 독일사회가 새로운 이민의 필요성을 역설하는 이유인 것이다. 새로운 지식정보사회에 걸맞은 고급인력을 확보하기 위해 독일은 이제껏 가져왔던 민족중심적 이민정책을 버리고 열린 새로운 이민정책을 받아들여야할 필요성을 절감했던 것이다. 점점 줄어들고 있는 외국인노동자와 반면 늘고 있는 외국인 비산업인구는

40) Migration online, 01.01.2002: Partizipation im Betrieb.

독일이 이미 이민국가가 되었다는 방증이자 기존의 외국인을 통한 노조조합원의 증대라는 노조정책의 한계를 보여 주는 것이다. 기존 외국인노동자의 한계와 고령화와 출산율저하로 특징되는 내국인노동자감소는 독일노조에게 그들이 이룩해낸 시스템의 붕괴까지 가져올 수 있다는 위기감을 안겨주었고, 결국 그들 미래의 사활이 이민문제에 달려있다고 결론짓게 만들었던 것이다. 그리고 과거의 경험으로부터 이러한 노동이민은 단순한 일시적인 현상이 아니라 정주를 동반하는 이주현상으로 보게 되었고, 결국 이민으로 생긴, 그리고 생길 수 있는 사회문제의 해결은 새로운 이민의 선결요건으로 인식되었다. 때문에 노조는 단순한 노동시장을 넘어 다양한 형태의 이주문제를 통합적으로 관리하는 새로운 이민법을 제정하려는 독일정부의 계획을 적극 지지했던 것이다. 독일노조가 마치 다문화사회, 열린세상, 사회통합 등으로 대표되는 개방적인 이민의 전도자나 된 듯이, 노조내부에서는 어느 때보다 국제적 연대 혹은 국제주의의 목소리가 높은 것이 사실이다. 서두에서도 언급했듯이, 금속노조와 연합서비스노조가 공동 개최한 독일 노동이민 50주년 컨퍼런스에서도 열린 이민의 목소리가 주도했다. 심지어는 동일노동에 동일임금의 원칙과 같은 자국노동자의 보호라는 민족적 관점에서 만들어진 제도를 노조의 국제주의의 성과물로 극찬하기까지 했다.[41] 때문에 이민

---

41) Rhode, "Die migrationspolitischen Erfahrungen, pp. 2-9.
Jürgen Peters, "Anforderungen an eine weltoffene Migrationspolitik", Konferenz: *50 Jahre Anwerbeabkommen Deutschland - Italien, WIR BEWEGEN UNS - Migrantinen und Migranten in den Gewerkschaften* (23./24. Juni 2005, verdi Bundesverwaltung, Berlin), pp. 2-19 *인터넷판.

문제에 관한 한 민족주의와 국제주의라는 상반된 두 이념의 딜레마를 가지고 있던 노조가 자칫 전자를 포기한 것처럼 비치기도 한다. 하지만 이러한 국제주의적 대세에도 불구하고 열린 이민에 대한 불안과 우려의 목소리가 노조내에서 완전히 사라진 것은 아니다. 물론 이민에 대한 불안과 이민의 필요성, 통제 대 개방의 갈등형태로 표출되는 이민문제의 딜레마는 비단 노조에 국한된 문제만은 아니다. 앞서 언급한 새로운 이민법을 놓고 벌인 격렬한 사회적 논쟁이 그것을 잘 말해준다. 이러한 갈등에도 불구하고 독일이 미래에 계속적으로 이민을 필요로 하는 국가로 남을 것이고, 이민문제는 미래의 사활이 걸린 중요한 사안이라는 데는 암묵적인 사회적 동의가 존재한다. 다문화사회로의 전환점에 서 있는 독일노조 역시 그러한 사실을 잘 인식하고 있음이 도처에서 목격되고 있다.

5 | 맺음말

독일역사를 통해 본 외국인고용에 대한 독일노조의 태도는 이중적이고 일관성 없다는 비난을 들을 수 있을 만큼 민족주의와 국제주의의 상반공존의 관계를 통해 특징지어졌다. 그럼에도 실제 외국인고용에 관한 한 노조는 늘 노조의 본연의 의무에 충실했다. 노조의 발전과 조합원의 이익이 노조의 외국인정책을 주도했던 것이다. 결국 사회보장제도와 노동제도에 편입된 좋은 노동조건과 노조내부의 높은 외국인노동자의 위상 모두는 이러한 노조정책의 결과였던 것이다. 그리고 현재 노조가 지지하는 다문화사회의 열린 이민정책 역시 그러한 노조정책과 무관하지 않은 것이다.

이러한 노조의 외국인정책을 이해하는 열쇠로서의 노조의 발전과 조합원의 이익대변이라는 '노조메커니즘'은 분명 독일에만 국한된 것이 아니라 한국에도 적용될 수 있다. 하지만 '노조메커니즘'으로부터 나온 결과는 양국의 경제적 · 사회적 · 문화적 · 역사적 차이로 인해 확연히 달랐다. 한국의 노조들이 보여준 외국인고용에 대한 무관심과 이와 연관된 이주노동자의 독자적 노조설립은 '노조이기주의' 내지 노조이해관계의 한국적 결과물이었던 것이다. 독일의 노동이민은 대기업중심의 대규모 합법적인 고용으로 이루어진 반면, 한국의 노동이민은 중소영세기업 중심의 소규모 비합법적인 고용이 주를 이루었다. 한국에서는 고용허가제가 시행되고 있는 지금도 여전히 산업연수생제도가 병행되고 있고, 이것을 통해 불법외국인고용이 양산되고 있는 것이다. 이러한 열악한 재무구조와 노동조건으로 대표되는 중소영세기업 중심의 외국인고용구조는 산업연수생제도와 불법노동자 확산과 같은 외국인고용의 '음극화'를 더욱 부추겼다. 결국 이러한 구조적 모순으로 많은 외국인들은 '미등록노동자' 내지 '불법노동자'로 내몰리면서, 합법적으로 기존 노조에 가입하거나 자체노조를 결성할 권리를 박탈당하고 있다. 대기업 정규노동자중심의 국내 노동조합조직은 중소기업의 비규정직노동자가 대부분인 외국인노동자들의 노조가입을 사실상 배제하고 있다. 무엇보다 정규직노동자와 비정규직노동자, 대기업노동자와 중소기업노동자의 양극화현상으로 특징되는 국내노동시장분절이 외국인고용에 대한 대기업 정규노동자중심의 국내 노동조합의 무관심의 가장 큰 요인이다. 물론 노동시장분절현상은 비단 한국의 문제만은 아니다. 앞서도 언급했지만, 독일 역시 노동시장분절현상이 존재하는데, 이것은 주로 기업내부에서 일어난다. 반면 한국의 노동시장분절은 주로 기업사이, 즉 대기업과 중소기업사이에서 일어난다. 때문에 외국인노동자와 내국인노동자의 '접촉'의 정도는 양국이 많은 차이를 보인다. 독일의 경우, 외국인노동자와 독일인노동자가 적어도 같은 직장 내지 작업장에서 일을 하면서, 전혀 다른 임무, 즉 기술직과 단순직으로 확연히 구분된다. 그리고 대기업의 포디즘적 대량생산체계는 많은 생산직노동자수요를 발생시켜, 내국인들이 외국인들과 같은 일을 하게 되는 경우도 적지 않다. 실제 60년대 완전고용시대 기술직으로 훈련된 대기업의 독일노동자가 일정기간 생산직에서 근무하는 경우가 비일비재했다. 이에 비해 한국의 대기업의 노동자들은 작업장에서 외국인들과 같이 근무하는 경우가 거의 없다. 비정규직과 정규직으로 노동시장이 기업내부에서도 분절되지만, 대기업 비정규직은 여전히 내국인들에 의해 채워지고 있다. 고로 외국인노동자는 노동조합이 아예 없거나 약한 소규모의 작업장에서, 그것도 미등록노동자로, 혹은 비정규직으로 일을 하기 때문에 '주류조합'의 핵심인 대기업 정규직노동자들과는 거의 접촉이 없는 것이다. 때문에 외국인고용에 대한 관심은 고사하고, 값싼 외국인노동자들이 임금조건과 노동조건을 악화시키고, 일자리까지 빼앗는다는 불안의 소리조차 노조 내에 존재하지 않는 것이다. 어쩌면 '무접촉'에서 오는 지금의 '무관심'이 불안이나 미움보다 더욱 외국인정책의 발전에 해가 될 수도 있다. 왜냐하면 독일의 경우 이러한 노조 내지 내국인노동자들의 불안이 동일노동의 동일임금과 동일한 사회보장과 같은 외국인고용제도의 동인이었기 때문이다. 결국 외국인노동자의 법적·사회적 보장은 단순한 휴머니즘차원의 보호가 아니라, 강력한 독일 노동조합의 이해와 맞물려 있었던 것이다. 외국인노동자들의 독일노조 내의 높은 위상과 현재 독일 노조가 내세우고 있는 다문화사회를 대비하는 열린 이민 역시 노조위기에 대한 노조의 대응이었던 것이다. 지식정보화시대 여전히 독일노조가 강력한 사회세력으로 지금처럼 영향력을 미칠 수 있을 것인지의 여부는 노조가 어떻게 다문화사회로의 도전에 대처하는지에 달려있다는 것을 독일노조의 지도부는 잘 인식하고 있는 것이다.

그것이 노조의 위기로부터 나온 고육지책이었던 아니었던, 이민의 중요성을 인식하고, 미래를 준비하는 열린 이민정책을 천명한 독일노조가 부러움으로 다가오는 것은 사실이다. 여전히 한국노조 깊숙이 자리 잡고 있는 이민정책에 대한 무지와 무관심을 보고 있자면, 이러한 부러움은 더욱 배가된다. 하지만 독일의 예와 대조적인 한국의 경제적·사회적·문화적 특수성에 근거한 구조적 무관심을 근거로 너무 성급하게 미래 한국노조의 외국인정책 내지 이민정책을 단정 짓는 우를 범해서는 안 된다. 이를테면 이제껏 독일노조가 쌓아온 외국인정책에서의 성과와 미래 열린 이민은 '노조이기주의'의 결과물이었기에, '노조이기주의'의 보편성에 근거해 외국인들과 아무런 접촉이 없는 한국의 주류노동조합이 외국인노동자들의 포용과 통합에 소극적이었고, 앞으로도 그러할 것이라고 전망하는 것은 너무 성급하다는 것이다. 여기서 미래 노조의 이민정책에 대한 전망을 내 놓는다는 자체가 어쩌면 역사가의 본연의 임무를 넘어서는 주제넘은 일이 될 수도 있을 것이다. 그럼에도 한국 주류노조들이 앞으로 이주노동자와 이민문제에 대해 지금과 같은 '모르쇠정책'만으로 일관할 수 없을 것임을 보여주는 여러 정황들이 포착되고 있다. 요즈음 회자되고 있는 한국의 '노조위기' 역시 그러한 정황들 중 하나가 될 수 있을 것이다. 주지하듯, 현재 한국의 노조위기는 도덕성의 문제로 귀결되고 있는 듯하다. 근래에 일어난 일련의 노조 부패사건들은 노조의 도덕성을 땅에 떨어뜨리며, '부패한 노동귀족' '노조이기주의' 등으로 상징되는 대기업 정규직중심의 주류노조에 대한 비판을 더욱 더 심화시켰다. 이러한 배경 속에 민주노총과 한국노총으로 대표되는 한국의 주류노조들이 사회세력으로 여전히 영향력을 미치기 위해서는, 대기업 정규직중심 체제를 극복하고, 비정규직 노동자들을 조합원으로 포용하는 정책의 필요성이 제기되고 있다. 이러한 비정규직문제에 자연 여성노동자문제와 이주노동자문제 역시 포함되는 것이다. 즉 노조의 위기는 그들만의 기득권으로부터 탈피해 이제껏 배제되었던 비정규직 노동자, 여성노동자, 이주노동자를 조합내로 포용해야 할 당위성을 제공할 수 있을 것이다. 하지만 노조가 적극적으로 이민문제에 관심을 가져야 할 더 큰 이유는 도덕성의 문제가 아니라 생존의 문제에 있다. 비단 독일사회의 문제만이 아닌 한국사회의 심각한 문제로서의 저출산과 고령화로 인해 앞으로 이민문제의 중요성이 부각될 것이고, 조합원감소를 걱정해야 할 한국 주류노조들 역시 이 문제로부터 자유로울 수 없을 것이기 때문이다. 물론 다문화사회에 대한 대비를 생존의 문제와 결부시키는 독일의 예가 여전히 먼 남의 나라 이야기로 들리는 것도 사실이다. 그렇다고 한국의 현실이 그러한 미래의 시나리오와 너무 동떨어져 있는 것만은 아니다. 비록 미미하긴 하지만 다문화사회의 징후가 이미 한국사회에서도 감지되고 있기 때문이다. 머지않은 장래에 한국의 주류노조들 역시 절박한 생존의 문제로 다문화사회의 열린 이민에 대해 심각하게 고민하게 될 날이 올지도 모를 일이다. 징후들에 민감하지 못한 채 그때 닥쳐서 노조가 이민문제를 해결하려 한다면, 이미 손쓰기에 너무 커버린 문제들로 근본적인 치유 대신 땜질식 처방에 급급한 무기력한 모습을 보이게 될 것이다. 한국의 노동조합운동이 눈앞의 이익에 급급한 근시안적 무관심에서 벗어나, 이민문제에 관심을 기울이며, 그것에 대비한 중장기적 정책을 지금부터 준비해야 할 이유가 바로 여기에 있는 것이다.

03 미국 : 센센브레너 법안과 이민법 논쟁

황혜성

1 | 미국은 이민법안 논쟁 중...

불법 이민자 처리를 놓고 미국이 떠들썩하다. 소수민족 시위가 전국으로 번지면서 베트남 전쟁 반대 시위 이후 최대 규모의 시위가 이어지고 있고, 재미 한인들도 사물놀이를 앞세워 이에 참여하고 있다. 하원이 작년 말에 불법 이민자들을 범죄자로 규정하고 고국으로 돌려보내고, 국경 담장을 더 늘리자는 법안을 통과시켰기 때문이다.

2005년 12월 미국 하원은 미국 내 불법 이민자들에 대한 강력한 단속과 처벌 내용을 담은 '센센브레너 법안(Sensenbrenner bill)'을 통과시켰다. 연방 하원의원의 이름을 딴 이 법안은 불법이민을 통제하기 위한 법안으로 약 1,200만 명의 미국 내 불법체류자들을 범법자로 규정하고 이들을 단속하고 이들의 고용과 보호도 불법화 한다. 따라서 이들을 모두 추방하겠다는 강력한 조치를 담고 있다. 이 법안 심의를 앞두고 전국 곳곳에서 대규모의 반대시위가 열리고 있다. 특히 로스앤젤레스에서 벌어진 시위는 50여 만 명 이상이 참가하는 대규모 시위였다.

하원의 '센센브레너 법안'과 달리 미 상원은 불법이민자들을 합법화하고 이들이 시민권을 취득할 수 있도록 하자는 포괄적 이민법안을 통과시켰다. 따라서 상원 법사위는 센센브레너 법안과 같은 반이민법안과 더불어 불법 체류자들에게 합법적인 체류 신분취득의 기회를 부여하자는 '메케인-케네디 법안(McCain-Kennedy bill)'등의 친이민 법안들도 함께 심의하고 있다. 그리고 이 법안들에 대한 심의 과정에서 반이민법과 친이민법을 둘러싼 집회와 시위가 미국을 뜨겁게 가열하고 있다.

현재 미국에는 약 1,200만 명의 불법체류자들이 다양한 직업에 종사하며 살고 있고, 그 중 약 20만 명의 한국인도 포함되어 있다. 이들은 여권이 없거나, 비자가 만료되었거나, 비자에 명기되어있는 목적과 다른 일에 종사하기 때문에 사실상은 불법상태이지만 연방법과 주법간의 차이, 현실적 필요성 등으로 인해 취직도 하고 운전면허증을 교부받고, 의료보험도 들고, 자녀를 학교에도 보내고 있다. 그러나 '사상 최악의 반이민법'으로 평가되는 센센브레너 법안이 제정될 경우 불법체류자들은 모두 범죄자들이 되며, 이들을 고용하거나 도와준 사람도 형사처벌을 받게 되어 이들은 일자리 자체를 얻을 수 없게 된다. 이 법안에 따르면 10인 이상 불법체류자를 고용한 업주는 징역형에 처해질 수 있기 때문이다.

미국은 해마다 150만 명 정도의 이민 노동자가 필요하지만 합법이민자의 수는 그 반 정도이다. 그러므로 불법 이민자가 양산될 수밖에 없는 실정이다. 그리고 미국의 궂은 일은 불법이민자가 모두 맡아서 하며 이들이 없으면 미국경제는 아래로부터 흔들린다. 미국 내 불법 체류자는 이미 경제의 중요한 한 부분을 담당하고 있기 때문에 과연 무조건 추방하는 것이 옳은지에 대한 논란이 오래 전부터 계속돼 왔다.

이글은 현재 이민법안을 둘러싸고 벌어지고 있는 뜨거운 논쟁을 이해하는데 도움을 주고자 미국 이민의 역사를 개괄적으로 살펴보고자 한다. 따라서 누구에게나 개방되었던 이민의 문이 20세기 초 이후 선택적으로 닫히게 되는 과정을 이민배척운동과 연관 지어 설명하고, 1965년 이민법 개정이후 변화된 이민정책과 이에 따른 다문화주의 정책, 그리고, 9·11이후 경색되고 있는 미국의 이민정책을 설명하고자 한다.

2 | 개방에서 선택으로

미국의 역사는 이민과 다양성의 역사이다. 미국은 세계 어느 나라보다도 많은 이민자들을 받아들였고 지금도 매년 70만 명 가까운 신규

이민자들이 미국에서 새 삶을 찾고 있다. 따라서 미국은 이민으로 구성된 나라이며 미국 원주민을 제외하고는 모두 다 이민들의 후예이다. 흔히 이민의 역사에서 제외되어 온 흑인들도 결국 강요된 이민으로 그들의 삶을 시작했고, 미국인들은 모두 구대륙으로부터 신대륙으로 온 사람들이었다. 미국은 처음부터 유럽의 프론티어였고, 17, 18, 19세기에 걸쳐 수많은 사람들이 끊임없이 경제적, 군사적, 또는 종교적 혼란으로부터 탈출하기 위해 아메리카 대륙으로 몰려왔다.

미국으로의 이민의 물결을 연도 별로 살펴보면 1820년과 1920년 사이에 약 3,800만 명이라는 최대 규모의 이민이 미국으로 왔다. 그리고 이시기에 두 차례의 파고를 형성하였다. 첫 번째는 1830-60년 사이로 이 30년 동안 주로 북유럽 및 서유럽에서 온 이민, 즉 영국, 프랑스, 독일, 스칸디나비아 등에서 온 이민들이 주를 이루었고, 이들은 편의상 '구舊이민'으로 지칭된다. 그리고 두 번째는 1890-1910년 사이로 주로 이탈리아, 그리스, 폴란드, 러시아, 동유럽 및 남유럽에서 온 이민들로서, 이들은 '신新이민'으로 분류된다. 특히 20세기 초 이민의 수는 믿기 어려울 정도로 많았다. 1896년 이후부터 연간 이민 수가 때로 100만 명을 넘었고, 1915년 이전 6년 동안에는 매년 100만 명 이상의 이민이 미국에 도착했다. 그리고 1902년부터 1914년 사이에 미국에 온 이민의 총수는 1820년과 1880년 사이에 온 이민의 총수를 훨씬 능가했다.

미국의 역사에서 볼 때 식민지시기부터 적어도 20세기 초까지 미국은 이민에 대하여 매우 호의적이었으며 또한 적극적이었다. 그 이유는 이민이 서부개척과 경제발전에 필요한 노동력을 제공해 주었기 때문이고, 이들은 급격한 산업화 과정에서 필요한 노동력을 충족시켜줌으로써 미국 경제의 하층구조를 견고하게 다져주었다. 이들 덕분에 토착미국인들(대부분 앞서 이민 온 영국, 아일랜드, 독일 등 북서유럽출신 이민자들)은 더욱 안정되고 편안한 관리직이나 사무직으로 신분 상승을 할 수 있었다.

미국 역사에서 이민을 배척하는 운동이 폭발한 시기가 이민의 두 절정기, 즉 1850년-60년과 1890-1914년 사이와 일치한다는 사실은 결코 우연이 아니다. 이민의 국적이 점점 다양해지고 이민의 수가 폭발적으로 증가하자 먼저 이주해 왔던 사람들은 새로 온 이민자들을 증오하고 배척하였다. 토착미국인들은 자신들과 인종, 종교, 언어, 가치관 등이 다른 이질적인 이민자들을 두려움과 증오심으로 거부하는 태도를 보였다. 따라서 1850년에 미국태생 미국인을 보호하는 무지당(Know Nothing Party: 1853년 형성되었고, 아메리카 당이라고도 한다) 운동이 일어났고, 19세기 말과 20세기 초는 토착주의 운동이 전국적으로 확산되어 이민에 대한 불안감과 적대감이 고조한 시기였다. 그 이유는 이민의 급격한 양적팽창과 더불어 미국 내 인종분포도가 복잡한 양상을 띠게 되었기 때문이다.

19세기 말 이민의 주류는 동남부 유럽인들이었고, 이들 신이민자들은 과거 이민의 주류를 이루었던 북서부 유럽인들과 상당한 차이를 보여 주었다. 이탈리아와 그리스로부터 온 사람들은 피부색이 비교적 검고, 키도 작았으며, 개신교를 믿었던 구이민과 달리 이들은 카톨릭, 그리스 정교, 그리고 유대교를 믿었다. 또한 이들은 자신들의 언어, 풍습, 음식, 옷차림 등을 고수함으로써 미국사회에 적극적으로 동화하려는 열의가 부족해 보였다.

대부분 가난하고 기술이 없는 미숙련 노동자들이었던 신이민자들은 주로 뉴욕, 보스턴, 시카고 등 항구도시나 동북부 산업지대에 정착하고 낮은 임금과 열악한 근로 조건에서도 기꺼이 일을 하였다. 이들 대부분은 불결하고 비위생적인 빈민가에서 같은 동족끼리 살았고, 질병이나 범죄와 같은 사회문제를 일으키는 주범으로 인식되었다. 따라서 이들은 토착 미국인들의 일자리를 빼앗고, 임금을 하락시키고, 국가 공공재정의 부담을 가중시킨다는 비난을 받았다.

특히 19세기 말에는 사회주의자, 무정부주의자들의 활동으로 수많은 노동 분규와 파업이 발생했다. 이러한 사회적 소용돌이가 최근에 유입된 이민 노동자들의 선동에 의한 것이라고 일반적으로 인식되었다. 그리고 1917년 러시아에서 발생한 볼셰비키 혁명은 이러한 우려를 더욱 고조시켰다. 당시 미국사회에 퍼져있던 사회주의, 급진주의, 무정부주의가 모두 이민과 연관되어 있으며, 그들이 미국사회의 안정과 번영을 위협하고 있다는 불안감이 팽배해졌다. 소위 토착 미국인들은 저임금을 마다하지 않는 신규 이민자들에게 일자리를 빼앗길지 모른다는 걱정과 미국문화가 위협받고 있다는 우려 가운데 남동부에서 이주해 온 유럽인들을 급진주의자로 몰아붙이며 이들 출신지역에 대한 이민규제를 요구하였다.

비록 이민배척운동이 있기는 했지만 미국역사에서 법으로 이민을 제한하는 조치는 이러한 맥락에서 1920년대에 처음으로 취해졌다. 자유의 여신상이 세워진 무렵에 미국은 처음으로 국가별 이민자 수에 제한을 두기 시작한 것이다. 1921년 의회는 긴급 이민법을 통과시켜 어느 나라로부터의 연간 이민 수도 1910년 미국에 거주했던 그 국적인 총수의 3%를 넘지 못하게 하는 쿼터제를 만들었다. 이 새 법으로 연간 이민의 수가 30만 명으로 줄었으나 토착주의자들은 이에 만족하지 않았다. 1924년의 국적기원법(National Origins Act)은 쿼터를 3%에서 2%로 감축하고 쿼터를 1910년 인구조사가 아니라 1890년 인구조사에 기반을 두도록 하였다. 즉, 달리 말하면 북서부 유럽인의 이민을 선호한 것이다. 그리고 5년 후 또 다른 법안을 제정하여 연간 이민 수를 15만 명으로 엄격히 제한하였다. 이 이민 제한은 40년 이상 미국의 정책으로 존속하였고, 그나마 이민 양상은 기존 이민 인구를 반영하여 유럽인과 북미인들이 주를 이루었다.

3 다양성의 추구와 다문화주의

1965년에 이르러 의회는 이민개혁법(Immigration Reform Act)으로 이민차별정책을 전적으로 폐지하고 선착순으로 이민 비자를 발급하기 시작했으며, 국가별 할당제는 반구별 할당제로 대체되었다. 또한 미국 시민의 친척과 미국이 필요로 하는 기술과 능력을 가진 이민자들에게 우선권이 주어졌다. 이 새 이민법안이 채택된 데에는 민권운동이 그 배경으로 크게 작용하였다. 1978년 의회는 반구별 할당제를 폐지하고 전체 이민자 수에 상한선을 두는 제도를 도입하였다. 이러한 정책으로 미국의 이민자 수용 폭이 더욱 확대되었다. 그 후 1990년 개정이민법으로 이민자 수를 연 67만 5천 명으로 제한하되 이를 유연하게 운용하여 특정 범주의 사람들은 이 제약에서 제외시켰다. 이 법은 숙련 노동자와 전문 인력을 더욱 적극적으로 유치하고 최근 몇 해 동안 상대적으로 이민자 수가 적었던 국가들로부터 이민을 장려한다는 취지로 제정되었다. 이를 위해 '다양성 이민 추첨제도'가 시행되고 1990년 방글라데시, 파키스탄, 페루, 이집트, 트리니다드 토바고 출신의 약 9000명의 신규 이민자들이 이 추첨 제도를 통해 미국으로 이민하였다. 그리고 1990년 경우 가장 많은 사람들이 미국으로 이민 온 10개국은 멕시코, 필리핀, 베트남, 도미니카공화국, 한국, 중국, 인도, 구 소련, 자마이카, 이란 순이었다.

보다 구체적으로 살펴본다면 미국의 이민양상은 1965년 이후 일대 변혁을 맞았다. 1965년의 이민개혁법으로 미국이민 물결의 3번째 파고가 형성되었고, 미국 인종구성 비율에 커다란 변화가 일어났기 때문이다. 1970년대와 1980년대에 20세기 이후 어떤 시기보다 법적으로 더 많은 이민이 허용되었다. 1970년대 4백만 이상의 합법적 이민이, 1980년대에는 600만 이상의 이민이 유입하였고, 이 시기의 불법 이민을 포함한다면 1970년 이후 20년 동안의 이민이 1,100만 이상으로 20세기에서 가장 큰 규모로 이루어졌다. 그리고 이 시기의 주요 이민 중 약 40%가 아시아인이었고, 약 39%가 멕시코를 비롯한 중남미로부터의 이민이었다. 그러므로 약 80%의 이민이 이전 미국에서는 잘 대변되지 않았던 '제 3세계 국가로부터의 이민'이라고 할 수 있다. 따라서 1965년 이민법 개정은 미국 인구구성에 있어서 획기적인 변화를 초래하였다.

미국은 거의 3세기 동안 영국계 미국인의 사회였다. 따라서 앵글로 색슨계 미국인은 다른 유럽지역에서 이주해 온 백인들마저도 '타자(Others)'로 간주하여왔다. 특히 19세기 말 20세기 초에 쏟아져 들어온 동유럽, 남유럽이민들은 소위 '백인'의 범주에 속하지 못하고 비주류 집단으로 인종적 차별을 감수해야 했다. 그러나 19세기 말부터 미국 사회전반에 걸쳐 일어난 흑백의 완벽한 분리는 유럽계 백인 전부를 '우리'로 묶어주었고, 백인은 유럽인 전체를 포함하는 개념으로 확대되었다. (물론 유럽 이주민들의 미국사회로의 정착은 다양한 갈등과 적응의 과정을 걸쳐 이루어졌다.) 따라서 미국의 국민적 좌우명인 '다양 속의 통합(E Pluribus Unum)'은 원래는 건국 초에 정치적으로 독립적이었던 13주에 관련해서 사용 된 말이었지만, 1960년대까지도 이 말의 의미는 WASP 중심의 백인 주류문화에 용해되기를 희망하는 '용광로'를 의미했다. 그러므로 미국인들은 백인이며, 미국은 백인의 나라라는 인식은 심각한 도전을 받지 않은 채 보편화되었다.

그러나 앞에서 살펴 본 바와 같이 지난 반 세기 동안 흑인, 히스패닉계, 아시아인이 증가하면서 미국의 인종적 구성에 커다란 변화가 일어났다. 1980년 인구조사에 의하면 전체인구의 6퍼센트인 약 1천 4백만 명이 히스패닉이었다. 1997년에는 그 비율이 11퍼센트, 즉 2천 9백만 명으로 증가했다. 아시아에서 온 이민자 역시 1980년대와 1990년대에 합법적인 이민의 40퍼센트 이상을 차지했다. 2000년 아시아계 미국인이 1천만 명이 넘어 전체인구의 4퍼센트 정도가 되었고, 이 수는 15년 전보다 두 배가 넘는 것이었다.

이러한 변화를 반영하듯 1990년 『타임(Time)』은 '변화하는 미국의 색깔(America's Changing Colors)'이라는 제목으로 특집을 다루었다. 이 글에 따르면 백인계 미국인은 머지않은 장래에 소수집단이 될 것이며, 2056년이 되면 아프리카, 아시아, 에스파냐, 중동계 미국인이 다수가 될 것이다. 이와 같은 예측과 더불어 『타임』은 미국이 비백인 사회로 변하고 있음은 미국인이 누구인가에 대한 인식의 변화를 의미한다고 주장했다. 이글은 미국의 주류는 백인이라는 오랫동안의 국가적 담론에 문제를 제기하였고, 이제 미국이 더이상 백인의 나라가 아니라는 위기의식이 백인들 사이에서 형성되었다. 실제로 2000년도에 실시한 인구통계에 의하면 히스패닉계를 제외한 백인은 미국 총 인구의 72%였고, 나머지 28%는 대략 흑인이 12%, 히스패닉이 12%, 아시아계가 4%, 유대인이 2%, 원주민이 1%, 아랍인이 0.3%를 차지했다. 히스패닉과 아시아계 인구는 급속히 늘고 있어서 10년 후면 히스패닉계는 제1의 소수민족 세력으로 부상할 것으로 예상되고 있다. 그리고 2050년이 되면 히스패닉을 제외한 백인은 전체인구의 53%가 될 것으로 인구통계국은 전망하고 있다.

이처럼 다양한 인구구성은 자연스럽게 미국의 정체성 논의로 이어졌다. 따라서 1980년대 후반부터 미국의 국가적 정체성에 대한 논의와 교과과정상의 내용과 관련하여 나타나기 시작한 '다문화주의(multiculturalism)'는 그 의미를 단순히 정의내리기 어렵지만 미국과 미국인이 의미하는 바가 무엇인가에 대한 재성찰이라고 볼 수 있다. 그리고 지금까지 소위 '백인 주류문화'로의 동화를 내세웠던 사람들은 미국사회의 다양한 문화적 차이를 인식하기 시작하였다. 이후 미국은 다문화주의의 기치 아래 다양성을 중시하며 여러 소수세력들은 자기고유의 유산을 자랑스럽게 여기며 계승하고자 한다.

'다문화주의'라는 용어가 80년대 90년대에 널리 통용되었지만 그 시작은 1960년대로 거슬러 올라간다. 미국의 다문화주의는 미국 자체 내의 풀리지 않는 인종문제에서 비롯되었지만 1965년 이민법 이후 쏟아져 들어온 비 유럽계 이민 물결과도 아주 밀접하게 연계되어있다. 즉 역사적으로 60년대의 민권운동에서 그 기원을 찾을 수 있는 다문화주의는 민권운동의 결실이 흑인 이외의 다른 소수세력들에게까지 특별한 보상과 특혜를 제공하는 가운데 등장하였다. 60년대 민권운동은 미국흑인들에게 거부되어 왔던 시민권을 허용하고, 인종문제로부터 자유로운 사회를 건설하려는 시도로 시작되었다. 1964년의 민권법은 모든 사람은 고용, 교육, 공공시설 등에 있어서 "인종, 피부색, 종교, 국적에 의하여 차별, 분리되지 않는다"고 선언하였다. 이 법안이 어떤 특정 그룹이나 인종에 대한 언급을 회피하고 '모든 사람'이라는 용어를 사용하였지만 이 법안을 시행하는데 있어서는 인종별, 민족별 그룹 분류가 불가피하게 요구되었다. 그러므로 모순되게도 새로 이민 온 소수인종들은 주류사회로의 동화보다는 '그룹'에 더욱 집착하는 경향을 띠었다.

민권법과 같은 법적인 보장에도 불구하고 계속되는 인종차별 문제를 해소하기 위해 1965년 존슨대통령은 '소수세력우대정책(Affirmative Action)'을 시행하였다. 존슨대통령은 "법적 권리와 이론으로서의 평등" 만이 아니라 "실제 사실로서 또는 결과로서의 평등"을 추구하면서 인종차별을 시정하기위한 정책을 제안하였다. 이 정책은 특히 교육과 취업에 초점을 맞추어 백인들만의 배타적인 영역이나 다름없었던 승진, 승급, 고등교육기관에의 입학과 장학금 혜택, 그리고 경제적 지원에 있어서 흑인들이 백인과 같은 권한을 누리는 것을 보장하기 위한 적극적인 대책을 요구하였다. 그리고 이는 점차 그 대상을 흑인 외의 소수인종과 여성을 포괄하는 소수세력으로 확대해 나갔다.

특히 '소수세력우대정책'의 시행으로 법원과 평등고용기회위원회와 같은 행정기구가 소수세력의 고용과 교육에 있어서 요구되는 수적인 할당과 예정표를 만들기 위하여 더욱 '그룹'이라는 분류를 강조하기 시작했다. '소수세력우대정책'을 처음 시행할 당시 주요 수혜 대상자들은 흑인, 인디언이었지만 1960년대 후반부터는 이민의 주를 이룬 아시아계와 히스패닉계들도 포함되었다. 결국 인종의 권리를 보장하는 강력한 제도적 동기와 장치를 제시한 민권법은 시행 과정에서 분리주의자들의 목소리를 높이는 결과를 가져온 것이다. 특히 도시 게토에 거주하는 흑인들은 마틴 루터 킹(Martin Luther King, Jr)의 통합주의를 거부하고 과격한 '흑인의 파워(black power)'를 외치며 분리를 주장하였고, 이는 다른 이민들의 인종적 정체성 찾기 운동의 모델이 되었다. 즉, 민권운동 시기에 제공된 문화적 정치적인 기회는 이 시기 이민자들로 하여금 '주류 미국인'으로의 동화보다는 다양한 소수그룹으로 기울어지게 만들었다.

1965년 투표권법(the Voting Rights Act)역시 본래 투표권을 박탈 당해왔던 흑인들에게 투표권을 주기위해서 제정되었지만 1975년에 그 내용을 확장시켜 4개의 다른 언어를 사용하는 소수세력(language minorities)에게 까지 혜택을 주었다. 따라서 히스패닉은 자국어로 쓰여진 투표용지로 투표하게 되었다. 한 걸음 더 나아가 1982년에는 선거법 개정을 통해 소수인종에게 확보된 의석을 줄 수 있도록 선거구를 유리하게 조정하였다. 이러한 조정의 근간에는 각 소수세력을 대변하는 대표라는 개념이 깔려있었다. 1968년 제정된 이중언어교육법(The Bilingual Education Act)은 영어를 구사할 능력이 부족한 어린들에게 필요한 특수교육을 위해 연방정부가 자금을 지원한다는 내용의 법이다. 그러나 1974년 대법원 명령으로 보다 구체화된 이 법은 지방교육구에게 소수세력 어린이들을 위해 자국어로 모든 과목을 배울 수 있도록 하라는 지시를 내렸다. 이중언어교육의 본래 목적은 영어습득을 도와 학업을 잘 수행하도록 하기 위한 일시적인 방편이었지만 동시에 인종적 정체성을 강화하고 자민족 문화에 대한 자긍심을 길러주는 방향으로 확대되었다. 결과적으로 이중언어교육은 이민 온 어린이들의 영어습득을 오히려 더디게 만들었고, 명백히 공인된 그룹권리의 예로서, 전통적으로 추구되어 온 동화주의에 반하는 교육정책이 되었다.

이상에서 살펴본 바와 같이 1960년대 중반에 민권운동의 소용돌이 속에서 미국문화의 동질성에 대한 강한 의문이 제기되었으며, 미국역사의 전제였던 미국 문화는 백인위주로 발전해 왔으며 독특하고 단일하다는 가정과 믿음이 와해되기 시작했다. 여기에 1960년대 후반부터 몰려들 히스패닉과 아시아인들은 자신들의 인종적 정체성을 인정하기를 요구하였고, 흑인, 인디언, 중남미계 미국인들은 동화주의 이념에 도전했으며, 문화적 다원사회를 옹호했다. 미국의 역사가 다양한 민족과 인종의 경험으로 이루어진 역사이며 미국 역사와 문화에 대한 단일하고 단선적인 해석은 잘못된 것이라는 주장과 더불어 그들 자신의 문화유산에 대한 인식뿐만 아니라 이를 보존해야 한다는 요구까지도 거세게 일어났다.

상당한 정도로 문화적 다원주의 옹호자들은 성공을 거두었다. 소수인종 연구 프로그램이 학교와 대학의 교과과정으로 채택되었고, 이러한 자극은 자기주장을 담은 논쟁적인 문화운동에 이르렀다. 이 운동은 1980년대와 1990년대에 '다문화주의'로 알려지게 되었다. 그리고 미국사회의 인종적, 종교적, 문화적 다양성을 긍정적으로 평가하는 '샐러드 볼', '무지개', '심포니' 등의 비유가 사용되기 시작했다.

4 | 9 · 11 이후 빗장 거는 이민정책

미국의 다문화주의를 향한 행보는 클린턴 대통령시기에도 계속되었다. 1997년 1월 빌 클린턴 대통령의 집권 제2기 취임연설문에는 다양성을 존중하는 내용이 담겨있다. 그는 "인종적, 종교적, 정치적 다양성이 가져다주는 풍부함은 21세기에 신이 내린 선물이 될 것입니다. 함께 생활하고, 함께 배우고, 함께 일하고 서로를 묶어주는 새로운 유대를 만들 수 있는 사람들에게는 크나큰 보답이 돌아가게 될 것입니다"라며 미국사회의 다양성에 큰 가치를 두었다.

그러나 미국의 이민정책에 빗장이 잠기기 시작하는 사건이 2001년 9월 11일 일어났다. 점차적으로 이민의 문호를 개방하고 출입국 절차의 간소화를 추구해 오던 미국은 9 · 11 테러사건을 계기로 반이민

여론이 고조되면서 이민의 문호를 다시 닫는 추세로 나가고 있다. 그 이유로는 우선 불법이민자와 외국인 범죄자 및 밀입국자가 급증하고 있고, 매년 80만 명 이상 증가하는 합법적 영주권자들의 노동시장 잠식, 가족초청 이민자들을 중심으로 사회보장혜택을 무임승차하는 이민자들의 증가로 인한 미국시민들의 불만 고조, 새로운 이민자들이 미국사회에 동화하기보다는 그들의 독자적인 문화와 언어를 고집함으로써 미국의 문화적 정체성이 상실되고 있다는 위기의식 등이 복합적으로 작용하기 때문인 것으로 분석된다. 이러한 상황과 더불어 9·11 사태를 계기로 미국정부는 '안보'를 최우선과제로 삼고 외국인의 입국 및 체류를 엄격하게 관리하고 있다.

9·11 테러 이후 의회와 부시 행정부가 취한 주요조치는 다음과 같다. 10월 '반테러법(The Patriot Act)'을 통과시켰는데 이법은 미국 내 사법당국과 해외정보기관에게 테러와 관련 있는 사람을 적발, 처단하기 위해 강력한 권한을 부여하였다. 그리고 '국경보안강화 및 비자입국개혁법'을 제정하고 미국 정부의 이민 및 비자절차의 약점을 보완하기 위하여 외국인의 입국을 결정하는 연방공무원들에게 필요한 모든 수단을 제공할 수 있도록 법적으로 지원하고 있다. 이외에도 부시행정부는 행정명령, 규칙, 정책 등으로 많은 조치를 취하는 가운데 40억 달러의 긴급대응기금으로 국경에 위치한 각종 연방기관들이 정보를 공유하고 협력할 수 있는 새로운 방법을 개발하였다. 미국하원은 2002년 4월 기존의 이민국체제를 폐지하고 이를 법무부 소속 '이민서비스국'과 '이민단속국'으로 분리하는 법안을 통과시켰다. 이처럼 미국은 9·11 이후 이민개방정책을 추구하면서도 상황에 따라

외국인에 대해 정부에서 각종 규제 조치를 취하고 있는 실정이다.

부시 행정부의 안보에 대한 우려는 2004년 대통령 선거전에서도 잘 드러난다. 공화당은 '보다 안전한 세계, 더 많은 희망을 미국인들에게'라는 강령을 내걸고 안전하고 합법적이며 질서 잡힌 이민체계를 수립하기 위하여 이민법을 개정하기를 주장하였다. 그리고 부시 대통령은 노동력 부족을 해결하기위한 방편으로 '초청 근로자 프로그램'을 제시하였다. 반면에 민주당은 '국내에서는 강한 정부, 해외에서는 존경받는 미국'이라는 강령 하에 이민에 대하여 다른 해법을 내놓았다. 민주당은 시민권을 확대하여 자유를 위해 아직도 싸우는 사람들에게 시민권을 줄 것을 약속하고, 따라서 미국 내에 열심히 일하고 세금을 내고 있는 불법 체류자들에게 시민권을 줄 것을 제안하였다.

현재 미국 이민정책은 이러한 맥락에서 지난해 11월 28일 조지 부시 대통령이 발표한 '이민개혁을 통한국가 안보' 정책안에 따라 종합적인 개편이 이뤄지는 과정에 있다. 당시 부시가 제안한 이민개혁안의 핵심은 국경통제 강화, 불법 체류자에 대한 단속 확대, 초청 노동자(guest worker)프로그램 도입 등 3가지이다. 부시는 멕시코 국경을 넘어오는 불법 체류자들 가운데 테러리스트가 섞여있을 가능성을 무엇보다 우려했다. 또 지난 수십 년 동안 불법이민자들을 정기적으로 사면해 주는 관용적인 정책으로 법질서가 흐트러졌다고 판단했다. 1986년 의회는 불법 체류자 문제에 대처하기 위해 이민법을 개정했고, 이 법안으로 1982년 이후 미국에 거주해 온 불법 체류자 중 270만 명 정도가 합법적인 거주 신청자격을 갖게 됨으로써 영주권을 획득 할 수 있는 길이 열렸다. 1990년에도 90만 명에 가까운 불법

체류자들이 이법을 통해 법적인 지위를 획득했다. 반면에 이 법에 따라 추가적인 불법 이민을 막기 위해 강력한 조치가 시행되었고, 불법 이민자를 고용하는 사람에게 벌금이 부과되었다. 그러나 부시는 이민을 강력하게 통제할 경우 우수한 두뇌와 값싼 노동력의 공급이 어려워지기 때문에 임시 근로자를 초청하는 안을 내놓은 것이다.

이 같은 부시의 정책안이 나오자마자 하원은 12월 16일 센센브레너 법안으로 알려진 이민법개정안을 통과시켰다. 하원이 이처럼 강경한 이민법안을 제시한 데에는 9・11 이후 이민자를 꺼리는 미국 사회, 특히 보수층의 정서가 배경으로 작용했다. 미국 내 일반여론도 이민자들에 대해 부정적이어서 지난 3월에 실시한 여론 조사에 의하면 응답자의 59%가 불법 이민자들이 합법적 또는 임시근로자 지위를 획득하는데 반대한 걸로 나타났다.

공화당 내에서도 불법이민자 수용을 가장 강경하게 반대하는 의원들은 60년대에 민권법과 사회개혁법에 반대하여 민주당을 떠난 사람들로 주로 남부와 서부 출신들이다. 하원안을 주도한 제임스 센센브레너(James Sensenbrenner) 법사위원장도 위스콘신 주 출신으로 이민자들에 대한 혐오를 감추지 않은 인물로 알려져 있다. 특히 그를 법사위원장에 임명한 것도 강경한 이민법을 밀어 붙이려는 보수파의 전략이라는 분석도 있다. 그러나 전통적으로 공화당이 견지해 온 토착주의는 이민이 거의 존재하지 않는 지역 출신사람들로부터 더욱 지지를 받고 있다. 실제로 이민의 수가 주민의 5%가 되지 않는 지역 유권자들 중 59%가 모든 불법 이민자들을 추방해야 된다고 생각한다. 그러나 빠르게 증가하는 라티노 이민과 특히 불법 체류자들 중 상당수를 차지하는 히스패닉을 겨냥한 이번 법안으로 공화당의 입지가 약화되고 있다. 2세대 라틴계 시민권자들이 공화당이 자신들의 부모를 추방하려고 한다고 생각하고 거세게 반발하고 있기 때문이다.

하원이 이민법을 통과시킨 후 마이클 처토프(Michael Chertoff) 국토안보부 장관은 "새해에는 지난 수십 년 동안 실패해 온 이민정책을 종식하겠다"라고 강력한 이민 정책을 선언했다. 그는 불법 이민 문제는 미국이 직면한 매우 심각한 과제라면서 불법 이민자들을 최대한 저지하고 줄여나가는데 이민정책의 초점을 맞추겠다고 말했다. 하원의 이민법안은 거센 반발을 불러일으켰고, 이에 따라 상원에서는 보다 현실적인 법안(들)이 모색되었다. 존 매케인(John Sidney McCain III) 상원의원(공화당)과 에드워드 케네디(Edward Moore Kennedy) 상원의원(민주당)이 제시한 공동안은 대체로 부시가 제시한 정책의 원칙의 기조를 유지하면서도 하원안보다는 합리적이라는 평을 받고 있다. 미국 의회는 이민법안 처리를 놓고 갈등을 거듭하고 있고, 그 결과가 어떻게 나올 지는 아직 예측하기 어려운 상황이다.

미국은 건국 초부터 1960년대까지도 '인종의 용광로'임을 자처하였고, 70년대 이후부터는 섞어도 각자의 고유한 맛이 살아있는 '샐러드 볼'이며, 각자의 소리를 연주하지만 아름다운 화음과 조화를 이루는 '심포니'라고 자랑하여 왔다. 과연 현재의 미국은 '반테러'와 '안보'라는 드레싱으로 버무려진 '샐러드 볼'이라고 할 수 있을까?

제3부
통합모델을 찾아서

제3부
통합모델을 찾아서

01 프랑스 : 공화국 통합모델

박 단

1 | 머리말

세계 최대 무슬림 이민자를 보유하고 있는 프랑스에게는 이들 이민자를 어떻게 통합시켜야 하는가가 앞으로 해결해야 할 커다란 문제 가운데 하나이다. 19세기부터 프랑스 사회에 정착한 유럽계 이민자들도 프랑스 사회에 통합되는데 쉽지 않은 과정을 거쳤지만, 오늘날에는 더 이상 이들의 사회통합문제가 논란이 되고 있지 않은 반면, 주류 프랑스인들과 종교와 문화, 그리고 관습 등에 있어 매우 이질적인 무슬림 이민자들은 '동화될 수 없는 자'라는 비난을 넘어서 심지어는 프랑스 내 '모든 악의 근원'인 것처럼 간주되기까지 한다.[1]

새천년 들어 프랑스 내 주류 프랑스인들과 무슬림 이민자들과의 갈등은 더욱 첨예화 되었다. 프랑스에서 이민자 갈등이라 하면 크게 보아 2003-2004년에 극단적으로 표출된 '히잡 사건'[2] 그리고 2005년 가을의 프랑스 소요사태[3] 등을 예로 들 수 있겠다. 두 사건에서 주요 원인으로 지목된 것은 종교 문화적 요인과 사회 경제적 요인, 그리고 마그레브 국가들의 프랑스 식민지 경험 및 프랑스의 통합정책 등이다. 종교 문화적 요인으로는 무슬림 이민자의 전통문화에 대해 편견을 갖는 프랑스 공화국과 프랑스 공화국의 정교분리원칙을 이해하지 못하는 무슬림 이민자들의 '무지'가 거론될 수 있으며, 사회경제적 요인으로는 이민출신 청소년들의 실업문제와 프랑스 사회의 차별이 직접적인 원인으로 거론될 수 있다. 한편 식민지 경험은 무슬림 이민자를 가장 많이 프랑스에 보낸 알제리의 경우에 더욱 두드러진다. 130년간의 식민지에서 벗어나고자 일으킨 알제리전쟁은 테러 對 학살, 고문의 대결로 두 진영의 대립을 더욱 심화시켰다. 그렇다면 이들 양 진영의 화해 혹은 갈등을 해결하는데 프랑스의 통합정책이 제

---

1) 이러한 주장은 프랑스인들이 자국의 낮은 인구증가율을 고려할 때, 무슬림 이민자들을 지중해 남쪽으로부터 온 침략자로 간주하려는 경향 그리고, 길거리에서 기도하는 모습, 히잡 착용, 일부다처제 등을 바라보며 프랑스 문화의 가치가 우월하다는 판단에 바탕을 둔다. Yvan Gastaut, "Migration et Intégration européenne : Le cas des maghrebins en France(1960-1990)," in Vincent Ferry; Piero-D. Galloro et Gérard Noiriel, *20 ans de discours sur l'intégration*(Paris : L'Harmattan, 2005), p. 255.

2) '히잡 사건'과 관련해서는 박단, 『프랑스의 문화전쟁―공화국과 이슬람』(책세상, 2005) 참조.

3) 박단, 「2005년 프랑스 '소요사태'와 무슬림 이민자 통합문제」, 『프랑스사 연구』, 14호 (2006년 2월) 참조.

기능을 다 하였는가? 이 문제를 살펴보는 것은 앞에서 제기한 주류 프랑스인과 이민자와의 갈등 원인을 살펴보는 것 못지않게 매우 중요한 일이다. 왜냐하면, 프랑스의 이민자 통합정책 즉, '공화국 통합모델'은 이민자 문제를 해결하기 위해 제시된 정책이지만, 다른 한편으로는 이 정책이야말로 프랑스 내 이민자들과의 갈등을 오히려 부추긴 주요 원인으로 판단될 수도 있기 때문이다.

이러한 문제의식에서, 필자는 100년 이상의 이민 역사를 갖고 있는 프랑스가 이들 이민자들을 안정적으로 프랑스 사회에 통합시키기 위해 적용시켜왔던 이민자 정책의 본질을 살펴보려 한다. 우선, 유럽계 이민자들이 대규모로 이주, 정착한 시기에는 프랑스가 특별한 이민정책을 사용했다기보다 자국인과 외국인을 '차별'함으로써 이들이 통합되는 데에 적지 않은 어려움이 있었다는 점을 보여주려 한다. 이는 일반적으로 알려진 바와 같이, 유럽계 이주민들이 프랑스 사회에 커다란 장애 없이 통합되었다는 주장을 다시 읽게 할 것이다.

다음으로 우리는 2차 대전 이후의 '새로운' 이민자 즉, 무슬림 이민자에 대한 통합정책을 살펴볼 텐데, 프랑스는 이들로 인해 비로소 '공화국 통합모델'(le modèle républicain d'intégration)이라 불리는 이민자 통합정책을 시행해야만 했다는 점을 지적할 것이다. 프랑스 공화국의 전통과 여러 차원에서 부딪치는 무슬림 이민자들을 프랑스 사회의 일원으로 받아들이기 위해 프랑스는 어떠한 노력을 하였는가? 이 통합모델은 어떠한 원칙 위에서 만들어졌으며, 이 정책은 무슬림 이민자들의 통합에 유용하였는가? 무슬림 이민자들은 어떠한 이유로 통합되기 어려운 자들로 인식되는가? 프랑스는 이 문제를 해결하기 위해 새로운 시도를 하고 있는가? 이러한 의문에 답하는 가운데, 우리는 무슬림 이민자들 문제로 프랑스 정부가 취해온 다양한 통합정책들을 좌우 정파에 따라 구분하여 설명하고, 각 정파들이 사용한 통합 관련용어들을 '공화국 통합모델'과 관련지어 살펴볼 것이다. 이렇게 함으로써 본고에서는 한편으로 다른 나라와 비교되는 프랑스 공화국의 고유한 통합정책이 무엇인지 보여줄 수 있을 것이며, 다른 한편으로는 시기별로 혹은 정치경제의 변화에 따라 달라지는 통합정책의 변화 양상도 제시될 수 있을 것이다. 크게 보아 오늘날 프랑스가 직면한 최대의 어려움 가운데 하나라고 할 수 있는 무슬림 이민자의 통합 문제는 프랑스혁명이 낳은 공화국 원칙, 즉 '프랑스식 통합모델'(le modèle d'intégration à la française)에 상당한 변화를 요구하고 있다할 것이다.

2 | 유럽계 이민자와 프랑스의 '차별구조'

낮은 출생률로 인구감소를 겪던 프랑스는 2차 세계대전 이전까지는 외국이민자를 통제하거나 통합시키기 위한 특정한 정책을 사용하지 않았다. 그럼에도 불구하고 이 시기 이민자의 대부분을 차지하고 있던 유럽계 이민자들은 쉽지 않은 정착과정을 겪어야 했다. 제3공화국은 사회경제적 측면에서 자국인과 외국인을 차별하는 분위기가 역력했으며, 정서적인 측면에서 일반 프랑스인의 외국인 혐오감정 또한 적지 않게 작용하였다. 이러한 상황은 비록 유럽계 이민자들이라 할지라도 프랑스 사회에 통합되는 것이 그리 쉽지 않았음을 보여준다.

1). 프랑스의 '차별구조'

프랑스 제3공화국(1870-1940) 아래에서 드디어 한 개인이 프랑스 국가에 속한다는 사실만으로 자신의 사회적 권리를 획득하게 되었다. 공화국은 점차 사회적 권리를 확대시켜 나가면서 노동계급을 국가 안으로 통합시켜 나갔다. 사실, 프랑스에서 제2제국(1852-1870년)까지 근본적인 분절선은 명사계층과 '위험한 노동계급'[4]의 대립이었다. 노동계급은 실제로 어떠한 권리도 없었고, 그 구성원이 프랑스인이거나 외국인이라는 사실은 아무런 중요성도 없었다. 그러나 민중이 정치, 사회적 권리를 행사할 수 있는 순간부터 프랑스에 속하는 것(프랑스인)과 그렇지 않은 것(외국인) 사이에는 커다란 차이가 있었다. 외국인은 부정적으로 인식되었고, 이들은 프랑스 국민들에게 부여된 권리를 행사하지 못하였다.[5]

프랑스 3공화국은 매우 엄격하게 자국민과 외국인을 분리, 적용하였다. 19세기 말부터 시작되는 대규모 이민은 바로 이러한 상황에서 시작되었고, 이들은 잠재적인 분열 가능성에 고스란히 노출될 수밖

4) Louis Chevalier의 1958년 작, *Classes laborieuses et classes dangereuses à Paris, pendant la première moitié du XIXe siècle*을 상기하라.

5) Gérard Noiriel, "La République et ses immigrés : Petite histoire de l'intégration à la française," *Le Monde Diplomatique*(janvier 2002), pp. 4-5.

에 없었다. 한편, 제3공화국 하에서 프랑스의 노동계급은 매우 투쟁적이어서 그렇지 않아도 인구부족으로 필요한 노동력을 국내에서 쉽게 구할 수 없었던 대기업들은 이탈리아, 폴란드, 그리고 식민지 등으로 노동력을 구하러 갔다. 그들이 데려오는 노동자들은 프랑스인들에게 부여되는 사회적 권리도 없었고, 집단적으로 저항할 가능성도 없었다.[6] 더욱이 이 시기 외국인 노동자들과 프랑스 노동자 사이에는 분쟁이 끊임없이 이어졌다. 특히 19세기 말에는 가장 심각한 폭력이 수반되었는데, 한 연구에 따르면 1867-1893년 사이에 89건의 사망자를 동반한 사고가 있었으며, 특히 1881-1893 사이에 남프랑스에서 일어난 反이탈리아 폭력은 30여명의 사상자를 내기도 하였다.[7]

이와 같은 상황을 고려해 볼 때 프랑스 노동자들의 사회적 통합[8]과 이민노동자들의 배제는 동전의 양면이었다. 이 둘 사이의 유기적인 연결을 이해하기 위하여 프랑스가 경제위기를 맞았던 1880년대와 또 다른 경제위기의 시대인 1930년대 사이에 적용되었던 노동시장 보호 정책을 살펴보는 것이 좋을 것이다. 이 당시 프랑스에서는 외국인들이 국가의 공식적인 허가 없이 노동하는 것이 금지되었다. 국가

6) *Ibid.*

7) Ralph Schor, *Histoire de l'immigration en France de la fin du XIXe siècle à nos jours*(Paris : Armand Colin, 1996), p. 24.

8) 통합이란 용어는 반드시 외국이민자에게만 적용되는 것이 아니다. '소외된 계층의 사회통합'과 같이 한 국가 내 배제된 자들에게도 적용된다. 슈나페르가 강조하듯이, "...진정한 국민 통합문제가 존재하고, 이민자들은 하나의 차원일 뿐이다. 그것은 프랑스 사회 전체의 문제이다." D. Schnapper, "Intégration des immigrés et intégration nationale," *Migrants-Formations*, n.95 (décembre 1993), p. 19. in Manuel Boucher, *Les théories de l'intégration entre universalisme et différentialisme*(Paris : L'Harmattan, 2000), p. 39.

는 이민 물결을 제어하였고, 특히 경기 침체기에는 프랑스에 이민자들이 들어오는 것을 엄격히 금지하였다. 또한 프랑스인들이 주로 일하기 원하는 분야에서는 외국인이 일할 수 없도록 하기도 하였다. 이처럼 자국민/외국인 분리가 뚜렷한 '차별적인 구조'에서는 자연스럽게 프랑스 국적 문제가 늘 민감한 정치적 쟁점이 되었다.

이와 같이 외국인에게 차별적인 구조 하에서 1889년의 국적법은 외국인을 이전 보다 상대적으로 더 쉽게 프랑스인이 될 수 있게 하였고, 이민자 통합에서 중요한 역할을 했다고 볼 수 있다.[9] 물론 이 법안으로 프랑스의 외국이민자 통합정책이 확고하게 마련되었다고 보는 것은 부적절할 것이다. 실제로 모든 조치는 국가의 이익에 달려 있었다. 이 법안 제정의 배경에는 출산율 위기, 국가의 힘이 그 인구의 과다에 달려있다는 지도부의 확고한 생각, 징병자의 수를 늘리려는 욕망 등이 있었고, 그러한 것들이 프랑스 민족 공동체의 문을 반쯤 열도록 공화국 지도자들을 부추긴 주요 이유였다고 볼 수 있다. 하지만, 국적에 관한 법안으로 새로이 '프랑스인'이 된 자들이 주류 프랑스인들로부터 소외되기도 하였다는 것을 잊어서는 안 될 것이다. 1889년부터 이 법에 따라 귀화한 사람들은 사실상 프랑스의 '두 번째 시민'이 되었다.[10]

---

9) 국적에 관한 1889년 6월 26일의 법. Janine Ponty, *L'immigration dans les textes : France, 1789-2002*(Paris : Belin, 2003), pp. 72-75.

10) 이처럼 자국민/외국인의 구분은 더 나아가 프랑스인을 여러 카테고리로 나누는 데에도 사용되었다. 예를 들어, 비시정권 하에서 페탱과 그 동조자들이 만들어 놓은 나쁜 선례로, 반유대주의와 외국인 혐오 강령을 적용하기 위해 민족 기원에 기반한 차별구조가 도입되기도 하였는데, 이는 공화국의 균열을 가져오는 것이었다. Gérard Noiriel, "La République et ses

결국, 크게 보아 제3공화국 아래에서는 그 이전에 비해 자국민과 외국인이 엄격히 분리되었고, 그들에 대한 차별구조가 확고히 적용되었다고 볼 수 있다. 이와 같은 배경 하에서 볼 때, 2차 세계대전 이전 프랑스에서 이민자들에게 적용된 것은 특정한 통합모델이라기보다는 자국민에 대해서 외국인을 차별하는 방식의 구조라고 할 수 있을 것이다. 사실 '모델'이라는 용어는 프랑스 공화국이 이미 이민자 통합정책을 가졌을 것이라고 잘못 생각하게 만드는 측면이 있다. 실제로, 무슬림 이민자의 사회통합이 문제가 된 1970-80년대 이전에, 프랑스의 어떠한 정부도 진정으로 이 문제에 관심을 가진 적이 없었다.[11]

2). '프랑스적 용광로' 속의 유럽계 이민자

그러면, 이러한 차별구조는 이들 이민자들에게 어떠한 결과를 가져왔을까? 2차 산업혁명이 한창이던 19세기 말부터 벨기에, 이탈리아 등에서 프랑스에 이주해 온 사람들은 일반적으로 프랑스 사회에 무난하게 동화된 것으로 여겨지지만,[12] 그렇다고 이러한 과정이 모든 이민자들에게 해당된 것은 아니다. 많은 사람들은 외국인 차별구조

---

immigrés...", pp. 4-5.

11) '이민자 통합'이라는 주제는 1980년대 초에 갑작스레 공적 담론으로 등장하였으며, 주요 정치 쟁점이 되었다. Vincent Ferry, Oreste Sacchelli, "20 ans de discours sur l'intégration," in Vincent Ferry; Piero-D. Galloro et Gérard Noiriel, *20 ans de discours...*, p. 12.

12) Gérard Noiriel, *Le Creuset français*(Paris, 1998), pp. 211-230.

로 인한 혹은 그와 무관하게 경제적 어려움을 극복하지 못하고 이런 저런 이유로 프랑스를 떠났다.[13] 사실, 프랑스의 이민자 수는 양차 대전 사이 기간에 많게는 약 300만에 이르렀는데, 1930년대와 같은 경제 위기 시에 이들 이민노동자들은 자국 노동자들 보다 몇 배의 고통을 겪게 되었으며, 흔히 실업에 처하거나 강제 귀국할 수밖에 없는 처지에 놓이게 되었다.[14]

19세기 이래 프랑스로 온 유럽계 이주민 상당수는 현재 프랑스에 남아있지 않다. 천 수백만의 사람들은 제3공화국의 외국이민자 정책에 대하여 자신들의 의견을 이미 표시했다고 볼 수 있다. 즉, 그들은 더 환영받는 곳으로 혹은 자신들이 떠나온 고국으로 돌아감으로써 프랑스의 정책에 반대하는 뜻을 나타냈다.[15] 프랑스에 계속해서 남아있는 '일부' 이민자들을 고려한다고 할지라도, 직업적 불안정성 때문에 이들의 항구적인 정착이 쉽지 않았을 뿐만 아니라,[16] 제3공화국의 정책 또한 이들에게 그리 우호적이지 못했다. 이민자들의 일자리는 프랑스인들이 거의 원하지 않는 분야에만 국한되었고, 이들은 노동 재해에 과다하게 노출되었다. 또 그들은 인종(민족)차별과 경찰폭

13) 예를 들어, 파드칼래도(道)의 광부 가운데 1931년에 귀국한 수가 5만을 넘는다. Dominique Borne et Henri Dubief, *La Crise des années trente : 1929-1938*, Nouvelle Histoire de la France 13(Paris : Ed. du Seuil, 1976), p. 26.

14) 예를 들어, 폴란드 노동자의 경우 다음의 글을 참조할 수 있다. 박단, 「'하얀 외침 검은 태양'을 통해서 본' 1930년대 프랑스노동자와 이민노동자」, 『역사와 문화』, 제2집(문화사학회, 2000).

15) 예를 들면, 1870년부터 1940년 사이에 이탈리아인 350만 명 정도가 프랑스로 건너왔는데, 이들 중 1/3만이 프랑스에 계속 머물렀을 뿐이다. Ralph Schor, *Histoire de l'immigration en France*, p. 23.

16) *Ibid*.

력 및 추방의 대상이 됨으로써 프랑스 사회로의 통합비용을 비싸게 치루었다.[17] 물론, 경제적 상황에 따라 이들 가운데 일부가 '성공적으로' 정착한 경우도 있다. 1860년대부터 1970년대까지 경제 호황기에 프랑스로 이주해 온 사람들은 용이하게 사회적 상승의 기쁨을 맛보기도 하였다. 이러한 사회적 구조가 기능할 수 있었던 것은 유럽계 이민자의 경우 당사자와 그 후손들이 즉시는 아니더라도 단기간 내에 다른 거주자와 그런대로 동등하게 취급되었기 때문일 것이다.[18]

그렇다면, 남은 사람들은 프랑스인과 동등하게 취급되기 위하여 자신들의 출신 국가와의 관계를 완전히 끊었는가? 그렇지는 않았다. 이들은 자신들의 모국어를 지속적으로 사용하였으며, 교우 관계 혹은 문화적 종교적 전통을 계속 유지하였다.[19] 예를 들어, 이탈리아인의 경우, 심지어 방언, 음식, 의복, 축제 등을 유지하며, 고유 상품을 파는 상점까지 운영함으로써 프랑스 사회에 통합되지 않으려한다는 의심을 받았고, 일부 주류 프랑스인의 외국인 적대감정을 불러일으키기까지 하였다.[20]

그럼에도 불구하고, 이들이 '프랑스적 용광로'에 녹아들 수 있었던 원인은 무엇일까? 유럽계 이민자들이 프랑스 사회에 무난히 정착할 수 있게 된 데에는 적어도 몇 가지 원인이 있다. 우선 이들은 프랑스

17) 박단, 「'하얀 외침 검은 태양'을 통해서 본' 1930년대 프랑스노동자와 이민노동자」 참조.

18) Gérard Noiriel, "La République et ses immigrés...," pp. 4-5.

19) Patrick Weil, *La République et sa diversité*(Paris : Seuil, 2005), p. 48.

20) 이민자들은 국적별로 특수한 지역에 몰려 살았다. 예를 들어, 19세기 말 파리의 이탈리아인들은 11,12,18,19구에 주로 모여 살았다. Ralph Schor, *Histoire de l'immigration en France*, p. 24.

와 같은 종교, 같은 문화를 공유하고 있다는 점이다. 오늘날 무슬림 이민자들이 프랑스 사회로 통합되는데 가장 커다란 걸림돌이 종교문제라고 한다면, 이민을 받아들이는 국가와 종교와 문화를 공유한다는 것은 원활한 사회통합에 절대적 요인으로 작용할 수 있다. 그 외에도 프랑스에서는 이민자들을 프랑스 사회로 원활하게 통합시킬 수 있는 몇 가지 기구가 존재하였다. 예를 들면, 의무교육 기관인 초등학교를 들 수 있는데, 이주해 온 아이들이 프랑스인들과 접촉할 수 있는 거의 유일한 장소가 이곳이다. 학교에서 이주자들은 프랑스의 역사와 문화를 배우고 프랑스인으로 동화되어 갈 수 있다.[21] 자식들과 달리, 부모들은 외국인들에게도 가입이 허용된 정당이나 노조에 가입함으로써 프랑스인들과 좀 더 밀접한 유대관계를 가질 수 있었으며, 이를 통해 프랑스인들과의 접촉을 늘려갈 수 있었다. 그렇지만 이들에게 가장 중요한 통합 수단은 역시 교회였다. 앞에서 언급한대로 이 당시 대다수 이민은 가톨릭 문화권 출신들이었기 때문에 교회는 이들을 자연스럽게 동화시킬 수 있는 좋은 수단이 되었다. 교리문답 교육 등은 특히 2세대의 경우 학교에서의 통합 역할을 보완해 줄 수 있는 좋은 기회였다. 또 2세대의 경우 군복무를 통해서도 프랑스의 가치를 배울 수 있는 좋은 경험을 하게 된다. 특히 군대에서는 프랑스 각지 사람들과 어울릴 기회를 갖게 됨으로써 프랑스의 문화를 몸소 체험하는 것이 가능하였다. 마지막으로 들 수 있는 예가 스포츠와 여가 활동이다. 이러한 활동은 정기적으로 프랑스인과 이국인

21) 일반적으로 학교는 공화국의 '통합기구'(instrument d'intégration)라고 불린다. Ralph Schor, *Histoire de l'immigration en France*, p. 302.

을 모이게 하고, 문화의 혼합, 수용에 크게 기여할 수 있었다.[22)]

이렇게 볼 때, 유럽계 이민자들이라고 프랑스 사회에 쉽게 그리고 완전히 동화되었다고는 볼 수 없다. 그들은 우선 제3공화국 하의 외국인에 대한 차별적 구조로 사회경제적인 어려움을 겪었으며, 그 결과 상당수가 다른 나라 혹은 자신들의 고향으로 귀국할 수밖에 없었다. 특히 1930년대 경제위기 시에는 프랑스인들에 대한 수많은 적대감을 표출하기도 하였다. '살아남은 자'들 또한 프랑스를 모국으로 생각할 수는 없다. 그들 가운데 상당수는 여전히 사적으로 자신들의 모국어를 사용하고 있으며, 모국과 지속적인 교류를 하고 있다. 어디까지를 동화되었다고 하고, 어디까지를 통합되었다고 할 수 있을까? 그러한 예를 무슬림 이민자를 통하여 살펴보자.

3 | '새로운' 이민자와 '공화국 통합모델'

2차 세계대전 후, 더 정확하게는 1970년대 이후 프랑스에 무슬림 이민자들의 가족단위 정착이 일반화 되었다. 이들의 항구적인 정착은 프랑스의 '풍경'을 변화시켰고, 적지 않은 프랑스인들에게 불안감을 안겨주었다. 주로 마그레브 국가 출신인 이들은 대부분 무슬림들로써 새로운 사회에 적응하려 애썼지만, 이들의 2세, 3세들은 자신들

---

22) L. Gervereau, P. Milza et E. Temime(s.d.), *Toute la France : Histoire de l'immigration en France au XXe siècle*(Paris : Somogy, 1998), pp. 18-19.

의 정체성 문제로 갈등하였다. 이러한 현상은 때로 프랑스의 공화국 원칙과 충돌하기도 하였고, 걸프전, 9・11과 같은 국제정세에 젊은 무슬림들이 민감하게 반응함으로써 때로 주류 프랑스인들을 자극하기도 했다. 오일쇼크로 인한 경제위기와 이들의 '침략'을 걱정한 프랑스 정부는 본격적으로 이민제한정책과 함께 이민자 통합정책을 고심하게 되었다. 정치적 상황, 경제적 상황에 따라 정책은 미묘하게 변화되었고, 때로는 '유연'해지기까지 하여 공화국의 원칙과 충돌하는 것처럼 보이기도 하였다. '새로운' 이민자문제를 해결하기 위하여 프랑스가 취해온 그리고 취하려 하는 통합정책은 무엇이며, 이것들은 공화국의 통합모델과 어떠한 관계에 있는가?

1). '공화국 통합모델'

일반적으로 "유럽계 이민은 동화 가능한 이민으로써 이는 성공적인 이민이다. 반면에 북아프리카로부터 이주해 온 이민은 동화 불가능한 이민으로 이는 많은 문제를 유발한다."[23]고 믿고 있다. 이는 매우 단순화시켜 말할 때 어느 정도 사실이다.[24] 19세기 말 이래 프랑스 정부와 전문가들이 이 문제에 적극 개입하지 않았음에도 불구하고, 이민자와 그 후손들은 프랑스 사회에 커다란 문제없이 녹아든 것으로 평가되었다.[25] 이 정도의 '성공적인' 사회통합은 대상자가 유

23) Maxim Silverman, *Deconstructing the nation : immigration, racism and citizenship in modern France*(London : Routledge, 1992), p. 88.

24) Yvan Gastaut, "Migration et Intégration européenne...," p. 254.

25) Gérard Noiriel, "La République et ses immigrés...", pp. 4-5.

럽게 이민이었기에 가능했을 일이다. 그렇지만 종교와 문화가 현격히 다른 이민자들이 대규모로 쇄도한 20세기 후반에 이 문제로 생긴 난관을 헤쳐 나가는 것은 그렇게 용이하지 않았다. 정부와 전문가들은 이제 이민자들이 프랑스 사회에 정착하는 것을 한가로이 바라보고 있을 처지가 아니었다.

새로운 종교를 갖고 들어온 이민자들로 인하여 프랑스는 지금까지 주목하지 않던 두 가지 사실을 고민하게 되었다. 하나는 무슬림 이민자들이 게토를 형성하는 것이었고, 다른 하나는 이들의 2세대들이 자신들의 정체성을 강조함으로써 생겨난 '문화전쟁'이었다.[26] 왜 그들만의 게토가 형성되면 안 되는 것일까? 왜 무슬림 여학생들이 자신들의 종교적 상징물인 히잡을 쓰고 학교에 가면 안 되는 것일까? 이는 단적으로 말해 프랑스가 지켜온 그리고 지키려고 하는 프랑스 공화국 정신[27]을 위배하는 것이기 때문이다. 공화국 이념으로 대표되는 자유, 평등의 정신은 1946년 제4공화국 그리고 5공화국 헌법 전문에 구체화되어 있다. 이렇게 볼 때 프랑스의 이민자 통합정책(le modèle républicain de l'intégration)도 이 원칙을 위배할 수는 없는 것이다.

"프랑스는 분리될 수 없는, 비종교적인" 공화국이며, "출생지, 인종, 종교의 구분 없이 모든 시민이 법 앞에 평등함을 보장한다"[28]라는

---

26) 차라리 2005년 소요사태와 같은 '방리유 문제'와 국제정세와 관련된 테러행위 등은 부차적인 문제일지도 모른다.

27) 최근 이 공화국 이념을 잘 표명한 것으로는 자크 시라크의 연설문이 있다. Jacques Chirac, "Discours relatif au respect du principe de laïcité dans la République, " in Ministère éducation nationale enseignement supérieur recherch, *L'idée républicaine aujourd'hui : Guide Républicain*(Paris : Delagrave Editions, 2004), pp. 9-18.

문구는 바로 무슬림 이민자들과 관련하여 지켜져야 할 대표적인 공화국 정신이다. '분리될 수 없는 공화국'이란 무엇인가? 프랑스 공화국은 국민국가의 중앙집권화, 지속성 그리고 통일성을 추구하며 인종적, 민족적 혹은 종교적 정체성을 드러내는 집단에 대해서는 어떠한 권리도, 어떠한 적법성도 부여하지 않는다. 이는 다시 말하면, 단일하고 분리될 수 없는 공화국 내에서 '소수'에 대한 인정을 금지한다는 것을 의미한다. 이러한 원칙이 있기에 무슬림의 공동체주의를 인정하는 다문화주의 정책은 곧 프랑스 공화국을 분열시키는 정책으로 평가되고, 이들의 '다를 권리'를 인정하는 것조차도 다문화주의 정책을 연상시키는 것으로 간주된다.[29] 프랑스식 통합은 전통적으로 공동체 혹은 집단이 아니라 개인에게 관심을 갖는다고 볼 수 있다. 혁명기에 제정된 인권선언 이래 '개인은 양도할 수 없는 권리'를 가질 뿐만 아니라, 타인과 국가에 대한 의무를 지닌다. 이러한 의미에서 이 '프랑스식 통합모델'(le modéle d'intégration à la française)은 다문화주의 통합모델(le modèle multiculturel)과 분명히 대비된다고 볼 수 있다. 조각난 국가, 그리고 정치사회의 파열에 반대하여 투쟁한다는 명분으로, 프랑스에 새로 도착해 정착하는 사람들에게는 자신들의 고유한 가치, 자신이 속했던 공동체의 가치를 포기하고 프랑스 국민의 기본적 가치에

28) 프랑스 5공화국 헌법 전문의 일부.

29) 역설적이게도 극우정파인 민족전선이 '다를 권리'를 슬로건으로 이용하였다. 이는 이민자들이 자신의 특수한 정체성을 보존할 권리를 의미하는 것이 아니라 프랑스에 온 비유럽인 소수자들과 다른 '프랑스인들'의 권리를 상기시키기 위해서였다. Francesca Cianciosi, "L'Actualité d'un modéle d'intégration," in Vincent Ferry; Piero-D. Galloro et Gérard Noiriel, *20 ans de discours...*, p. 215.

속하는 것이 중요하다.[30] 프랑스 사회에 완전히 동화(assimilation)되어야 한다는 것이다.[31]

'비종교적인' 그리고 '출생지, 인종, 종교의 구분 없이 모든 시민이 법 앞에 평등한' 공화국은 무엇인가? 공화국 질서의 설립원칙인 국가의 라이시테(laïcité)원칙 즉 공화국은 모든 종교에 대해 중립적인 입장을 취할 것과 모든 시민의 평등 즉 남성과 여성의 평등을 포함, 모든 사람의 기회의 평등을 확인하는 것이다.[32] 이러한 원칙을 살펴볼 때, 프랑스 사회에 이슬람이 정착하는 것과 관련하여 공화국은 특정 종교에 혜택을 줄 수 없는 것과 마찬가지로 불이익을 줄 수도 없다. 한편으로 공화국은 공적 영역, 예를 들면 공립학교에서 특정 종교의 선동 선전행위가 이루어지지 않도록 노력하여야 한다. 뿐만 아니라 공화국은 모든 사람이 학교에 접근하는 것을 보장하는 문제[33], 즉 이슬람 문화에 속한 소녀들에게 공화국 가치에 접근하는 것을 보장하는 일과 함께 일부다처제와 여성할례 등에 반대하는 문제에도 주의를 기울여야 한다.[34] 이러한 문제와 관련하여 프랑스 공화국이 가

30) Manuel Boucher, pp. 41-44.

31) 동화 개념은 다른 문화공간에서 취득한 본래의 관습 전체를 새로운 사회에 적응하기 위해 포기하는 사람에게 해당되는 것이다. Jean-Luc Richard(s.d.), *Les immigrés dans la société française*(Paris : La Documentation frnaçaise, 2005), p. 6.

32) 프랑스는 늘 자유와 평등의 이상을 부르짖었다. Francesca Cianciosi, "L'Actualité d'un modèle d'intégration," p. 215.

33) '공화국 통합모델'은 취학을 의무화 한다. 왜냐하면, 학교에서는 이민 2세들을 '프랑스인'으로 통합시키기 위해 '언어교육, 프랑스 역사, 프랑스 지리, 공민교육 등'을 가르치기 때문이다. Vincent Ferry, Oreste Sacchelli, "20 ans de discours sur l'intégration," in Vincent Ferry; Piero-D. Galloro et Gérard Noiriel, *20 ans de discours...*, p. 12.

34) Manuel Boucher, p. 43.

장 커다란 어려움에 처한 사건이 1989년 가을 파리 북쪽 크레유(Creil)의 한 중학교에서 시작되어 전국적으로 확산된 '히잡 사건'이다. 이 사건은 '비종교적인 공화국'을 천명하는 2004년 3월 15일의 법, '종교적 상징 착용 금지법'으로 일단락되었다.35)

이와 같이 무슬림 이민자들의 정착과 관련하여 공화국의 원칙이 재천명되지만 실제 '출생지, 인종, 종교의 구분 없이 법 앞에 평등하다'는 공화국 정신이 이들 이슬람 신봉자들에게까지 공정하게 적용되었다고 보기는 어렵다. 앞에서 언급하였듯이 프랑스인들은 무슬림 이민자들이 본격적으로 정착하면서 이들을 '침입자'로 간주하기 시작하였다. 물론 이러한 생각은 극우정파의 선동이 있었기에 급속히 확산될 수 있었다. 이러한 분위기 하에서 '히잡 사건'도 무슬림 이민자 입장에서는 공화국이 자신들을 차별한 것으로, 즉 그들이 보기에는 '커다란 십자가'와 유대인이 쓰는 '키파'와 같은 종교적 상징물 착용을 공화국이 그동안 문제 삼지 않았으면서 유독 이슬람의 상징인 히잡만을 문제 삼았다고 본 것이다. 더욱이 무슬림 이민자 2세, 3세들은 학교를 졸업한 후에도 자신들의 이름, 자신들이 사는 지역 때문에 취업에서 차별받는다고 생각하니 프랑스 공화국을 프랑스인들의 주장과 달리 정말 불평등한 공화국으로 느끼게 된 것이다.

이런 상황에서 무슬림 이민자를 '악마화'할 수 있는 사건들이 줄을 이었는데, 이것은 극우정파에 힘을 실어주게 되었다. 1995년 7월 파리 생-미셸 전철역 폭파 사건 즉 일명 '켈칼 사건'이 무슬림 이민자

35) 이와 관련된 상세한 내용에 대해서는 박단, 『프랑스의 문화전쟁—공화국과 이슬람』 참조.

2세에 의해 저질러졌다는 사실로 프랑스 사회는 큰 충격을 받았다. 또한 이로부터 딱 10년 후에 발생한 2005년 이민자 '소요사태'도 전 세계의 이목을 집중시킨 바 있다. 이러한 폭력 사건들은 프랑스에서 이슬람이라는 종교, 문화가 보여주는 일반적 이미지에 폭력, 테러 심지어는 광신이 각인되었음을 보여준다. 또한, 이들 사례들은 과연 무슬림 이민자들이 프랑스 사회에 통합될 수 있는 자들인가에 대한 의문을 증폭시켰다.[36] 프랑스인들은 프랑스에 거주하는 약 500만 명[37]의 무슬림 가운데 절반이 프랑스 국적을 소유하고 있어도 그들은 프랑스의 공화국 전통에 대한 가장 커다란 도전 세력이라는 인식이 강하였던 것이다.[38]

2). '새로운' 이민자와 프랑스의 통합정책

1970년대 이후 이처럼 '프랑스 사회에 동화되기를 거부하는 자', '범죄와 실업문제를 야기시켜 사회불안을 조장하는 자'로 간주되며 '천덕꾸러기'가 된 무슬림이민자 문제를 해결하기 위하여 프랑스는 어떠한 정책을 펴왔는가? 이 정책들은 '공화국 통합모델'에 위배되지

---

36) 이들 이민자 2세대들은 '야만인'(les barbares)으로 '하나의 새로운 인종'(une race nouvelle)으로 태어난다고 일컬어지기도 한다. Vincent Ferry; Piero-D. Galloro et Gérard Noiriel, *20 ans de discours*, p. 9.

37) 논란의 여지가 있는 숫자이다. 적게는 370만 명에서 많게는 800만 명으로 평가된다. 박단, 「2005년 프랑스 '소요사태'와 무슬림 이민자 통합문제」, pp. 231- 233.

38) Jocelyne Cesari, "Islam in France : The Shaping of a Religious Minority," in Yvonne Haddad-Yazbek (ed.) *Muslims in the West, from Sojourners to citizens* (Oxford : Oxford University Press, 2002), p. 36.

않기 위해 어떠한 줄타기를 하였는가?

제4차 중동전쟁으로 야기된 1973-74년과 1978-80년 석유파동 때문에 세계경제 위기가 심화되자 프랑스에서도 실업률은 높아만 갔다. 1974년 대통령으로 선출된 지스카르 데스탱(Giscard d'Esting)은 이를 해결하기 위하여 새로운 이민의 유입을 엄격히 규제하고, 합법적 이민자들은 그들의 사회적 지위를 개선함으로써 프랑스 사회에 통합시키는 정책을 취하였다.[39] 그동안 주로 독신으로 프랑스에 와 정착했던 마그레브 국가 출신 이민자들은 가족 재결합 차원에서 자신들의 가족을 프랑스로 불러들일 수 있게 되었다. 이에 따라 기존의 마그레브 이민자들은 체류기간이 연장되었을 뿐만 아니라 가족 구성이 독신에서 서서히 가정을 이루는 형태로 변화되었던 것이다.[40] 지스카르 데스탱 대통령 하에서 외형적으로 드러난 것 가운데 가장 특별한 것은 정부 부처에 이민노동자 담당부(un secrétariat d'Etat aux travailleurs immigré)가 신설된 것이다. 이 부처가 목표로 하는 것은 다음의 세 가지 방향이다. 첫째, 이민자들의 사회 직업적 적응 둘째, 체류 및 노동허가증에 의한 법적인 사회통합 세 번째는 사회경제적 권리의 평등이다. 첫 번째 것은 외국인 노동자들이 대부분 미숙련 노동자이기 때문에 이들에 대한 지속적인 직업교육이 필요하다는 것이며, 두 번째 법적인 사회통합은 체류증과 동일한 기간의 노동허가증으로 취업이 가능하며,

---

39) 1974년 7월 3일 각료회의의 결정. Mattias Guyomar, "La politique d'immigration française depuis 1945," Philippe Dewitte(s.d.), *Immigration et intégration l'état des savoirs*(Paris : Editions la Découverte, 1999), p. 299.

40) Bichara Khader, *Le Grand Maghreb et l'Europe*(Paris : Publisud-Quorum-Cermac, 1992), p. 220.

1976년 4월 29일 시행령에 의해 가족 재결합 권리가 인정된다는 내용을 담고 있다.[41] 세 번째 것은 1975년 7월 11일 법으로 나타나는데, 이는 사회보험과 실업보상 그리고 외국인에게 프랑스에서 5년간 체류했을 경우, 노조의 집행부에 참여할 수 있다는 정책으로 나타난다. 이러한 정책 방향은 기존의 '차별적 구조'를 벗어난 평등적인 정책이었다. 하지만 이와 같은 통합정책 내용은 이민부 장관인 폴 디주(Paul Dijoud)가 1977년 리오넬 스토렐뤼(Lionel Stoléru)로 교체됨으로써 매우 제한적인 정책이 되었다. 스토렐뤼는 같은 해 4월 이민자들이 출신 국가로 돌아가기를 원하는 경우, 1만 프랑의 보조금을 주는 정책을 채택하였다. 이 조치는 마그레브 이민자들의 강제귀국을 보조하는 것이라는 비판을 받게 되었고, 실제로 그 목표를 달성하지도 못했다.[42] 이 권위적인 정책은 1980년 1월 10일의 본네 법(la loi Bonnet)에 의해 지속되었는데, 특히 이 법은 '공공질서를 불안하게 하는 외국인'을 추방하고, 노동허가증과 체류증을 갱신하지 못하도록 함으로써, 이민자를 강제 귀국시킬 수 있게 하였다. 이와 같은 제도는 결국, 엄격하게 이민을 규제하는 것은 전임자들과 같은 방향이었지만, 합법적 체류자이며 비무슬림 이민자들[43]만을 프랑스 사회에 통합시키는 것을 목표로 한 것으로 판단되었다. 이와 같이 덜 자유롭고 특히 차별적인 이민정책은 좌파의 반대에 강하게 부딪쳤다.

---

41) Mattias Guyomar, "La politique d'immigration française depuis 1945," p. 305.
42) *Ibid.*, p. 300.
43) 유럽계 이민들은 장차 유럽경제공동체 소속민으로 인정될 것이 고려되었다. Patrick Weil, "La Politique française d'immigration, " *Pouvoirs,* n.47(1988), pp. 56-57.

1981년 대선에서 프랑수아 미테랑(François Mitterrand)이 대통령에 당선되면서 그동안 진행되어 왔던 차별적 이민정책이 바뀌게 되었다. 우선 1981-83년, 좌파연합정부는 대선 공약대로 이민자에게 유리한 조치들을 시행했다. 1981년 5월말부터, 체류증 없는 불법체류 외국인들에게 대규모 사면을 시행하였고 1981년 10월 9일의 법으로 이민자의 생계를 향상시켰다. 그렇지만 1980년대 중반 이래, 동거내각으로 들어선 우파정부뿐만 아니라 좌파정부 역시 비EU국가 이민의 입국을 거부하고, 인도주의적 이민의 입국 및 거주를 더 어렵게 하는데 암묵적 동의를 했다고 볼 수 있다.[44] 경제문제의 악화와 민족전선(Front National)의 약진이 이러한 정책에 영향을 미쳤다고 할 수 있겠다.[45] 우파는 법과 질서를 강조함으로써, 국경을 더욱 엄격히 봉쇄하였고, 좌파는 노동자계층, 특히 젊은이 및 실업자의 표를 민족전선에게 빼앗길 수도 있다는 우려 때문에 자신들이 이민 통제에 느슨하다고 느껴지는 것을 두려워하였다.[46]

이처럼 1970년대 이후 프랑스 이민 정책은 매우 엄격하였으며, 프랑스 정부는 좌 우파에 관계없이 불법이민을 용납하지 않는다고 반복해서 주장하였다. 그 결과 사람들은 이민자들이 환영받지 못하는 존재라고 믿게 되었고, 이것은 이민자 통합을 더욱 어렵게 하는 측면

44) Mattias Guyomar, “La politique d'immigration française depuis 1945,” pp. 302-305.

45) 박단, 「현대 프랑스사회의 인종주의」, 『서양사론』, 70집 (2001년 9월), pp. 266- 267.

46) Virginie Gauiraudon, “Immigration Politics and Policies”, Alistair Cole, *Developments in French Politics 3*(New York : Palgrave MacMillan, 2005), p. 157.

이 있었다.[47] 한편, 1988년 미테랑이 재선되면서 사회당 정부는 1989년 12월 19일의 시행령으로 1990년 통합고위위원회(Haut Conseil à l'Intégration)를 조직하였다. 무슬림 이민문제가 점차 정치적 쟁점이 되면서 이 위원회는 이민에 대하여 여러 가지 정책제안을 할 목적으로 설립된 것이다. 이 위원회는 통합의 목적에 대하여 "통합은 모든 사회분야에서 모든 사람이 활발히 참여할 수 있도록 해야 한다. 사회결속이 보장되도록 ... 문화적 특수성이 여전히 지속될 수 있다는 것이 진정으로 받아들여져야 한다."[48]고 정의를 내렸다. 이 정의는 '차이'에 대한 톨레랑스와 '사회결속'에 대한 필요성 사이의 불완전한 균형을 균형 잡히게 하려 한 것으로 보인다. 실제로, 이 정의는 다문화주의보다는 '새로운 얼굴의 동화주의'를 합법화한 것으로 판단되지만, '공화국 통합모델'을 다르게 해석할 여지를 남겨놓았다. 그러나 이 위원회가 내놓은 프랑스 통합모델의 기본 원칙을 살펴보면, '집단의 차이에 대한 공적인 인정은 보장될 수 없으며', 통합이 되고 안 되고는 개인에게 달린 문제라는 것[49]으로 '공화국 통합모델'을 완전히 벗어난 것으로 볼 수는 없을 것 같다. 기묘한 줄타기이다.

이러한 입장은 90년대 들어 무슬림 이민자들과의 갈등 그리고 차별 현상이 가속화됨으로써 강화되었다. 프랑스 정부는 무슬림 이민자에 대한 지속적인 사회통합을 위해 차별에 대한 투쟁을 우선순위로 둘 수밖에 없었다.[50] 1997년 사회당 정권이 다시 정권을 차지함으

47) *Ibid.*

48) *Ibid*, p. 159.

49) *Ibid.*

50) Jean-Luc Richard(réalisé par), *Les immigrés dans la société française*, p. 7.

로써 좌파정권은 '차별에 맞선 투쟁'(lutte contre la discrimination)을 구호로 하는 통합정책을 펴기 시작하였다. 리오넬 조스팽(Lionel Jospin) 정부는 이러한 정책이야말로 이민자들을 차별하지 않고 모든 사람에게 동등한 기회를 제공할 수 있는 유일한 방법이라고 주장하였다.[51] 그런데 여기에서 강조되어야 할 점은 이민정책에 있어 무게 중심이 이민자 '통합'에서 이민자에 대한 '반차별' 정책으로 넘어간 점이다. 이것은 문제의 책임소재가 이민자에게서 이민자를 받아들이는 사회 혹은 국가로 옮겨갔다는 것을 의미한다. 즉, 그동안의 프랑스의 정책은, 통합이 되고 안 되고는 개인에게 책임이 있다는 것이었는데, 이는 이민자가 통합에 실패할 경우에도 이들을 받아들인 사회는 거의 책임이 없음을 보여주었다. 그러나 이 새로운 패러다임 즉 '반차별' 정책을 취하게 되면, 이는 프랑스의 제도와 개인이 이민자의 상황에 책임이 있게 되는 것이다. 이제 프랑스 사회제도는 그들이 시민권자이건 아니건, 그들의 사회적 지위와 관계없이 이민자에 대한 프랑스 사회의 차별을 제거하기 위해 변화되어야만 했다. 더 이상 '새로운' 이민자를 통합시키기 위해 행동하기보다, 차별에 반대해서 투쟁해야 하기에, 공권력은 새로운 정책 개발이 필요하게 되었다. 이처럼 다문화주의 정책에 가까운 '영국식 모델'이 사회당 정부에 의해 긍정적으로 받아들여짐으로써 이러한 경향이 지속되는 것처럼 보였지만, 이러한

---

51) 조스팽은 파리 1대학의 파트릭 베이(Patrick Weil)교수에게 '정당하고 효과적인 이민정책'을 위한 개혁안을 작성하도록 하였고, 그 결과물은 1997년 7월 31일 제출되었다. Mattias Guyomar, "La politique d'immigration française depuis 1945," p.306. 보고서 내용은 다음의 책에서 참고할 수 있다. Janine Ponty, *L'immigration dans les textes*, pp. 359-360.

정책은 근본적인 한계를 가질 수밖에 없었다. 모든 차별에 반대하는 공화국의 원칙에 따라 프랑스에서 1978년에 만들어진 법은 '민족 또는 인종을 표시하는 데이터 수집을 금지'하였고, 그럼으로써 차별의 주요 대상이 되는 귀화자나 이민 2세는 통계적으로 잡히지 않았으며, 인종이나 민족 문제로 차별을 받은 그룹이나 개인을 어떤 인종 또는 민족 그룹에 속한 누구라고 직접적으로 드러낼 수가 없었다.[52)]

2002년 좌파의 지지로 재당선된 시라크(Jacques Chirac) 대통령은 이러한 정책을 확고하게 추진하지 않았다. 약 80%의 지지율로 재선된 시라크는 민족전선에 맞서, 비관용, 외국인혐오 경향에 대해 투쟁하기로 결의하였으며, 북아프리카계 젊은 여성을 장관으로 임명함으로써 그 의지를 보였지만, 실제로는 변화와 지속 양 측면을 고려하였다. '반차별정책'은 여전히 의사일정에 있었지만, 이민자 개인이 통합에 책임이 있다는 '공화국 통합모델'로의 회귀가 매우 명백하였다. 2002년 사회문제 장관 프랑수아 피용(François Fillon)이 새로운 이민자들에게 '통합 계약'(contrats d'intégration)이라고 불리는 제안서를 제시한 것[53)]은 이 조치를 더욱 명백히 하는 것이었다. 이 형식은 네덜란드가 프랑스의 동화주의 정책 모델에 고무 받아 1994년에 실시한 형식이다. 계약은 이민자 개인의 권리와 의무를 강조한 것으로, 이민자들에게 한나

52) Christian Joppke, "Transformation of Immigrant Integration in Western Europe: Civic Integration and Antidiscrimination Policies in the Netherlands, France and Germany," p.25. 이 글은 욥커 교수(American University of Paris)가 특별 초청강연(한성대학교 이민인종문제연구소, 2007년 6월 4일)에서 발표한 것으로 미간행 원고이다.

53) www.maire-info.com le 25 Octobre 2002.

절동안 프랑스 사회에 대한 필름을 보여주고 공화국 원칙에 대하여 브리핑하는 것이었다. 이것은 그들이 프랑스어를 배워야 하고, 그들에게 일을 제공하는 공화국의 가치를 기꺼이 받아들여야 하며, 프랑스의 복지정책에 의존하지 말아야 한다는 것을 뜻하였다. 이민자들은 다시 그들이 프랑스 사회에 통합되지 않으려 한다고 의심받게 되었으며 단지 일부만이 '가치가 있는' 이민자로 환영받았다.[54] 이제 시라크 대통령 하에서 반차별 정책은 제대로 시행되고 있지 않은 것으로 보였다.

지금까지 우리는 공화국의 원칙에 대한 검토와 함께 1974년 이후 프랑스 좌 우파 정부가 취한 이민자 통합정책을 살펴보았다. 이 시기 동안에는 그 어느 때보다도 이민자, 특히 무슬림 이민자의 사회통합 문제가 현안이 되었다. 앞에서 살펴본 바와 같이 우파와 좌파 정부에 따라 이민자에 대한 정책의 변화가 있었지만, 크게 보아 이민자 유입을 막고, 합법 이민을 프랑스 사회에 통합시킨다는 명제에는 커다란 차이가 없어 보인다. 이는 극우정파인 민족전선이 이민자 문제를 계속 제기함으로써 유권자들의 입김에 좌우될 수밖에 없는 좌 우파 정치인들이 이민자 문제에 민감해 질 수 밖에 없는 현실을 반영하기도 하였다. 그렇다 해도 앞에서 지적한 바와 같이 좌파가 집권했을 때 제기되었던, '다를 권리' 및 '반차별투쟁' 정책은 '공화국 통합모델'의 원리와 일관성을 갖는 것으로는 보이지 않는다. 이 정책들을 단순

---

54) Claudio Bolzman et Manuel Boucher, "De l'immigration à l'intégration : En Europe, à chacun son « modèle »," *Le Monde Diplomatique* (juin 2006), p. 15

히 '새로운 얼굴을 한 동화주의'로 인정할 수 있는가? 이에 대한 문제는 이들이 사용하였던 용어의 변화과정을 통해 조금 더 구체적으로 고찰될 수 있을 것으로 보인다.

4 '통합' 개념의 변화와 프랑스의 이민자정책

프랑스에서 일반적으로 사용되어온 '통합'이란 용어(assimilation, intégration, insertion)는 대체 무엇을 의미하는가? 특히 1974년 이후 좌우파 정부가 사용해 온 '통합'이라는 용어들 사이에는 어떠한 차이가 있는가? 서로 다르게 사용되는 '통합'이라는 용어는 각 정파의 이민자정책을 내포하고 있는데, 이 용어 사용이 매우 가변적이어서 이 분야 관련 학자들조차 때때로 어려움에 처하고 있다.[55] 우리는 이들 '통합'과 관련된 용어들의 뜻을 가능한 한 명확히 하고, 이 용어들의 의미와 '공화국 통합모델' 사이의 관계를 살펴봄으로써 프랑스 정부들이 무슬림 이민자[56] 통합에 대하여 갖고 있던 입장을 조금 더 분명히 하고자 한다.

---

55) 누가, 어떤 배경 하에서, 어느 시기에 이 용어를 사용하느냐에 따라 매우 가변적이다. Vincent Ferry, Oreste Sacchelli, "20 ans de discours sur l'intégration," p. 13.

56) 사실, 무슬림 이민자들을 가리키는 용어들도 처음에는 외국인(étrangers), 다음에는 이민자(immigrés), 이어서 아랍인(arabes), 마그레브인(maghrébins), 더 나아가서는 알제리인(algériens) 등으로 구체화되었다. Yvan Gastaut, *L'immigration et l'opinion en France sous la Ve République*(Paris : Seuil, 2000), p. 71.

가스파르(Françoise Gaspard)가 강조하듯이, 1980년-90년대 정치 행정 담화에 나타난 동화(assimilation), 통합(intégration), 편입(insertion)이라는 용어들을 분석하면, 이민자에 대한 프랑스 정부의 입장이 좀 더 명확해 진다. 일반적으로 새로운 사회에 통합되기 위해서 다른 문화공간에서 취득한 본래의 관습 전체를 포기하는 것을 의미하는 동화[57]와 그것을 지속(la persistance de spécificités culturelles) 할 수 있는 통합은 어느 정도 구분되는데 반하여[58], 통합(intégration)과 편입(insertion)은 그 의미에서 커다란 차이를 보이지 않는다. 통합(intégration)은 라틴어 integratio에서 온 것으로, 회복, 복구, 갱신을 의미하는데, 일부분을 전체에 속하게 하는 행동과 관련되며,[59] 편입(insertion)은 라틴어 insertio에서 온 것으로 로베르 사전(Le Petit Robert)은 intégration이란 단어와 매우 유사하게 정의를 내리고 있다.[60] 한편 통합고위위원회는 통합과 편입을 이민자의 고유문화를 단순히 지속(la persistance)시키느냐, 아니면 영속화(la pérennisation)시키느냐의 차이로 구분하고 있는데, 이를 더 구체적으로 구분하기 위해서는, 실제 이 용어들이

57) Jean-Luc Richard(réalisé par), *Les immigrés dans la société française*, p. 6.

58) 사실 동화의 개념은 1960-1970년대 탈식민주의시기를 거치면서 시대에 뒤떨어진 개념으로 치부되어 거의 사용되지 않았다. Vincent Ferry, Oreste Sacchelli, "20 ans de discours sur l'intégration," p. 13.

59) 동화는 원래의 정체성이 완전히 사라지는 경우를 뜻한다. Juliette Grange, "Que veut dire intégration? Histoire d'une notion," in Vincent Ferry; Piero-D. Galloro et Gérard Noiriel, *20 ans de discours...*, p. 43.

60) Intégration d'un individu (ou d'un groupe) dans un milieu social différent. 좀 더 구체적으로는 이민자의 insertion을 "동화를 거부하고 사적 영역에서 본질적으로 원래의 집단정체성을 방어하거나 보존할 수 있는" 개념으로 볼 수 있다. Francesca Cianciosi, "L'Actualité d'un modèle d'intégration," p. 215.

누구에 의해 어떻게 사용되었는지를 살펴보는 것이 중요할 것으로 보인다.

1970년대와 1980년대 초의 의회 토론에서, 우파는 주도적으로 통합이라는 단어를 사용하였고,[61] 좌파는 이민 노동자의 사회적 편입이라는 용어를 주로 사용하였다.[62] 1981년 대선과 의회에서 좌파가 승리한 이래, 이민에 대한 엄격한 통제를 요구하는 것은 우파의 단골 메뉴가 되었고, 좌파 연합 정부는 이민 문제를 해결할 수 있는 정책을 구체화해야 했다. 1982년 4월 28일의 각료회의에서 정부가 처음으로 편입이라는 용어를 사용하였다. "프랑스에 정착한 400만 외국인의 사회문화적 편입은 장시간을 필요로 하는 행위이다. 이 '통합'은 ABC를 가르치는 것, 교육, 직업훈련, 주거문제, 사회복지서비스, 문화, 정보문제 등으로부터 시작된다."[63] 편입이라는 단어가 이후 사회당 정부의 모든 주요문서에 사용되었다. 모든 법령, 공문은 '이민의 사회적 편입'(insertion sociale des immigrés)이라는 말을 사용하였다. "1990년 이전에 발표된 대부분의 보고서 타이틀에는 편입 개념이 빈번히 사용되었다. …"[64] 사회당이 편입이라는 용어를 사용한 것은 1983년 이민 2세대들을 중심으로 일어난 '뵈르들의 행진'이라 불리는 '평등을 위한 행진'과 1984년 반인종주의 단체 SOS-Racisme의 창립과도 무관

61) 더 구체적으로는 1980년대 중반부터 널리 확산되었다. Francesca Cianciosi, "L'Actualité d'un modèle d'intégration," p. 216.

62) 1972년 이 단어는 반드시 이민자에게 해당되는 용어가 아닌 것으로 청년 근로자들의 취업 등을 고려할 때 사용되었다. Manuel Boucher, pp. 50-51.

63) F. Gaspard, "Assimilation, insertion, intégration : les mots pour 'devenir français'" in *Hommes & Migrations*, n.1154 (mai 1992), p. 15.

64) Manuel Boucher, p. 54.

하지 않을 것으로 보인다. 이와 함께 사회당 정부는 이민자들에게 '보편적 권리'가 적용될 수 있도록 하고, 문화적 정체성을 강조하는 운동에 호의를 베푸는 정책을 취하면서,[65] 계속 이민자의 편입에 대해서 언급하였다.

그러나 같은 시기에 사회당 정부가 그 우선순위를 뒤집기 시작했다는 것도 기억해야 할 것이다. 즉, 정부는 편입을 내세우기에 앞서 불법이민에 투쟁한다는 것을 강조하기 시작했다. 이주를 제한하는 것이 이민자의 진정한 편입에 필요조건이라는 것이다.[66] 점차적으로 insertion은 intégration이라는 단어와 병용되었다. 예를 들어, 1984년 10월 8일 사회당 소속 슈베느망(Jean-Pierre Chevènement) 교육부장관이 지시한 한 공문은 "민족의 통합을 위해서는 프랑스 사회에서 이민자의 통합 및 편입정책(la politique d'insertion et d'intégration des immigrés)을 계속해서 발전시키는 것이 적절하다."고 지적하고 있다.[67] 이에 대해서는 민족전선의 급부상을 상기하여야 할 것이다. 1983년 3월의 선거에서 민족전선이 내세운 이민이라는 주제가 선거구를 마비시켰다.[68]

1980년대 말에 와서는 사회당 정부가 우파가 주로 사용하는 intégration이라는 어휘를 사용하는 현상이 나타났다. 1986년 3월의 의회 선거에

65) Haut Conseil à l'intégration, *Rapport au Premier Ministre : Le Bilan de la politique d'intégration 2002-2005* (Paris : La Documentation Française, 2006), pp.19-20.
66) F. Gaspard, p. 17.
67) Manuel Boucher, p. 55.
68) 박단, 「현대 프랑스사회의 인종주의」, 『서양사론』, 70집 (2001년 9월), p. 259.

서는 민족전선이 급상승하였다. 이 시기 이민 문제는 그 어느 때보다도 상당한 정치적 경제적 쟁점이 되었다. 민족전선은 '프랑스인에게 우선 일자리를!' '200만의 실업은 200만의 이민자 때문!'이라는 구호를 멈추지 않았다.[69] 즉 그들의 구호는 바로 2차 세계대전 이전의 '차별구조'를 다시 한 번 환기시키는 것일 뿐만 아니라 이민의 통제를 강력하게 요구하는 것이기도 하였다. 2차 대전 이후 더 이상 유효하지 않은 것으로 인식되던 인종(민족)차별주의가 다른 형태로 다시 등장하였고, 이는 즉시 선거구민에게 영향을 미쳤으며, 다시 정치인들에게 영향을 주었다. 사회주의자들은 마침내 편입이라는 단어를 포기하고 우파처럼 통합에 대해 말하였다. 1986년 우파가 선거에서 승리하여 동거내각(cohabitation)이 자리 잡았다. 약 2년 동안 정치인들은 편입과 통합을 구별하지 않고 사용하기는 했지만, 통합이라는 단어가 점차 내각의 공문에서 사용되면서 편입이라는 단어는 사라지기 시작했다.[70] 1988년 6월에, 사회당 정부가 다시 권좌에 올라 이민자에 대하여 언급할 때 이제 통합이라는 용어가 공식화되었다. 당시 로카르(Michel Rocard) 정부의 국민통합과 사회문제 장관 클로드 에뱅(Claude Evin)은 1988년 11월 22일 FAS(사회행동기금) 행정위원회 앞에서 정부의 입장을 발표하였다. 장관은 "프랑스에 정착한 이민자의 편입을 환기시키지만 결코 그 단어를 더 이상은 발음하지 않았다." "현재 이민자의 통합은 다섯 개의 중요한 문제를 거쳐야 한다. 즉, 법적 지위, 직업교육과 취업, 거주문제, 사회문화적 편입(insertion) 그리고 사회생활에

---

69) Maxim Silverman, Deconstructing the nation, p. 91.
70) Manuel Boucher, p. 55-56.

의 참여이다." 편입이라는 말은 이제 통합정책의 한 부분에 불과하였다.[71] 1983년 지방선거 때에는 '이민자 편입을 위한 지역위원회'가 창설되었는데, 1989년 12월 6일의 각료회의는 '부처간 통합위원회'의 창설을 결정하고 12월 19일의 법령으로 통합고위위원회의 창설을 예고하였다.[72] 1989년 가을 '히잡 사건'을 기점으로, 통합이라는 용어는 이제 국가의 제도 명칭에도 사용되었다. 이후, 통합은 더 이상 하나의 단어, 하나의 목적이 아니라 하나의 행정이 되었다고 볼 수 있겠다.

그렇다면, 좌파정부는 민족전선의 등장 그리고 급성장 때문에 점점 편입의 개념을 포기했는가? 그 뿐만은 아닐 것이다. 사회경제적으로 편입시켜야 할 사람들이 더 이상 전적으로 이민자만이 아니라는 사회적 배경 하에서, 통합이라는 단어는 이제 전적으로 이민자 문제만을 다루기 위해서 사용될 수 있었다. 편입이라는 단어를 포기한 것은 하나의 정치적 선택이었다고 볼 수 있다. 물론, 민족전선의 영향이 없을 수는 없었다. 향후, 권력을 잡은 좌파는 궁극적으로 동화(assimilation)라는 단어와 가까운 의미로 사용될 수 있는 통합이라는 단어를 사용하기로 결정하였다. 선거구민을 생각할 때 무슬림 이민자의 종교문화를 받아들인다고 생각될 수 있는 편입의 사용을 더 이상 고집할 수 없었다. 정치적 관점에서 단어의 선택은 매우 중요하였다.[73] 마지막으로 좌파 정부 내 일정 몫을 가지고 있는 슈베느망(Jean-Pierre Chevènement)의 노선을 생각해 볼 수 있다. 현대판 자코뱅

71) F. Gaspard, p. 19.
72) Manuel Boucher, p. 56.
73) Manuel Boucher, p. 57.

이며 사회당의 유력 정치인인 슈베느망은 그 누구보다도 '공화국 통합모델'의 원칙을 확고히 지지하는 자이다.[74] 결국, 통합은 사회당 내뿐만 아니라 정부 차원에서도 승리했다고 볼 수 있다. 민족전선은 이민문제를 무기로 2002년 대선에서 당수 르펜(Jean-Marie Le Pen)이 2차 결선투표에까지 올라섰다. 사회당이 내세우던 '차별을 위한 투쟁' '차이에 대한 권리'는 이제 민족통합, 즉 '단일한 공화국'의 이상을 깨뜨릴 본질적인 위험으로 나타난다고 판단되어 패배하였다. 하나의 신화 즉, 결코 변화하지 않을 '공화국 통합모델'의 신화가 일단은 더 강화되었다고 볼 수 있다.[75]

5 맺음말 : '공화국 통합모델'에 대한 도전

프랑스 내 이민자들의 성격에 따라, 또 다양한 정치, 경제적 환경에 따라 이들을 통합시키려는 정책은 변화되었다. 프랑스 혁명 이래 프랑스가 전통적 가치로 지켜온 공화국 정신 그리고 이에 따른 이민자 통합정책으로써 '공화국 통합모델'은 다양한 도전이 있었지만 여전히 프랑스의 가치로써 인정받고 있다. 그럼에도 불구하고 그에 대한 새로운 도전이 없는 것은 아니다.

---

74) 슈베느망의 이런 모습을 보기 위해서는 Michel Vovelle, Les jacobins : de Robespierre à Chevènement(Paris : Editions la Découverte, 1999) ; Jean-Pierre Chevènement, Défis Républicains(Paris : Fayard, 2004)를 참조할 수 있다.
75) F. Gaspard, p. 21.

프랑스는 지금도 '분리될 수 없는' 단일한 공화국을 추구한다. 하지만 이미 다양한 이민의 생성은 세계적 추세로 자리 잡고 있으며, 이들과 함께 살아야 한다는 명제는 명백하다. 단지 그들과 '다르게 함께 살 것'인가 아니면 그들을 커다란 마찰 없이 기존 주류 사회로 동화시킬 것인가의 문제만 남아 있을 뿐이다. 프랑스에는 현재 기존 공화주의적 통합모델에 도전하는 세 가지 흐름이 존재한다고 볼 수 있다.

첫째는, 차이에 대한 톨레랑스의 제기이다. 문화적 특수성이 여전히 지속될 수 있다는 점이 프랑스 사회에서 진정으로 받아들여져야 한다는 흐름으로 특히 좌파 정권이 집권했을 때 제기되었던 정책이다. 프랑스는 실제 이에 기초한 정책을 집행하기도 했다. 현재도 공립학교에서 학교급식에 있어 돼지고기를 먹는 아이들과 그렇지 않은 아이들을 구분하고 있다.[76] 이는 종교적 차별을 엄격히 금지하는 공립학교에서는 있을 수 없는 일이지만 현실적인 어려움으로 시행되고 있다. 공영주택(HLM)을 배분함에 있어서도 같은 민족이 서로 모이지 않도록 신경을 쓰고 있다는 것, 이것도 프랑스의 공화국 원칙에 있어서는 절대 있어서는 안 되는 일이지만 일어나고 있다.[77] 그뿐 아니라 70년대 초반 한 때 마그레브 이민자 2세를 위해 공립학교에서 아랍어 교육을 실시한 적도 있으며,[78] 르노(Renault) 국영 자동차 공장에서는 무슬림을 위해 기도소를 설치하기까지 했었다.[79] 이러한 모든 것이

---

76) *Le Nouvel Observateur* 2003년 7월 3일.

77) *Le Nouvel Observateur* 1989년 11월 23일.

78) Patric Weil, *La France et ses étrangers : L'aventure d'une politique de l'immigration 1938-1991* (Paris : Calmann-Lévy, 1991), pp. 245-246.

프랑스의 '공화국 통합모델'과는 모순되는 '다문화주의'에 근거한 정책으로 비판받을 수 있음에도, 프랑스는 이러한 정책을 취하지 않을 수 없었던 것이다.

두 번째는, 니콜라 사르코지 현 대통령이 과거 내무부장관 때 추진했던 정책들이다. 이 정책들은 혹자들에게 미국식 다문화주의를 채택하려는 것으로 보여 많은 논란을 불러일으켰다. 예를 들어, 그는 내무부 장관 시절 프랑스의 무슬림들을 위해 국가 혹은 지방자치단체가 모스크 건설을 지원하고, 이슬람 성직자 양성을 위해 이슬람 신학교 설립을 재정 지원하자는 주장을 하였다. 이는 1905년 법 제2조[80]의 개정이 필요한 사항인데, 그는 법의 수정을 통해서라도 이러한 지원이 필요하다고 강조한 바 있다.[81] 또 다른 예로, 사르코지는 내무부 장관이었던 2004년 1월 알제리계 교수인 아이사 데르무슈(Aïssa Dermouche)를 쥐라 도道의 도지사에 임명하였다. 이는 미국식 '소수세력 우대정책'(la discrimination positive)을 과감히 시행한 것이다.

세 번째는, 프랑스 공화국을 '분리가능한 공화국'으로 변화시킬 수 있는 징조가 나타났다는 점이다. 예를 들어, 2006년 10월 12일 프랑스 상하원에서 통과된 '터키의 아르메니아인 대량 학살 부인 처벌' 법안은 바로 이러한 사례가 될 수 있다. 이 법안은 현재 집권 여당에 소속된 아르메니아 이민자 출신 몇몇 실세 의원들이 사회당과 연합하여 통과시킨 바 있다. 프랑스의 저명한 사회학자 미셸 비비오르카는 『리

---

79) Gilles Kepel, *Les Banlieues de l'Islam*(Paris : Ed. du Seuil, 1987), p. 100.
80) "공화국은 어떠한 종교도 인정하지 않고, 재정지원하지 않는다."
81) 가장 최근의 발언기사는 *Le Monde* 2005년 10월 21일.

베라시옹』에서 이 사건을 두고 '신공화주의'의 출현을 이야기했다. 즉, '소수의 정체성'을 인정하는 공화주의의 새로운 모델이 출현했다는 것이다. 그가 판단하기에는 무슬림 이민자의 정체성이 인정되는 것도 결국 시간문제가 될 수 있다.[82]

우리가 여기서 예를 든 것은 '공화국 통합모델'과 배치될 수 있는 것들이다. '소수'의 정체성을 인정하고, '다를 권리'를 존중하는 것은 주로 1980년대 영미권으로부터 프랑스에 유입된 것으로 평등이라는 프랑스적 전통을 약화시키고 프랑스에서 모순과 불안을 키우고 있다[83]는 주장도 제기되고 있다. 그렇지만, 일부학자들은 이러한 생각이 반영된 정책들을 프랑스의 이민자 통합정책으로 제시하고 있다. 즉, 이민자를 구이민과 신규이민으로 구분하여, 이미 정착해 있는 이민자들은 반차별정책을 통하여, 그리고 신규이민자들은 이미 프랑스에서 실시되고 있는 '통합계약'과 같이 이민자 개인이 통합에 책임이 있다는 '시민개인 통합방식'(Civic Integration)[84] 즉 일종의 동화주의 모델을 통하여 이민자를 통합시킬 것을 주장한다. 이러한 이분된 정책은 이미 다른 유럽 국가들에서도 실시되고 있거나, 실시하려는 움직임을 보이고 있다.[85] 한 국가가 엄격한 의미에서의 동화주의

82) Michel Wieviorka, "Comment les minorités peuvent-elles concillier valeurs universelles et identités particulières?" *Libération* 2006년 11월 13일자

83) 엠마뉘엘 토드, 김경근 옮김, 『유럽의 발견-인류학적 유럽사』(까치, 1997), p. 531.

84) Christian Joppke, "Transformation of Immigrant Integration...," pp.6-7. 이 방식의 목적은 이민자가 프랑스 공화국의 가치를 받아들이도록 하는데 있다는 면에서 '공화국 통합 모델'과 궤를 같이 한다.

85) Claudio Bolzman et Manuel Boucher, p. 15.

정책 혹은 다문화주의 정책만을 취하는 것은 가능하지도 않고, 실제 그러한 예를 찾아보기도 힘들다. 동화주의 정책도 다문화주의 정책도 한 국가의 주요 정책으로 고수되는 것은 더 이상 의미가 없어 보인다.

02 영국 : 자유방임식 다문화주의

정희라

1 머리말

영국에는 '크리켓 테스트(Cricket Test)'라는 말이 있다. 이것은 영국에서 살고 있는 이민자들이 얼마나 영국에 애착을 가지고 있는지, 다시 말해, 영국사회에 어느 정도 동화되었는지를 파악할 수 있는 테스트이다. "당신은 영국과 당신의 출신국가가 크리켓 경기를 한다면 영국을 응원하겠습니까?"라는 질문에 이민자가 긍정적으로 대답한다면 그는 진정으로 영국인이라고 볼 수 있고, 부정적인 대답을 한다는 그를 영국인이라고 할 수 없다는 것이다. 1990년에 보수당 의원이었던 노먼 테빗(Norman Tebbit)이 로스앤젤레스 타임즈(*The Los*

Angeles Times)와의 인터뷰에서 영국의 많은 아시아계 이민자들은 '크리켓 테스트'를 통과하지 못할 것이라고 하면서 나온 이 말은 동화주의를 합리화시키려는 말장난이라고 비난을 받았다. 하지만 한편에서는 '크리켓 테스트'는 이민자가 주류사회에 통합되어 그 사회의 일원이 된다는 것의 의미가 무엇인지를 생각하게 만들었다는 평가를 받기도 하였다.

2005년 런던테러가 발생했을 때 영국인들은 '크리켓 테스트'를 새삼 떠올렸다. 700여 명의 사상자를 낸 런던테러가 영국에서 출생하고 교육을 받은 이민자 2세들에 의해 자행되었다는 충격적인 사실은 이민자들을 영국인으로 볼 수 있을까하는 의문에 이르게 한 것이다. 현재 영국에는 약 4,800,000명(전체 인구의 8.3%)의 이민자들이 있는 것으로 추정되고 있다.[1)] 그들이 영국인으로서의 확고한 정체성을 가지지 못하고 살아간다면, 그리고 주류사회가 그들을 영국사회의 일원으로 받아들이지 못한다면 제2, 제3의 런던테러나 프랑스 이민자 폭동과 같은 소요사태가 일어날 가능성이 있는 것이다.

사실 9·11테러와 런던테러가 일어나기 전까지만 해도 영국은 유럽의 어느 국가보다도 이민자 통합이 성공적으로 이루어지고 있는

---

1) 이 수치는 2007년 기준으로 가장 최근에 이루어진 2001년 영국의 인구조사 통계에 따른 것이다. 2001년 영국 센서스에는 '이민자'라는 항목이 따로 없기 때문에 '해외 출생자'에 해당하는 사람을 이민자로 추정하였다. 2001년 센서스에서 이민자 수를 추정할 수 있는 또 다른 기준은 '소수민족(ethnic minority)'이다. 이에 따르면 영국에서는 약 4,600,000명(전체 인구의 7.9%)의 소수민족이 존재한다. 본문에서 말하는 '이민자'는 해외 출생자뿐만이 아니라 이민 2, 3세대까지도 포함하는 광의의 의미의 '이민자'임을 밝힌다. 영국 센서스 통계자료는 http://www.statistics.gov.uk 참조.

나라로 평가받았다.[2] 여러 사회조사에서 영국의 이민자들의 영국사회에 대한 만족도가 타유럽 국가에서 이민자들의 주류사회에 대한 만족도보다 높은 것으로 나타났다. 그러나 최근 영국에서는 이슬람혐오주의와 맞물린 이민자에 대한 적대감이 예전보다 고조되고 있고, 이민자들의 전통문화와 종교, 그리고 관습을 인정해주는 다문화주의 통합정책은 이민자들의 편의만 봐주는 것으로 '영국성(Britishness)'을 흐린다는 비판이 일고 있다.[3] 이와는 반대 입장에서 영국의 다문화주의 정책과 인종차별반대 정책이 제대로 이루어지지 못했기에 이민자들이 영국 사회의 일원이 되지 못하고 사회 불만세력으로 변해가고 있다는 주장도 제기되고 있다.[4] 다문화주의에 대한 전면적인 철폐를 주장하건 아니면 다문화주의의 확실한 실천을 주장하건 간에 영국의 이민자 통합정책에 대한 비판의 목소리가 높아지고 있는 것은 부정할 수 없는 사실이다.

이러한 사회적 분위기 속에서 이민자 통합문제에 대한 관심이 증가하고, 이에 대한 학문적 성찰도 그 어느 때보다도 절실히 요구되고 있다. 그 동안 영국의 이민자 통합문제는 심도 있게 다루어지지 못했고, 특히 역사적 맥락 속에서 이민자 통합문제가 연구되었던 경우는

---

2) C. Joppke, *Immigration and the Nation-State: The United States, Germany, and Great Britain* (Oxford: Oxford University Press, 1999).

3), 3 April 2004, "Britain must scrap multiculturalism," *The Times*; 16 July 2005, "Multiculturalism has fanned the flames of Islamic extremism," *ibid.*, 22 November 2005 "Multiculturalism has betrayed the English, Archbishop says," *ibid.*.

4) 10 November 2005, "Multiculturalism under fire," *The Times.*; 17 July 2005, "Multiculturalism has failed but tolerance can save us," *The Sunday Times.*

매우 드물다. 영국에서 이민사 연구 자체가 제국주의사의 일부로 취급되면서 독립적인 연구 분야로 발전하지 못했고, 이민사 연구는 이민정책에만 편중되는 경향을 보였다.[5] 따라서 이민자 통합문제는 사회학자들의 현상 분석적 연구에 주로 귀착된 채 남아있다. 본 연구는 영국의 이민자 통합정책을 역사적 맥락 속에서 그 변천과정과 특징을 살펴보고자 한다. 특히 영국의 실용주의적 전통과 자유주의적 전통, 그리고 영제국 시절의 간접통치 방식 등 영국적 전통이 이민자 통합정책에서 어떻게 구체화되어 나타나는지에 주목하고자 한다. 그리고 9·11과 런던테러 이후 제기되고 있는 다문화주의 정책에 대한 비판과 영국 이민자 통합정책의 문제점을 진단해 보고자 한다.

2 | 영국적 전통에 기초한 영국 이민자 통합정책

제 2차 세계대전 이후 영국은 피부색과 문화가 다른 이민자들을 어떻게 받아들일 것인가 하는 사회통합과 사회 정체성 문제에 직면하게 되었다. 영국정부는 전후 영국사회에서 부족한 노동력을 채우기 위해 아일랜드, 폴란드, 불가리아 등지에서 이민자들을 모집하였다. 이와 같이 영국정부가 고려한 이민노동자들은 영국인들과 인종

5) 영국의 이민사 연구 및 이민자 통합에 대한 연구 동향에 대해서는 정희라, 「'자유방임 이민국'에서 '제로(Zero) 이민국'-영국 이민사 개관 및 연구동향」, 『서양사론』, 93호 (2007), pp. 247-270 참조.

적, 문화적 동질성을 가진 유럽인들이었다. 그러나 영국은 예상치 못했던 서인제도와 인도대륙으로부터 들어온 이민자들을 맞이하였다. 영국에 많은 일자리가 있다는 소식은 영국으로의 출입이 자유로웠던 영연방인들의 이민을 부추기게 된 것이었다. 1962년 영연방 이민법이 제정되기 전까지 영국정부는 영연방 출신 이민자들을 전혀 규제하지 않았다. 그 이유는 영국의 정치 엘리트들이 영제국 시절에 대한 미련을 버리지 못해 영연방국가의 시민들을 영국 시민이라고 생각하였기 때문이었다. 자메이카, 인도, 파키스탄 등 소위 신영연방국으로부터의 이민은 점점 증가하여 1961년 한해에만 136,000여 명이 이들 지역으로부터 영국으로 이주하였다. 그리고 이들로 인하여 영국은 인종적으로 흑인과 아시아인, 그리고 종교, 문화적으로 무슬림, 힌두교도, 시크교도가 공존하는 사회로 변화하였다.

〈표 1〉은 2001년 조사된 영국사회 내 소수민족 비율이다. 이것은 1950-60년대 영국인들이 그토록 염려하였던 다인종, 다문화 사회로 영국이 전환된 모습을 보여준다. 1950년대 영국 수상 처칠(Winston Churchill)은 "영국이 직면한 가장 중요한 문제는 이민이며, 영국은 잡동사니 사회(magpie society)가 될 것이다"라고 신영연방 이민자들로 인하여 인종적, 문화적 다원화를 겪게 될 영국사회의 미래에 대한 그의 고민을 솔직히 털어놓았다.[6] 이민자의 수가 더욱 증가한 1960년대 말 극우 보수당원인 이녹 파월(Enoch Powell)은 신영연방 이민자가 계속 늘어난다면 영국은 미국과 같이 인종문제로 인한 폭력사태와

6) Layton-Henry, *The Politics of Immigration: Immigration, Race and Race Relations in Post-War Britain* (Oxford: Blackwell, 1992), p. 31에서 인용.

내전을 경험할 지도 모른다는 유명한 '피의 강(Blood of River)' 연설을 하여 세상을 떠들썩하게 만들었고, 그를 지지하는 세력들이 생겨나기도 하였다.[7)]

〈표 1〉 영국의 소수민족: 다인종, 다문화 사회

소수민족	수	백분율(%)	비백인 인구 (백분율 %)
백인	54,153,898	92.1	
혼혈	677,117	1.2	14.6
인도	1,053,411	1.8	22.7
파키스탄	747,285	1.3	16.1
방글라데시	283,063	0.5	6.1
기타 아시아인	247,664	0.4	5.3
아시아인 또는 아시아계 영국인(중국인 제외)	2,331,423	4.0	50.3
카리브해 흑인	565,876	1.0	12.2
아프리카 흑인	485,227	0.8	10.5
기타 흑인	97,585	0.2	2.1
흑인 또는 흑인 영국인	1,148,738	2.0	24.8
중국인	247,403	0.4	5.3
기타 소수민족	230,615	0.4	5.0
전체 소수민족 인구	4,635,296	7.9	100.0
전체 영국 인구	58,789,194	100	

출처: http://www.statics.gov.uk 2001 영국 센서스

1960년대 초까지 영국의 정치 엘리트들은 다인종, 다문화 사회의 문제점을 해결하는 방안은 이들을 영국 주류문화로 흡수하는 '문화적 동화(cultural assimilation)'밖에 없다고 생각하였다. 영국은 이미 폴란드 등 유럽계 이민자들에게는 영국인과의 결혼장려와 같은 동화주의 정책을 실시하였다. 그러나 인종과 종교가 다른 신영연방 이민자들

7) Enoch Powell, *Reflections of a Statesman* (London: Bellow, 1992), pp. 373-379.

이 영국인과의 결혼을 통해 순수 영국인의 혈통과 종교를 흐리는 것을 원치 않았다. 그리고 무엇보다도 동화주의로 이민자들을 통합하기에는 그 수가 너무 많다고 생각하였다. 영국은 동화주의를 고집해온 프랑스와 달리 동화주의란 적정 수에 한해서만 효과적인 통합을 이룰 수 있을 뿐 통합 대상의 수가 적정선을 넘어 섰다면 동화는 현실적으로 불가능하다는 실용주의적인 판단을 내렸다.[8)]

이러한 실용주의적 노선에서 1960년대 중반부터 영국정부는 이민자들에게 다문화주의적 통합방식을 적용하였다. 1966년 노동당 정부의 내무장관이었던 로이 젠킨스(Roy Jenkins)[9)]는 다음과 같이 이민자 통합의 방향을 제시하였다.

> 통합(Integration)은 다소 명확하지 않은 말인 것 같다. 나는 통합이라는 것이 이민자들이 자신들의 민족적 특성과 문화를 상실한다는 것을 의미한다고 생각하지 않는다. 나는 영국이 모두가 공통의 틀 안에서 전형적인 영국인의 모습으로 복사되어져 나오는 용광로(melting pot) 국가가 될 필요성을 느끼지 않는다. 그러므로 나는 통합이란 동화가 아닌 상호간의 관용이 있는 분위기 속에서 다양한 문화가 동반되는 동등한 기회라고 정의한다.[10)]

---

8) P. Weil and J. Crowley, "Integration in Theory and Practice: A Comparison of France and Britain," *West European Politics*, vol. 17 (1994), p. 117.

9) Roy Jenkins(1920-2003). 1960-70년대 노동당 정부의 장관을 수차례 역임하였고, 1977-81년 유럽연합 집행위원장직을 맡았다. 그리고 그는 글래드스턴의 전기를 집필하는 등 전기 작가로도 유명하다.

10) M. Banton, *Promoting Racial Harmony* (Cambridge: Cambridge University Press, 1985), p. 71에서 인용.

보수당과 우파 지식인들은 이민자들에게 영국의 주류문화를 장려해야 한다는 생각을 버리지 못했다. 하지만 이민자들을 효율적으로 영국사회에 통합하기 위해서는 그들에게 영국의 문화를 일방적으로 강요하지 않고 자신들의 전통과 문화를 지켜나갈 수 있도록 하는 다문화주의 정책으로 나아갈 수밖에 없다는 점에 공감하고 이를 지지하였다.

영국 정계가 초당파적으로 다문화주의 정책을 지지하고 이를 적극적으로 실천할 수 있었던 데는 '아프리카인을 더 나은 아프리카인이 되도록 돕는 것이 더 좋은 통치방식'이라는 영제국의 간접통치의 전통이 남아 있었기 때문이라고 볼 수 있다.[11] 영국은 식민지를 통치함에 있어 그들의 자치를 인정하고, 문화적 전통을 유지시켜 나갈 수 있도록 하는 지역차원에서의 통치, 즉 간접통치 방식을 실시하였고, 이 통치방식의 효율성을 경험해왔다.[12] 따라서 인종과 문화가 다른 많은 수의 이민자들을 간접통치의 형태인 다문화주의 방식으로 통합하는 것이 효율적이라는 판단을 내릴 수 있었고 이에 대한 사회적 공감대를 형성할 수 있었던 것이다.

영국정부와 정치 엘리트층에서 다문화주의 이민자 통합방식에 대한 합의가 이루어지자 다문화주의는 자연스럽게 뿌리를 내릴 수 있었다. 여기에는 영국의 관습법적 전통이 크게 기여하였다는 평가를 받고 있다. 관습법은 성문법에 비해 유연성과 실용성이 크기 때문에 영국 법정에서는 문화적 다양성에 대해 아주 관용적 판결이 내려질

---

11) C. Joppke, *Immigration and the Nation-State*, pp. 224-225.
12) P. Weil and J. Crowley, "Integration in Theory and Practice", pp. 112-113.

수 있다는 것이다. 실제로 영국에서는 문화와 종교적 차이로 인하여 발생한 문제들에 대하여 프랑스 같은 이웃 국가에서보다 훨씬 더 포용적이고 관용적인 판결들이 내려졌다. 한 예로 프랑스의 경우 학생의 히잡 착용에 대한 논란이 계속되고 있는데 반해, 영국에서는 1983년 Mandla 대 Dowell Lee 소송에서 영국 최고법원이 터번을 쓴 시크교도 학생을 받아들이지 않은 교장에 대해 패소 판결을 내림으로써 더 이상 소수민족 학생들의 터번 혹은 히잡 착용이 법적인 문제가 되지 않았다.[13] 이 밖에도 영국 법정은 무슬림의 종교·문화적 관습을 존중하여 일부다처제나 미성년 결혼까지도 인정하는 판결을 내린 바 있다. 또한 시크교도들을 건설 현장이나 오토바이 운전 시 헬멧을 착용하는 법적 조항에서 면제시켜 주고, 유대인과 무슬림들이 종교적 율법과 관습을 따를 수 있도록 동물을 도축하기 전 기절시켜야 한다는 법에서 면제시켜 주기도 하였다.

영국이 종교적 문제에 있어 특별히 관용적인 태도로 무슬림 이민자나 시크교도들의 종교문화를 인정해줄 수 있었던 요인으로 영국의 종교적 자유주의 및 영국 국교회의 실용주의적 전통이 지적되기도 한다.[14] 16세기 영국 국교회가 설립된 이래 영국에서 국교회와 가톨릭 및 프로테스탄트 비국교도 간의 갈등은 19세기 말까지도 중요한 정치, 사회적 문제였다. 종교적 소수자이자 정치, 사회적 소수자이기도 했던 비국교도에 대한 차별은 19세기에 들어와 점진적인 개혁으로

13) C. Joppke, *Immigration and the Nation-State*, pp. 233-34.
14) J. S. Fetzer and J. C. Soper, *Muslims and the State in Britain, France, and Germany* (Cambridge: Cambridge University Press, 2005), pp. 32-34.

폐지되었다. 영국 국교회는 교육과 사회복지 분야에서 특권을 가지고 있었지만 종교적 소수자에게 특권을 확대시키는 것을 어쩔 수 없는 시대적 흐름으로 받아들였고, 실용주의적 노선에서 종교적 다원화를 받아들였다. 이러한 영국 국교회의 태도는 이슬람교도 영국 사회의 종교적 다원화 과정에서 받아들여야 하는 하나의 종교일 뿐이라는 사회적 인식을 만들어내는 데 기여하였다.

현재 영국 국교회는 영국 무슬림 이민자들과 영국정부를 이어주는 중재자로서의 역할을 하면서 무슬림들의 요구가 정부 정책에 반영되는데 도움을 주고 있다. 일례로 영국 국교회의 지도자들이 무슬림 학교 설립을 지지하고, 무슬림 학교에 대한 경제적 지원을 촉구하는 활동을 해왔다. 국교회가 영국사회가 이슬람교라는 이질적 종교를 포용하는데 중요한 역할을 해왔음은 무슬림들도 인정하고 있다. 무슬림 지도자인 야쿱 자키(Yaqub Zaki)는 "우리는 국교회가 우리의 동지임을 보아왔다"라고 국교회에 대하여 친근감을 나타내었다. 또 다른 무슬림 지도자인 아퉅라 시디끼(Ataullah Siddiqui)는 "국교회 체제는 타종교들이 정부에게 접근할 수 있는 뒷문과 같은 역할을 해준다"라며 무슬림들의 입장이 정부에게 전달되는데 국교회가 중요한 역할을 해주고 있음을 시사하였다.[15)]

실용주의와 자유주의라는 긍정적 측면에서의 영국적 전통만이 영

---

15) Fetzer and Soper, *Muslims and the State in Britain, France, and Germany*, p. 58, p. 60 에서 각각 인용. A. Siddiqui, Ataullah, "Issues in Co-Existence and Dialogue: Muslims and Christians in Britain", J. Waardenburgh, ed., *Muslim-Christian Perceptions of Dialogue Today* (Sterling, VA: Peeters, 2000), pp. 183-200.

국의 이민자통합 정책에 영향을 준 것이 아니었다. 영국의 역사에서 빈민구제와 같은 사회문제 해결 방식에서 흔히 찾아볼 수 있는 엘리트 중심의 온정주의적 사고방식이 이민자 통합 방식에도 반영되었다. 영국에서는 이민자들을 보호하기 위한 법률이 인권보호의 차원에서 마련된 것이 아니라 엘리트층이 사회질서 유지를 위하여 만든 것이었다. 영국에서 이민자들의 권리를 보호해 줄 수 있는 대표적인 법은 '인종차별금지법'이라고도 불리는 '인종관계법(Race Relations Acts)'이다. 1965년 처음 이 법이 제정될 당시 내무장관 프랑크 소스키스(Frank Soskice)는 법률의 취지를 '공공질서 유지'라고 밝힌 바 있다.[16] 미국에서 이민자들을 보호하기 위해 만들어진 법률들이 개인의 권리 보호를 목적으로 한 것과 달리 영국에서 인종관계법은 사회질서 유지를 목적으로 하였다. 사실 1960년대 영국의 엘리트들은 미국의 흑인 민권운동을 목격하면서 이에 대한 반발심을 가지게 되었고, 영국 사회에서 소수 인종 또는 민족들이 사회운동에 뛰어들어 사회질서를 혼란시키는 것을 막으려면 정부가 주도해 관련 법제들을 만드는 것이 낫다고 생각하였다. '인종관계법'은 바로 이러한 엘리트들의 의도에서 나온 산물이었다.

이후 '인종관계법'은 계속 수정작업을 거쳤지만 엘리트 중심의 온정주의적 색채가 이 법률에서 사라지지 않았다. 이러한 특징은 영국의 인종관계법이 미국 법에 비해 적극적 해결의지를 보이지 못하게 한 측면이 있다. 1965년 인종관계법은 펍(Pub)이나 호텔과 같은 공공 유흥

16) 3 May 1965, *Hansard Parliamentary Debates*, vol. 711, c. 942.

장소에서의 인종차별 문제만을 다루었고, 인종차별에 대하여 민사적 처벌만을 내리고 형사적 처벌을 적용하지 않았다. 3년 뒤 이 법의 개정안이 만들어 질 때도 당시 내무장관이었던 제임스 캘러헌(James Callaghan)은 법안은 "인종에 기초한 사회적 불안으로부터 사회 전체를 보호하기 위한 것"이라고 말하였다.[17] 1976년에 개정된 인종관계법은 소수민족 피고용인을 위해서 고용인이 이들을 위한 특별 직업교육을 마련하고, 특정 소수민족이 많이 거주하는 지역에는 동일민족 출신을 사회복지사를 고용할 것과 같은 적극적인 대책을 마련하기도 하였다. 그러나 이러한 조처도 미국의 '적극적 차별금지 정책(affirmative action)'과 같은 강제적 성격을 띠지 못하고 권고차원에 그치고 말았다.[18]

이와 같이 영국의 역사적 전통은 영국의 다문화주의 이민자 통합 정책이 만들어지고 시행되는데 많은 영향을 주었다. 그렇다면 이러한 영국적 전통을 이어받은 영국식 다문화주의가 이민자들과 직접 만나는 교육의 장과 지역공동체에서 어떻게 실시되었는지를 구체적으로 살펴보자.

3 | 영국 다문화주의 정책의 운영 : 교육과 지역 공동체에서

영국의 공적 다문화주의의 핵심은 교육이다. 영국정부는 1960년

---

17) 23 April 1968, *Hansard Parliamentary Debates*, vol. 763, c. 53-54.

18) C. Joppke, *Immigration and the Nation-State*, pp. 228-230.

대 초까지만 해도 이민자들의 동화를 교육의 목표로 하고 있었다. 즉, 국가 시스템이 각 이민자 그룹이 각각의 종교, 문화적 가치를 가지도록 장려할 수 없다는 입장을 견지하였다. 그러나 1960년대 중반부터 다문화주의가 이민자통합 모델로 공감을 얻기 시작하고 1970년대에 접어들면서 교육에 있어서 다문화주의 정책이 모색되었다. 1973년에 나온 인종관계 및 이민에 관한 정부의 특별 보고서인 『교육(Education)』이 인종적(혹은 이민자 그룹별) 차이를 고려하지 않고 교육하는 것은 잘못이라는 평가를 내놓았다. 그리고 1979년 '소수민족 아동교육을 위한 조사위원회'가 설립되어 서인도제도 출신의 이민자 자녀들의 낮은 학업성취도에 대하여 조사하였다. 이 위원회는 이민자 자녀들을 '소수민족(ethnic minorities)'이라고 확실히 구분하여 그들에게 맞는 교육을 실시함과 동시에 학생들이 인종적, 문화적으로 다양한 사회를 이해하고 다원화된 사회에서 살아갈 수 있도록 교육하여야 한다고 주장하였다.[19] 이러한 중앙정부의 관심은 지방정부의 실천적 노력으로 이어졌다. 중앙정부는 지역 교육관계 기관들에게 학교 교과과정 중 소수민족들의 경험을 강조하고, 교사들은 이민자 자녀들의 배경에 대해 긍정적으로 이해하라는 지시가 내려졌다. 그리고 이에 발맞추어 1980년대 초 지역차원에서 다문화주의 교과과정 개혁과 이를 위한 교사연수가 적극적으로 이루어졌다.[20]

1985년에 출판된 '소수민족 아동 교육을 위한 조사위원회'의 종합

19) *Ibid.*, pp. 235-236.

20) H. Ansari, *The Infidel Within: Muslims in Britain since 1800* (London: Hurst & Company, 2004), pp. 313-314.

보고서인 『모두를 위한 교육(*Education for All*)』은 영국정부의 다문화주의 정책에 대한 기본 방향을 보여주었다. 이 보고서는 영국을 다문화 사회라고 규정하고 완전 동화나 분리주의의 위험성을 경고하였다. 그리고 동화주의나 분리주의를 극복할 수 있는 방법을 제시하였다. 이에 따르면 영국의 교육정책과 시스템에서는 개인을 일차적으로 소수민족 그룹의 구성원으로 본 다음 확대된 국가 사회의 일원으로 본다. 따라서 교실에서는 이민자 그룹별 특성을 인정하는 교육을 실시한다. 즉, 소수 민족의 민족 정체성을 유지할 수 있도록 그들의 전통과 문화를 학교에서도 지켜나갈 수 있도록 하며, 모든 학생들이 문화적, 종교적 다원화를 긍정적으로 이해하고 받아들일 수 있게 교육한다는 것이다.[21)]

이러한 정부의 방침으로 영국 공립학교 내에서 종교적, 문화적 다양성에 대한 교육이 이루어졌고, 무슬림 학생을 위한 급식마련, 히잡이나 터번 착용의 자유, 기도소 설치 등이 시행되었다. 그리고 교육에 있어 다양한 종파와 이민자 그룹의 의견이 반영될 수 있는 제도적 시스템을 구축하였다. '지역 교육국(Local Education Authority: 이하 LEA로 약칭)'과 '종교교육 상임위원회(Standing Advisory Committee on Religious Education: 이하 SACRE로 약칭)'를 통하여 종교교육에 대한 세부적인 사항이 지역차원에서 결정될 수 있도록 하였다.[22)]

교육에 있어 다문화주의 정책은 비교적 순조롭게 진행되었지만 학

---

21) Lord Swann, *'Education for All': A Summary of the Swann Report on the Education of Ethnic Minority Children* (London: HMSO, 1985).

22) Fetzer, and Soper, *Muslims and the State in Britain, France, and Germany*, pp. 39-40.

교 내 종교교육 문제만은 갈등을 일으켰다. 학교와 교사에 따라서는 무슬림과 같은 비기독교 학생들에게 기독교 예배참석을 강요하는 경우가 있었다. 정부의 다문화주의 교육정책이 국가의 지원금을 받는 모든 학교는 종교교육을 시행하고 집단 예배로 하루를 시작할 것을 규정한 1944년 교육법(Education Act of 1944)과 일치하지 않음으로써 생겨난 문제였다. 무슬림 이민자들은 자녀들의 등교거부와 예배참석 거부 운동을 벌이기도 하였다. 1944년 법을 개정한 1988년 교육개혁법(Education Reform Act)은 부모가 자녀를 종교교육과 예배에 출석시키지 않아도 되는 권리가 있음을 명시하였다. 그러나 학교 내 종교교육의 문제가 끝난 것이 아니었다. 종교적 다원주의를 표방한 종교교육이 문제가 되었는데, 무슬림 학부모들은 자녀들에게 자신의 종교를 수많은 종교 중 하나 또는 이슬람교를 종교가 아닌 문화적 전통으로 가르치는 것을 원치 않았다.[23]

결국 무슬림 이민자들은 정부가 무슬림학교의 설립을 허락하고 재정적 지원을 할 것을 요구하기에 이르렀다. 무슬림 이민자들은 종교적 다원주의를 '건전한 다원주의(healthy pluralism)'가 아니라 '도덕적 혼동상태(moral chaos)'만을 초래할 뿐이라고 주장하였다.[24] 그리고 무슬림들은 자신들도 국가에 세금을 내고 있는데 국교도나 가톨릭, 심지어 유대인도 정부 보조금을 받는 학교를 운영하고 있는 것과 달리 이슬람계 공립학교를 설립할 수 없는 이유가 무엇인지 밝히라며 국가에 압력을 가했다. 이러한 무슬림들의 태도에 대하여 영국의 주류

---

23) *Ibid.*, pp. 38-39.

24) Ansari, *The Infidel Within*, p. 324.

사회는 무슬림들은 영국사회에 통합되기를 원치 않는다고 비난을 하였다. 그럼에도 불구하고 무슬림들은 자신들의 아이들이 종교, 문화적 정체성을 가질 수 있게 하는 것이야말로 영국사회의 한 구성원으로서 자신감 있게 살아가도록 하는 일이며, 이는 곧 진정한 다문화주의 사회통합의 원칙이라고 맞섰다. 가톨릭과 국교회 지도자들 중에서는 정부의 무슬림 학교 지원에 대한 무슬림들의 요구를 적극 지지하는 이들도 있었다. 리즈(Leeds) 로마 가톨릭 교구의 콘스탄트(David Konstant) 주교는 이민자들이 문화적 정체성을 확립하게 함으로써 주류사회에서 고립되는 것을 막아준다며 "종파학교는 분리가 아니라 통합으로 가는 길"이라고 말하였다.[25] 결국 1997년 노동당 정부가 들어서고 난 1년 뒤 런던과 버밍엄에 국가의 지원을 받는 최초의 무슬림 학교가 설립되었고, 1999년에는 시크교 학교가 국가의 지원으로 세워졌다.

2007년 현재 영국 내에는 7개의 무슬림 학교와 두 개의 시크교 학교가 국가의 지원을 받고 있는데 무슬림들은 주류사회의 반대 속에도 무슬림 공립학교를 150여 개로 늘여나가고자 노력하고 있다. 무슬림 학교 설립의 어려움과 종교교육에 있어서의 마찰은 영국사회에서 기독교 전통이 여전히 강하게 작용하고 있음을 나타내는 것이다. 1988년의 교육개혁법이 학부모에게 자녀를 종교교육과 예배에 출석시키지 않아도 되는 권리를 보장하긴 했지만 모든 공립학교에서 기독교 예배를 의무화할 것을 명시함으로써 기독교적 가치와 다문화

25) *Ibid.*, p. 331-333.

주의 가치가 모순되는 모습을 보여주었다. 더욱이 이 법이 의회에서 논의되는 과정에서 기독교는 영국의 국가 정체성이며, 영국은 영원한 기독교 국가가 되어야 한다는 이유에서 지지를 받았다는 점을 고려한다면 이 법안을 다문화주의 정책의 일환이라고 평가하기도 힘든 것이다. 또한 국가의 무슬림 학교 설립과 재정적 지원을 실시했던 블레어 노동당 정부의 태도도 매우 이중적인 모습을 보여주었다. 2000년 교육부 장관이었던 에스텔 모리스(Esthel Morris)는 국교회 학교 관계자를 만나 42개의 국교회 각 교구별로 적어도 2개의 국교회 학교를 새로 설립할 계획을 논의함으로써 무슬림 학교 지원은 국교회 학교 증식을 위한 당근에 불과했다는 평가도 나오고 있다. 이러한 영국의 종교교육에 대한 혼돈상태는 실용주의적 노선에서 나온 다문화주의와 영국의 기독교 전통과의 갈등을 보여주는 것이다.

다문화주의 교육정책이 LEA와 같은 지역차원의 기구를 중심으로 구체화되고 시행되고 있음과 같이 영국의 이민자 통합정책은 전체적으로 지역차원의 문제로 다루어지고 있다. 영국의 통합정책은 미국이나 독일과 달리 중앙정부 차원에서나 국가 시스템 차원에서 조직적이고 획일적인 정책으로 이루어지는 것이 아니다. 영국의 경우 이민자 통합문제는 전적으로 지방정부에 맡겨져 있고, 다문화주의 정책은 지역 차원에서 다양한 양상으로 나타나고 있다. 영국의 경우 소수민족의 70퍼센트가 영국 동남부 지역과 서부 미들랜드에 거주하고 있고, 특히 런던 등 몇 개의 도시에 집중적으로 거주하고 있기 때문에 지역차원의 정책이 용이하다고 볼 수 있다. 또한 지방정부가 교육, 주택 및 각종 사회복지 서비스를 담당하고 있기 때문에 이민자가 생활하는 지역의 지방정부가 이들의 통합문제를 책임지는 것이 효율적이라고 생각할 수 있다.[26] 이러한 정책 수행의 효율성 면을 떠나 또 다른 차원에서 분석해 보면 영국이 이민자 통합을 지역차원에서 지방정부의 일로 다루는 것은 영국 제국주의의 간접통치 방식의 전통으로 볼 수 있다. 중앙정부는 이민자들이 많이 거주하는 지방자치정부에게 최대한의 자율권을 부여함으로써 각 지역의 이민자 공동체가 문화적 전통을 유지한 채 영국사회 내에서 존재할 수 있도록 돕는다. 그리고 중앙정부는 이민자 문제에 대한 책임을 지지 않아도 되는 이점을 가진다.

지역 차원에서 이민자 통합이 이루어지고 있는 양상을 구체적으로 살펴보자. 1970년대까지 지역 공동체 내에서 이민자 문제를 담당했던 기관은 '공동체 관계 협의회(Community Relations Councils, 이하 CRCs로 약칭)'이었다. CRCs는 새로운 이민자가 그 지역으로 이주해 왔을 때 기본적인 복지에 관련된 서비스를 제공하면서 이민자와 지역 사회의 중개자 역할 담당했던 일종의 자발적 단체였다. 영국정부가 이민자 통합문제를 CRCs와 같은 자발적 기구에게 맡긴 것은 이민자 문제 또는 인종문제를 주류 정치에서 배제시켰던 처사라고 볼 수 있다.[27]

1980년대에 들어오면서 CRCs에게 맡겨졌던 이민자 통합문제가 지방정부의 임무로 전환되었다. 1976년 인종관계법으로 지방정부는 '인종차별 제거와 동등한 기회 제공'의 책임을 지게 되었고, 1980년 초에

---

26) Joppke, *Immigration and the Nation-State*, pp. 237-238.

27) A. M. Messina, *Race and Party Competition in Britain* (Oxford: Clarendon Press, 1989).

이르면 반인종차별 운동이 확산되면서 지방정부가 이민자 문제에 적극적으로 나설 수밖에 없는 상황에 이르렀다. 또한 노동당이 소수민족을 당의 주요 지지층으로 주목하면서 지방선거에서 이민자 통합 문제가 주요 쟁점으로 떠오르게 되고, 지방정부도 소수민족을 위한 정책에 적극적으로 나서게 된다.[28] 이러한 맥락에서 1980년대부터 지방정부들이 소수민족 고용비율 확대, 소수민족 자치단체에 대한 지원 등을 위한 정책들을 펼쳤다.

이렇게 지역차원에서 이민자 통합정책이 시행되면서 중앙 정권의 변화에 큰 영향을 받지 않고 소수민족을 위한 정책들이 지방정부를 중심으로 꾸준히 시행될 수 있었다. 영국 소수민족의 절반이 거주하고 있는 런던시는 지방정부 중심으로 이민자 통합을 성공적으로 이끈 대표적인 경우이다. 1981년 런던 지방선거에서 노동당이 승리하고 사회주의 정책을 지지하던 캔 리빙스턴(Ken Livingston)이 런던시장이 되었다. 이때부터 런던 시정부는 "당신이 '인종문제' 해결에 참여하지 않는다면 당신은 문젯거리입니다"라는 포스트를 내걸고 이민자 통합을 위한 적극적인 정책들을 실천하였다. '런던에서 완전한 인종평등'을 목표로 소수민족, 동성애자, 평화주의를 위한 많은 예산을 할애하였고, 시정부의 각 부서에 소수민족을 위한 하위 부서를 설치하여 소수민족의 의견이 반영될 수 있는 시스템을 구축하였다. 또한 런던 시정부는 공무원들이 인종차별 방지를 위한 교육에 참여하도록 강요하였고, 인종 차별적 행위를 한 공무원들을 즉시 해고하였다.[29]

28) H. Ouseley, "Local Authority Race Initiatives," M. Boddy, and C. Fudge eds., *Local Socialism?* (London: Basingstoke, 1984), p. 133.

런던시는 소수민족을 위한 축제와 반차별주의를 위한 정치집회 등도 개최하였고, 1983년을 '평화의 해'로 그리고 1984년을 '인종차별 반대의 해'로 선포하여 인종차별반대에 대한 사회적 공감대를 만들어 내었다. 이리하여 런던시는 보수당 정부 하에서도 이민자들을 위한 정책을 시행하며 사회통합을 성공적으로 이끌어 내었다.[30]

런던 시정부와 함께 런던의 교육을 담당하는 '런던 교육국(Inner London Education Authority, 이하 ILEA로 약칭)' 역시 이민자 통합 및 인종문제 해결에 적극적으로 기여하였다. ILEA는 1983년에 『평등을 위한 정책: 인종 (*A Policy for Equality: Race*)』이라는 책자를 펴내고 반인종주의 운동을 확산시켜나가고자 노력하였다. 이 책의 내용 중 흥미로운 점은 ILEA가 중앙정부의 공식적 다문화주의의 한계를 지적하면서 이를 뛰어넘는 시도를 하고 있다는 것이다. ILEA는 인종문제에 대한 세 가지 접근법, 즉 '동화주의', '문화적 다원주의', '평등'을 소개하고 그 차이점을 밝히고 있다. '동화주의'는 '백인문화 우월주의'에 기초한 방법으로 인종문제에 대한 해결책으로 더 이상 지지를 받지 못하고 있다고 지적하였다. ILEA는 중앙정부에서 주도하고 있는 '문화적 다원주의'는 백인문화 우월주의를 배척하고 있긴 하지만 영국 사회에 내재한 '백인과 흑인 간의 권력관계'를 부정하고 있기 때문에 역시 바람직하지 못하다고 보았다. ILEA는 오직 '평등' 만이 인종문제에 대한 해결책이라고 주장하면서, '백인들'을 '고쳐져야 할 문제 있는

29) 7 December 1987, "Big Brother is Watching You Down in Brent," *The Sunday Times*.

30) Joppke, *Immigration and the Nation-State*, pp. 241-242.

대상'으로 취급하였다.[31)]

이러한 런던 시정부의 적극적이고 급진적인 반인종주의 정책과 이민자 통합 정책은 1980년대 보수당 대처정부와 마찰을 빚었다. 마가렛 대처(Margaret Thatcher)는 1979년 보수당이 집권하기 전부터 보수당이 반이민자 정서에 공감하고 있음을 강조해 왔다. 그는 1978년 BBC와의 인터뷰에서 " '영국으로' 들어오는 이민자에 대해 대응하고 적대감을 표시하는 것을 두려워해서는 안 된다"라고 말하기도 하였다.[32)] 1980년대 보수당 정부는 지방정부가 이민자들을 위해 많은 재정을 할애하는 것을 규제하고자 지방정부 재정법(Local Government Finance Act, 1982)과 같은 법률을 마련하였다. 런던 시정부는 이러한 규제조치로 중앙정부의 지원을 전혀 받지 못하고 지자체 세금으로만 이민자들을 위한 재정을 충당해야 했다. 또한 1988년에 제정된 지방정부법(Local Government Act)은 소수민족을 충분히 고용하지 않는 회사와는 정부가 거래하지 않는다는 조례를 폐지시켰다. 대처정부는 교육에 있어서도 지방정부의 권력을 약화시키기 위해 1988년 교육개혁법에서 학부모는 LEA가 학교와 집과의 거리를 고려해 추천해주는 학교에 자녀를 보내지 않고 자신이 원하는 학교로 보낼 수 있다는 조항을 첨가하였다. 이는 학부모에게 이민자 자녀가 많거나 다문화주의 교육을 강조하는 학교로 자녀를 보내지 않아도 되는 자율권을 준 것이다.[33)]

31) Inner London Education Authority, *A Policy for Equality: Race* (London: hectographed, 1983).
32) D. Hiro, *Black British, White British* (London: Paladin, 1991), p. 257에서 인용.
33) Joppke, *Immigration and the Nation-State*, pp. 244-245.

1980년대 대처정부 하에서 영국의 이민자 통합정책은 다문화주의에서 후퇴하고자 하는 양상을 보이기도 했다. 그러나 이민자 통합이 지방정부를 중심으로 이루어지고 있었기 때문에 중앙정부의 통제에도 불구하고 다문화주의 정책에는 큰 변화가 없었다. 이와 같이 이민자 통합을 지역별로 시행하는 자유방임식 운영이 영국에서 다문화주의 정책이 정권의 교체와 상관없이 비교적 성공적으로 이루어질 수 있게 하였고, 지방정부가 중앙정부보다 더 적극적인 이민자 통합정책을 내놓을 수 있게 하였다.

4 | 영국 다문화주의 정책에 대한 비판

영국에서 다문화주의는 제도적 틀 속에서 나름대로 성과를 거두었다. 무엇보다 이민자들이 영국의 다문화주의에 대해 긍정적으로 평가하고 있다는 점이 영국의 통합정책을 높게 평가할 수 있는 근거가 될 수 있다. 2005년 영국의 BBC 방송이 조사한 통계에 따르면 10명중 9명의 무슬림 이민자들이 영국의 다문화주의에 대해 긍정적인 평가를 내렸다. 무슬림 이민자의 2/3가 이민자는 그들 자신의 문화적 가치를 지니고 살아야 한다고 생각한 반면, 나머지 1/3만이 이민자가 영국의 문화와 가치에 적응해야 한다고 생각하는 것으로 조사되었다. 그리고 '다문화주의 정책이 실패했고 따라서 폐지되어야 한다'는 주장에 대해서는 무슬림 이민자와 주류 영국인 모두 강력하게

반대하는 것으로 나타났다.[34]

그러나 이렇게 다문화주의에 대한 사회 전반적인 지지가 여전히 건재함에도 불구하고 최근 영국 사회에서 다문화주의 정책에 대한 수정 또는 폐지에 대한 논쟁이 뜨겁게 달아오르고 있다. 이것은 런던 테러 이후 영국 주류사회가 이민자, 특히 무슬림 이민자들에 대해 가지고 있는 위기감을 반영하는 것이다. 영국인들은 영국에서 태어나 고등교육까지 받은 지극히 평범했던 이민자 2세들이 테러리스트로 바뀌어 영국사회를 위협한 사실을 받아들이기 힘들었다. 다문화주의 기치 아래 이민자들을 그들의 종교, 문화적 전통을 유지하며 살 수 있게 해줌으로써 그들을 이슬람 근본주의자가 되도록 방치했다는 자책까지 나오게 만들었다.[35] 영국 사회는 다문화주의를 절대시 하면서 다문화주의에 대하여 비판을 가하는 사람을 죄인 취급하고, 심지어 이민자들에 의한 범죄율 증가에 대해 그 누구도 용기를 내어 말하지 못했던 것이 현실이었다는 비판이 나오고 있다.[36]

일부에서는 이민자들이 영국의 주류문화와 영국적 가치를 따르도록 만들어야 한다는 동화주의적 주장을 내세우고 있다. 그 선두에 현 노동당 정부에서 인종 및 이민 문제에 대한 최고 정책 전문가로 활동해온 트레버 필립스(Trevor Phillips)가 서있다.[37] 현재 '평등과 인

---

34) 11 August 2005, "Multiculturalism thrives, poll says," *The Times.*.

35) 16 July 2005, "Multiculturalism has fanned the flames of Islamic extremism," *The Times.*

36) 23 September 2007, "Too late to speak the truth about immigration," *The Times.*

37) Trevor Philips(1953-), 노동당 토니 블레어의 핵심 측근으로 인종 평등 위원회 위원장 역임했고, 2006년부터 '평등과 인권 위원회' 위원장으로 활동 중이다.

권 위원회(Commission for Equalities and Human Rights)' 위원장인 필립스는 9·11사태 이전까지만 해도 다문화주의를 강력히 주장해 온 노동당의 대표 인사였다. 그러나 이제 영국이 과감하게 다문화주의를 버리고 이민자 통합정책을 개혁해야 할 시점에 서 있다고 주장한다. 그는 "다문화주의가 영국을 몽유병 환자처럼 꿈속에서 사회 분화(segregation)를 향해 걸아가게 만들고 있다"고 다문화주의를 강력하게 비판하였다. 그리고 영국이 다문화주의를 계속 고집한다면 머지않아 미국과 같은 게토화 현상을 겪게 될 것이라고 경고하였다.[38] 그는 이민자들을 통합하는 길은 '영국성(Britishness)'을 심어주는 길밖에 없다고 동화주의 통합모델을 제시하면서 그의 영향력이 어디까지 미칠 것인지 영국 사회에서 주목받고 있다.[39] 영국의 종교지도자인 국교회 대주교 존 센타뮤(John Sentamu) 역시 영국이 영국적 전통과 가치를 이민자들에게 심어주고 다문화주의를 버려야 할 시점에 서있다고 하며 필립스의 탈다문화주의 노선에 힘을 실어주고 있다.[40]

---

38) 4 September 2006, BBC NEWS 24, "So Who's right over segregation," http://news.bbc.co.uk/1/hi/magazine/5304276.stm.

39) 3 April 2004, "Britain must scrap multiculturalism," *The Times*.

40) 22 November, 2005, "Multiculturalism has betrayed the English, Archbishop says," *The Times*.

〈표 2〉 영국의 종교집단별 실업자 비율

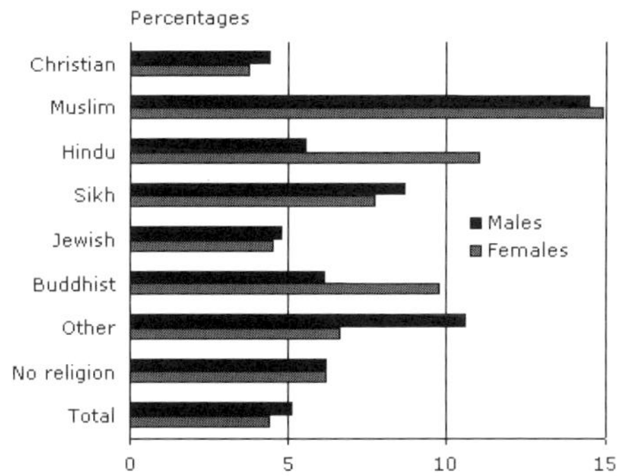

출처: http://www.statics.gov.uk 2001 영국 센서스

영국 사회에서 다문화주의 정책에 대해 강력하게 문제점을 제기하게 된 계기는 분명 9·11사건과 런던테러이다. 이것은 영국 사회에서 무슬림 이민자들에 대한 반감이 커졌고, 무슬림들을 영국사회로 통합하는데 문제가 있었다는 점을 깨닫게 된 것이다. 영국은 1960년대 후반부터 다문화주의 정책으로 그들의 종교를 인정해 주고 이슬람적 전통을 지키며 살아갈 수 있게 허용했지만, 무슬림들의 영국사회에 대한 불만은 커지고 있었다. 위의 〈표 2〉가 보여주듯이 무슬림들은 다른 소수민족이나 종교 집단에 비해서도 가장 낮은 사회적 지위를 차지하였고 실업과 저임금 등으로 고통을 받고 있었다.

무엇보다도 영국 무슬림들의 가장 큰 불만은 그들이 영국 법의 사각지대에 놓여있다는 점이었다. 영국에서 이민자와 외국인 차별문제를 다루는 인종관계법은 피부색의 차이를 의미하는 '인종'의 개념에 기초해 만들어진 법이다. 현재 영국의 이민자들은 다양한 문화, 종교, 민족, 인종 집단들로 이루어져 있다. 그런데 이들을 피부색에 기초한 '인종'이라는 범주로만 분류할 수 없음에도 여전히 인종이 모든 법률의 기준이 되고 있다. 예를 들어, 흑인을 피부색의 문제로 차별을 한다면 법적인 처벌을 받지만, 무슬림을 종교적인 이유로 차별을 하는 것에 대해서는 법적인 처벌 규정이 마련되어 있지 않다. 결국 무슬림과 같이 종교적 성향으로 구분되는 이민자 집단은 인종관계법의 혜택을 받지 못하고 있다. 영국에서 '반인종주의(Anti-Racism)' 개념은 법률 해석에서 뿐만이 아니라 사회적 담론 차원에서도 무슬림에 대한 혐오와 차별을 반대하는 개념이 전혀 아니다. 영국의 이슬람 주요 잡지인 『큐뉴스(*Q News*)』는 "무슬림들이 인종주의에 맞서려고 할수록 그들은 이슬람혐오주의와 맞서기를 거부하고, 이슬람교 자체를 탄압하는 '반인종주의'를 만나면서 환멸감을 느끼게 된다"라고 주장하였다.[41]

무슬림들은 영국정부가 종교적 차별 문제에 대하여 무관심하고, 의도적으로 종교적 차별을 무시하고 있다고 비난해 왔다. '인종평등위원회(Commission for Racial Equality)'도 평등주의에 입각한 '반인종주의(Anti-Racism)'라는 개념을 개인의 종교적 차별 문제에도 적용시켜야 한다고 권고하였다. 하지만 영국에서 '반인종주의'라는 개념이 법적으로 종교적 차별까지도 금지하는 것으로 사용되고 있는 곳은 여전히 종교문제가 심각한 북아일랜드에서 뿐이다. 1982년 루시디 사

41) Fetzer and Soper, *Muslims and the State in Britain, France, and Germany*, p. 32에서 재인용.

건은 영국 무슬림들의 정체성을 일깨우고 자신들의 불만을 해소시켜 줄 수 있는 법제적 장치가 얼마나 부족한 지를 깨닫게 해 주었다. 무슬림들은 1980년대부터 종교적 차별을 금지하는 새로운 법률을 제정할 것을 촉구해왔다. 그리고 2003년 영국 최초의 무슬림 상원의 원인 아미드 경(Lord Ahmed)이 인종관계법에 종교적 차별을 금지하는 조항을 포함시킬 것을 요청하는 법안을 제출하였다. 그러나 노동당 정부는 1998년에 제정된 인권법(Human Right Act)이 무슬림들을 충분히 보호할 수 있다는 이유로 아미드 경의 법안을 거부하였다.[42]

영국은 반인종주의를 다른 유럽 국가에 비해 일찍이 법제화 하였음에도 불구하고, 여러 이민자 그룹 중 가장 뚜렷한 종교, 문화적 정체성을 지닌 무슬림 이민자들을 전혀 보호하지 못했다는 오점을 남겼다. 이러한 영국의 태도는 영국은 항상 인종문제의 핵심을 회피하려 했다는 주장을 뒷받침해 준다. 영국정부는 인종주의를 항상 개인적 차원에서의 문제로만 다루려 했고 결코 사회 전반의 문제로 부각시키지 않았다. 인종주의가 분명 존재하는 상황 속에서도 영국인들은 반인종주의를 사회 지배적 담론으로 전면에 내세우면서 인종주의는 소수의 개인들이 행하는 문제로만 돌렸다.

영국에서 이민자 통합이 지역차원에서 다루어지고 있는 점도 영국 정부가 이민자 문제와 인종문제를 중앙정부의 문제가 아니라 지방의 문제로 돌림으로써 이민문제를 정치화하려고 하지 않고, 그럼으로써 문제를 무마하려는 방법이라는 지적을 받는다.[43] 영국의 자유방임식

---

42) *Ibid.*, p. 32.
43) A. Favell, Philosophies *of Integration: Immigration and the Idea of Citizenship*

다문화주의는 '사회적 소수자들은 주류에서 내몰고, 분열시키고, 지배한다'는 영국 엘리트층의 전통적 지배방식에 기초하고 있다. 영제국 시절 식민지인들에게 자치권을 주면서 만족스럽게 살아가게 했지만 결코 완전한 정치적 권리를 주지 않았던 것처럼 이민자들이 자신들의 문화와 전통을 유지하면서 살 수 있게 해 주지만 그들을 완전한 영국 시민으로서 인정하고 있지 않다. 따라서 이민자를 항상 비주류, 그리고 하층계급으로 남게 하는 영국의 다문화주의 통합방식은 이민자를 영국 주류사회에 영원히 들어오지 못하게 하는 분리주의에 기초하고 있다고 볼 수도 있다.

또 다른 영국의 이민자 통합의 문제점으로 지적되고 있는 사항은 영국이 이민자 문제에 있어 EU에서 결정된 범유럽적 법률 기준에 따르지 않다는 점이다. 영국의 관습법 체제 하에서는 인권, 자유, 평등에 대한 법제적 근거가 부족한 편이다. 따라서 이민자 문제로 종종 영국 법정과 '유럽 인권 재판소(European Court of Human Rights)'간에 충돌이 빚어지고 있다. 영국은 '유럽 인권 재판소'의 결정을 따르긴 하지만 그 결정을 법률로써 제도화하거나 다른 유럽 국가들처럼 EU 기준이나 결정을 시행하고 감독할 위원회를 설치하는 등의 적극적인 노력을 하지 않고 있다. 1995년 당시 보수당 정부의 내무장관이었던 마이클 하워드(Michael Howard)는 영국이 유럽연합 차원에서 만들어진 반인종차별법에 보조를 맞추는 새로운 법률을 제정하는 것을 반대하

---

in France and Britain(New York: Palgrave, 1998), p. 225; Weil and Crowley, "Integration in Theory and Practice: A Comparison of France and Britain," p. 122.

는 이유에 대하여 다음과 같이 설명하였다.

> 유럽연합 차원에서 만들어진 많은 법률들은 불필요하고 비생산적이다. 영국에는 이미 효율적인 법제들이 있다. 이것은 영국에서 생기는 문제를 해결할 수 없는 법률을 위해 기존의 법률을 바꾸어야 한다는 의미이다. 영국에는 유럽연합의 다른 국가들의 그 어떠한 법보다 인종관계 문제에 효율적인 법률이 있다.[44]

영국은 영국의 인종관계법과 관습법적 전통에 대해 자신감을 보이며 유럽연합의 결정에서 비껴갔다. 그런데 결국 영국의 전통적인 반유럽적 성향은 영국의 이민자들이 유럽연합의 다른 국가의 이민자들에 비해 인권을 덜 보장받게 만든 면이 있다.[45]

5 | 맺음말

최근 이민자 통합문제가 새롭게 뜨거운 감자로 떠오르면서 영국에서는 '전쟁 테스트(war test)'가 필요하다는 주장까지 나오고 있다. '전쟁 테스트'는 '영국과 이민자의 출신 국가가 전쟁을 한다면 어느 편을 들겠느냐' 하는 질문에 '영국'이라고 대답할 수 있어야 그 이민자가 영국사회에 통합되었다고 볼 수 있다는 주장이다. 이것은 이민자

44) 25-6 November 1996, *The Financial Times.*
45) Favell, *Philosophies of Integration*, pp. 207-208.

들이 '크리켓 테스트'가 요구하는 것보다 더 강한 영국에 대한 충성심과 애착이 필요하다는 입장에서 나온 말이다. 이러한 용어들의 유행은 영국에서 점차 다문화주의에 대한 회의감이 확산되고 동화주의에 대한 필요성이 제기되고 있음을 보여주는 일례라고 할 수 있다.

영국은 최근까지도 영국의 이민자 규제정책과 사회통합정책을 성공적으로 이루어 내었다는 평가를 받았다. 영국은 한편에서는 '제로-이민 국가'라는 명칭을 얻을 정도로 철저한 이민 규제정책을 펴나가면서, 또 한편으로는 내부적으로 이민자들에게 다문화주의 정책을 실현해 나가면서 이민자 문제를 해결하였다. 그러나 9・11 사건과 런던테러는 이민자들의 종교적, 문화적 전통을 유지시키면서 문화적 다원화를 추구하던 다문화주의 정책이 결국 내부의 적을 키웠다는 자책과 비판의 여론을 일으켰다.

이러한 이민자 통합에 대한 극단적인 회의감으로 그 동안 영국사회가 적어도 공식적으로는 들추어내지 않았던 이민자들에 대한 반감을 드러내고 있다. 그리고 통합의 책임을 이민자들에게 돌리고 있다. 최근 지역 공동체 및 지방정부 장관(Secretary for Communities and Local Government)인 헤이즐 블리어스(Hazel Blears)는 이민자들이 영어를 배우려는 노력도 하지 않고, 영국의 전통과 생활방식을 이해하고 따르려는 노력을 보이지 않는다며, 이민자들의 통합에 대한 안일한 태도를 비판하였다. 그러면서 영국정부는 더 이상 이민자들을 위해 공공문서나 안내표시를 외국어로 번역하는데 돈을 낭비하지 않겠다고 발표하였다.[46] 그리고 '평등과 인권 위원회'의 위원장인 트레버 필립

46) 6 October 2007, "Cut translations or immigrants will not learn English, says

스는 새로이 들어오는 이민자들은 보건, 복지, 교육 등의 공공 서비스를 받기 위해서 세금을 더 내야할 것이라는 입장을 표명하였다.[47]

이와 같은 영국정부의 태도는 최근 서유럽 국가들이 네덜란드의 다문화주의, 독일의 분리주의, 프랑스의 동화주의와 같은 기존의 국가별 이민자 통합 모델을 버리고 새로이 들어오는 이민자에게는 이민자 스스로 통합을 위해 노력할 것을 강조하는 '시민개인 통합방식(civic integration)'을 적용하고, 기존의 이민자들에게는 '반차별주의 통합방식(antidiscrimination)'을 사용하고 있다는 주장을 뒷받침해 주는 것으로 볼 수 있을 것 같다.[48]

그러나 영국이 영국적 전통에 입각한 다문화주의 모델을 버리고 새로운 통합방식으로 나아가게 될 것인가에 대한 전망은 아직은 미지수이다. 다문화주의에 대한 비판이 일어나고 통합방식에 수정이 가해지고는 있지만 여전히 영국사회는 다문화주의에 대한 믿음을 포기하지 않고 있다. 욥커는 각 국가의 역사적 특수성이 국가별 통합모델을 만들어 내었고, 이를 불변으로 생각하는 것은 틀렸다고 주장한다.[49] 하지만 통합모델의 불변성을 주장할 수는 없어도 적어도 영국의 경우 역사와 전통이 이민자 통합방식의 성격을 규정하는 것을

Blears," *The Times*.

47) 23 September 2007, "Migrants should pay for services," *The Times*.

48) 영국은 '인종관계법'을 통하여 서유럽 국가 중 가장 먼저 '반차별주의 통합방식'을 실천한 나라로 볼 수 있다. C. Joppke, "Transformation of Immigrant Integration in Western Europe: Civic Integration and Antidiscrimination Policies in the Netherlands, France, and Germany," 한성대학교 이민인종문제 연구소 주최 국제저명학자 초청 강연문 (2007년 6월 4일).

49) *Ibid.*, p. 1.

부정할 수는 없다. 서유럽 국가에서 '시민개인 통합방식'과 '반차별주의'라는 새로운 보편적 통합방식이 나타나고 있지만 각국에서 구체적으로 실천되는 방식에 있어서는 차이가 있을 수밖에 없다. 따라서 영국이 새로운 통합방식으로 완전히 경로를 바꾼다고 해도 영국적 전통은 이민자 통합방식에 있어 계속 영향을 주게 될 것이다. 영국의 실용주의적 전통과 간접통치 방식의 전통은 16세기 영국에서도, 19세기 영국에서도, 20세기 영국에서도 사회적 소수자를 통치하는 방식에 나타났다. 그리고 이는 21세기 영국에서도 계속될 것이다.

영국은 새로운 통합방식의 모색과 함께 영국적 전통에서 비롯된 통합방식에 있어 문제점에 대한 지적을 겸허히 받아들이고 이를 시정해 나갈 필요가 있다. 간접통치 방식으로 이민자들을 주류사회에서 배제시키고 있는 점, 인종문제와 이민자 문제를 중앙 정치의 문제로 다루지 않는 점, 그리고 이민자 인권에 관련한 유럽연합 차원의 권고를 적극적으로 실천하지 않는 점 등을 인정하고 정책적으로 수정해 나아가야 할 것이다. 이것은 영국의 실용주의와 자유주의적 전통이 이민자 통합에서 더욱 힘을 발휘할 수 있게 해주는 길이다.

03 독일 : 적녹연정(1998-2005)의 이민정책

이철용

1 | 머리말 : 독일은 이민국인가

2004년 현재 독일에는 전체인구 8,200만 명의 9%에 해당하는 약 730만 명의 외국인이 거주하고 있으며, 이 수치는 유럽국가들의 평균을 훨씬 상회한다.[1] 그 가운데 유럽연합 15개국 출신이 약 180만 명이고 이슬람 문화권에서 온 사람이 약 330만 명에 달한다. 단일국가로는 약 200만 명의 터키인이 최다수를 차지한다. 같은 해 전체인구의 18%에 해당하는 약 1,500만 명의 이민자, 독일 통계청의 '이민자' 개념

1) 참고로 같은 해 영국의 외국인 비율은 4,2% 그리고 프랑스는 5,6%에 달한다. 물론 영국이나 프랑스에서의 국적취득이 독일보다 수월하여 귀화외국인이 많다는 점을 감안하더라도 독일의 외국인 비율은 높은 편이다.

에 의하면 "이주의 배경을 가진 사람"이 살고 있으며, 그 중 법적인 외국인을 제외하면 나머지 대부분은 외국 태생이지만 법적으로 독일인으로 인정되는 동구권 출신의 독일계 후손인 재이주민들(Aussiedler)이다. 이렇듯 이민자의 범주에는 외국인, 재이주민, 귀화한 외국출신자, 독일 태생의 외국인, 난민 등이 포함된다.[2)]

독일 이민자 집단의 구성은 역사적 배경과 그 유입 형태에 따라 크게 세 부류로 분류된다.[3)] 첫 번째 집단은 노동이민으로 이루어진 외국인과 그 동반가족이다. 경제 호황과 함께 1960년대부터 '초청노동자'의 형태로 외국인의 본격적인 유입이 증가하였고 나중에 그들의 가족이 독일에 정착하였다. 전 세계적인 경제 불황에 직면하여 1973년 외국인노동자의 전면적인 '모집중지'조치가 내려질 때까지, 외국인과 그 가족의 수는 거의 400만 명에 육박하였다. 그 후 외국인 노동력은 1980년대 말까지 꾸준히 줄어들었지만, 정착을 결심한 기존의 노동자들 특히 터키인들이 가족을 대거 불러들임으로써 총 외국인의 수는 소폭 증가하였다(그림 참조). 두 번째 집단은 난민과 망명신청자들

2) 이민(Zuwanderung)의 개념은 독일에서 외국으로 이주하는 '유출이민'(Auswanderung)과 외국에서 독일로 들어오는 '유입이민'(Einwanderung)을 총칭한다. 본 글에서 언급하는 '이민'의 용어는 유출이민이 아니라 유입이민을 의미한다. 또한 이민자의 범주는 협의의 개념에서 법적 외국인에 국한하며, 필요한 경우에 재이주민, 난민 또는 망명자라는 용어가 사용될 것이다.

3) 독일 이민의 역사와 이민정책의 변천에 대해서는, Klaus J. Bade/Michael Bommes, *Zeitbilder. Normalfall Migration* (Bonn, 2004); Ulrich Herbert, *Geschichte der Ausländerpolitik in Deutschland. Saisonarbeiter, Zwangsarbeiter, Gastarbeiter, Flüchtlinge* (Bonn, 2003); Karl-Heinz Meier-Braun, *Deutschland, Einwanderungsland* (Frankfurt a. M., 2002); 이용일, 「노동시장 중심의 독일 외국인정책의 지속성, 1873-현재」, 『독일연구』, 제6권(2003), pp. 59-100.

이다. 1980년대 초부터 난민이 들어오긴 하였지만 그 수가 급격히 늘어난 시기는 1980년대 말부터였다. 무엇보다 동구권의 붕괴와 유고내전의 여파로 1988-1995년까지 8년 동안만 해도 약 160만 명의 난민이 물밀듯이 밀어닥쳤다. 1994년 외국인의 수가 약 700만 명에 도달하였는데, 이러한 외국인의 급증은 상당부분 난민의 유입에 기인하였다(그림 참조). 1980년대까지 이민 및 외국인문제가 '터키인문제'로 상징화되었다면, 1990년대에는 난민문제의 처리가 정부의 이민정책의 가장 큰 고민거리가 되었다. 1993년 정부는 망명권을 개정하는 개헌을 통해 난민의 수를 억제하는 데 성공할 수 있었다.[4] 독일의 이민자 집단을 구성하는 세 번째 부류는 재이주민들이다. 그들 또한 동구권 몰락에 힘입어 1988-1994년까지 7년 동안만 해도 약 200만 명이 독일로 들어왔다. 독일정부는 외국인노동자나 난민정책과는 달리 재이주민의 사회통합정책에 대해서는 적극적인 지원을 아끼지 않았다. 하지만 재이주민의 대규모 유입은 적지 않은 사회적 갈등을 유발하였다. 독일인은 이민자로 인한 복지제도의 붕괴를 우려하였다. 오랫동안 독일에 삶의 터전을 잡은 외국인은 난민과 재이주민에

4) 독일로 많은 난민이 몰려든 이유는 무엇보다 독일의 헌법이 망명권 규정을 폭넓게 인정하였기 때문이다. 개정 망명권 조항과 망명심사법에 따라 망명신청의 내실은 순수한 '정치적 망명자'로 제한되었고 또한 심사절차가 간소화되어 체류가 묵인되는(Duldung) 사람이 대폭 줄어들었다. 개정된 규정은 독일의 인접국이 망명을 받아들이는 소위 '안전한 제3국'(sicherer Drittstaat)이기 때문에 그 지역을 경유해서 입국한 망명자의 신청을 인정하지 않았다. "(만약 독일로 망명하려면) 신청자는 독일 상공에서 낙하산을 타고 뛰어내리든지, 아니면 불법으로 몰래 들어와서 자신의 경유지를 철저하게 속여야만 한다." Meier-Braun, *Deutschland, Einwanderungsland*, p. 76; 김세연, 「독일의 난민정책」, 『21세기 정치학보』, 제9권 2호(1999), pp. 21-40.

게 문제의 책임을 전가한 반면 재이주민은 토착 독일인처럼 행동하며 외국인에 대한 적대적인 감정을 표출하였다.

Deutschland: Erwerbsstruktur der ausländischen Bevölkerung, 1960-2005

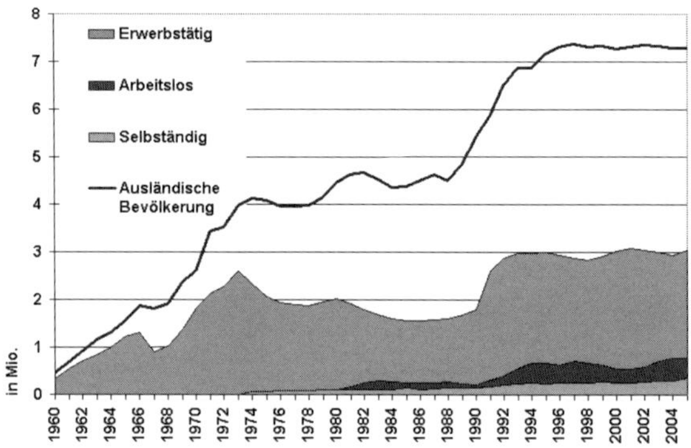

Quelle: Statistisches Bundesamt
© www.migration-info.de

'독일은 이민국이다. 그러나 독일은 이민국가가 아니다.' 역설적인 이 말은 독일의 이민정책을 적절하게 표현하고 있다. 인구통계학적으로 보면 독일은 오래전부터 사실상의 이민국으로 변모하고 있었다. 하지만 독일이 이민국임을 인정하는 정치권의 공식적인 발언은 여야를 불문하고 오랫동안 금기로 여겨졌다. 16년간(1982-1998) 독일을 통치한 콜(H. Kohl)정부의 모토가 "독일은 이민국이 아니다"(Deutschland ist kein Einwanderungsland)라는 사실이 이를 잘 반영한다. 정부의 보수적인 이민억제정책에도 불구하고 현실에서는 여러 형태의 이민자들이 끊임없이 독일로 들어왔고, 정부차원에서는 이러한 이민현상을 인정하려 하지 않는 사회적 모순이 발생하였다.

하지만 1990년대 독일의 이민 상황은 정부를 딜레마에 빠뜨렸다. 경기침체와 실업자 증가 거기에 홍수처럼 밀려든 이민자의 물결은 사회적 긴장을 야기하였고, 독일사회의 이민자 수용력은 한계에 도달한 것처럼 보였다. 그렇다고 정부의 이민 통제도 쉽지 않았다. 유럽통합의 심화와 확대로 EU 회원국민의 유입은 불가피하였고, 망명자 및 난민 그리고 외국인 가족동반자의 유입 또한 헌법과 국제법의 규정에 의거해 제지될 수 없었다. 무엇보다 이민의 필요성에 대한 가장 큰 시대적 요구는 인구통계학적인 그리고 노동정책적인 '경고'에서 나왔다. 독일은 고령화와 출산율의 저하 등으로 노동인구가 4,200만 명에서 오는 2030년 3,000만 명으로 감소할 것으로 예상되었다. 뿐만 아니라 심각한 고급인력의 부족은 독일경제의 국제 경쟁력 유지를 위해 해당 이민자로 보충되어야만 하였다.

1998년의 정권교체는 이러한 과제를 풀어야하는 시대적 요청의 반향이었다. 사민당(SPD)와 녹색당(Bündnis 90/Die Grünen)의 연립정부(이하 적녹연정이라 함)는 독일이 이민의 나라임을 조심스럽게 '고백'하기 시작하였다. 이것은 이민정책에 있어 적지 않은 변화가 있음을 예고하였다. 적녹연정이 추진한 1999년의 국적법의 개혁, 2000년 IT전문인력의 이민을 허용한 그린카드(Green-Card)제도의 도입 그리고 3년여에 걸쳐 뜨거운 논쟁 후에 만들어진 2004년의 이민법은 독일의 외국인정책과 이민정책의 패러다임을 바꾸기에 충분해 보였다.[5] 이민법 협상을 주도하였던 사민당 소속 내무부장관 쉴리(O. Schily)는 이민법이 독일 이민정책의 '역사적 분기점'(historische Wende) 또는 '패러다임의 전환'을 가져왔다고 평가하였다.[6]

본 글의 목적은 적녹연정(1998-2005)이 '독일의 이민국으로의 자기부정' 테제에 문제를 제기함으로써 이민논쟁을 통해 어떠한 실질적인 변화를 이끌어 내었는지 제도적 정책적 차원에서 살펴보는 데 있다. 이러한 변화는 무엇보다 이민 관련법의 입법과정과 그것을 둘러싼 정당간의 이해관계가 녹아있는 정치적 논쟁 속에서 나타났다. 집권당인 사민당과 녹색당이 구상하고 실행한 이민정책이 다른 정당들의 그것과 어떠한 차이점과 유사점이 있는지 중점적으로 분석될 것이다.

---

5) 적녹연정 시기의 이민구상과 이민정책에 대해서는, Netzwerk in Europa e. V., ed., *Migration und Bevölkerung*, Newsletter Online, www.migration-info.de/migration_und_bevoelkerung ; Bundeszentrale für politische Bildung, ed., *Themen Migration*, Online, www.bpb.de ; Klaus J. Bade/Rainer Münz, ed., *Migrationsreport. Fakten-Analysen-Perspektiven* (Bonn, 2000년부터 격년제 발행); Timur Mukazhanov, *Ein „'weltoffenes Land'"? Deutschlands langer Weg zu einer neuen Politik der Zuwanderung*, Dissertation, Uni. Freiburg I. Br. (2004); Janine Kissolewki, *Weltbilder und Ideen. Eine Konstruktivistische Analyse am Beispiel der deutschen Zuwanderungspolitik*, Dissertation, Uni. München (2005); Michaela Frost, *Paradigmenwechsel in der deutschen Zuwanderungsdebatte*, Diplomarbeit, Uni. Potsdam (2005).

6) *Frankfurter Allgemeine Zeitung* (18.6.2004).

2 국적법을 개혁하다

1998년 9월, 사민당과 녹색당은 16년간의 야당 생활을 접고 정권 교체에 성공하였다. 한 달 후 발표된 연립정부의 정책 방향이 담겨있는 연정협약에는 이민문제와 관련해서 많은 사람들이 걱정하거나 기대하던 것과는 달리 그리 획기적인 어젠다가 언급되지 않았다.[7] 녹색당이 추진하려던 자유주의적 이민법의 제정 요구는 자취를 감추었고, 이전 정부에서 논의되었지만 합의점을 찾지 못하였던 국적법의 개혁 문제가 다시 전면에 부상하였다. 국적법 개혁의 핵심은 독일에 장기간 살고 있는 외국인의 국적취득을 이전보다 수월하게 하는 것과 무엇보다 독일에서 태어나는 외국인 자녀에게 자동적으로 독일 국적을 부여하고 또한 부모의 국적을 동시에 인정하는 이중국적의 허용이었다.[8]

---

7) Koalitionsvereinbarung zwischen der Sozialdemokratischen Partei Deutschlands und BÜNDNIS 90/DIE GRÜNEN: Aufbruch und Erneuerung – Deutschlands Weg ins 21. Jahrhundert (20.10.1998).

8) *Ibid.*
1990년 외국인법(Ausländergesetz)의 개정으로 외국인의 귀화가 처음으로 가능해졌다. 하지만 국적 취득의 신청기간을 5년으로 제한하였고, 1993년의 개정법은 그 신청기간을 폐지하였다. 독일에 거주하는 외국인은 체류의 목적과 형태 그리고 기간에 따라 5 종류의 상이한 체류증을 받았다: 한시적인 체류를 허가하는 "체류허가"(Aufenthaltsbewilligung, 보통 1-2년이며 연장 가능), 장기적인 체류를 허가하는 "체류허가"(Aufenthaltserlaubnis, 보통 5년이며 연장 가능), 영주권에 해당한 "체류권한"(Aufenthaltsberechtigung), 긴박한 상황으로 임시적인 체류를 허가하는 "체류권"(Aufenthaltsbefugnis) 그리고 망명신청자가 심사절차를 받기 전에 부여받는 체류묵인(Duldung). 15년 이상의 장기 거주 외국인은 (23세 이하의 외국인 자녀의 경우 8년 이상) 귀화 신청을

1998년 총선 직전까지도 정치권은 이중국적제도의 도입을 골자로 하는 국적법 개혁을 둘러싸고 한바탕 논쟁을 벌였다. 녹색당과 사민당은 외국인 자녀의 이중국적을 일단 인정하고 그들이 성인이 되면 하나의 국적만을 선택하도록 하는 개혁안을 수차례 연방하원(Bundestag)에 제출하였다. 이에 자민당(FDP)의 대다수와 기민당(CDU)의 일부 의원도 이러한 국적법의 개정에 동조하였으나, 기사당(CSU)과 기민당의 주류는 완강하게 반대하였다. 자민당과 기민당의 지명도 있는 일부 개혁세력, 특히 전 사무총장 가이슬러(H. Geiβler)와 연방하원의장 쥐스무스(R. Süβmuth)와 같은 정치가는 표결 때 개별 의원이 당의 지시를 따르지 말고 자신의 의지에 따라 투표할 것을("Gewissensentscheidung") 제안하였다. 하지만 기사당은 연정을 파기하겠다고 으름장을 놓았고, 결국 이러한 압박은 국적법의 개혁 논의에 종지부를 찍었다.9)

적녹연정은 우선 국적법의 개혁을 성공적으로 관철하기 위해 이민법의 제정을 잠정적으로 포기한 것 같았다.10) 새 정부가 출범하자마

할 수 있으나 기존 국적을 포기해야만 하였다. Ausländergesetz: Gesetz über die Einreise und den Aufenthalt von Ausländern im Bundesgebiet (9.7.1990).

9) "Streit um das Staatsbürgerschaftsrecht", *Migration und Bevölkerung* (Januar 1998); "Vorläufig keine Reform des Staatsbürgerschaftsrechts", *Migration und Bevölkerung* (Mai 1998).
국적법 개혁을 둘러싼 정당간의 논쟁은 외국인문제의 정치 도구화를 상징적으로 보여주었다. 국적법의 개혁안에는 찬성하지만 반대표를 던진 한 기민당 의원의 논지가 의미심장하다: "만약 이 법안이 통과되면 사민당은 곧 다가올 총선에서 이것을 자신들의 업적이라고 선전할 것이 불 보듯 뻔한데... ."
Meier-Braun, *Deutschland, Einwanderungsland*, p. 90에서 재인용.

10) "Rot-Grün bringt Reform des Staatsbürgerschaftsrechts, aber kein

자 이민문제의 주무부처인 내무부의 수장 쉴리는 이민자의 추가 유입을 반대하는 입장을 공개적으로 밝혀, 정부 이민정책의 방향에 대한 논쟁을 유발하였다. 그는 독일사회가 현재 이민을 받아들일 수 있는 한계를 넘었으므로 '제로이민'(Null-Zuwanderung)을 유지해야 한다고 역설하였다.[11] 여당 내부에서는 쉴리의 시기적으로 적절치 못한 발언과 그의 우파적인 성향을 비판하는 목소리가 커져갔고, 기민/기사연합은 그의 노선을 지원하겠다고 나섰다. 쉴리의 보수적인 이민정책은 연정파트너인 녹색당의 '강공'을 저지하기 위한 사전포석이라는 의도와 함께 집권 국민정당(Volkspartei)으로서 국민적 지지와 합의에 토대를 둔 현실적인 정책을 추진하겠다는 사민당의 전략을 다분히 반영하였다. 연방총리 슈뢰더(G. Schröder)는 쉴리를 적극적으로 옹호하며, 그를 둘러싼 내부적인 논쟁을 종식시키려고 하였다. "우리는 유럽에서 가장 많은 이민자 특히 수많은 난민을 수용하였습니다. 독일로의 추가적 이민자 유입이 한계에 도달하였다는 내무부장관의 판단은 이러한 현실을 직시한 것입니다. 그를 비판하는 사람들은 국적법을 개혁하려는 우리의 야심에 찬 계획을 방해할 뿐입니다."[12]

사민당은 이민법 문제에 대해 유보적인 태도를 보이면서 이중국적제도에 대한 야당의 협조를 기대한 것 같다. 국적법의 개혁을 통한 외국인의 사회통합정책은 적녹연정의 권력기반을 굳건히 받쳐주는 핵심적 어젠다로 떠올랐다. 이 법안이 실현된다면 외국인의 상당수

Einwanderungsgesetz", *Migration und Bevölkerung* (November 1998).

11) *Süddeutsche Zeitung* (15.10.1998/18.11.1998).

12) "Schily löst Debatte um Zuwanderung aus", *Migration und Bevölkerung* (Januar 1999)에서 재인용.

가 독일 국적을 취득할 것이고, 다음 번 총선 때는 최소한 100-200만 명의 새로운 유권자의 추가가 예상되었다. 바로 이 점을 보수세력은 정확하게 간파하였다. 바이에른(Bayern)의 내무부장관 베크슈타인(G. Beckstein)은 적녹연정이 귀화 외국인의 표를 독식할 것이라며 강하게 비난하였고, 더 나아가 이중국적제도는 독일민족의 정체성을 부정하는 위헌적 근거라고 주장하며 소송을 불사하였다.[13] 외국인문제는 선거전의 주요한 변수로 작용하게 되었는데, 보수세력 또한 수백만 명의 난민과 재이주민문제를 자신의 정권유지를 위해 효과적으로 활용했음은 두 말할 필요가 없다.

기민/기사연합은 정부의 이중국적계획에 대해 전국적인 반대서명운동의 전개로 맞대응하였다. 국적법 개정을 둘러싼 국민적 찬반 여론은 독일 전역을 뜨겁게 달구었고, 1999년 2월 초의 헤센(Hessen)주 의회선거가 결국 그 심판대가 될 형국이었다. 헤센의 집권당인 사민당과 녹색당이 선거에서 패배할 경우, 여당은 연방상원(Bundesrat)의 표결에서 과반수를 잃게 되어 국적법 개정안을 자력으로 통과시킬 수 없는 상황에 처해 있었다. 또한 헤센은 녹색당이 제도권 정치에 처음으로 뛰어든 본거지로서, 선거의 결과는 연방차원에서 처음으로 유권자로부터 당의 정책을 냉정하게 평가받는 잣대가 될 것이었다. 녹색당 소속의 연방외국인문제정책특보(Ausländerbeauftragte der Bundesregierung) 베크(M. Beck)는 녹색당이 1993년 헤센주 의회선거를 앞두고 외국인의 이중국적을 인정하자는 100만 명 서명운동을 성공적으로 이룬 치적을

---

13) Meier-Braun, *Deutschland, Einwanderungsland*, p. 94에서 재인용.

상기시키며, 이중국적문제에 대한 정부의 적극적인 대국민 홍보캠페인을 요구하였다.[14] 『슈피겔』(*Spiegel*)지는 이 '전쟁'을 다음과 같이 묘사하였다.

> 적녹연정은 이중국적을 허용해서 다문화사회를 만들려고 한다. 기민/기사연합은 외국인에 대한 두려움에 차 이중국적의 반대서명을 계획한다. 100만, 1,000만, 아니 5,000만 시민이 볼펜으로 무장한 채 터키의 위협을 방어하는 연방군으로 나섰다. 서명 장소에는 경찰이 감시하고 반대 시위자들도 있다. 총리는 '한 치도 물러 설 수 없다'고 선언한다. 사민당은 이를 '전복'이라고 표현하고 녹색당은 '혁명적 행위'라고 열광한다. (...) 기민/기사연합에 대한 호응은 '잘못된' 쪽에서도 나왔다. 극우계열 공화당(Die Republikaner) 당수는 서명운동을 열심히 돕겠다고 약속하였다. 하지만 이러한 지지가 기민당에 여간 불편한 것이 아니다. 수백만의 반대서명이 재빨리 달성되었다. 국민들 사이에 불신이 그만큼 크다는 얘기다. (...) 유권자의 1/3은 이중국적이 정확히 무엇을 의미하는지 모른다. 개방적인 사고를 가진 시민들도 독일의 문화, 법, 종교가 엉망진창이 될 것이라고 불길한 생각을 한다. (...) 만일 귀화 터키인이 지역선거에서 갑자기 과반수를 획득한다면, 학교수업을 망가뜨리고 히잡쓰기를 의무화한다면 어떻게 될 것인가.[15]

적녹연정은 헤센주 의회선거에서 참패하였다. 연정협약에서 그려

---

14) "CDU/CSU wollen Unterschriften gegen doppelte Staatsangehörigkeit sammeln", *Migration und Bevölkerung* (Januar 1999).

15) *Der Spiegel* (Nr. 11/1999).

졌던 국적법의 구상은 수정이 불가피하였고, 자민당의 '반쪽짜리' 중재안이 받아들여졌다. 개정 국적법의 정치 사회적 의미는 독일이 처음으로 속지주의를 부분적으로 허용하여 1913년 이래 고수해온 혈통주의원칙을 철폐하였다는 점에 있다. 즉 2000년부터 독일에서 태어나는 외국인의 자녀는 부모 중 한쪽이 '체류허가'(Aufenthaltserlaubnis)나 '체류권한'(Aufenthaltsberechtigung)의 체류허가증을 소지하고 최소한 8년 이상을 독일에서 합법적으로 거주하고 있으면 자동적으로 독일인이 된다. 하지만 그들은 만 23세 전에 독일과 부모국적 중의 하나를 선택해야만 한다. 또한 성인 외국인의 귀화 조건이 수월해져, 이전의 국적법에 따르면 15년 이상 독일에 거주해야 했으나 그 기간이 8년으로 단축되었다.[16)]

3 이민을 구상하다

외국인과 이민문제를 둘러싼 여야 간의 힘겨루기는 그린카드제도의 찬반 논쟁으로 다시 불붙었다. 2000년 2월, 슈뢰더 총리는 재계가 IT분야에서의 전문인력의 부족을 호소하자, 우선 2만 명 그리고 2003년까지 매년 2만 명씩 총 6만 명에 달하는 해당 분야의 해외노동력을 받아들이겠다고 공포하였다. 미국의 그린카드제도가 이민자에

16) Gesetz zur Reform des Staatsangehörigkeitsrechts (15.7.1999).

게 영주권의 부여를 보장한 것이라면, 독일의 그린카드 소지자에게는 5년 동안만의 한시적 체류가 계획되었다.[17]

그린카드제도의 도입은 이민법 제정 논의에 본격적인 불을 당겼다. 녹색당과 자민당은 기존의 이민관련 법안을 정비하여 새로운 이민법을 만들자고 촉구하였다. 이에 반해 노동계와 기민/기사연합은 재계와 정부가 우선적으로 국내의 직업훈련과 인력양성에 자금을 투자하여 해당 분야의 부족한 전문인력을 해소해야 한다고 주장하였다. 불가피하게 고급 인력의 이민을 받아들여야 한다면, 다른 분야에서 이민자를 제한하라고 압박하였다. 이러한 맥락에서 기민/기사연합은 헌법 16조 망명권 조항의 폐지를 요구하였다.[18] 이민법에 대한 사민당의 반응은 매우 소극적이었다. 사민당의 사무총장 뮨터페링(F. Münterfering)은 회기 내에 이민법을 처리하지 않겠다고 분명하게 밝혔고, 슈뢰더 또한 그린카드제도는 특정 분야의 문제를 해결하기 위한 조치이므로 그린카드와 이민법을 연계시키지 말라고 경고하였다.[19]

사민당의 이민문제에 대한 조심스러운 태도는 1999년 초의 헤센주의회선거의 경험이 적지 않게 작용한 것으로 보인다. 정부의 이민정책에 대한 국민적 합의가 결여된 상태에서 성급하게 이민법 논의를 추진하지 않겠다는 의도였다. 야당은 이번 기회를 또다시 놓치지 않았다.

---

17) Verordnung über die Arbeitsgenehmigung für hoch qualifizierte ausländische Fachkräfte der Informations- und Kommunikationstechnologie (11.7.2000).

18) "Neue Vorstöße zur Abschaffung des Asylrechts", *Migration und Bevölkerung* (April 2000); "Einwanderungs- und Asyldebatte geht weiter", *Migration und Bevölkerung* (Juli 2000).

19) "Green Card-Debatte weitet sich aus", *Migration und Bevölkerung* (April 2000); "Green Card ab August 2000", *Migration und Bevölkerung* (Mai 2000).

2000년 5월에 예정된 노르트라인-베스트팔렌(Nordrhein-Westfalen)주 의회선거를 앞두고 기민당의 뤼트거스(J. Rüttgers) 후보는 '인도인 대신에 우리 아이들'(Kinder statt Inder)이라는 모토를 내세워 정부의 그린카드 정책을 강력히 비판하는 선거캠페인을 벌였다. 하지만 이번에는 사민당이 승리했고, 결과적으로 이 사건은 이민법의 필요성을 공론화시키는 결정적인 계기를 제공하였다.

외국인노동자의 이미지는 청소부에서 하루아침에 컴퓨터전문가로 바뀌어 독일 경제발전의 '구세주'로 격상되었다. 그린카드제도는 독일의 미래지향적인 이민정책을 제시한 정치적 조치의 상징적 성격이 강하다. 슈뢰더가 제안한 그린카드 이니셔티브는 새로운 것이 아니라 이전부터 존재해왔던 '모집중지예외규정'(Anwerbestoppausnahmeverordnung)의 법적인 테두리 내에서 실시되었다는 점이 간과되서는 안 된다. 독일정부는 1973년 모집중지조치로 노동이민을 원칙적으로 봉쇄하였지만, 그 후 예외규정을 별도로 두어 필요한 노동력을 외국에서 충당해왔다. 1990년 콜 정부가 공식적으로 모집중지예외규정을 제정함으로써,[20] 모집중지조치는 노동시장에서 현실적으로 그 중요성을 상실하였다. 흥미로운 사실은 이 예외규정이 1990년의 개정 외국인법에 포함되지 않았는데, 그 배경에는 이 규정으로 인해 1973년의 모집중지와 정치적 수사의 이민국 부정의 원칙이 전면적으로 무너질 수 있다는 우려가 크게 작용하였다.

---

20) Verordnung über Ausnahmeregelungen für die Erteilung einer Arbeitserlaubnis an neueinreisende ausländische Arbeitnehmer (Anwerbestoppausnahmeverordnung, ASAV) (2.12.1990).

그린카드제도의 파급력은 예상 외로 컸다. 고급 '두뇌'의 이민자를 수용해야 한다는 경제적 논리와 사회적 합의가 힘을 얻어가며 정치권을 압박하였다. 노르트라인-베스트팔렌주 선거의 패배 후 기민/기사연합은 이전의 이민정책을 서둘러 철회하였다. 그린카드규정의 불가피한 입법화는 이민법의 틀 안에서 조정되어야 한다는 인식이 대두하였다. 기사당 대표 슈토이버(E. Stoiber)도 독일 경제의 발전에 도움이 되는 고급 전문인력의 이민을 환영하였다. 2000년 7월, 쉴리는 기민당 출신의 전 연방하원의장 쥐스무스를 위원장으로 하는 초당파적인 이민위원회(Unabhängige Kommission "Zuwanderung")를 소집하였다. 그는 쥐스무스-위원회에 이민과 관련한 정치 사회적 문제점을 총체적으로 점검하고 외국인 및 이민정책에 대한 해결 방안과 대책을 마련하여 1년 안에 보고서를 제출하도록 하였다. '독립적인' 이민위원회의 발족은 각 정당들로 하여금 이민문제에 대한 자신들의 입장을 표명하도록 자극하였다. 각 정당들은 독일 이민정책의 방향에 대한 다양한 제안과 구상을 활발하게 제기하였고, 특히 이민 관련 법안에서 주로 다루어질 노동이민과 이민자의 사회통합 그리고 망명 및 난민문제에 대한 구체적인 사안을 내부적으로 조율하는 데 주력하였다.[21)]

자민당이 이민의 입법화에 가장 적극적이었다. 그들은 이전 정부

---

21) Kissolewki, *Weltbilder und Ideen. Eine Konstruktivistische Analyse am Beispiel der deutschen Zuwanderungspolitik*, pp. 117-171; Frost, *Paradigmenwechsel in der deutschen Zuwanderungsdebatte*, pp. 65-97; "Parteien positionieren sich in der Zuwanderungs-Asyldebatte", *Migration und Bevölkerung* (Dezember 2000).

에서 내 놓았던 이민법 초안을 수정하여 2000년 7월 개정 법안을 의회에 제출하였다.[22] 하지만 때마침 쥐스무스-위원회가 활동을 개시하였기 때문에 제출 법안의 심의를 취소하였고, 이민위원회의 결과 보고서와 다른 정당들의 플랜이 발표될 때까지 기다렸다. 자민당의 이민정책의 기조는 자유주의적 사고에서 출발하며 장기적으로 예측과 조정이 가능한 노동시장의 개방에 있었다. 노동이민이 국내의 실업문제를 악화시키기 보다는 오히려 경제의 활성화와 고용 창출에 기여할 수 있다는 주장이 이를 반영한다.[23]

녹색당은 독일이 이민의 나라임을 전제하고 다문화사회를 위한 이민정책을 구상하였다. 2000년 11월, 당의 수뇌부는 '이민의 디자인, 망명권의 보장, 그리고 이민자통합의 촉진'(Einwanderung gestalten, Asylrecht sichern, Integration fördern)의 제목을 단 결의문을 채택하였다.[24] 이민자의 유입은 일괄적으로 제한되서는 안 되고, 세 부류의 이민자 형태 즉 '세 기둥 모델'(Drei-Säulen-Modell)에 따라 개별적으로 조정되어야 한다. 1. 노동이민 2. 난민 3. 망명신청자와 가족동반. 세 번째 집단의 수용은 헌법의 보장에 의거해 그 수가 제한될 수 없는 반면 두 번째 부류의 이민은 정치 사회적 상황에 맞추어 개방되어야한다. 노동이민 문제에 있어서 녹색당은 저출산과 고령화의 인구학적인 측면과 경제상황을 고려하는 유연한 해결책과 함께 무엇보다 1973년 이래로 유지

22) Entwurf eines Zuwanderungssteuerungs- und Integrationsgesetzes, FDP-Bundestagsfraktion (21.7.2000).

23) *Ibid.*

24) Einwanderung gestalten, Asylrecht sichern, Integration fördern, Bündnis 90/Die Grünen (8.11.2000).

되어 온 모집중지규정의 철폐를 주장하였다. 녹색당 이민정책의 초점은 인권의 보호와 망명권의 폭넓은 보장에 있다. "우리는 망명정책의 패러다임 전환이 필요하다. 그것의 핵심은 난민을 보호(Schutz von Flüchtlingen)하는 것이지, 난민을 제지(Schutz vor Flüchtlingen)하는 것이 아니다." 이러한 맥락에서 망명자의 지위는 제네바난민협약(GFK)과 유럽인권협약(EMRK)의 철저한 준수를 통해 그 규정에 따라 범위가 확대 적용되어야 하는데, "성적인 그리고 비국가적 박해의 희생자"(Opfer geschlechtsspezifischer und nichtstaatlicher Verfolgung)가 무엇보다 이 범주에 해당된다.[25)]

기민/기사연합의 이민과 사회통합정책에 대한 기본적인 입장은 다음과 같은 선언에 잘 나타나 있다: "독일은 전형적인 이민국가가 아니며(Deutschland ist kein klassisches Einwanderungsland), 역사적 지리적 그리고 사회적 여건으로 보아 앞으로도 그렇게 될 수 없을 것이다."[26)] 2000년 11월, 기사당은 베크슈타인 그리고 기민당은 자르란드(Saarland)의 총리 뮐러(P. Müller)의 주도하에 독자적인 이민위원회를 소집하여 그 결과물을 2001년 4월 말과 5월 초 각각 발표하였다.[27)] 기민/기사연합은 이민자의 추가 유입을 제한하는 정책에 대해 같은 목소리를 내었다. 다만 점수제에 의거해 선발되는 고급 전문인력의 노동이민은 적극적

25) *Ibid.*
26) Gemeinsames Positionspapier von CDU und CSU zur Steuerung und Begrenzung der Zuwanderung (10.5.2001).
27) Thesen zur Zuwanderungspolitik, Beschluss des Parteivorstands der CSU (23.4. 2001); Zuwanderung steuern. Integration fördern. Antrag an den Bundesausschuss der CDU (3.5.2001).

으로 추진되어야 하며, 그들에게는 한시적인 노동허가가 아닌 장기적인 체류가 보장될 것이다. 기민/기사연합은 헌법의 망명권의 폐지를 더 이상 요구하지는 않았지만, 엄격한 심사기준으로 망명자와 난민의 수를 원천적으로 봉쇄하고자 하였다. 이민자의 사회통합모델로서 다문화주의는 거부되었고, 헌법애국주의(Verfassungspatriotismus)와 기독교적 전통이 이민자가 준수해야 할 핵심적 가치로 강조되었다.[28]

사민당은 이민정책에 대한 기본적인 입장을 분명하게 정리하지 못하였다. 당 내부 뿐만 아니라 당과 내무부사이에의 노선 갈등이 중요한 원인으로 작용하였다. 또한 연정파트너인 녹색당과의 표면화된 의견 충돌도 적지 않은 영향을 미쳤다. 이러한 이유로 사민당은 이민논쟁에 오랫동안 소극적이었고, 쥐스무스-위원회가 최종보고서를 발표한 직후인 2001년 7월에야 당의 공식적인 입장을 내놓았다. 사민당은 여러 논쟁점에 있어 중간적인 태도를 견지하였다. 노동이민분야에서는 기민당의 입장에 다소 동조하였고, 망명 및 난민문제에 있어서는 녹색당의 기본적인 구상을 받아들였다.[29]

2001년 7월 초, 쥐스무스-위원회는 최종 결과보고서를 내무부에 제출하였다. 쥐스무스-위원회의 이민구상은 모든 정당들이 내놓은 어느 계획보다도 자유주의적이고 진보적인 내용을 담았다.[30] 보고서

---

28) Zuwanderung steuern und begrenzen. Integration fördern. Beschluss des Bundesausschusses der CDU (7.6.2001).

29) Die neue Politik der Zuwanderung. Steuerung, Integration, innerer Frieden, SPD-Bundestagsfraktion (10.7.2001).

30) Rita Süssmuth, "Festvortrag. Zuwanderung-Paradigmenwechsel?", Institut für

의 요지는 다음과 같다.

독일은 이민국이다. 무엇보다 앞으로의 노동인구의 감소와 그로 인한 사회보장시스템의 불안정 그리고 독일경제의 국제경쟁력의 약화는 젊고 능력 있는 이민자를 필요로 한다. 외국인의 유입과 체류조건은 이민법의 제정으로 조정된다. 새로운 이민법은 모집중지정책에서 조정과 예측이 가능한 이민유입정책으로의 패러다임 전환을 가져올 것이다. 이러한 인식을 토대로 위원회는 다음과 같은 사안을 제안한다. 노동시장은 매년 5만 명의 외국인전문인력에게 개방된다. 그 중 점수제에 따라 공정하게 선별된 2만 명의 고급인력은 그들의 가족과 함께 장기적인 체류가 보장된다. 5년 동안의 한시적 체류만 허가되는 2만 명의 노동이민을 추가로 모집한다. 또한 직업훈련을 목적으로 1만 명의 젊은 외국인을 받아들인다. 경제계와 학계로의 첨단인력의 이민은 할당과 체류기간에 구속받지 않는다. 이러한 부류에는 엔지니어나 컴퓨터기술자, 연구원이나 학자, 기업 간부, 고소득의 자영업자 등이 해당된다. 망명자와 난민에 대해서는 독일에 거주할 수 있는 폭넓은 권리가 인정된다. 노동이민자의 가족동반(배우자와 자녀)은 규제받지 않는다. 새로운 이민자는 600시간의 통합교육강좌(Integrationskurs)에 의무적으로 참여한다. 외국인의 원만한 사회통합을 촉진하기 위해 이중국적제도의 도입이 시급하다. 연방이민청(Bundesamt für Zuwanderung und Integration)이 신설되고 이민과 관련된 모든 제반 문제를 주관한다.[31]

Migrationsforschung und Interkulturelle Studien (IMIS), ed., *IMIS-Beiträge*, 19/2002, pp. 111-127; Zuwanderung gestalten und Integration fördern, Bericht der Unabhängigen Kommission "Zuwanderung" (4.7.2001).

31) *Ibid.*

녹색당과 자민당은 쥐스무스-보고서의 이민구상에 만족을 표명하였지만, 기민/기사연합은 강하게 비판하였다. 기민당과 기사당의 이민위원회를 이끌었던 뮐러와 베크슈타인은 쥐스무스-보고서의 초당파적인 합의에 대해 의구심을 제기하고 그 결과를 인정할 수 없다는 공동의 성명서를 발표하였다.[32] 사민당 또한 쥐스무스-보고서에 대해 어느 정도 거리를 두었다.[33] 무엇보다 매년 5만 명의 노동이민과 구체적인 수의 언급은 논쟁을 불러일으키기에 충분하였다. 쉴리는 이민문제에 대해 야당과 타협하고자 노력하였다. 그는 우선 정부의 이민법 초안 작성에 야당을 초대하였지만, 기민/기사연합은 그 제안을 일축하였다.[34] 적녹연정은 1년 후로 다가온 총선에서 이민의 테마가 선거전에 이용될 것을 우려하여, 2001년 안에 이민법을 의회에서 통과시키려 하였다. 하지만 그것의 성공여부는 기민/기사연합의 협조에 달려 있었다. 이민법은 또한 연방상원의 비준을 거쳐야 하는데, 집권당이 그곳에서 과반수의 표를 확보하지 못하고 있다는 점이 야당과의 타협을 불가피하게 만들었다.

---

32) *Die Welt* (5.7.2001).

33) Die neue Politik der Zuwanderung. Steuerung, Integration, innerer Frieden, SPD-Bundestagsfraktion (10.7.2001).

34) "Bericht der Süssmuth-Kommission", *Migration und Bevölkerung* (Juli 2001).

4 | 이민법을 만들다

2001년 8월 초, 내무부는 쥐스무스-보고서와 각 정당들의 입장을 절충한 이민법 초안을 발표하였다. 이 법안의 핵심은 무엇보다 외국인법의 광범위한 개정에 있었다. 우선 외국인의 체류허가증이 2개 즉 한시적인 거주를 허용하는 '체류허가'(Aufenthaltserlaubnis)와 5년 이상의 체류허가의 소지와 함께 노동허가증을 가지고 있는 외국인에게 부여하는 '영주권'(Niederlassungserlaubnis)으로 대폭 간소화되었다.[35] 그 외 이민법 초안의 요지는 다음과 같다. 노동이민의 수는 정확하게 명시되지 않고 경제 상황에 따라 유연하게 책정된다. 점수제에 의해 선발된 전문인력은 도착 즉시 영주권을 받고 그들의 자녀는 18세 이하일 경우 동반이민이 허락된다. 그 외 이민자의 자녀는 12세 이하로 제한한다. 망명신청자에게는 우선 3년간의 한시적인 체류허가와 노동허가가 부여되고, 3년 후의 재심사에서 망명자로 인정되면 영주권을 주고 탈락한 사람은 추방된다.[36]

쉴리의 제안에 대해 정당들의 반응은 엇갈렸다.[37] 사민당의 지도

---

35) Entwurf eines Gesetzes zur Steuerung und Begrenzung der Zuwanderung und zur Regelung des Aufenthalts und der Integration von Unionsbürgern und Ausländern des Bundesinnenministeriums (3.8.2001).

36) *Ibid.*

37) Mukazhanov, *Ein „'weltoffenes Land"'?*, pp. 108-110; "Erster Entwurf eines Zuwanderungsgesetzes", *Migration und Bevölkerung* (September 2001); Steffen Angenendt, "Einwanderungspolitik und Einwanderungsgesetzgebung in Deutschland 2000-2001", *Migrationsreport 2002*, pp. 31-59.

부와 자민당은 대체로 수긍한 반면 기민/기사연합과 녹색당은 불만을 내비쳤다. 이민자 동반자녀의 연령제한 문제가 특히 격렬한 비판의 대상이 되었다. 기민/기사연합은 나이가 많은 아이의 경우 이주 후 사회통합에 문제가 있을 것이라는 논리로 동반 연령대를 10세 이하로 낮추라고 요구하였다. 녹색당은 동반자녀의 연령뿐만 아니라 망명자 조항에 대해 동의할 수 없으며 추후 재협상 할 의사를 분명히 하였다. 쥐스무스 또한 동반자녀의 연령 규정을 강한 목소리로 비판하였다. 그녀는 유럽의 어떤 국가에서도 부모와 자녀를 이렇게 어린 나이에 헤이지게 하지 않는다며, 이러한 조치를 반가정적이고 반사회적이라고 공격하였다. 기존의 외국인법은 이민자 자녀의 동반을 16세까지 허용하고 있으며, 유럽연합(EU)의 집행위원회는 각 회원국에게 최소한 18세의 연령을 준수하도록 하는 구속력 없는 지침서를 내린 바 있다.

정부 여당은 이민법을 2001년 안에 연방하원에서 통과시킬 계획을 세웠다. 하지만 법안에 대한 연정내의 심의가 9·11사건의 여파로 일단 중단되었다. 이슬람 테러리즘은 이민법 논쟁의 성격을 변화시키는 계기를 가져왔다. 9·11사건의 용의자 중 한명이 독일에 거주하였던 아랍계인으로 밝혀지면서, 외국인 특히 무슬림들에 대한 경계의 수위가 한층 높아졌다. 이민과 외국인의 사회통합문제를 다룰 때 우선적으로 국내의 치안과 안보적 관점이 고려되어 논의해야 한다는 사회적 요구가 강하게 대두하였다. 정부도 이러한 분위기에 재빨리 대처하였고, 테러리즘의 의혹이 있는 외국인을 엄격히 통제 관리하는 '안보규정'(Sicherheitspaket, 소위 "Otto-Katalog")이 만들어졌다.[38] 9·11

사건은 보수세력에게 정부의 이민정책을 공격할 수 있는 명분을 제공하였고, 집권당 특히 녹색당의 개혁 의지는 한풀 꺾이게 되었다. 이제 이민의 논쟁점은 이민자의 개방에서 그들의 제한으로 급선회하기 시작하였다.

2001년 11월 초, 적녹연정은 기민/기사연합의 구상을 한층 더 반영한 정부의 이민법 초안을 최종적으로 내놓았다.[39] 하지만 기민/기사연합은 더 많은 수정을 요구하였고, 자신들의 입장이 관철되지 않는다면 의회에서 법안을 거부하겠다고 압박하였다. 그들은 무엇보다 가족동반과 난민의 수를 더 엄격하게 제한할 것을 주장하였다. 기민/기사연합의 양보 없는 완강한 태도는 상당 부분 내부적인 권력싸움에서 기인하였다. 총리후보 경선에 나선 기민당 대표 메르켈(A. Merkel)은 당내의 온건파를 견제하고 보수세력의 선명성을 부각시키기 위해서 정부의 이민정책을 강력하게 공격하며 이민문제를 선거전 주제로 삼겠다고 선언하였다. 사실 이러한 전략은 경쟁자인 기사당의 슈토이버를 강하게 의식한 데서 비롯되었다. 슈토이버는 정권교체이후 분열된 보수세력의 결집을 이끌며 총리후보로서의 입지를 넓혀 나갔다. 그 또한 다가올 총선이 정부의 이민정책에 대한 국민투표가 될 것이라고 경고하였다. 기사당의 공격적이고 보수적인 외국인 배타정책은 자매정당인 기민딩의 협상력을 약화시켰고 또한 그들의 타협

38) Eckpunkte des zweiten Gesetzespakets zur Terrorismusbekämpfung des Bundesinnenministeriums (7.11.2001).

39) Entwurf eines Gesetzes zur Steuerung und Begrenzung der Zuwanderung und zur Regelung des Aufenthalts und der Integration von Unionsbürgern und Ausländern der Fraktionen SPD und BÜNDNIS 90/DIE GRÜNEN (8.11.2001).

가능한 운신의 폭을 압박하였다. 결국 기사당은 이민문제를 통해 주도권 싸움에서 승리하였고, 특히 2002년 1월 슈토이버가 기민/기사연합의 총리후보로 결정되면서 이민법 논쟁은 총선의 향방을 가늠하는 전초전의 성격을 띠게 되었다.[40)]

2002년 3월 1일, 적녹연정은 이민법안을 연방하원에 상정하여 통과시켰다. 하지만 연방상원에서의 가결은 불투명하였다. 집권 여당과 기민/기사연합의 고민은 연방상원에서 과반수의 표를 독자적으로 확보하지 못한 데에 있었다. 두 세력은 경쟁적으로 표 모으기에 열중하였고, 정치권의 첨예한 대립을 우려한 몇 개의 주정부는 연방상원에서 표결을 포기하겠다고 응수하였다. 자민당은 중재안으로서 표 대결을 강행하는 대신 조정위원회(Vermittlungsausschuss)의 소집을 제안하였다. 이 견해에 브란덴부르크(Brandenburg)의 기민당 소속 내무부장관 쉔보음(J. Schönbohm)의 동조는 문제해결의 돌파구로 보였다. 대연정(사민당과 기민당)을 구성하고 있는 브란덴부르크의 표가 연방상원에서의 이민법 통과여부에 결정적인 역할을 떠맡았기 때문이었다. 하지만 사민당과 녹색당은 조정위원회의 소집을 거부하였다.[41)]

2002년 3월 22일, 이민법은 연방상원에서 가까스로 통과되었다.

---

40) "Such nach parteiübergreifendem Kompromiss zur Zuwanderung", *Migration und Bevölkerung* (Januar 2001); Angenendt, "Einwanderungspolitik und Einwanderungsgesetzgebung", pp. 31-59.

41) "Kein Kompromiss in Sicht", *Migration und Bevölkerung* (Februar 2001); "Bundestagsabstimmung über Gesetzentwurf zur Zuwanderung", *Migration und Bevölkerung* (März 2001); Steffen Angenendt/ Imke Kruse, "Migrations- und Integrationspolitik in Deutschland 2002-2003: Der Streit um das Zuwanderungsgesetz", *Migrationsreport 2004*, pp. 175-202.

하지만 기민/기사연합은 연방상원의 표결방식이 위헌이라며, 만약 연방대통령이 이민법에 서명한다면 연방헌법재판소에 제소하겠다고 경고하였다. 예상했던 대로 브란덴부르크의 표결이 논란의 핵심이었다. 브란덴부르크주가 통일된 의견을 내놓지 못하자, 사민당 소속 연방상원의장 보베라이트(K. Wowereit)는 개별 장관들에게 직접 질문하였다. 사민당 출신의 노동사회부장관 칠(A. Ziel)은 찬성을, 내무부장관 쉔보음은 반대를 표명하였다. 보베라이트는 헌법 51조 3항에 의거 단일한 표만이 유효함을 언급하며, 사민당 소속의 주총리 슈톨페(M. Stolpe)에게 최종적인 의견을 물었다. 슈톨페는 찬성한다고 답변하였고, 브란덴부르크주의 입장은 찬성표로 처리되었다. 주총리의 견해가 주정부를 대표할 수 있는지는 법적인 논쟁으로 남았다. 사민당 출신의 연방대통령 라우(J. Rau)는 2002년 6월 이민법에 서명하였고, 기민/기사연합이 집권하고 있는 6개 주정부는 곧바로 연방헌법재판소에 제소하는 것으로 맞대응하였다. 기민/기사연합은 9월의 총선에서 승리할 경우 이민법의 대폭 수정을 예고하였다. 정권교체 시 내무부장관의 자리가 유력한 베크슈타인은 점수제에 의한 전문인력의 이민을 무효화하겠다고 공포하였다.[42] 기민/기사연합은 총선에서 패배하였으나, 그해 12월 연방헌법재판소의 판결에서는 승리하였다.

적녹연정은 다시 한 번 연방상원에서의 이민법 표결을 시도하였다. 2003년 2월에 예정된 헤센과 니더작센주 의회선거의 결과에 따라

42) "Umsetzung des Zuwanderungsgesetzes unsicher", *Migration und Bevölkerung* (September 2002); Mukazhanov, *Ein „'weltoffenes Land'"?*, pp. 118-120; Angenendt/ Kruse, "Migrations- und Integrationspolitik in Deutschland 2002-2003", pp. 175-202.

연방상원에서의 비준이 가능하였다. 집권 여당은 두 곳 모두에서 패배하였지만, 기존의 이민법안을 수정하지 않은 채 연방상원에 상정하였다. 이에 연방상원은 이민법을 부결시켰고 법안의 총체적인 수정을 요구하였다. 이민법을 둘러싼 여당과 기민/기사연합의 대립은 점차 신경전으로 비화되었다. 자민당의 중재 노력은 양측의 반대로 무산되었다. 2003년 5월, 적녹연정은 기존의 이민법을 연방하원에서 다시 통과시켰고, 두 달 후 연방상원에서의 무모한 표 대결을 또 한 번 강행하였다. 같은 해 10월 조정위원회가 소집되어 타협점을 찾고자 노력하였으나, 각 정당들의 입장은 좀처럼 좁혀지지 않았다.[43] 이민법 논쟁은 한해를 넘겼고, 2004년 6월 녹색당과 자민당이 불참한 가운데 사민당과 기민/기사연합을 대표한 쉴리, 뮐러 그리고 베크슈타인이 3년간의 협상에 마무리 지었다. 다음 달 세 사람의 합의에 기초한 이민법안은 연방하원과 연방상원에서 마침내 통과되었다.[44]

이민법 제정의 가장 큰 의미는 기존에 개별적으로 추진되었던 외국인노동자정책, 재이주민정책, 난민 및 망명정책이 하나의 법률적 체계로 묶어지고, 신설된 연방이민난민청(Bundesamt für Migration und Flüchtlinge)이 이민자의 노동시장정책과 사회통합정책을 유기적으로 연결하여 통합 주관하는 데 있다. 총 15개의 조항으로 구성되어 소위

---

43) "Zukunft des Zuwanderungsgesetzes weiter ungewiss", *Migration und Bevölkerung* (Dezember 2002); Mukazhanov, *Ein „'weltoffenes Land'"?*, pp. 120-123.

44) Gesetz zur Steuerung und Begrenzung der Zuwanderung und zur Regelung des Aufenthalts und der Integration von Unionsbürgern und Ausländern (Zuwanderungsgesetz) (30.7.2004).

'조항법'(Artikelgesetz)이라 불리는 이민법은 기존의 모든 관련 법규들을 정리, 개정하고 2개의 새로운 법률을 추가하였다. 제1조: 외국인체류법(Aufenthaltsgesetz: Gesetz über den Aufenthalt, die Erwerbstätigkeit und die Integration von Ausländern im Bundesgebiet)과 제2조: EU국민거주법(Freizügigkeitsgesetz/EU: Gesetz über die allgemeine Freizügigkeit von Unionsbürgern). 제3조부터 제15조까지는 난민, 망명, 재이주민, 국적취득, 행정절차 등과 관련된 기존의 규정들을 약간 수정하였다.[45)]이민법은 일반적으로 제1조(외국인체류법)를 지칭하며 크게 4개의 핵심분야에서 새로운 규정을 추가하거나 변경하였다. 외국인노동자의 이민, 난민과 망명신청자의 수용, 이민자의 사회통합 그리고 안보와 치안 문제.[46)]

노동이민: 1973년부터 시행돼 온 모집중지원칙은 계속 유지되었다. 예외적으로 학자나 전문기술자와 같은 고급 전문인력에게는 영주권이 처음부터 교부되고, 중간수준의 전문인력의 경우에는 구직 신청

45) Artikel 3 Änderung des Asylverfahrensgesetzes; Artikel 4 Änderung des AZR-Gegsetz; Artikel 5 Änderung des Staatsangehörigkeitsgesetzes; Artikel 6 Änderung des Bundesvertriebenengesetzes; Artikel 7 Änderung des Gesetzes über die Rechtsstellung heimatloser Ausländer im Bundesgebiet; Artikel 8 Änderung des Asylbewerberleistungsgesetzes; Artikel 9 Änderung des Dritten Buches Sozialgesetzbuch; Artikel 10 Änderung sonstiger sozial- und leistungsrechtlicher Gesetzes; Artikel 11 Änderung sonstiger Gesetzes; Artikel 12 Änderung von Verordnungen; Artikel 13 Rückkehr zum einheitlichen Verordnungsrang; Artikel 14 Bekanntmachungserlaubnis; Artikel 15 Inkrafttreten, Auβerkrafttreten.

46) Gesetz zur Steuerung und Begrenzung der Zuwanderung und zur Regelung des Aufenthalts und der Integration von Unionsbürgern und Ausländern (Zuwanderungsgesetz) (30.7.2004).

시 독일인과 EU 회원국민이 취업의 우선권을 가진다. 자영업자도 100만 유로를 투자하거나 최소한 10명의 일자리를 창출할 수 있으면 체류허가를 받을 수 있다. 외국인유학생은 학위를 마친 후 취업을 위해 1년간 머무를 수 있다. 고용주의 구체적인 구인 요청 없이도 점수제에 따라 노동이민을 허용하려던 적녹연정의 구상은 관철되지 못하였다. 또한 매년 고정적인 수의 이민자 할당계획도 수포로 돌아갔다. 논란이 되었던 동반자녀의 연령제한문제에 대해서 정당들은 타협점을 찾지 못했고, 기존의 규정(16세)이 그대로 적용되었다.

난민과 망명: 적녹연정의 가장 큰 업적은 난민과 망명자에게 주어지던 임시적인 체류묵인(Duldung)의 규정을 폐지한 것이다. 잠정적으로 추방 보류가 결정된 망명신청자는 체류허가뿐만 아니라 노동허가를 얻는다. 하지만 망명심사를 아직 거치지 않은 해당자는 당장 추방되지 않을 뿐 법적인 지위를 보장받지 못한다. 내전으로 인한 난민은 한시적인 거주를 전제로 체류허가를 부여받는다. 성적인 특수성으로 인한 그리고 비국가기관의 박해(geschlechtsspezifische und nichtstaatliche Verfolgung)는 무엇보다 인권 차원에서 망명의 적법한 사유로 인정된다.

안보와 치안규정: 치안유지를 위해 안보조항이 대폭 강화되어 범법행위가 있거나 예상되는 외국인의 추방이 수월해졌다. 영주권을 신청하거나 국적을 취득하려는 외국인에 대해 방첩기관인 연방헌법수호청(Bundesamt für Verfassungsschutz)이 사전 조사를 한다. 범죄를 저지른 일이 없더라도 잠정적인 테러가 의심되는 사람은 추방될 수 있다. 이슬람주의를 설파하는 종교적 극단주의자는 추방된다.

이민자의 사회통합: 이민자를 위한 사회통합지원은 연방차원에서

처음으로 법률적 근거를 갖게 되었다. 내무부 산하 연방이민난민청이 주무부서로서 통합정책의 어젠다를 계획하고 지방정부와 기초단체가 실제적인 프로그램을 실시한다. 통합교육은 크게 독일어를 습득하는 언어강좌(Sprachkurs)와 독일의 법과 문화, 역사를 배우는 오리엔테이션강좌(Orientierungskurs)로 나뉘어 진행된다. 새로운 이민자(체류허가와 영주권을 소지한 외국인)는 의무적으로 통합교육에 참여하고 일정한 시험을 통과해야 한다. EU 소속 국민과 장기 체류 외국인은 원칙적으로 통합교육의 대상에 포함되지 않는다. 통합강좌의 불참자나 미이수자에게는 체류허가의 연장이 거부될 수도 있고 사회복지제도의 혜택이 감축될 수도 있다.

5 | 맺음말

우여곡절 끝에 만들어진 이민법에 대한 각 정당들의 반응을 살펴보자. 이미 본 글의 도입 부분에서 밝혔듯이, 내무부장관 쉴리는 이민법이 패러다임의 전환을 이끌었다고 극찬하였다. 하지만 기사당의 내무부장관 베크슈타인은 "다문화사회로의 패러다임 전환을 저지"하였다고 정반대의 평가를 내렸다. 기민당과 자민당은 대체로 만족한 반면 녹색당은 아쉬움을 내비쳤다. 녹색당 소속 연방외국인문제정책특보 베크는 새 이민법이 진보적이고 근대적이지는 아닐지라도 기사당부터 녹색당까지의 다양한 구상을 두루 반영한 타협의

결과물이라고 애써 강조하였다.[47)]

그러면 각 정당들이 양보하고 얻어낸 것은 무엇이며 그 타협은 어떻게 평가되는가? 표면적으로 보면 이민논쟁은 진보와 보수를 각각 대변한 녹색당과 기사당간의 힘겨루기의 성격을 강하게 내포하고 있다 해도 과언이 아니다. 녹색당은 연정파트너인 사민당을 압박하였고, 기사당 또한 자매정당인 기민당의 이민정책을 좌지우지하였다. 하지만 그 이면에는 거대정당인 사민당과 기민당이 불가피하게 서로 타협할 수밖에 없는 정치적 배경이 짙게 깔려있었다. 사민당의 개방적인 이민정책은 전통적인 권력의 지지기반인 노동계의 저항을 감안할 때 그 한계를 분명히 노출하였다. 기민당 역시 저출산과 고령화의 문제 그리고 고급 전문인력의 필요성과 같은 시대적 요구를 감안할 때 무조건적인 이민을 반대할 수는 없었다. 양 정당은 기존의 모집중지원칙을 유지하는 대가로 고급인력에 대한 부분적인 이민개방을 허용하였다. 이러한 합의를 바탕으로 녹색당은 난민과 망명문제에서 자신들의 입장을 관철하였고, 기사당은 점수제에 의한 광범위한 노동이민을 저지하였다.

이민법 논쟁이 과열양상을 보인 데는 정치권의 권력싸움이 한 몫하였다. 여야는 외국인과 이민문제를 선거전에 이용하여 정권을 유지 또는 탈환하려하였다. 선거 때마다 등장하는 외국인테마는 합리적이고 현실적인 문제 해결을 어렵게 만들었고, 더 나아가 극우세력의 입지를 강화시키기도 하였다. 집권 여당도 이민법 협상의 파행적

---

47) "Einigung auf ein Zuwanderungsgesetz", *Migration und Bevölkerung* (Juli 2004).

결과에 대한 책임으로부터 자유롭지 못하였다. 총선을 의식해서 무리하게 이민법 제정을 서둘렀고, 이러한 전략은 야당의 '심기'를 건드려 장기적인 신경전으로 비화되었다. 특히 사민당은 이민문제가 정치 쟁점화 되어 민심의 향배를 뒤엎을까 늘 불안해하였다. 독일정부는 이제는 최소한 '독일은 이민국이 아니다'라는 원칙을 고수하지는 않지만, 그렇다고 '독일은 이민국이다'라고 공식적으로 표명한 바도 없다. 독일의 이민정책은 여전히 '이민국의 부정'이라는 이상과 현실의 자가당착에 빠져있다. 여야를 불문하고 이민국으로의 독일을 공식적으로 인정하는 것은 정치적으로 큰 부담이기 때문이다.

2004년 이민법의 가장 큰 의미는 이민의 필요성을 전면적으로 부정할 수만은 없다는 사회적 인식의 변화에 있다. 하지만 이민법에 나타난 이민정책의 방향은 새로운 이민자를 받아들이기보다는 여전히 그들을 제한하고 통제하는 데 정책의 무게를 두고 있다. 또한 노동시장정책의 관점에서 제한된 외국노동력의 유입은 허용하지만, 그들에게 국적부여나 장기체류를 허가하기보다는 단기체류와 귀환을 장려하고 있다. 이민법의 노동이민규정 특히 그린카드제도는 1973년의 모집중지정책의 틀을 벗어나지 못하였고, 단지 시대의 요구에 부응하여 '예외'를 적용한 임시방편에 불과한 것이다. 이러한 맥락에서 프라이부르크학파의 정치학자이자 대표적인 다문화주의자인 오버른도르퍼(D. Oberndörfer)가 이민법을 '초청노동자정책의 변형'(Variante der Gastarbeiterpolitik)이라고 날카롭게 비판한 것은 타당성이 있는 주장이다. 청소부에서 IT전문가로 격상된 '초청' 외국인노동자는 여전히 독일사회의 진정한 구성원으로 인정받지 못하고 영원한 '이방인'으로 간주될 뿐이다.

이러한 시각은 이민법의 사회통합규정에도 그대로 반영되어있다. 독일정부가 이민자를 독일사회로 통합(Integration)시키려는 것인지 아니면 동화(Assimilation)시키려는지 의문시된다. 독일은 이민자의 문화적 차이를 인정하기보다는 지배적인 독일문화와 가치규범에 적응하는 것을 통합으로 보고 이를 관철하려고 한다. 이민자사회통합의 모델로 소위 '독일 주도문화론'(deutsche Leitkultur)에 대한 사회적 동의가 힘을 얻어가는 것도 이러한 배경과 무관하지 않다. 독일을 비롯한 유럽국가들에서 최근 나타나는 다문화주의의 점진적 포기와 동화주의의 강조는 당분간 이민자통합정책의 대세로 굳어질 전망이다.

04 네덜란드 : 다문화주의에서 '문화전쟁'으로

주경철

1 머리말 : 문제의 제기

2004년 12월, 네덜란드의 남부홀란드 주의 스히담(Schiedam)에서 파리드(Farid A.)로 알려진 30세 남자가 인터넷 상에서 이 나라의 우파 정치가 헤르트 윌더르스(Geert Wilders)에 대해 살해 위협을 한 죄로 기소되었다.[1] 그는 윌더르스가 팔레스타인 지도자 야세르 아라파트(Yasser Arafat)를 테러리스트라고 묘사한 데 대해 격분하여 이슬람계 인터넷에 그의 사진을 올리고 그를 사형에 처해야 한다고 주장한

1) Christopher Caldwell, "The Dutch Rethink Multiculturalism," *The Weekly Standard*, vol.10, iss.15 (Dec. 27, 2004), internet 판.

것이다. 그런데 사실 이와 유사한 사례는 그 외에도 많다. 이슬람계 인터넷 사이트에서는 다음과 같은 내용을 흔히 볼 수 있다.

이름: 헤르트 윌더르스
직업: 우상숭배자
죄목: 이슬람에 대한 모욕
처벌: 참수
보상: 천국, 알라

이처럼 무슬림들의 원한을 사고 있는 윌더르스는 반이슬람적인 선동을 통해 정치적인 성공을 거둔 대표적인 인물이다.[2] 그는 이슬람은 '후진적인 문화'이며, 네덜란드에 사는 백만 명 이상의 무슬림 때문에 네덜란드 문화가 위험에 처해 있다고 주장하였다. 그의 견해에 따르면 분명 서구의 가치가 이슬람의 가치보다 더 우월하고 더 인간적이며, 따라서 네덜란드에 사는 무슬림들은 서구 문화에 통합(integration)하고 동화(assimilation)해야 한다는 것이다.[3] 또 네덜란드 문화의 이슬람화를 막기 위해서는 무슬림의 이민을 중단시키고 동화하지 못한 이주민들은 출국시켜야 한다고 주장하면서, 만일 그가 장

2) Eric Krebbers, "The Netherlands: from Multiculturalism to Forced Integration," *De Fabel van de Ilegaal* (January 2005). (이는 인종주의와 사회적 억압에 항의하는 인권단체로서 인터넷 사이트를 통해 불어, 독어, 영어, 에스페란토, 이탈리아어, 스웨덴어, 폴란드어, 그리스어, 에스파냐어로 자신들의 주장을 개진하고 있다. 인터넷 판이기 때문에 페이지 표기를 하지 않는다).
3) 이 글에서는 integration 과 assimilation을 각각 '통합'과 '동화'로 옮기기로 한다.

관이 된다면 곧장 헤드스카프를 금지시키고 성전(聖戰, jihad)을 부르짖는 이맘(Imam, 이슬람 종교 지도자)들을 사우디아라비아의 동굴로 되돌려 보낼 것이라고 장담했다.[4] 그의 견해는 극단적이지만 이런 주장을 하는 사람이 분명 그 혼자만은 아니다. 이미 수년 전부터 여론 주도층 중에 여러 인사들이 유사한 내용들을 주장해 왔다.

파리드와 윌더르스의 에피소드는 현재 네덜란드 사회가 어떤 상태에 있는지 잘 보여준다. 그 동안 네덜란드는 타 문화와 종교에 대한 관용으로 정평이 나있던 국가였다. 그러나 오늘날 이 나라는 이슬람 문화와 서구 문화 간의 심각한 충돌, 연이은 암살 사건, 그리고 반이주민 정책의 도입 문제로 홍역을 앓고 있다. 도대체 어떤 일이 일어난 것일까?

현재 이슬람계 이주민들은 네덜란드 사회 내에서 심각한 '문제'로 취급되고 있다. 이들은 주류 사회에 동화되지 않고 그들만의 문화적 정체성을 유지하되, 일종의 2등 시민으로서 '게토' 내에서 차별받으며 살고 있고, 또 주류 사회에 해를 끼치는 집단처럼 비치고 있다. 이는 실제 여러 수치자료를 통해 확인할 수 있다.[5] 네덜란드 전체 인구 1,600만 명 중 3백만 명이 해외 출생자들이며, 이들 가운데 1/4은 네덜

---

4) 그는 극우 주장을 한다는 이유로 자유민주인민당(VVD)에서 2004년 9월 2일 축출되었다. 그렇지만 오히려 그의 인기가 치솟자 당은 석달 뒤 복귀를 요청했지만 이번에는 그가 거절하고 독자적으로 1인 정당(Geert Wilders List)을 결성하였다. 한때 이 당은 의석 1/5을 차지할 수 있을 정도의 지지율을 얻었다.

5) Caldwell, "The Dutch Rethink Multiculturalism,"; Christian Joppke, "Beyond National Models: Civic Integration Policies for Immigrants in Western Europe," *West European Politics*, Vol.30, no.1, p. 6.

란드어를 하지 못 한다. 모로코와 터키 출신 1세대 이민자 중 40세 이상의 사람 가운데 60%가 실업 상태이며, 따라서 이들은 이 나라의 복지체제에 의존하여 살아가고 있다. 또 비-서구 이주민의 고교 중퇴자(Sorgenkinder) 비율이 19%로서 현지인의 8%에 비해 월등히 앞서며, 특히 모로코계의 경우 39%, 터키계의 경우 35%에 달해서 장기적으로 통합문제가 쉽게 풀리지 않을 전망이다. 무슬림에 의한 미국식 총격사건(shootout)이나 갱단의 위협 같은 사회문제도 갈수록 심각해지고 있다. 교도소 재소자들의 비율을 보더라도 이주민들이 32%를 차지하는데, 이는 인구비율로 보면 현지민보다 6.3배 높은 비율로서 유럽 내 최고 수치이다. 네덜란드 사회에서 이주민들, 그 중에서도 특히 터키와 모로코 출신 무슬림 이주민들의 경우 주류 사회·문화에 통합·동화되지 못한 채 살아가는 '분리(segregation)' 현상이 명백하다.

이들은 주류 사회에 대해 심한 적대감을 가지고 있다. 이를 단적으로 보여주는 것은 9·11 사태 당시 암스테르담 시가에서 무슬림 청년들이 거리에서 환호하며 승리를 축하한 일이다. 실제로 주간지 『콘트라스트(Contrast)』가 행한 여론조사에 의하면 무슬림의 거의 절반이 9·11 공격에 대해 '전적으로 공감'한다는 의견을 표시했다.[6]

이런 상황에서 네덜란드가 그 동안 견지했던 다문화주의(multiculturalism) 원칙에 근거한 이주민 통합정책이 실패했다는 통렬한 비판이 제기되고 있다. 그렇지만 표면적으로 드러나는 몇 가지 사실들, 특히 단기적

6) Caldwell, "The Dutch Rethink Multiculturalism,"; Bart Jan Spruyt, "Can't We Discuss This? Liberalism and the Challenge of Islam in the Netherlands," *Orbis* (Spring 2007), p. 319.

인 현상들을 통해 이 문제를 평가하는 것은 위험해 보인다. 이 글에서는 네덜란드의 이주민 통합 문제를 다층적으로 이해하기 위해 간략하게나마 역사적 변화를 추적하여 오늘날의 문제가 어떤 맥락에서 발전해 온 것인지를 알아보고, 그런 바탕에서 정치적 갈등과 문화적 충돌의 면모들을 분석해 본 다음, 종합적으로 네덜란드의 이주민 통합 문제의 성격을 규정해 보고자 한다.

2 | 역사적 고찰 : '지주支柱'의 형성과 붕괴

네덜란드의 이주민 문제를 명확히 이해하기 위해서는 '지주(支柱, 기둥, zuil)'라는 이 나라 특유의 개념을 먼저 이해해야 하며, 그러기 위해서는 네덜란드 사회 변화에 대한 역사적 고찰이 필수적이다.

네덜란드를 특징짓는 현상으로서 흔히 폴더(polder) 모델을 든다. 이는 이해관계를 달리 하는 집단 간 합의를 통한 의사결정 정책을 의미한다.[7] '댐이 붕괴되면 모든 사람이 죽는다'는 표현이 말해 주듯

7) 폴더 모델은 합의를 추구하는 네덜란드의 '경제 정책 모델'을 주로 지칭하지만, 더 넓은 의미에서 모든 종류의 합의를 통한 의사결정 모델을 가리키기도 한다. 이 글에서는 이와 같은 넓은 의미의 개념으로 사용하고자 한다. 한편 경제적인 의미의 폴더 모델은 노무현 정권 초기에 벤치마킹 대상으로 제시되어서 많은 주목을 받았다. 당시 이 문제에 대해서 비판적인 논의들이 많이 오갔다. 대표적인 글로는 다음 논문을 참고. 송원근 · 전창환, 「네덜란드 모델의 제도적 조응과 그 시사점」, 참여사회연구소 심포지엄 원고(2003년 9월).

이, 더 큰 문제를 해결하기 위해 작은 문제에 대해 이해집단 간에 상호 양보를 통해 합의를 이끌어낸다는 점이 이 모델에서 거론되는 중요한 내용이다. 그런데 네덜란드에서 실제로 볼 수 있는 현상은 이해집단들이 아예 떨어져 살면서 서로 충돌을 피하고, 어쩔 수 없이 해결해야 하는 문제들만 각 집단의 대표들이 만나서 타협하는 방식이다. 예컨대 칼빈주의자들은 그들만의 주택 단지에서 살면서 그들만의 학교를 다니고, 그들만의 신문, 방송, 클럽 등을 유지하면서 산다. 즉, 거의 전적으로 그들만의 세계를 따로 구성하여 그 속에서 살아간다고 해도 과언이 아니다. 마찬가지로 가톨릭 신자들은 그들만의 주택단지, 학교, 신문, 방송, 클럽 등을 가지고 그들의 세계를 구성하면서 살아가며, 또 사회주의자, 자유주의자들 역시 마찬가지이다. 결국 각각의 집단은 다른 집단의 사람들에 대해서는 거의 전적으로 상관치 않고 자신들만의 세계 속에서 살아가게 된다. 네덜란드인들은 이런 방식으로 상대방을 용인하고 평화적으로 공존하는 길을 찾았다. 이렇게 자신의 주된 원칙에 근거하여 자신들만의 삶의 방식을 구현한 소세계를 그들은 '기둥'으로 표현한다. 이 '기둥들'은 이전 시대부터 준비되어 왔지만[8] 19세기를 경과하면서 본격적으로 만들어졌다.[9]

---

8) 폴더 모델의 근원은 멀리 중세의 관개치수 조직(waterschappen, water bodies)의 전통까지 거슬러 올라갈 수 있다. 16세기 네덜란드의 독립 이후 이와 관련된 여러 요소들의 발전을 추적할 수 있겠으나, 제도화 과정이 뚜렷하게 보이는 것은 19세기 이후의 일이다. Spruyt, "Can't We Discuss This?," p. 315.

9) 네덜란드의 19세기 역사는 자유주의와 칼빈주의의 갈등으로 이해할 수 있다. 프랑스 혁명의 영향을 받아 1796년에 바타비아 공화국을 선포하였다

'지주'의 형성과 발전에서 가장 중요한 문제는 학교 설립과 관련된 일이었다. 자유주의자들과 칼빈주의자들은 학교 문제를 놓고 첨예하게 충돌하였다. 칼빈주의자인 쾨이퍼(Abraham Kuyper)가 주도한 '학교투쟁(schoolstrijd)'의 결과 특정한 원칙을 주장하는 집단이 일정한 조건을 만족시키면서 학교를 설립하고자 할 때 국가가 그 설립을 의무적으로 도와주어야 한다는 원칙을 확립하였고, 이 내용이 네덜란드 헌법 23조에 명시되었다. 이를 계기로 '지주제(verzuiling)'의 형성이 급진전되었다. 자신들이 원하는 학교를 스스로 설립할 수 있다는 원칙이 일단 확립되자 이것이 확대되어서 삶의 모든 측면에서 자신들만의 조직을 형성하게 된 것이다. 다른 집단에 대해서는 관용하고, 또 각 집단 최고층 간의 합의로 조정을 해나가는 이 나라 특유의 사회・문화, 곧 종교와 이데올로기에 근거한 공동체 중심 사회가 이렇게 해서 만들어진 것이다.

'지주제'는 적어도 19세기 이후 1960년대에 이르기까지 오랜 기간 동안 네덜란드인들의 삶을 강력하게 규정하였다. 그런데 사실 이 체제는 그 안에서 살아가는 사람의 관점에서 보면 개인의 삶을 총체적

가 나폴레옹의 몰락 이후 네덜란드 왕국이 선포되는 정치적 격변을 겪는 가운데에서도 주된 흐름은 자유주의적 개혁을 이루어내는 것이었다. 중요한 개혁을 실현시킨 것은 3차에 걸친 토르베커 내각이었다. 이러한 정치적 변화와 함께 19세기 후반에 가속화된 산업화의 여파로 심각한 사회문제들이 생겨났는데, 이에 대한 가장 중요한 대응 중의 하나가 칼빈주의자들의 반(反)혁명주의였다. 불안한 시대에 '믿음'을 통해 삶의 근거를 만들되 그 틀은 사람들의 자치를 통해 이루어져야 하고 또 그것을 국가 제도를 통해서 보장해야 한다는 것이 이들의 주장이었다. 이것이 곧 각 집단별로 삶의 '지주'를 가져야 한다는 원칙으로 발전한 것이다. 주경철, 『네덜란드, 튤립의 땅, 모든 자유가 당당한 나라』(산처럼, 2003), 5장, 7장.

으로 규제하는 억압적인 성격을 띠었다. 그리고 이 체제를 관통하는 기본 성격은 엄격한 칼빈주의 윤리였다.[10] 심지어 사회주의자와 공산주의자들의 '지주' 역시 내용은 차치하더라도 운영 방식은 칼빈주의적이었다. 즉, 놀이를 일종의 죄악으로 보고 검소한 삶과 노동 윤리를 강조하는 부르주아의 윤리가 지배적이었으며, 집단 내의 하층민은 일종의 설교 대상이 되어서 조직의 지도를 받아야만 했다. 이 안에서 개인이 한번 문제 시 되면 회복 불가능할 정도로 타격을 입었고, 이것은 자칫 숨 막히는 질곡으로 작용할 위험이 있었다.

'지주'가 붕괴되기 시작한 것은 1960년대였다.[11] 이렇게 된 데에는 1950년대부터 복지국가 체제로 변화된 것이 큰 동력원으로 작용했다. 이제 사람들은 '지주'가 아니라 국가기구를 통해서 복지 혜택을 누릴 수 있게 되었으며, 따라서 삶의 기반을 다른 데에서 안정적으로 확보한 청년들이 기존 체제에 거칠게 항의하는 사건들이 터져 나왔다. 1960년대는 항의 시위, 마약, 성 혁명이 폭발하였고, 쾌락주의의 원칙에 근거한 소비 사회로 변화하였다. 이제 네덜란드는 극히 종교적인 사회로부터 극히 세속적인 사회로 이행해 갔으며, 청년들은 드디어 종교로부터 해방되었다는 의식을 가졌다. 이 현상은 유럽 일반에서 볼 수 있는 일이기는 하지만 네덜란드에서는 파장이 더욱 큰 혁명적인 현상으로 받아들여졌다.

이런 변화와 가장 큰 모순과 충돌을 일으킨 것이 이슬람계 이주민

---

10) Peter van der Veer, "Pim Fortuyn, Theo van Goch, and the Politics of Tolerance in the Netherlands', *Public Culture*," vol.18, no.1 (2006), pp. 118-119.

11) *Ibid.*, pp. 119-120.

문제이다. 2차 대전 이후 네덜란드 경제가 번영하면서 힘들고 더러운 일을 할 저임금 노동력이 필요하게 되었다.[12] 1950-60년대에는 이탈리아, 에스파냐, 그리스 출신 노동자들이 유입되었으나 1970년대부터는 터키와 모로코 출신 노동자들이 많이 들어왔다. 이들은 원래 일정 기간 일을 한 후 귀국할 예정인 일시적 노동자였지만 이들 중 다수가 네덜란드 사회에 눌러앉았고, 곧 본국에서 부인을 초청하여 함께 가정을 꾸미는 일이 빈번하게 일어났다. 더 나아가서 미혼 노동자들도 본국에 가서 결혼하고 부인을 네덜란드로 불러들였다. 네덜란드 사회와 정부는 이들의 부부간 결합을 기본적인 인권으로 보고 용인했다.

이때 네덜란드 정부 당국과 사회가 이슬람계 이주 노동자들에 대해 취한 태도가 다문화주의였다. 이주민들이 그들끼리 살아가면서 그들의 문화적 정체성을 지킬 수 있도록 배려한 것은 분명 선의에서 나온 것이라고 할 만하다. 이러한 접근 방식은 말하자면 '이슬람 지주'를 형성시킨다는 것으로 설명할 수 있다. 과거에 칼빈주의자나 가톨릭 혹은 사회주의자들이 그들만의 지주를 만든 것과 마찬가지로 새로이 이주해 온 이슬람계 이주민들도 그들만의 사회를 이루며 살아가도록 한다는 것이다.[13] 1980년대에는 정부 당국이 이런 철학에서 무슬림 학교들을 설립하고 모스크들을 지어주었다. 그러면서 내심으

12) Spruyt, "Can't We Discuss This?," pp. 318-319.

13) 이런 관점에서 만들어진 것이 allochthonous 라는 용어이다. 이는 현지 태생 사람들을 autochthonous 라고 부르는 데 대한 대조적인 의미로서 만든 말로서, 이주민들을 객관적으로 보고 또 존중해 주는 표현이다. Caldwell, "The Dutch Rethink Multiculturalism."

로는 시간이 지나면 '이슬람 지주' 역시 다른 지주들과 마찬가지로 네덜란드 사회에 적응하는 과정에서 해체되고 장기적으로 네덜란드 사회에 동화되리라고 기대한 것이다. 따라서 네덜란드인들은 그들 자신의 '지주'는 해체하면서 무슬림들에 대해서는 새로운 '지주'를 구성하도록 유도했고, 또 구성과 동시에 장기적인 해체를 염두에 두는 대단히 모순적인 태도를 보인 것이다.

그러나 현실은 이런 단순한 계산과는 다르게 진행되었다. 모로코 및 터키 출신 이주민들은 분명 그들의 고국에서 받는 것보다 훨씬 고액의 임금을 받았으며, 심지어 실직 상태라 하더라도 복지수당이 자기 나라의 풀타임 노동에 대한 임금보다도 더 높았다.[14] 이런 점을 두고 사람들은 이주민들이 자기 조국에서보다 네덜란드 사회에서 훨씬 더 행복할 것이고, 따라서 점차 이 나라의 주류 문화에 동화되어 갈 것으로 생각했다. 그러나 실제 상황은 다르게 진행되었다.[15] 2-3세대 무슬림들은 1세대보다도 더 네덜란드 사회에 적응하지 못한 채 게토에서 가난하게 살았다. 그러나 단지 가난과 실업만이 문제가 아니었다. 그들은 더 근본적인 삶의 원칙에서 네덜란드 주류 사회와 충돌하였던 것이다. 네덜란드 현대 사회는 쾌락주의(hedonism)를 원칙으로 삼고 있었으나 이슬람 문화는 여기에 비판적이었다. 무슬림들은 한편으로 근대 사회의 쾌락에 동참하면서도 그들의 전통 문화와 괴리를 느꼈다. 그들은 유럽 사회를 허무주의적이고 퇴폐적인 물

---

14) P. C. Emmer, "Europe and the Immigration Debate," *European Review*, vol.12, no.3, p. 334.
15) Spruyt, "Can't We Discuss This?," p. 320.

질주의에 사로잡힌 공허한 사회로 보고, 환멸과 증오를 느끼면서 자신들의 전통 문화로 되돌아갔다.

이러한 태도는 이번에는 네덜란드인들의 반발을 불러일으켰다.[16] 그들이 볼 때 이슬람은 그들이 추구하는 원칙, 즉 행복의 추구를 저해하는 것으로 보였다. 섹스와 소비에 대한 강한 비판이라는 점에서는 전통적인 기독교와 이슬람은 같은 태도를 견지했으며, 따라서 무슬림들의 태도는 네덜란드인들이 이전에 겪었다가 떠나온 지난날의 세계를 다시 강요하는 것과 다름없었다. 대학을 비롯한 공공장소에서 여성들의 몸을 가리는 베일(히잡, 니캅, 부르카 등)을 두르는 것은 단순히 이상한 옷을 입었다는 의미가 아니라 그들이 가까스로 해방된 이전 사회의 억압을 상기시키는 불유쾌한 상징이었다. 동시에 이런 의상들은 이슬람계 이주민 가정 내의 각종 관습들 가운데 네덜란드 사회의 원칙과 병립하기 힘든 것들, 특히 여성들에 대해 가해지는 각종 폭력(여성할례를 비롯해서 강제결혼, 명예살인 등)과 연관된 상징으로 보였다.

3 | 1990년대 이후의 정치적 변화

사회적 변화는 종국적으로 정치적 변화를 통해 매듭지어지게 마

---

16) van der Veer, "Pim Fortuyn," pp. 119-120.

련이다. 네덜란드 사회에서 이주민 통합 문제와 관련된 정치적 변화의 움직임은 1990년대에 감지되었다. 이때 이슬람계 이주민들이 '문제'로서 파악되고 이들에 대한 행정적 조치들이 취해졌다. 많은 하층민 이주자들이 잠재적 범죄자로 여겨졌고, 사회복지의 부담을 가중시키는 집단으로 인식되었기 때문에, 점차 이들을 통제하는 조치들이 도입되었다. 1992년 개인적인 사회-재정 등록번호(social-fiscal number) 도입, 1995년 의무적인 신분 확인, 1998년 자료연결법(Linking Act, 정부의 모든 DB를 연결하여 등록되지 않은 사람들에게 서비스를 끊는 내용) 등이 대표적인 조치들이다.[17] 그러나 이런 '극우적'인 방식들은 2차대전 당시 나치를 연상시키기 때문에 인기가 없었으며, 따라서 이 시기에는 전반적으로 정치권은 이민자 통합문제에 대해 본격적으로 대처하지는 않았다.

실제 이 시기의 소위 '자줏빛 정권(Purple Cabinet)'은 이주민 문제에 관한 한 현실의 변화를 파악하지 못 했고 당연히 해결책도 제시하지 못했다.[18] 이 정권은 안락사, '여성 섹스 도우미 노동자(속칭 창녀)', 동

17) Krebbers, "The Netherlands: from Multiculturalism to Forced Integration."
18) 네덜란드 정치에서는 늘 기민당이 중심이 되어 연정을 구성하는 것이 관례였는데, 1995년 총선에서 기민당이 배제되고 그 대신 녹색당과 사회주의 정당이 연합하여 정권을 잡은 데에서 '자줏빛 정권'이라는 이름이 부쳐졌다(즉 녹색당의 녹색과 사회주의 정당의 붉은색이 합쳐져서 자줏빛이 되었다는 의미이다). 1995-1998년에 1차 '자줏빛 정권'은 사민당(PvdA), 자유당(VVD), 진보당(D'66)으로 구성되었다. 이는 2차대전 이후 기민당이 연정에서 배제된 최초 사례이다. 그 후 1998-2002년에 2차 '자줏빛 정권'이 들어섰다. 아래에서 설명하는 핌 포르튀인 당(List Pim Fortuyn, LPF)은 2002년에 처음 등장하였으며, 이때 기민당, 자유당과 연정을 이루었다. 발켄엔데(Balkenende)가 수상이 되어 구성한 이 연정은 87일밖에 유지하지 못 했다. 그리고 2003년 5월 새 연정이 결성되었는데 (CDA + VVD + D'66) 이때 LPF는

성 결혼 등을 합법화하는 등 진보적이고 개방된 정책을 추구했다. 그리고 이주민 문제에 대해서는 네덜란드 사회가 다문화주의를 통해 무슬림들에게 복지를 베풀고 학교교육을 시키고 문화를 보존하며 살도록 하였으므로, 이것으로 충분히 해결책이 되리라고 믿었던 것이다. 그러나 결과적으로 이는 점차 심각한 사회문제로 떠오르는 이주민 문제에 대해 아무런 조치를 취하지 못하고 방치한 것이나 마찬가지였다. 이런 정치적 공백을 이용해서 권력을 차지하려는 정치인들이 등장했는데, 대표적인 인사가 핌 포르퇴인이었다.

포르퇴인은 사회학 교수 출신으로서 1960년대 극렬한 마르크시스트였으나, 1990년대부터 전혀 성격이 다른 정치인으로 등장하였다.[19] 동성애자인 그는 특히 개인의 성적 자유를 강하게 옹호하였고, 이런 맥락에서 이슬람 전통에 대해 공격적이었다. 이슬람은 후진적 종교이고 서구적 가치가 훨씬 발전된 것이라는 식의 파격적인 언사를 통해 대중들에게 큰 호응을 불러일으켰다. 사실 신중한 성격의 정치인들이 중요 사안에 대해 꼼꼼한 보고서를 낭독하면서 조심스럽게 조율해 가는 방식이 지배적인 네덜란드 정치사에서 이런 식의 포퓰리즘은 찾기 힘든 종류였다. 대단히 감성적인 그의 주장이 일반 대중들에게 파란을 일으킨 데다가, 2002년 선거 9일 전에 동물보호주의자로 알려진 인물에 의해 암살되는 극적인 사건으로 인해 그의 정당(LPF)은 대승을 거두었다. 그러나 이때의 정권은 3개월을 지탱하지 못하고 무너졌고, 다음번 선거에서 카리스마가 넘치는 당수가 사

표를 상실해서 연정에서 배제되었다.

19) van der Veer, "Pim Fortuyn," pp. 113-115.

라진 이 정당은 표를 얻지 못하고 급속히 세를 잃었다.

2002년 선거에서 포르퇴인 정당이 승리를 거둔 결과를 두고 이것이 일시적인 현상이라거나, 혹은 네덜란드의 기존 정치에 대한 환멸이 그에게 몰표를 주었던 것에 불과했다고 이해하는 것이 통상적인 설명이었다. 그러나 이에 대해서는 더 자세한 연구가 필요하다.

LPF를 비롯해서 더 일반적으로 유럽의 우파 포퓰리스트 정당들[20]의 성공 요인에 대해서는 크게 3가지 접근이 있다.[21]

첫째, 사회경제적 설명이 있다. 급격한 사회경제적 변화에서 위협을 받는 사람들, 특히 상대적으로 더 불리한 위치에 놓이게 되는 블루칼라 및 저교육층이 이민 반대를 주장하는 정당에 투표했다는 것이다. 이들은 기존 정당에 의해 받아들여지지 않는 사람들이므로 LPF의 메시지에 호응했다는 설명이다. 이는 매우 그럴듯하지만 실제 자료를 통해 조사해 보면 설명력이 약하다.

둘째, 항의 투표 모델이 있다. 이 설명은 유권자들이 어떤 정당 자체에 매력을 느끼기보다 다른 기존 정당들에 대해 실망한 나머지 선택했다는 것이다. 이 경우 그 정당의 정치적 내용은 큰 영향을 미치지 않으며, 다만 기존 정치계에서 소외된 정당을 밀어주었다는 설명이다. 그러나 LPF 지지자들이 투표 시점에 이르러서 더 정치에 대해 냉소적이었

---

20) 오스트리아의 FPÖ, 이탈리아 AN, 플랑드르의 Vlaams Blok, 노르웨이의 Fremskritspartit, 프랑스 FN 등이 대표적이다.

21) Wouter van der Burg, "How the LPF Fuelled Discontent: Empirical Tests of Explanations of LPF Support," *Acta Politica*, vol.38 (2003), pp. 90-98. 이 논문은 Dutch Parliamentary Elections Studies(DPES) 2002를 자료로 하여 선거결과를 조사·분석하였다.

다든지, 또 정책보다 포르퇴인의 개인적인 카리스마에 더 끌렸다는 식의 주장은 실제 조사에 의해 부정되든지 혹은 설명력이 약한 것으로 드러났다.

셋째, 유권자들은 LPF의 정책을 보고 투표했다는 설명이다. 포르퇴인 현상과 같은 어이없는 결과가 합리적·이성적 투표의 결과라는 이 설명은 가장 인기 없는 모델이지만, 선거 분석 전문가들은 이것이 가장 타당한 설명이라는 견해를 제시한다. 결국 2002년 선거는 사회경제적 요인도, 또 냉소주의도 큰 영향을 미치지 않았으며, 유권자들은 정책을 보고 결정을 내렸고, 그 가운데에서 특히 이주민들과 난민들에 대한 엄격한 조치가 핵심 의제였던 것이다. 달리 이야기하면 유권자들은 일시적 변덕에 따라 움직인 것이 아니라 그들이 중요하다고 생각하는 이슈인 이민문제에 대해 포르퇴인 정당이 공감이 가는 정책을 제시했기 때문에 그 당에 투표했다. 다만, 이 당은 투표 때 약속했던 정책을 구현하지 못 했기 때문에 그래서 다음 선거 때 힘을 잃었다고 할 수 있다.

물론 그의 개인적인 요소들—카리스마적인 성격, 미디어를 장악하는 능력 등—이라든지 일반인들의 정치에 대한 냉소주의 같은 요소들이 전혀 무의미한 것은 아니다. 사실 냉소주의라는 요소를 분석해 보면 이 역시 앞의 설명 방식으로 재해석할 수 있다. 포르퇴인에게 표를 던진 사람들은 물론 다른 정치인들에 대해 열의를 느끼지 못한 사람들이라 하겠으나, 포르퇴인이 그들의 열의를 이끌어낸 것은 결국 다른 정치인들이 제시하지 못한 정치 프로그램을 제시했기 때문이다. 포르퇴인에게 투표한 사람들을 분석한 연구를 보면 그들은 4년 전인 1998년에 이미 냉소적이었고, 또 이주민들에게 덜 관용적인 태도를 취했다. 말하자면 이런 요인들은 포르퇴인 이전에 이미 존재했던 것이며, 포르퇴인은 그것을 잘 동원(mobilize)함으로써 정치적으로 성공을 거두었다는 것이다. 그것은 곧 그가 네덜란드 사회의 정치적 수요에 맞는 프로그램을 선점했음을 말해 준다.22)

결론적으로 LPF의 승리는 유권자들이 그들의 정책을 보고 판단한 결과이다. 일견 어이없어 보이는 정치 현상이 사실은 합리적인 판단의 결과라는 결론에 대해서는 다른 분석 논문들 역시 동의하고 있다. 기존 정당들은 이주민 문제에 대해 전혀 대응하지 못 했는데, 이 상황에서 LPF는 어떻든 바로 그 문제에 대해 대책을 제시하였고 이것이 유권자들의 관심을 끌었다는 것이다. 유권자들이 단순히 정치 일반에 대해 냉소적이었기 때문에 표를 던진 것은 아니었다. 사실 LPF 지지자들은 이미 몇 년 전부터 정치에 대해 냉소적이었는데, 이 말은 곧 오래 전부터 네덜란드 정치가 중요한 문제에 대해 답을 주지 못했다는 반증이다. 포르퇴인이 제시한 이슈(다문화주의, 난민, 범죄 문제에 대한 그의 강한 문제제기)는 사회의 심층적인 요구를 반영했다고 보아야 한다.

---

22) Eric Bélanger, Kees Aarts, "Explaining the Rise of the LPF: Issues, Discontent, and the 2002 Dutch Election," Acta Politica, vol. 41 (2006), pp. 14-16. 이 논문에서 사용한 자료는 1998-2002 DPES panel 이다. 이는 선거 전후로 표본 집단을 골라서 인터뷰를 한 자료이다.

4 | 젠더와 문화

포르퇴인 현상은 21세기에 들어와서 네덜란드의 사회 · 정치 · 문화 문제들이 급격하게 바뀌었음을 말해 준다. 포르퇴인 자신은 암살당해서 사라졌고 그의 정당 역시 세력이 급격하게 줄었지만, 그가 제시한 정치 방향은 이후 네덜란드의 다른 정당들에 계승되었다. 이주민 통합 문제는 네덜란드에서 계속해서 핵심 이슈가 되고 있다. 그런데 네덜란드 사회에서 특징적인 점은 이 문제가 젠더와 문화라는 이슈로 귀결되었다는 점이다.

이 문제들은 또 한 번의 충격적인 암살 사건으로 사회 전면에 급격하게 부상하였다. 과격하고도 파격적인 방식으로 무슬림들을 비판했던 영화감독 테오 반 고흐가 2004년 11월에 모로코계의 젊은 남자 모함메드 바우예리에 의해 암살당했다.[23] 더욱 충격적인 것은 암살범이 반 고흐의 동료인 히르시 알리라는 여자를 살해하겠다는 내용의 편지를 시체에 칼로 찔러 박았다는 점이다. 반 고흐와 히르시 알리가 본격적으로 무슬림들의 저주의 대상이 된 것은 그들이 'Submission, Part One'이라는 11분짜리 영화를 만들어서 8월에 TV에 방영한 때부터이다.[24] 영화의 내용은 4명의 무슬림 여성이 독백 형태로 허구의 증언

23) 반 고흐는 여러 글을 통해 무슬림들을 '염소와 붙는 자들(goat fuckers)', '예언자의 핌프(pimp of the prophet)', '알라의 구두닦이(bootblack of Allah)' 등으로 부르며 조롱했다. 그는 무슬림들이 '가장 후진적인 암흑의 전달자들'이며 이슬람은 우리의 자유를 위협하는 종교라고 주장했다. van der Veer, "Pim Fortuyn," p. 111.

을 하는 것이다.[25] 이들은 모두 억압과 폭력의 희생자로서, 그들의 증언 내용은 '1. 간음죄로 비난받음 2. 결혼을 강제 당하고 남편에 의해 성적으로 학대받음 3. 가정 폭력으로 희생당함 4. 남편의 아저씨뻘 되는 사람에게 강간당해서 임신함'이며, 그들이 항의하면 모두 알라의 이름으로 그들을 침묵시키고 오히려 그들을 처벌한다는 것이다. 이 점은 특히 폭력을 정당화하는 쿠란의 글귀가 반 누드의 여성 몸에 새겨져 있는 장면을 통해 강조된다. 한편 내레이터는 눈만 나오는 베일을 쓰고 있지만 나머지 전신은 투명한 천으로 덮여 있어서 가슴이 드러나 보인다. 장소는 이슬라미스탄이라는 곳으로 상정되어 있는데, 창문이 없고 카펫과 아랍풍 장식만 보이는 어두운 공간 속에서 영화가 진행되며, 영화 내내 채찍질 소리와 아랍 음악이 연이어지고 또 쿠란을 읽는 소리도 중간에 들린다. 전반적인 내용은 '사랑하는 그 신이 어떻게 순수한 사랑의 파괴, 복종, 학대, 강간을 정당화한다는 말인가' 하는 신앙의 위기와 관련이 있다. 한 마디로 이 영화는 여성 억압적이라는 점을 강조하면서 이슬람을 공격하는 미디어 전쟁의 수단이라 할 수 있다.

히르시 알리는 이슬람에 대한 공격의 상징으로 떠오른 인물이다.[26] 소말리아의 유명한 반체제 인사의 딸인 그녀는 엄격한 이슬람

24) 이 영화는 인터넷 상에서 쉽게 구해서 볼 수 있다.
예컨대 http://www.youtube.com/watch?v=SXGZBs65qMs

25) 이 영화에 대한 분석은 다음 논문을 많이 참조하였다: Marc de Leeuw, Sonja van Wichelen, "Please, Go Wake Up!" Submission, Hirsi Ali, and the "war on Terror" in the Netherlands," *Feminist Media Studies*, vol.5, no.3 (2005).

26) 히르시 알리의 자서전적 내용을 담고 있는 다음 책을 참고. Ayaan Hirsi Ali, *Infidel*, (New York: Free Press 2007).

교육을 받으며 자랐지만, 결혼하기 위해 캐나다로 가는 도중 독일을 거쳐서 네덜란드로 망명하였다. 그녀는 이곳에서 난민 권리를 인정받고 시민권을 획득하였으며, 정치학 공부를 마친 다음 여러 기관에서 일하다가 노동당의 싱크 탱크로 자리 잡았다. 그 후 노동당을 떠나서 우파로 전환한 다음 포르퇴인 암살 이후 시기인 2003년에 국회의원으로 당선되었다. 이때부터 그녀는 이슬람에 대한 철저한 공격을 주도하였으며, 반 고흐와 함께 문제의 영화를 만든 것 역시 그러한 전략의 일환이라 할 수 있다.

이 영화는 많은 논란을 불러일으켰고, 또 여러 가지 점에서 비판받았다. 제작자들은 이 영화가 무슬림 여인들에게 전하는 메시지라고 하지만 실제 이 영화를 볼 수 있는 사람은 그들이 아니다. 또 제작자들은 페미니즘을 옹호하는 듯한 인상을 주려 하지만 오히려 에로틱한 분위기에서 관음증적인 시각으로 여체를 보고 있으며, 내용도 결코 페미니즘과 관련이 있다고 할 수는 없다. 결과적으로 이 영화는 오리엔탈리즘을 통해서 왜곡된 이슬람 관을 조장하고 있다고 보아야 한다. 아마도 반 고흐는 이런 점들을 스스로 명백히 알면서 일부러 논쟁을 불러일으키는 방식으로 사회적인 터부를 건드린 것으로 보인다. 이를 통해서 그가 주장하려는 바는 네덜란드의 다문화주의가 페미니즘과 어울리지 않으며, 그것은 곧 서구가 오랜 기간에 걸쳐 획득한 민주적 가치를 훼손하고 있다는 것이다.[27)]

---

27) 이는 미국의 정치학자 오킨의 주장과 통한다. "만일 서구가 자유주의적인 여성의 권리보다 소수자 문화의 권리에 우선권을 준다면 그것은 '야만적인' 문화의 여성혐오적인 관행에 공모하는 것이다. 문화적 차이는 상대주의로 가고, 상대주의는 '우리의' 젠더 정의(gender justice)를 약화시키기 때문에

이제 네덜란드에서 많은 정치가들과 언론인들은 '이슬람은 후진적인 문화를 가지고 있으며 그것이 네덜란드의 문화를 해치고 있다는 사실을 두려움 없이 명확하게 발언해야 한다'는 주장을 거침없이 펼치고 있다. 가장 대표적인 사례는 반 고흐가 사망한 며칠 뒤에 파울 셰퍼가 『한델스블라드(NRC Handelsblad)』 지에 기고한 글이다. 여기에서 그는 '네덜란드를 무슬림들에게 넘겨주어서는 안 된다'는 주장을 강하게 펼쳤다.[28)]

> 얼마 전까지 암스테르담은 네덜란드의 관용의 구현체였다. 그곳은 개방성을 상징하는 자랑스러운 수도였다. 지금까지 암스테르담은 긍정적인 예외였다. 이곳에서는 다른 곳과는 사정이 달랐고, 이곳에서는 의심스러운 사람들이 반란을 선언하지 않았다. 그러나 이제 흰 소매 아래 도살자의 칼을 가지고 있는 사람들이 모여 있으며, 이제 우리 모두는 스스로를 속여 왔다는 것을 알게 되었다.

이런 주장을 펴는 논자들의 철학은 서구 문명이 민주주의와 계몽주의를 발전시켰고 근대 자유주의는 부와 자유를 가져다주었으며 결국 해방을 가져다주었으나, 오늘날 이슬람이 이런 성과를 위협하

여성에게 나쁜 것이다." Susan Moller Okin, "Is Multiculturalis Bad for Women?," Marc de Leeuw의 논문, "Please, Go Wake Up!," p. 332에서 재인용; Conny Roggeband, Mieke Verloo, "Dutch Women are Liberated, Migrant Women are a Problem: The Evolution of Policy Frames on Gender and Migration in the Netherlands, 1995-2005," *Social Policy & Administration*, vol.41, no.3 (June 2007), p. 271.

28) Marc de Leeuw, "Please, Go Wake Up!," p. 335에서 재인용.

고 있다는 것이다. 이런 사조는 특히 9·11 사태와 마드리드 폭탄 테러를 계기로 강화된 것이 분명하다. 이 사건들이 야기한 불안과 공포가 기존의 다문화주의를 바라보는 시각을 급격하게 변화시켰다.

이제 서구의 가치와 이슬람 가치 간의 갈등, 즉 문화적 정체성 문제가 논의의 핵심으로 떠올랐고, 또 문제의 초점은 젠더 문제에 집중되었다. 젠더 문제가 '이슬람의 후진 문화와 네덜란드의 근대성을 구분 짓는' 중요한 요인으로 여겨지게 된 것이다. 무엇보다도 가내 폭력에 노출된 여성 문제가 핵심 의제로 떠올랐다. 흔히 이주민들의 전통 문화는 남성 우월적인 요소를 가지고 있어서 여성들이 폭력적인 상황에 처해진다는 것이다. 히르시 알리의 표현에 따르면 "소수 인종 여성들이 해방과 동화로 나아가는 데에 부딪히는 가장 큰 난관은 소위 문화적으로 정당화된 폭력이다."[29] 바로 이 "문화적으로 정당화된 폭력"이 중요한 정치 아젠다가 되었다. 이 주장에 따르면 이주민 여성들은 네덜란드 여성들만큼 해방되지 않았으며, 여성 해방이 소수 집단 전체의 해방을 향한 핵심 단계가 되는 것이다.

그런데 이제 네덜란드를 비롯한 유럽 각국에서는 문제 설정이 달라졌을 뿐 아니라 이 문제를 푸는 방식 역시 바뀌었다. 이주민들이 서구 사회에 통합·동화하는 데에 실패했다는 진단이 내려졌지만, 그에 대한 해결책으로는 국가가 적극적으로 나서는 것이 아니라 오히려 후퇴하는 신자유주의적 방향을 취했다. 즉, 국가는 특정 정책과 수단을 통해 통합과 동화를 유도하는 것이 아니라 단지 이주민들에

---

29) Roggeband, "Dutch Women are Liberated," p. 280.

게 요구와 의무 부여를 하고 결과를 감시할 뿐이다. 이제 국가보다는 시민들이나 사회의 여러 기관들이 책임을 져야 하며, 국가가 할 일은 과연 당사자들이 스스로 얼마나 노력을 기울였는지 판단하고 결과에 따라 응분의 조치를 취하는 것이다.

여기에서 주목할 만한 정책이 네덜란드의 이주민 동화 교육과 테스트 정책이다. 1998년 제정된 WIN(Wet Inburgering Niewkomers; Newcomer Integration Law)에 의해 네덜란드 정부는 이주민들에게 12개월짜리 교육 코스를 제시했다.[30] 이 가운데 600시간이 네덜란드어 강습이며 이외에 시민교육과 노동시장에 대한 준비가 포함되어 있다. 이 시기만 해도 이 코스는 강제라기보다 국가가 보장하는 서비스의 의미가 강했다. 우선 이수 불이행시 벌금 혹은 실질적인 강제 집행 등의 규정이 매우 약했다. 그런데 2002년 포르퇴인 암살 이후 분위기가 반전되었다. 2003년에는 강제 이수 규정을 두었고, 주관 부처도 내무부가 아니라 법무부로 바뀌어서 강제성이 그만큼 강화되었다. 그리고 2006년 7월에 이 법이 다시 개정되면서 성격이 더욱 엄격해졌다.[31] 우선 수강비용을 학생이 부담하고 시행기관도 국가기구가 아니라 사설 기관으로 변경되었으며 국가는 다만 그 결과를 사후에 검토할 뿐이다. 즉, 국가로서는 이주민들이 실제 이 과정에 다녔는지는 상관치 않으며, 다만 마지막 결과만 중요하게 볼 뿐이다. 이러한 변화의 배후에 있는 철학은 각자 자신의 사회 통합에 스스로 책임을 져야 한다는

30) 이하 Joppke, "Beyond National Models," pp. 6-14.
31) 네덜란드의 법부무에서 제공하는 관련 자료는 인터넷에서 구할 수 있다: *Basiesexamen inburgering; Inburgeren in het buitenland*, Justitie Immigratie-en Naturalisatiedienst.

것이다. 물론 교육 내용 역시 각 개인의 책임을 강조하는 방향으로 바뀌었다.

2006년에 시행된 정책에서 특히 주목할 점은 이주민들이 네덜란드로 입국하기 전에 해외에서 미리 시험을 치도록 한 것이다.[32] 원래 이와 같은 사전 테스트를 처음 시도한 것은 독일이었다. 그러나 독일 정부는 독일어 교육을 위해 거액의 투자를 먼저 한 후 테스트를 하므로 이주민들에게 도움을 준다는 성격이 여전히 강하지만, 네덜란드는 시험만 본다는 점이 결정적으로 다른 점이다. 이를 통해 이 조치의 실제 의도가 이주민 유입을 막기 위한 것임을 알 수 있다. 시험의 내용 역시 이와 관련이 있어서, 이주 희망자들이 과연 서구 문화를 수용할 자세가 되어 있는지를 판단하려는 의도를 가지고 있다. 예컨대 이주 신청자에게 보여주는 비디오 자료에서 서로 키스하는 남자들, 락 콘서트, 가슴이 노출된 여성들의 모습을 보여주고 의견을 묻는 것은 네덜란드의 문화를 이주민들에게 강제하고 이것을 받아들일 수 있는지를 테스트하는 의미일 것이며, 특히 무슬림들에게는 이런 문화적 충격을 감당하지 못할 경우 이주를 하지 못하도록 막으려는 조치로 해석할 수 있다.[33] 흥미로운 점은 이와 같은 네덜란드의 정책

32) "Everyone aged between 16 and 65 who wishes to reside in the Netherlands for a prolonged period, and needs to apply for an authorisation for temporary stay, has to take the civic integration examination abroad. This applies to people who wish to come to the Netherlands to form a family with someone already living in the Netherlands, or to be reunited with family members already living in the Netherlands. Religious leaders coming to the Netherlands for employment, such as imams or preachers, will also have to take the civic integration examination abroad..." *Ibid.*, p. 16.

33) 2006년 바덴뷔르템부르크 주 정부가 56개국 이슬람 국가 출신 시민권 신청

이 유럽 전체의 모델이 되고 있다는 점이다. 스웨덴, 핀란드, 덴마크, 독일, 프랑스, 벨기에, 오스트리아, 포르투갈, 에스파냐에서 네덜란드의 정책을 따라서 하려고 하고 있다. 욥커가 강조하듯이 최근 유럽 각국의 이주민 정책은 차이가 점점 사라지고 서로 유사해져 가고 있으며, 갈수록 이주민들의 의무가 강조된다는 점, 그리고 자국 문화를 일방적으로 강조하고 이를 수용할 것을 강제한다는 점을 공유하고 있다.

5 | 맺음말 : 이주민 통합정책의 성격의 변화 그리고 전망

네덜란드의 이주민 통합정책은 어떤 방향으로 변화해 가고 있는가? 그 성격은 무엇인가? 표면적으로 보면 인종주의나 파시즘이 연상되지만 실제 내용은 자유주의라고 할 수 있다. 그러나 이때의 자유주의는 급진적이고 전투적인 민족주의와 연관되어 있는 자유주의이다. 이것은 아주 오랜 전통을 가지고 있는 '공포의 자유주의'이다.[34] 몽테

자에게 요구한 인터뷰의 안내책자(Gesprächsleitfaden)는 더 노골적인 내용을 담고 있다. 30개의 질문 중 23번은 이런 내용이다. "2001년 뉴욕의 9·11 사건과 2004년 3월 11일 마드리드 공격 사건에 대해 들어보았을 것입니다. 이 일을 한 사람은 당신 생각에 테러리스트입니까, 아니면 자유의 전사입니까?"

34) 이하 다음 논문을 많이 참조하였다: Tjitske Akkerman, "Anti-immigration parties and the defence of liberal values: The Exception case of the List Pim Fortuyn," *Journal of Political Ideologies*, Vol.10, no.3 (October 2005), pp. 337-354.

스키외의 전통에 서 있는 이 자유주의는 "법의 지배를 용인하지 않는 적대적 체제 아래에서 살게 되는 시나리오를 피하자는 것"을 뜻한다. '공포의 자유주의'는 민족, 유럽, 혹은 서구 문명과 타자의 경계를 세우려는 특징을 보인다. 원래 일반적인 자유주의는 자신들의 가치가 결국은 세계 전체로 확산될 것으로 믿으며 따라서 보편적인 성격을 띠게 마련이지만, '공포의 자유주의'는 오히려 서구와 나머지 세계를 갈라놓으려고 한다. 그 전제는 서구의 자유주의가 동구 혹은 이슬람 세계에서는 실현가능하지 않다고 보는 것이다. 포르퇴인의 사고가 이와 유사하다고 할 수 있다. 네덜란드 사회와 문화는 이슬람이라는 외부 요소에 의해 위협받고 있으며 따라서 이로부터 서구 가치를 지키기 위해 경계를 분명히 세우자는 것이다. 이런 주장은 자유주의 원칙을 네덜란드 문화 안에서 찾아야 한다고 주장하는 점에서 강한 내향성을 띠고 있다.

이런 식의 자유주의는 자연히 전투적 성격을 띠게 된다. 곧 자유주의는 문화적 전쟁에 의해 지켜진다고 보는 것이다. 이를 설명하는 논리는 이슬람이 원래 반자유주의적이라는 것이다. '자유주의적 이슬람'이라는 것은 아예 불가능하며, 무슬림들이 국가와 교회의 분리를 받아들일 가능성은 전혀 없다. 이 주장은 문명충돌론을 근거로 삼는다. 이런 주장을 하는 사람들이 흔히 전쟁의 수사를 사용하는 것도 이 때문이다. 헤르트 윌더르스(Geert Wilders)가 대표적인 인물로서, 그는 히르시 알리와 함께 '자유주의적 지하드(liberal Jihad)'를 주장하였다.[35] 심지어 이 전투를 위해서 잠정적으로 종교의 자유를 유보

35) 히르시 알리는 때로 이런 태도를 과격하게 행동으로 옮기기도 했다, 한번은

하라는 요구까지 했다. 특히 반 고흐 사망 이후 이런 경향이 강해져서, 이슬람 사원에 대한 공격이 빈번하게 일어났다.

그렇다면 이런 호전적인 상태는 앞으로도 지속될 것인가? 이슬람과 서구 문화는 도저히 양립할 수 없으며, 따라서 서구에서 거주하는 무슬림들은 계속 게토에서 분리된 생활을 할 것인가? 현재로서는 이 문제에 대해 단언하기는 힘들다. 그러나 최근의 강경한 반이슬람 경향만을 보고 양측간에 타협은 전적으로 불가능하다고 본다면 그것 역시 너무 성급한 결론이 될 것이다.

사실 '이슬람'이라는 이름으로 모든 사람과 모든 문화를 똑같은 실체로 호도하는 것은 오류이다. 무슬림 중에 온건한 세력이 많이 존재할 뿐 아니라, 이슬람 문화 역시 변화의 노력을 추구하고 있는 것이 사실이다.[36] 일반인들의 통상적인 생각과는 달리 네덜란드의 한 정부 기관(Wetenschappelijke Raad voor het Regeringsbeleid, 정부정책을 위한 과학위원회)은 무슬림들은 온건한 성향이 강해지고 있다고 판단하였으며, 정책적으로 이슬람 내 온건파 집단들과 우선 접촉할 것을 권장한 바 있다.[37] 사실 최근의 정치가들과 여론 주도층이 지나치게 이슬람

이슬람 학교 운동장으로 쳐들어가서 학생들에게 알라와 네덜란드 헌법 중 하나를 택하라고 요구하기도 하였다. Spruyt, "Can't We Discuss This?," p. 325.

36) 아프쉰 엘리안(Afshin Ellian)이라는 이란계 율법학자는 이슬람을 근대화하겠다고 주장하고 나섰다. 그는 서구에서 '관용'은 기독교의 산물이 아니라 기독교에 대한 공격에서 나왔다고 주장하였으며, 따라서 이슬람 권의 니체, 볼테르, 사드가 나와야 한다고 주장했다. 그러나 그는 '계몽주의 근본주의자'라고 낙인찍히고 축출당했다. Caldwell, "The Dutch Rethink Multiculturalism." 그렇지만 여기에서 알 수 있는 것은 이슬람 내부에서도 변화를 향한 다양한 노력이 진행 중이라는 점이다.

37) Spruyt, "Can't We Discuss This?," pp. 324-325.

을 '문제화'하고 강경한 방향으로 몰고 가는 자체가 사태를 악화시키는 경향이 있다고 보아야 한다.[38] 무슬림 여성이 겪는 폭력 문제에 대한 지적 역시 때로는 의도적이든 비의도적이든 방향이 약간 어긋나 있다는 점도 아울러 지적할 필요가 있다. '여성할례(clitoridectomy)'는 소말리아 여성들에게서 많은 문제이지 터키와 모로코인의 문제라고 할 수는 없는 데도 이 두 나라 출신 무슬림의 문제로서 거론하는 것이 한 예이다.[39] 따라서 '공포의 자유주의' 자체가 공포를 확산시키고 있을 가능성이 크다.

이런 점들을 염두에 두고 네덜란드의 주류 사회가 다시 새롭게 무슬림과 상호 이해를 도모하고자 하는 노력을 기울이고 있는 측면도 주목할 필요가 있다. 작지만 중요한 예는 무슬림 남성들이 여성들과 악수하는 것을 거부하는 문제이다. 이슬람의 전통에서 남성이 여성과 악수하는 것은 금기이다. 로테르담에서는 한 남성이 많은 사람을 접대해야 하는 공직을 맡았으면서도 여성과 악수하는 것을 거부했다가 해고당하는 사태가 일어났으나, 공정대우위원회는 이 사람을 복직시키는 조치를 취했다. 또 2006년에 베아트릭스 여왕이 헤이그의 모스크를 방문했을 때 여왕과의 악수를 거부하는 이맘의 태도를 용인하였다.[40] 이런 노력은 '그들'의 문화를 일방적으로 변화시키려

---

38) 이슬람 문제를 다룬 책들의 제목들을 보면 지나치게 사태를 어둡게 그리고 있다는 느낌을 받기에 충분하다: Richard Koch, *Suicide of the West*; Bruce Bauwer, *While Europe Slept: How Radical islam is Destroying the West from Within*; Claire Berlinski, *Menace in Europe: Why the Continent's Crisis is America's, Too*; Domoniqie Thomas, *Le Londonistan : le djihad au coeur de l'Europe*.

39) van der Veer, "Pim Fortuyn," p. 121.

40) Spruyt, "Can't We Discuss This?," pp. 322, 324.

하기보다 차이를 받아들이려는 태도를 보이는 것이라 할 수 있다. 그렇다고 하면 네덜란드는 여전히 '폴더 모델'을 버리지 않고 새로이 시험 중이다. 현재 진행 중인 이 시험의 결과는 네덜란드 사례를 주목하고 있는 서구 각국에 극히 중요한 영향을 미칠 것으로 보인다.

05 호주 : 이민 정책과 다문화주의 담론

이태주

1 | 머리말 : 호주 다문화주의는 폐기되었는가?

캐나다, 미국과 함께 대표적인 이민자들의 나라이며 다문화주의를 대표하고 있는 호주에서는 최근 수년 동안 충격적인 사건들이 벌어졌다.

2001년 11월의 호주 연방 총선을 앞둔 3월의 여론 조사에서 집권 연립정부는 비슬리(Beasley)가 이끄는 호주 노동당에 20%나 뒤져 있어 선거에서의 패배가 확실시 되고 있었다. 그러나 그해 8월에 노르웨이 화물선 탐파(Tampa)가 위험에 처한 아프가니스탄과 이라크 등 중동계의 보트피플 234명을 인도네시아 해에서 구조하여 호주 서북 해안의 크리스마스 섬에 입항에게 된 사건이 벌어졌다. 당시 호주에서는 3명의 레바논계 남성 갱단이 백인 호주 여성들을 강간하고 마약 거래하는 등의 반사회적 행동이 큰 사회적 문제로 대두되었고 무슬림계 이주민들에 대한 적개심이 어느 때보다 고조되고 있었던 때였다. 이러한 상황을 이용하여 호주 정부는 보트피플 불법 이민자들을 받아들이지 않고 남태평양의 나우루(Nauru) 국가에 불법 난민들을 보내는 이른바 '태평양 해법'(Pacific Solution)을 내놓았고 여론의 지지를 얻고 노동당도 이를 지지할 수밖에 없었다. 불법 난민들과 중동계 불법이민자들을 호주 땅에 들어오지 못하도록 하고 남태평양 다른 섬의 난민 캠프에 감금하는 이러한 조치로 인하여 하워드의 연립정부는 다시 선거에서 승리하여 3번째 재집권에 성공하였다.[1)]

2004년 2월 15일, 호주 시드니 레드펀(Redfern) 지역에서는 호주 원주민들인 에보리진들의 폭동 사건이 발생하였다. 약 150여 명의 에보리진들이 시드니 원주민들의 정신적인 고향인 더블록(The Block) 지역에 집결하여 난동을 일으켰는데, 적어도 사십 명의 경찰관이 부상을 당했다. 9시간 동안 경찰과 대치하며 싸운 에보리진들은 화염병과 돌을 경찰에 던졌고 차량을 불태웠다. 이 사건은 경찰이 한 에보리진을 추적하였는데, 그가 추적을 피하다가 사고로 사망하면서 발발하였다.[2)]

---

1) Frank G. Clarke, *The History of Australia* (London: Greenwood Press, 2002), pp. 207-209.

2) Council for National Interest, "The Redfern Riots: Multiculturalism at Work", *National Observer,* (2004, Autumn) pp. 8-10

2005년 12월 4일 일요일, 시드니 외곽지역인 크로눌라(Cronulla) 해변에서는 레바논계 청년 2명이 백인 인명구조 대원을 폭행하는 사건이 발생하였다. 이 사건은 라디오 방송과 27만 건 이상의 SMS 문자 송신을 통해 시드니 전역에 널리 알려지게 되었고, 일주일 후에는 약 5천여 명의 백인 청년들이 크로눌라 해변에 집결하여 모스크 앞에 모인 중동계 청년들에 대해 보복공격을 단행하였다. 백인들에 의한 보복과 폭력, 파괴적 행위는 시드니 교외의 울룽공과 뉴케슬 지역까지 확산되었고 경찰은 시드니의 해변을 봉쇄하였다. 이 폭동 기간에 호주 국기 문양의 셔츠와 국기가 거리에 물결쳤으며 '우리의 영토를 보호해야 한다', '100% 호주인의 자부심'(100% Aussie Pride)과 같은 인종주의적 슬로건이 등장하기도 하였다.[3)]

이러한 상황에서 2007년 1월, 하워드(John Howard) 호주 총리는 이민다문화부(DIMA, Dept. of Immigration and Multicultural Affairs)를 이민시민권부(DIAC, Dept. of Immigration and Citizenship)로 명칭을 바꾸고 장관도 경질하는 조치를 단행했다. 이를 두고 호주 언론들은 하워드 총리가 결국 다문화주의를 폐기하고 이민자 통합 정책으로 회귀하였다고 평가하였다. 부처 명칭의 변경은 하워드 총리가 항상 주장해 온 "모든 이민자들은 호주 땅에 왔으면 호주 시민이 되어야한다"는 시민 통합(civic integration)[4)] 정책을 반영하는 것이다. 하워드 총리는 다문화주의를 폐

3) 이에 관한 상세 내용은 이태주, 권숙인 외, 『다민족 사회 진전에 있어서의 사회 갈등 양상과 극복과정, 호주와 일본의 사례』(한국여성정책연구원, 2007) 참조.

4) 시민 통합은 이민자가 스스로 통합을 위해 노력할 것을 강조하는 정책으로

기한 것은 아니라고 말하고 있지만 이민자들에 대한 시민권 심사에서 영어와 호주 가치에 대한 시험을 강화하는 조치가 단행되었다. 시민권 취득 대기 기간이 2년에서 4년으로 연장되었으며, 영어와 호주 역사시험 등 필기시험이 추가되었다. 그는 호주 시민이 되려면 자신들의 고유문화보다는 호주 사회에 통합될 수 있는 자질과 능력을 먼저 보여주어야 한다는 논리를 강조하고 있다. 하워드 정부는 다문화주의를 늘 불편하게 생각하였으며 문화적 동질성을 강화하려는 노력을 수년 간 계속해왔다. 이민자들이 다문화주의의 기치아래 호주 시민으로 통합되기 위한 노력을 게을리 하는 것을 좌시하지 않겠다는 조치이다. 민주당 바틀릿(Bartlett) 당수는 총선을 앞두고 하워드 총리가 민족주의에 호소하고 있는 것이라고 하였으며, 시민권에 관심도 없었던 총리가 새삼 깃발을 흔들며 정치적 이익을 노리는 것이라고 비난하였다.[5] 이러한 상황에서 최근 2007년 11월 24일, 호주 총선에서 하워드가 이끄는 자유당 연립정부는 캐빈 러드(Kevin Rudd)의 노동당(ALP, Australian Labour Party)에게 패배함으로써 향후 호주의 이민정책도 또 다시 변화할 것으로 예상된다.

과연 이민자들의 천국이고 다문화주의의 보루였던 호주는 다문화

민족국가에 이민자 집단의 문화를 동화시키는 국가 통합이나 다문화주의와 달리 신자유주의에 따라 이민자 개인의 규율과 책임, 능력을 요구하는 것이다. 그에 의하면 시민 통합은 반차별주의 정책과 함께 사회적 포용(social inclusion)을 지향한다. 호주의 시민권 테스트는 바로 시민 통합 정책의 대표적인 예이다. Christian Joppke, "Transformation of Immigrant Integration in Western Europe: Civic Integration and Antidiscrimination Policies in the Netherlands, France, and Germany", (한성대학교 이민, 인종문제연구소 초청강연 자료, 2007)

5) 2007.1.29, http://news.chosun.com

주의를 폐기한 것인가? 다문화주의의 폐기라면 그 대안은 무엇이며 재구성과 수정이라면 무엇이 달라진 것인가? 한국이 다문화주의를 도입하고자 다문화 정책과 담론을 이제 막 전개하고 있는 즈음에 호주가 다문화주의를 폐기하였다면 이는 어떠한 함의를 지니는 것인가? 이 연구는 이러한 문제의식에서 출발하여 호주에서 다문화 정책과 다문화주의 담론이 어떻게 형성, 전개되어 왔는가를 역사적 맥락에서 고찰하고자 한다. 특히 호주와 같이 이민자들로 구성된 다민족 국가에서 다문화주의가 지니는 현실적, 다중적, 수사학적 의미를 발견하기 위해 다문화주의에 관한 정치적, 공적 담론과 정책 및 학술적 논의들을 분석하고자 한다. 그럼으로써 다문화주의의 현실 정치적 맥락과 한계를 파악하고 새롭게 등장하고 있는 통합주의와 노동당 정부의 인권에 기초한 이민정책의 의미를 이해하고자 한다.

2 | 호주 이민정책의 역사와 전개과정

1). 백호주의와 이민자 사회의 형성

호주 대륙에는 지금부터 5만 년 전 이상의 연대로 추정되는 원주민들의 유구한 역사가 있다. 유럽인들이 호주 대륙에 오기 이전에 이 대륙은 결코 '텅 빈 땅'(terra nullius)이 아니었다.[6] 호주 원주민 사회에 죄수들인 영국 백인들이 최초로 이주하기 시작한 것은 1788년이기 때문에 이때부터 호주의 이민 역사를 추정하는 것이 옳다. 주목할 것은 영국인들이 호주 대륙에 이주하기 시작한 이래로 이민자들인 백인들은 원주민들인 에보리진을 결코 자신들과 동등한 민족으로 취급하지 않았으며, 잔혹한 학살과 격리, 배제 그리고 동화 정책을 통해 원주민에 대한 반인권적 인종차별과 백인 지배의 식민지 정책을 고수하였다. 이러한 원주민들에 대한 인종 차별주의가 폐기된 것은 1970년대 중반 다문화주의가 공식적으로 도입되면서이다.

호주는 1901년 영국으로부터 독립하여 연방정부를 구성할 때부터 1970년대까지 이민제한법[7])을 통해 백호주의(White Australia)를 강력히 추진하였다. 1901년 당시에도 이미 호주 인구의 20% 가량은 해외에서 태어난 자들이었으며 영국인들 이외에도 독일인들과 중국인들이 상당수 있었다. 백호주의는 1850년대의 이른 바 '골드러시'(gold rush) 시기에 몰려드는 중국인들의 이민을 억제하기 위해 시작된 것이다. 당시 빅토리아(Victoria) 주와 뉴사우스 웨일즈(New South Wales) 주에서 금광을 개발하면서 나타난 골드러시는 중국인들에 대한 이른바 '황색공포'(yellow fear)를 백인들에게 확산시켰으며, 이것은 20세기를 거쳐 현재까지도 지속되고 있는 호주의 아시아계 이민에 대한 경계와 선별 통제를 특징으로 하는 호주 이민정책의 근간이 되었다. 호주의

---

6) Henry Reynolds, *Aboriginal Sovereignty, Three Nations, One Australia?* (NSW: Allen & Unwin, 1996), pp. 1-15

7) 1901년 호주 연방정부의 이민제한법(Immigration Restrict Act)에서는 유색인종의 이민을 제한하는 명시적 규정은 없었으나, 구술시험이나 제조업 취업 금지 조항 등을 통해 특정 인종의 이민이 매우 불리하게 되었다. 이용승, 「호주의 다문화주의」(고려대학교 대학원 정치외교학과 석사논문, 2004), pp. 30-31.

이민정책으로서 백호주의는 유색인종에 대한 구술시험이나 취업 금지 등을 통해 백인들에게만 이민을 제한적으로 허용하는 인종차별주의로 구체화되었다. 또한, 호주 정부는 에보리진들에 대하여는 강압적인 격리 또는 동화주의를 실시하였고 앵글로 색슨계 영국인들을 중심으로 하는 문화 정체성을 호주의 국가 정체성으로 확립하고자 함으로써 백호주의는 하나의 이데올로기가 되었다.[8)]

식민지 기간 중에 호주에서는 다른 영국 식민지 국가에서와 마찬가지로 '인종의 위계'(racial hierarchy)가 형성되었다. 백인을 정점으로 흑인과 황인종, 그리고 최하층에 호주 원주민들을 위치시키는 인종사다리에 의해 식민정책 뿐 아니라 원주민들에 대한 잔혹한 격리와 차별, 동화 정책도 합리화될 수 있었다. 이러한 인종의 위계질서로 인하여 제2차 세계대전 이전까지 호주에는 비교적 동질적인 영국인들로 구성된 사회라고 하는 '동질성의 신화'가 작동하고 있었으며, 동화(assimilation)가 정부의 공식적인 이민 정책을 대표하는 개념이었다. 이러한 백인 지배(white dominance) 관념은 1891년에 호주 최초의 노동당이 창립되면서 주로 유색인종의 이민자들인 노동자들의 열악한 근로조건을 개선하기 위한 노동운동이 확산되면서 다소 완화되었으나 인종차별 정책을 중단시킬 정도는 아니었다.

다행히 호주의 인종차별주의는 원주민들을 제외하면 미국에서와 같이 폭력적으로 진행되지는 않았다. 1857년의 버크랜드 강(Buckland River)에서의 소요사태 이후로 중국인들과 백인들 간의 인종갈등은

---

8) 호주는 미국과 함께 아일랜드계 영국인들이 가장 많이 이주하였으며, 뉴질랜드와 캐나다에는 스코틀랜드 출신의 이주민들이 주로 정착하였다.

증가하였으며, 일부는 폭행과 린치로 죽거나 사살당하기도 하였다. 이러한 상황에서 등장한 것이 호주의 백호주의를 구체화한 이민정책이라고 할 수 있는 1901년의 이민제한법(Immigration Restrict Act)이다. 이 법에 의해 중국과 아시아계 이민자들은 받아쓰기 시험을 보아서 통과해야 입국할 수 있었는데 받아쓰기 시험은 호주 입항 시에 영문 500자를 받아쓰는 것으로 이를 통과하기는 사실상 거의 불가능했던 것이다. 이러한 방식으로 아시아 이민을 제한했던 이민제한법은 1958년에 이주법(Migration Act)으로 개정되기까지 그대로 유지되었으며, 호주의 백호주의는 1972년 노동당 정부가 공식적으로 이를 폐기하기까지 호주 이민정책의 근간으로 계속되었다고 볼 수 있다.

그러나 호주는 제2차 세계대전이 끝나는 1947년부터 1972년까지 이전과는 달리 대규모의 이민을 받아들임으로써 대표적인 이민의 나라가 되었다. 이러한 급격한 변화는 일본의 호주 침공에 따른 안보의 위기와 경제 침체를 탈피하기 위한 매우 현실적인 계기 때문이었다. 이 시기를 통해 호주는 경제적 목적과 국가안보 및 인도주의의 목적으로 적극적인 이민 정책을 수립하였다. '인구증가냐 아니면 멸망이냐'(populate or perish)라는 슬로건이 등장한 것도 이러한 이유 때문인데, 이 슬로건은 1937년 빌리 휴(Billy Hughes)가 처음 사용하였으며 제2차 대전이 끝난 이후에 이민부 장관인 아서 캘웰(Athur Calwell)이 다시 사용하였다.[9] 이러한 인구 증대를 위한 적극적 이민정책의 배경에는 호주가 양차 대전 중에 많은 희생자가 생겼기 때문이기도

9) James Jupp, *From White Australia to Woomera*,(Cambridge: Cambridge Univ. Press 2002) p. 11

하거니와 1942년 일본의 호주 침공을 영국이 막아내지 못했기 때문이다. 즉, 양차 대전으로 인해 호주는 계획적인 대규모의 이민정책을 택해야 했으며 호주는 국가 안보와 지속적인 경제 성장을 위해 '인구 증가냐 아니면 멸망이냐'라는 절박한 이민 정책을 선택해야 했던 것이다.

이러한 이민의 적극적인 확대 정책에서도 호주는 특히 영국계 이민자들이 호주로 올 경우에는 선박 운임과 정착 보조비를 주는 여비보조 프로그램(assisted passage program)을 실시함으로써 차별적인 영국 우대의 이민정책을 1980년대까지도 지속하였다. 이때도 비유럽인들이나 아시아 이민자들에 대한 여비보조는 일체 없었다. 호주의 영국인에 대한 여비보조 프로그램은 사회 공학적으로 면밀히 계획된 것으로 호주를 영연방의 일부로 지탱하고 특히 영국인 육체노동자와 여성들을 증가시켜 성비 불균형을 해소하고 호주를 백인 나라로 만들기 위한 것이었다. 여비보조 프로그램에 의해 호주는 '건강하고 경제적으로 지속 가능하고 젊고 영국 같은 나라'를 만들고자 했던 것이다. 그러나 점차 영국으로부터의 이민자 수가 현저히 줄어들자 부득이하게 남부 유럽과 동유럽 출신의 이민자들에게도 문호를 개방하였으며 전후 폐허가 된 유럽으로부터 많은 이민자들과 난민들이 유입되었다. 당연한 결과로 호주사회가 앵글로 색슨계의 동질적인 백인사회라는 신화는 깨졌다.

제2차 대전 이후에는 아시아계 이민자들도 급증하기 시작하였으며, 상대적으로 영국과 유럽인들의 이주가 아시아인들의 증가보다 줄어들면서 호주의 국가 정체성에 대한 논란이 본격화되었다. 호주는 1949년에 최초로 비유럽인 출신의 난민을 받아들이기 시작하였으며 1957년에는 15년간 정주한 비유럽인들에 대하여 시민권을 부여하기 시작하였다. 1958년에는 이민제한법을 이주법으로 개정하여 구술시험을 폐지하였으며, 1966년부터는 이민 문호를 대폭 개방하고 시민권 부여를 위한 체류기간도 5년으로 대폭 단축함으로써 호주 이민정책의 분기점이 되는 해가 되었다. 그러므로 1966년은 비유럽 이민이 증가하는 결정적 계기가 되었다. 이후로 1966년부터 1972년 사이에 이민정책의 중대한 변화가 생겼는데, 이전까지 영국인을 선호했던 차별적 이민정책은 폐기되고 적어도 공식적으로는 인종과 얼굴색, 신념과 종교의 차이를 무시한 비차별적인 대규모 이민 정책이 시작된 것이다.

2). 동화주의에서 다문화주의로

호주의 특수한 역사적 맥락에서 구체화된 동화주의가 바로 백호주의이다. 호주에서 동화주의는 영국계 개신교도들의 지배와 다른 인종에 대한 차별과 배제 또는 백인화 정책을 말한다. 따라서 백호주의의 근간은 다른 유색인종들을 이민정책에서 차별적으로 배제할 뿐 아니라 원주민들과 이미 정착한 아시아계 이주자들이 점차 사라지거나 그들의 인구가 위협이 될 만큼 증가하지 못하도록 정부가 적극적으로 통제하는 정책을 의미한다. 1937년까지는 강력한 동화주의로서 백호주의가 작동하였는데 당시에 유색인종과 비유럽인은 근본적으로 호주사회에 동화될 수 없었으며, 1960년대까지도 영어와 주류문화를 받아들이는 조건으로 이민자의 호주 입국이 허용되었다. 이민자들은 심지어 색다른 옷차림이나 튀는 행동을 해서는 안 된다고 교육받았으며 백인 호주인들의 사진만이 '좋은 이웃'(good neighbours) 운동에 사용되기도 하였다. 그러나 이러한 차별적인 이민정책과 이주자들을 백인사회에 동화시키려는 계획적 시도는 호주의 적극적인 인구증대 정책에 역행할 뿐 아니라 이민자 집단과 백인들 간의 갈등을 초래하기도 하였다. 실제로 영국과 다른 유럽인 이주자들은 호주에 정착하지 못하고 다시 본국으로 귀환하는 사례가 많이 발생하였으며, 점차 증가하는 아시아계 이민자들과의 사회 문화적 통합은 매우 중요한 국가정책 과제가 되었다.

1960년대에 영국인과 유럽인 이민자들은 최고에 달했고 그 이후로는 감소하기 시작하였다. 1968년에는 터키로부터, 그리고 1970년에는 유고슬라비아로부터 이민자들이 들어오기 시작하였다. 이러한 상황에서 70여 년간 유지되어 왔던 백호주의가 1972년에 휘틀람(Whitlam)의 노동당 정부에 의해 공식적으로 폐기되었으며, 1977년에는 '다문화 사회로서의 호주'(Australia as a Multicultural Society)라는 주브릭키(Zubrzycki)의 보고서가 호주 소수민족위원회에서 채택됨으로써 일대 정책 전환이 이루어진 것이다. 당시 휘틀람 정부의 앨 그래스비(Al Grassby) 이민부 장관은 다문화주의에 대한 신념이 가장 강했지만 1974년 선거에서 패배하였고 인종차별주의자들의 격렬한 공격 대상이 되었다. 1974년에 결국 휘틀람은 이민부를 폐지하였으며, 이민부 업무는 사회 안전부, 교육부, 노동부 등으로 분산되었다. 다문화주의가 호주 정부의 공식 입장으로 채택된 것은 1978년 프레이저(Frazer)의 자유당 정부에서이며, 갈보리 보고서(The Gallbally Report)[10]가 결정적 역할을 하였다.

1972년부터 2000년대 초반까지는 다문화주의 시기로써 선별적 기술이민과 난민들의 구호 이주가 확산되었던 시기이다. 그리고 2000년 이후 호주는 다문화주의에서 다시 통합주의 정책으로 이행하고 있다. 제임스 접(Jupp, 2002)은 특히 1972년 이후 현재까지 호주 다문화 정책의 전개과정을 몇 가지 시기별로 세분하여 설명하였다. 우선 1972년부터 1978년의 기간에는 백호주의가 공식적으로 종식되고 호주를 다문화 사회로 재규정하는 일련의 작업이 진행되었던 시기이다. 1978년부터 1988년까지의 10년 동안은 이주민들의 정착지원에 대한 관심과 지원이 증대되었고 연방 정부와 주정부 차원에서 통합적인 복지, 교육, 다문화 정책이 입안되고 추진된 시기이다. 1988년부

---

10) 1978년에 출간된 갈보리 보고서(Galbally Report, The Review of Post-Arrival Programs and Services to Migrants)는 다문화 호주사회를 공식적으로 주창한 프레이져(Frazer) 내각(1975-1983)의 대표적인 다문화주의 문건이다. 프레이져 수상에게 제출되었던 갈보리 보고서는 연방정부와 비정부기구들에 의해 제공되어야 하는 이주민 정착 서비스 프로그램을 강조하였다. 이 보고서는 다문화주의 접근방식으로 지속된 4가지의 원칙을 제시하였다. 즉, 1) 모든 사회 구성원들은 동등한 기회와 동등한 접근 권리를 지닌다는 것과, 2) 모든 사람은 자신의 문화를 편견과 차별이 없이 유지할 수 있어야 하고, 다른 문화를 이해하고 포용해야 한다는 것, 3) 이민자들의 욕구는 전체 지역사회가 여러 프로그램과 서비스를 통해 충족시켜 주어야 하며, 이러한 프로그램과 서비스에의 접근은 동등하게 보장되어야 한다는 것, 4) 모든 프로그램과 서비스는 수요자와 충분히 협의하여 계획되어야 하고 이주민들이 신속히 자립할 수 있도록 이들의 자조 노력을 돕는 것이어야 한다는 것이다. 갈보리 보고서는 이민자 정착지원, 영어교육, 통역 서비스, 이민자원센타(MRC), 이민자 커뮤니티에 대한 보조금 지급, 소수민족 라디오 방송 확대, 소수민족 TV 방송 등을 정부에 권고하였다.

터 1996년까지는 보수주의자들의 비판에도 불구하고 보다 과학적인 조사연구에 입각하여 세심하고 선별적인 이주자의 선정과 모니터링 및 평등한 기회 제공과 접근권을 확대함으로써 다문화주의를 강화했던 시기이다.

프레이져 연립정부는 이민 소수민족부(Dept. of Immigration and Ethnic Affairs)를 다시 설립하였으며, 호주 내에 정착한 다민족 집단들을 지원하는 프로그램을 본격적으로 실시하였다. 프레이져 정부는 인도주의적 관점에서 난민문제에 적극 대처하였으며 레바논, 베트남 등으로부터 난민을 수용하였다. 뿐만 아니라 다문화주의를 구체화시킨 제도를 구축하였다. 소수민족을 위한 특별 방송제도(SBS)가 시작되었으며 전국적으로 이주민자원센터(Migrants Resource Center, MRC)가 만들어졌고 에스닉위원회(Ethnic Affairs Council)가 발족하였다. 1979년 이후의 호주 이민정책은 단순한 수적인 인구증가 정책에서 경제 합리성을 중시하는 질적인 이민자 선별 정책으로 변화하였다. 이민자를 선별하기 위한 점수제도가 도입되었으며, 사회, 교육, 기술적 능력을 고려하여 차별적인 이주민 선별제도가 정착되었다. 1979년 1월부터 도입된 이민심사 점수제(NUMAS)가 그것이다. 호주 정부는 자질 있고 호주 경제가 필요로 하는 선별된 기술 이민자들은 경제에 기여하는 인적자본이라고 판단하였다. 인적자본 접근에 의해 점수제와 기술이민제도가 확대되었으며 기술이민은 1992년경에 최고조에 달했다. 1990년대에 들어와 인적 자본에 대한 다문화주의 접근 방식은 '생산적 다양성'이라는 개념으로 발전되었다.

호크(Hawke)의 노동당 정부(1983-1991)는 노동당의 정당 기반이면서 실질적인 지지층이 집결한 이민자 사회에 상당히 의존할 수밖에 없었다. 호크는 유대인 사회와 특히 밀접한 관련을 맺고 있었다. 호크 정부에서는 캄보디아와 인도차이나로부터의 난민들이 대거 유입되었으며 포트 해드랜드(Port Hedland)에 난민 강제수용소를 설치하고 강압적으로 난민들에 대한 구금정책을 시행함으로써 이후 수 십 년간 논쟁을 불러 일으켰다. 호크 정부의 이민정책은 1988년의 핏제랄드 보고서(FitzGerald Report)를 이행하는 것으로 설명할 수 있으며, 이민자 선별에서 법규에 입각한(rule based) 시스템을 구축한 것이다. 이로써 호주에는 85개의 비자 등급과 95개의 입국허가 유형이 정형화되었다. 이로써 불법적인 이주를 허용하지 않을 뿐 아니라 이민 심사에 불복한 자들은 이민심사법원(Immigration Review Tribunal)(1989)이나 난민심사법원(Refugee Review Tribunal)(1993)을 통해 심사받도록 하였다. 당시에 블레이니(Blainey) 교수는 노동당의 이민정책과 다문화주의를 '호주의 아시아화'라는 이유로 비판하였는데, 핏제랄드 보고서는 이전까지의 인도주의적 관점에서 지속되어 왔던 가족초청 이민과 난민 이주 정책을 이민자의 질에 초점을 맞춘 경제적 합리주의로 대체하였다.

키팅(Keating) 정부(1991-1996)에서는 원주민 문제가 주요 이슈로 대두되었다. 키팅은 호주를 아시아의 일부로 규정하였으며, 중동과 동남아시아로부터 온 시드니의 이민자 사회와 특별히 좋은 관계를 유지하였다. 키팅 정부에서 난민과 불법 이민자들의 문제가 사회적인 이슈가 되었으며, 1992년의 개정 법률에 따라 난민들에게는 4년간 임시 보호비자가 발급되었다. 이는 천안문 사태로 호주로 유학 온 학생들에게 인도적 고려에서 내려진 특별조치였다. 유고슬라비아 출신 난민들에게도 특별 지원 프로그램이 실시되었으나, 인도차이나와 아프가니스탄, 이라크 난민들에게는 강제 구금 정책이 계속되었다. 동시에 키팅 정부에서는 호주 에스닉공동체 위원회연맹(FECCA)과 이민연구국(Bureau of Immigration Research, BIR)이 설치되었다.

3). 다문화주의에서 시민 통합으로

호주 사회에서 다문화주의는 변화하는 정치경제적 상황과 국면에 따라 공격과 비판의 대상이 되기도 하였으며 정치적 이념으로서 항상 경합의 대상이고 갈등의 원인이 되어왔다. 특히 1996년 하워드의 자유당과 국민당 연립정부가 들어선 이후부터 지금까지 10여 년 동안은 호주 다문화주의에 대한 정치적 비판과 공격이 거세졌고 새로운 형태의 통합 이념이 등장하고 있는 시기이다. 특히 1996년부터 2002년 시기에는 인적자원에 대한 투자와 선별 이민에 관심이 고조되었고 다문화주의 정책이 축소되면서 정착 서비스에 대한 사용자 부담과 소수 이주민 집단의 주변화가 진행되고 난민과 일시적 이주민들이 증대한 시기이다. 2002년부터 현재까지는 하워드 자신이 다문화주의에 대한 이전의 적대감을 완화시켰으나 전통적인 호주 가치를 강화하고 시민권을 중심으로 하는 새로운 통합주의를 강조하고 있다.

하워드 수상은 집권하자마자 이주 프로그램을 대폭 축소하였으며 난민 수용인원도 연간 만 2천명으로 제한하였다. 그는 수상실의 다문화부서를 폐지하였으며. 다문화주의가 하나의 호주를 이루는데 도움이 되지 않는다고 했다. 하원 의원으로 당선된 폴린 핸슨(Pauline Hanson)의 다문화주의에 대한 거듭된 대중적 비판은 많은 보수적 지지층을 결집시키기도 하였다. 폴린 핸슨은 다문화주의는 폐기되어야 한다고 주장하였으며, 시드니 모닝 해럴드 기자인 쉬한(Sheehan)이 1998년에 쓴 『야만인들 사이에서(Among the Barbarians)』라는 책은 대중적으로 다문화주의를 공격하는데 큰 반향을 일으켰다. 이들의 주장은 다문화주의가 호주를 분열시킨다는 것이다. 쉬한은 이 책에서 다문화주의를 "문화 다양성에 대한 호주의 영웅적 헌신을 통해 거대한 기생충처럼 자란 것으로, 세금을 먹어치우는 변호사, 정치꾼, 급진적인 도끼날 가는 자들의 산업"이라고 공격하였다.11)

공식적인 인종차별주의는 대중들에게 받아들여지지 않았지만 다문화주의에 대한 공격은 점점 더 증가했으며, 아시아계 이민자들과 중동계 이슬람 이주민들의 증가는 백인사회에서의 다문화주의 논쟁을 정치적인 이슈로 제기하기에 충분한 것이 되었다. 폴린 핸슨은 이점을 이용하였으며, 이전에 역사학자 블레이니 교수의 다문화주의 공격이 언론에 주목을 받은 것처럼 폴린 핸슨은 다문화주의를 공격하면서 언론의 집중적인 주목을 받았고 결국 옥스리(Oxley)에서 당선되었다. 핸슨의 기본 입장은 모든 호주인은 동등하여야 하며, 원주민과 이민자들에 대한 특별한 서비스는 소수자들에 대한 특혜라는 것이다. 또한 핸슨은 아시아계 이민자들이 호주의 전통적 가치와 인구구성을 훼손하고 있으며 이에 대한 불만을 정부가 억압하고 있다는

11) James Jupp, *From White Australia to Woomera*, p. 115

것이다. 다문화주의 공격으로 인한 퀸스랜드에서의 대중적인 지지를 기반으로 폴린 핸슨은 한나라당(One Nation Party)를 창립하였으며 1백만 명의 지지자들을 결집시키는데 성공하였다. 그녀는 1997년에 자신의 견해를 정리하여 『진리(The Truth)』라는 책으로 출간하였는데 이 책은 너무 논쟁적이어서 다시는 더 이상 출간되지 못하였다. 핸슨은 1996년 9월 의회 연설에서 '보통 호주인'을 강조하면서 "우리는 모두 아시아 이민자들의 늪에 빠져 위험에 처해 있다. 그들은 자신들의 문화와 종교를 지니고 자신들의 게토를 형성하며 호주에서 동화하지 않는다. 나는 우리나라에 오는 자들에 대해 말할 권리가 있다..." 고 말했다.[12)]

이러한 폴린 핸슨의 정치적 입장과 대중성은 블레이니 교수와 하워드 수상의 입장으로부터 전개되어 발전된 것이다. 하워드 수상은 지금까지도 이러한 자신의 정치적 입장을 고수하고 있으며 이민정책이 호주의 가치와 전통을 지키고 민주주의와 법치, 영어 사용의 원칙을 준수하는 것이어야 한다고 말하고 있다. 즉, 다문화주의는 다시 폐기되고 있으며 백인들의 전통과 가치를 존중하는 통합주의 이념이 다시 강화되고 있다고 할 수 있다.

2007년 1월 호주 연방 정부가 통합(integration)을 다문화주의 대체 개념으로 공식 채택함으로써 '백호주의' 폐기 이래 호주의 대표적인 국가 정책인 다문화주의가 용도폐기 위기에 놓였다. 하워드 정부는 시민권 테스트 입법 상정을 공식 발표하면서도 '다문화주의 대신 통

---

12) *Ibid.*, pp. 123-140.

합' 개념을 선호한다고 밝혔다. 이는 국내외 시각을 의식해 국가 정책인 다문화주의를 공식적으로 폐기하지는 않았지만 사실상 정책 용도의 수명이 다했음을 시사하는 것이었다. 그러나 현재 노동당은 다문화주의 기조를 유지하면서 이민자들의 주류사회 참여를 촉진하고 단점을 보완하는 방식으로 진행하겠다고 밝혀 하워드 정부와의 차별화를 시도하고 있다. 노동당은 다문화주의의 기능이 문화적 다양성을 존중하면서 호주 주류 사회 통합을 촉진하도록 기여하는 것이며 이를 위해 이민자들의 영어습득과 취업 문제를 동시에 해결하는데 주력하고자 한다. 결과적으로 하워드 총리의 연립정부가 집권하는 동안 다문화주의는 정책 기조에서 퇴장되는 대신 이민자를 주류문화에 통합시키는 정책으로 바뀌게 되었다.

3 | 호주에서의 다문화주의 담론 : 호주 가치와 생산적 다양성

호주에서 모든 다문화 담론은 고도로 정치화되었으며 정치적 맥락을 이해하지 못하고서는 호주의 다문화주의와 이민 정책을 올바로 파악할 수 없다. 이민 정책과 다문화 담론은 항상 경쟁적이었으며 정치적 이해관계에 따라 경합되는 것이었다. 이민 정책은 가장 합리적인 관료기구에 의해 입안되지만 정치적 과정과 시민들의 정치적 견해에 따라 변동될 수밖에 없다. 따라서 항상 합리적 수준에서 정책이 결정되는 것은 아니다. 대중의 집단적 여론에 따라 정책은 변화할 수밖에 없으며 이민 정책의 이면에는 이러한 시민들의 여론 기반이 작동하고 있기 때문에 언론의 역할은 매우 중요하다. 여론 형성 과정을 통해 이민정책이 결정되며, 자유주의적 입장과 조합적 입장[13]에서 서로 다른 수준과 이념을 지닌 다문화주의 정책 담론이 경합하는 것이다.

호주 다문화주의는 캐나다가 다문화주의를 채택한 이후 5년도 안 되어 캐나다로부터 차용된 것이었지만 그 내용은 캐나다와는 전혀 다르다. 호주는 캐나다의 다문화주의 용어를 받아들였으나 캐나다 모델에는 거의 관심이 없었으며, 특히 호주에서 원주민들 문제는 1989년까지는 주요 관심 대상이 되지도 못하였다. 또한 종교적 소수자 문제도 제기되지 않았으며 민족 다양성의 핵심 문제는 언어라고 간주하였다. 호주에서의 다문화주의는 캐나다와는 달리 처음부터 호주의 국가이익이라는 관점에서 도입되었으며, 호주 가치와 생산적 다양성을 어떻게 조화시킬 것인가에 논의의 중심이 있었다.

호주가 다문화주의에 관심을 갖기 시작한 것은 1968년 주브릭키(Zubrzycki) 교수[14]가 문화 다원주의를 소개한 'The Questing Years'라는 보고서를 발간하면서부터이다. 그 뒤 1973년에는 다문화주의 개념을

---

13) 자유주의적 다문화주의는 문화 다양성과 에스닉 집단을 인정하지만 공적 생활에서는 주류사회의 언어, 가치를 따라야 한다는 입상이며 조합직(Corporate) 다문화주의는 소수자에 대한 적극적 차별시정조치와 결과의 평등을 강조하는 정책이다. 이용승, 「호주의 다문화주의」, pp. 22-25.

14) 주브릭키 교수는 폴란드 출신 이민자로서 호주 국립대 사회학 교수였다. 그는 보리(Borrie)와 함께 1979년에 발간된 '다문화주의와 이민정책에의 함의'(Multiculturalism and its Implications for Immigration Policy)라는 보고서를 작성하였다.

소개하였고 다양한 민족과 인종구성에 대한 정부의 대응이 필요함을 지적하는 보고서들이 잇달아 출간되었다. 다문화주의에 대한 정의를 내리고 발전시킨 주브릭키는 호주 에스닉위원회 의장을 맡으면서 1977년 '다문화 사회로서의 호주'라는 보고서를 발표하였다. 이 보고서에서 주브릭키는 기회의 평등, 사회적 결속, 문화 정체성이라는 다문화주의의 세 가지 핵심원칙을 제시하였고 이러한 원칙에 따르는 정책 가이드라인을 제시하였다.

1973년 휘틀람(Whitlam)의 노동당 정부는 이민부 장관 앨 그래스비(Al Grassby)의 연설을 통해 동화정책의 종말을 고했으며 다문화 호주(Multicultural Australia)를 표방함으로써 공식적으로 백호주의를 폐기하고 다문화주의 국가 아젠다를 처음으로 제시하게 되었다. 1973년 앨 그래스비는 '미래를 위한 다문화 사회'(A Multicultural Society for the Future)라는 글을 통해 문화적 다원주의를 통해 비영어권(NESB, Non-English Speaking Background) 이민자들을 국민으로 받아들이는 다문화사회가 되어야 한다고 주장하였다. 그는 호주를 '다문화 가족으로서의 민족'(multicultural family of the nation)으로 지칭함으로써 이민자들에 대한 복지 정책을 향상시키고자 하였다. 그런데 당시 다문화주의라는 개념은 이미 캐나다에서 사용하고 있었던 것을 우연히 차용한 것이다. 캐나다 수상 피에르 트뤼도(Pierre Trudeau)는 '이중언어 사회에서의 다문화주의'를 언급함으로써 캐나다의 이중언어 사회 체계에 대한 필연적 대응으로 제시한 것이 다문화주의였다.

1982년에는 다문화주의를 하나의 민족 이데올로기로 간주하는 보고서가 발간되었다. 「모든 호주인을 위한 다문화주의: 우리의 발전하는 민족성(Multiculturalism for All Australians: Our Developing Nationhood)」이라는 제목에서 알 수 있듯이 이 보고서는 이전까지 비영어권 소수 이민자들을 대상으로 논의되었던 배타적인 다문화주의를 호주의 민족성과 포용성이라는 측면에서 하나의 민족 이념으로 간주한 보고서였다. 1986년에 발간된 접 보고서(Jupp Report)에서는 다문화주의를 통해 노동시장에서의 구조적 불평등을 해소하는 것을 중요하게 다루었으며 다문화주의는 동등한 참여를 의미하는 것으로 정의되었다.[15)]

1989년 호주 정부는 '다문화 호주를 위한 국가 아젠다'를 발표하였다. 1999년에 호주 다문화주의에 대한 새로운 국가 아젠다가 나오면서 2000년에는 아젠다 실천을 위해 '다문화 호주위원회(Council for Multicultural Australia, CMA)'가 설치되었다. 2003년에는 '다문화 호주: 다양성 안에서의 통합'으로 발전되어 2006년까지의 전략적 방향을 제시하였다. 호주 이민부 자료[16)]에 의하면 호주 다문화주의 정책의 기존 원칙과 내용은 네 가지로 요약된다. 즉, 모두의 의무(responsibilities of all)로서 시민적 의무(civic duty), 상호 존중(respect for each person), 만인의 공정성(fairness for each person)과 사회적 평등(social equality), 모두를 위한 이익(benefits for all)과 생산적인 다양성(productive diversity)이 그것

---

15) 이용승, 「호주의 다문화주의」, p. 37

16) 호주 다문화주의에 관한 주요 정책 문서들은 아래 자료를 참조. Ien Ang, and Jeffrey E. Brand et al., *Connecting Diversity: Paradoxes of Multicultural Australia*, (Special Broadcasting Service Corporation, 2006), Commonwealth of Australia, *Australian Multiculturalism for a New Century: Towards Inclusiveness*, (A Report by the National Multicultural Advisory Council, 1999), Commonwealth of Australia, *Multicultural Australia: United in Diversity, Updating the 1999 New Agenda for Multicultural Australia: Strategic Directions for 2003-2006*.(Department of Immigration and Multicultural Affairs, 2002).

이다.

호주 다문화주의에 대한 비판은 우파와 좌파 모두에게서 나타났다. 우파 입장에서 볼 때 다문화주의는 오히려 국민국가를 분열시키고 통합을 방해하며 사회적 결속을 저해하고 안전을 위협한다고 비판된다. 좌파 입장에서 볼 때 다문화주의는 인종간의 차별과 백인 우월주의를 없애는 것이 아니라 차별을 은폐하고 소수 민족 공동체를 탈 정치화시키고 분열시킨다는 것이다. 대표적인 경우가 다문화 축제인데, 이를 통해 소수민족 문화는 이국적, 전통적인 것으로 낙인찍히고 상품화되는 측면이 강하다는 것이다. "호주의 다문화주의는 전통, 의상, 음식을 기념하는 것으로만 수용된다"는 비판은 이러한 맥락에서 이해된다.[17] 다문화주의는 축제와 같은 사업들을 통해 소수의 문화 집단들을 이국적인 것으로 낙인찍기도 하며, 지역 축제를 통해 궁극적으로는 문화적 동화를 시도하는 것이라고 비난하는 것이다. 1982년부터 호주 정부는 이미 "다문화주의는 모든 호주인들을 위한 것이다"라고 주창하였지만, 실제로 다문화주의는 그렇게 작동하지 않는다는 것이다. 특히 호주의 다문화주의는 끊임없이 우파 인종주의자들과 보수주의자들에 의해 도전받아 왔다. 이들은 다문화주의 예산은 '낭비적인 도박'과 같은 것이라고 비난하기도 하며 다문화주의는 호주 사회를 심각한 갈등 및 위기 상황으로 빠지게 하고 있다고 경고하기도 한다.

---

17) Jon Stratton, *Race Daze: Australia in Identity Crisis*, (Sydney: Pluto Press, 1998) p. 97, 문경희, 「다문화주의, 그 차이의 정치」, 『부산여성정책연구』 (2007) pp. 139-173.

'위로부터 아래로의 이념과 정책으로서 다문화주의'에 대한 일종의 반동은 세계화 및 구조조정, 개방에 따른 호주의 경제 사회적 변화와도 맞물려있다. 세계화로 인해 호주의 경제구조는 급속히 변화하였으며 특히 취약한 경제 부문인 제조업과 농업, 비숙련 노동자들의 직종은 심각한 위기를 경험하였다. 이러한 상황에서 이민자 집단에 대한 지원은 비난의 대상이 되었으며 호주의 민족 문화를 위협하는 '다문화적 요리'에 대한 반동이 일어나기 시작하였다. 그래서 1986년에 호크(Hawke) 정부는 다문화 프로그램 예산을 '소름끼치는 예산'(horror budget)이라고 매도하면서 다문화 프로그램 예산과 제도를 대폭 삭감하거나 폐지하였다[18]. 1998년에는 백호주의의 부활과 인종적 적대감을 공공연히 주장하는 한나라당(One Nation Party)이 전국적인 지지를 얻기도 하였으며, '아시아인은 아시아로!' '아시아인 때문에 호주인들의 일자리가 사라진다!'는 등의 반이민적, 인종차별적 정서가 크게 대두되기도 하였다.

다문화주의에 대한 주요한 비판은 학술적으로도 전개되었다. 1984년에는 유명한 역사학자인 블레이니(Geoffrey Blainey)가 '호주의 아시아화'(Asianization)를 경고하면서 다문화주의 논쟁을 촉발시키게 되었다. 이후 다문화주의 비판자들은 근본적으로 블레이니의 입장을 토대로 다문화주의가 창조적 공존이 아니라 사회적 분열을 조장하고 호주 문화를 손상시킨다는 점을 지적하고 있다. 블레이니 교수는 다

18) 당시 호주 다문화연구소(AIMA, Australian Institute of Multicultural Affairs)가 해체되었다.

문화주의가 야기하는 문제점들을 하나하나 지적하였고 이를 계기로 정부도 다문화주의에 대한 재검토 작업을 진행함으로써 호주에서의 다문화주의 논쟁을 불러 일으켰다.

호주에서 다문화주의는 판도라의 상자와도 같은 것이다. 1988년에 발간된 핏제랄드(FitzGerald) 보고서 「Immigration: A Commitment to Australia」는 호주의 이민 정책을 근본적으로 재검토해야 한다고 주장하면서 호주의 정체성과 호주에의 헌신을 강조함으로써 민족주의적 권고를 담고 있다. 이 보고서는 다문화주의를 '슬픈 아이러니'(sad irony)라고 표현하고 있는데, 다문화주의 이민정책은 이민자들과 에스닉 집단에는 좋은 것이었지만 전체 호주를 위한 것은 아니었다고 하면서 호주의 민족 정체성을 지나치게 강조하고 있다. 블레이니가 다문화주의를 '완전한 허위'(thorough sham), '싸구려 같은 것'이라고 비난했던 것과 같이 다문화주의에 대한 반동은 '하나의 호주'를 만드는데 다문화주의가 전혀 도움이 되지 않는다고 말하고 있다. 호주의 하워드 수상이 지니고 있는 다문화주의에 대한 관점도 이와 다르지 않다.

멕켄지(McKenzie)는 '다문화주의의 위협'이라는 글을 통해 다문화주의는 대단한 유토피아인 동시에 위험한 것이며, 값비싼 낭비이고, 호주를 아시아화 할 뿐 아니라 이슬람의 위협에 놓이게 한다는 점을 들어 다문화주의를 비판하고 있다. 그는 다문화주의가 호주 문화와 국가 정체성을 파괴하며 모든 문화를 국제화하고자 하는 시도라고 하면서, 다문화주의는 스스로 모순적이고 비용이 많이 들며, 분열적이고 위험한 것이라고 규정하고 있다. 다문화주의는 자유주의적 정치 이념으로서 정치인들과 '정치적으로 올바른' 학자들, 그리고 사회

공학자들에 의해 호주인들에게 강요된 것으로 전혀 '사실'과 다른 것이라고 규정한다.[19)]

이러한 극단적 비판에도 불구하고 호주사회에서 다문화주의는 지속적으로 추진되어 왔으며, 그 근간에는 호주 시민들이 지니는 사회적 관용과 고양된 시민의식이 자리 잡고 있다. 다문화주의에서 우파의 동화 정책으로의 회귀나 호주 문화 정체성의 강조는 시민들의 광범한 공감을 받기 어려울 뿐 아니라, 현실적인 다인종, 다문화 사회를 효과적으로 관리할 수 있는 대안도 되지 못한다는 것을 알고 있기 때문이다. 그래서 이른바 시민 통합(civic integration)과 반차별 정책의 기조는 계속 유지되고 있는 것이며, 이러한 정책 기조를 '호주형 다문화주의'로 정형화하고 있는 것이다. 그러나 다문화주의가 실제로 얼마나 작동하고 있는가에 대한 논의는 끊임없이 제기된다. 한 예로 2000년 6월 호주의 유력 주간지인 오스트레일리안(Australian)은 '공평함의 종말'(Death of the Fair Go)이라는 커다란 특집 기사를 게재하였다. 'Fair Go'는 호주 다문화주의의 핵심 내용인데, 호주의 농촌 지역과 에보리진, 도시빈민과 이민자들의 삶은 신자유주의의 희생이 되고 있으며 경제적 주변화가 극심하게 진행되고 있다는 지적이다.[20)]

9 · 11 이후 이라크 전쟁 및 테러리즘의 위협은 호주에서도 다문화주의에 대한 근본적인 회의를 불러일으키고 있다. 호주인들은 중동과 아프리카 출신의 무슬림 이민자들에게 특히 매우 부정적이고 차

---

19) Cameron McKenzie, "The Menace of Multiculuralism", (Australian Nationalism Information Database, 1997) (www.ozemail.com.au/~natinfo).

20) Frank G. Clarke, *The History of Australia,* p. 206

별적인 태도를 보이게 되었으며 언론들은 여러 사건들을 보도하면서 이러한 부정적 편견을 확산하는데 일조하였다. 호주에서 수단 이민자 사회에서의 폭력사건에 대한 언론의 보도행태 연구에서 일부 인종차별주의자들은 주류 언론을 통해 자신들의 존재를 표출하는 기회로 삼아왔음을 보여주고 있다. 특히 지역신문들은 백인 우월주의자들에 대해 공개적으로 비판적인 입장을 견지하지 못하고 있으며, 극단주의자들의 견해를 표출할 수 있는 기회를 제공하고 있음을 밝히고 있다.[21)]

미국에서의 9·11과 연속적인 런던, 발리, 인도 등에서의 테러 사건의 영향으로 호주에서도 특히 이슬람 집단에 대한 경계와 차별이 발생하였으며, 다문화주의의 위험성을 경고하고 다시 백호주위로 복귀하고자 하는 움직임도 나타나고 있다. 특히 9·11 이후에 다문화주의에 대한 공격이 여러 저널들을 통해 극심하게 나타났는데 국제안보와 국가 안보를 전략적으로 위협하는 것이 다문화주의라는 것이다. 이들은 헌팅턴의 '문명의 충돌'에서 다루어진 것과 같이 다문화주의는 정치 영역에서 민족 정체성을 촉진시키고, 디아스포라들의 이해관계가 점차 국가의 전략적 이해보다 우위에 있게 하며 외교 정책도 민족 관계에 따라 영향을 받게 됨으로써 결국 국제 안보를 위험에 빠뜨리게 한다고 주장한다. 다문화주의는 곧 반미주의와 연계되며, 다문화주의는 좌파적 성향을 띠고 있다고 비판하기도 하며, 다문화주의

21) Kerry Green, Ian Richards and Kathryn Bowd, "Reporting Multiculuralism in Australia: A Case Study", (Paper presented at the IAMCR Conference, Cairo, 2006).

는 시민사회와 시민성의 정치에 반하여 원초적 충성과 반 정치적 정서를 촉진시키는 파괴적인 계획이라고 비난하기도 한다.[22] 2004년 2월 15일에 호주 시드니 레드펀(Redfern) 지역에서 발생한 에보리진들의 폭동 사건과 2005년 12월에 시드니 크로눌라(Cronulla) 지역에서 발생한 레바논계 호주인들의 폭동 사건은 호주 다문화주의의 위기 상황을 단적으로 보여주고 있다. 그 밖에도 매년 여름에 대규모로 열리는 음악 축제 '빅데이 아웃'에서 인종간 충돌을 우려하여 행사장에 호주 국기 사용을 금지하는 조치를 취함으로써 야기된 호주에서의 '국기와 국가 정체성 논쟁'도 이러한 다문화주의의 위기 상황을 보여주는 것이다.

4 | 맺음말

호주는 미국, 캐나다, 뉴질랜드 등과 함께 세계에서 가장 대표적인 이민자 사회이다. 1981년에 호주 수상 프레이져(Fraser)가 "다문화주의는 호주의 독특한 성과"라고 찬미한 것과 같이 이민의 나라 호주는 다문화주의라는 독특한 업적을 성취한 국가로 대변되며[23], 미국,

---

22) Council for National Interest, "Multiculturalism: A Strategic Threat to International and National Security", *National Observer 51,* (2002, Summer) pp. 7-11

23) Brian Galligan and Winsome Roberts, "Australian Multiculturalism: Its Rise and Demise" (A Paper presented to the Australian Political Studies Association Conference, Univ. of Tasmania, 29 Sep-1 Oct 2003).

캐나다 및 EU 국가들과 함께 대표적으로 다문화주의 정책을 실험하고 있는 국가이기도 하다. 제2차 세계대전 이후 호주는 경제 부흥과 안보를 위해 대량 이민을 받아들이는 정책을 실시함으로써 매년 7만 명, 지금까지 약 600만 명 이상의 이민자들이 호주를 찾게 되었다. 그래서 현재 호주 인구 2천만 명 중 43%는 해외에서 태어난 자이거나, 적어도 부모 중 한 명은 해외에서 출생한 자들로 파악된다.[24] 약 200여 국가에서 이주한 이민자들이 인종분규나 민족분쟁 없이 평화롭게 살아감으로 인하여 호주는 세계에서 가장 성공적인 다문화 국가로 알려지게 되었다. 1949년에 이민자들에 대한 시민권 제도가 도입된 이래로 약 4백만 명에 달하는 이주민들이 호주 시민권을 취득하게 되었으며, 현재 인구의 95%는 호주 시민권자이고 나머지 5%가 비시민권자들이다.[25]

호주 이민정책의 전개과정과 다문화주의 담론에는 일관된 특징이 발견된다. 우선 호주는 계획적이고 의도적인 사회공학과 이민정책을 통해 아주 특별한 인구구성과 문화지도를 만들어냈다. 가장 인종차별적이고 단순한 영국의 식민지로부터 고도로 복잡한 다인종, 다민족 국가를 만들어냈다. 가장 배타적인 백호주의 사회로부터 포용적인 다문화 사회를 만들었다. 실로 놀라운 변신이 아닐 수 없다. 가장 오랫동안 외국인들에 대한 혐오주의(xenophobia)가 강력하게 지속되었으며, 인종차별적이고 내향적이었던 국가가 선별적 이민 정책을

24) 김형식, 『호주의 사회와 문화』, 중앙대학교 호주학연구소: 지구문화사, 2000.

25) www.immi.gov.au

통해 세계 최고의 이민국가가 된 것이다. 2002년 3월에 호주 정부는 전후 6백만 명째의 이민자인 필리핀의 정보기술자를 환영하는 행사를 거행하였다. 호주 정부는 매년 1만 5천 명 정도의 난민들을 수용하고 있으며, 아프가니스탄, 이라크, 이란 등으로부터의 망명자들과 남태평양 군소 도서국으로부터의 망명자들을 수용하고 있기도 하다.[26)]

지난 150여 년 동안에 호주의 이민정책은 정치적 차이에도 불구하고 세 가지 축을 기반으로 전개되어 왔다. 첫째는 영국의 헤게모니와 백인 우월주의 및 백인 지배이고, 둘째는 선별적인 대규모 이민에 의한 호주의 경제력과 군사력 강화이며, 셋째는 이 모든 과정을 국가가 철저히 통제하고 관리한다는 것이다.[27)] 이러한 호주 이민 정책의 세 가지 축과 원칙은 다문화주의 정책과 이념에도 불구하고 현실적으로 지속되었다고 보는 것이 타당하다. 특히 Hage의 비판과 같이 호주 다문화주의는 백인 다문화주의(White Multiculturalism)라고 볼 수 있을 정도로 현실적으로 다문화주의는 백인을 위한 통합 정책이었으며 이민자 집단들에게 공평하게 작동하지 못했다.[28)] 이념적이고 규범적 지형에서 다문화 담론과 정책은 동화주의나 통합주의와는 명백히 구분되지만 현실적, 국가 관리와 통치 측면에서 볼 때 그 기저에는 위와 같은 세 가지의 현실적 논리가 작동하고 있는 것이다. 또한 역사

---

26) 망명자들은 주로 우메라(Woomera), 커틴(Curtin), 포트헤드랜드(Port Hedland) 캠프와 남태평양의 나우루, 마누스 섬에 있는 수용소에 수감되고 있다. Bob Hodge and John O'Carroll, *Borderwork in Multicultural Australia*, (NSW: Allen & Unwin, 2006).

27) James Jupp, *From White Australia to Woomera*, p. 6

28) Hage, Ghassan, *White Nations: Fantasies of White Supremacy in a Multicultural Society*, (Sydney: Pluto Press, 1998).

적 맥락에서 볼 때 호주의 다문화주의는 호주 가치를 핵심으로 하는 국익 우선의 생산적, 합리적 다문화주의를 견지하고 있음도 알 수 있다.

세계화는 경제적 영향뿐 아니라 문화적으로도 국가 내에서의 다양한 민족 집단과 문화들 간의 상호소통을 확산하고 경계를 넘어서는 지구적 통通문화주의(global interculturalism)를 일상화한다. 세계화는 지역에서의 민족경관(ethnoscape)을 바꾸며, 일상적으로 다양한 경계를 넘는 문화소통의 경험을 확산함으로써 이념경관(ideoscape)을 바꾸고 아래로부터의 다문화주의를 확산시킨다.[29] Wise는 공적 담론과 정치적 이념으로서의 '위로부터의 다문화주의'와 대별하여 주민들의 일상적인 문화 다양성 경험과 교차 및 우호적 사회성의 생성과 재생산을 가리켜 '아래로부터의 다문화주의'(multiculturalism from below)라고 명명한다. 그녀는 시드니의 여러 다인종 거주 지역에서의 현지연구를 통해 앵글로-셀틱 노동자들의 도시가 그리스인, 이탈리아, 폴란드인, 레바논인, 터키인 이주자들의 생활공간으로 변모하고 최근에는 중국인과 인도인들이 결합하여 여러 문화적 차이와 다양성을 횡단하는 통합적 생활공간이 되어가는 과정을 인류학적으로 기술하고 있다. 이러한 일상적 횡단(quotidian transversality)을 통해 주민들은 특정의 문화지역에서 사회성을 만들고 이를 재생산하게 된다는 점을 설명하고 있다[30]. 이러한 측면에서 아래로부터의 다문화주의와 '일상적 다양

29) Ajun Appadurai, *Modernity at Large: Cultural Dimensions of Globalization*, (Minneapolis :Univ. of Minnesota Press, 1996).

30) Amanda Wise, "Multiculturalism from Below: Transversal Crossings and Working Class Cosmopolitans", (Paper Presented at COMPAS Annual Conference, Oxford

성'(everyday diversity)의 경험은 세계화에 따른 지역사회와 지역문화 변화의 필연적인 과정이다.[31)]

호주의 사례는 다문화주의 개념이 지니는 이중성, 즉, 수단으로서의 다문화주의와 목적으로서의 다문화주의 담론, 그리고 이념과 현실 정치의 복잡성을 잘 보여준다. 다문화주의라는 개념은 다문화 상황에 대한 사실 기술 차원을 넘어서 때로는 하나의 정치적 슬로건이고, 레토릭이며, 공동체의 규범이며, 미래의 비전과 이상이다. 다른 한편에서 다문화주의는 현실 정치이고, 실용적 정책수단이며 또 다른 국가 통합의 이념이기도 하다. 호주에서 다문화주의가 태동하고 발전해 온 역사와 정치적 국면들은 이러한 복잡하고 미묘한 다문화주의의 다중적 의미를 잘 보여준다. 대다수의 호주인들은 다문화주의가 소수자의 가치를 인정하고 존중하는 공동체 규범이면서, 보다 인간적인 정책이고 시민사회의 가치에도 부합하는 통합의 이념이라고 생각한다. 또한 다문화주의는 문화 다양성을 통해 삶을 풍요롭게 하고, 생산적인 경제를 가능하게 하는, 보다 계몽된 정책 수단이라고 생각하기도 한다. 그럼에도 불구하고 다른 한편에서 다문화주의는 위험한 것이라고 정치적 공격의 대상이 되기도 하며, 에보리진과 일부 아랍계 이민자 집단들과 백인들과의 민족 갈등과 대립 양상이 점차 노골화되면서 다문화주의가 호주의 안정과 호주의 전통적 가치를 위협하는 위험한 이념이라고 비난되기도 한다. 요컨대 구체적인

5-6 July 2007).

31) Scott K. Phillips ed., *Everyday Diversity: Australian Multiculturalism in Practice*, (Australia: Common Ground Publishing, 2001).

역사적 과정이나 권력관계를 고려하지 않고 문화의 공존만을 주장하는 다문화주의는 실제적인 불평등은 숨긴 채 형식적인 평등만을 사회적 아젠다로 삼는 한계를 가질 수밖에 없다.[32)]

호주의 다문화주의는 이제 또 다른 통합주의 이념과 조우하면서 이전의 다문화주의와는 다른 내용과 의미로 새롭게 구성되고 있는 중이다[33)]. 2007년 11월 총선에서 승리한 호주 노동당(ALP) 정부는 이민정책과 시민권 정책에 관하여 다음과 같이 말하고 있다.

> 이민이야말로 우리가 우리 자신을 바라보는 방식과 또 다른 세계가 우리를 바라보는 방식을 결정하는 것을 돕는 가장 중요한 정책이다. 때문에 이민문제는 근본적으로 인권에 기초하는 것이다. 그것이 우리가 호주에서 일하는 이민자들에게 이중 체계를 적용해서는 안 되는 이유이다. 그것이 박해를 피해 호주로 피해 온 난민들이 일단 호주에 도착하면 박해가 종식되도록 우리가 보장해야 하는 이유이기도 하다.[34)]

이러한 노동당의 인권 우선의 이민 정책은 이전보다는 진보적이고

---

32) 이용승, 「호주의 다문화주의」, pp. 80

33) 2007.11.24 호주 총선에서 캐빈 러드(Kevin Ludd)가 이끄는 노동당(ALP)이 하워드에 압승을 거두었다. 호주 노동당의 예비 이민부 장관은 토니 버크(Tony Burke)는 노동당의 이민정책과 시민권 정책을 강화하면서 특히, 성인이주자영어교육프로그램(AMEP)의 개혁을 통해 직업기회와 영어교육을 함께 제공하겠다는 것과 이주자 고용경로프로그램(employment pathway program) 실시, 미라부카(Mirrabooka)에 다문화센터 신설, 난민과 임시노동허가비자(457 Visa) 소지자들에 대한 보호와 지원을 확대하겠다고 했다. (www.alp.org.au/policy).

34) Tony Burke's Speech to ALP National Conference (www.alp.org.au/policy).

조합적인 다문화주의와 보다 확대된 시민 통합 정책을 추진할 것으로 예상된다. 그것은 전통적인 국민국가의 통합 방식이 아닌 새로운 형태의 시민 통합 방식과 노동 기회와 경제적 평등을 강화하는 조합적 다문화주의를 결합하는 방식이 될 것이다. 그럼에도 불구하고 호주 다문화주의는 과거의 특수한 역사적 맥락이 그러하였듯이 호주의 국익과 세계 시민사회가 만나는 지점에서, 그리고 경제 성장과 통합, 국가안보와 호주 정체성을 강화하는 방향에서 끊임없이 재구성되고 있는 것이다.

06 미국 : 민권운동과 1965년 이민개혁법의 조우

황혜성

1 | 머리말

미국은 이민으로 구성된 나라이다. 따라서 역사 초기부터 미국은 이민을 미국사회 내로 통합하려는 노력을 기울여왔고, '동화주의'를 표방하며 1980년대 말까지도 인종적, 계급적 차이가 미국이라는 독특한 환경 속에서 용해될 수 있다는 믿음을 지니고 있었다. 그러나 1990년대 초부터 소위 '샐러드 보울'이나 '무지개'로 비유되는 다문화주의(multiculturalism)가 등장했다.[1] 1988년 미국학회(American Studies Association)는 '성(gender), 인

1) 다문화주의(multiculturalism)가 영어권에서 처음 등장한 것은 캐나다 연방 정부가 동화(assimilation) 정책을 대신하여 소수집단과 소수인종의 문화를

종(race), 소수민족(ethnicity), 그리고 계급(class)의 문화'를 연례학술대회 주제로 채택했고, 이후 다문화주의는 본격적으로 논의되기 시작했다. 그러므로 주요 일간지가 다문화주의를 처음 언급한 시기가 1989년이고, 그 빈도가 현저해진 것도 1991년 이후이다.[2)] 특히 1992년 로드니 킹(Rodney King)사건으로 촉발된 L.A. 폭동은 미국 전국에 생중계된 가운데 지금까지의 인종정책이 실패했음을 드러냈고, 흑백 갈등을 넘어서 소수인종 사이의 갈등을 방지할 정책이 필요함을 절감케 했다. 여기에 경제가 침체되고, 미국내 노동시장이 불안정해지자 다문화주의는 정치 사회적 담론의 중심에 서게 되었다.

비록 1990년대에 접어들어 다문화주의에 대한 논의가 활발해지기 시작했지만 다문화주의의 기원은 1960년대로 거슬러 올라간다. 즉, 1960년대에 다양한 성적, 계층적, 인종적 갈등이 민권운동, 여성운동, 반전운동, 저항문화 등을 통해 표출되었고, 미국의 정체성에 대한 성찰로 이어졌다. 그 결과 여태까지 소외되었던 원주민, 흑인, 여성, 소수인종, 노동계층 등 주변부 집단에 대한 연구가 시작되고, 미국내의 다양한 문화와 역사에 대한 이해를 증진시켰다. 이처럼 미국의 다문화주의는 역사적으로 60년대의 문화운동에서 그 기원을 찾을 수 있고, 이 문화운동은 상당한 성과를 거두었다. 특히 교육은 그야말

인정하고 수용하는 정책으로 이 용어를 사용한 1971년이다. 그러나 미국에서 이 용어는 1990년대까지는 생소한 용어였다.

2) John Higham, "Multiculturalism and Universalism: A History and Critique," *American Quarterly,* vol. 45, no. 2 (June 1993), pp. 201-202; Nathan Glazer, *We Are All Multiculturalists Now* (Cambridge: Harvard University Press, 1997), pp. 6-7.

로 소수인종과 소수세력간의 '위대한 평형장치'에서 인종적 의식을 고양시키는 방법으로 바뀌어, 소수인종 연구 프로그램이 중등학교와 대학교의 교과과정으로 채택되었고, 다양한 문화들을 강조하는 교과목들이 개설되었다. 이러한 자극은 자기주장을 담은 논쟁적인 문화운동으로 확산되었고, 이는 1990년대에 '다문화주의'로 알려지게 되었다.[3)]

그러나 다문화주의를 다원적인 문화운동으로만 파악한다면 집단 정체성(group identities)에 기반을 둔 '인종적 소수세력 정치(racial minority politics)'로서의 다문화주의를 간과하게 된다. 즉 다문화주의는 1960년대 민권운동의 결실이 흑인 이외의 다른 소수세력들에게까지 특별한 보상과 특혜를 제공하는 가운데, 1965년 이민개혁법 이후 쏟아져 들어온 비유럽계 이민 물결과 밀접하게 연계되었다. 1960년대 시행된 민권법, 투표권법, 소수세력우대정책과 이민개혁법은 처음에는 서로 직접적인 관련이 없는 법령들이었다. 전자는 흑인들에게 법적인 평등을 보장하기위해 제정된 법과 정책이었고, 이민개혁법은 1920년대 국적기원법으로 잠긴 이민의 문을 다시 여는 법령이었다. 그러나 이 법령들은 1970년대부터 서로 결부되기 시작하였고, 그 과정에서 소위 '소수세력 권리운동'으로서의 다문화주의가 전개되었다.

---

3) '다문화주의'는 그 의미를 단순히 정의내리기 어렵지만 미국과 미국인이 의미하는 바가 무엇인가에 대한 재성찰이라고 볼 수 있다. 미국사회에 언제나 존재해 왔지만 백인 위주의 주류문화에 눌려 실현되지 못한 미국사회의 다양한 문화적 차이를 인식하고, 그 차이를 열린 마음으로 포용하고 더 나아가 이런 목적을 달성하기 위한 일련의 운동을 의미한다고 할 수 있다.

그러나 지금까지의 연구를 살펴보면 1965년의 이민법은 이민사와 이민연구 분야에서, 민권법은 흑인, 인종연구 분야에서 각자 연구되어 왔고, 양자가 다문화주의와 서로 밀접하게 관련되어 있음은 거의 논의되지 않았다. 본 연구는 1990년대 이후 회자되었던 다문화주의가 1960년대부터 시행된 민권운동과 이민개혁법이 조우하면서 예견하지 못했던 결과가 초래되는 가운데 등장하였음을 말하고자 한다. 그러므로 우선 1965년 이민개혁법과 이에 따른 미국 인구구성 변화를 먼저 살펴본 후 그 변화가 어떻게 민권운동과 결부되게 되었으며, 어떤 결과를 초래하였는지 고찰하고자 한다.

이 연구는 궁극적으로 현재 미국이 이민자 통합정책의 일환으로 다문화주의를 표방하고 있으나 이는 미국 정부차원에서 의도적으로 시행한 정책이라기보다는 역사적인 산물임을 밝히고자 한다. 즉 1960년대 민권운동은 60년대 말부터 비유럽계 이민자들로 하여금 스스로 '인종적 소수세력'으로 규정하게 만들었고, 자신들의 정체성을 견지해야 한다는 생각을 지니게 하였다. 결국 소수세력의 '그룹권리' 요구는 미국의 인종적 양상을 근본적으로 변형시켰으며, 다문화주의로 이어졌다.[4] 그러므로 다문화주의는 새로운 개념의 선언이라기보다는 미국의 역사적 경험과 미국인들의 일상적 경험, 그리고 그것에 대한 최근의 담론과 논쟁이 널리 인식된 결과라고 볼 수 있다.

---

4) Nathan Glazer, "In Defense of Multiculturalism," *The New Republic* (Sept. 2, 1991), p. 19.

2 | 1965년 이민개혁법과 그 결과

미국은 1920년대에 국적기원법을 통해서 실질적으로 미국으로의 이민을 거의 금지시켰다.[5] 그러나 1965년에 이르러 의회는 이민개혁법(Immigration Reform Act)으로 국적별 쿼터제에 기반한 이민차별정책을 전적으로 폐지하고 미국에 친척이 이미 와 있는 사람이거나 또는 미국이 필요로 하는 기술을 갖고 있는 사람에게 문호를 개방하였다. 새로운 이민법은 동반구로부터는 연간 17만 명, 서반구로부터는 12만 명의 이민 상한선을 두었으며, 모든 나라는 연간 2만 명의 비자를 할당받았다. 또한 미국 시민권자의 직계가족은 쿼터 외로 이민을 허용했고, 쿼터제로 제한받는 경우에는 우선권제도(preference system)에 따라 선착순으로 이민을 받아들이도록 하였다. 마치 미국은 이제 다시 문호를 활짝 개방하고 모든 이민을 널리 환영하였던 전통적인 자유주의 정책으로 되돌아간 듯하였다.[6]

이 이민법 개정은 당시 미국사회의 전반적인 변화를 배경으로 한다. 우선 제2차 세계대전 이후 인종적 우월을 강조하는 과학적 인종

5) 1921년 의회는 긴급 이민법을 통과시켜 어느 나라로 부터의 연간 이민 수도 1910년 미국에 거주했던 그 국적인 총수의 3%를 넘지 못하게 하는 쿼터제를 만들었다. 이 새 법으로 연간 이민의 수가 30만 명으로 줄었으나 토착주의자들은 이에 만족하지 않았다. 1924년의 국적기원법(National Origins Act)은 쿼터를3%에서 2%로 감축하고 1890년 인구조사에 기반을 두도록 하였다. 그리고 5년 후 또 다른 제약을 가하여 연간 이민 수를 15만 명으로 제한하였다. 이 이민 제한은 40년 이상 미국의 정책으로 존속하였다.

6) Carl N. Degler/ 이보형 외 역, 『현대미국의 성립』 (일조각, 1995), pp. 352-353.

주의가 근거 없음이 드러났고, 인종과 종교에 대한 인식의 변화로 타종교와 타인종에 대한 관용이 증대하였다. 그리고 1920년대에는 외국태생 비율이 1/7정도였으나 1960년대에는 그 비율이 1/20도 되지 않을 정도로 감소하여 토착 미국인들은 더 이상 이민에 대해 크게 우려하지 않았다. 여기에 인종, 빈곤, 편견과 관련된 문제가 비난의 대상이 되었고, 이민문제도 여기서 제외될 수 없었다.[7)]

그러나 1965년 이민법 개정안이 통과된 과정을 자세히 살펴보면 1921년 이전의 자유주의적 전통으로 돌아간 것이라고 보기 어렵다. 이는 여전히 '바람직하지 못한 사람들'의 이민을 제한하고, 인구구성 비율에 있어서 급격한 변화를 원하지 않는 보수적인 정치인들의 입김이 강하게 작용한 결과물이며, 이민법 개정이 기존의 이민형태에 큰 변화를 가져오지 않을 것이라는 생각이 저변에 작용하였음을 알 수 있다.[8)]

1965년 이민개혁법은 존 F. 케네디(John Fitzgerald Kennedy) 대통령이 상원의원 시절에 출판한 『이민의 나라(A Nation of Immigrants)』에서 처음 그 면모를 드러냈다. 케네디는 이 저술을 통해 1924년의 국적기원법을 공격했다. 그는 이법이 '미국으로의 이민은 국적에 의해 제한되지 않는다'는 미국의 전통과 원칙에 어긋나며, 모든 사람은 평등하게 태어났다는 독립선언서의 정신에 위배된다고 주장했다. 이 책은 단순히 한권의 책으로 그치지 않고, 미국이 다시 대규모 이민을 향해

---

7) 김연진, 「1965 미국 이민법 개정: 기대되지 않았던 개혁」, 『전국역사학대회 논문집』 (1993), pp. 322-323.
8) 김연진, 앞의 논문, pp. 319-329.

문을 연다는 계획을 내포하고 있었다. 즉, 대통령이 된 케네디는 1963년 7월 국적기원법을 폐지하기 위한 법안을 제출하였다.[9)]

케네디 대통령이 제출한 법안은 강한 반대에 부딪혔다. 미국애국단체연합(American Coalition of Patriotic Societies)은 1920년대 이후부터 시행해오던 국적별 할당 제도는 미국을 반영하는 진정한 제도라고 강조하였다. 즉 "국적별 할당제도는 미국국민들 앞에 세워진 거울과 같이 다양한 국적의 비율을 반영하고 있다"고 주장하였다.[10)] 케네디의 법안은 이러한 반대에 부딪혀 법으로 서명될 때까지 2년이 더 걸렸다. 그리고 그 과정에서 케네디가 제안하였던 원안이 크게 수정되었다. 다시 말해서 케네디가 제출한 원안은 기술자 초빙에 우선권을 부여했으나 2년 후 통과된 법안은 미국 시민이나 거주자의 직계가족 초청에 최고 우선권을 부여했다. 즉 미국내 직계가족이 있는 이들의 가족재결합에 우선권을 주었고, 미국경제에 큰 영향을 미치지 않는 범위 내에서 필요한 직능을 소유한 사람들에게 비자를 부여했다. 이는 미국 인구구성비율의 변화를 최소화하기 위한 장치였고, 이 법

9) 1920년의 미국 인구 구성비율에 기원한 1924년의 국적별 쿼타제도는 서, 북 유럽으로부터의 이민은 크게 제한하지 않았던 반면에 동, 남유럽으로부터의 이민은 거의 받아들이지 않았다 예를 들어서 1963년 가장 불리한 유럽이민은 그리스, (308명 할당에 97,577명이 적채된 비자 신청자) 이탈리아(5,666명 할당쿼터, 122,706명 적채), 포르투갈(433녕 쿼타, 46,659 직채인원), 폴랜드 (6488명, 55,429명)이었다. 반면에 영국은 65,361명이 할당되었으나 25,000명만 비자를 받았고, 아일랜드인은 17,756명 쿼타중 5,500명이 비자를 신청하였다. (이 숫자는 1963년 6월 24일 자 *New York Times* 12쪽에서 인용되었다).

10) "Quota Immigration Backed at Hearing," *New York Times* (May 2, 1965), p. 68.

이 시행되어도 기존의 이민패턴이 지속될 것이라는 믿음을 반영한 법안이었다.

케네디의 원안을 대폭 수정하였고, 이 법안의 지지를 호소했던 민주당 하원의원 에드먼드 셀러(Edmund Celler)는 케네디 법안 내용을 수정한 경위를 "이 나라에 들어오는 아시아인과 아프리카인들 수는 매우 적을 것이다....지금 미국에 있는 그들은 친척이 거의 없으므로 상대적으로 그들의 나라에서 미국으로 오는 사람은 거의 없을 것이다"고 솔직하게 말했다.[11] 당시 미국내 아시아 인구의 총수는 전 인구의 0.5%도 채 되지 않았고, 가족을 초청할 자격을 갖춘 이들도 거의 없었으므로 아시아계 이민은 크게 늘어나지 않을 것이라는 전망은 개정안에 대한 적극적인 반대를 불러일으키지 않았다.

하원의 수정안을 받아들인 존슨 대통령은 "이 법은 혁명적인 것이 아니다. 이는 수백만의 사람들의 삶에 영향을 미치지 않으며, 우리 일상생활의 구조를 재편성하거나 우리의 힘과 부에 중요하게 영향을 미치지도 않는다...그러나 이 법은 미국의 정의가 지닌 깊고 아픈 상처를 수정한다...무제한 이민을 받아들이던 시기는 이제 지나갔다. 그러나 앞으로 미국으로 오는 사람은 그들의 모국이 아니라 합당한 자격을 지닌 개인으로서 이민 오게 될 것이다."라고 이 법안의 통과를 축하하였다.[12] 이제 인종에 근거한 이민제한은 사라졌고, 세계의 모든 나라는 동등하게 미국으로 이민 올 수 있게 되었다. 당시 법무장관

11) David M. Reimers, "An Unintended Reform: The 1965 Immigration Act and Third World Immigration to the United States," *Journal of American Ethnic History*, vol. 3. no. 1 (1983), pp. 9-28.

12) Reimers, "An Unintended Reform," p.17.

이었던 로버트 케네디(Robert Francis Kennedy)는 이 법안이 가져올 결과에 대하여 이전에 "아시아 이민이 5,000명 정도였다, 그러나 이후 아시아 이민은 실질적으로 거의 없을 것이다, 첫 해에 5,000명 정도 올 것이나 이후에는 많은 수의 아시아 이민은 전혀 없을 것이다"고 예견하였다. 물론 이는 잘못된 예견이었다.[13)]

유럽이민 양상에 변화가 일어났다. 1965년 이후 10년 동안 이탈리아는 매년 2만 명의 이민이 오는 이민 최다국이었다. 그러나 1970년대 중반에 이르면 유럽의 경제재건으로 유럽 이민이 현저하게 줄어들었다. 반면 아시아와 라틴아메리카로부터의 이민이 급증하기 시작했다. 1980년에 이르러서는 유럽 이민은 합법적 이민의 5%정도로 그쳤고, 그해 57만 명의 합법적 이민 중 아시아 이민이 거의 반을 차지했고, 라틴 아메리카, 특히 멕시코 이민은 거의 40%에 달했다.

무슨 일이 일어난 것일까? 1965년 법은 매년 이민의 74%를 가족초청이민으로, 20%를 기술자초청이민으로 규정하였다. (나머지 6%는 공산국가로부터의 망명이민으로 할당하였다.) 특히 1965년 이민 개혁법 제5조항은 먼저 귀화한 이민자들에게 그들의 결혼한 형제, 자매를 초청할 수 있는 근거가 되어, 소위 '연쇄이주(chain migration)' 현상이 일어났다. 이 우선권 조항은 이탈리아계 하원의원이었던 피터 로디노(Peter Rodino)가 강력하게 지지하였고, 이 법에는 '형제자매 법(Borthers and Sisters Act)'이라는 별칭이 부쳐졌다. 그러나 1980년대 말에 이르면 이 제5조항의 가장 큰 혜택자는 멕시코계와 필리핀계였다. 특히 아시아 이민자들은 합

---

13) David M. Reimers, *Still the Golden Door: The Third World Comes to America* (New York: Columbia University Press, 1985), p. 77.

법적인 방법으로 가족들을 대거 초청하였다. 즉, 부모초청은 쿼터로 제한되지 않았기에 부모를 우선 초청하고, 부모는 다시 귀화한 이민으로서 다른 자식들을 초청하였다. 그러자 기대하지 못했던 결과가 초래되었다. 즉 이민 패턴이 과거와 크게 달라지지 않을 것을 보장하고, 인종적, 민족적 구성에 있어서 변화를 최소화하겠다는 목적으로 시행된 1965년 이민개혁법은 실제에 있어서는 엄청난 변화를 초래한 것이다. 그리고 오늘날 제3세계로부터의 이민을 안정화하고, 영속화하는 예견하지 못했던 결과를 가져온 것이다.[14] 그리고 이들 '바람직하지 않은' 사람들이 미국의 인구구성비율을 크게 바꾸어 놓고 있다는 사실을 미국인들이 자각하기까지 20여년의 시간이 흘렀다.[15]

이러한 변화를 반영하듯 1990년 타임(Time)은 '변화하는 미국의 색깔(America's Changing Colors)'이라는 제목으로 특집을 다루면서 백인계 미국인은 머지않은 장래에 소수집단이 될 것이라는 글을 실었다. 또

14) Christian Joppke, *Immigration and the Nation-State: The United States, Germany, and Great Britain,* (New York: Oxford University Press, Inc., 1999), pp. 23-28.

15) 1965년의 이민개혁법으로 1970년대와 1980년대에는 20세기 이후 어떤 시기보다 법적으로 더 많은 이민이 허용되었다. 1970년대 4백만 이상의 합법적 이민이, 1980년대에는 600만 이상의 이민이 유입하였고, 이시기의 불법 이민을 포함한다면 1970년 이후 20년 동안 이민이 20세기에서 가장 큰 규모로 이루어졌다. 그리고 이 시기의 주요 이민은 에스파냐어를 사용하는 국가 중에서도 특히 멕시코에서 온 라티노(Latino)가 약 39%였고, 약 40%가 아시아인이었다. 두 집단의 이민은 1965년 이후 전례 없이 증가했고 그 결과 1980년 인구조사에서 전체인구의 6퍼센트인 약 1천 4백만 명이 히스패닉이었다. 1997년에는 그 비율이 11퍼센트, 즉 2천 9백만 명으로 증가했다. 아시아계 미국인은 2000년에 이르러서는 1천만 명이 넘어 전체인구의 4퍼센트 정도가 되었고, 이 수는 15년 전보다 두 배가 넘는 것이었다. 이제 미국인구의 구성이 크게 변하였음을 알 수 있다.

한 2056년이 되면 아프리카, 아시아, 에스파냐, 중동계 미국인이 다수가 될 것이라고 예측하였다.[16] 이글은 미국의 주류는 백인이라는 오랫동안의 국가적 담론에 문제를 제기하였고, 이제 미국이 더 이상 백인의 나라가 아니라는 위기의식이 백인들 사이에서 형성되었다.[17] 그리고 미국의 국가적 정체성에 대한 논의와 교과과정상의 내용과 관련하여 '다문화주의'에 대한 논의가 활발해지기 시작했다.

3 민권운동과 이민정책의 조우

다문화주의에 대한 논쟁이 치열해지는 시점이 미국의 인구구성 비율이 변하고 있다는 우려의 목소리가 높아지는 시기와 일치한다는 사실은 매우 흥미롭다. 그러나 미국 문화는 백인위주로 발전해 왔으며 독특하고 단일하다는 믿음이 와해되기 시작하고, 미국과 미국인이라는 말의 단일한 의미가 무너지기 시작하는 시점은 1960년대 중반부터이다. 즉 1960년대 중반에 민권운동, 여성운동, 반전운동, 저항문

16) William A. Henry III, "Beyond the Melting Pot," in "America's Changing Colors," *Time*, vol. 135, no. 15 (April 1990), pp. 28-31.

17) 실제로 2000년도에 실시한 인구통계에 의하면 히스패닉계를 제외한 백인은 미국 총인구의 72%를 차지한다. 나머지 28%는 대략 흑인이 12%, 히스패닉이 12%, 아시아계가 4%, 유대인이 2%, 원주민이 1%, 아랍인이 0.3%를 차지한다. 히스패닉과 아시아계 인구는 급속히 늘고 있어서 10년 후면 히스패닉계는 제1의 소수민족 세력으로 부상할 것으로 예상되고 있다. 그리고 2050년이 되면 히스패닉을 제외한 백인은 전체인구의 53%가 될 것으로 인구통계국은 전망하고 있다.

화 등의 소용돌이 속에서 인종적, 성적, 계층적 갈등에 대한 새로운 인식이 등장하였고, 미국문화의 동질성에 대한 강한 의문이 제기되었다.

그 결과 지금까지 소외되었던 아메리카 원주민과 흑인을 비롯한 소수인종과 민족, 여성, 노동계층 등 '주변부(marginal)' 존재들에 대한 연구가 활발해지기 시작했다. 여기에 1960년대 후반부터 몰려 온 히스패닉과 아시아인들은 미국사회를 더욱더 파편화(?) 시키는데 일조하였다. 이들은 미국 역사가 다양한 민족과 인종의 경험으로 이루어진 역사이며 이에 대한 단선적인 해석은 잘못된 것이라고 주장하며 자신들의 문화유산을 보존해야만 한다고 요구했다. 이처럼 집단 정체성을 강조하며 동화주의 이념에 도전한 비유럽계 이민들은 민권운동이 제공하는 보상과 특혜가 흑인 이외의 다른 소수세력들에게까지 확대 적용되는 가운데 더욱 거세게 문화적 다원사회를 옹호했다.[18)]

1960년대 민권운동은 미국흑인들에게 시민권을 허용하고, 인종문제로부터 자유로운 사회를 건설하려는 시도로 시작되었다. 1964년의 민권법은 모든 사람은 고용, 교육, 공공시설 등에 있어서 "인종, 피부색, 종교, 국적에 의하여 차별, 분리되지 않는다"고 선언하였다. 비록 이 법이 어떤 특정 그룹이나 인종에 대한 언급을 회피하고 '개인(individuals)' 이나 '모든 사람(persons)'이라는 용어를 사용하였지만, 이 법을 시행하는데 있어서는 인종별, 민족별 그룹 분류가 불가피하게 요구되었다. 그러

18) Christian Joppke, "Multiculturalism and Immigration : A Comparison of the United States, Germany, and Great Britain," *Theory and Society*, vol. 25, no. 4 (Aug., 1996), pp. 454-455.

므로 모순되게도 원래 '인종차별 없는(color blind)' 사회를 형성하고자 했던 민권운동은 오히려 '인종을 의식하고 분류하는(color conscious)' 사회를 만드는 결과를 가져왔다.[19] 여기에 새로 이민 온 소수민족들은 주류사회로의 동화보다는 "그룹"에 더욱 집착하는 경향을 띠었다.

민권법과 같은 법적인 보장에도 불구하고 계속되는 흑인에 대한 인종차별 문제를 해소하기 위해 '소수세력우대정책(Affirmative Action)'이 시행되었다. 소수세력우대정책이라는 용어는 존 케네디 대통령이 인종, 민족, 종교에 기반을 둔 차별을 금지하고 정부와 계약 맺는 사람들이 인종 차별을 폐지하고 금지할 것을 보장하기 위해 실행한 시행령 10925에서 처음 등장했다. 이 시행령은 헌법수정조항 14조에 명시된 '피부색에 근거한 인종차별금지'를 근간으로 하였고, 이 시행령에 따라 1961년 대통령산하 평등고용기회위원회(Equal Employment Opportunity Commission)를 신설하였다. 이 위원회의 기본 임무는 연방과 계약을 맺는 기업으로 하여금 흑인들을 더 많이 고용하도록 하는 것이었다.[20] 이제 고용주들은 흑인을 차별하지 않는다는 증거로서 '소수세력(minorities)'을 고용하고 있음을 제시해야 했고, 필요하다면 소수세력을 고용하기 위해 '적극적 방법(affirmative action)'을 취해야 했다.

이후 존슨 대통령은 시행령 11246에서 이에 대해 다시 언급하였고,

19) 이러한 모순에 관하여 Nathan Blazer, *Affirmative Discrimination* (Cambridge: Harvard University Press, 1975)와 *Ethnic Dilemmas, 1964-1982*(Cambridge: Harvard University Press, 1983)을 참조하시오.

20) 소수세력우대정책의 용어, 의미, 기원에 관하여 김연진, 「차별의 시정인가, 우대인가: 소수세력 차별정책(Arrimative Action)과 그에 대한 논쟁」, 『미국사연구』, 제18집(2003년 11월), pp. 159-183 참조.

하워드 대학교 졸업식에서 다음과 같은 연설로서 그 정책의 본질을 표현하였다.

> 자유만으로는 충분하지 않습니다. 단지 당신은 이제 자유이니 가고픈 곳에 가고, 원하는 것을 하고, 원하는 지도자를 고를 수 있다고 말함으로써 수세기 동안의 상처를 지울 수는 없습니다... 수백 년 동안 족쇄로 묶여있던 사람을 풀어주고, 그를 경주의 출발선에 데리고 가 그에게 당신은 다른 사람들과 경쟁할 자유가 있다고 말하면서 자신이 여전히 공평하다고 말할 수는 없습니다... 묶여져있던 사람에게 40야드의 차이를 만회할 수 있도록 하는 것이 보다 나은 정의가 아니겠습니까?...이것이 평등을 향한 적극적인 정책(affimative action)일 것입니다.[21)]

이 연설은 이후 소수세력우대정책(affirmative action)이 공적, 사적 영역에 있어서 단순한 기회의 평등을 넘어서서 과거의 잘못을 시정할 뿐만 아니라 우선적으로 보상하는 사회정의 프로그램으로 자리매김하는 계기가 되었다.

존슨대통령은 '법적 권리와 이론으로서의 평등' 만이 아니라 '실제 사실로서 또는 결과로서의 평등'을 추구하면서 인종차별을 시정하기 위한 강력한 정책을 제안하였다. 이 정책은 특히 교육과 취업에 초점을 맞추어 백인들만의 배타적인 영역이나 다름없었던 승진, 승급, 고등교육기관에의 입학과 장학금 혜택, 그리고 경제적 지원에 있어

---

21) Lynden B. Johnson, Howard Universirty commencement address, 4 June 1965, Public Papers of the Presidents: Johnson 1965, 1:635-636.

서 흑인들이 백인과 같은 권한을 누리는 것을 보장하기 위한 적극적인 대책을 요구하였다.

소수세력우대정책 지침은 점차적으로 초중등학교와 대학을 포함하여 연방정부로부터 자금을 받거나 거래하는 거의 모든 기관들과 그리고 많은 다른 기관들에까지 확대되었다. 그 과정에서 이 프로그램은 오히려 '인종을 인식하고 분류하는(race-conscious)'이라는 의미를 지니게 되었고, 점차 그 대상을 소수민족과 여성을 포괄하는 소수세력(minorities)으로 확대해 나갔다.[22] 다시 말해서 남부의 흑인에 대한 인종차별을 종식시키기 위해서 1960년대에 제정된 법령들은 1970년대에 이르면 그 시행 과정에서 문화, 인종, 혈연에 기반하여 시민들을 분류하는 제도로 변모하였고, 이는 닉슨 대통령 재임 시기에 일어난 의도하지 않았던 결과였다. 닉슨 행정부와 연방대법원은 이 정책을 시행하는데 있어서 1964년, 1965년 민권법들에 기초하였지만 과거의 차별을 보상한다는 명목 하에 '우선권'을 인정하고, 교육, 직업, 정부와의 계약에 있어서 소수세력에게 비례대표를 인정하는 소수세력우대 프로그램들을 승인한 것이었다.

민주당 집권시기였던 1960년대의 의회는 결코 이러한 결과를 의도하지도 원하지도 않았다.[23] 그러나 닉슨 행정부가 시작된 1969년부

---

22) 특히 가장 많은 혜택을 누린 소수세력으로는 흑인, 인디언, 아시아인, 히스패닉 그룹을 들 수 있다. 이중 아시아인과 히스패닉은 1960년 이민개혁법 시행이후 이민의 90% 이상을 구성하였고, 이들은 지금까지 토착 미국인들에게만 제공되었던 특혜를 자동적으로 누릴 수 있게 되었다. Jopkke, "Multiculturalism and Immigration", pp. 456-457.

23) 이러한 결과는 60년대 정치판도의 변화에 기인하기도 한다. 1968년 대통령 선거는 전통적인 정치적 제휴에 큰 변화를 가져왔다. 즉 공화당 후보인

터 소수세력우대정책은 흑인에 대한 '차별의 시정'을 넘어서서 그 대상을 더욱 확대하여 '소수세력'들을 우대하는 정책(또는 '역차별 정책')으로 바뀌었다. 따라서 1970년대 이르러 원래 케네디와 존슨이 의도하였던 흑인에 대한 차별시정 프로그램은 점차 '강력한 소수세력우대정책(hard affimative action)'으로 발전하였다. 그리하여 여성, 히스패닉계, 미국 인디언, 아시아인, 그리고 장애인들이 이 프로그램의 대상으로 포함되었다. 그리고 평등고용법은 정부로 하여금 누가 '소수세력'인지를 정의내리도록 요구하였다.[24]

이러한 결과는 60년대 말 변화된 정치판도에서도 그 원인을 찾아볼 수 있다. 민권법은 남부 흑인들에게 거대한 혜택을 가져다주었다. 그러나 남부 이외지역의 도시에 거주하는 흑인들은 민권법에도 불구하고 여전히 실업률이 백인의 두 배에 달했고, 교육과 주거환경이 열악한 가운데 차별을 받았다. 그러자 흑인 폭동과 약탈이 연이어 일어나기 시작했다. (1967년 한 해 동안에만도 164건의 인종폭동이 일어났다.) 흑인들의 방화와 약탈 등에 경악한 백인들 사이에서 흑인들에게 너무 빨리 민권을 주었다는 비난이 일기 시작했다. 흑인폭동, 흑인민족주의, 범죄율의 증가, 베트남 전쟁, 과격한 반전운동에 반대하는 보수적인 중간계층 미국인들은 이제 민주당보다는 공화당을 선호하기 시작했다. 그러자 존슨 행정부는 흑인폭동과 사회적 혼란에 신속하게 대응하

닉슨이 대통령으로 당선됨으로써 행정부는 공화당이 집권하였지만 의회는 민주당이 석권하였다. 그 결과는 여론과 정책수립 과정 사이에 유기적인 관계가 약화되었다.

24) Hugh Davis Graham, *Collision Course* (New York: Oxford University Press, 2002), pp. 7-9.

고자 1968년 section 8(a) 프로그램으로 소기업사무국(SBA:Small Business Administration)을 설립하여 폭동으로 손해 본 지역의 상점 소유주를 돕고 도시재건에 노력을 기울이는 소수민족 기업가들을 고무하였다. 폭동으로 심하게 황폐화된 지역을 돕기 위해서는 보조금과 융자를 지급하였다. 그리고 이를 시행하는데 있어서 '인종적 할당(racial quota)'이라는 말을 피하고 '사회적으로 불리한 사람들(socially disadvantaged)'이라는 용어를 사용하였다.[25)]

닉슨은 1968년 대통령 선거에 출마하면서 1960년대의 민권법들을 지지하겠다고 약속했다. 하지만 그는 인종차별을 시정하겠지만 인종적 할당은 반대하며, 남부에서의 학교의 흑백분리를 반대하지만, 인종적 균형을 위한 버스통학은 반대할 것이라고 서약했다. 그는 새로운 민권법을 제정하기보다는 이미 제정된 민권법들을 잘 시행할 것이라고 약속했다. 이미 캘리포니아 상원의원시 유색인종지위향상협회(NAACP)와 협력했고, 1960년 대통령 선거전에서 민권법에 있어서는 케네디와 의견차이가 거의 없었으며, 64년, 65년, 68년의 민권법들을 옹호하던 닉슨이었다.[26)]

그러나 보수적 성향의 중간층 백인의 지지를 받은 닉슨은 '침묵하는 다수'의 여론에 부응하고자 하였다. 그는 버스통학 강제규정에 따른 학교에서의 인종차별 금지를 폐지하는 법안을 의회에 통과시키려 노력했고, 인종차별 금지명령에 따르지 않는 학군에 연방의 재정적 지원을 금지했던 법원의 종래의 방침을 중단하도록 했다. 1960년대의 자유

25) *Ibid.*, pp. 30-33.
26) *Ibid.*, p. 33.

주의자들이 옹호하였던 '흑인의 권리'를 표방하지 않으면서 소수세력우대정책을 추진한 닉슨은 연방정부와 계약을 맺는 건축회사들이 고용인들의 인종적 다양성을 추구하는 '목표와 시간표'를 설정할 것을 요구하였다. 닉슨과 노동부 장관인 죠지 슐츠(George Schultz)는 처음으로 연방정부가 재정을 지원하는 소수세력우대정책 프로그램을 실행했고, 가장 확실한 쿼터제를 건설계약자들에게 강요하였다. 이 같은 필라델피아 계획(Philadelphia Plan)이후 수십 년에 걸쳐 인종, 민족, 성에 따른 대표성의 적절한 분배를 보장하기 위한 노력이 계속되었고, 수십 개의 주와 지역들이 소수세력우대정책을 수립하였고, 당을 초월한 지원이 계속되었으며, 기업들은 정부의 보조와 지원을 받기 위해 자발적으로 소수세력우대 프로그램을 수립하고 추진해 나갔다. 그리고 법원은 전반적으로 다양한 소수세력우대를 지지하였다.[27)]

이처럼 소수세력우대정책은 이 정책의 형성과정에서부터 명확하게 정의 내려지지도 않았고, 폭넓은 논의를 거치지 않았으며, 그 시행범위도 정확히 규정되지 않았다. 따라서 이 정책을 시행하는 과정에서 처음에는 주요 대상 수혜자들이 흑인과 인디언이었고, 그들에 대한 역사적 차별을 보상하는 차원에서 시행되었지만, 1960년대 후반부터는 그 대상에 이민의 주를 이룬 아시아계와 히스패닉계들도 포함되었고, 70년대에 이르면 여성과 장애인도 그 범주에 들어가게 되었다. 이제 법원과 평등고용기회위원회와 같은 행정기구는 '소수세력'의 고용과 교육에 있어서 요구되는 수적인 할당과 예정표를 만들기

27) 김연진, 「차별의 시정인가, 우대인가」, pp. 168-170.

위하여 더욱 '그룹'이라는 분류를 강조하기 시작했다. 결국 흑인의 권리를 보장하는 강력한 제도적 동기와 장치를 제시한 민권법은 시행 과정에서 인종 분류를 불가피하게 요구하였고, 이는 이민 온 소수 민족들이 '그룹권리'를 요구하는 결과를 가져온 것이다.

더욱이 도시 게토에 거주하는 흑인들은 마틴 루터 킹(Martin Luther King, Jr)의 통합주의를 거부하고 과격한 '흑인 파워(black power)'를 외치며 분리를 주장하였고, 이는 다른 이민들의 인종적 정체성 찾기 운동의 모델이 되었다. 즉, 블랙 파워운동은 흑인들에게 인종적 문화적 유산에 대한 자긍심을 심어주었고, 더 나아가 '아시아인의 파워(Yellow Power)', '인디언 파워(Red Power)', '라틴계의 파워(Brown Power)' 운동의 모태가 되었다. 그리고 민권운동 시기에 제공된 문화적 정치적인 기회는 이민자들로 하여금 '주류 미국인'으로의 동화보다는 다양한 소수그룹으로 남도록 만들었다.[28)]

특히 교육이나 직업에 있어서 성공적인 이민사례로 꼽혔던 아시아계 미국인들의 경우 자신들을 '소수세력'으로 인정받기 위해서는 다양한 아시아계 소수민족(ethnic diversity)으로부터 인종적 통합(racial unity)을 이끌어내야 했다. 따라서 자신들의 이민 역사를 '성공의 역사'가 아니라 '희생의 역사'로 다시 고쳐 썼다. 그리고 점차 인종차별 정책과 현실로 인해 주류시회로부터 분리되고, 거부당하고, 억압받은 인종적 소수세력에 자신들이 속한다는 것을 자각하였다.[29)] 히스

28) David Lopez and Yen Espiritu, "Panethnicity in the U.S.A.." *Ethnic and Racial Studies*, vol. 13, no. 2 (1990), p. 209.

29) William Wei, *The Asian American Movement* (Philadelphia: Temple University Press, 1992), p. 9.

패닉 경우에는 아시아계 미국인들보다 소수세력운동을 전개하기 수월했다. 그들은 공통 언어를 사용했고, 역사적으로 1848년까지 미국의 남서부가 멕시코의 영토였기에 '애매모호한 소수세력'이었다. 즉, 그들은 자신들을 소수민족 이민집단(ethnic immigrant group)으로 규정하기도 하고 상황에 따라 인종적 소수세력(racial minority group)으로 규정하기도 했다. 그러나 민권운동 시기에는 문화적, 정치적 기회를 얻고자 인종적 소수세력으로 기울어졌다.[30]

민권운동의 3번째 열매인 1965년 투표권법(the Voting Rights Act) 역시 본래 지방 선거를 연방정부 감시 하에 둠으로써 투표권을 박탈 당해 왔던 남부 흑인들에게 투표권을 주기위해서 제정되었다. 그러나 1975년에 영어 외에 히스패닉을 포함해서 4개 언어군에 속하는 다양한 언어를 사용하는 소수세력들(language minorities)에게 자국어로 쓰여진 투표용지로 투표 할 수 있는 혜택을 주었다. 더 나아가 남부를 넘어서 375개 관할지역으로 확대 시행함으로써 이 투표권법으로 히스패닉은 단일 정당지부(single member) 선거구를 설치할 수 있게 되었고, 이는 실질적으로 소수민족이 공직을 보유할 수 있는 길을 보장하였다. 하지만 이러한 보장은 그들이 스스로를 '소수세력 그룹'으로 규명해야만 가능했다. 한 걸음 더 나아가 1982년 투표권법은 선거법 개정을 통해 소수세력에게 확보된 의석을 줄 수 있도록 선거구를 유리하게 조정하였다. 이러한 조정의 근간에는 각 '소수세력을 대변하는 대표'라는 개념이 깔려있었다. 그러나 선거에 있어서 그룹권리

30) Peter Skerry, *Mexican Americans: The Ambivalent Minority* (New York: Free Press, 1993).

를 강조하는 이러한 조치는 정치적 통합을 저해하고 인종차별적 정치를 완화하기보다는 더욱 강화시키고, 시민의식을 훼손하는 새로운 문제를 수반한다는 비판이 뒤따랐다.[31]

소수세력우대정책은 소수민족 지도자들로 하여금 세력신장에 관심을 기울일 수 있게 하였다. 예를 들어서 라틴아메리카시민연합(LULAC: League of United Latin American Citizens)과 같은 히스패닉 그룹은 전통적으로 이민은 직업을 둘러싼 경쟁을 더 치열하게 만들기 때문에 규제해야한다는 입장을 취해왔다. 그러나 소수세력우대정책 시행 이후 수가 많아지면 할당받는 비율이 커지므로 이민 찬성으로 돌아섰다. 더욱이 인구조사에 있어서 자격있는 유권자가 아니라 단지 사람 수만을 대상으로 하였기에 불법이민자들도 소수세력선거구를 형성하는데 있어서 통계대상으로 산출되기까지 했다. 그 결과 자격있는 유권자가 매우 적은 '부패 선거구'가 형성되었고, 민주정치를 이끌 자질이 충분하지 않은 대표가 선출되기도 했다.[32]

이처럼 민권운동으로부터 교훈을 얻고 소수세력우대정책이 제공하는 기회를 이용하는데 익숙한 젊은 지도자들은 실제에 있어서는 스스로를 '소수세력'으로 인정하지 않는 소수민족임에도 불구하고 인종적으로 '사이비 소수세력 상태(quasi-racial minority status)'를 유지하고자했다. 이는 결국 '그룹권리'와 '다문화주의' 강조, 그리고 기회를 제공하는 정치적 구조가 결합된 결과였다.[33]

---

31) Jopkke, "Multiculturalism and Immigration," pp. 458-459.
32) *Ibid.*, pp. 459-460.
33) Peter Skerry, *Mexican Amreicans,* chapter 9.

이와 유사한 결과는 이중언어교육에서도 찾아 볼 수 있다. 1968년 제정된 이중언어교육법(The Bilingual Education Act)은 영어를 구사할 능력이 부족한 어린이들에게 필요한 특수교육을 위해 연방정부가 자금을 지원한다는 내용의 법이다. 그러나 1974년 대법원 명령으로 보다 구체화된 이 법은 소수세력 어린이들을 위해 자국어로 모든 과목을 배울 수 있도록 하라는 지시를 지방 교육구에 내렸다. 이중언어교육은 본래 영어습득을 도와 학업을 잘 수행하도록 하기 위한 일시적인 방편이었다. 하지만 이는 동시에 인종적 정체성을 강화하고 자민족 문화에 대한 자긍심을 길러주는 방향으로 나아갔다. 결국 이중언어교육은 '이중언어'교육에서 '이중언어/이중문화'교육으로 확대되었다. 전국이중언어교육연합(National Association of Bilingual Education)은 '나는 모국어와 모국문화에 대해 권리가 있다'라는 포스터를 배포하였고, 이는 근본적으로 변질된 이중언어교육의 목적을 표현한 것이다.[34)]

결과적으로 이중언어교육은 명백히 공인된 그룹권리의 한 예로서 이민온 어린이들의 영어습득을 오히려 더디게 만들었고, 전통적으로 추구되어 온 용광로식 동화주의에 반하는 교육정책이 되었다. 비록 이러한 인종, 소수민족 그룹의 권리 운동이 미국의 로크적 자유주의(Lockean Liberalism) 전통에 명백하게 어긋난다 해도 이에 대한 반대는 매우 적었다. 이러한 사태에 대하여 에비게일 썬스톰(Abigail Thernstorm)은 투표에 있어서 그룹권리를 적용한 것은 '논쟁을 불러일으키지 않

---

34) Rosalie Pedalino Porter, *Forked Tongue: The Politics of Bilingual Education* (New York: Basic Books, 1990), p. 160.

은 논쟁거리 정책'이라고 꼬집어 말했다.[35]

1968년 이후 20년 이상의 공화당 집권 시기 동안 (비록 캘리포니아 대학 대 베키 사건과 같은 역차별에 대한 논란이 간간이 일어나기는 했지만) 소수세력우대정책은 저지되지 않은 채 확산되었다. 이는 우호적인 법원, 강력한 정부대리인들, 진보적인 언론매체 때문이기도 하고, 또 한편으로는 민권그룹이 이 정책에 지대한 관심을 지녔기 때문이기도 하다. 반면에 보통 사람들은 이에 관해 거의 관심이 없었고, 조직적인 반대도 없었다. 그러나 무엇보다도 소수세력우대정책이 확산된 가장 근본적인 이유는 인종적 정의와 민권이 도덕적 우위를 점함으로써 정치과정에서 거의 보호받는 수준이었기 때문이다. 현대 미국은 과거에 행한 인종적 잘못에 대한 죄책감에 사로 잡혀있다. 현대 역사에서 어떤 사회도 과거의 잘못을 고쳐 잡기위해 이보다 더 노력을 기울이지는 않을 것이다. 이것이 바로 미국이 민권운동을 계속 강력하게 추진하는 중요한 이유인 것이다. 여기에 민권운동과 이민정책의 조우는 소수세력의 '그룹운동'과 '다문화주의'로의 행보에 박차를 가했다.

35) Abigail Thernstorm, *Whose Vote Counts, Affirmative Action and Minority Voting Rights* (Cambridbe: Harvard University Press, 1987), p. 233.

4 | 맺음말

이상에서 살펴본 바와 같이 1960년대 중반에 민권운동의 소용돌이 속에서 미국문화의 동질성에 대한 강한 의문이 제기되었으며, 1960년대 후반부터 몰려든 히스패닉과 아시아인들은 민권운동의 혜택을 받기위해 스스로를 '소수세력'으로 분류하며 자신들의 인종적 정체성을 인정받기를 요구했다. 흑인, 인디언, 중남미계 미국인, 아시아계 미국인들은 동화주의 이념에 도전했으며, 문화적 다원사회를 옹호했다. 미국의 역사가 다양한 민족과 인종의 경험으로 이루어진 역사이며 미국 역사와 문화에 대한 단일하고 단선적인 해석은 잘못된 것이라는 주장과 더불어 그들 자신의 문화유산에 대한 인식뿐만 아니라 이를 보존해야 한다는 요구까지도 거세게 일어났다.

상당한 정도로 문화적 다원주의 옹호자들은 성공을 거두었다. 소수인종 연구 프로그램이 학교와 대학의 교과과정으로 채택되었고, 이러한 자극은 자기주장을 담은 논쟁적인 문화운동에 이르렀다. 이 운동은 1990년대에 '다문화주의'로 알려지게 되었다. 그리고 미국사회의 인종적, 종교적, 문화적 다양성을 긍정적으로 평가하는 '샐러드 볼', '무지개', '심포니'등의 비유가 사용되기 시작했다.

그러나 다문화주의에 대한 비판 또한 만만치 않다. 특히 보수적인 백인들은 다문화주의가 소수세력을 옹호하는 가운데 미국의 본질로부터 이탈하고 있다고 강력하게 비난하고 있다. 다문화주의가 미국사회의 근간을 파괴할 수 있는 위험을 내포하고 있으며 이에 대한 대책으로 미국문화의 동질성을 강조하는 교양교육을 제시하기도 한다. 이들은 표준영어교육을 강조하고, 위대한 서구문명의 전통을 가르침으로써 문화적 동질성을 부여해야 한다고 주장한다. 이러한 입장은 허쉬의 『문화해독력(Cultural Literacy)』, 앨런 블룸의 『미국정신의 폐쇄(The Closing of the American Mind)』의 출판과 함께 상당한 호응을 불러일으켰다. 그들은 다양성 옹호로 야기된 문화적 파편화를 우려하였다. 앤드류 핵커 역시 미국의 다문화적 미래에 대하여 "다문화적 미국은 교과과정에서는 이로운 것이나 그 결과가 거리에서 충돌을 초래한다 해도 놀라지 말아야 한다"고 경고하였다. 그의 경고 또한 다문화주의가 가져올 미국사회의 파편화에 대한 우려이다.[36)]

미국의 파편화 현상에 대한 비판은 스텐포드 대학교 서양문화 프로그램을 둘러싼 논쟁에서 더욱 격렬해졌다. 스탠포드대학이 소수민족학과 같은 프로그램을 강조하자 이는 다양성을 도모한다는 미명하에 대학정신을 폐쇄하는 것이라는 비난이 일어났고, 당시 교육부장관 윌리엄 베넷(William Bennett)은 스탠포드 대학이 마르크스주의, 페미니즘, 소수민족학 등이 결합한 좌익정치세력의 영향 하에 있는 것이라고 주장했다.[37)] 다문화주의는 60년대 사람들이 이상향에 대한 유혹을 물리치지 못하고 자신들에 대한 비판을 무력화시키기 위해 사용하는 정치적 용이라는 비난도 일어났다.[38)]

---

36) Andrew Hacker, "'Diversity' and Its Dangers," *New York Review of Books* (Oct. 7, 1993), p.22.

37) *National Review* (May 27, 1988), pp. 37-39.

38) Richard Bernstein, *Dictatorship of Virtue: Multiculturalism and the Battle for America's Future* (New York: Knopf, 1994), pp. 3-11.

그러나 다문화주의가 가장 치열하게 논쟁거리가 된 것은 교육부문이었다. 소수세력 운동에 있어서 교육은 인종적 의식을 고양시키는 방법으로 매우 중요하다. 파농(Fanon)이 설명한 것처럼 '탈식민지화'는 식민지화된 사람들의 문화를 강조하는 것으로부터 시작되기 때문이다. 1960년대 말부터 각 대학교에서 시행하는 인종학 프로그램들(ethnic and racial studies programs)이 가장 전형적인 예이다. 이러한 프로그램들은 동화주의를 비판하며 탈식민지화를 확산시켰고, 문화적 좌파들의 흥기를 도왔다. 하바드 대학교 아프리카계 미국인학 프로그램 소장인 헨리 게이츠(Henry Gates)는 이들을 페미니스트들, 해체주의자들, 푸코주의자들을 포함한 '무지개연합(Rainbow Coalition)'이라고 불렀다.[39] 이제 미국의 역사는 지금까지 소외되었던 사람들을 첨가하는 역사에서 억압받고 고통받아왔던 사람들의 역사로 다시 쓰이고 있다. 다시 말해서 다문화주의 옹호자들은 미국사회는 인디언과 흑인들에게 행한 백인들의 억압적인 행동에 기반하여 형성되었고, 후에는 소수세력들도 억압하였다고 해석한다. 로버트 블라우너(Robert Blauner)는 이를 '제3세계 견해'라고 불렀다.[40]

1960년대에는 상당한 도전으로 보였던 제3세계 견해는 지금은 확고한 지반을 굳히고 있다. 스탠포드 대학교의 예를 따라서 다수의 대학들이 서양사를 필수과목으로 하는 대신에 다양한 문화들을 강조

39) Richard Rorty, "Two Cheers for the Cultural Left," in Darryl Gless and Barbara Hernsten Smith, eds., *The Politics of Liberal Education* (Durham: Duke University Oress, 1992), p. 233.

40) Robert Blauner, *Racial Oppression in America* (New York: Harper and Row, 1972), p. 52.

하는 교과목들을 개설하고 있다. 공립학교의 경우 다양한 인종이 가장 많이 살고 있는 캘리포니아와 뉴욕이 제일 먼저 다문화주의를 받아들여 교과과정을 개편했다. 뉴욕에서는 1989년에 '단일문화'교육에 대한 일체 반격이 있었다. 그리고 한 흑인 행동가는 다문화중심교육을 "우리는 보잘 것 없는 백인이 아니라 위대한 흑인을 배출시킬 프로그램을 원한다"고 아주 명료하게 정당화 했다.[41]비록 다문화주의가 '용광로'식 동화주의는 신화였으며 문화적 다원주의(pluralism)가 미국적 경험에 더 근접하다고 주장하지만 과거 문화적 다원사회에서는 '미국적 신조(American Creed)' 자체를 부인하지 않았다. 그리고 소수민족의식은 개인적 선택의 문제였으며 공적으로 논의되지 않았다. 그러나 다문화주의는 민족적, 인종적 구분을 공식적으로 요구하고 있으며, 이는 미국역사에서 소수세력우대정책을 둘러싼 새로운 논쟁을 불러일으키고 있다.

1992년 4월 일어난 L.A. 폭동은 흑인 로드니 킹을 구타한 백인 경찰들이 재판에서 무죄 방면됨으로써 촉발되었다. 그러나 이 사건은 분노한 흑인들이 한인 타운을 방화하고 약탈하는 사건으로 이어졌다. L.A. 폭동은 사건의 양상이 흑, 백 갈등인가 아니면 한, 흑 갈등인가를 넘어서서 문화적 다양성을 옹호하고 인종간의 차이를 인정하는 태도만으로는 미국의 인종 갈등을 근본적으로 해결하기 어렵다는 것을 보여주었다. 한편 1995년 티모시 맥베이(Timothy maekbeyi)가 일으킨 오클라호마 연방정부청사 폭파사건은 미국사회가 유색인종, 동성애

41) Jim Sleeper, *The Closest of Strangers* (New York: Norton, 1990), p. 219.

자, 낙태론자 등으로 오염되고 있다는 백인들의 우려와 분노를 표출시킨 사건이었다. 일부 백인들은 '미국 연방정부가 유색인들에게 유리한 정책을 시행한다'는 이유로 오클라호마 연방청사에 폭탄을 던져서 수많은 인명을 죽게 한 티모시 멕베이를 오히려 동정하고 그를 구명하려고 노력하였다. 이들의 태도와 노력은 미국 사회 내에 인종 간의 갈등이 어느 정도로 첨예한가를 잘 보여준다 하겠다. 보수적인 백인들은 '미국적 가치'와 '미국적 이상'을 사랑하지만 정부가 복지정책과 소수세력우대정책을 시행함으로써 건전한 시민을 압박하고 대신 유색인종, '게으르고 부도덕한' 사람들을 돕고 있다고 비난하고 있다. 즉 자신들이 소수세력우대정책으로 역차별을 받고 있다는 생각이 그들 사이에 팽배해 있다.

영화 *Amreircan History X* 는 유색인과 이민에 대한 보수적인 백인들의 증오를 여과없이 보여준다. 그들을 "복지혜택이나 받으며 사는 식충이들"이라고 말하는 주인공 데릭을 통해 '다양 속의 통합'을 국민적 좌우명으로 삼고 있는 미국사회가 여전히 인종 간의 갈등을 안고 있으며, 다문화주의로 대변되는 이민통합정책에 한계가 있음을 말하고 있다. 특히 소수세력우대정책으로 "자격 없는 소수인종들이 백인들을 제치고 백인들이 누려야 할 기회를 빼앗아 감"으로써 당하는 역차별에 대한 분노는 살인으로까지 이어진다. 그러나 이 영화는 '증오는 증오를 낳는다'는 교훈을 통해 그 한계를 극복하기를 바라는 염원 또한 담고 있다. 그렇다면 무엇을 극복해야 하는가? 다문화주의에서 앞으로 극복되어야 할 문제는 '미국의 파편화'나 '상대주의', 소수세력의 정치세력화가 아니라고 생각한다. 오히려 아서 슐레진저가

지적한 '차이에 대한 집착'[42] 으로부터 벗어난다면, 그리고 계층에 기반을 둔 불평등 문제를 먼저 해결 한다면[43] 지금도 계속되고 있는 다문화주의를 둘러싼 격렬한 논쟁으로부터 벗어날 수 있지 않을까?[44]

---

42) 몇 달 전에 타계한 역사가 아서 슐레진저(Arthur Schlesinger, Jr.)는 *The Disuniting of America* (New York: Norton, 1992)에서 '차이에 대한 집착'이 미국이라는 국가보다 더 중요한가라는 의문을 제기했다.

43) John Higham, "Multiculturalism and Universalism: A History and Critique," pp. 195-219.

44) 미국 다문화주의를 둘러싼 논쟁은 김욱동, 「다문화주의의 도전과 응전」, 『미국학논집』, 제30집 1호(1998), pp. 29-49 참조.

|에필로그|

|에필로그|

현대 서양사회와 이주민

-갈등과 통합 사이에서-

2005년 프랑스 이민자 '소요 사태'[1]를 돌아보며

박 단

1. 프랑스, 톨레랑스의 나라?

2005년 가을 프랑스에서 날아온 한 가지 소식이 많은 이들을 충격 속으로 몰아넣었다. 수십 일간 지속된 프랑스의 이민자 '폭동'은 전세계인의 이목을 끌기에 충분하였으며, 국내에서도 최근 수십 년 이래 프랑스에서 일어난 사건 가운데 가장 오랫동안 신문지상을 뜨겁게 달구었던 사건이 아닌가 생각된다.

무엇이 그렇게 충격적이었을까? 이는 극적인 반전反轉 때문인 것

1) 여기서 말하는 '프랑스 소요 사태'란 2005년도 10월 27일부터 11월 17일까지 프랑스 전역에서 일어난 이민자들의 방화 및 시위를 말한다.

같다. 일반적으로 프랑스는 '자유 · 평등 · 박애'로 상징되는 인권의 나라로 알려져 있고, '파리에서 온 택시운전사' 덕분에 지구상의 어느 나라보다도 톨레랑스(tolérance)의 나라로 알려져 있었다. 그런 나라가 인권의 유린, 이민자에 대한 차별의 대명사가 되었으니 많은 이들이 놀랄 만도 했다. 프랑스는 과연 인권을 유린하는 나라이고, 이민자를 차별하는 대표적인 나라라고 할 수 있는가?

몇 해 전부터 프랑스에서 들려오는 소식에 귀 기울였던 사람들이라면 사실 이번 사태가 그렇게 충격적으로 느껴지지 않았을지도 모르겠다. 또 프랑스 현대사를 비판적으로 읽어 온 사람들도 이번 사태로 인해 크게 놀라지는 않았을 것이다. 오히려 이번 일과 비슷한 사태가 언제 일어나지 않을까 '기대'하고 있었는지도 모른다. 그만큼 이번 소요는 프랑스 내에서의 모순이 쌓일 대로 쌓인 나머지 마침내 폭발한 것으로 해석될 수 있을 것이다. '인권의 나라' 프랑스에 어떤 모순이 그렇게 축적되어 있었는가? 이를 이해하기 위해서는 프랑스 이민의 역사와 함께, 사회경제적 현실, 이민자 통합문제, 2007년 대권을 둘러싼 프랑스 정계의 움직임, 그리고 프랑스 공화국의 역사까지도 고려되어야 한다.

필자는 우선, 이번 사태를 따라 읽지 않은 독자를 위해 사건의 개황을 적시한 후, 이번 사태를 발생시킨 주인공들이 누구인지, 그들은 무엇 때문에 프랑스에 왔으며, 그들의 요구사항은 무엇인지 알아볼 것이다. 이는 그들의 불만 즉 이번 소요 사태의 원인을 추적하는 기반이 될 것이다. 다음으로는 이번 소요가 왜 일어나게 되었는지 그 문제점을 다각도로 살펴보고자 한다. 먼저, 가장 직접적으로 와 닿는 사회

경제적 차별에서부터 종교 문화적 차이, 그리고 프랑스의 통합모델이 검토될 것이다. 다음으로는 프랑스가 내놓은 대안에 대하여 비판적으로 검토해 보고자 한다. 프랑스가 내놓은 대안은 크게 보아 프랑스 정부의 안案이 있을 수 있고, 다른 하나는 한 개인의 안이기는 하나 우리가 이 글에서 특히 주목하고자 하는 니콜라 사르코지(Nicolas Sarkozy) 내무부 장관의 정책이다. 사르코지와 이번 사태는 매우 밀접한 관련이 있다. 사르코지 장관이 그동안 내놓은 정치적 프로그램으로 보나, 이번 사태에 기름을 붓는 역할을 한 것으로 보나 사르코지에 대한 분석은 이번 사태의 원인과 해결을 논하는 데 매우 중요하다 할 것이다.

한편 이 소요사태는 우리에게 강 건너 불만은 아닐 수 있다. 앞의 글에서도 수차 지적되어 왔듯이 우리나라에서도 이민자 2세대 문제는 언제 터질지 모르는 시한폭탄일 수 있다. 우리가 앞으로 이 문제에 어떻게 대처하느냐에 따라 이 폭탄은 불발이 될 수도 있고, 아니면 커다란 사회혼란을 야기할 수도 있을 것이다. 프랑스의 예를 살펴보며 우리의 상황을 되돌아보는 기회를 갖도록 하자.

2. 소요의 발생과 그 '주인공들'

파리 북쪽 근교 클리쉬-수-부아(Clichy-sous-Bois)에 살고 있는 모리타니아 출신 부나 트라오레(Bouna Traore, 15세)와 튀니지 출신 지에드 베나(Zyed Benna, 17세)[2]는 10월 27일 저녁 여느 때와 마찬가지로 이웃 동네 리브리 갸르강(Livry-Gargan)에서 축구시합을 하다 귀가하던 중 프랑스 경찰의 검문검색을 목격하게 된다. 이들은 '지겨운' 검문검색을 피하기 위해 달아나다 뜻하지 않게 변전소(EDF-GDF) 담 너머로 몸을 날렸고, 변압기에 떨어진 그들은 결국 감전사하게 되었다.[3)]이 사건을 계기로 프랑스에서는 약 20일간 전국적으로 약 300개 도시 및 마을에서 자동차 및 공공건물 방화를 포함하는 과격한 소요사태가 발생했다.

언론에 나타난 사건 개황을 살펴보면, 소요가 진정 국면에 접어들었다고 선언된 11월 17일 현재, 2,921명이 체포(최연소 피검자 10세)되었으며, 민간인 1명이 사망하였고, 장애인 1명이 중화상을 입었다. 공권력 측의 피해도 만만치 않았는데, 경찰 및 소방관 115명이 부상당하였으며, 시위자로 오인하여 한 청년을 집단 구타한 경찰 5명이 정직, 그 가운데 1명이 구금당하는 사태까지 벌어졌다. 약 20여 일에 걸친 소요로 차량 9,071대가 불탔으며, 지급 예상 보험료만 최소 2억 유로(2,500억 원)로 추측되고 있다.

10월 27일에 시작된 소요가 그칠 줄 모르자, 프랑스 정부는 11월 8일 결국 1955년 알제리 사태를 진정시키기 위해 입안되었으나 1984년 누벨-칼레도니(Nouvelle-Calédonie)의 소요 때 한 번을 제외하고는

2) 이 마을 인구의 70%가 무슬림이다. *Le Nouvel Observateur* du 10 novembre 2005, p .64.

3) 변전소에 같이 뛰어들었다 유일하게 살아남은 뮈탱 알텅(Muhttin Altun)은, 경찰이 자신들을 추격했기 때문에 도주했다고 증언하였다. 그는 그 후 병원에 입원했다가 12월 15일에야 퇴원했다. *Le Nouvel Observateur* du 15 décembre 2005.

거의 사용하지 않았던 '비상사태법'[4](l'état d'urgence)을 정부 직권으로 12일간 발효시켰다. 그 후 정부는 의회의 승인을 얻어 11월 21일부터 3개월간 그 기간을 연장함으로써 이 소요를 잠재울 수 있었다. 그만큼 정부로서도 소요를 진정시키기에 다급하였던 것이다.[5]

한편, 소요 기간 중에 프랑스 내무부장관인 니콜라 사르코지가 소요 '주인공들'의 공적公敵 1호로 부상하였음은 주목할 만한 일이다. 처음 프랑스 정부의 이민자 차별 항의에 소극적으로 가담했던 많은 젊은이들이 점차 그 목표를 구체화하기 시작하면서 사태가 확대되었다. 이러한 확산에 사르코지의 역할이 컸음은 물론이다. 사르코지의 '무분별한' 발언들에 분노한 많은 이민 2세, 3세들이 사르코지의 퇴진만이 소요를 진정시킬 수 있다고 믿게 되었다. 사르코지는 무엇을 어떻게 하였는가?

동료 이주민의 감전사에 격앙된 이주민 청년들이 "경찰의 과잉 검문 때문"이라며 공정 수사를 요구하자, 사르코지 장관은 "경찰이 과잉 추적한 게 아니다."라며 폭력 시위 청년들을 '쓰레기'(racaille)라고 표현했다. 그의 이러한 용어 사용은 이번이 처음은 아니었다. 이미 지난 9월에도 사용되었으며, 이번 사태 이후 그 발언은 TV를 통해 반복적으로 방송되었다. 그의 강성 발언 이후 '불에 기름을 부은 듯' 무슬림 청년들의 폭력이 확산되자, 이민자는 물론 프랑스 시민들 사이에서

---

4) 1955년 4월 3일 법.

5) 이 조치는 2006년 1월 4일 조기 해제되었다. 이 법안은 통행금지 실시를 가능하게 하고 판사의 영장 없이 가택수사를 할 수 있게 하며, 언론검열, 집회제한을 가능하게 하는 법이다. 실제 이 법은 거의 집행되지 않았다. *Le Monde* du 2 janvier 2006.

도 "이번 사태는 사르코지 때문"이라며 비난하는 목소리가 커졌다. 사르코지의 잠재적 대권 경쟁자인 자크 시라크(Jacques Chirac) 대통령과 도미니크 드 빌팽(Dominique de Villepin) 총리는 이 같은 상황에 대해 한동안 침묵하다가, 사태가 걷잡을 수 없이 번지자 뒤늦게 "폭력에는 강력대응"이라며 한 목소리를 내었다. 사르코지 장관은 "소요를 주도하는 부랑아들을 진공청소기로 쓸어버려야 한다(nettoyer au Kärcher)"고 강경하게 발언하며 물리력 동원을 지휘했다.6) 그의 직설적인 발언은 좌파와 우파 모두에게 '너무 심하다'는 비판을 받았지만 일단 대중의 주목을 끄는 데는 성공했다. 사르코지 장관은 11월 9일 이번 소요 사태에 가담했다가 체포되어 유죄판결을 받은 외국인은 모두 추방한다고 밝혔다. 그는 하원에서 "체류의 합법성 여부와 관계없이 유죄판결을 받은 외국인은 지체 없이 프랑스 영토에서 추방하도록 각 도지사들에게 요청했다."며 여기에는 체류 허가증을 가진 사람도 포함된다고 강조했다.7)

이와 같은 사실에서 우리는 한 가지 의문을 갖게 된다. 대체 감전사한 사람들은 누구이며, 이 사건에 대한 항의로 소요에 뛰어든 자들은 누구인가? 그들은 무엇 때문에 프랑스에 오게 되었으며, 프랑스 내에 몇 명이나 거주하는가? 주지하다시피, 프랑스는 이민의 나라이다. 프랑스는 산업화를 위해 19세기 말부터 이웃 나라들로부터 대규

6) 사르코지 장관은 68년 5월 혁명 이후 1970년에 시위를 진압하기 위해 의결된 '반파괴자법'(loi anticasseurs)의 신판을 준비 중이다. *Libération* du 29 novembre 2005.

7) *Le Monde* du 11 novembre 2005.

모 이민을 받아들였다. 이는 약 400만의 노동력을 상실한 1차 세계대전을 기점으로 더욱 증가하여 1930년대 한 때 이미 300만 이상의 이민이 있었으며, 이는 총인구의 7%에 해당되었다. 그렇지만 이때까지만 해도 프랑스에 온 노동력은 대다수 폴란드, 이탈리아, 벨기에, 폴란드, 에스파냐 출신으로 유럽계 이민이었으며, 프랑스와 동일한 가톨릭문화권 이주민이었다. 이들이라고 해서 프랑스인들로부터 특별히 차별을 받지 않았다고는 볼 수 없다. 차별은 인간 본성 가운데 하나여서인지 인종차별은 아니었지만, 이방인이라는 적대감, 그리고 그들보다 못사는 나라 출신이라는 데서 오는 민족차별이 존재하였다.[8] 그렇지만 이들 이민자들은 시간이 지날수록 서서히 프랑스 사회로 동화되어 갔으며, 오늘날 더 이상 이민자로 분류되지 않고 있다. 그러면 이번 소요의 주인공들이라고 할 수 있는 북아프리카계 이민들은 언제, 어떠한 이유로 프랑스에 오게 되었을까?

크게 보아, 2차 세계대전 이후 '영광의 30년'(1945-1973) 동안 알제리 및 모로코, 튀니지 즉 마그레브인이라고 불리는 이주민들이 대규모로 프랑스에 오게 되었다. 물론 이민자들은 국적에 따라 입국 시기가 달랐으며, 마그레브인 이민자들 가운데 가장 많은 수를 차지한 것은 100년 이상 프랑스의 식민지였던 알제리인이었다. 1830년부터 프랑스의 식민지였던 알제리는 1954년부터 시작된 독립전쟁으로 1962년 마침내 프랑스로부터 벗어날 수 있었다. 알제리인들의 이주 시기는 알제리 독립전쟁을 전후하여 크게 셋으로 나뉠 수 있겠다. 2차 대전

---

8) 박단, 「'하얀외침 검은태양을 통해서 본' 1930년대 프랑스노동자와 이민노동자」, 『역사와 문화』, 2집(문화사학회, 2000) 참조.

직후인 1947년부터 알제리전쟁 발발 시점인 1954년까지만 해도 알제리 이주민들은 대부분 경제적 이유로 프랑스에 건너왔다. 그들은 통상 독신이었으며, 돈을 벌어 몇 년 내 귀국할 일시적 이주자들이었다. 이러한 양상은 알제리 전쟁 시기에 변화되었다. 1954년 시작되어 장장 8년간 지속된 해방전쟁은 알제리뿐만 아니라 프랑스 이민사에도 획기적인 변화를 가져왔다. 알제리 내에서 일어난 전쟁은 알제리 농촌을 피폐화시켰고, 공업기반을 황폐화시켰다.[9] 일자리를 잃은 자들 상당수는 자연히 고국을 등질 수밖에 없었으며, 결국 식민지 모국이었던 프랑스로 향할 수밖에 없었다. 다행히 프랑스 경제는 여전히 활황이어서 이들을 어느 정도 수용할 수 있었다. 프랑스 젊은이들이 알제리 전쟁으로 징집된 것도 노동력이 줄어든 한 이유였다. 1962년 알제리가 독립된 후, 독립된 알제리 정부와의 여러 차례 회담을 거쳐 프랑스는 알제리인들의 프랑스로의 이주를 제한하려 하였다.[10] 전쟁 중에 일어난 상호간의 증오심으로 프랑스의 이러한 시도는 한층 강화되었다.

프랑스는 알제리인을 대체할 노동력을 구해야만 했다. 모로코, 튀니지가 우선적으로 그 대안이 되었다. 이 나라들 역시 오랫동안 프랑스의 보호령이었기에 프랑스로서는 쉽게 문호를 개방할 수 있었다.

---

9) Benjamin Stora et Emile Temime, "L'immigration algérienne", in Laurent Gervereau, Pierre Milza et Emile Temime(sous la direction de), *Histoire de l'immigration en France au XXe siècle*(Paris : Editions d'Art, 1998), p. 128, 130.

10) David Assouline, Mehdi Lallaoui(s.d.), *Un siècle d'immigrations en France : 1945 à nos jours*(Paris : Syros, 1997), p. 23.

또한 포르투갈인들 역시 경제적 어려움을 피해 프랑스로 오게 되었다. 1962년에 5만여 명에 불과하던 포르투갈 이주자들은 1968년에는 296,448명, 1975년에는 758,925명으로 급격히 증가하였다. 이와 같은 포르투갈 이주민의 증가는 포르투갈의 국내사정도 있었지만 알제리인 대신 이들을 노동력으로 맞이하고 싶어 했던 프랑스의 정책과도 부합하였음은 물론이다.[11] 모로코인들은 1975년에 25만여 명, 튀니지인들은 14만 명, 블랙 아프리카인들은 8만 명에 이르렀다.[12] 그렇다고 알제리인 이주자가 줄어들지는 않았다. 알제리 이주민은 알제리 전쟁이 끝난 직후인 1962년 35만여 명에서, 1975년에는 그 수가 71만여 명으로 배에 달하였다.[13] 그렇지만 이들 숫자는 더 이상 급속히 증가할 수는 없었다. 제4차 중동전에 이은 1973-1974년과 1978-1980년 석유파동으로 세계 경제위기가 심화되었고, 프랑스도 예외가 될 수는 없었다. 프랑스에서의 실업률 고조에 따른 피해는 자연스레 이민자의 몫으로 돌아왔다. 따라서 프랑스는 이민을 통제할 정책을 강구하게 되었다. 그런데 이러한 정책은 역설적으로 프랑스의 이민 풍경을 바꾸어 놓는 계기가 되었다.

프랑스는 귀국보조금 정책을 시행함으로써 국내 체류 이민자들의

11) 포르투칼인은 여권 없이도 자유롭게 프랑스에 들어올 수 있었던 것이다. Patrick Weil, La France et ses étrangers(Paris : Gallimard, 1991), p. 68.

12) Yvan Gastaut, "Des Trente Glorieuses à la crise des banlieues", in *L'Histoire*, n.229(février, 1999), p. 51.

13) *Ibid.* 1975년의 알제리 이주민 수는 필자에 따라 차이가 있다. 이들의 평가는 대략 70-90만 명 사이를 오간다. 벤자민 스토라와 에밀 테밈은 1975년 프랑스에 거주하는 알제리인을 대략 90만 정도로 파악하고 있다. Benjamin Stora et Emile Temime, p. 128.

수를 줄이려고 하였으나 그 수혜자는 프랑스가 나가 주기를 원했던 알제리인이 아니라 엉뚱하게도 에스파냐 이주민과 포르투갈 이주민 같은 유럽계 이민이었다. 프랑스는 더 이상 마그레브 이민을 받아들이지 않는 대신 가족 재결합 정책(le regroupement familial)을 실시, 이미 정착한 노동자들에게 가족을 프랑스로 불러들일 수 있게 하였다. 이른바 인도주의적 관점에서 시행된 정책이었지만, 한편으로는 모순되는 정책이기도 하였다.

이쯤에서 이러한 이민정책을 겪은 프랑스에 이민자는 대략 어느 정도일지 검토해 보는 것이 좋겠다. 프랑스 내 이민자[14] 총수는 1954년 176만 5,298명에서 1975년 344만 2,415명으로 증가한다. 약 20년간 거의 두 배 증가하였는데, 이 시기를 '영광의 30년'에 비유하여 '이민의 20년'이라고 일컫기도 한다. 그 가운데 마그레브인만을 고려해보면, 1975년을 기준으로 할 때, 알제리인이 71만여 명, 모로코인이 25만여 명, 그리고 튀니지인이 14만여 명이다. 그 외 아프리카 흑인이 8만여 명, 포르투갈인이 75만여 명이다. 1990년에는 알제리인이 61만여 명, 모로코인이 57만, 튀니지인이 20만여 명, 아프리카 흑인 24만, 포르투갈 65만여 명으로 집계되는 데, 이 수치를 통하여 모로코, 튀니지, 아프리카 흑인 등이 많이 증가하고, 알제리, 포르투갈이 상대적으로 감소되었음을 알게 된다.[15] 이 두 국적의 절대수치가 감소한 것처럼 보이는 것은 이들 이주민이 프랑스인으로 그 만큼 귀화한 때문인

14) 여기에서 이민자라고 하면, 외국에서 태어나 프랑스에 입국한 자로서 프랑스 국적을 취득하지 않은 자를 일컫는다.

15) Yvan Gastaut, "Des Trente Glorieuses à la crise des banlieues", p.51.

것으로 판단된다.

전반적으로 볼 때 무슬림 이민자는 2차 대전 후 급증했다. 이러한 수치는 정확하지 않은 상태로 정치적으로 이용될 때 계속해서 증폭되곤 했다. 최근 소요 기간 중에도 국내신문뿐만 아니라 프랑스 신문에서도 꾸준히 무슬림 이민자의 수를 500만 혹은 600만으로 언급하였다. 이에 대해 프랑스의 유명 인구학자인 미셸 트리발라(Michèle Tribalat)는 500만 혹은 600만 설說을 하나의 허구로 지적하며 370만 설을 제기하였다. 그녀에 따르면, 최근 20년 내 프랑스 내에서 혹자들에 의해 무슬림 숫자가 배로 급증했다고 한다. 1989년 역사가 브뤼노 에티엔느(Bruno Etienne)는 프랑스 내 무슬림 숫자를 약 250만 명으로 평가하였다. 1993년에는 통합고위위원회(Haute Conseil à l'Intégration)가 한 보고서를 통해 300만으로 발표한 바 있으며, 1994년에는 『르몽드』(Le Monde)가 무슬림 이민자 수를 프랑스 인구의 6.5%, 즉 370만으로 평가하였다. 1996년 이슬람관계처(le Secrètariat des relations avec l'islam)는 그 수를 420만으로 제시하였으며, 1996년에는 당시 내무장관 샤를르 파스쿠아(Charles Pasqua)가 테러를 언급하면서 500만 무슬림을 거론하였다. 최근에는 '종교적 상징 착용 금지법'[16]에 반대하면서 니콜라 사르코지가 5-6백만의 무슬림을 언급한 바 있으며, 민족전선

16) 공식명칭은 '정교분리원칙의 적용에 있어, 공립 중고등학교에서 종교적 외양을 드러내는 옷이나 상징의 착용을 포괄하는 2004년 3월 15일의 법'(Loi n. 2004-228 du 15 mars 2004 encadrant, en application du principe de laïcité, le port de signes ou de tenues manifestant une appartenance religieuse dans les écoles, collèges et lycées publics, Journal Officiel du 17 mars 2004). 이하 '종교적 상징 착용 금지법'.

(Front National)은 800만을 언급하기까지 했다. 트리발라에 따르면 이러한 과대 포장은 이슬람혐오주의를 선동[17)]하기 위함이라는 것이다.

그러면 왜 이러한 상이한 수치가 지속적으로 제시되고 있을까? 프랑스에서는 1872년부터 인구조사 때, 특정인이 어느 종교를 믿는지 조사하는 것이 금지되었다. 더 나아가, 그들의 인종적 기원을 밝히는 것이 금지되었다.[18)] 그 결과 이에 대한 공식적 통계는 거의 존재하지 않으며, 무슬림의 숫자를 알기 위해 인구학자와 사회학자는 '무슬림 문화에 속하는(relevant de la culture musulmane)' 사람들을 셀 수밖에 없었다. 즉, 이슬람이 지배종교인 마그레브 국가, 블랙 아프리카, 터키, 파키스탄, 중동지방 국가 출신의 이민과 '프랑스인'을 헤아릴 뿐이다.[19)] 여기에 개종자, 알제리로부터 온 아르키[20)], 불법이민자들을 더한다. 그렇지만, 외국 출신 '프랑스인'에 대한 구체적인 정보 또한 부족하기 때문에,[21)] 일부 학자들은 다양한 자료들을 이용함으로써 대략 5-600만이라는 평가에 도달한 것이다. 이는 어느 누구도 검증할 수 없는 것이 현실이다.[22)]

---

17) *L'Express* du 4 décembre 2005.
18) *L'Express* du 4 décembre 2005. 이는 미국에서 인구조사 시 '백인', '흑인', '히스패닉' 등에 표시를 하는 것과 뚜렷이 구분된다. Le Monde du 15 novembre 2005.
19) *L'Express* du 4 décembre 2005.
20) 알제리 전쟁 당시 프랑스에 충성한 알제리 출신 군인.
21) 부모의 국적을 알기 위한 정보 수집행위도 '정보처리 자유 국가위원회'(Commission nationale informatique et libertés)의 승인을 얻어야만 하며 경찰, 법원은 자신들이 이용하고 있는 자료조차 보관할 수 없다. *Le Monde* du 15 novembre 2005.
22) *L'Express* du 4 décembre 2005.

이러한 현실을 타개하기 위해서, 인구학자들은 '국립통계청' (L'INSEE)에 여러 차례에 걸쳐 탄원하였고, 이에 '국립통계청'은 1999년의 인구조사를 시행하면서 38만 481명의 익명을 표본으로 하여 부모의 출신국가를 알려주는 형태로 가구조사를 실시하게 하였다. 그럼으로써 인구학자들은 처음으로 3세대에 대한 구체적 자료를 이용할 수 있었다.[23] 트리발라는 이 자료로부터 프랑스에 거주하는 외국출신 인구표, 이슬람이 지배적인 나라 출신의 이민 수와 그들의 후손의 수를 작성할 수 있었다. '혈통에 의해 무슬림인 것으로 추정되는 사람'의 수는 '공식적인' 무슬림 수보다 훨씬 적었다. 프랑스에는 5-6백만의 무슬림이 있는 것이 아니라, '아마도 무슬림인 사람'의 수가 단지 370만일뿐이다. 이들은 이민 1세대와 2세대가 각각 170만 명, 그리고 3세대가 30만 명 미만으로 구성되어 있다. 1995년 실시된 '국립인구청'(L'INED)의 조사에 따르면, 무슬림의 약 3분의 1이 정기적으로 모스크(회교사원)에 가는 신자로 추정되었다.[24]

지금까지 소요의 '주인공'으로 간주되는 프랑스 내 무슬림의 수에 대해 살펴보았다. 우리가 미셸 트리발라의 연구 성과를 받아들인다면, 현재 프랑스 내에 거주하는 무슬림의 수는 극우파가 주장하는 무슬림의 절반도 되지 않는다. 즉, 극우파 혹은 우파 정치인들은 무슬림의 수를 과대 포장함으로써 주류 프랑스인들을 불안하게 하고, 이들 무슬림을 잠재적 위험분자로 여기게끔 하고 있는 것이다.

---

23) *Ibid.*
24) *Ibid.*

3. 소요의 원인과 무슬림 이민자 통합문제

필자가 생각할 때, 이번 프랑스 소요의 가장 커다란 원인은 주류 프랑스인의 무슬림 이민자에 대한 차별에 있다. 이 사태에 대한 분석 기사들을 보면, 무슬림 이민자의 높은 실업률과 같은 경제적 요인을 가장 중요한 순위에 두는 경우[25)]가 대부분이지만, 문화 종교적 요인도 무시될 수 없다. 이는 차별과 밀접하게 연관되어 있기 때문이다. 필자의 생각으로는 경제적 문제는 소요의 주요 원인이기는 하지만 국내 경제가 활성화됨으로써 어느 정도 해소될 수 있는 문제이고, 문화 종교적 차별 혹은 이슬람혐오주의는 간접적 원인이지만 해결되기 쉽지 않은 본질적 문제로 남을 가능성이 높다. 한편, 이러한 요인과는 별도로 프랑스 공화국의 통합모델도 다시 생각해 볼 문제이다. 다문화주의라는 영미계통의 통합방식과 달리 동화주의라는 프랑스적 통합방식은 프랑스가 이민자들 역시 동등한 프랑스인으로 인정한다는 뜻이다. 그렇게 본다면, 이러한 원칙에 근거한 프랑스 공화국의 시민, 즉 '평등한 국가'의 시민이라는 이상과 '평등한 국가'의 2등 시민이라는 현실 사이에서 오는 괴리감이 이번 소요의 가장 중요한 원인 가운데 하나일 수 있겠다.

이러한 여러 가지 원인의 밑바닥에 깔려있는 것은 이민 2세대 문제이다. 이민 1세대는 차별을 받으면서도 그것을 내면화하고 겉으로 드러내지 못했다. 먹고 살기 급급했던 1세대와 2세대는 달랐다. 이민

25) 예를 들어, *Le Monde* du 15 novembre 2005의 경제 분석을 보라.

2세대, 3세대들은 프랑스에서 태어나 '프랑스인'으로 교육받았다. 그렇지만 학교 밖에 나오면 그들은 '프랑스인'이 아니었다. 국적은 휴지 조각에 불과했다. '나는 프랑스인인가? 아니면 알제리 혹은 모로코인인가?' 그들은 정체성 갈등으로 고통받고 있다. 어쩌면 이들은 프랑스에서 영원한 이방인일지도 모른다. 국적이 프랑스인이고, 그들의 망탈리테가 프랑스적이라고 할지라도 그들은 프랑스인에게서 비프랑스인으로 간주되기에 좌절한다. 프랑스에서는 이민자라고 하면, 즉시 북아프리카인을 떠올리고, 더 구체적으로는 알제리인을 떠올린다.[26] 결국, 무슬림은 영원히 이민자이고, 백인은 국적이 외국이라 할지라도 계속 '프랑스인'으로 대접받는다. 특히 프랑스에서 일상화되고 있는 검문검색에 있어 이는 확연히 드러난다. 이번 소요의 단초를 제공한 경우에서처럼 말이다. 이러한 사실을 바탕에 두고, 사회경제적 문제부터 시작하여 종교문화 문제, 통합모델에 이르기까지 이번 소요의 원인들을 고찰해 보자.

1). 사회경제적 문제

이번 소요 당시 전문가들은 그 원인을 설명하기 위해 많은 수치를 갖다 대었다. 그 가운데에서도 가장 많이 인용되는 것들이 프랑스

---

26) 알제리전쟁에 대한 나쁜 기억으로 프랑스 여론에는 다음과 같은 방정식이 혼돈, 사용되고 있다. étranger(외국인)=immigré(이민자)=Arab(아랍인)=Maghrébin ou Nord-Africain(북아프리카인)=Algérien(알제리인) Yvan Gastaut, *L'immigration et l'opinion en France sous la Ve République*(Paris : Seuil, 2000), p. 71.

내 무슬림의 숫자와 함께 이들의 실업률이었다. 그러나 앞서 살펴보았듯이 프랑스에서는 법으로 인종적 범주(les critères ethniques)에 근거한 통계를 이용하는 것이 금지되어 있다. 프랑스의 대표적인 일간지 『르몽드』는 '국립인구청' 소속 일부 전문가의 도움을 받아 인종적 범주 대신 출신 국가에 따른 실업률 통계 수치를 제시하였다.[27] 이 통계는 18세에서 40세까지의 이민자를 대상으로 한 것으로 1999년 가족사 연구조사(Enquête étude de l'histoire familiale)를 바탕으로 하고 있다. 그 표는 다음과 같다.[28]

부모의 출생국가	성별	취업률(%)	실업률(%)	비경제활동인구 비율(%)
이탈리아-에스파냐	남성	88.6	10.3	1.1
	여성	75.2	14.3	11.3
포르투갈	남성	83.8	14.3	1.9
	여성	74.7	16	9.4
알제리	남성	74.6	23.2	2
	여성	64.6	22.3	13.1
모로코-튀니지	남성	79	19.4	1.6
	여성	66.4	21.7	11.9
사하라 이남 아프리카	남성	78.2	19.2	2.6
	여성	71.4	18.8	9.8
터키	남성	74.4	21.2	4.4
	여성	39.4	29.4	31.2
아시아	남성	76	22.7	1.3
	여성	75.8	11.6	12.6
Natifs[29]	남성	88.3	10.1	1.6
	여성	74.3	13.5	12.2

---

27) "Les chiffres qui expliquent la révolte des enfants d'immigrés", *Le Monde* du 15 novembre 2005.

28) *Ibid.*

29) 부모와 자식 둘 다 프랑스에서 태어난 사람들.

위에 제시된 표를 보면, 이탈리아-에스파냐-포르투갈의 이민 2세대와 그 외 이민자들 특히 마그레브 국가 혹은 터키 출신의 이민 2세대는 실업률에 있어 뚜렷이 비교됨을 알 수 있다. 프랑스인 평균 실업률이 10% 가까이 됨을 고려할 때, 이탈리아인과 에스파냐인의 실업률은 프랑스인과 거의 차이가 없으며, 포르투갈 출신이 유럽 국가 이민으로 평균 실업률을 약간 상회한다. 그 외 아프리카 흑인들도 실업률이 높기는 마찬가지이다.

『르몽드』의 분석에 의존하여, 이민 2세대의 생활조건에 대해서도 몇 가지 사실을 알아보자. 이민가정의 생활조건에 대해서는 사회보조금 수령이나 직접세 납부 이후 남아있는 가용소득을 살펴봄으로써 일부 파악할 수 있다. 이민가구의 경우 그 가용소득이 비이민가구의 가용소득보다 20% 정도 더 적다. 게다가 가장이 마그레브와 터키 출신인 경우 세대의 20% 정도가 극빈층에 해당(월 602 유로 이하) 된다고 볼 수 있는데, 이는 그 외 다른 가구의 6.2%만이 극빈층에 속하는 것과 명백한 차이가 있다. 또한 마그레브 출신 가구의 절반 이상이 정부보조를 받는 주택(logements sociaux)에 거주하고 있다는 것도 특기할 만한데,[30] 이민자들은 평균적으로 비이민자들보다 더 적은 공간, 더 소음이 많은 공간, 난방이 덜 되는 공간에 거주하고 있다. 마그레브 출신 가장이 있는 가구의 40%는 한 집에 너무 많은 식구가 살고 있으며, 이에 대한 비이민가구의 비율이 5%에 불과한 데 비하면 이는 훨씬 높은 비율이다. 한편, 이민자들은 비이민자들에 비하여 병원을

30) *Le Monde* du 15 novembre 2005.

훨씬 덜 찾으며, 이민자의 60%는 스스로 대체로 건강하다고 생각하는 반면, 비이민자는 71%가 그러하다.[31)]

『르몽드』는 소요가 한창일 때, 이민 2세대 젊은이들이 부딪히는 가장 어려운 문제가 일자리를 얻는 것이라는 기사를 내보낸 적이 있다.[32)] 이 신문은 "학력에 관계없이 마그레브 출신의 이민 2세대는 프랑스인 젊은이보다 두 배 반 정도 실업률이 높다."는 '국립통계청' 소속 두 연구원 드니 푸제르(Denis Fougère)와 쥴리앙 푸제(Julien Pouget)의 연구를 소개하였다.[33)] 그 이유는 여러 가지가 있겠으나, 결국은 피부색에 기인한 인종차별이 아닐까 생각된다. 11월 9일 공영방송인 프랑스3(France3)에 출연한 한 젊은 모로코인은 "우리의 피부색이 곧 우리의 고통이다"(Notre couleur, c'est notre douleur)라고 이야기하였다. 게다가 모하메드(Mohamed)라는 이름은 좌오(Joao)나 캉텡(Quentin)이라는 이름보다 취업을 하는 데 있어 훨씬 어렵다.[34)]

이러한 경제 외적인 문제가 구조적으로 자리 잡고 있는 한편, 교육 문제도 이들의 실업률을 높이는 주요 변수로 작용한다. 일단 마그레브인들, 특히 그 가운데에서도 알제리인들은 진학률이 낮다. 이에는 초등학교 이전부터 시행되고 있는 프랑스식 교육의 한 특징인 낙제와 월반제도도 한 이유가 될 것이다. 한 통계에 따르면, 알제리 출신

---

31) *Ibid.*

32) "Portrait des jeunes Français issus de l'immigration : La principal difficulté rencontrée par la deuxième génération est d'accéder à un emploi", *Le Monde* du 15 novembre 2005.

33) *Ibid.*

34) *Ibid.*

이민자 가운데 15세 이상의 70.8%는 어떠한 학위도 없고 3.1%가 고등학교 졸업증이 있을 뿐이다.[35] 이처럼 진학률이 낮으므로 당연히 취업률도 낮을 수밖에 없을 것이다. 이와 같은 여러 요인으로 인하여, 프랑스에서의 이민자 실업률은 주류 프랑스인들보다 3-5배 정도 높은 것으로 알려져 있다.

이렇게 볼 때, 이민 2세대들이 취업률이 낮은 데에는 단순히 학력이 낮다는 문제만이 아니라 보이지 않는 차별이 존재한다고도 볼 수 있겠다. 피부색으로 대변되는 그들의 이름(prénom), 그리고 사는 지역에 따른 차별이 그 가운데에서도 가장 커다란 특징이다. 그 외에도 창구 등 직접 고객을 대하는 장소에 이들을 배치하기 꺼려함으로써 약사, 의사 등 전문직에서조차 취업에 어려움을 겪기는 마찬가지라고 할 수 있다. 평등하다고 생각되는 공화국 프랑스에서 자신의 피부색 때문에 취업할 수 없다는 생각이 드는 순간, 이들은 더 이상 정상적인 공화국 시민이 되기 어렵다. 이러한 의식을 대변한 한 여인의 인터뷰 내용이 떠오른다. "그랑 제콜에 가서, 정치인, 의사, 성공한 사람이 나와야한다. 이민 2세대들이 자동차 도둑놈밖에 되지 않는 사회구조가 문제다."[36]

35) Ahsène Zehraoui, "Les Algériens, de l'immigration à l'installation," Philippe Dewitte(s.d.), *Immigration et intégration l'état des savoirs*(Paris : Editions la Découverte, 1999), p. 124.

36) *L'Express* TV 소요 기간 중 인터뷰, 날짜불명.

2). 종교 문화의 차별

이번 소요 주인공들의 대다수는 과거 프랑스의 식민지 출신으로서 차별을 받아왔다. 또한 이들은 대다수 무슬림으로서 주류 프랑스인들로부터 종교 문화적 차별도 받아왔다. 즉 이들의 종교 문화적 차별을 설명하는 데 있어, 이들이 식민지인이었다는 것을 따로 떼어놓고 설명하기가 쉽지 않다. 대부분 무슬림으로 구성된 프랑스의 식민지 가운데 대표적인 국가가 알제리인데, 프랑스인과 알제리인 사이에는 알제리 독립전쟁 과정에서 상호간 증오심이 매우 커졌다. 1961년 10월 파리에서 발생한 프랑스인의 알제리인에 대한 폭력 사태, 알제리 전쟁 중의 고문, 학살 등이 그런 원인을 제공하였지만,[37] 프랑스인들 역시 알제리 전쟁 중 사망한 프랑스인들 때문에, 알제리인에 대한 증오가 깊다고 할 수 있겠다. 그러한 이유로, 최근까지도 '프랑스 정부가 공식적으로 전쟁의 실체를 인정하지 않는 가운데 직접, 간접으로 전쟁에 몸을 담았던 수많은 생존자들이 저마다 엇갈리는 기억을 곱씹으며 아물지 않는 상처를 어루만지고 있다.'[38] 게다가 이번 소요에서 포고한 '비상사태법' 또한 앞서 언급한 대로 프랑스가 알제리 전쟁 때 제정했던 법으로, 이번에 이 조치가 발동된 것에 대해, 알제리인들은 모욕을 느낀다고 말하고 있다. 그 뿐인가? 2005년 가을 논란이 된 '북아프리카에서의 프랑스 지배가 긍정적 역할'을 했다는 법안

37) 노서경, 「식민지배의 기억 : 알제리전쟁과 프랑스사회」, 안병직외 10인, 『세계의 과거사 청산』(푸른역사, 2005) 참조.
38) 이용재, 「알제리전쟁과 프랑스인-식민통치의 상흔과 기억의 정치학」, 『역사비평』, 63호(2003년 여름), p. 306.

의 개폐 문제[39]도 프랑스가 과거 식민지 문제를 어떻게 생각하고 있는지 잘 보여주고 있다. 이는 현재 프랑스의 알제리인을 비롯한 마그레브인에 대한 인식의 정도를 잘 볼 수 있는 척도라 할 수 있다. 알제리뿐만 아니라 튀니지 역시 1881년부터 1956까지 프랑스의 보호국이었으며, 모로코는 1904년 프랑스와 에스파냐의 보호령으로 시작해, 1953년 양국으로부터 독립한 바 있다. 이러한 역사를 가진 마그레브 3국은 프랑스인들에게는 해방된 이후에도 여전히 식민지 국가로 간주되곤 했다.

프랑스인들은 과거 이들 식민지를 운영하면서 식민지 국가에 진출하여 통치하였지 식민지인들을 프랑스로 유입하지는 않았다. 그렇지만 앞서 언급한 바와 같이 2차 세계대전 이후 프랑스 내 노동력의 필요에 따라 이들 '식민지인'들은 자연스레 프랑스로 오게 되었다. 프랑스가 마그레브 국가를 통치할 때, 식민지인들의 종교는 프랑스 내에서 커다란 문제가 되지 않았지만, 이제 이들이 프랑스로 들어와 정착했을 때 이는 하나의 심각한 쟁점으로 떠오르게 되었다. 즉, 지금 현안이 되고 있는 프랑스 내 무슬림 이민자의 문제는 프랑스의 식민지 지배와 무관할 수 없는 것이다.

과거 유럽계 이민자들은 프랑스인으로 통합되는데 별 어려움이 없었지만, 무슬림 식민지인들은 프랑스인들과 문화가 너무 달라 프랑스 사회에 통합되기 힘든 측면이 있었다. 하나의 단적인 예로써, 니콜라 사르코지 내무장관은 국영방송인 프랑스 2(France 2)에 출연하

---

39) *L'Express* du 29 novembre 2005. 이에 대한 자세한 사항은 pp. 19-20 참조.

여 다음과 같이 말했다. "감전당한 아이들의 부모를 만났다. 그들은 프랑스어를 하지도 못해, 다른 사람이 나서 대신 통역을 해주어야 했다. 그들은 옷도 아프리카 식의 옷을 입고 있었다. 그들은 프랑스 사회에 전혀 동화되지 않았다." 사르코지의 이러한 표현은 무슬림 이민자 및 아프리카 흑인들이 프랑스 공화국에 전혀 동화되지 않으려 한다는 것을 명백히 공표하고 있는 것이다.

프랑스 사회로의 동화와 관련하여 최근 몇 년 사이에 프랑스 사회를 가장 떠들썩하게 한 주제가 무슬림 여학생들의 히잡(hidjab, 무슬림 여성들의 머리수건) 착용 문제였다. 1989년 파리 근교 크레유(Creil)에서 발생한 '히잡 사건'이 프랑스인에게는 무슬림이 프랑스에 통합되지 않으려는 대표적인 행동으로 보였다. 이 사건의 종착역은 일단 2004년 3월로 보였다. 새로운 법안이 히잡을 착용한 무슬림 여학생들을 학교 밖으로 내쫓을 수 있게 하였기 때문이다. 그러나 그 파장은 간단치 않았다. 2004년 8월 프랑스 기자 조르주 말브뤼노(Georges Malbrunot)와 크리스티앙 셰노(Christian Chesnot)가 이라크에서 한 이슬람 무장단체에 의해 납치당하였을 때, 이 무장단체의 요구사항이 바로 2004년 3월 15일 입법된 '종교적 상징 착용 금지법'의 폐지였다. 그것은 이 사건이 그만큼 국내외적으로 커다란 반향을 일으켰다는 사실을 입증한다. '히잡 사건', 여기에서 이 문제를 장황하게 설명하지는 않겠으나,[40] 최근 무슬림 이민자의 통합 갈등과 관련하여 가장 논쟁이 되었던 사건이므로 간단한 소개는 필요할 것 같다.

40) 이 주제에 관해서 더 알고 싶은 사람들은 다음의 책을 참조. 박단, 『프랑스의 문화전쟁-공화국과 이슬람』(책세상, 2005).

1989년 10월 파리 근교 크레유에 있는 한 학교에서 학교 당국의 요구에도 불구하고 히잡을 교내에서 벗으려 하지 않은 무슬림 여학생들이 퇴학당하는 일이 벌어졌다. 이는 프랑스 사회에 커다란 논쟁을 가져왔으며, 종교계, 정치계, 지식인계에까지 찬반양론이 분분하였다. 그 해 11월, 당시 교육부 장관 리오넬 조스팽(Lionel Jospin)의 요구에 의해 최고행정재판소(Conseil d'Etat)가 다음과 같은 판결을 내렸다. '교내에서 히잡을 착용할 수 있지만, 선동, 선전으로 해석되는 경우는 퇴학이 가능하다는 것'이었다. 판결의 모호함으로 히잡을 쓴 여학생들은 프랑스 전역에서 퇴학과 재입학을 반복하였으며, 같은 기준이 동일한 프랑스 공화국에서 내려지지 않은 것에 대해 많은 비판이 따랐다. 사람들은 이에 대해 명확한 기준이 필요하다고 생각하였다.

2003년, 이라크 전쟁 등과 관련하여 무슬림의 정체성에 대한 재논의가 활발하였으며, 자크 시라크 대통령은 2003년 7월 베르나르 스타지(Bernard Stasi)를 위원장으로 하는 '20인 위원회'를 구성하여 이 문제에 대해 새로운 입법이 필요한지 자문하였다. 그 결과 나타난 것이 2004년 3월 15일 상하원에서 통과된 '종교적 상징 착용 금지법'이었다. 이 법은 2004년 9월 학기부터 실시되었으며, 이로 인해 퇴학당하는 학생이 속출하였다. 2학기에만 70여 명의 학생이 퇴학당한 것으로 집계되었나. 외부에서는 왜 프랑스가 이러한 '편협한' 입법을 강행하는 지에 대해 논란이 거셌지만, 이는 '근대 프랑스 공화국의 성립에 대한 역사'를 알지 못하는 사람들은 이해하기 어려운 측면이 있다.

제3공화국이 확고히 자리잡기 위해 공화주의자들이 취한 행동 가운데 반교권주의의 일환으로 나타난 것이 공립학교이다. 쥘 페리(Jules Ferry)와 폴 베르(Paul Bert)는 학교를 가톨릭 교권주의자들의 손에서 벗어나게 하는 조치를 시행했는데, 그 결과 1882년 3월 28일의 법으로 의무교육과 교육 과정의 세속화가 제도화되었다. 이러한 교육과정의 세속화에 이어 4년 후에는 교사들의 세속화가 진행되어 1886년 10월 30일에 "공립학교에서 교육 종사자는 전적으로 라이크(läïque), 즉 성직자가 아닌 사람으로 한정된다."라는 법규정이 명시된 것이다. 이러한 조치로 인해 1880년에 1만 3천 개 이상 되었던 종교학교가 1912년에는 27개도 채 남아 있지 않았다. 이는 공화주의자들이 정교분리라는 원칙하에 교권주의자들로부터 교육권을 쟁취함으로써 얻은 가시적 결과물이었다. 이렇게 얻은 공화국의 성소 공립학교가 그로부터 약 100년 후 일부 무슬림 소녀들에 의해 침범 받았다고 상상해 보라! 어떻게 얻어낸 공화국인데... 이렇게 공립학교의 원칙이 무너지면, 공화국도 무너진다는 생각을 하게 되고, 그렇기 때문에 타종교의 '침입'을 받은 공화국(공립학교)은 절대 유약한 모습을 보여서는 안 된다는 것이 프랑스인들의 생각인 것이다. 히잡 착용과 관련해서는 공립학교에서의 무슬림 여학생들뿐만 아니라, 무슬림 여경찰관의 히잡 착용 요구 등 공무원들의 요구도 적지 않았다.

이와는 다른 주제이지만, 무슬림 여인들은 병원에서 남자의사의 진료를 거부하는 등 프랑스인들로 하여금 '문화적 이질감'을 느끼게 하는 면이 많이 있었으며, 일부다처제 같은 것도 그 가운데 하나라고 할 수 있을 것이다. 특히 이번 소요와 관련하여 프랑스 고용부 장관 제라르 라르셰(Gérard Larcher), 집권 여당인 대중운동연합 원내총무

베르나르 아콰에(Bernard Accoyer), 내무부 장관 니콜라 사르코지 등 우파정치인은 일부다처제를 소요의 한 원인으로 파악하기까지 하였다.[41] 이들에 따르면, 일부다처제는 가족 내 아버지의 역할이 부족하기 때문에, 이런 가정에서 자란 아이들은 교육 부재로 인해 반사회적이기 쉽다는 것이다. 그러면서 이러한 가정에서 자란 아이들을 어느 기업주가 고용하겠는가라고 의문을 제기한다. 결국, 이들 보수 정치인들은 아프리카 이민자들이 프랑스 사회에 진정으로 통합되지 않기 때문에 소요가 발생한 것으로 보고 있는 것이다. 그렇지만 일부다처제 가정은 프랑스에서 대략 3만 가구, 크게 잡아 6만 가구를 넘지 않는 것으로 보인다.[42]

이와 같은 주장을 요약해 볼 때, 프랑스인들이 이번 소요의 주요 원인으로 간주하는 것 가운데 중요한 것이 북아프리카 이주민의 종교와 문화이다. 즉, 이주민들은 '새로운 사회'에 적응하려는 노력을 보여야 한다는 지적이다. 그렇지만 현실이 그리 쉽지만은 않다. 그들의 문화는 곧 종교이고, 종교는 곧 그들의 삶이다. 사는 곳이 바뀌었다고 종교문화가 바뀌기는 쉽지 않은 것이다. 한편으로 기 소르망(Guy Sorman) 같은 학자는 금번 소요의 주인공들 가운데 상당수가 무슬림이 아니라고 주장하며, 문제를 이슬람에서 찾는 것은 잘못이라고 주장[43]하지만, 이라크 전이나 이슬람 테러사건이 일어났을 때,

---

41) 장-마크 에로(Jean-Marc Ayrault) 사회당 원내총무, 마뉘엘 발(Manuel Valls) 사회당 의원 등 좌파는 일부다처제가 프랑스 법에는 반하지만, 이것이 소요의 주요 원인은 아니라고 주장한다. *Libération* du 17 novembre 2005.

42) 프랑스 내무부는 대략 2만 가구로 평가하며, 이들 대부분은 말리, 세네갈 혹은 감비아 출신으로 보고 있다. *France Soir* du 17 novembre 2005.

혹은 취업 시 프랑스인이 이들을 무슬림으로 판단, 차별하고 있다는 것을 잊어서는 안된다.

3). 프랑스의 이민자 통합모델

프랑스 사회로의 통합이란 무엇인가? 필자는 이번 사태를 이해하는 데 이 문제가 가장 근본적인 질문 가운데 하나이며, 핵심일 수 있다고 생각한다. 조금 도식적이라고 해도, 프랑스 제5공화국 헌법 전문 제1조에 나와 있는 프랑스 공화국이 추구하는 정신을 살펴보면 프랑스 공화국이 추구하는 통합 정신은 쉽게 이해될 수 있다. "프랑스는 분리될 수 없는, 비종교적인, 민주적인 그리고 사회적인 공화국이다. 프랑스는 출생지, 인종, 종교의 구분 없이 모든 시민이 법 앞에 평등함을 보장한다. 프랑스는 모든 신앙을 존중한다..."

이 구절에는 프랑스의 역사적 경험이 그대로 녹아있다. 먼저 '분리될 수 없는'(indivisible) 공화국을 살펴보자. 혁명 와중인 1793년 공화국 헌법을 제정하면서 당시 집권자인 자코뱅들은 프랑스 공화국이 '분리될 수 없는 공화국'임을 대외에 천명했다. 이 표현은 200년이 훨씬 지난 2003년 9월 시라크 대통령이 만든 '스타지 위원회'의 발언대에선 프랑수아 피용(François Fillon) 사회부 장관의 발언에 잘 나타나 있다. 공화국은 "특정한 종교나 개인 혹은 어떤 공동체가 분열시킬 수 없는 하나의 완전한 실체"[44]라는 것이 그것이다. 그러므로 프랑스

43) 『중앙일보』 인터뷰 기사 「이슈 인터뷰 : 기 소르망」 2005년 11월 13일.
44) *Le Monde* du 16 septembre 2003.

공화국은 영국이나 미국과 같이 '민족마다 다른 다양한 문화나 언어를 단일의 문화나 언어로 동화시키지 않고 공존시켜 서로 승인 혹은 존중하는 것을 목적'으로 하는 다문화주의(multiculturalisme)를 공동체주의(communautarisme)라 하며 배격한다. 즉 이민자들을 프랑스 공화국의 시민으로 통합(동화)시키려는 시도를 절대 포기하지 않는 것이다. 이민자들은 그들이 프랑스 공화국에 참여하기로 의사를 표현한 이상 프랑스 공화국의 가치를 인정하고 '프랑스인'이 되어야 하는 것이다. 그렇지만 과거 유럽계 이민자와는 달리 무슬림이 대부분인 이들 새로운 이민자들은 프랑스 공화국의 기대에 부응하지 못하고 있다. 앞서 살펴본 바와 같이 그들은 주류 프랑스인들과 종교문화가 다른 것이다.

이민자들이 프랑스 공화국의 통합원칙에 부응하지 못하는 것이 이들 이민자들만의 문제인가? 프랑스 사회는 진정 이민자들에게 차별 없는 사회였는가? 프랑스의 통합모델은 너무 추상적이고 이상적이어서 현실과 동떨어져 있지는 않은가? 단적으로 말해서 프랑스에서는 평등이라는 추상적 이념이 사회 곳곳에 실재하는 차별을 해소할 손발을 묶어버리고 있지는 않은가? 프랑스식 모델이 무슬림 이민자를 만나서는 더 이상 제 기능을 다하지 못하고 있다는 인식이 강하다. 이것은 프랑스식 통합모델이 현실과 맞지 않으며, 극단적으로는 수정될 필요가 있을 수도 있다는 것을 보여준다.

프랑스식 통합모델은 앞서 이야기 한 대로 다문화주의 원칙에 입각해 있기보다는 동화주의 원칙에 더 가깝다고 할 수 있다. 즉, 이 동화주의 원칙에 따르면, 공화국은 공화국의 가치에 찬동하는 사람은 모두 공화국 시민이 될 수 있게 하고, 또 진정 프랑스인으로 대우해야 한다. 그럼으로써 당연히 새로운 이민자들은 기존 프랑스인과 차별받지 않는 공화국 시민이 되는 것이다. 그렇지만 현실에서는 이 원칙이 제대로 기능하지 못한다. 극우 정파인 민족전선이 주장하는 바와 같이 "아프리카에서 온 이민자들은 프랑스인들과 종교와 문화가 다르기 때문에 결코 프랑스인이 될 수 없다." "프랑스의 민족정체성은 피와 땅과 종교와 같은 공통된 속성에 기반을 두기 때문에, 프랑스의 민족정체성을 보호하기 위해서는 프랑스의 역사와 다른 길을 달려온 마그레브 이민자들을 이 사회로부터 추방하는 길밖에 없는 것이다."[45] 이뿐인가? 민족전선은 이들을 향하여 "프랑스의 노약자들을 공격하는 자" "프랑스의 사회복지 자금을 축내는 자" "본국에서도 실업자인 자들로써 프랑스의 일자리를 차지하려는 자" "200만의 실업은 200만의 이민자 때문" "일본에 실업이 없는 것은 이민자가 없기 때문" 등의 말을 거침없이 쏟아내었으며,[46] 이러한 주장들이 2002년 대선에서 보듯이 프랑스인의 거의 20% 가까이 지지를 받고 있다. 비록 민족전선의 주장이 과도한 측면이 없지 않지만, 어떤 나라에 새로 도착한 이주민이 그 나라의 민족으로 새로 태어나기는 매우 어렵다. '새로운' 사회에서 어느 정도의 '다를 권리'(le droit à la différence)가 요구된다고 하겠다.

사실, 이번 소요가 일어나기 전부터 프랑스적 통합모델에 대해서는

---

45) H.-G. Simons, *The French National Front* (Colorado : Westview Press, 1996), p. 164

46) *Ibid.*, p. 160.

이미 많은 논의들이 있어 왔다. 프랑스 내에서 이민문제 최고의 전문가 가운데 한 명인 파트릭 베이(Patrick Weil) 파리 1대학 교수가 지적한 대로 "흑인, 무슬림과 백인 주류 사회는 분명 다른 환경에 있다. 그러나 지금 프랑스는 이 차이를 인정하지 않으려 하고 있다."[47] 이는 매우 정확한 지적으로 보인다. 이 문제는 문명비평가로 이름나있는 기 소르망도 마찬가지로 제기하고 있다. "실제로 프랑스 본토박이들은 그동안 프랑스가 많은 변모를 겪어 이제는 백인 프랑스인뿐만 아니라 흑인 프랑스인, 아랍인 프랑스인도 존재한다는 사실을 바로 인식하지 못하고 있다. 즉 40세 이상의 연령층은 프랑스가 이제 완전한 다민족국가, 다문화국가로 변모했다는 사실을 받아들이지 않는다. 프랑스 사회가 바뀌었다는 명백한 사실을 인정하지 않는 정치인, 지식인의 자기반성 없이는 문제해결을 기대할 수 없다."[48]

프랑스는 기존의 동화정책으로 풀지 못하는 모순을 해결하기 위해서 이미 일부 다문화주의 정책을 시행하고 있다. 공립학교에서 학교급식에 있어 돼지고기를 먹는 아이들과 그렇지 않은 아이들을 구분하고 있다.[49] 이는 종교적 차별을 엄격히 금지하는 공립학교에서는 있을 수 없는 일이지만 현실적인 어려움으로 시행되고 있다. 공영주택인 HLM의 주택을 배분함에 있어서도 같은 민족이 서로 모이지 않도록 신경을 쓰고 있다는 것, 이것도 프랑스의 공화국 원칙에 있어서는 절대 있어서는 안 되는 일이지만 일어나고 있다.[50] 그뿐 아니라

47) 『한국일보』 2005년 11월 7일.
48) 『중앙일보』 인터뷰 기사 「이슈 인터뷰 : 기 소르망」 2005년 11월 13일.
49) *Le Nouvel Observateur* du 3 juillet 2003.
50) *Le Nouvel Observateur* du 23 novembre 1989.

70년대 초반 한 때 마그레브 이민자 2세를 위해 공립학교에서 아랍어 교육을 실시한 적도 있으며,[51] 르노(Renault) 국영 자동차 공장에서는 무슬림을 위해 기도소를 설치하기까지 했었다.[52] 이러한 모든 것이 프랑스의 동화주의 정책과는 모순되는 정책으로 비판받을 수 있음에도, 프랑스는 일면 이러한 정책을 취하지 않을 수 없었던 것이다. 그러나 이것만으로는 불충분한 것 같다. 이미 평가에 따라서는 500만을 넘어서는 무슬림계 이민자들을 하나의 실체로 인정, 어느 정도는 '분리될 수 있는 공화국'을 인정해야 오늘날 일어나고 있는 '차별'을 해소할 수 있는 대안이 도출되지 않을까 생각된다.

4. 소요의 결과 및 대책

1). 니콜라 사르코지의 '대안'

기 소르망은 "지난 20년을 돌이켜볼 때, 우파나 좌파나 엇비슷한 기간 동안 권력을 잡았다. 좌파가 권력을 갖고 있을 때도 달라진 것은 없었다. 사회통합이나 경제와 관련해 프랑스식 모델에 문제가 있다는 인식을 품은 쪽은 우파, 특히 니콜라 사르코지 내무장관이지, 좌파가 아니다. 좌파는 늘 같은 말만 되풀이 하면서 프랑스식 모델을 고수하

---

51) Patric Weil, *La France et ses étrangers : L'aventure d'une politique de l'immigration 1938-1991* (Paris : Calmann-Lévy, 1991), pp. 245-246.

52) Gilles Kepel, *Les Banlieues de l'Islam*(Paris : Ed. du Seuil, 1987), p. 100.

려고 하였다. 겸허한 반성이 시작된 곳은 오히려 우파 쪽에서이다."[53] 라고 언급했다. 최근 몇 년간 프랑스에서의 이민자 통합 논의를 지켜본 필자도 이 점에 있어서는 기 소르망과 의견을 같이 한다. 비록 사르코지가 "쓰레기들을 진공청소기로 청소해 버리겠다."라는 말을 해 이번 프랑스 소요사태를 확산시키고, 무슬림 이민자들을 무시하고 탄압하는 인물로 부각되었으며, 이러한 행동으로 2007년 대선에서 극우파의 지지를 받으려는 냉혹한 현실 정치인으로 그려지기도 했지만, 그가 그동안 제시한 정책들을 찬찬히 들여다보면, 반드시 그렇게 생각할 수만도 없다. 헝가리인 아버지와 프랑스인 어머니를 둔 자칭 '이민자'인 사르코지. 그는 과연 무슬림 이민자 통합에 대하여 어떠한 생각을 가지고 있는가?

우선, 그가 프랑스의 통합정책을 수정하기 위해 노력한 점을 간단히 언급해보자. 무슬림 이민자 문제가 본격적으로 불거진 1980년대 이후 누구도 프랑스 통합모델이 제대로 기능하고 있는지 의심하지 않았으며, 이 모델을 수정해 보려하지 않는 가운데 사르코지는 다른 정치인들과는 달리 이 모델과 관련하여 몇 가지 '용기 있는' 정책을 제시한 바 있다. 첫째는 프랑스의 무슬림들을 위해 국가 혹은 지방자치단체가 모스크 건설을 지원하고, 이슬람 성직자 양성을 위해 이슬람 신학교 설립을 재정 지원하자는 주장이다. 이는 1905년 법 제2조[54]의 개정이 필요한 사항인데, 그는 법의 수정을 통해서라도 이러한 지원이 필요하다고 강조했다.[55] 그렇지만 이에 대한 프랑스인의 반

53) 『중앙일보』 인터뷰 기사 「이슈 인터뷰 : 기 소르망」 2005년 11월 13일.
54) "공화국은 어떠한 종교도 인정하지 않고, 재정지원하지 않는다."
55) 가장 최근의 발언기사는 *Le Monde* du 21 octobre 2005.

응은 차가웠다. 두 번째는 시라크 대통령의 반대에도 불구하고 내무부 장관이었던 2004년 1월 알제리계 교수인 아이사 데르무슈(Aïssa Dermouche)를 쥐라 도의 도지사에 임명한 것이다. 이는 프랑스에서는 비판받을 여지가 큰 미국식 '소수민족 우대정책'을 과감히 시행한 것이다. 이 또한 프랑스 내에서 많은 논란을 불러일으켰다. 세 번째는 2004년 경제부 장관 시절, 기업총수들을 초청해 무슬림 이민자들의 이력서를 그들의 이름, 사는 지역에 근거해 차별하지 말 것을 설득한 점이다. 뿐만 아니라 그는 '종교적 상징 착용 금지법'의 표결에서 대다수의 의원들과는 달리 법안 통과에 반대표를 행사했다. 물론 그가 무슬림 여학생의 입장을 두둔해서 그렇게 한 것은 아니다. 이 외에도 사르코지는 2005년 10월 이래 '10년 이상 프랑스에 체류하고 세금을 납부하고 있는 이민자에게는 지방자치 선거권을 부여하자'는 주장을 펴고 있다. 이 제안은 이미 1981년 미테랑 사회당 후보가 공약으로 내세운 바 있었지만, 그가 대통령에 있을 때도 실현시키지 못한 정책이다. 2005년 10월 25일 『르몽드』와의 회견에서 발표된 이 제안은 당장 자크 시라크 대통령과 여당 내 다수 의원들의 반격을 받았다.[56] 특히 드 빌팽 총리는 시민권(citoyenneté)과 국적(nationalité)을 구분하며, "국적 소유자만이 지역 혹은 국가 정책의 커다란 방향에 대해 자신의 의사를 표명할 수 있으며," "국적은 5년 이상 프랑스에 거주하고 있는 외국인은 자유롭게 신청할 수 있는 것"이라고 강조했다. 즉 프랑스 국적을 소유한 자만이 투표권을 행사할 수 있다는 말이다.[57]

---

56) *Libération* du 10 décembre 2005.
57) *Libération* du 26 octobre 2005.

그렇지만 10월 말 실시된 한 여론조사에서는 63%의 프랑스인이 사르코지의 의견에 찬성했다.[58)]

이러한 사항들은 좌우를 떠나 어떠한 정치인도 감히 적극적으로 주장하지 못한 내용이다. 물론 이러한 사르코지의 행동을 그의 대권 행보와 연계시켜 보는 시각도 분명 존재한다. 그가 이슬람 우대 정책을 강조한 『공화국, 종교, 그리고 희망』(2004년)이라는 저서에 자신이 독실한 가톨릭임을 강조한 부분이나, "프랑스에서 한때 반유대적 행위에 대해 엄격한 조치를 취하지 않은 적이 있다"고 과거 조스팽 사회당 정권을 비난함으로써 유대계의 환심을 샀던 행위들이 순수한 행위로만 보이지는 않는다. 사회당 국회의원인 마뉘엘 발은 "사르코지는 프랑스 국민을 가톨릭국민, 이슬람국민, 유대교국민으로 갈라서 표를 일구고 있다"[59)]고 비난한 것도 충분히 일리가 있다. 과연, 사르코지는 '분리될 수 없는 공화국' 국민을 여럿으로 나누어 자신의 지지자로 만드는 고도의 정치술수를 쓴 것인가?

이 부분에 있어서는 사르코지와 민족전선과의 관계를 이야기하지 않을 수 없다. 2007년 대선에서 이민문제에 민감한 민족전선 유권자들을 자신을 지지하도록 만들 필요가 있는 사르코지는 이민 문제 해결에 민족전선의 대안과 유사한 여러 방안을 내놓고 있다.[60)] 최근

---

58) IFOP(프랑스여론조사국)이 10월 27-28일 959명을 대상으로 실시한 여론. *Ibid.*

59) 발(Valls)의원은 "긍정적 차별은 '소수민족우대정책'과 달리, 계층, 지역에 대한 우대도 포함되어야 한다!"고 주장하였다.

60) 사실 이민자 문제에 대한 사르코지의 구호는 르펜의 구호와 매우 유사하다는 것이 일반적인 지적이다. 예를 들어, 사르코지는 "우리가 프랑스에 살 때, 우리는 프랑스를 사랑한다, 만일 프랑스를 사랑하지 않는다면, 어떤

프랑스 좌파는 민족전선의 당수 장 -마리 르펜(Jean-Marie Le Pen)과 니콜라 사르코지를 합해 장-마리 사르코지(Jean-Marie Sarkozy)라는 합성어까지 만들어내고 있는 형편이다.[61] 사르코지는 이번 소요사태에서 이민자들에 대해 강경한 입장을 보임으로써 현 이민정책에 비우호적인 세력의 표를 확보하는 데 일부 성공했다. 소요가 '공식적으로 끝난 지' 며칠 후, "우리의 (통합) 시스템은 거의 기진맥진해 있다. 우리는 30여년 이래로 실업, 부채 그리고 복지부동을 가져온 정치, 사회, 경제 시스템을 현격히 변화시켜야만 한다. 그렇기 때문에 나는 그것과의 단절을 요구한다."[62] 11월 16일 시행된 여론조사를 보면 사르코지의 입장이 옳다고 믿는 사람들이 다수이다. '비상사태법'의 연장에 찬성하는 의견이 68%, 가족 재결합 규정을 더 엄격히 정의해야 한다는 여론이 56% 그리고 비록 체류증이 있다고 하더라도 유죄 판결을 받은 외국인을 추방해야 한다는 의견이 55%에 이른다.[63]

그는 여기에서 그치지 않고, 이번 소요를 계기로 프랑스의 이민정책 전반을 개정할 움직임을 보이고 있다. 일단 단기적으로는 2006년 25,000명의 불법 이민자를 국외 추방하는 것을 목표로 삼고 있다고

사람도 당신에게 여기에 머물라고 강요하지 않는다."고 이야기하고, 르펜은 "프랑스를 사랑하거나, 그렇지 않으면, 떠나시오!"라고 주장한다. *Libération* du 29 novembre 2005.

61) *Libération* du 20 décembre 2005.

62) 사르코지는 "제도, 정치, 경제, 사회보장, 공공기능, 화폐, 대외정치 등 모든 것을 바꾼 1945년과 1958년의 드골을 보라"고 주장하면서, "자멸하는 프랑스적 모델을 보존하기 위해 땜빵"을 제안하는 시라크-드 빌팽에게 복지부동의 책임을 전가하려 한다. *Libération* du 21 novembre 2005.

63) CSA에 의해 실시된 이 여론조사는 Le Parisien-Dimanche에 11월 17일 발표. *Le Monde* du 22 novembre 2005.

상원에서 밝혔는데,[64] 이러한 이민자 탄압 주장은 다수는 아닐지라도 일부 우파 의원들의 지지를 받고 있다. 이블린(Yvelines)의 대중운동연합 소속 의원인 자크 미아르(Jacques Myard)는 사르코지의 주장처럼 시위 때 유죄판결을 받은 자는 지체 없이 추방할 수 있도록 1945년 칙령을 개정할 것을 요구하기도 했으며, "아랍-아프리카 출신 젊은 이민자들을" 길들이기 위해 '훈련부대'(bataillons disciplinaires)를 창설하자고까지 주장하였다.[65] 인권연맹(la Ligue des droits de l'homme)의 회장 장-폴 뒤부아(Jean-Paul Dubois)는 추방조치를 비난하며, 이 조치는 바로 극우파 유권자를 향한 선거운동이라고 주장하였다. 녹색당의 노엘 마메르(Noël Mamère) 의원은 사르코지의 행동에서 "르펜의 생각을 선점하고 그것을 일반화시키기 위해 이민과 사회불안을 이용하는 정치적 천박함"이 있다고 주장하였다. 그렇지만 사르코지가 총재로 있는 대중운동연합에 그가 '진공청소기'를 언급한 9월에는 하루 평균 350명씩 당원이 증가하였고, '쓰레기'를 언급한 11월에는 하루 500명씩 당원이 늘었으며, 소요 이후에는 하루 1,000명 이상이 당원으로 가입하였다. 민족전선도 비슷한 숫자가 가입했다고 주장했는데, 소요와 관련해 약 20만 명 정도가 대중운동연합에 새로 가입했다는 것[66]은 사르코지가 이민문제와 관련하여 민족전선의 일부 지지층을 빼앗아 왔다는 것을 의미한다. 사르코지가 이 새로운 당원들을 모아놓고 한 연설은 더 자극적이다. "도시 근교에 만연한 실업, 좌절, 폭력

64) *Libération* du 29 novembre 2005.

65) *Ibid.*

66) *Libération* du 20 décembre 2005.

의 첫 번째 원인은 차별도 아니고 학교 교육의 실패도 아니다. 그 첫 번째 원인은 마약 유통과 ... 공화국의 책임 회피이다."[67] 이는 소요의 주요 원인을 한편으로는 이민자들에게 돌리고, 다른 한편으로는 국가의 능력 부재로 보는 것이다. 즉, 소요에 대한 국가의 효과적인 대응이 부족하였기 때문에 국가 정책이 변경될 필요가 있다는 주장이다.

사실 무슬림 이민자 문제에 대해서는 좌파든 우파든 다 문제가 있다고 생각한다. 단지 해결책이 다를 뿐이다. 인권, 노동자 문제에 민감한 좌파에서 별다른 해결책을 제시하지 못할 때, 극우파는 간단하고 명료한 해결책을 제시함으로써 일부 국민의 열렬한 지지를 받고 있다. 이를 잘 알고 있는 사르코지도 이민자 문제의 해결책을 단순화해 적극적으로 제시하고 있다. 그는 우선 불법이민자와 합법이민자를 명확히 구분하여 불법이민자를 더 이상 프랑스에 발붙이지 못하게 하려 한다. 어느 정치인보다도 강력한 이민통제정책을 취하려는 것이다. 다음으로 사르코지는 일단 합법이민자, 특히 프랑스 공화국에 기꺼이 참여하려는 이민자에게는 가능한 한 프랑스 사회로의 통합의 길을 열어주려 하고 있는데, 그 방식에 있어 이민자들의 일부 '다를 권리'까지 인정하는 태도를 보이고 있다. 그가 취한 정책은 미국에서 시행하고 있는 '소수민족 우대정책'과 매우 유사하다. 모스크에 대한 국가의 재정지원책 제안이나 아이사 데르무슈의 도지사 임명 등이 바로 그러하다. 그렇지만 이번 소요에서도 보았듯이, 전반적으로는

67) *Libération* du 22 novembre 2005.

북아프리카 이민 2세대들에 대해서 강경한 입장을 보임으로써 이민문제에 보다 민감한 보수층의 입장을 대변하고 있다. 그의 이러한 시도는 2007년 대선에서의 승리와 깊은 연관이 있다는 것이 일반적인 관측이지만, 프랑스식 사회모델이 더 이상 제 기능을 수행하기 힘들다는 것을 인식했다는 면에서 또 다른 평가를 받을 만하다.

2). 프랑스 정부의 대책

사르코지의 '대안'이 엄격한 이민통제정책 그리고 프랑스식 통합모델 자체에 대한 문제제기로 볼 수 있다면, 소요 이후 프랑스 정부가 내놓은 대책들은 이번 소요의 근원을 사회경제적 차별에 있다고 보고, 그에 대한 장단기적 처방들을 제시하고 있는 것으로 볼 수 있다. 이들은 대체적으로 이민관련 법안 정비, 저소득층에 대한 지원책으로 일자리 창출, 일자리 제공 기업에 대한 세금감면 등이다. 즉, 어떤 처방은 이민자들에게 채찍이 될 수도 있고, 어떤 처방은 당근이 될 수도 있겠다.

소요가 일단락 된지 10여일 정도 지난 2005년 11월 29일, 도미니크 드 빌팽 총리 주재로 열린 관계 장관 대책 회의에서 정부는 이민자들의 손쉬운 국적 취득 수단으로 이용되어 온 국제결혼과 가족 재결합 제도를 손질하기로 했다.[68] 이러한 부분들은 '격앙된 의원들'이 정부의 이민정책을 방임정책이라고 이미 질타한 정책이기도 하다. 이들

---

68) *Libération* du 29 novembre 2005.

의원들은 또한 '이민 통제 부재', '망명권의 일탈', '위장결혼 스캔들', '가족 재결합의 남용' 등에 대한 대책을 정부에 요구했는데,[69] 지금은 외국인이 프랑스인과 결혼한 뒤 프랑스에 거주 시 2년, 외국 거주 시 3년만 함께 살면 프랑스 국적을 받을 수 있지만 정부안이 2006년 초 통과되면 동거기간이 각각 4년, 5년으로 늘어난다. 위장결혼을 막기 위해 정부는 프랑스인과 외국인이 외국에서 결혼한 것에 대해 영사 앞에서 구두 면접을 하는 것과 함께 강제 조사를 강화하기로 결정했다. 가족 재결합 제도의 혜택을 받을 수 있는 최소 체류요건도 1년에서 2년으로 연장된다.[70]

아울러 프랑스 정부는 앞서 언급한 대로 아프리카 출신들의 일부다처제 관습도 불법화하기로 했다. 프랑스는 1993년부터 일부다처 이민자 가정의 경우 부인 한 명에게만 비자를 내줬지만 나머지 부인들의 불법 이민을 사실상 묵인해왔다. 또 프랑스에 오는 유학생들에 대해서도 더욱 까다로운 심사 조건이 적용된다. 유학생 비자를 받기 위해서는 연구계획서, 학업 및 개인 경력, 불어 능력, 출신 국가와의 관계 등을 증명하는 서류를 필수로 제출해야 한다는 공문이 조만간 각국 대사관에 발송될 예정이다.[71]

---

69) *Ibid.*

70) 이는 결혼 다음으로 프랑스 내 이민증가의 주요 원인이며, 2004년도에 약 25,000명이 이에 해당되었다. Libération du 29 novembre 2005. 가족 재결합 제도가 처음 실시된 1976년 법령에 따르면, 다음의 경우 가족 재결합에서 제외되었다. 1)정상적인 상태에서 프랑스에 1년 이상 체류하지 않은 경우, 2)가족을 부양하는 데 충분한 수입이 없는 경우, 3)적절한 거주지가 없는 경우 등. Bichara Khader, *Le Grand Maghreb et l'Europe : enjeux et perspectives* (Publisud-Quorum-Cermac, 1995), p. 221.

71) *Libération* du 29 novembre 2005 ; 『경향신문』 2005년 11월 30일.

이러한 조치들은 더 구체화되어 12월 18일 『르몽드』에 보도되었다. 새로이 준비되고 있는 '외국인의 입국, 체류 및 망명권 법규 개혁안'(projet de réforme du code de l'entrée et du séjour des étrangers et du droit d'asile)[72]은 이민자의 가족, 배우자, 자식들의 체류권 폐지를 준비하고 있다. 이러한 시도는 당장 인권단체들[73]로부터 '비인간적이고 인종주의적'이라고 규정되었다.[74] 이는 또한 사르코지가 주장해왔던 '선별 이민'(immigration choisie) 조치로 간주되었으며, 결국 '프랑스경제에 유리한 외국인만 받아들이는 조치'로 비난받았다.[75] 이 개혁안은 앞에서 예상했듯이 가족 재결합 정책의 조건, 즉 수입, 거주지, 거주기간과 관련된 조건을 강화할 것이고, 국제결혼 관련 조항도 강화시킬 것이다. 프랑스인의 배우자는 '공화국 가치에 통합될 필요성에 부응하지 못하거나, 결혼생활이 오래 지속되지 못했을 경우'로 판단되면, 체류증이 거부될 수 있다. 또한 개혁안에 따르면, 그 동안 불안정한 생활을 하고 있는 외국인이라 하더라도 프랑스에 10년 거주하면 체류증을 받을 수 있게 했던 조항이 폐지된다.[76] 사생활 혹은 가정생활을 이유로 적법하게 프랑스에 거주하려는 외국인은 그 (가족) 관계가 적어도 5년 이상 끈끈하게 맺어져 왔다는 증거를 제시하여야 하며, 그 거주지의 위치, 면적, 편리성 그리고 자신이 그 집에 거주할 수 있는지를

72) 이 법안은 '사르코지 이민 법안'(projet de loi de Nicolas Sarkozy sur l'immigration)으로 불리기도 한다. *Libération* du 4 janvier 2006.

73) 구체적으로는 Act Up Paris, Cimade, Comede, Fasti, Gisti, LDH, Mrap, 9e Collectif des sans-papiers 등이다. *Libération* du 4 janvier 2006.

74) *Libération* du 3 janvier 2006.

75) *L'Express* du 5 janvier 2006.

76) *Ibid.*

입증해야만 한다. 뿐만 아니라 그는 사회보조금을 받지 않은 채로 적어도 최저생활비 정도의 월수입을 가져야만 한다. 또한 프랑스 공화국에 그가 통합되었다는 것을 입증해야 하는데, 이는 프랑스 공화국의 원칙에 그가 개인적으로 찬동하는지 여부와 프랑스어를 구사하는 정도에 따라 평가될 것이다.[77] 한편, 개혁 법안이 대체로 모든 이주를 엄격히 통제하려고 하는 반면, 노동계약서를 가지고 있는 노동(학생)이민은 유리해지는 측면도 있다. 석사 이상의 학위가 있는 사람은 일자리를 찾을 수 있게 6개월의 체류증이 발급될 것이며, 프랑스 경제발전에 참여할 수 있는 외국인에게는 3년짜리 체류증이 발급될 것이다.[78]

이와 같은 조치들과 별도로 정부는 교육과 고용에 관련된 다음의 조치들을 제시하였다. 드 빌팽 총리는 12월 1일 관련 장관들과 함께 "모든 사람이 기회의 평등을 가질 수 있도록" 일련의 조치들을 제시하였다. 처음, 그는 교육과 고용에 있어서 기회의 균등을 강조하면서 '사회통합 및 기회균등처'(Agence de la cohésion sociale et de l'égalité des chances)를 창설하기로 했다. 이 기관은 도시 정책과 이민자 통합에 드는 재정문제를 총괄하는 '유일한 운영기관'이 될 것이다. 다음으로는 가장 어려운 ZEP(교육 우선 지역, Zones d'Education Prioritaire)을 집중지원하기로 했다. ZEP는 일반적으로 이민자 혹은 빈민이 많이 모여 살아 교육여건이 열악한 곳을 지칭한다. 드 빌팽 총리는 ZEP에 근무하는 교사들에게는 근무여건 개선과 좋은 조건의 보수를 약속했으며, 비

77) *Ibid.*
78) *Ibid.*

불어권 가정의 아이들이 불어를 잘 배우게 하기 위해 교사들의 교육 개혁 또한 희망했다. 동시에 그는 학부모들의 노력도 요구했는데, 부모들이 '책임계약'이라는 것을 맺어 아이들이 학교 수업을 등한시 할 때, 벌금을 납부하도록 하거나 사회보장금 수령을 유예시킬 것을 제안하기도 했다. 세 번째로는 2006년 9월부터 현행 16세부터 직업교육을 받을 수 있는 나이 상한을 14세로 낮추기로 했다. 총리에 따르면, 직업교육을 받기로 한 학생은 1년간은 기업에서 적절한 직무탐색 기간을 갖게 될 것이고, 15세부터 진정한 노동계약을 맺을 수 있을 것으로 보았다. 이는 이민자 2세들이 학업에 얽매이지 않고, 일찍부터 직업을 가질 수 있는 좋은 방안이 될 것으로 기대되었다. 이와 함께 도시 근교(banlieue)에 공장을 세우는 기업에 대해 세제 감면 혜택을 주기로 방침을 세웠다. 그리고 총리는 기업들이 학위와 관계없이 도시 근교의 젊은이들에게 고용 기회를 줄 것을 요구했으며, 학위나 직업경력이 부족한 16-22세의 젊은이들에게 일자리를 주는 대신 정부가 기업에게 재정지원을 하겠다는 약속도 했다.[79]

이와 함께 피부색에 따른 인종차별을 금지하는 법률도 강화시켰다. '차별철폐국'(Haute autortié de lutte contre les discriminations et pour l'égalité)은 차별에 대해 개인에게는 최고 5,000유로, 법인에게는 최고 25,000 유로까지 벌금을 부과할 수 있도록 했다. 총리는 불시검문을 통해 "젊은이들이 많이 찾는 디스코텍 출입 시 인종 혹은 출신 국가를 차별하지 못하도록 단속"하고 이를 법제화시킬 예정이라고 하였다.

---

79) *L'Express* du 1er décembre 2005.

마지막으로 총리는 무소득자들에게 크리스마스 수당을 줄 것을 올해 연장하겠다고 약속했다.[80] 소요에 대한 총리의 이러한 대책은 앞서 제시한 엄격한 이민정책에 비한다면 채찍보다는 당근에 가까운 정책이라고 할 수 있겠다. 그렇지만 이들은 대체로 사회경제적 원인에 대한 단기적 해결책이다. 이민자들을 내쫓거나, 내쫓지 못할 경우 실업문제를 해결하여 먹여 살리는 것이 좋은 대안일 수도 있지만, 그 다음의 문제, 즉 이슬람혐오주의와 같은 문화, 종교의 문제는 어찌 할 것인가? 이는 결국 프랑스인의 인종차별적 사고, 그리고 통합모델에 손을 대지 않고는 해결될 수 없지 않은가?

5. 2005년 말의 프랑스와 2009년 초의 한국

소요에 대한 프랑스 정부의 '적극적' 대책들이 나왔지만, 이번 소요와 직간접적으로 관련되었다고 볼 수 있는 여러 법안들이 여전히 프랑스의 반무슬림 이민 분위기를 잘 설명해 준다. 우선 2005년 11월 29일 하원에서 373대 27로 통과된 대對 테러 법안을 살펴보자. 이 법에 따르면 프랑스 내 대중교통시설과 종교시설 즉 이슬람 사원 및 유대 교회, 그리고 백화점 등에 감시 카메라가 본격적으로 설치된다. 현재 전국에 6만대 정도 설치된 감시 카메라는 400만 대를 설치한 영국 수준을 목표로 삼고 있다. 경찰은 더욱더 강력한 수사권을 갖게

---

80) *Ibid.*

되며, 체포 영장 없이 테러 용의자를 구금할 수 있는 기간도 4일에서 6일로 연장된다. 이러한 법안에 대해 제 1야당 사회당은 당론으로 기권했으며 소수정당인 녹색당과 공산당이 맹렬히 저항했지만 프랑스 정부의 강력한 의도를 어쩔 수 없었다.[81]

이외에도 '북아프리카 식민지배에 대한 프랑스의 긍정적인 역할'을 중·고교 역사 수업시간에 가르치도록 명문화한 이른바 '식민지배 미화 법률 조항'에 대한 사회당 등의 삭제 결의안이 하원에서 29일 183대 94로 부결됐다.[82] 즉 '2005년 2월 23일 법 제4조'를 폐기하자는 법안이 사회당 원내총무인 장-마크 에로(Jean-Marc Ayrault)에 의해 제출되었는데, 공산당, 녹색당, 프랑스 민주연합 등의 합세에도 불구하고 압도적 표 차이로 기각된 것이다.[83] 식민주의에 정통한 역사가 질 망스롱(Gilles Manceron)은 이 현상을 '극우파와 정부여당의 알리앙스'로 표현했다.[84] 이 법안에 대해서는 정부 여당 내에서도 반대가 만만치 않았다. 암묵적으로 비판적 입장을 보인 드 빌팽 총리는 "역사를 쓰는 것은 국회에 속하지 않는다고 강조"하였다.[85] 자크 시라크 대통령의 반응 또한 드 빌팽과 유사했다. "공식적인 역사는 존재하지 않는다." "역사를 쓰는 것은 법이 아니다. 그것은 역사가의 문제이다." 시라크는 이를 위해 '기억 재단'(Fondation sur la mémoire)의 설립을 정부에 촉구하였다.[86] 이러한 일련의 조치에 대해 노엘 마메르 녹색당 의원

81) 『경향신문』 2005년 11월 30일.
82) *Libération* du 30 novembre 2005.
83) *L'Express* du 29 et 30 novembre 2005.
84) *L'Express* du 29 novembre 2005 entretien avec Gilles Manceron.
85) *Le Figaro* du 9 décembre 2005.
86) *L'Express* du 10 décembre 2005.

은 “지금 프랑스는 ‘오웰리언 사회’로 변모하고 있다”고 개탄했다.[87]

이외에 니콜라 사르코지의 앙티유 제도(서인도제도) 방문 취소도 그 후유증의 하나인 것 같다. 이는 두말할 것 없이 프랑스 해외영토인 과둘루프, 마르티니크의 반사르코지 분위기와 관련이 있다. ‘프랑스의 식민지배 긍정적 역할’ 법안 문제도 중요 요인이지만, 사르코지의 ‘쓰레기’ 발언도 한 몫 한 것으로 보인다. 즉 거의 모든 서인도제도인들은 “거기에”(대도시 근교) 친지를 두고 있다. 이들 모두가 자신들도 이번 소요사태에 관련되어 있다는 감정을 갖고 있다.[88]

이와 같이 볼 때, 2005년 가을 소요가 프랑스에 끼친 영향이 적지 않다. 위에 적시한 예들이 비록 이번 소요와 직접적으로 관련되지는 않는다 할지라도 무슬림 이민자를 점점 배척하려는 프랑스 사회의 분위기를 충분히 대변해 주고 있다고 볼 수 있기 때문이다. 더욱이 2005년 7월 7일 런던에서 일어난 파키스탄 이민 2세들에 의한 테러사건, 그리고 네덜란드에서 2004년 11월 2일 영화감독 테오 반 고흐가 모로코 이민 2세에 의해 살해된 사건들이 금번 프랑스의 소요사태와 중첩되면서, 프랑스인들은 점차 732년 푸아티에 전투의 샤를르 마르텔(Charles Martel) 혹은 천 년 전의 십자군 전쟁을 생각하게 될지도 모른다. 그렇지만 프랑스에 더 커다란 위기가 오기 전에 ‘프랑스-프랑스 전쟁’을 끝낼 수 있는 새로운 모델의 통합정책, 즉 ‘분리될 수 없는 공화국’이 아니라 새천년에 걸 맞는 ‘분리될 수 있는 공화국’의 출현을 기대해야 할 것이다.[89] 주류 프랑스인들은 ‘분리될 수 없는

---

87) 『경향신문』 2005년 11월 30일.

88) *Le Monde* du 8 décembre 2005.

공화국'을 추구하지만, 이미 '500만'을 넘어버린 또 다른 '프랑스인들'(무슬림 이민자들)이 '다를 권리'에 기초한 보다 유연하고 열린 공화국을 프랑스에 요구하고 있다는 점을 잊어서는 안된다.

2009년 초 한국의 상황은 어떠한가? 지금까지 살펴 본 프랑스의 이민문제를 고려할 때, 우리 상황과는 여러 측면에서 다름을 알 수 있다. 이민자 구성에 있어 프랑스에는 그들의 식민지였던 마그레브 국가와 블랙 아프리카의 이민자들이 대다수인데 비하여, 우리나라의 경우는 중국을 비롯한 동남아시아 이민자들이 대다수를 차지하고 있다. 이민자의 출신지가 중요한 이유는 그들의 종교 · 문화적 특성 때문이다. 프랑스의 경우 앞에서 살펴보았듯이 프랑스라는 정교분리에 기반한 '근대 사회'와 이슬람의 종교 · 문화적 풍습을 신봉하는 무슬림 이민자 사이에는 분명 쉽게 뛰어넘지 못할 장벽이 있었다. 한국의 경우에는 아직까지 종교 차이에서 오는 파열음은 들리지 않는다. 이민자의 대다수가 유교 및 불교 문화권 국가 출신이기도 하고, 이슬람 신봉자가 아직은 소수이기 때문이기도 하다. 하지만, 종교적 문제보다도 우리 대다수가 외국인과 더불어 산 경험이 적고, 실제로 어느 정도는 '인종차별적' 성향이 강하기 때문에 어느 정도 여건이 성숙해

89) 프랑스의 저명한 사회학자 미셸 비비오르카는 '분리될 수 있는 공화국'의 예를 최근(2006년 10월 12일) 프랑스 의회를 통과한 '터키의 아르메니아인 대량학살 부인 처벌' 법안에서 찾고 있다. 그는 이처럼 '소수자의 정체성'을 인정하는 공화주의의 새로운 모델을 신공화주의라고 부른다, 여기에 무슬림 이민자의 정체성이 포함되는 것은 물론이다. Michel Wieviorka, "Comment les minorités peuvent-elles concilier valeurs universelles et identités particulières?" *Libération* du 13 novembre 2006.

진다면 이민자들과 커다란 불협화음을 일으킬 개연성이 높다.

서구 사회에서도 보듯이 특히 경제적 침체기에는 주류 사회 거주민들과 이민자들, 그 가운데에서도 외국인 노동자들과의 갈등이 심화된다. 실업률이 높은 경우 극우정파의 선동으로 많은 사람들이 자신들의 처지를 외국 노동자의 탓으로 돌리기 쉽기 때문이다. 역사적으로 볼 때, 경제위기는 잠복해 있던 인종차별적 본성을 드러나게 한다. 19세기 말 프랑스에서 반유대주의가 성행할 때도 그러했고, 양차 대전 사이에 독일에서 나치가 집권할 때도 그러했다. 제4차 중동전쟁 이후 오일쇼크로 인하여 각국에서 외국인 노동자들이 커다란 위기를 맞이한 데서 보듯이, 이민자 2세대들이 취업의 경쟁자로 등장할 때, 차별 문제는 극대화 될 것이다. 2005년 가을 프랑스 소요사태도 이민자 2-3세대의 높은 실업률이 결정적 작용을 하였다. 이민국으로의 역사가 상대적으로 짧은 우리에게는 아직 본격적으로 닥치지 않은 일이지만 작금의 어려운 경제 현실을 보면, 이러한 상황의 도래가 그리 오래 걸리지는 않을 것으로 보인다.

이민자 통합방식은 어떠한가? 우리는 지금 여기서도 다문화, 저기서도 다문화를 외쳐대고 있다. 대학에서나 정부기구에서도 다문화라는 이름이 들어간 연구소, 프로젝트가 넘쳐난다. 과연 다문화가 이민자 문제를 해결하는 만병통치약이 될 수 있을까? 그렇다면, 왜 미국은, 영국은, 네덜란드는, 호주는 여전히 이민자 문제로 내홍을 겪고 있는 것일까? 우리도 우리 나름대로의 사회통합 방식을 찾아야 할 터인데, 그것이 다문화라는 방식으로 이미 사회적 합의가 이루어진 것처럼 느껴진다. 하지만 단도직입적으로 물어보자. 정말 한국문화와 동등한 차원에서 중국문화, 태국문화, 필리핀문화가 자리 매김되고 있는가? 우리가 주장하는 다문화는 한국문화를 우월한 문화 혹은 선도 문화로 놓고, 다른 문화(들)를 하위문화로 인정하는 그러한 방식의 다문화는 아닌가? 영국의 예를 보자. 우리보다 앞서 다문화정책을 추진하였지만 주류 영국민이 생각하는 다문화와 인도 혹은 파키스탄 공동체가 느끼는 다문화는 분명 달랐다. 그 결과가 2005년 7.7 런던 테러사건으로 표출되지 않았는가? 미국에서 흑인들과 관련된 폭동, 호주에서 들려오는 불협화음, 네덜란드에서 들려오는 파열음 또한 마찬가지이다. 그렇다고 동화주의 정책이 만능도 아니다. 앞의 글들에서 살펴보았듯이, 프랑스나 독일 모두 새로운 '동화주의'를 찾아 헤매고 있다.

우리는 공화국 정신에 기초한 프랑스의 통합방식을 살펴보았다. 나라마다 원칙이 있다. 이론적으로 이상적이라고 할지라도 실제 이를 적용하는 단계에서 문제가 생길 수도 있다. 우리는 우리만의 이민자 통합정책을 수립하는 데 얼마만큼이나 고민을 했는가? 우리가 지향하는 것은 누구를 위한, 그리고 무엇을 위한 통합정책인가? 끊임없는 고민과 연구가 필요하다. 그러한 의미에서 우리보다 먼저 이 문제에 대해 고민한 외국의 사례를 꼼꼼히 살펴보는 것도 상당한 의미가 있을 것이다. 이민문제는 인문학자들에게도 더 이상 한가한 주제가 아니다.

찾아보기

(ㄷ)

(ㄹ)

(ㅁ)

(ㅇ)

(ㅈ)

(ㅍ)

(1)

(2)

(9)

(A)

(H)

(L)

(W)

(Z)

저자소개

박 단 한성대학교 역사문화학부 교수, 한성대 이민인종문제연구소 소장
이용일 부산대학교 인문학연구소 HK 연구교수
이철용 건국대학교 사학과 강사, 한성대 이민인종문제연구소 선임연구원
이태주 한성대학교 교양학부 교수, 무지개청소년센터 소장
정희라 경희대학교 인류사회재건연구원 연구교수
주경철 서울대학교 서양사학과 교수
황혜성 한성대학교 역사문화학부 교수, 이민인종연구회 회장

기획총서 1-2

현대 서양사회와 이주민
– 갈등과 통합 사이에서 –

초판1쇄 발행 2009년 4월 20일
초판2쇄 발행 2009년 11월 10일

저 자 박 단 엮음
발 행 인 정주택
발행한곳 한성대학교 출판부

우편주소 서울특별시 성북구 삼선동 2가 389번지
대표전화 (02) 760 / 4174
팩시밀리 (02) 760 / 5969

편집제작 **도서출판** 제이앤씨 | 대표(02) 992-3253

ISBN 978-89-89101-61-1 93920 **정가** 20,000원